Mukanda Sphère

Kuwakana yina bimvuka salaka mpi Bansiku
ya fioti-fioti ya bimvuka ya ke kwendaka
kupesa lusadisu na bantu ya kele na mpasi

SPHÈRE KELE NKI?

KUWAKANA YINA BIMVUKA SALAKA

MINSIKU YA KE TANINA BANTU

NSIKU YA ME FWANA SAMBU NA KUPESA
LUSADISU NA BANTU YA KELE NA MPASI

MASA, BUNKETE MPI KUTUBILA YO NA
BANTU YONSO

MADIA YA BO ME BUMBA MBOTE MPI
YA KE TUNGA NITU

BISIKA YA MBOTE YA KUPEMA MPI BANZO

MAVIMPI

Kimvuka ya Sphère
3 Rue de Varembé
1202 Genève, Suisse
Email: info@spherestandards.org
Site Internet: www.spherestandards.org

Kubasika ya mbala ya ntete na 2000
Kubasika ya mbala ya zole na 2004
Kubasika ya mbala ya tatu na 2011
Kubasika ya mbala ya iya na 2018

Mwa bangogo: Kimvuka ya Sphère. *Mukanda Sphère. Kuwakana yina bimvuka salaka mpi Bansiku ya fioti-fioti ya bimvuka ya ke kwendaka kupesa lusadisu na bantu ya kele na mpasi,* Kubasika ya mbala ya iya na, Genève, Suisse, 2021.
www.spherestandards.org/handbook

Kisalu yai Sphère, ya bo ke binga bubu nde Sphère, bo basisaka yo sambu na mbala ya ntete na 1997 na kimvuka mosi ya bantu yina vandaka ve na politike mpi na Mouvement international de la Croix-Rouge et du Croissant-Rouge. Lukanu na bo vandaka ya kutomisa kisalu na bo ya kukwenda kupesa lusadisu na bantu ya kele na mpasi mpi sambu bantu kuzaba bo sambu na bisalu na bo ya mbote yina bo ke sala. Bo me sonikaka kisalu ya Sphère na zina ya Kimvuka ya Sphère.

Practical Action Publishing mpi bantu na yandi yina ke kwendaka na ntoto ya mvimba bantu kabulaka kimvuka ya sphere. Practical Action Publishing (numero yina bo kotisaka yo kele 1159018 na Royaume-Uni mpi kimvuka ya ke sonikaka mambu na kiteso ya 100% na Practical Action. Kisalu na bo kele kaka ya kulungisa balukanu ya kimvuka na bo.

Practical Action Publishing, 27a, Albert Street, Rugby, CV21 2SG, Royaume-Uni
N° tél.: +44 (0) 1926 634501
Site Internet: www.practicalactionpublishing.com

Yo salamaka na: Non-linear Design Studio, Milan, Italy
Bo me balula yo na: Centre de Recherche Jurisconsulte (CRJ), RDC
Yo me yilama na: ThompsonText, Royaume-Uni

Mambu ya kele na kati

Bangogo ya luyantiku

Kubasika ya mukanda yai Sphère sambu na mbala yai me lungisa bamvula 20 banda yo me basikaka. Yo ke tubila kisalu ya ngolo yina bo salaka na mvula ya mvimba, bantu ya ke talaka na ntoto ya mvimba kimvuka ya ke pesaka lusadisu na bantu ya kele na mpasi mpi bamvula 20 ya eksperiansi ya mutindu bantu ke sadilaka mukanda yai kana bo me kutana ti mambu ya mpasi, kuyela ya mambu ya politike, kunwanina banswa ya bantu na yina me tala bikalulu ya mbote mpi kusadila kiyeka na mutindu ya mbote.

Na yina me tala bansiku, mukanda yai ke tubila mingi bansiku, bikalulu ya mbote yina bantu fwete vanda na yo, lutwadisu ya kusala mambu ya mbote mpi kulanda mbandu ya mambu ya mbote yina kimvuka ya ke pesaka lusadisu na bantu ya kele na mpasi na bisika yina bantu ke zingaka.

Mukanda yai Sphère kele mfunu mingi kibeni na babwala yina bantu ke zingaka mpi kimvuka ya ke pesaka lusadisu na bantu ya kele na mpasi ke landila mbote mambu yango. Mukanda yai ke monisa pwelele mutindu bainsi ya nkaka ndimaka kuwanaka sambu na mbala ya ntete yina kimvuka ya ke pesaka lusadisu na ntoto ya mvimba na bantu ya kele na mpasi na 2016, Agenda 2030 ya kuyela ya mambu mpi bangindu ya nkaka ya mbote ya ntoto ya mvimba.

Kansi, ata mambu ya politike ke landa kaka na kuyela, beto me zaba nde bantu ya ke kutana ti bisumbula, bantu ya ke wakanaka ve bo na bo kele kaka mutindu mosi ata bo ke kutana ti bampasi ya mingi to ve. Mukanda yai Sphère ke ndima bisalu ya politike ya ntoto ya mvimba mpi ya bainsi, yo ke yibusa bantu mfunu ya kusadisa bantu ya kele na mpasi sambu bo landa kuzinga, kuvutukila diaka luzingu na bo ya ntama na mutindu ya mbote mpi na luzitu yonso.

Mukanda yai Sphère kele mfunu mingi sambu yo ke tadila bantu yonso. Bantu kumaka na nzala ya ngolo ya kusadila mukanda yai ntangu bantu ya kesadilaka yo pesaka dibanza ya kubalula diaka mukanda yai. Bantangu ya nkaka, beto ke ndimaka balukanu yina beto yonso bakaka mpi ke bakisaka nde mambu ke kwendila mbote sambu yo sadisa beto na kundima nde minganga kele ti bansangu ya me fwana ya bisika yonso yina bo lenda kwenda kusala. Mambu yai yonso ke monisaka mfunu ya mukanda yai Sphère mpi yo ke yibusaka bantu nde muntu yonso kele ti mfunu ya luzitu mpi ti nswa ya kubaka balukanu na yandi mosi.

Mukanda yai Sphère kele mfunu mingi sambu na kisalu yina bantu ya ke pesaka lusadisu na bantu ya kele na mpasi ke salaka. Yo ke tadila mpi bantu ya mpa yina ke yantika kisalu ya kupesa lusadisu na bantu ya kele na mpasi mpi kisika yina bantu ya mayele lenda zwa lusadisu. Mukanda yai ke pesa lutwadisu ya kusala mambu ya kuluta mfunu mpi kisika ya kuzwa bansangu ya mbote kibeni. Bansiku yina bantu ya beto ke salaka ti bo ke pesa lusadisu ya me fwana na babwala ya nkaka sambu na kusadisa bo na kuvutukila diaka luzingu na bo mpi kulanda kuzinga mbote.

Bamilion ya bantu yina ke salaka ti bimvuka kuluta 450 mpi bainsi 65 pesaka maboko sambu na kubasika ya mukanda yai. Mambu yai yonso kele bangindu ya luswaswanu ya bantu ya kele na ntoto ya mvimba, bampasi ya ngolo yina bo kutanaka na yo mpi bantu ya luswaswanu yina salaka yo. Kana beno ndimaka ve mukanda yai yo zolaka kuvanda mpasi sambu mukanda yai kubasika. Beto ke tonda beno mingi kibeni sambu na lusadisu na beno, ntangu beto vandaka kubalula diaka mukanda yai mpi na bamvula 20 yina me luta.

Beto ke landa kusala diaka kisalu yai ya mfunu mpi kulanda kulonguka kumosi ti beno kana beno ke sadila mukanda yai.

Martin McCann
Sphere Board Chair

Christine Knudsen
Executive Director

Kupesa matondo

Na ntwala ya kubasisa mukanda yai sambu na mbala yai, bo salaka bansosa ya mingi kibeni mpi ya mudindu na disolo ya mukanda yai Sphère. Beto yambaka na internet bakomantere kiteso ya 4 500 ya bimvuka 190 mpi bantu kuluta 1 400 vukanaka na balukutakanu 60 yina bantu ya ke salaka kumosi ti beto sadisaka na bainsi 40. Sphère ke pesa matondo mingi na bantu yonso mpi na bayina pesaka lusadisa sambu mukanda yai kusalama, tanga mpi ba ONG ya babwala na beto, ya bainsi na beto mpi ya bainsi ya nkaka, bamfumu ya nkaka mpi baministre ya insi na beto, babiro ya *Croix-Rouge* mpi ya *CroissantRouge*, banzo-nkanda ya nene, des organisations des Nations-unies mpi bantu ya bisalu ya maboko.

Biro ya Sphère vandaka kutwadisa kisalu ya kubalula mukanda yai. Bakapu yina kele yo mosi bansoniki ya mayele bantu sonikaka yo ti lusadisu ya bantu ya mayele mingi yina bo ponaka mpi bantu ya mayele yina me salaka bansosa ya mingi na bisika yina bantu ya ke kutana ti bampasi ke zingaka. Bansoniki mingi mpi bantu ya mayele yina ke salaka bansosa, bimvuka ya babwala na bo

Kapu ya ke tadila Bisika ya mbote ya kupema mpi banzo kele sambu na kuyibuka **Graham Saunders** muntu sonikaka yo ntangu yo basikaka na 2004 mpi 2011, mpi yandi muntu vandaka kupesa bandongisila ntangu bo vandaka kubalula diaka mukanda yai na 2018.

Graham vanda muntu ya mbote kibeni yina vandaka kupesa lusadisu na bantu ya kele na mpasi, mpi yandi vandaka kulandila mbote kibeni mambu ya me tala Bisika ya mbote ya kupema. Bangindu na yandi, mutindu na yandi ya kutambusa mambu mpi ngolo na yandi sadisaka sambu na kutadila mbote kibeni bangiufula ya me tala Bisika ya mbote ya kupema ya kimvuka ya ke kwendaka kupesa lusadisu, mpi kuyidika mambu sambu na bantu yina ta kwisa na bilumbu ya ntwala sambu na bantu yina ke talaka babwala na bo. Yandi salaka ngolo sambu na kutomisa mutindu na beto ya kusala mambu mpi ya kuyidika mbote kibeni babwala ya nkaka. Beto ta yindulaka yandi mingi kibeni bonso mupasudi-nzila, muntu ya me zaba mambu mingi kibeni mpi nduku na beto.

bantu pesaka beto bo, bansoniki mingi mpi bantu ya mayele yina ke salaka bansosa pesaka ntangu mpi ngolo na bo sambu na kubasika ya mukanda yai.

Bo tulaka kimvuka ya bansoniki mpi ya bantu yina ke salaka bansosa sambu na kusadisa bantu ya mayele mingi na bisalu na bo. Sphère ke pesa matondo ya mingi na bantu yina yonso ya sadisaka bimvuka yai na mvula 2017 mpi 2018. Nge lenda zwa lisiti ya bimvuka ya bantu yonso yina salaka kisalu yai mpi ya bantu yina ke salaka bansosa na site Internet yai: spherestandards.org. Lisiti ya bansoniki ya mayele mpi bantu ya mayele yina ke salaka bansosa kele na zulu.

Bakapu ya me simba mukanda yai

- **Kuwakana yina bimvuka salaka mpi Annexe 1:** Dr Mary Picard
- **Minsiku ya ke tanina:** Simon Russell (Global Protection Cluster) and Kate Sutton (Humanitarian Advisory Group)
- **Nsiku ya me fwana sambu na kupesa lusadisu na bantu ya kele na mpasi:** Takeshi Komino (CWSA Japan) and Sawako Matsuo (JANIC)

Bakapu ya mfunu mingi

- **Masa, bunkete mpi kutubila yo na bantu:** Kit Dyer (NCA) and Jenny Lamb (Oxfam GB)
- **Madia ya bo me bumba mbote:** Daniel Wang'ang'a (WVI)
- **Kusansa mavimpi:** Paul Wasike (Save the Children USA)
- **Kisika ya mbote ya kupema mpi banzo:** Seki Hirano (CRS) and Ela Serdaroglu (IFRC)
- **Health:** Dr Durgavasini Devanath (IFRC), Dr Julie Hall (IFRC), Dr Judith Harvie (International Medical Corps), Dr Unni Krishnan (Save the Children Australia), Dr Eba Pasha (independent)

Kima yina lenda beba kukonda mpasi, makuki mpi bisalu yina ke salama

- **Bana mpi kutanina bana:** Susan Wisniewski (Terre des Hommes)
- **Minunu:** Irene van Horssen and Phil Hand (HelpAge)
- **Kusosa kuzaba kana muntu kele nkento to bakala:** Mireia Cano (GenCap)
- **Kuvukisa nitu ti banketo na ngolo:** Jeanne Ward (independent)
- **Bantu ya kele ti bifu na nitu:** Ricardo Pla Cordero (Humanity and Inclusion)
- **Bantu yina kele ti Sida:** Alice Fay (UNHCR)
- **Maladi ya ntu mpi kuniokwama na mabanza:** Dr Mark van Ommeren (WHO), Peter Ventevogel (UNHCR)
- **Bampasi yina ke manaka ve:** Sara Sekkenes (UNDP)
- **Kisalu ya kutula bunkete:** Pamela Sitko (WVI)
- **Kutambusa mbote mambu ya bantu mpi ya basoda:** Jennifer Jalovec and Mark Herrick (WVI)
- **Kisika yina bantu ke zingaka:** Amanda George and Thomas Palo (Swedish Red Cross)
- **Kubaka bangidika sambu bisumbula kusalama diaka kibeni ve:** Glenn Dolcemascolo and Muthoni Njogu (UNISDR)
- **Kupesa lusadisu ya mbongo mpi bazandu:** Isabelle Pelly (CaLP)
- **Mutindu ya kubuma mbote madia mpi bisika ya kulala:** George Fenton (Humanitarian Logistics Association)
- **Kukengila, kutadila diambu mosi buna, kusadila mukumba na mutindu ya mbote mpi kulonguka:** Joanna Olsen (CRS)

Ndongisila ya Sphère (Mai 2018)

Action by Churches Together (ACT) Alliance (Alwynn Javier) * Aktion Deutschland Hilft (ADH) (Karin Settele) * CARE International (Phillipe Guiton) * CARITAS Internationalis (Jan Weuts) * Humanitarian Response Network, Canada (Ramzi Saliba) * InterAction (Julien Schopp) * The International Council of Voluntary Agencies (ICVA) (Ignacio Packer) * Fédération internationale des Sociétés de la Croix-Rouge et du Croissant-Rouge (FISC) (David Fisher) * Corps médicaux internationaux (CMI) (Mary Pack) * Fédération luthérienne mondiale (FLM) (Roland Schlott) * Office Africain pour le développement et la coopération (OFADEC) (Mamadou Ndiaje) * Oxfam International - Intermón (Maria Chalaux Freixa) * Plan International (Colin Rogers) * RedR International (Martin McCann) * Save the Children (Unni Krishnan) * Sphère India (Vikrant Mahajan) * Armée du Salut (Damaris Frick) * World Vision International (WVI) (Isabel Gomes).

Beto ke pesa matondo mingi mpi na bantu yina yambulaka bisalu na bo ya kupesa bandongisila sambu na kupesa maboko na kisalu yai, kele bantu yai: SarahKambarami (ACT Alliance) * Anna Garvander (Church of Sweden/LWF) * Nan Buzard (ICVA) * Barbara Mineo (Oxfam International – Intermón) * Maxime Vieille (Save the Children).

Bantu yina pesaka makabu

Katula makabu yina bimvuka ya ke pesaka bandongisila yina beto me tubila dezia na zulu, bimvuka ya nkaka mpi pesaka mbongo sambu kisalu ya kubalula diaka mukanda yai kukwenda na ntwala, kele bimvuka yai:

Agence danoise pour le développement international (DANIDA) * Ministère allemand des affaires étrangères * Irish Aid * Gouvernement australien – Department of Foreign Affairs and Trade (DFAT) (Ministère des affaires étrangères et du commerce) * Direction générale pour la protection civile et les opérations d'aide humanitaire européennes de la Commission européenne (ECHO) par l'intermédiaire des Sociétés de la Croix-Rouge et du Croissant-Rouge (FICR) * USAID's Office of United States Foreign Disaster Assistance (Bureau de l'aide d'urgence en cas de catastrophe de l'USAID (OFDA) * Agence suédoise de développement international (SIDA) par l'intermédiaire de l'Église de Suède * - Direction du développement et de la coopération suisse (DDC) * Haut Commissariat des Nations-unies pour les réfugiés (HCRNU) * United States Department of State Bureau of Population, Refugees and Migration (United States Department of State Bureau of Population (US-PRM). (Bureau de la population, des réfugiés et des migrations du Département d'État américain).

Bantu yina balulaka diaka mukanda yai

Christine Knudsen, Directrice générale (Sphère)
Aninia Nadig, Advocacy and Networking Manager (Responsable des activités de plaidoyer et des relations) (Sphère)
Correcteurs: Kate Murphy et Aimee Ansari (Traducteurs sans frontières)
Coordinateurs de la révision: Lynnette Larsen et Miro Modrusan

Bantu ya ke salaka na Sphère *yina pesaka lusadisu:*
Tristan Hale, Learning and Training Manager (Responsable de l'apprentissage et de la formation)
Wassila Mansouri, Networking and Outreach Officer (Chef des relations et de la sensibilisation)

Juan Michel, Communications Manager (Responsable des communications) jusqu'en septembre 2017

Barbara Sartore, Communications Manager (Responsable des communications) à partir d'octobre 2017

Loredana Serban, Administration and Finance Officer (Chef administratif et financier) Kristen Pantano et Caroline Tinka, stagiaires

Bantu yina pesaka lusadisu na nzila ya Internet: Markus Forsberg, (PHAP)

Handbook design: Non-linear (www.non-linear.com)

Muntu yina sadisaka sambu na kubalula yo na bantu yonso:

Practical Action Publishing (www.practicalactionpublishing.org)

Kimberly Clarke and Megan Lloyd-Laney (CommsConsult)

Beto ke tonda mingi bampangi yai James Darcy, Malcolm Johnston, Hisham Khogali, Ben Mountfield, Dr Alice Obrecht, Ysabeau Rycx, Panu Saaristo, Manisha Thomas et Marilise Turnbull, sambu na lusadisu na bo ntangu beto vandaka kubalula diaka mukanda yai.

Bisika yina Sphère tulaka bantu sambu na kulandila mbote bisalu:

ADRA Argentina (Consultation régionale avec les ADRA d'Amérique du Sud)

Alliance of Sphere Advocates in the Philippines (ASAP) (Alliance des défenseurs de Sphère aux Philippines)

Amity Foundation (membre du Groupe de travail sur les standards de bénévolence, Point focal pour la Chine)

BIFERD (République démocratique du Congo)

Community World Service Asia (Thaïlande et Pakistan)

Conseil des ONG coréennes pour le développement et la coopération internationale (République de Corée)

Daniel Arteaga Galarza* avec Secretaría de Gestión de Riesgos (Équateur)

Dr Oliver Hoffmann* avec le Point focal de Sphère pour l'Allemagne

Forum ukrainien des ONG

Grupo Esfera Bolivia

Grupo Esfera El Salvador

Grupo Esfera Honduras

Illiassou Adamou* avec le Sous-groupe pour la protection de l'enfance (Niger)

Indonesian Society for Disaster Management (MPBI) (Société indonésienne pour lagestion des catastrophes)

Institut Bioforce (France)

InterAction (États-Unis d'Amérique)

Inter-Agency Accountability Working Group (Groupe de travail inter-agences sur la redevabilité (Éthiopie)

Organe de coordination de l'Agence d'Afghan Relief (Afghanistan)

PNUD Chili

Sphère Community Bangladesh (SCB)

Sphère India

*Points focaux individuels

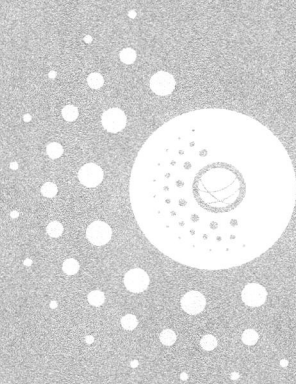

Sphère
kele nki?

Mukanda

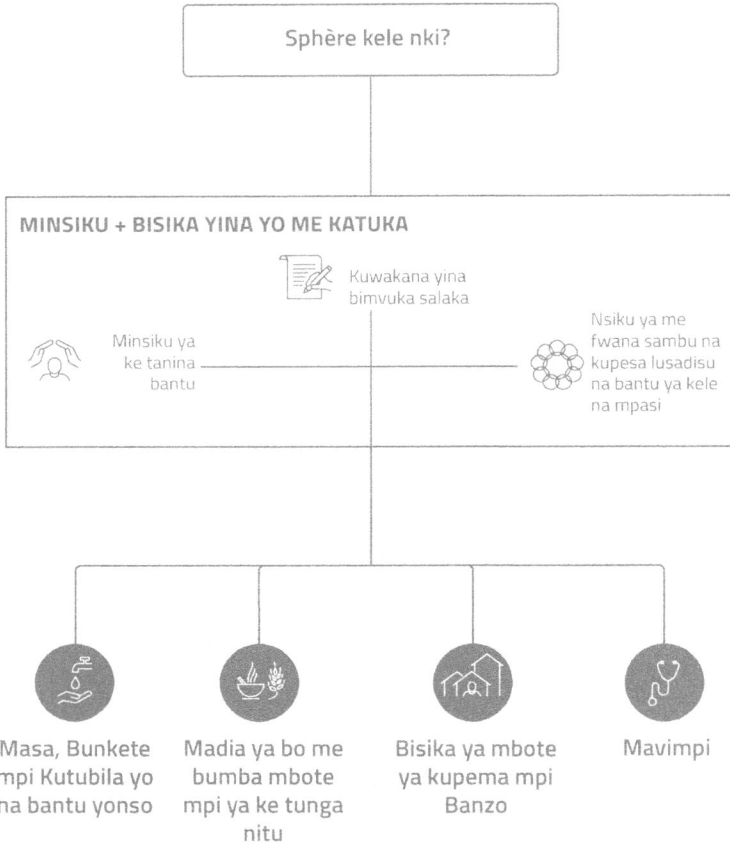

Sphère kele nki?

MINSIKU + BISIKA YINA YO ME KATUKA

Kuwakana yina bimvuka salaka

Minsiku ya ke tanina bantu

Nsiku ya me fwana sambu na kupesa lusadisu na bantu ya kele na mpasi

Masa, Bunkete mpi Kutubila yo na bantu yonso

Madia ya bo me bumba mbote mpi ya ke tunga nitu

Bisika ya mbote ya kupema mpi Banzo

Mavimpi

BANSIKU

ANNEXE 1	Bansiku ya me simbama na Sphère
ANNEXE 2	Bansiku ya bikalulu ya mbote
ANNEXE 3	Bunkufi ya bangogo mpi Bantendula na yo

Mambu ya kele na kati

Sphère kele nki?

Kisalu ya Sphère, ya bo ke bingaka bubu kaka nde Sphère, yantikaka na 1997 na kimvuka mosi ya bantu yina vandaka ve na politike kansi yina ke tadilaka mambu ya kusadisa bantu mpi na *Mouvement international de la Croix-Rouge et du Croissant-Rouge*. Lukanu na bo vandaka ya kutomisa kisalu na bo ya kukwenda kupesa lusadisu na bantu ya kele na mpasi mpi sambu bantu kuzaba bo sambu na bisalu na bo ya mbote yina bo ke sala. Dibanza ya mukanda yai Sphère me simbamba na bikuma yai zole ya mfunu kibeni:

- Muntu yonso yina ke kutana ti bisumbula to yina ke wakana ve ti muntu ya nkaka kele ti mfunu ya luzitu mpi ya lusadisu
- Kubaka bangidika sambu na kusadisa bantu yina ke kutana ti bisumbula to bantu ya ke konda kuwakana.

Kuwakana yina bimvuka salaka mpi minsiku ya me fwana ke monisa mutindu ya kusadila bikuma yina zole na luzingu ya mvimba. Minsiku ya ke tanina bantu ke tadila mambu yonso mpi bansiku ya me fwana sambu na kukwenda kusadisa bantu ya kele na mpasi kele ti minsiku ya ke sadisa sambu bantu kuzinga diaka mbote na bisika yina bo kele. Bo me sala na kimvuka sambu na kubasisa mukanda yai Sphère yina ntoto ya mvimba ke tubila mingi na bisika yina yo ke lomba kukwenda kusadisa bantu ya ke kutana ti bampasi.

1. Mukanda

Bo ke sadilaka mbala mosi bantu ya ke tangaka mukanda yai Sphère sambu na kuyidika mambu mpi sambu na kutanina mbote bima yina bo ke pesaka sambu na kukwenda kusadisa bantu ya kele na mpasi. Yo lenda vanda bantu ya kisalu to bampangi ya luzolo ya mbote ya bwala na beno, ya insi na beno mpi ya insi ya nkaka yina ke salaka na bisika yina bo ke tindaka bima sambu na bantu yina kele na mpasi to na bantu yina ke kutana ti mambu ya mpasi. Bantu ya ke nwaninaka banswa ya bantu yina kele na mpasi ke sadilaka mpi mukanda yai sambu na kutomisa mutindu ya mbote ya kupesa lusadisu mpi kutanina bantu sambu na kuzitisa minsiku ya ke tadila kukwenda kusadisa bantu ya kele na mpasi. Baluyalu, bantu ya ke pesaka makabu, basoda mpi na bisika yina bamfumu ya luyalu ke kwendaka ve kupesa bo lusadisu ke sadilaka mukanda yai sambu yo sadisa bo na kusala mambu na mutindu ya mbote mpi kusala kisalu kumosi ti bimvuka yina ke pesaka lusadisu na bantu yina kele na mpasi yina ke sadilaka minsiku yai.

Bo mekaka kubasisa ntete mukanda yai na 1998, na nima bo balulaka mpi basisaka yo diaka na 2000, 2004, 2011 mpi mbala yai na 2018. Ntangu yonso ya bo ke sosaka kubalula diaka mukanda yai bo ke tadilaka yo na bisika yonso yina bantu ke zingaka, na bantu ya kele ti mavimpi ya mbote, na bimvuka yina kele ve ya politike, na bamfumu ya luyalu mpi na agence des Nations-unies. Mambu ya mbote yina bansiku mpi lutwadisu basisaka ke ndimisa yo mpi kibeni,yo ke tadila bamvula 20 yina bantu na ntoto ya mvimba ke sadilaka mukanda yai.

Kubasika ya mbala yai ya mukanda Sphère, me lungisa bamvula 20 mpi yo ke kotisa bansoba yina yo me nataka na babwala yina bo kwendaka kusadisa bantu ya kele na mpasi na bamvula yina me luta. Yo ke pesa lutwadisu ya mpa sambu na kusala na babwala yina bantu ke zingaka mbote, mutindu ya kusadila bansiku ya fioti-fioti kana mpasi mosi buna ke mana ve mpi kulomba kana mpila kele sambu na kukwenda kupesa lusadisu na bantu ya kele na mpasi na kuwakana ti bansiku. Bo me yidika diaka bakapu yonso yina kele mfunu mingi na kutadila mambu ya ke salama ntangu yai mpi bansiku ya me fwana sambu na kukwenda kusadisa bantu ya kele na mpasi, bo me yingisa bansiku ya mfunu yina bo vandaka kusadila na ntangu ya ntama.

Bakapu iya ya mfunu mingi mpi bakapu iya ya ke monisa mutindu ya kusala mambu

Mukanda yai ndimaka kusala luzolo ya Sphère ya kukwenda kupesa lusadisu na bantu ya kele na mpasi na kutadila bansiku mpi minsiku. Yo me simbama na banswa yina bantu kele na yo ya kubaka balukanu ya mbote sambu bo vutukila diaka mavimpi na bo.

Bakapu yai iya me simbama na bikalulu ya mbote, bansiku mpi kuzaba bisika yina bantu kele na mpasi sambu bantu ya ke kwendaka kupesa lusadisu na bantu ya kele na mpasi kukwenda kusadisa bo na nswaluyonso. Yo ke tadila babwala yonso mpi manaka ya mutindu ya kusadila yo. Yo ke tubila kuwakana mpi mutindu ya kusala mambu na mutindu ya mbote sambu na kukwenda kusadisa bantu ya kele na mpasi mpi yo ke siamisa bantu ya ke kwendaka kupesa lusadisu na kumonisa bikalulu ya mbote na bantu yina bo ke kwenda kusadisa. Bakapu yai ta sadisa beno na kusadila minsiku ya me fwana na luzingu na beno ya mvimba. Kana beno tanga kaka kapu mosi ya mfunu kukonda kutanga bakapu ya nkaka ya mfunu, beno ta zaba ve mambu ya nkaka ya mfunu mingi kibeni. Bakapu ya mfunu mingi kele yai:

Sphère kele nki? (kapu yai) ke tubila mambu ya kele na kati ya mukanda yai, mutindu ya kusadila yo mpi minsiku yina kele na kati. Diambu ya mfunu mingi kele nde yo ke monisa mutindu ya kusadila mukanda yai na luzingu ya mvimba.

Kuwakana yina bimvuka salaka: Yo me simba kibeni mukanda yai Sphère sambu yo ke monisa kundima yina bantu ya ke kwendaka kupesa lusadisu na bantu yina kele na mpasi kele na yo, nde bantu yina kele na mpasi kele ti mfunu ya lutaninu mpi ya lusadisu. Bansiku ke sadisaka muntu na kuzinga na luzitu yonso. Kuwakana yina bimvuka salaka ke monisa mutindu ya kuvanda ti bikalulu ya mbote mpi kuzaba bansiku sambu na minsiku ya ke tanina, nsiku ya me fwana sambu na kupesa lusadisu na bantu ya kele na mpasi, mpi bansiku ya mfunu yina bantu yonso fwete landa. Yo me simbama na *Code de conduite* ya mvula 1994 ya *Mouvement international de la Croix-Rouge* mpi *du Croissant-Rouge* mpi sambu na bimvuka yina kele ve ya politike (ONG) sambu na kukwenda kupesa nswalu lusadisu kana bisumbula me salama. *Code de conduite* kele na kati ya mukanda yai Sphère   *tala Annexe 2.*

Nge lenda tala lisiti ya mikanda ya mfunu ya bansiku yina me simba kibeni kitini yai ya Kuwakana yina bimvuka salaka   *tala Annexe 1.*

Minsiku ya ke tanina: Bo me balula bansiku yina kele na Kuwakana yina bimvuka salaka na minsiku iya sambu yo sadisa bantu yina ke kwendaka kupesa lusadisu na bantu ya kele na mpasi.

Bikalulu ya mbote: Minsiku 10 ya Bikalulu ya mbote

1. Kutula na kisika ya ntete minsiku.
2. Kupesa lusadisu kukonda kupona mpusu ya nitu ya muntu, balukwikilu na yandi, insi yina yandi me katuka mpi yo fwete salama na luzitu yonso. Beno fwete tula dikebi ya mingi na yina me tala kukwenda kupesa lusadisu na kutadila mpusa ya muntu.
3. Beno lenda pesa ve ata lusadisu na mambu ya politike to na konso dibundu yina.
4. Beto ta sala yonso sambu na kukonda kusadila bima ya politike ya bainsi ya nkaka.
5. Beto ta zitisaka binkulu mpi mutindu ya kusala mambu ya konso bwala.
6. Beto ta sala ngolo sambu na kupesa lusadisu na makuki yina babwala na beto kele na yo.
7. Beto ta sala yonso sambu na kuzwa makuki ya kuvukisa bantu yina lenda baka bamanaka sambu na kulandila mutindu ya kukwenda kupesa lusadisu na bantu ya kele na mpasi.
8. Lukanu ya kupesa lusadisu fwete vanda ya kumanisa bampasi ya bilumbu ke kwisa kansi vey a kulungisa kaka bampusa ya bantu ya ntangu yina.
9. Beto ke ndimaka kupesa mikumba na bantu yina ke pesaka lusadisu mpi na bantu yina ke bakaka yo.
10. Ntangu beto ke zabisaka bantu bisalu yina beto ke salaka, beto ke bakaka na valere bantu yina me kutana ti mambu ya mpasi kansi ve bonso bantu yina ta bonga diaka ve.

Le Code de Conduite: Les principes de comportement pour le Mouvement international de la CroixRouge et du Croissant-Rouge et pour les ONG dans l'exécution de programmes de secours en cas de catastrophe. Pour le texte intégral   tala Annexe 2

Nsiku ya me fwana sambu na kupesa lusadisu na bantu ya kele na mpasi: Bakuwakana uvwa yina ke monisa mutindu ya mbote ya kusala mambu mpi mikumba yina bimvuka kele na yo sambu na kutomisa kisalu mpi mambote yina kusadila mwa minsiku ya ke tadila bantu yonso ke nataka.

Bakapu iya ya ke monisa mutindu ya kusala mambu kele ti bansiku ya fioti-fioti na babwala yina yo ke lombaka kukwenda kupesa nswalu lusadisu, mu mbandu:

- Masa, bunkete mpi kutubila yo na bantu yonso (WASH)
- Madia ya bo me bumba mbote mpi kutanina mavimpi
- Kisika ya mbote ya kupema mpi Bansiku
- Mavimpi

Mpusa ya kukwenda kupesa lusadisu ke tadila kaka ve bwala mosi buna. Bantu yina ke kwendaka kupesa nswalu lusadisu na bantu ya kele na mpasi fwete tadila bampusa ya bantu yonso, diaka, sambu na kununga babwala fwete sala na kimvuka mpi na kuwakana. Kana mpasi mosi buna ke mana ve, bo lenda sala diaka ngolo kuluta kupesa kaka lusadisu na bantu ya kele na mpasi mpi yo lenda vanda mbote kusala na kuwakana ti bimvuka ya nkaka. Mukanda yai kele ti bisika yina yo lenda tinda nge na kuzwa mikanda ya nkaka sambu yo sadisa nge na kusala kuwakana ya mbote. Bantu yina ke tanga mukanda yai fwete sala ngolo ya kutanga bakapu yonso sambu yo ta sadisa bo na kubakisa mbote mambu ntangu bo ke kwenda kupesa bantu lusadisu.

Mwa bansiku ya ke tadila bantu yonso mpi ke kumisila bantu mambu mutindu mosi

Bansiku me simbama na mambu yina ke monana na meso mpi na mambu yina bo me zaba na bwala yina bantu ke kutana ti bampasi. Yo ke monisa mutindu ya mbote ya kusala mambu na kuwakana. Bo kele ti kikalulu ya kulandila mbote banswa ya muntu yina bo lenda soba ve.

Yo yina, yo kele mfunu na kubakisa, na kulanda mpi na kutadila diaka mbote mutindu bo kwendaka kupesa lusadisu sambu na kusadila bansiku mbote kibeni.

Mutindu bo me yidikaka bansiku ya bantu yonso

Bansiku ke sadisaka muntu ya ke tanga na kubakisa mbote mambu ya ke salama na ntoto ya mvimba. Na nima, yo ke tubila mambu ya mfunu, bima ya ke sadisaka sambu na kubaka lukanu mpi mikanda ya ke pesa lutwadisu.

- **Bansiku**, me katuka na munsiku ya kuzinga na luzitu. Yo ke tadila mambu yonso, mutindu ya mbote ya kusala mambu mpi yo ke monisa mambu ya kusala ntangu mpasi mosi buna me kumina bantu. Mambu yina nsiku ya me fwana sambu na kupesa lusadisu na bantu ya kele na mpasi ke tubila kele na "Kundima kusala diambu mosi buna " mpi "Kima ya ke sadisa na kuzaba mambu ya mbote".
- **Bisalu ya mfunu** ke monisa bitambi ya mbote ya kulanda sambu na kulungisa bansiku ya fioti-fioti. Yo kele kaka bangindu mpi bo lenda sadila yo to ve mambu ya nkaka. Minganga fwete pona mambu ya kele mfunu na kutadila diambu yina bo me kutana na yo.
- **Mambu ya ke sadisaka sambu na kubaka lukanu** kele mfunu sambu na kuzaba kana bo me sadila nsiku mosi buna to ve. Yo ke monisa mutindu ya kutadila bima yina kisalu ti manaka basisaka na kutadila bansiku na ntangu yina yonso ya bo kwendaka kupesa lusadisu. Mambu ya fioti-fioti yina yo ke lomba, ke monisa kiteso ya bo lenda ndima bidimbu ya ke monisa diambu mosi buna mpi bo ke sadilaka yo kaka kana yo ke wakana ti mambu ya kele na bwala mosi buna.
- **Mikanda ya ke pesa lutwadisu**, ke pesa bansangu ya me fwana ya mambu yina ke salama, ti mikanda ya kusala bansosa yina ya wakana ti minsiku ya ke tanina mpi bansiku ya nkaka yina kele na kati ya mukanda yai. Bo ke pesa mpi mikanda ya bansosa yina kele na kuwakana na bantu yina ke salaka na kuwakana ti bansiku ya kupesa lusadisu na bantu ya kele na mpasi.

Mambu ya ke sadisaka sambu na kubaka lukanu

Mambu ya ke sadisaka sambu na kubaka lukanu ya bansiku ya fioti-fioti yina Sphère ke tubila kele mfunu sambu na kuzaba kana bantu ke sadila bansiku to ve. Bansiku yango me swaswana ti bansiku yina beto ke tubila. Bo lenda sadila bansiku na bisika yonso kansi yo kele mambu ya ke sadisaka sambu na kubaka lukanu, kaka bonso mambu ya mfunu, bo lenda sadila yo na kutadila disolo mpi mutindu ya kukwenda kupesa lusadisu. Kele ti mitindu tatu ya mambu ya ke sadisaka sambu na kubaka lukanu na Sphère:

- **Mambu ya mfunu ya ke sadisaka sambu na kusala kisalu**, kele sambu na kuzaba kana bantu yina vandaka na mpasi sepelaka ti lusadisu yina bo natillaka bo. Mumbandu: bo ke sadilaka bansiku yina bo me tulaka sambu na yo sadisa bo na kubakisa kana madia kele ya kutanina mbote, mambu ya kuzingila mpi kusadila mayele ya nkaka sambu na kuyikana ⊕ *tala Madia ya ke tanina mpi ya ke tunga nitu, nsiku ya 1.1: Kulandila mbote kana bo ke tanina madia mbote.*

- **Mambu ya mfunu ya ke sadisaka sambu** na kuzaba kana mambu me toma, ke monisa diambu yina bo ke tesilaka sambu na kutadila kulungana ya bansiku, kutubila lukanu mosi buna ti bantu yina ke salaka na kuwakana ti bantu ya nkaka mpi kulanda tii na nsuka mutindu bantu ke sadila bansiku. Mumbandu: ntalu ya mabuta yina ke bumbaka masa mbote na bisika ya bunkete mpi na bima yina kele ya kufika mbote kibeni ⊕ *tala Kubumba masa, nsiku ya 2.2: Masa ya bunkete.* Ata lukanu kele nde mambu kusalama na 100 %, minganga fwete vukisa mambu yina ke sadisaka sambu na kubaka lukanu na mambu yina bo ke mona kisika bo kele ntangu bo ke landila mutindu mambu vandaka to mutindu yo ke yela mpi mambu yina salamaka na kutadila lukanu yina bo bakaka.
- **Mambu ya mfunu ya ke sadisaka sambu na kuzaka kana bantu me lungisa lukanu**, kele balukanu ya mfunu mpi yina bo lenda tanga , yo ke monisa mambu yina bo lenda tanga na bisika yina bantu ke sadila ve bansiku. Yo ke lomba kulungisa balukanu yango nswalu kibeni sambu bo lenda yidika diaka manaka yina bo salaka na kimvuka. Mumbandu: ntalu ya bana yina bo pesaka mangwele sambu na kasesi banda na bangonda 6 tii na bamvula 15: lukanu kele ya kulungisa 95 % ⊕ *tala Lusansu ya me fwana – Mavimpi ya mwana, nsiku ya 2.2.1: Bamaladi yina mwana lenda bela ve kana yandi me baka mangwele.*

Kuwakana yina bansiku kele na yo na kati ya bansiku ya nkaka

Mukanda yai Sphère ke tubila ve mambu yonso sambu na kupesa lusadisu na bantu ya kele na mpasi na yina me tala nswa yina muntu kele na yo ya kuzinga na luzitu yonso. Bimvuka yina ke salaka ti beto me tulaka bansiku na babwala mingi, bansiku yango me simbama na ngindu mpi kuwakana ya mutindu mosi ti ya Sphère. Bansiku yango kele na kitini ya bansiku ya me fwana sambu na kukwenda kusadisa bantu ya kele na mpasi mpi na ba site Internet na bo mosi.

- Livestock Emergency Guidelines and Standards (LEGS) (Normes et directives pour l'aide d'urgence à l'élevage) Projet LEGS
- Standards minimums pour la Protection de l'Enfance dans l'intervention humanitaire (SMPE) : Alliance for Child Protection in Humanitarian Action
- Normes minimales pour l'éducation : Préparation, Intervention, relèvement : Inter-Agency Network for Education in Emergencies (INEE) (Réseau interagences pour l'éducation en situations d'urgence)
- Minimum Economic Recovery Standards (MERS) (Normes minimales de relèvement économique) : Small Enterprise Education and Promotion Network (SEEP) (Réseau d'éducation et de promotion des petites entreprises)
- Minimum Standard for Market Analysis (MISMA) (Standard minimum d'analyse du marché) : Cash Learning Partnership (CaLP)
- Normes minimales d'inclusion de l'âge et du handicap dans l'action humanitaire : Consortium âge et handicap

2. Kusadila bansiku na kutadila mambu yina bantu ke kutana ti yo

Kupesa lusadisu na bantu ya kele na mpasi ke salamaka na mitindu mingi. Mambu mingi ya nkaka ke vandaka ti bupusi na mutindu bantu lenda sadila minsiku ya fioti-fioti na bisika yina bo ke zinga sambu nswa ya kuzinga na luzitu yonso kulungana. Mambu ya nkaka kele:

- na nki diambu bantu kwendaka kupesa lusadisu;
- luswaswanu yina kele na kati ya bantu mpi nsoba yina lenda salama na kati ya bantu;
- mambu yina ke salama mpi mutindu ya kuyidika mambu yina ta vanda ti bupusi na bantu yina ke kwendaka kupesa lusadisu; mpi
- bakashe mpi mambu ya ke sadisaka na kubaka balukanu lenda sadisa na mambu ya luswaswanu, yo lenda tadila ntendula ya bangogo ya mfunu mpi mutindu bantu fwete baka balukanu.

Binkulu, ndinga, makuki ya kukwenda kupesa lusadisu, lutaninu, banswa, bisika yina bantu ke zinga mpi banto kele ti bupusi sambu na kukwenda kupesa lusadisu. Yo kele mpi mfunu na kutadila na ntwala bigonsa yina kukwenda kupesa lusadisu lenda nata mpi kumanisa yo *tala Minsiku ya ke tanina bantu ya 1 mpi 2,* mpi *Bansiku ya me fwana sambu na kukwenda kusadisa bantu ya kele na mpasi Kundima 3.*

Mukanda yai Sphère kele bansiku ya luzolo ya mambu ya mbote mpi mukumba ya bantu, lukanu na yo kele ya kusadisa bantu na kusadila yo mpi kusadila mbote bansiku. Yo ke tubila kaka ve mutindu ya kusala mambu kansi, yo ke monisa mpi mambu yina muntu fwete sala sambu na kusadisa bantu ya kele na mpasi sambu bo landa kuzinga mutindu bo vandaka kuzinga ntete na luzitu yonso.

Kusala na kuwakana ti bansiku ya Sphère ke tendula ve kusadila minsiku yonso ya me tala kutomisamambuya ke sadisaka sambu na kubaka lukanu. Konso kimvuka kele ti mutindu na yo ya kusadila minsiku, disongidila, bimvuka ya nkaka ke sadilaka minsiku na luzolo na bo. Bantangu ya nkaka, mambu ya mpasi yina bantu ke kutanaka tiyo to mambu ya politike lenda pusa bo na kuzitisa diaka ve bansiku.

Kana bampusa ya fioti-fioti kele mingi kuluta mutindu ya kuzinga ya konso kilumbu ya kimvuka ya ke yambaka bantu, sosa kuzaba mutindu ya kusala mambu sambu bampasi kuvanda diaka mingi ve, mumbandu, kutubila yo na bisalu ya ke talaka mambu ya bantu. Na mambu ya nkaka, bamfumu ya luyalu ya bwala na beno lenda sosa kuzaba bampusa ya fioti-fioti yina kele mingi kuluta bansiku ya me fwana ya Sphère.

Bansiku ya kele na mukanda yai Sphère ke tubila banswa yina bantu kele na yo sambu na kuzinga na luzitu yonso mpi bansiku yango fwete zinga kimakulu. Bima yina ke sadisaka sambu na kuzaba mamabu mpi yo lenda lomba mwa mambu ya nkaka ya fioti-fioti sambu na kupesa bantendula na mambu ya nkaka. Kansi, kana bansiku me lungisa ve lukanu na yo, yo ta lomba kutadila diaka mambu ya nkaka ya fioti-fioti yina bantu ke zolaka na dikebi yonso. Sosa kuzaba mambu yonso yina bo me soba mpi zabisa na nswalu yonso mambu ya mpasi yina ke sala nde mambu kukwenda ve na ntwala. Diaka, bimvuka yina ke kwendaka kupesa lusadisu na bantu ya kele na mpasi fwete sepela kibeni ti mambu ya mambu ya mpasi yina bantu ke kutana ti sambu yo ta sadisa bo na kubaka balukanu ya kumanisa mpasi yango. Sadila mambu ya kele awa sambu na kutubila yo na bantu mpi sambu na kulungisa bima yina ke salaka ngolo kena mpila kele.

Bantu fwete sadila bansiku na bunda ya manaka yonso

Bo fwete sadila bansiku ya kele na Sphère na bunda ya manaka ya mvimba, kutadila diaka mambu, kutadila diaka bametode ya kusadila, mutindu ya kutadila mambu, mutindu ya kusadila yo mpi kulanda mbote manaka tii na kutadila mambu mbote-mbote mpi kulonguka *contrôle*.

Kutadila diaka mambu

Bansiku ya me fwana ya Sphère ke sadisa sambu kutadila diaka mambu mpi mutindu ya kutadila bampusa ya bantu na konso bwala sambu yo salama na mutindu ya mbote kibeni. Konso kapu kele ti balisiti ya ke monisa mutindu ya kutadila diaka mambu. Ntangu mpasi mosi buna me kumina bantu, bansiku ya Sphère ke sadisaka sambu na kubakisa na nswalu yonso bampusa mpi bisalu yina ke lomba kusala na nswalu kibeni sambu yo ta sadisa na bampusa yango. Yo ke sadisa sambu na kuzaba mutindu ya kupesa lusadisu na kimvuka. Bansiku ke sadisaka diaka na kutomisa mutindu ya kutambusa mambu na bimvuka mpi na babwala ya luswaswanu.

Mutindu ya kusadila yo mpi kulanda manaka mbote

Nsiku ya me fwana sambu na kupesa lusadisu na bantu ya kele na mpasi mpi bansiku ya fioti-fioti ke sadisa sambu na kuyidika mutindu ya kukwenda kupesa lusadisu mpi lukanu na yo kele ya kupesa lusadisu ya me fwana mpi ya mbote na bantu yina kele na mpasi. Kupesa lusadisu ya me fwana na bantu yina kele na mpasi mpi mutindu ya kutambusa mambu ti bamfumu ya luyalu ya bwala to ya insi na beno kele mfunu mingi sambu na kulungisa lukanu yina na babwala yonso.

Mambu ya mfunu mpi bima ya ke sadisaka sambu na kubaka lukanu kele ti muntu yina bo me tulaka sambu na kutala diambu yina ke lomba kusadisa na nswalu kibeni, kutula ntalu ya mambu yina bo me yidika mpi kutambusa mambu na babwala yonso. Kusala mutindu yai ke mfunu sambu na kukwenda kusadisa bantu na babwala na bo mpi yo ke yedisa makuki ya bantu na kulungisa bampusa na bo. Mambu ya mfunu mpi bima ya ke sadisaka sambu na kubaka lukanu ke monisa mutindu ya mbote ya kupesa lusadisu. Yo ke monisa mpi mutindu ya mbote ya kutadila diambu mosi buna, ya kupesa lusadisu na mpasi mosi buna yina beno me zaba mpi kusala na mpila nde bampasi yina kuvanda diaka mingi kibeni ve.

Mutindu bo me sala manaka ke monisa mitindu mingi ya kukwenda kupesa lusadisu, mumbandu, kupesa bantu ya kele na mpasi madia, mbongo, kutula bo na bisalu to kusala mambu yai yonso. Ya kieleka, mitindu yai yonso ya kukwenda kusadisa bantu ya kele na mpasi ke sobaka malembe-malembe. Bansiku ya fioti-fioti ke tadila mambu yina yo ke lomba kusala kansi ve mutindu bo ta pesa bantu lusadisu.

Kupesa bantu ya kele na mpasi mbongo, kele mpi na kati ya manaka yina bo me yidikaka sambu na kukwenda kupesa lusadisu na bantu ya kele na mpasi. Mukanda yai mpi bakapu na yo yonso ke tubila mutindu ya kupesa mbongo sambu na kusadisa bantu ya kele na mpasi. Mbongo lenda sadisa sambu na kulungisa bampusa ya bantu ya babwala ya luswaswanu to sambu na kulungisa bampusa ya bwala mosi buna. Mbongo lenda sadisa mpi sambu na kutelemina mambu ya ke tadila kutula ntalu ya bankento yina kele ti nswa ya kubumba mbote bima mpi bankento yina kele ti nswa ya kubaka balukanu. Bamfumu ya luyalu me fwana kibeni na kupesa lusadisu na bantu yina kele na mpasi mpi na kuzitisa bansiku yina babwala me tulaka. Beno fwete

Kutadila mambu ya ntangu yai mpi ya bilumbu ke kwisa

- Nani kele ti maladi?
- Bampusa mpi kima yina lenda beba kukonda mpasi
- Mayele ya nkaka mpi makuki ya kuyikana nswalu
- Kukatula? Kunata yo kisika ya nkaka?
- Banani kele bantu ya maladi yina fwete baka lusansu na nswalu yonso?

- Kuyindula kusala diambu ya mbi mpi bigonsa ya kukonda kuditanina
- Diambu ya me tala lutaninu mpi bansiku
- Kupesa lusadisu
- Kusadisa bantu ya kele na mpasi?
- Kigonsa yina kusoba ya bangonda ke nataka

- Kimvuka ya kele ti makuki ya kubaka lukanu mpi kuzakana ti bamfumu
- Makuki mpi ngindu ya bantu yina fwete pesa lusadisu
- Mambu yina bamfumu me yidika sambu na kupesa lusadisu mpi bantu ya nkaka
- Mfunu ya bantu yina ke yambaka bantu

- Bima mpi bisalu yina kele
- Makambu ya metala zandu mpi bantu ya ke teka mpi ya ke sumba
- Mingi ya kisalu ya kutunga banzila
- Bantu ya ke pesaka bisalu (yo vanda bisalu ya mbongo to ya nkaka)
- Makuki ya me fwana mpi ya kingolo-ngolo

Kutadila diambu mosi buna mpi kusala yo nswalu

Inki mambu yo ke lomba kutubila? Yo ke tadila banani? Na nki ndambu? Na nki ngonda? Yo ke tadila nki bansiku?

Kutadila mbote mambu mpi kusosa kuzaba mutindu ya kupesa mvutu

Ndima mambu ya mbote na kutadila disolo na beno:

- Kundima nswalu kusala kisalu mosi buna
- Kukabula bima
- Kupesa lusadisu kukonda kubaka mbongo
- Kuwakana sambu na kupesa lusadisu kukonda kubaka mbongo
- Kupesa bima sambu na kusadisa bantu

Kaka awa, nge lenda pona bamvutu na mutindu nge tadilaka na:

- Kusala na nswalu yonso diambu mosi buna mpi dibaku ya mbote
- kulungisa diambu mosi buna
- Makuki
- Luzitu

- Malanda ya lutaninu
- Ngolo mpi lufutu
- Kudindamana
- Mambu ya me tala insi
- Bamfumu ya politique

Kuvanda ti manaka ya me simbama na mambu ya mbote mpi mukumba

Lentille kele mfunu mingi

- Dati ya kupanzana na yina me tala kuzaba kana muntu kele bakala to nkento, mvula ya muntu mpi kukonda makuki
- Lutaninu mpi kima yina lenda beba kukonda mpasi
- Ntangu ya diambu mosi buna lenda sala

Kusolula mpi mukumba

- Bimvuka ya me tala bakomantere mpi bansangu ya mpasi
- Kimvuka ya ke sala mambu na ndonga sambu na kubaka lufutu yina bo me kana
- Kuwakana yina bantu me salaka

Kulandila mambu yina disolo ke tubila, mambu yina me salama, kuyela ya mambu mpi mbutu yina yo ke buta

- Kupona bantu yina fwete pesa bansangu
- Kukotisa mupepe ya mbote na kisika yina kele ya kukanga

Kusoba diambu mosi na mayele yonso mpi kubasisa yo

- Kundima kusala mpi kudipesa na diambu mosi buna
- Bangidika yina bntu ya bwala me bakaka mpi bunkete
- Kusala na kimvuka

Kubakisa mbote disolo sambu na kusadila bansiku (Kifwanisu 1)

sadila mbongo yina bantu ke pesa na kutadila bampusa ya bantu ya bwala na beno, disolo yina beno ke tubila, mutindu mambu ke salama na zandu mpi kutadila mutindu mambu lenda salama.

Babwala yonso ve ke sepelaka ti manaka yina zandu ke tulaka. Mumbandu, bantu yina ke kwendaka kuteka bima to bantu yina ke kwendaka kupesa lusadisu na mutindu ya nkaka. Bantu ya ke pesaka bankisi mpi madia na baopitale lenda sadisa mpi bantu yina ke pesaka dezia lusadisu na baopitale ya bwala sambu yo kele ve bazandu.

Sambu na kuzaba mutindu ya kupesa lusadisu, yo kele mfunu na kusolula ti bantu, kutadila mbote bazandu, kusosa kuzaba mutindu bantu ke salaka bisalu, kubakisa mutindu kimvuka ya ke talaka mambu ya madia ke salaka mpi bisika ya kulala. Yo ke lomba kulandila diaka kisalu yai ya kupesa lusadisu na nima ya mwa ntangu sambu na kusosa kuzaba kana mambu ke tambula mbote to ve ⊕ *tala Appendix: Kupesa bantu bima na bazandu*.

Kutula mambu na ndonga

Kana bantu yonso ya kele na mpasi to kimvuka mosi buna kusadila ve bansiku ya Sphère, yo ta lomba kusosa kuzaba diaka mbote bikuma, kutendula mambu ya mpasi mpi kutubila mambu yina ke lomba nde yo soba. Sosa kuzaba mambu ya mbi, tanga mpi bigonsa yina lutaninu lenda nata mpi mavimpi ya bantu yonso (*santé publique*). Sonika mambu yongo yonso mpi sala ngolo kibeni na babwala yina ya nkaka na mpila nde nge zaba bima ya me fwana sambu na kupesa bantu yina kele na mpasi sambu na kulembika mpasi na bo.

Kukengila, kutadila diambu mosi buna, kusadila mukumba na mutindu ya mbote mpi kulonguka

Kukengila, kutadila diambu mosi buna, kusadila mukumba na mutindu ya mbote mpi kulonguka kele mfunu mingi na ntangu ya kubaka balukanu ya mbote ya me fwana yina me simbama na mambu ya kele masonga. Kukengila, kutadila diambu mosi buna, kusadila mukumba na mutindu ya mbote mpi kulonguka ke sadisa bamanaka ya bantu yina ke kwendaka kupesa lusadisu na bantu ya kele na mpasi sambu na kuyikana ata mambu mosi buna me soba na luzingu na bo. Konso nsiku kele ti mambu yina bo lenda tala sambu na kusosa kuzaba kana yo ta lunga, na mutindu ya mbote kibeni sambu na bantu yonso to kana kele diaka ti mambu mingi ya nkaka ya kusala. Kutadila mbote mambu ke sadisaka sambu na kuyedisa mutindu ya kusala mambu ti mayele mpi kusadila mukumba na mutindu ya mbote. Kukengila, kutadila diambu mosi buna, kusadila mukumba na mutindu ya mbote mpi kulonguka ke sadisaka mpi na kuyedisa mayele ya mingi na yina me tala kupesa lusadisu na bantu yina kele na mpasi.

Sosa kuzaba bisika yina mpasi lenda katuka mpi makuki ya bantu

Ngogo "bantu" yina bo me sadila na bisika yonso na mukanda yai kele ti bantendula mingi, yo ke monisa kivuvu yina Sphère kele na yo nde muntu yonso kele ti mfunu ya luzitu mpi ya lusadisu. Ngogo "bantu" lenda tendula babakala, bankento, bana babakala mpi bana bankento, yo vanda bo kele bambuta to baleke, yo vanda bo kele ti bifu na nitu to ve, yo vanda bo ke zingaka na insi ya nkaka, yo vanda bo kele ndombe to mindele, kukonda kutala ndinga yina bo ke tubaka, mavimpi na bo, to titre ya nkaka yina bantu lenda sadila sambu na kuzaba bo.

Bantu kele ya kuswaswana na yina me tala kiyeka mpi makuki yina bo kele na yo. Bantu mpi bimvuka kele ve ti makuki ya mutindu mosi, bampusa mpi mambu ya pete yina lenda soba malembe-malembe. Mambu bonso; bamvula ya muntu, kuvanda nkento to bakala, kuvanda bantu ya kele ti bifu na nitu to bantu yina ke belaka, lenda kanga bantu nzila na kusosa ve lusadisu. Mambu yai mpi ya nkaka lenda pusa bantu na kuzinga ve na bumosi. Kusolula mbote kibeni ti babakala, bankento, bana bankento ti bana ya babakala ya bamvula mpi ya babwala yonso (yo vanda bo me kabula bo to ve) kele mfunu sambu na kusala manaka ya mbote. Kana nge kele leke to mbuta, mama to mwana ya nkento, muntu ya kele ti kifu na nitu to muntu yina kele na kikanda mosi ya fioti, yo ke tendula ve nde nge ta kutana ve ti maladi to diambu mosi ya mpasi. Kansi, kuwakana ya mambu ya kele na disolo yina lenda yedisa makuki na nge ya kukwenda kupesa lusadisu na muntu to na kimvuka yina kele na mpasi.

Mbala mingi, bantu yina ke zingaka na bumosi mpi na bimvuka lenda kutana ti maladi to mpasi mosi buna sambu bo ke zingaka na bisika ya ntama kibeni, bisika ya ke pesa boma, bisika yina bantu lenda kwenda na mpasi, to bo ke zingaka na babwala ya ntama mingi kibeni; bisika yina yo lenda vanda mpasi mingi kibeni sambu na kukwenda kupesa bo lusadisu mpi bo ke vandaka ve na lutaninu. Bantu lenda pesa ve lusadisu na bimvuka ya nkaka mpi bo lenda kuma kupona-pona na yina me tala insi yina bo kele, bwala na bo, ndinga yina bo ke tubaka, dibundu yina bo ke sambilaka to sambu bo kele na kimvuka ya politike mosi buna, yo yina yo ke lomba dikebi ya me fwana sambu na kukonda kuvanda ti kikalulu ya kupona-pona.

Kana bimvuka ke vukana sambu na kusala manaka mosi buna, kana bo ke sala mbote kisalu ya kukwenda kupesa lusadisu na bantu ya kele na mpasi, kana bo ke vukana ti bantu yina ke pesaka lusadisu, bo lenda baka lufutu yina ta zinga mingi. Kuvukana mpi kusadisa bantu ya kele na mpasi kele mfunu mingi sambu bo zinga na mutindu ya mbote kibeni.

Kupesa bansangu

Bantangu ya nkaka, yo ke vandaka mpasi na kuzwa bansangu to kutubila mambu ya me tala bantu. Yo yina, bansangu ya me tala bunkete ta monisa bampusa mpi bupusi yina yo kele na yo sambu na bimvuka ya luswaswanu. Yo ke sadisa sambu na kuzaba bantu yina kele na kigonsa kibeni, kusosa kuzaba kana bo lenda pesa bo lusadisu to ve, to kana yo ke lomba kusala ngolo sambu na kukwenda kusadisa bo bisika yina bo kele. Kana mpila kele, sosa kukabula bansangu na ndonga sambu na kubakisa luswaswanu yina kele na kati ya bakala ti nkento, mvula ya muntu mpi muntu yina kele ti kifu na nitu, bisika yina bantu ke zinga, bwala na bo, ndinga yina bo ke tubaka, dibundu yina bo ke sambilaka to konso kima yina lenda sala nde bantu kuvanda ve ti kikalulu ya kupona-pona ntangu bo ke kwenda kupesa lusadisu.

Sambu na bansangu yina me tala bamvula ya muntu, nge fwete sadila kimvuka mosi ya basoda ya mvula mosi ya insi na beno, na kisika ya kusala bimvuka ya basoda ya bainsi mingi. Kana kimvuka ya basoda ya mvula mosi ya insi na beno kele ve, nge lenda sadila tablo yai ya kele na zulu. Kusadila mupepe ya mbote lenda sadisa sambu na kutubila konso kimvuka, mumbandu, babebe yina me katuka kubutuka, bana, batoko, bankento mpi minunu.

Sexe	Kuvanda ti kifu	Bamvula ya muntu									
		0−5	6−12	13−17	18−29	30−39	40−49	50−59	60−69	70−79	80+
Nkento	Kukonda kifu na nitu										
	Kuvanda ti kifu na nitu										
Bakala	Kukonda kifu na nitu										
	Kuvanda ti kifu na nitu										

Bana

Bana ke matisaka ntalu ya bantu ya ke kutana ti mpasi mosi buna, kansi mbala mingi yo ke monanaka ve. Makuki mpi bampusa ya bana ke sobaka na kutadila bamvula na bo mpi mutindu bo ke yela. Yo ke lomba kubaka bangidika sambu na kutanina bana na konso diambu yina lenda natila bo bampasi mpi kusadisa bo na kuvanda ti banswa na konso kisalu yina.

Na ntangu ya mpasi, bana lenda kutana ti bigonsa yina lenda nata bo na lufwa, mumbandu: kukonda kuvanda na mavimpi ya mbote, kukabwana ti mabuta na bo, kuniokula bo, kukotisa bo na kisalu ya kisoda, nku, kusala bantu mambu ya mbi mpi kuladisa bankento na ngolo, yo ke lombaka kupesa lusadisu nswalu na mambu yai yonso.

Kele ti mitindu mingi ya kumona bigonsa yina lutaninu ke nataka. Mumbandu, bo lenda kotisa bana babakala ya batoko na kisoda to kunata bo na bisika yina bo ke salaka bisalu ya ngolo. Bo lenda nata batoko ya bankento na ngolo sambu bo kuma bampika ya kuvukisaka nitu ti bo to bo kuma kusadila bo sambu na kusala bantu mambu ya mbi. Bo lenda yambula bana yina kele ti bifu na nitu bo mosi. Bana bankento yina kele ti bifu na nitu kele ti mfunu ya lutaninu kibeni sambu bantu lenda vukisa nitu ti bo na ngolo, kuvukisa nitu ti bo na mutindu ya mbi to bo lenda kuma bibuba.

Yo ke lomba kusosa kuzaba mbote mabanza ya bana babakala ti ya bankento ya bamvula yonso mpi ya babwala yonso, sambu mabanza yina lenda vanda ti bupusi na mutindu bo ke pesa lusadisu, mutindu ya kutambusa mambu mpi mutindu ya kutadila yo. Mukanda *La Convention relative aux droits de l'enfant* ke tuba nde mwana yonso yina kele ti bamvula na nsi ya 18, yandi kele kaka mwana. Yo ta lomba kutadila mbote mutindu bantu ya kele na mpasi ke tendula ngogo mwana sambu yo sadisa bo na kupesa muntu yonso lusadisu.

Minunu

Na bainsi mingi, minunu kele mpi na kati ya bantu, kansi mbala mingi bantu ke tudilaka bo dikebi ve na ntangu bo ke kwendaka kupesa lusadisu na bantu ya kele na mpasi.

Na bisika ya nkaka, bo ke bingaka mununu nde nkaka ya bakala mpi nkaka ya nkento to yo ke monanaka na bidimbu ya nitu, mumbandu na nsuki ya mpembe, kansi ve na mvula yina yandi kele na yo. Ata bantu ya nkaka ke tubaka nde minunu kele bantu yina kele ti bamvula banda na 60 ti na zulu, bo lenda binga mpi muntu yina kele ti bamvula 50 mununu, kana yandi kele na luzingu ya mpasi yina ke lomba nde bo sadisa yandi.

Minunu kele ti mayele mpi nzayilu ya mingi sambu na kusala mambu. Bo ke salaka bonso minganga, bantu ya ke taninaka mbote bima, bantu ya ke tambusaka mbote mambu mpi bantu yina kele ti bansangu ya me fwana. Mbala mingi, minunu ke zabaka binkulu mpi masolo ya ntama, kana muntu kele ti mfunu ya kuzaba diambu mosi yina lutaka na ntangu ya ntama yandi lenda kwenda kuyula bo. Kuvanda na kingenga, kulemba nitu, kukonda lusansu ya mbote na mabuta mpi sambu na bantu ya nkaka, bamaladi yina ke manaka ve, bampasi yina kukonda kisalu ke nataka to kuyindula mingi ke salaka nde bo tudila ve minunu dikebi ntangu bantu ke kwendaka kupesa lusadisu na bantu ya kele na mpasi.

Sosa kuzaba ntangu bantu ke kwendaka kutala minunu kana bo ke tudilaka bo mpi dikebi ntangu bantu ke kwendaka kupesa lusadisu na bantu ya kele na mpasi. Yo ta vanda mbote na kutadila bisalu, kisika ya kuzinga, bansangu ya me fwana, mambu yina muntu fwete sala na kutadila mvula na yandi mpi kusadila bansangu ya mbote na kutadila mvula ya muntu sambu na kulandila mbote mambu mpi kuvanda ti manaka ya mbote.

Nkento to bakala

"Kusosa kuzaba kana muntu kele nkento to bakala " ke tadila mutindu bo ke tubilaka baluswaswanu yina kele na kati ya babakala ti bankento na bunda ya luzingu na bo ya mvimba. Baluswaswanu yai lenda soba malembe-malembe na kutadila diambu yina bo ke tubila. Mbala mingi, bo ke tendulaka mutindu ya kuzinga na bisalu ya kuswaswana, mikumba, kiyeka mpi banswa yina bankento kele na yo, bana bankento, bana babakala mpi babakala. Kuzaba luswaswanu yai mpi mutindu yo ke sobaka na ntangu ya mpasi kele mfunu mingi sambu na kusala manaka ya mbote ya kukwenda kupesa lusadisu na bantu ya kele na mpasi mpi kuzitisa banswa yina bantu kele na yo (*le respect des droits de l'homme*). Bampasi lenda vanda mutindu ya mbote ya kubakisa luswaswanu yina kele na kati ya nkento to bakala mpi kusiamisa bantu na kuzinga na kimpwanza mpi mukumba yina bankento, bana bankento, bana babakala mpi babakala kele na yo.

"Kusosa kuzaba kana muntu kele nkento to bakala" ke tendula kaka ve kuzaba kinama ya kinkento to ya kibakala ya muntu, kansi mambu ya luzingu ya muntu.

"Kusosa kuzaba kana muntu kele nkento to bakala" ke tendula kaka ve "bankento". Ata mbala mingi bankento mpi bana bankento ke kutanaka ti mambu mingi na yina me tadila bankento, babakala mpi bana babakala kele ti mambu yina me tadila bo mpi. Manaka ya ke tubaka nde bankento mpi babakala kele kaka mutindu mosi ke siamisa bantu na kusala kinduku ya mbote mpi kutadila mambu ya bankento, bana bankento, babakala mpi bana babakala na bukati-kati.

Kuvukisa nitu na ngolo ti nkento to bakala

"Kuvukisa nitu na ngolo" ke tubila kuvukisa nitu yina me tadila bakala mpi nkento. Yo ke tubila kibeni luswaswanu yina kele na kati ya babakala ti bankento ya kele na kisina ya mambu yai ya me tala kuvukisa nitu na ngolo ti bankento mpi bana bankento na ntoto ya mvimba. Bampasi lenda sala nde mitindu ya kuvukisa nitu na ngolo kukuma mingi mpenza, mumbandu, ti nkwelani na nge, kukwedisa bana ya fioti, kuvukisa nitu na ngolo mpi kusala bantu mbi.

Bimvuka kele ti mukumba ya kubaka bangidika sambu na kutanina bankento yina bo ke vukisaka nitu ti bo na ngolo na ntangu ya mpasi mosi buna, yo vanda na bisika ya bisalu na bo mosi. Kana diambu mosi ya mbi me salama, bamfumu ya luyalu fwete landila mbote kibeni diambu yango mpi bo fwete sambisa mambu yango na masonga yonso.

Bantu yina kele ti bifu na nitu

Na ntoto ya mvimba, bantu kiteso ya 15 % kele ti bifu na nitu. Na kati na bo, beto lenda tanga; bantu yina kele ti bifu na ndambu mosi ya nitu, bantu ya maladi ya kilawu, bantu yina me zanga kitini ya nitu ya nkaka to kitini ya nitu yango ke salaka diaka mbote ve banda bamvula mingi, yo lenda sala nde bo zinga mbote ve ti bantu ya nkaka, yo vanda na bisika ya bisalu.

Na yina me tala dibanza ya bantu ya ke kwendaka kupesa lusadisu na bantu ya kele na mpasi, bantu yina kele ti bifu na nitu ke kutanaka ti mambu mingi ya mpasi; bampasi na bisika yina bo ke zingaka, na bataksi, sambu na kuzaba bansangu mpi kusolula ti bantu ya nkaka, kukota na ba WC (toillete) to kusala na babiro yina ke kwendaka kupesa lusadisu na bantu ya kele na mpasi. Bantu yina ke yidikaka manaka ya kutanina mpi ya kukwenda kupesa lusadisu fwete tadila mbote makuki mpi bampusa ya bantu yonso yina kele ti bifu na nitu mpi kusala ngolo sambu na kumanisa mambu ya mpasi yina ke kuminaka bo, kukonda kusolula ya mbote to mutindu nitu na bo kele ke pesaka bo ve nzila ya kubaka to ya kupesa lusadisu na bantu ya kele na mpasi. Diambu ya mpasi sambu na bankento mpi bana bankento yina kele ti bifu na nitu kele nde, yo lenda kuma mbi mingi kana bantu ke vukisa nitu ti bo to ke sadila bo mambu na nku yonso.

Tala bareferanse yai: Questions du Groupe de Washington concernant la ventilation des données en fonction du handicap et Normes minimales d'inclusion de l'âge et du handicap dans l'action humanitaire, pour en savoir plus.

Bantu yina kele ti sida mpi bantu yina me baka yo

Kuzaba ntalu ya bantu yina kele ti Sida na disolo mosi buna kele mfunu mingi sambu na kuzaba bantu yina kele ti yo mpi bigonsa yina yo ke nataka sambu na kukwenda kupesa lusadisu ya me fwana. Ntalu ya bantu yina kele ti Sida lenda kuma mingi kana muntu yina kele na yo ke sala banzietelo na babwala ya nkaka mpi bampasi lenda sala nde bo baka mbote ve lusansu, kisika bo ke pesaka bantu ya kele ti Sida bandongisila, kusansa bo mpi kupesa bo bima ya ofele yina bo kele na yo mfunu. Yo kele mbote kubaka bangidika ya me fwana sambu na kuditanina na bantu yina ke vukisaka nitu ti bankento na ngolo mpi bantu yina ke sadilaka bo mambu na nku yonso na ntangu ya mpasi. Mambu lenda kuma diaka mbi mingi na bantu yina kele ve ti kinama mosi buna mpi kusadila bantu ya kele ti bifu na nitu mambu na nku yonso, kusosa kuzaba kana muntu yina kele nkento to bakala mpi mambu ya ke tadila kuvukisa nitu. Mambu ya mutindu yai lenda lembisa bantu ya kele ti Sida na kukonda kusosa lusadisu na bantu yina ke kwendaka kupesa lusadisu na bantu ya kele na mpasi ntangu bo kele na mpasi. Bantu yina kele ti Sida lenda vanda diaka ve ti kikesa ya kulomba lusadisu ntangu bo kele na mpasi ata kana lusadisu yango kele. Kuvukisa nitu ti muntu na ngolo, kusadila muntu mambu ya nku mpi kusadila mayele ya mbi, mumbandu, kusala kindumba sambu na kuzwa mbongo lenda natila muntu kimbefo ya Sida, mingi-mingi, bankento, bana bankento mpi bimvuka LGBTQI. Bantu mingi yina lenda baka Sida kukonda mpasi kele babakala yina ke vukisaka nitu ti babakala, kutobula na nitu bima yina ke lawusaka, bantu yina ke zolaka kuvukisa nitu mingi; bana yina kele ve na mvula ya kuvukisa nitu, bantu yina kele ti bifu na nitu, bantu yina kele na baboloko mpi bantu ya nkaka yina kele na bisika ya kingenga   *tala Baopitale – Kuvanda na mavimpi ya mbote sambu na kuvukisa nitu mpi kubuta bana, nsiku ya 2.3.3: SIDA.*

Mambu bonso kutambula diaka mingi ve na nima bamvula mpi kuyidika mambu sambu bantu yina kele na mpasi kubaka lusadisu lenda sala nde bantu mingi kubaka ve Sida. Sambu na kuyambula kikalulu ya kupona-pona, bantu fwete ktadila ve bantu ya kele ti Sida na mutindu ya mbi mpi ntalu ya bantu yina kele na yo mpi kusala bikesa sambu bantu kusadila bo ve mambu na nku yonso. Bantu yina kele ti Sida kele ti mfunu ya luzitu, ya kuzinga na ngemba mpi bantu fwete sadila bo mambu ya mbote na bisika ya bisalu.

Bantu ya kimvuka ya LGBTQI

Bantu yina ke vukisaka nitu bankento ti bankento, babakala yina ke vukisaka nitu ti babakala mpi babakala yina ke sobaka binama ya nitu na bo sambu bo kuma bankento to bankento yina ke sobaka binama ya nitu na bo sambu na kukuma babakala mpi bantu yina kele ti binama ya kuvukisa nitu ya kinkento mpi ya kibakala, mbala mingi bo ke sadilaka bantu yai mambu na nku yonso, ke sakanaka ti bampusa na bo mpi ke vukisaka nitu ti bo na ngolo. Yo lenda vanda mpasi kibeni sambu na kupesa lusansu na bantu ya mutindu yai, kuzwa nzo ya kulala, kusala banzo-nkanda, kuzwa bisalu, kubaka bansangu mpi kusala kisalu ya kuyidika babiro ya bantu yina ke kwendaka kupesa lusadisu. Mbala mingi, bo ke tulaka ve bantu yai na manaka sambu na kupesa bo lusadisu, mingi-mingi na yina me tala bisika ya kulala mpi ntangu bo ke kabula madia. Mambu yai yonso ya mpasi ke vandaka ti bupusi na mavimpi mpi na mutindu na bo ya kuzinga mpi yo lenda natila bo bampasi na bilumbu ke kwisa. Na ntangu ya kuyilama mpi ya kutubila mutindu ya kukwenda kupesa lusadisu, yo ta vanda mbote na kubaka bangidika ya lutaninu mpi ya mbote ya me simbama na bumosi. Yo ta vanda mbote na kutadila bantu mpi bimvuka ya LGBTQI ntangu yonso yina bantu ya ke kwendaka kupesa lusadisu na bantu ya kele na mpasi ke kwenda kupesa lusadisu.

Bantu ya ke belaka maladi ya ntu mpi lusadisu ya mabanza

Bantu ke monisaka mawa na bo na mutindu ya kuswaswana ntangu mpasi mosi buna ke kuminaka bantu yina ke kwendaka kupesa bantu ya kele na mpasi lusadisu. Mpasi ke kumaka mingi sambu na bantu ya nkaka, kana bo nata bo na bwala ya nkaka na ngolo, kana bo ke zinga ntama ti mabuta na bo, kana bo kutana ti mambu ya nku to kana bo vandaka kubela maladi ya ntu na ntangu ya ntama. Yo kele mfunu na kupesa bisalu ya me fwana mpi ya lutaninu na kutadila mutindu bantu ke zingaka na bumosi mpi na babwala sambu na kutanina bantu yina ke niokwama na mabanza mpi kusala na mpila nde bantu kusadila bo diaka ve mambu ya nku.

Kupesa maboko na kimvuka yina ke pesaka lusadisu ya mabanza mpi na bantu ya kele na mpasi kele mfunu sambu na kubongisa kisika yina ta sadisa bantu yina kele na mpasi na kusadisana sambu bo zinga diaka mbote na kimvuka mpi ti mabanza ya mbote. Kukwenda kusadisa muntu, dibuta to kimvuka mosi buna (yo vanda mpi bantu yina ke kwendaka kupesa lusadisu na baopitale) kele mfunu kansi yo ke lombaka kaka ve kunata yo na bantu ya mayele yina me longukaka mingi mambu ya bantu yina ke belaka maladi ya ntu. Yo lenda vanda mpi bantu yina bo ke pesaka formasio mpi bantu yina ke tambulaka sambu na kulanda kisalu mosi buna   *tala Baopitale ya mfunu, nsiku ya 2.5: Bantu ya ke belaka maladi ya ntu.*

Mbala mingi, bantu yina kele na mpasi mosi buna ke tubilaka mambu ya kimpeve to ya dibundu mosi buna mpi bo lenda kangama na dibundu mosi buna. Bo ke sadilaka mayele na bo mpi yo ke vandaka ti bupusi na mutindu ya kukwenda kupesa lusadisu na babwala mingi kibeni. Bantu yina ke kutanaka ti bampasi ke bakaka mambote mingi kana bantu yina ke kwenda kupesa bo lusadisu ke tula dikebi na mabundu yina bantu ya kele na mpasi ke sambilaka. Bimvuka ya mabundu yina kele dezia lenda sadisa kukonda mpasi bantu yina ke kwendaka kupesa lusadisu na bantu yina kele na mpasi. Mukanda yina kele ti nswa ya bantu ke tuba nde bantu yina ke salaka na kimvuka yina ke kwendaka kupesa lusadisu na bantu ya kele na mpasi fwete sosa kuzaba mbote kibeni dibundu yina bantu ya kele na mpasi ke sambilaka. Bisadilu kele mingi yina lenda sadisa bo sambu na kubakisa yo.

Kuzaba mutindu mambu yango ke salamaka

Mitindu kele mingi sambu na kukwenda kupesa lusadisu na bantu ya kele na mpasi: na babwala tii na bambanza, na bimvuka ya basoda yina ke wakana ve na kati na bo tii na bisumbula yina ke salamaka na kintulumukina mpi mbala mingi mambu yai yonso ke salamaka na kimvuka malembe-malembe. Lusadisu ya me fwana sambu na kukwenda kupesa lusadisu na bantu ya kele na mpasi kele na mitindu ya luswaswanu na yina me tala kisika yina bo kele, lutaninu, kimvuka, mutindu ya mbote ya kutanina mambu, mambu ya politike mpi kisika yina bantu ke zingaka. Ata bo salaka mwa bansiku na lukanu ya kupesa nswalu lusadisu sambu na kugulusa luzingu ya bantu, bo ke sadilaka yo na kimvuka yina ke kwendaka kupesa lusadisu na bantu yina kele na mpasi, yo lenda vanda sambu na mwa bilumbu, bamposo to bangonda to mpi sambu na bamvula mingi. Yo ke lombaka kusoba mitindu ya kukwenda kupesa lusadisu na bantu ya kele na mpasi, kusosa kuyikana mpi kukonda kuvanda ti kimpwanza na yina me tala kupesa lusadisu. Kutadila mbote disolo mpi dikambu mosi buna ta sadisa sambu na kuzaba ntangu ya me fwana sambu sambu na kusadila manaka na kisika yina bantu ke zingaka, bonso mambu ya mpa ya ke tadila lutaninu to musipu to mvula, mumbandu bangonda yina bamvula ke nokaka mingi.

Kutadila ntangu yonso bupusi yina kupesa lusadisu kele na yo ti bikesa yina bantu ya babwala yina beno ke zingaka ke salaka, mumbandu, bima ya kuteka, bisalu to kudefisa bantu bakaminio kele mfunu mingi sambu na kundima kibeni nde bantu yina ke kwendaka kupesa lusadisu na bantu ya kele na mpasi ke manisaka kukonda kuwakana ☀ *tala Munsiku ya ke tanina bantu 2*. Kana bampasi ke mana nswalu ve, kusala mambu na bulembu lenda sala nde bampusa kukuma mingi mpi bantu yina lenda kutana ti mambu ya mpasi, yo yina yo ke lomba bikesa ya mingi sambu na kuvanda na lutaninu mpi kukanga ntima na konso diambu yina ya mpasi. Bantu ya nkaka lenda sepela ti bikesa yai mpi lenda zabisa yo bantu yina ke talaka kuyela ya mambu to na kusala mbote mambu ti bo.

Bantu yina ke tambwisaka mambu, bonso mambu ya me tala bimvuka, kele mfunu mingi sambu na kukabula mbote bisalu mpi mikumba, sambu na kuzaba bigonsa mpi mambu ya mbote. Yo ta vanda mbote kibeni ve na kusala bisalu ya mingi mpi na kusadila na mutindu ya mbi bima yina bo ke pesaka. Kupesa bansangu mpi kuzaba mambu ya me tala bantu ya kisalu ti mutindu ya bo me yidika mambu mpi me tula yo na ndonga sambu yo sadisa na kutadila mbote mambu ya mpasi yina lenda kumina bantu ke kutomisaka diaka mambote yina lusadisu yina bo pesaka ke nataka.

Lusadisu yina bantu ya bainsi na beno mpi ya bainsi ya nkaka ke pesaka

Kuzaba kisalu ya mfunu yina bantu ke salaka mpi mukumba yina kimvuka ya ke yambaka bantu kele na yo kele mbote kibeni, yo yina, mukanda yai ke pesa lutwadisu na bantu yonso yina ke kwendaka kupesa lusadisu na bantu ya kele na mpasi mpi na bimvuka yina ke kwendaka kupesa lusadisu na bantu ya kele na mpasi sambu bo lenda sadisa kimvuka yina ke salaka kisalu ya kuyamba bantu sambu na kulungisa mbote mukumba na bo. Kana kuwakana kele na kati ya bantu, luzolo yina bamfumu ya luyalu to bantu ya nkaka ke vandaka na yo ya kusadisa bantu ta vanda ti bandilu.

Kisalu yina luyalu ke salaka na yina me tala kutwadisa mpi kutambusa mambu kele na mitindu mingi, munbandu:

- kimvuka mosi buna yina luyalu me tulaka sambu na kulandila mutindu mambu ke salama to mutindu bantu ke kwenda kupesa lusadisu na bantu yina kele na mpasi (bo ke bingaka bo Bamfumu ya luyalu ya ke landilaka mambu ya me tala bisumbula);
- kisalu mpi mukumba yina bamfumu ya luyalu kele na yo ya kutula bansiku na yina me tala madia ya ke tunga nitu, lusansu ya me fwana mpi minganga; mpi
- kukonda babiro ya insi, mumbandu na bisika yina bantu ke swanaka mingi. Kana mambu ya mutindu yai kusalama, yo ta vanda mbote kibeni kana bamfumu yina ke talaka kisalu ya kukwenda kupesa lusadisu kutula bantu na bo mosi sambu na kulandila mutindu mambu ke tambuka.

Bampasi yina ke manaka ve

Kana yo ke lomba nde bantu yina ke kwendaka kupesa lusadisu na bantu ya kele na mpasi fwete kwenda kupesa lusadisu na nima ya bangonda to bamvula mingi, yo ta vanda mbote na kusosa mitindu ya nkaka sambu na kusadisa bantu ya kele na mpasi sambu bo landa kuzinga na luzitu yonso. Sosa mpila ya kusala ti bantu yina ke pesaka mabako na bisalu yina ke salamaka dezia, bamfumu ya luyalu ya insi, bimvuka ya insi, bisalu ya ke taninaka bantu yonso to bamfumu ya ke talaka kuyela ya mambu sambu bo sadisa bantu yina kele na mpasi. Ntangu beno ke tadila mambu, yo ta vanda mbote kuzaba disolo yina yo ke tubila, lutaninu ya me fwana mpi mambu yina disolo lenda tubila na yina me tala banswa yina bantu ya ke na mpasi kele na yo. Yo ke tadila bantu yonso, yo vanda bankento to babakala, bambuta to baleke, bwala yina bo me katuka mpi bantu yina kele ti bifu na nitu, yo vanda mpi bimvuka yina ke kudikumisaka, na mutindu ya kutadila mambu, kusepela ti disolo, kubaka lukanu mpi na kulandila ti kutadila mutindu mambu ke salama. Yo ke lomba kusosa kuyidika mambu yina lenda lomba ntangu mingi na na nswalu kibeni. Bamfumu ya ke talaka mambu ya me tala kukwenda kupesa lusadisu na bantu yina kele na mpasi kele ti makuki ya kupesa lusadisu ya me fwana, lusadisu yai fwete vanda ya mbote kibeni.

Mbala mingi, bantu yina ke kutanaka ti bampasi ke salaka ngolo sambu na kulungisa bampusa na bo mpi na kuditanina. Bamfumu ya babwala to ya bainsi, bimvuka ya ke talaka mambu ya bantu (*les organisations de la société civile*), mabundu mpi bimvuka ya nkaka ke pesaka lusadisu ya me fwana. Sosa kuzaba bimvuka yina ke pesaka lusadisu mpi kana mpila kele, sadisa bimvuka yai sambu yo kwenda na ntwala na kisika ya kutuba mambu ya mbi sambu na bikesa yina bo ke salaka to kupesa bo diaka kisalu ya ngolo.

Bambanza yina kele bunkete

Bantu ke kuma kaka mingi na babwala, yo yina, bantu yina ke kwendaka kupesa lusadisu fwete yilama mbote na ntwala ya kukwenda kupesa lusadisu na bambanza. Bambanza yina kele ya bunkete me swaswana kibeni ti babwala ya nkaka na:

- **Ntalu ya bantu na kitamina ya mwa ntoto:** ntalu ya bantu ke kuma kaka mingi, banzo ya kulala, mambu yina ke sadisaka sambu na kubumba bima mbote, bansiku mpi mambu ya me tala bandinga na babwala ya fioti-fioti;
- **Mambu ya kuswaswana:** bimvuka ya luswaswanu yina ke zingaka na bumosi, bikalulu ya bantu ya bwala mosi buna, bimvuka ya politike, ya bandinga, bimvuka ya mabundu mpi kusadila bima mbote ke zingaka na bumosi; mpi
- **Ngolo:** bisika ya bunkete ke vandaka kitoko mpi yo lenda soba, yo lenda soba na nswalu kibeni mpi kimfumu yina lenda soba mbala mosi.

Mbala mingi, mfumu yina ke talaka mambu ya makwela ke vandaka ti bupusi na bamfumu ya leta, yandi ke salaka na kuwakana ti bantu ya nkaka ya mayele mpi ti babiro ya nkaka ya leta, mumbandu, bantu yina ke salaka na leta. Yo ke lombaka kutadila mbote bisalu ya mfunu, madia ya bo me bumba mbote mpi bima ya kuzingila, yo ke lombaka kutadila mbote mambu yai mpi bo fwete tula dikebi na bangiufula yina lenda pesa mpasi na bantu ya nkaka. Bantu yina ke zingaka na bambanza ke pesaka mbongo sambu na kufutila banzo, sambu na kusumba madia to kufuta mbongo ya opitale kana bo ke bela. Yo ke lomba kusadila bansiku ya fioti-fioti sambu na kuvanda ti luzingu ya mbote kukonda kuvingila lusadisu yina bo ke pesaka.

Bantu lenda sadila bansiku ya fioti-fioti ya mukanda yai Sphère sambu na kutula babiro ya bantu yina ke kwendaka kupesa lusadisu na bantu ya kele na mpasi na babwala yina kele bunkete, na bimvuka ya kartier mpi na babwala mingi-mingi kana bantu yina ke pesaka bantu bisika ya kuvanda kulomba lusadisu. Bimvuka yina bo me tulaka ya kele ti lukanu ya mutindu mosi, mumbandu, banzo-nkanda, bimvuka ya bantu yina ke bulaka nkweso, bimvuka ya bankento mpi bantu yina ke tambusaka bakaminio lenda sadila minsiku yai mbote. Kusala na bumosi ti bantu ya mayele ya insi na beno (mumbandu, babwala ya nkaka, bamfumu ya babwala, bamfumu ya Kartier, bimvuka ya bantu) me fwana sambu na kuyantika diaka kisalu, kupesa lusadisu mpi kuyidika diaka bisalu yina kele dezia na kisika ya kutula yo na bisika ya nkaka. Kuvila ve nde kimvuka yina ke kwendaka kupesa lusadisu na bantu ya kele na mpasi lenda pesa maboko na bangidika yina bo me bakaka sambu na kukwenda kukwedisa bantu na leta mpi na valere yina yo kele na yo ya kusala diaka mambu ya nkaka na ntangu ya mpasi mpi na bilumbu ya ntwala.

Na konso kisika yina, yo ta vanda mbote kibeni na kutula dikebi na mambu ya me tala mbongo mpi makuki yina bantu kele na yo, mumbandu, kusala mumbongo, mbongo, teknolozi, bisika ya bantu mingi, bantu yina kele ti makuki mpi kusoba ya kimvuka to ya bansiku ya bwala mosi buna, mambu ya mpasi mpi bangiufula yina bo ke yulaka na yina me tala lutaninu. Mutindu yai ya kutadila mambu lenda sadisa sambu na kubakisa mbote mutindu ya kukwenda kupesa lusadisu mpi mutindu ya kusadila yo; mumbandu, bo lenda pesa lusadisu ya mbongo to ya bima mpi kumonisa mutindu ya mbote ya kusadila bima yango. Na babwala yina bitwisi ke sadisaka sambu na kuzwa mbongo, yo ta vanda mbote na kutula bantu yina ta salaka na kuwanaka ti kimvuka ya ke pesaka lusadisu ti bamfumu ya zandu mpi na mambu ya me tala teknolozi sambu kupesa mbongo sambu yo sadisa bantu na mpila nde bisalu kusalama kukonda mpasi.

Banzo sambu na bimvuka ya bantu

Banzo mpi bisika yina bimvuka ya bantu ke salaka mambu, bisika yina bantu ke vukanaka mpi babiro ya nkaka ke yambaka bamilio ya bantu yina bo ke nataka na ngolo na babwala ya nkaka. Bantu lenda sadila bansiku ya mukanda yai Sphère sambu na kuzaba kana bantu ke kwendaka kupesa bantu ya kele na mpasi lusadisu na mutindu ya mbote. Yo lenda sadisa mpi sambu na kuzaba diambu ya kuluta mfunu na yina me tala bamanaka yina babwala mingi ke salaka sambu na kupesa mvutu na bantu ya ke talaka mavimpi ya bantu (santé publique) mpi kukuma ti nswa na babiro yina ke salaka mambu na luzolo yonso.

Na bimvuka ya bantu, yo lenda vanda mbote na kupona bantu yina lenda tambusa mambu na kisika yango, kusala mpidina lenda sadisa na kulungisa mbote mikumba mpi sambu bisalu ya kupesa madia kusalama na mutindu ya mbote kibeni. Ata mpidina, banzo sambu na bimvuka ya bantu lenda basisa mpi bampasi ya nkaka na yina me tala lutaninu ya bantu. Mumbandu, kana bo buya kupesa bantu banswa ya kimpwanza sambu na kukatuka na kisalu, bantu lenda kuma na mpasi ya kukota na bazandu to ya kuzwa mbongo sambu na kulanda kuzinga mbote. Yo ke lomba kutula mpi dikebi ya mingi na bimvuka ya ke salaka kisalu ya kuyamba bantu sambu kana bantu ke yindula bo ke sadila bo mambu na kupona-pona, mutindu ya kusala mambu yina yo vanda ya kieleka to ve lenda sala nde bantu kuwakana diaka mbote ve. Kana mambu ya mutindu yai me salama, kutubila banswa ya bantu yina mpi kutula dikebi na bampusa ya kimvuka ya ke salaka kisalu ya kuyamba bantu sambu na kusadisa bantu ya kele na mpasi, lenda sadisa bo sambu bo zinga na luzitu yonso.

Bisika yina kele ti basoda ya insi na beno mpi ya bainsi ya nkaka

Ntangu bimvuka ya ke kwendaka kupesa lusadisu na bantu ya kele na mpasi ke kwenda kupesa lusadisu na babwala yina basoda ya insi na beno to ya bainsi ya nkaka kele, yo kele mfunu na kuzaba bangonda to bamvula yina beno to bo ta sala na babwala yango mpi mutindu na bo ya kusala mambu, makuki na bo mpi bandilu na bo. Na mambu ya me tala bisumbula mpi kukonda kuwakana, bimvuka ya ke kwendaka kupesa lusadisu na bantu ya kele na mpasi lenda sala na kuwakana ti bimvuka yai ya basoda ya luswaswanu: bimvuka ya ngolo ya leta, bimvuka ya basoda ya ke talaka mambu ya luyalu, bimvuka ya bainsi ya nkaka yina ke kwisaka sambu na kutula ngemba mpi bimvuka ya nkaka. Bamfumu ya bimvuka yina ke kwendaka kupesa lusadisu na bantu ya kele na mpasi fwete vila ve mukumba yina bimvuka ya ngolo ya leta kele na yo ya kutanina mpi kukwenda kupesa lusadisu na bisika yonso yina bantu kele na mpasi. Kele ti bangonda to bamvula yina bo me tudilaka kimvuka ya basoda yina kele na insi na beno.

Minsiku ya kimvuka yina ke kwendaka kupesa lusadisu na bantu ya kele na mpasi fwete twadisa mambu mpi kuwakana yina kele na kati ya kimvuka yina ke kwendaka kupesa lusadisu na bantu ya kele na mpasi mpi kimvuka ya basoda na mitindu yonso. Kupesa bansangu, kuyidika mutindu ya kusala mambu mpi kukabula mikumba kele mambu tatu ya mfunu sambu na kutambusa mbote mambu ya me tala bantu mpi basoda. Ata bo lenda tubila bansangu ya me tala bamfumu ya ke talaka kimvuka ya ke kwendaka kupesa lusadisu na bantu ya kele na mpasi mpi kimvuka ya basoda, bo fwete tadila mambu yina bo ke kutana ti yo na bisika yina bo kele. Bimvuka yina ke tambusaka mambu ya kukwenda kupesa lusadisu na bantu ya kele na mpasi fwete pesa ve bansangu ya ke monisa bikesa yina bimvuka ya ke wakanaka ve ke salaka to kundimisa bantu mambu ya me tala lutaninu ya bantu.

Mbala mingi, bimvuka yina ke kwendaka kupesa lusadisu na bantu ya kele na mpasi lenda vanda ti mfunu ya lusadisu ya bimvuka ya basoda ntangu bo ke kwenda kupesa lusadisu na bantu ya kele na mpasi. Lusadisu yina basoda ke pesa bimvuka ya ke kwendaka kupesa lusadisu fwete vanda ya bima to lusadisu ya mitindu ya nkaka; bo lenda sadila lusadisu ya mitundu ya nkaka kana bo me mona nde mitindu ya nkaka ya kupesa lusadisu kele diaka ve.

Kuwakana mbote ti bimvuka ya basoda ke nataka mambote, mpi mambote yango ke monanaka na mutindu ya kuzinga na bumosi mpi mutindu kimvuka ya ke kwendaka kupesa lusadisu ke salaka mambu, yo ke lomba kutadila mbote na ntwala mambu yai. Mikanda ya ke pesa lutwadisu yina bainsi ya nkaka ke pesaka ke zabisa bimvuka yonso ya basoda na kundima mutindu kimvuka ya ke kwendaka kupesa lusadisu ke tambusa mambu ✧ *tala Nsiku ya me fwana sambu na kupesa lusadisu na bantu ya kele na mpasi Kuwakana ya 6* mpi *Bareferanse.*

Bupusi yina bisika bantu ke zinga ke vandaka na yo ntangu bimvuka ke kwendaka kupesa

Bisika yina bantu ke zingaka mpi ke salaka kele ti bupusi na mavimpi na bo, na mutindu na bo ya kuzinga mpi kuvutukila diaka luzingu na bo ya mbote na nima ya mpasi mosi buna. Yo kele mfunu na kuzaba mutindu bisika yina bantu ke zingaka kele ti bupusi na mabanza ya bantu yina kele na mpasi na kuvutukila diaka luzingu na bo sambu yo lenda vanda ti bupusi na mutindu ya kutadila manaka mpi ya kupesa lusadisu ya me fwana sambu na kunwana ti bampasi yina ke kwisa sambu yo vanda diaka ya mingi ve.

Bisalu yina bimvuka ya ke pesaka lusadisu na bantu ya kele na mpasi ke salaka kele ti bupusi yina ke monanaka na meso to ve. Diaka, sambu na kukwenda kupesa lusadisu na bantu ya kele na mpasi na mutindu ya mbote, yo ke lomba kutadila mbote mambu ya mpasi yina lenda kumina bantu mpi kuyindula mingi sambu na diambu yango. Bamanaka fwete vanda ve ti bupusi ya ngolo na bisika yina bantu ke zinga mpi kutula dikebi na mutindu ya kubumba madia, bataksi, mutindu ya kupona bisadilu to mutindu ya kusadila ntoto mpi mambu ya nkaka yina lenda tanina bisika yina bantu ke zingaka ✧ *tala Bisika ya mbote ya kupema mpi banzo, nsiku ya 7: Kisika bantu ke zingaka yina lenda sala bantangu mingi.*

Bainsi mpi babwala ya kinsukami kele ti makuki mingi ve mpi bisika yina bantu ke zingaka lenda kutana ti bisumbula mpi mambu yina lenda soba, mambu yai ke salaka nde bantu kukuma ti mabanza ya mbi ti na bisika yina bo ke zinga. Mambu yai ke vandaka ti bupusi na mavimpi, na mayele ya kusala mambu, na bima ya kuzingila mpi na mambu ya nkaka, mumbandu, lutaninu, luzitu mpi mutindu ya mbote ya kuzinga. Kana mambu me soba ve na bisika yina ntangu bantu ke kwendaka kupesa lusadisu ya me fwana na bantu ya kele na mpasi, kisalu ke salamaka mbote mingi ✧ *tala Nsiku ya me fwana sambu na kupesa lusadisu na bantu ya kele mpasi, Kuwakana ya 3, mpi 9* mpi *Kisika bantu ke zingaka yina lenda sala bantangu mingi.*

Appendixe
Kupesa lusadisu na bazandu

Kitini yai ke yika bangindu na bangongo ya luyantiku ya mukanda yai Sphère, yo kele ti bansangu mpi lutwadisu ya nkaka sambu na kuzwa bazandu na mpila nde bansiku ya fioti-fioti kukumina bantu yonso mpi yo sadisa bantu na kulungisa bampusa na bo na ntwala nde mpasi mosi buna kukumina bo. Yo me simbamba na bakapu ya mfunu mpi na bakapu ya ke tubila bisalu mosi buna. Yo yina, yo kele na kati ya bitini ya mfunu ya mukanda yai Sphère. Sambu na kupesa lusadisu ya me fwana, bamfunu ya bimvuka ya ke kwendaka kupesa lusadisu na bantu ya kele na mpasi fwete bakisa mbote bampusa yina kele dezia mpi bametode ya nkaka ya mbote sambu na kupesa lusadisu. Mutindu ya nkaka ya kutadila diambu yai kele kubakisa mutindu mambu ke salamaka na bazandu, na bima yina bantu kele na yo mpi bisalu yina kele na babwala, na bainsi, bimvuka ya bambanza mpi bainsi ya nkaka. Mutindu yai ya kubakisa mambu ke sadisa na mpila nde kimvuka ya ke kwendaka kupesa lusadisu na bazandu kusalama na mutindu ya mbote.

Mutindu mosi ya kutadila mambu sambu na kukwenda kupesa lusadisu kele mpi kutala mutindu mambu ke salama na zandu

Kana kutadila bampusa mpi makuki sambu na kusosa kuzaba mambu ya kuluta mfunu me mana, yo ta vanda mbote na kutadila mitindu ya kuswaswana ya kupesa lusadisu mpi ya kulungisa bampusa. Kutadila mutindu ya kukwenda kupesa lusadisu fwete sadisa na kuvila ve bigonsa mpi mabaku na mutindu mambu ke salama, manaka mpi mambu yina yo ke tubila ntangu bo ke tendula mitindu ya kupesa lusadisu. Mbala mingi bo ke bingaka yo na Kifalansa nde "*choix des modalités*".

Sambu na kuzaba mutindu ya kuluta mbote ya kulungisa bampusa ya bantu na nsadisa ya kimvuka ya ke kwendaka kupesa lusadisu na bantu ya kele na mpasi, yo ke lomba:

- kuvukisa mpi kutula na ndonga bansangu ya mambu ya kuluta mfunu mpi mutindu bantu kele ti mfunu ya lusadisu na babwala yonso mpi na bantangu ya nkaka; mpi
- kubakisa bigonsa yina kukonda kusadila mbote mambu ke nataka disongidila mambu ya mpasi yina vandaka dezia to mambu ya mpasi yina bampasi yango ke nataka.

Ntangu bo ke tadilaka mutindu ya kukwenda kupesa lusadisu, kutala mbote mambu yina kele na zandu ta sadisa sambu na kuzaba mutindu ya kukwenda kupesa lusadisu na kutadila bampusa ya bantu na ntangu ya mbote: kupesa bima ya kudia, bisalu ya ke talaka mambu ya kubumba madia, kupesa mbongo, to kupesa lusadisu na mutindu ya nkaka na kutadila mambu ya mpasi yina bantu ke kutana ti yo. Kutala mbote mambu yina kele na zandu ta sadisa mpi na kubakisa mambu ya nkaka ya mpasi yina kele na bazandu, mumbandu, bampasi ya kusosa mpi ya kuzwa bisalu, mambu ya politike, bansiku, mambu ya kulanda to mambu ya me fwana.

Kana bo pona mutindu mosi buna ya kukwenda kupesa lusadisu, yo ta vanda mbote na kutula dikebi na mambu ya kele na zandu mpi kusala ngolo sambu na kutanina bima ya kuzingila, bisalu mpi bakompani yina kele na kisika yina beno ke zingaka. Mukanda yai Sphère ke tubila mingi mutindu ya kusadila bantu ya kele na mpasi mambu ti luzitu ya mingi mpi kupesa bo lusadisu yina bo ke zola sambu bo vutukila diaka luzingu na bo ya mbote. Kusosa kuzaba mutindu bantu ke kwendaka na bazandu sambu na kusumba bima, bisalu yina ke salamaka kuna mpi banswa yina bantu kele na yo ke sadisaka bantu.

Kuyidika manaka mpi bazandu

Bo lenda pesa lusadisu na bazandu na mitindu ya kuswaswana, yo lenda vanda na bambanza, na babwala to na bainsi. Bo lenda sadila manaka ya bo me yidika na zandu sambu na kupesa bima to sambu na kupesa maboko na bazandu sambu na kupesa lusadisu ya me fwana na bantu yina kele na mpasi.

- Madia ya me fwana yina babwala mpi bambanza ke bumbaka mpi bima ya nkaka ke sadisaka kibeni bantu yina ke kwendaka kupesa bima na bazandu.
- Kupesa mbongo yina ke sadisa bantu na kusumba bima yina bo kele na yo mfunu na bisika yina bo ke zingaka ke sadisaka mambu ya me tala bazandu.
- Kupesa lusadisu na mambu ya mfunu, mumbandu, kuyidika banzila yina ke nataka ti na bazandu to bansoba yina lenda salama bonso kutubila nsiku ya ke buyisa kutula ntalu ya bima ke sadisaka bazandu mpi ke salaka na mpila nde bantu ya kele na mpasi kubaka lusadisu ya me fwana.

Yo vanda nkento to bakala, muntu ya bwala ya nkaka to muntu yina kele ti kifu na nitu mbala mingi bo ke vandaka ti bupusi na mutindu bo kele, na mambu ya me tala mbongo mpi mutindu ya kuzinga na bumosi na bazandu. Inki ke swaswanisa nswa yina babakala, bankento, batoko mpi minunu kele na yo na bazandu? Keti bantu ya mumbongo ya bwala mosi buna kele ti nswa ya kudefa mbongo? Bangiufula yai yonso lenda sadisa sambu na kupesa lusadisu na bantu ya kele na bazandu.

Yo ke lomba kutadila mbote mambu ya me tala babwala mpi bisika yina bantu ke zingaka ntangu bo ke yidika manaka sambu na zandu. Sala na mpila nde bantu kuteka bima yina bo ke tulaka ve bankisi, bimvuka ya bantu mpi kisika yina bantu ke zingaka fwete sala na mpila nde bantu kukutana diaka ve ti bampasi ya mingi na nima ya mambu yai.

Bima, bisalu mpi bazandu: Ntangu bo ke pesaka lusadisu nswalu sambu na kulungisa bampusa ya bantu yina kele na mpasi, yo ta lomba kutula dikebi na bima mpi na bisalu. Bansiku mingi ya mukanda Sphère ke monisa mutindu ya kupesa konso kima yina to kuvanda na nswa na bima ya kuteka. Kansi, mambu ya me tala bonso mavimpi mpi bikalulu ya muntu ke monisa na pwelele yonso mutindu ya kusoba nswa ya bisalu to yo lenda vanda mpasi na kupesa lusadisu na bazandu. Kana beno ke sala na kimvuka ti bantu ya bisalu ya nkaka to muntu yina bo me tulaka sambu na kupona bantu sambu na kusala kisalu mosi buna (sous-traitants), yo ta vanda mbote na kubaka bangidika sambu na kutala kana bisalu ke salama mbote mpi kana bisalu yango ke pesa lufutu ya mbote ⊕ *tala Mambu ya me tala mavimpi, nsiku ya 1.4: Kupesa mbongo ya hopitale.*

Diaka, bamanaka ya ke sadisa yina bo me salaka sambu na zandu kele mfunu. Kupesa mbongo ke sadisaka sambu na kubaka bakaminio ya mbote sambu na kukwenda kupesa lusadisu na baopitale, sambu na kukwenda kusumba bima ya bana ya nzo-nkanda, mumbandu ba uniforme, bima ya kudia mpi bima ya nkaka. Kulandila bampusa ya mabuta ke sadisaka na kubakisa mbote ntalu ya bantu yina kele ti bisalu, ata bo zolaka kupesa bima ya ofele. Bo fwete lungisa ntangu yonso badepensi yina mabuta salaka sambu na kulandila mambote yina lusadisu ya mbongo nataka.

Babwala yina ke vandaka mpi ti bisalu lenda sadisa mpi bamanaka yina ke tadila bazandu sambu na kupesa bima bonso ba moustiquaire yina bo me tula nkisi, madia yina bo me bumba mbote mpi bankisi ya kunwa kana yo kele kaka ya mbote *tala Mambu ya me tala mavimpi, nsiku ya 1.3: Bankisi ya me fwana mpi bangidika yina minganga me bakaka.*

Na ndambu ya nkaka, yo ta vanda mfunu kana bo vukisa mitindu zole ya kukwenda kupesa lusadisu na bantu ya kele na mpasi. Yo ke lomba nde bisalu ya nkaka kupesa maboko na bamanaka yina bo me salaka sambu na zandu, mumbandu; kupesa bima mpi lusadisu ya me fwana. Kusala mambu na mutindu yai lenda yela malembe-malembe na kutadila manaka mpi bo lenda soba lusadisu ya bima na mbongo to bo lenda sala yo na bitini ya bapapie yina bo ta pesa konso muntu. Katula manaka yina, kulanda mutindu mambu ke salama na zandu kele mfunu sambu na kundima to kuyidika mutindu ya kukwenda kupesa lusadisu.

Kusala ntangu yonso na kimvuka ti bantu yina ke tekaka mpi bantu yina ke sumbaka, bimvuka ya bantu mpi mutindu mambu ke tambula kele mfunu mingi. Sambu na kuzaba bisadilu ya nkaka ya me fwana sambu na kulungisa balukanu mpi mutindu ya kutadila yo *tala Bareferanse.*

Lisiti ya kulandila mambu

Lisiti ya kutala ntangu bo me pesa lusadisu ya mbongo

Kitini yai ke monisa lisiti ya mambu ya kutadila ntangu bo ke pesa lusadisu na bazandu. Yo ke landa na ndonga mutindu manaka ke salama mpi yo ke vukisa mambu ya nkaka ya mfunu yina bantu fwete vila ve sambu na kuzitisa Bansiku ya fioti-fioti. Mambu yonso ta vandaka kaka ve kiteso mosi mpi bantu yina bo me tulaka sambu na kukabula bima ta soba na kutadila, bansangu ya me tala lutaninu, na lufutu yina yo ta pesa mpi kusala na bumosi na mambu ya me tala mbongo.

Mambu yina kele na kati ya manaka

- Sosa kuzaba bantu yina me fwana sambu na kubaka kima mosi buna na kutadila lukanu ya manaka mpi kuzitisa minsiku ya me tala lusadisu ya mbongo.
- Sosa kuzaba mbote kibeni na kati ya dibuta muntu ya me fwana sambu na kupesa lusadisu ya mbongo na kutadilaka mbote kibeni mambu ya mpasi yina lenda kumina bo mpi na kutadila mikumba ya nkaka ya ke tadila mambu ya lutaninu.
- Sosa kuzaba mambu ya me fwana, mambu yina kele mpi ntalu ya bantu sambu na kukwenda kupesa lusadisu na kutadila diambu ya konso muntu, balukanu ya kulungisa mpi bunda ya manaka, na kutadila mambu yina bantu me zaba mpi me zola na yina me tala lusadisu ya mbongo.
- Zaba ntalu ya mbongo ya kutinda na kutadila bampusa yina bantu kele na yo mpi ntalu ya mbongo ya me fwana sambu na kulungisa bampusa yango.

- Sosa kuzaba kisika mambu yango kele, ntangu mpi makuki sambu na kukwenda kupesa lusadisu na kutadila diambu ya konso muntu, balukanu mpi bunda ya manaka, mambu yina muntu me zaba mpi ntalu ya mbongo yina bantu ya kele na mpasi kele na mfunu na yo.
- Kana mpila kele, tala mbote kitoko ya babwala yina ya nkaka.
- Tubila mambu ya mfunu mpi mikanda ya ke pesa lutwadisu sambu na kulandila mutindu mambu ke salama, bisalu, lufutu mpi mutindu mambu yango ke lungana.

Mutindu ya kusala mambu

- Tadila na mutindu ya mbote mambu na kutadila disolo mpi mambu ya nkaka ya kukonda mfunu na bisalu ya bantu yina ke pesaka mbongo mpi tendula na pwelele yonso malombo sambu na kundima yo.
- Sosa kusadila mambu yina bo ke sadilaka dezia na mabuta sambu na kutanina bantu.
- Sadila bisadilu ya kukotisila ndinga mpi yina ta sadisa na kuzaba bantu yina me fwana na kubaka lusadisu ya madia yina bo ke pesaka mpi sambu na kutanina bansangu ya konso muntu.
- Zikisa mbote kibeni ndinga yina bo me kotisa mpi baka bansangu ya me fwana yina bantu ya ke pesaka mbongo lombaka.
- Sadila bangidika yina bo me bakaka sambu na kutanina bansangu mpi mikanda.
- Kana mpila kele, sadila bima yina lenda sadisa sambu na kubumba bansangu mpi kusala na kuwakana ti bimvuka ya nkaka ya luswaswanu. ("mutindu ya kusala mambu").
- Tendula na pwelele yonso mutindu ya kusala mambu, kisalu ya konso muntu mpi mikumba yina bo kele na yo ntangu bo ke pesa mbongo mpi bima yina ke salaka nde mambu ya mpasi kusalama ve.
- Sosa kuzaba kana lusadisu ya mbongo sadisaka bantu yina kele na mpasi mpi kana yo kuminaka bo yonso.
- Sosa kuzaba kana bantu yonso yina kele na mpasi lenda baka lusadisu yina bo mosi me pona mpi banda na luyantiku tii na nsuka ya kisalu yango.
- Sosa kuzaba kana bantu yina kele na mpasi ke bakaka bansangu ya me tala balukanu ya manaka yango mpi ntangu yina lusadisu ya mbongo ta baka sambu yo ta sadisa bo na kubaka bangidika sambu na badepensi na bo.
- Sosa kuzaba kana bantu yina ke pesaka mbongo ke solula mbote ti bantu yina bo me tulaka sambu na kulandila mambu ya mbongo mpi ya ntangu yina kisalu yango ta suka ☺ *tala Nsiku ya me fwana sambu na kupesa lusadisu na bantu ya kele na mpasi, Kuwakana ya 4 mpi 5.*

Kulandila mambu, kutadila mpi kulonguka

- Kulandila mutindu mambu ke salama, bisalu, lufutu mpi malanda yina lusadisu ya mbongo ke nataka ata na nima ya kukabula mbongo.
- Tala mbote kibeni kana bantu ya mbote bakaka bitini ya bapapie yina bo ke pesilaka mbongo, na lutaninu yonso, na ntwala mpi na ntangu ya me fwana mpi na kutadila ntalu ya mbongo yina muntu fwete baka.
- Kulandila mambu mbote, bantalu ya nkaka, bazandu mpi bisika yina bo ke bumbaka bima.

- Sosa kuzaba badepensi ya mabuta mpi tadila yo ti bansangu ya bazandu sambu na kuzaba kana yo ke lomba kibeni kupesa bo mbongo sambu yo sadisa bo mpi sambu bo sadila diaka ve mayele ya mbi.
- Landila mbote bigonsa yina lenda basika na nima ya kupesa lusadisu ya mbongo, mingi-mingi na yina me tala lutaninu mpi bigonsa yina lenda salama na bimvwama ya me bumbamaka na lugangu.
- Tadila mbote mambu ya mbote mpi ya mbi yina lenda basika na nima ya kupesa mbongo sambu na kusadisa bantu.
- Tadilaka ntangu yonso kana lusadisu ya mbongo me fwana kibeni sambu na kulungisa bampusa ya bantu yina kele na mpasi, kusadila manaka na mutindu ya mbote mpi kusala na mpila nde kulonguka ya mbala na mbala kusadisa sambu na kusala diaka manaka ya nkaka na bilumbu ke kwisa.

Lisiti ya kimvuka ya ke landilaka mutindu ya kubumba madia mpi ya kupesa bantu bisika ya kulala

Kitini yai ke monisa lisiti ya mambu yina yo ke lomba kutadila sambu na kulandila mutindu ya kubumba madia mpi kupesa bantu bisika ya kulala. Yo ke landa mbote kibeni mutindu manaka ke salama mpi yo ke tubila mambu ya nkaka ya mfunu mingi yina bantu fwete vila ve.

Bo ke yantikaka ntete na kupona bima mpi bisalu. Yo ke sadisaka sambu na kuzaba kisina ya bampusa, kubumba bima, kusosa kuzaba kana yo me fwana, kulandila bigonsa yina lenda salama, malombo, kutinda, taksi, kutula bima kisika mosi, kulandila bima yina me bikala, kupesa mpi kukabisila bantu bima. Kimvuka ya ke landilaka mutindu ya kubumba bima ke salaka mpi ti bimvuka mingi ya nkaka ya luswaswanu mpi yo ke sadisaka sambu mambu kutambula mbote — *tala Nsiku ya me fwana sambu na kupesa lusadisu na bantu ya kele na mpasi, Kuwakana ya 6.*

Yo kele mbote kibeni na kusala bansosa ya mudindu na yina me tala kimvuka ya ke landilaka mambu ya me tala madia. Na kati ya bansosa yango beto lenda tanga; kulanda ngonda to mvula yina kisalu yango ta mana, kulandila bataksi mpi bisika yina bo ke tulaka bima, kulandila bima yina me bikala, kulandila mutindu mambu ke salama mpi bansangu, kulanda mambu ya me tala kutinda bima mpi kulandila kana yo kumaka mbote. Kimvuka yina ke landilaka mpi ke tadilaka mambu fwete sosa kuzaba kana bima yina bo tindilaka bantu yina kele na mpasi kumaka mbote kibeni. Diaka, bimvuka yina ke kwendaka kupesa lusadisu fwete zaba kana bisalu mpi bima yango (tanga mpi mbongo yina bo ke pesaka) ke kuminaka bantu yina kele na mpasi.

Kusumba bima yina bo ke teka na bazandu yina kele na babwala to na bainsi ya nkaka ke salaka nde bazandu kuvandaka kaka mpi yo lenda pusa bantu yina ke salaka bilanga mpi bantu ya bisalu ya maboko na kusala diaka mingi kuluta sambu mpasi kuvanda diaka mingi ve na bwala. Diaka, kana bisika yina bo ke bumbaka bima kele ya wolo to yo ke zola kufuluka ti bima, kusumba bima na babwala to na bainsi ya nkaka lenda vanda mpasi sambu na bazandu ya nkaka to yo lenda vwalangasa mutindu bantu ke tekaka dezia. Ata mpidina, kubaka bima bisika ya nkaka mpi kunata yo na bazandu ya nkaka lenda sala nde bantu ya babwala to ya bisika ya nkaka kusala diaka ve kisalu na bo na mutindu ya mbote mpi yo lenda vwalangasa mutindu bantu ke tekaka dezia.

Mambu ya kele na kati ya manaka

- Sosa kuzaba kana bantu ya bwala yango kele ya kuyilama sambu na kuzwa bima to bisalu yina ke lombama na ntwala ya kunata yo na babwala ya nkaka.
- Yo ta vanda mbote na kusala ti baportere ya babwala na beno to ya babwala ya nkaka yina kele ti bikalulu ya mbote kibeni ya me zaba mbote bansiku, mutindu ya kusala mambu mpi bisika yina bo me yidika na babwala yango sambu na kutula bima, kuvanda ya kuyilama sambu na kuzitisa bansiku ya insi ya kuyamba mpi kukabisila bantu bima na nswalu yonso.
- Na babwala yina kuwakana kele ve na kati ya bantu, yo ta lomba kulandila mambu mbote kibeni na bantu yina ke pesaka bisalu.
- Sala mambu na mayele yonso na mpila nde kimbeni kukota ve na kati ya bantu ya bwala yina ke salaka kisalu ya kubumba bima.
- Zikisa nde bimvwama ya me bumbanaka na lugangu ta beba ve to kana mutindu bo ke sadila yo lenda bebisa yo.
- Sala mambu na pwelele yonso mpi na lunungu sambu na kupesa mpi bisalu na bantu ya nkaka na kutadila banswa ya kupona yina babwala, bainsi na beto to bainsi ya nkaka me tulaka.
- Kana bimvuka mingi kele na kati ya kisalu yai, yo ta lomba nde beno twadisa kisalu ya kupesa bantu bima to bisadilu yina bo kele na yo mfunu.

Mutindu ya kusala mambu

- Vanda na ngemba ti bantu yina ke natilaka beno bima, bantu ya mumbungu ya bwala mpi ti bantu yina ke salaka bisalu.
- Lomba bima yina kele ya mbote mpi bisalu yina beno wakanaka dezia, kusala mambu ti mabanza ya mbote mpi ke sadisaka bantu na kuzinga ntangu mingi kisika mosi.
- Pesa bantu ya nkaka formasio mpi landila mbote kisalu ya konso muntu na bisika yonso yina bo ke bumbaka madia sambu yo vanda kaka mbote, sambu bo zitisa bansiku ya lutaninu (sambu na bantu yina ke sumba mpi bantu ya nkaka) mpi kusala mambu ti mabanza ya mbote mpi yina ke sadisaka bantu na kuzinga ntangu mingi kisika mosi.
- Bikaka mpi ntangu sambu bantu ya bimvuka ya nkaka yina beno ke salaka ti bo kutuba na ntangu ya baformasio mpi pesa formasio yango na Kikongo.
- Sadila mukumba na mutindu ya mbote mingi-mingi na ntangu ya kuyidika kisika ya kubumba bima, na mambu ya me tala bataksi mpi bima yina me bikala, kulandila mbote bima yina me bikala, kupesa nsangu ya me tadila mambu ya mbongo mpi babiro ya ke talaka mambu ya mbongo.
- Kupesaka ve bantu bima sambu na kufutila banzo na bo yina ya kubumba bima, mumbandu, na ntangu ya kukotisa bima na bisika yina yo fwete vanda. Mbongo ya kupesa bantu yina fwete katuka na kati ya mbongo yina kimvuka ya ke pesaka lusadisu ke sadila.
- Yo kele mbote ve na kutula madia ti bima ya nkaka kisika mosi . Ntangu beno ke pona banzo sambu na kubumba bima, beno fwete zikisa mbote kana bo vandaka kubuma dezia bima ya ndikila na kati ya nzo yango mpi kana nzo yango kele bunkete kibeni. Yo ke lomba kutudila mambu yai na dikebi ya mingi, mumbandu tala kana nzo yango kele ti lutaninu, kana yo kele nene, kukota na nzo yina

kukonda mpasi, kana nzo yango kele ngolo mpi kisika yina masa ya mvula lenda kota ve.

- Tadila na mayele yonso mutindu ya kutina bigonsa yina nzila ya kubeba lenda nata mpi banzo ya kubumba bima.
- Kana bantu ke wakana vena kisika yina, sadila mayele ya kutanina bima mpi landila mbote bitambi yonso yina ke basisaka bima tii yo kuma na bisika ya bo fwete sadila yo, sambu na kubumba bima na mpila nde bantu kuyiba yo ve to bo botula yo na ngolo sambu bisika yina kele na bitumba.
- Tadila mbote kibeni bigonsa ya politike mpi yina lutaninu, mumbandu, kuyiba bima yina bo me bumba yina kukonda kuwakana ya basoda lenda nata — *tala Minsiku ya ke tanina bantu 2.*
- Tubila mambu na masonga mpi songa na ntwala bima yina me vila na bimvuka yonso yina bo ke bumbaka bima.
- Sosa kutala mbote bima yina kele ya kubeba to bima yina bantu ya mayele yina me longukaka mutindu ya kuzaba madia ya mbote (mumbandu, bantu ya mayele mingi yina me longukaka mutindu ya kutanina madia mpi laboratoires de santé publique) mpi songa bo yo sambu bo tala yo mbote kibeni.
- Katula na nswalu yonso bima yina me beba dezia sambu yo pesa ve bantu maladi to sambu na kutanina bima yina me bikala. Mutindu ya nkaka ya kukatula bima kele kuteka yo (mumbandu, madia sambu na bambisi), kuzika to kuyoka yo tiya na meso ya bamfumu ya leta kana bo me ndima. Ata mpidina, bo fwete vutula diaka ve bima yina kele ya kubeba na bisika yina bo ke bumbaka bima, kutula yo ntama ti kisika yina bantu ke zingaka mpi kulosa yo ve na masa — *tala WASH Kulandila bima ya mvindu, nsiku ya 5.1 tii na 5.3.*
- Kana muntu ke baka diaka ve madia na ntangu ya me fwana na kimvuka yina ke bumbaka madia, yandi fwete zabisa yo na nswalu yonso kibeni. Tula na bisika yonso yina bantu ke bakaka bima, na bisika yina bo ke bumbaka bima to na bisika yina bo ke tindaka bima mikanda mpi baformilere ya mingi na Kikongo. Kusala mutindu yina ta sadisa ntangu bantu yina ke landilaka mutindu kisalu ke salama ta kwisa sambu na kusala kisalu na bo.

Kulandila, kutadila mpi kulonguka

- Landila mpi tadila mbote kibeni bataksi yina ke nata bima sambu bantu kuyiba yo ve, sambu yo pesa ve mpasi na ntangu ya kukabula yo mpi sambu ntalu ya bima na zandu kusoba ve.
- Songaka mbala na mbala bamfumu na beno ya kisalu mambote yina bikesa ya beno ke sala sambu na kupesa bantu ya kele na mpasi madia ke natila bo.
- Zabisaka bamfumu yina ke talaka mambu ya madia kiteso ya bima yina me bikala, kiteso ya bima yina me kota mpi kiteso ya bima yina bo me kabisila bantu. Sosa kuzaba kiteso ya bima yina me bikala sambu na kuzaba na ntwala bima ya kukonda mfunu mpi mambu ya mpasi. Kusolula ya mbote na kati ya bantu yina ke salaka na kimvuka lenda sala nde kisalu kukwenda kaka na ntwala. Kana bantu yina ke tinda bima ke tinda yo diaka mingi ve, yo ta lomba kutula bima yango na ndonga na kutadila mpusa ya konso muntu. Yo kele mbi ve na kukutana ti bantu ya bimvuka ya nkaka ntangu beno ke sosa lusadisu ya diambu mosi buna.
- Sala na mpila nde bantu yina kele ti mikumba mpi bantu yina ke talaka mambu ya kusolula kusala mambu na mutindu ya mbote.

- Sala na mpila nde kimvuka yina ke landilaka mambu ya madia mpi ya bansangu kuvanda dezia na ntwala nde kisalu yango kuyantika.
- Sosaka kuzaba ntangu yonso kana lusadisu yina bo ke pesa bantu ya kele na mpasi me fwana kibeni, kana bo ke yikana ti manaka mpi ke sadisa bantu yina ke longuka bamanaka sambu na bilumbu ke kwisa.

Bareferanse mpi mikanda ya nkaka yina bantu sonikaka

Sosa kuzaba mambu ya pete mpi makuki
Humanitarian Inclusion Standards for Older People and People with Disabilities. Age and Disability Consortium as part of the ADCAP programme. HelpAge, 2018. www.helpage.org

Manaka ya me simbama na lukwikilu
A faith-sensitive approach in humanitarian response: Guidance on mental health and psychosocial programming. The Lutheran World Federation and Islamic Relief Worldwide, 2018. https://interagencystandingcommittee.org

Kutadila mbote zandu mpi manaka ya bo me sala sambu na zandu
Minimum Economic Recovery Standards (MERS): Core Standard 2 and Assessment and Analysis Standards. The Small Enterprise Education and Promotion Network (SEEP), 2017. https://seepnetwork.org

Minimum Standard for Market Analysis (MISMA). The Cash Learning Partnership (CaLP), 2017. www.cashlearning.org

Kupesa mbongo
CBA Programme Quality Toolbox. CaLP. http://pqtoolbox.cashlearning.org

Kutadila mutindu ya kubumba bima bisika ya kulala
Cargo Tracking: Relief Item Tracking Application (RITA). Logistics Cluster. www.logcluster.org

HumanitarianResponse.info: Logistics references page. UNOCHA. https://www.humanitarianresponse.info

Logistics Operational Guide (LOG). Logistics Cluster. http://dlca.logcluster.org

Oxfam Market Systems and Scenarios for CTP – RAG Model 2013. Logistics Cluster. www.logcluster.org

Toolkit for Logistics in C&V. Logistics Cluster. www.logcluster.org

Mikanda yina bantu ya nkaka sonikaka
For further reading suggestions please go to:
www.spherestandards.org/handbook/online-resources

Kuwakana yina bimvuka salaka

Kuwakana yina bimvuka salaka

Kapu yai ya Kuwakana yina bimvuka salaka ke tendula bikalulu ya mbote mpi bansiku yina kele na minsiku ya ke tanina bantu, nsiku ya me fwana sambu na kupesa lusadisu na bantu ya kele na mpasi mpi mwa bansiku ya bantu nionso yina kele na kati ya mukanda yai. Na ndambu ya nkaka, yo ke monisa bansiku mpi mambu yina bansiku ke lomba na kusala, diaka, yo ke monisa mpi balukwikilu yina beto ke zabisa beno.

Sambu na yina me tala bansiku mpi mambu yina bansiku ke lomba na kusala, Kuwakana yina bimvuka salaka ke tubila na bunkufi minsiku ya mfunu yina kele na kati ya bansiku yina kele ti bupusi ya mingi na bantu yina ke kutana ti bisumbula to na bimvuka ya basoda yina ke konda kuwakana. Sambu na yina me tala balukwikilu yina beto ke zabisa beno, yo ke zola kumonisa kuwakana yina babiro ya bantu yina ke kwendaka kupesa lusadisu na bantu yina kele na mpasi na yina me tala minsiku yina fwete twadisa mutindu ya kukwenda kupesa lusadisu ntangu bisumbula me salama to kana kuwakana kele ven kati ya bantu, yo ke tubila mpi na siki-siki yonso kisalu ya konso muntu mpi mukumba ya konso muntu ya mayele yina pesaka lusadisu.

Kuwakana yina bimvuka salaka ke sadisaka sambu na kusala kuwakana ya babiro ya bantu yina ke kwendaka kupesa lusadisu na kuzabisa mambu yina bo kele na yo na Sphère. Yo ke lomba mpi kusadila munsiku yina mosi na bantu yonso yina ke kudipesa sambu na kukwenda kupesa lusadisu na bantu ya kele na mpasi.

Balukwikilu na beto

1. Kuwakana yina bimvuka salaka ke monisa balukwikilu yina beto ke zabisa beno sambu beto ke salaka na kimvuka yina ke kwendaka kupesa lusadisu na bantu ya kele na mpasi, beto ke zabisa beno nde muntu yonso yina ke kutana ti bisumbula to basoda yina ke wakana ve kele ti mfunu ya lutaninu mpi ya lusadisu sambu bo landa na kuzinga na luzitu yonso. Beto ke ndima kibeni nde bantu lenda sadila minsiku yina kele na kitini yai ya Kuwakana yina bimvuka salaka na ntoto ya mvimba, bantu ya mitindu yonso lenda sadila yo, bantu yina kele na mfunu ya lusadisu mpi bo kele na mfunu ya lutaninu. Minsiku yai ke landa bansiku ya bainsi ya nkaka kansi ngolo na yo kele na nsiku ya bikalulu ya mbote ya **bantu**: muntu yonso ke butukaka mutindu mosi mpi kele ti kimpwanza na yina me tala luzitu mpi bansiku. Kusadila nsiku yai ta sadisa beto na kundima kutula na kisika ya ntete **bantu yina ke kwendaka kupesa lusadisu na bantu ya kele na mpasi**: Yo ke lomba kuyilama na ntwala sambu na kufiotuna bampasi yina bisumbula to kukonda kuwakana ya basoda ke nataka mpi ata nsiku mosi ve me luta nsiku yai.

Sambu beto kele bimvuka yina ke kwendaka kupesa lusadisu na bantu ya kele na mpasi na babwala, na bambanza mpi na bainsi ya nkaka, beto ke lomba beno na kuzitisa minsiku yai ya Kuwakana yina bimvuka salaka, mpi na kusadila mpi mwa bansiku na yo ti bikesa yina beto ke salaka sambu na kukwenda kupesa lusadisu na bantu ya ke kutana ti bisumbula mpi kutanina bo. Beto ke lomba bantu yonso yina ke kudipesa na bisalu ya kukwenda kupesa lusadisu na bantu ya kele na mpasi, yo vanda bantu ya mayele yina kele na luyalu to ya bisika yina bamfumu ya leta ke kumaka ve kuna, na kusadila minsiku ya beto ta tubila yina kele balukwikilu yina beto ke zabisa beno sambu na kusadisa bantu ya kele na mpasi.

Mukumba na beto

2. Beto me zaba mbote nde bantu yina me kutana ti bisumbula to basoda yina kuwakana kele ve na kati na bo kele ti makuki ya kulungisa ntete bampusa na bo ya fioti-fioti na bikesa yina bo ta salaka bo mosi, kansi mpi ti lusadisu ya bimvuka mingi mpi ya bwala na bo. Beto ke vila ve ata fioti mukumba mpi kisalu yina bamfumu ya Leta kele na yo ya kukwenda kupesa lusadisu na ntangu ya mbote, kusosa kuzaba kana bo kele na lutaninu mpi kupesa bo lusadisu yina bo kele na yo mfunu sambu bo zinga mutindu bo vandaka kuzinga ntete na ntwala nde kisumbula kusala. Beto ke ndima kibeni nde yo ke lomba kuvukisa bikesa yonso yina bamfumu ya leta ke salaka mpi bantu yina ke kudipesaka na luzolo sambu na kubaka bangidika ya me fwana mpi kuyidika mutindu ya mbote ya kukwenda kupesa lusadisu. Yo yina, *Sociétés nationales du Mouvement international de la Croix-Rouge* mpi *du Croissant-Rouge* ti bantu ya nkaka ya mayele ya kimvuka ya ke talaka mambu ya bantu (*société civile*) kele mfunu sambu na kuzabisa bamfumu ya luyalu. Kansi, kana bamfumu ya mbanza kele ve ti makuki, beto ke zabisa beno kisalu yina bimvuka ya insi ya nkaka lenda sala, mumbandu, bo lenda kuma bimvuka yina ke pesaka lusadisu na bantu yonso mpi bimvuka ya nene sambu na kusadisa bamfumu ya luyalu na kulungisa mbote mukumba na bo. Beto ke vila ve mpi ke pesa mersi na kisalu yina bimvuka yina ke salaka na nsi ya luyalu ya *Nations-unies* mpi ya *Comité international de la Croix-Rouge*.

3. Sambu beto kele bimvuka yina ke kwendaka kupesa lusadisu na bantu ya kele na mpasi, beto ke tubilaka mukumba na beto na kutadila bampusa mpi makuki yina bantu ya ke kutanaka ti bisumbula kele na yo mpi na kutadila mikumba yina bamfumu ya luyalu na bo kele na yo to kimfumu yina bo kele na yo. Kisalu na beto ya kukwenda kupesa lusadisu ke tubila kieleka yai nde, mbala mingi bantu yina ke vandaka ti mukumba ya nene ke kukaka ve kulungisa mukumba yango na mutindu ya mbote to ke vandaka ve ti luzolo ya kusala yo. Kana mpila kele, mpi na kutadila nsiku ya kukwenda kupesa lusadisu na bantu ya kele na mpasi mpi minsiku ya nkaka yina kele na kitini yai Kuwakana yina bimvuka salaka, beto ta pesa maboko na bikesa yina bamfumu ya me fwana ke sala sambu na kutanina mpi kusadisa bantu yina ke kutana ti bisumbula. Beto ke lomba na bantu yonso ya mayele yina ke salaka na leta to ve na kuzitisa kisalu ya kukonda kupona-pona, ya kimpwanza mpi kukonda kukota na bimvuka yina ke kwendaka kupesa lusadisu na bantu yina kele na mpasi mpi bo lenda pesa maboko na kisalu yai kana bo katula bigonsa ya me tala mambu ya bansiku mpi mambu ya kukonda mfunu, na kutaninaka mpi na kupesaka ntangu ya me fwana mpi nswa na bantu yina kele na mpasi.

Minsiku ya ke tadila bantu yonso, bansiku mpi banswa

4. Beto ke sadisaka bantu sambu beto kele kimvuka ya ke kwendaka kupesa lusadisu na bantu ya kele na mpasi na kutadila munsiku ya bantu mpi ya kimvuka yina ke kwendaka kupesa lusadisu na bantu ya kele na mpasi, na luzitu ya banswa ya konso muntu yina me kutana ti bisumbula to ya basoda yina kuwakana kele ve na kati na bo, babakala to bankento, bana bankento to bana babakala. Na kati ya banswa yango, kele ti nswa ya lutaninu mpi nswa ya kukwenda kupesa lusadisu mutindu nswa ya kukwenda kupesa lusadisu na bantu ya kele na mpasi ya bainsi ya nkaka ke tubila yo, banswa yina bantu kele na yo mpi nswa ya bantu yina me tinaka na bainsi

ya nkaka. Na nsuka ya kitini yai, Kuwakana yina bimvuka salaka, beto me tubila na bunkufi bansiku yango na mutindu yai:

- **nswa ya kuzinga na luzitu yonso;**
- **nswa ya kubaka lusadisu yina bo ke pesaka bantu ya kele na mpasi; mpi**
- **nswa ya kuzinga na ngemba mpi na lutaninu.**

Ata banswa yai me salamaka ve mutindu mosi na nsiku ya bainsi ya kaka, yo kele bunkufi ya bansiku yina me zabanaka na bantu mingi mpi yina kele na kati ya mambu yina kimvuka ya ke kwendaka kupesa lusadisu na bantu ya kele na mpasi ke pesaka.

5. **Nswa ya kuzinga na luzitu yonso** kele na kati ya bangidika ya bainsi ya nkaka mpi mingi-mingi na balukanu yina ke zitisa ve banswa ya bantu yina ke wakana ti banswa ya luzingu, na nswa ya mutindu ya mbote ya kuzinga mpi na nswa ya kuditanina na lufwa mpi na bampasi ya nkaka to kusadila bo mambu ya mpasi, ya nku to mambu yina lenda pesa muntu nsoni. Nswa ya luzingu ke tadila mpi mukumba yina muntu kele na yo ya kutanina luzingu na yandi ntangu yandi ke kutana ti bampasi. Diambu yai ke monisa mukumba yina muntu kele na yo ya kundima mukumba ya kupesa lusadisu sambu na kugulusa bantu ya nkaka. Na yina me tala luzitu, yo ke tendula mambu mingi kuluta kuvanda mbote, yo ke lomba kuzitisa bantu yonso na yina me tala lukumu yina bo fwete baka mpi balukwikilu ya bantu mpi bimvuka yina yo ke tadila, kuzitisa banswa ya bantu, disongidila kuvanda na kimpwanza, kimpwanza ya kansansa mpi ya me tala dibundu yina muntu ke sambaka.

6. **Nswa ya kubaka lusadisu yina bo ke pesaka na bantu ya kele na mpasi** kele diambu ya mfunu kibeni sambu na kuzinga na luzitu yonso. Yo ke vukisa banswa yonso sambu na kuzinga na mutindu ya mbote, mumbandu na yina me tala madia, masa, bilele, bisika ya mbote ya kupema, makuki sambu na kuvanda na mavimpi ya mbote, yai mambu ya kele mfunu mingi na nsiku ya bainsi ya nkaka. Nsiku ya me fwana sambu na kupesa lusadisu mpi mwa bansiku ya bantu yinso ya mukanda yai Sphère ke monisa mutindu ya kukwenda kupesa lusadisu na bantu ya ke kutana ti bisumbula mpi bantu yina kuwakana kele ve na kati na bo. Kana bamfumu ya leta to bantu ya mayele yina ke salaka ti bo ke kwenda ve kupesa lusadisu na bantu ya kele na mpasi, bo fwete kanga ve bantu ya nkaka nzila na kukwenda kupesa lusadisu. Bo fwete pesa lusadisu yango na kulandaka munsiku ya **kukonda kupona-pona**, disongidila, bo fwete pesa lusadisu yango na kutadila bampusa ya konso muntu. Bo fwete pesa lusadisu yango na kuzitisaka munsiku ya kukonda kupona-pona: bo lenda sadila ata muntu mosi ve mambu ya mbi yo vanda na yina me tala mvula na yandi, kana yandi kele nkento to bakala, nene to fioti, mundele to muntu ndombe, muntu ya bwala ya nkaka, bantu ya kele ti kinama ya nitu ya mutindu mosi to ve, ndinga yina yandi kele, dibundu yina yandi ke sambilaka, kuvanda ti kifu na nitu, kuvanda ti mavimpi ya mbote to ve, kuvanda ti mabanza ya nkaka to ya politike to ya insi yina muntu butukaka.

7. **Nswa ya kuzinga na ngemba mpi na lutaninu** me simbama na bangidika ya nsiku ya bainsi ya nkaka, na mambu mingi yina *Nations-unies* mpi bimvuka ya nkaka ya leta me yidikaka mpi na mukumba yina bamfumu ya leta kele na yo ya kutanina muntu yonso yina kele na nsi ya luyalu ya bo. Kimvuka yina ke kwendaka kupesa lusadisu na bantu ya kele na mpasi ke talaka mambu ya me tala lutaninu ya bantu, tanga mpi kutanina bantu yina me tinaka bainsi na bo ya me kwendaka

na bainsi ya nkaka mpi bantu yina ke kwendaka na babwala ya nkaka. Nsiku me zaba mbote nde bo ke bebisaka mpi ke sadilaka bantu ya nkaka mambu ya nku na kutadila bamvula na bo, kana bo kele bankento to babakala to kana bo kele bantu ndombe to mindele, kele na mfunu ya bangidika ya me fwana sambu na lutaninu mpi lusadisu. Kana bamfumu ya leta kele ve ti makuki ya kutanina bantu na ntangu ya mpasi mosi buna, yo ta vanda mbote na kulomba lusadisu ya bainsi ya nkaka.

Nsiku sambu na kutanina bantu mpi bantu yina me katukaka na babwala na bo mpi me kwendaka na babwala ya nkaka fwete tula dikebi ya me fwana na mambu yai ya ke landa:

i. Kana **kuwakana kele ve ne kati ya basoda** mutindu nsiku ya bainsi ya nkaka ya kimvuka ya ke kwendaka kupesa lusadisu na bantu ya kele na mpasi ke tubaka, yo ke lomba kubaka bangidika ya me fwana na yina me tala kutanina mpi kupesa lusadisu na bantu yina kele ve na kati ya kukonda kuwakana yina. Diaka, Kuwakana yina salamaka na *Genève* na 1949 mpi *Protocoles additionnels* na bo ya 1977 ke pusa bantu na ngolo na kukota na kukonda kuwakana ya bimvuka ya basoda ya bainsi na beno mpi ya bainsi ya nkaka. Beto ke tubila mfunu ya kubaka bangidika sambu na mambu yina lenda kumina bantu mpi bangidika yina bamfumu ya leta lenda baka sambu na yina me tala kusadila bantu mambu na ngolo mpi diaka mfunu ya:

    ▪ munsiku ya **ke swaswanisa** bantu mpi basoda, mpi bima ya bantu ti balukanu ya basoda;
    ▪ minsiku **ya kutadila** mutindu ya kusadila ngolo mpi bangidika ya ke lomba kubaka na ntwala nde mpasi mosi buna kukumina bantu;
    ▪ kubuyisa bantu na kusadila ve minduki sambu na kuniokula bantu yina me sala mbi ve to minduki yina ke lwadisaka to yina ke natilaka bantu bampasi ya kukonda kukana; mpi
    ▪ kupesa nswa na bimvuka yina ke kwendaka kupesa lusadisu na bantu ya kele na mpasi na kukwenda kusadisa bantu ya kele na mpasi kukonda kupona-pona.

    Kukonda kuwakana ya basoda ke natilaka bantu bampasi ya mingi kibeni sambu bo zitisaka ve minsiku yai ya mfunu mingi.

ii. **Nswa ya kusosa kisika ya ngemba to kisika ya kubumbana** kele mfunu sambu na kutanina bantu yina lenda kutana ti mambu ya mpasi to ya nku. Bantu yina ke kutana ti bisumbula to bampasi yina kukonda kuwakana ya basoda ke nataka ke tinaka sambu na kukwenda kusosa lutaninu bisika ya nkaka mpi kusosa bima yina lenda sadisa bo na kulanda kuzinga. Bangidika yina Kuwakana ya 1951 ndimaka na yina me tala bantu yina ke katukaka na babwala na bo mpi ke tinaka na bainsi ya nkaka (mutindu bo sobaka yo diaka) mpi bampika ya nkaka yina kele na bainsi ya nkaka ke bakaka bangidika ya me fwana sambu na kutanina bantu yina kele ve ti makuki ya kuditanina sambu bo kele na insi ya nkaka to sambu na bisika yina bo ke vandaka mpi kusala ngolo ya kusosa lusadisu na insi ya nkaka. Munsiku yai ya ke buyisa kuvutula bantu na bisika yina bo vandaka ntete kele mfunu kibeni: Bo lenda **vutula ve ata fioti** muntu na insi yina luzingu na yandi, kimpwanza to lutaninu na yandi lenda vanda na kigonsa to na bisika yina bo lenda sadila yandi mambu ya mbi, mambu ya nku mpi mambu ya nkaka mingi ya kuluta mbi. Na ndambu ya nkaka, bo lenda sadila mpi munsiku yai na bantu yina ke kwendaka na babwala ya nkaka mutindu nsiku ya bainsi ya nkaka ya banswa ya bantu ke tubila yo mpi na Minsiku ya mfunu ya 1998 yina ke tubila bantu yina lenda kwenda na babwala ya nkaka kaka na kati ya insi na bo mpi na bansiku ya insi na bo mpi ya bainsi ya nkaka.

Kuwakana yina beto salaka

8. Bisalu na beto yai ke sadisa na kundima kibeni nde bantu yina ke kutana ti bisumbula me fwana kibeni na kubaka lusadisu yina kimvuka ya ke kwendaka kupesa lusadisu na bantu ya kele na mpasi ke pesaka mpi nde mutindu bo ke salaka yo mbala na mbala ke sadisa beto na kukwenda kupesa lusadisu ya me fwana na kutadila bampusa na bo, mingi-mingi na bantu yina kele ya kulemba mpi na bantu yina bo ke zingaka diaka ve ti bo na bumosi. Beto ke salaka bikesa na kupesa maboko na bangidika yina bamfumu ya bwala ke bakaka sambu na mambu ya mpasi yina bisumbula ke nataka to kukonda kuwaka ya bimvuka ya basoda, na kuyilama mpi kukwenda kupesa lusadisa kana kisumbula mosi buna me salama to mambu ya mpasi yina kukonda kuwakana ya bimvuka ya basoda ke nataka. Beto ke salaka mpi ngolo ya kupesa maboko na makuki yina bantu ya mayele ya bambanza kele na yo na bisika yonso.

9. Beto me zaba mbote nde bisalu yina bantu ke salaka sambu na kukwenda kupesa lusadisu lenda vanda ti malanda yina bantu yindulaka ve na ntwala. Kusala na kuwakana ti bimvuka yina yo ke tadila mpi bamfumu ya luyalu ke sadisaka beto na kuzaba mwa mambu ya mpasi yina kimvuka ya ke kwendaka kupesa lusadisu ke nataka na bantu yina kele na babwala to na bisika yina bantu ke zingaka. Sambu na yina me tala kukonda kuwakana ya bimvuka ya basoda, beto ke ndima kibeni nde lusadisu yina kimvuka ya ke kwendaka kupesa lusadisu pesaka ke sadisaka bantu na kuvanda ngolo na bantangu ya mpasi to yo ke sadisaka kukonda kuzaba kimvuka to bimvuka yina ke wakanaka ve. Beto ke salaka bikesa ya ngolo na kumanisa bampasi yina bantu yindulaka ve nde yo lenda kumina bo na kuzitisaka minsiku yina beto me katuka kutubila.

10. Beto ta salaka na kuwakana ti minsiku ya kimvuka yina ke kwendaka kupesa lusadisu na bantu ya kele na mpasi ya kele na kitini yai ya Kuwakana yina bimvuka salaka mpi na bantuma ya me fwana yina kele na Nsiku ya bikalulu ya mbote sambu na *Mouvement international de la Croix-Rouge et du Croissant-Rouge* mpi sambu na bimvuka yina ke kotaka ve na mambu ya politike (ONG) na ntangu bo ke kwenda kupesa lusadisu kana kisumbula me salama (1994).

11. Nsiku ya me fwana sambu na kupesa lusadisu na bantu ya kele na mpasi mpi bansiku ya nkaka ya fioti-fioti ya Sphère ke monisa kibeni mutindu ya kusadila minsiku na kitini yai ya Kuwakana yina bimvuka salaka, yo me simbama na mutindu ya kunata nsangu ya bampusa yina babiro ya bimvuka ya ke kwendaka kupesa lusadisu na bantu ya kele na mpasi ke lungisaka sambu na kusadisa bantu na kuzinga na luzitu mpi na mayele yina bo me baka na yina me tala kukwenda kupesa lusadisu. Ata kulungana ya bansiku lenda soba na kutadila mambu ya nkaka, beto me ndima na kusadila yo mpi na mutindu yina beto ke lungisaka mambu. Beto ke bingisa bimvuka yonso, mingi-mingi, bamfumu ya luyalu ya bisika yina bantu kele na mpasi ya ke kudipesaka, bimvuka ya bainsi ya nkaka mpi bantu ya mayele ya babwala mpi

bayina ke kotaka ve na mambu ya politike na kundima na kusadila Nsiku ya me fwana sambu na kupesa lusadisu na bantu ya kele na mpasi mpi bansiku ya fioti-fioti ya mukanda yai bonso bansiku ya me zabana mingi kibeni.

12. Na kusalaka na kuwakana ti Nsiku ya me fwana sambu na kupesa lusadisu na bantu ya kele na mpasi mpi na bansiku ya fioti-fioti, beto ke salaka bikesa ya kusala mambu yina kele na makuki na beto sambu na kulungisa bampusa ya mfunu mingi ya bantu yina ke kutana ti bisumbula to ti bampasi yina kukonda kuwakana ya basoda ke nataka sambu bo landa kuzinga na luzitu mpi na lutaninu ya me fwana kibeni, mingi-mingi na yina me tala masa ya bunkete, kutula bunkete, madia, madia ya ke tunga nitu, bisika ya mbote ya kupema mpi lusansu ya mbote. Diaka, beto ke landa na kusiamisa bamfumu ya leta mpi bimvuka yina mambu yai ke tadila na kulungisa mukumba na bo na kutadilaka bansiku ya bantu yina kele na mpasi. Kansi, beto ta sala na mpila nde lusadisu na beto kuvanda ya mbote, ya me fwana kibeni mpi ya mfunu mingi, na kutadilaka mbala na mbala mpi na kulandilaka na mutindu ya kufwana mutindu bo ke tadila diambu yango na babwala, na kupesaka bansangu na pwelele yonso mpi na balukanu yina bo ke baka, mpi na mutindu ya mbote ya kutambusa mambu mpi na kusalaka na kuwakana ti bantu ya nkaka ya mayele kana mpila kele mutindu Nsiku ya me fwana sambu na kupesa lusadisu na bantu ya kele na mpasi mpi minsiku ya nkaka ya fioti-fioti ke tubila yo. Beto ke sala diaka bikesa ya kusala na kuwakana ti bantu yina ke kutana ti bisumbula, na kutubilaka mingi mukumba yina bo kele na yo ya kukwenda nswalu kupesa lusadisu. Beto ke ndima nde yo me fwana kibeni na kulungisa mukumba yina beto kele na yo ya kukwenda kupesa lusadisu na bantu ya kele na mpasi.

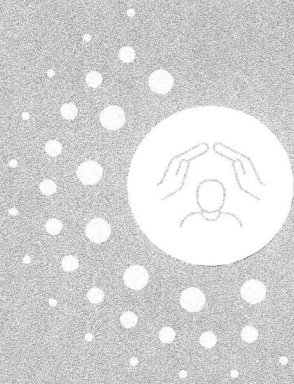

Minsiku ya ke tanina bantu

Minsiku ya ke tanina bantu

MUNSIKU 1

Kuyedisa mutindu ya kutanina bantu, kupesa bo luzitu mpi banswa na bo kukonda kufinga bo

MUNSIKU 2

Siamisa bantu na kusadisa bantu ya kele na mpasi na luzolo yonso kukonda kusambisa bo

MUNSIKU 3

Sadisa bantu sambu bo vutukila diaka mavimpi mpi mutindu na bo ya mbote ya kuyindula ata mambu ya nku me kumina bo to bo me kutana ti bupusi ya ngolo

MUNSIKU 4

Sadisa bantu na kubakisa banswa na bo

APPENDIXE: Bunkufi ya bansiku sambu na kisalu ya ke tanina

Mambu ya kele na kati

Minsiku ya ke tanina bantu

Minsiku ya ke taninaka bantu kele 4 ya ke tadila bimvuka yonso yina ke kwendaka kupesa lusadisu na bantu ya kele na mpasi mpi na bantu yonso ya mayele yina ke salaka ti bimvuka yai.

1. Sosa kutanina mbote bantu yina kele na mpasi, na luzitu mpi na banswa yina bantu kele na yo mpi tanina bo na mambu yina lenda natila bo bampasi.
2. Sosa kuzaba kana bantu bakaka lusadisu kukonda kupona-pona, na kutadila bampusa na bo mpi kukonda kusadila bo mambu na nku.
3. Sadisa bantu na kuvutukila mavimpi mpi mutindu na bo ya mbote ya kuyindula sambu na mambu ya nku yina vandaka kukumina bo mpi na mutindu bo vandaka kubuyisa bo kimpwanza.
4. Sadisa bantu na kutelemina banswa na bo.

Minsiku ya ke tanina bantu ke tubila mpi bansiku yina beto tubilaka na kapu ya Kuwakana yina bimvuka salaka: nswa ya kuzinga na luzitu yonso, nswa ya kubaka lusadisu yina bo ke pesaka bantu ya kele na mpasi mpi nswa ya kuzinga na ngemba mpi na lutaninu. Minsiku ke tubila kisalu yina konso muntu ya mayele ya kimvuka ya ke kwendaka kupesa lusadisu fwete sala sambu na kutanina bantu. Bisalu mpi mikumba yina konso muntu ya mayele ya kimvuka ya ke kwendaka kupesa lusadisu kele mingi ve kuluta yina bamfumu ya Leta fwete sala. Bamfumu ya luyalu to bamfumu ya nkaka ya me fwana kele ti mukumba ya kutanina bima ya bantu ya bwala na bo mpi bantu ntangu kuwakana kele ve na kati ya basoda. Bamfumu yai kele ti mukumba ya kutanina bantu na kubakaka bangindika ya me fwana mpi na kusalaka mambu ti bukati-kati. Kisalu ya babiro ya kimvuka ya ke kwenda kupesa lusadisu kele ya kupesa kikesa mpi ya kusiamisa bamfumu yango na kulungisa mikumba na bo mpi kana bo lungisa yo ve, sadisa bantu na kubakisa nde bo mosi fwete zaba mutindu ya kuditanina na mambu ya mpasi.

Lutaninu ke tadilaka mambu ya me tala kuzinga na luzitu yonso mpi nswa yina bantu yina bisumbula me kumina bo kele ti yo to kimvuka ya basoda yina ke wakana ve bo na bo. Kimvuka ya ke talaka mambu ya bimvuka na nsi-ntoto ya mvimba (CPI) ke tendula lutaninu bonso:

> "... bisalu yonso yina kele ti lukanu ya kuzitisa banswa ya bantu, na yina me tala mabanza ya bisika yina bansiku ke tadila disongidila (droit international relatif aux droits de l'homme, droit humanitaire international et droit international des réfugiés)."

Diaka, lutaninu ke tadila bikesa yonso yina bimvuka ya ke kwendaka kupesa lusadisa ke salaka mpi bantu yina ke nwaninaka banswa ya bantu yina kele na mpasi mpi mukumba yina bo kele na yo sambu na kuzikisa kibeni nde bantu ke bakisa kibeni nsiku ya insi ya mvimba, ke zitisa yo mpi ke sadila ve bantu mambu kukonda luzitu.

Kutanina bantu ke tendula kubaka bangidika sambu na kutanina bantu na mambu ya nku; ya kukonda mfunu mpi yina bantu ya nkaka ke zolaka ve kupesa bo kimpwanza. Mbala mingi na yina me tala mambu ya lutaninu, kimvuka ya ke kwendaka kupesa lusadisu ke vandaka ti mambu yina ke lombaka kupesa na nswalu kibeni lusadisu ya me fwana kibeni. Sambu kimvuka ya ke kwendaka kupesa lusadisu kusala kisalu na bo na lutaninu, yo ta lomba kubakisa mpi kusala na mpila nde bigonsa kuvanda kibeni ve.

Kapu yai ke pesa lutwadisu na mutindu bimvuka yina ke pesaka lusadisu fwete pesa maboko na kumonisa bantu ya kele na mpasi mutindu bo fwete kuditanina, na kuzwa lusadisu, na kuzaba mambu ya mpasi yina nku ke nataka mpi kutelemina banswa na bo.

Mutindu ya kusadila bansiku

Muntu yina ke sadila mwa bansiku ya mukanda yai Sphère, yandi fwete landa mbote kibeni lutwadisu yai ya Minsiku ya ke tanina bantu, ata bo kele ve ya kuyilama sambu na lutaninu mosi buna to bo kele ti bamakuki ya nkaka sambu na diambu yango. Yo ke lomba kubakisa mbote disolo mpi kubaka bangidika ya me fwana sambu na kutanina bantu, ya kutula bandilu to ya kusukisa mambu ya nku mpi kutala bingonsa yina lenda kumina bantu kana bo kele ve na lutaninu. Yo ta vanda mbote na kupesa bansangu mpi kusadisa bantu na kubaka balukanu ya mbote na yina me tala mambu na bo mpi na kuvutukila diaka mavimpi yina bo vandaka na yo ntete.

Bantu ya mayele yina ke salaka bansosa na yina me tala lutaninu fwete sadila minsiku yai mpi bansiku ya nkaka. Bantu ya mayele yina ke salaka bansosa na yina me tala lutaninu ke salaka bisalu na bo mosi na mambu yai ya mfunu, mumbandu:

- kutanina bana;
- kuvukisa nitu ti bantu na ngolo;
- banswa ya bisika ya kuvanda, ya kutanina ntoto mpi banswa ya bunkete;
- kusala mambu ya me tala bamine;
- banswa mpi bansiku;
- lusadisu yina bantu ya bansiku ke pesaka;
- kunwanina banswa ya bantu;
- bantu yina me kwenda kuzinga bisika ya nkaka kaka na kati ya teritware na bo; mpi
- banswa ya bantu yina ke tinaka na bainsi ya nkaka.

Tala Bareferanse mpi *Appendixe: Bansiku na bunkufi ya me fwana kibeni sambu na kisalu ya kutanina bantu*, kusala bansosa sambu na mabuta, kuvutukila mikanda, kutanina bansangu mpi bisalu ya nkaka.

Bisalu ya ke tanina bantu

Bisalu ya ke tanina bantu lenda tadila kubaka bangidika, kusala diambu mosi buna, kuyidika to kukumisa diaka bisika yina bantu ke vanda ngolo. Kuzitisa Minsiku ya ke tanina bantu ke tendula kusala bisalu yai na kimvuka.

- **Kubaka bangidika:** kusala na mpila nde lutaninu kuvanda ya mbote, luzitu to bansiku to kusala na mpila nde yo monana diaka mingi ve to bampasi yina yo ke nataka.
- **Kusala mambu sambu na kulembika malanda:** Kumanisa mambu ya nku to kuvukisa nitu ti bantu na ngolo, kupusa bantu na ngolo to kupimina bo kima mosi buna.
- **Kuyidika mambu:** Pesa bangindu ya mbote yina ta sadisa na kununga mambu ya kuvukisa nitu ti bantu na ngolo, na ntangu ya ntama mpi na ntangu na beto, na kupesaka bo lusansu ya me fwana (yo vanda lusadisu ya mabanza), lusadisu ya bantu yina me zaba mbote bansiku to bisalu ya nkaka yina lenda sadisa bantu na kulanda kuzinga na luzitu yonso.

- **Kuyidika diaka bisika ya mbote ya kuzinga:** Yo ke sadisa sambu na mambu ya politike, kuzinga na kimvuka, kuzinga na kutadila nsiku ya bwala, na bisika ya bisalu mpi na mambu ya me tala bansiku yina ke sala nde bantu kuzitisa bantu yina kele na mpasi. Diaka, yo ke sadisa sambu na kuzitisa bansiku mutindu nsiku ya bainsi ya nkaka ke tubilaka yo.

Kisalu ya kukwenda kuzabisa bantu mambu, yo vanda na meso ya bantu to ve, kitini yai me vukisa bisalu yai iya ya beto me tubila. Kana bo ke baka balukanu sambu na kusadisa bantu yina kele na mpasi, sambu na mambu yina bantu ya politike salaka, kisalu ya babiro ya kimvuka ya ke kwendaka kupesa lusadisu na bantu ya kele na mpasi to bimvuka yina ke kwendaka kunwanina banswa ya bantu fwete soba mutindu na bo ya kubaka balukanu, ya kusala mambu mpi mabanza yina ke tulaka na kigonsa banswa ya bantu yina kele na mpasi. Yo lenda vanda, kupusa na ngolo to kuyedisa mayele ya muntu to ya kimvuka mosi ya ke monisa mutindu bo ke niokula bantu to diaka kusosa kusoba mabanza to mutindu ya kutadila bansiku sambu na kusadila bantu mambu kukonda kupona-pona. Diaka, yo lenda vanda mpi kupesa maboko na bikesa yina bantu ke sala bo mosi sambu na kuditanina mpi kusala na mpila nde bampasi yina bo ke kutana ti yo kuvanda diaka mingi ve.

Munsiku ya ke tanina bantu ya 1:
Kuyedisa mutindu ya kutanina bantu, kupesa bo luzitu mpi banswa na bo kukonda kufinga bo

Bantu ya mayele yina ke salaka na kimvuka ya ke kwendaka kupesa lusadisu na bantu ya kele na mpasi ke baka bangidika sambu bigonsa kuvanda diaka mingi ve, mpi kusala nde bantu mingi diaka ve kukutana na mpasi mpi mwa mambu ya mpasi yina bamanaka ya bimvuka ya ke kwendaka kupesa lusadisu na bantu ya kele na mpasi.

Munsiku yai ke tadila:

- Kubakisa mambu ya me tala lutaninu;
- Kupesa lusadisu ya me fwana sambu bigonsa yina bantu lenda kutana ti yo ntangu bo ke lungisa bampusa na bo na luzitu yonso kuvanda diaka mingi ve;
- Kupesa lusadisu na bisika yina ke tula kibeni ve luzingu ya bantu na kigonsa, na mambu ya nku to na kuvukisa nitu ti bantu na ngolo; mpi
- Kusadisa bantu na makuki yina bo kele na yo ya kuditanina bo mosi.

Munsiku yai kele ti dibanza ya ke monisa mfunu ya kuditanina na bigonsa yonso yina manaka ya kimvuka yina ke kwendaka kupesa lusadisu na bantu ya kele na mpasi ke nataka ☞ *tala Nsiku ya me fwana sambu na kupesa lusadisu na bantu ya kele na mpasi, Kuwakana ya 3.*

....

Mikanda ya ke pesa lutwadisu

Kutadila mbote disolo yina yo ke tubila: Sosa kubakisa mambu mbote mpi yilama na ntwala sambu na bampasi yina kukwenda kupesa lusadisu na bantu ya kele na mpasi ke nataka yina lenda tula na kigonsa lutaninu, luzitu mpi banswa yina bantu ya kele na mpasi kele na yo. Sala na kuwakana ti bimvuka ya nkaka mpi bimvuka ya bankento, ya babakala, ya bana babakala mpi ya bana bankento yina kele na mpasi yango sambu na kutadila ntangu yonso bigonsa yina lenda kumina bo mutindu mambu ke soba ntangu yonso.

Lisiti ya mambu yina beto me tubila kele fioti kansi yo lenda sadisa sambu na kutwadisa mambu ya mutindu yai:

- Inki mambu ya mpasi, bigonsa mpi mambu ya kukonda mpasi na yina me tala lutaninu yina ke niokula bantu yonso? Inki makuki bantu kele na yo sambu bigonsa kuvanda diaka mingi ve?
- Keti bimvuka ya nkaka lenda kutana ti bigonsa kukonda mpasi? Sambu na nki? Mumbandu, sosa kuzaba bwala yina muntu katukaka, kikanda na yandi, banzo-nkanda yina yandi me salaka, ndonga ya bantu yina yandi kele, kana yandi kele nkento to bakala, mvula na yandi, kuzaba kana yandi kele ti kifu na nitu to ve to kuvanda ti nzala ya ngolo ya kuvukisa nitu.
- Keti kele ti mambu ya mpasi yina lenda sala nde bantu kubaka ve lusadisu to balukanu? Yo lenda vanda bampasi ya nitu, ya kisika yina bantu ke zinga to ya me tala lutaninu, to yo lenda tadila mpi mutindu bantu ke pesa bansangu.
- Bimvuka ya babwala na beto ke salaka nki sambu na kuditanina? Inki mutindu bimvuka ya ke kwenda kupesa lusadisu na bantu ya kele na mpasi lenda pesa maboko sambu bikesa yango kukwenda na ntwala mpi kukonda kubebisa yo? Keti bantu yina ke kuditaninaka lenda kutana ti bigonsa?
- Keti bantu ke sadilaka mayele ya mbi sambu na kuvukisa nitu bantu ya nkaka sambu na mbongo, makwela ya kukonda kukana, kusadisa ya bana bisaly to kigonsa ya kukwenda bansi ya nkaka? Yo ke lomba kusala nki sambu na kumanisa bampasi ya mingi?
- Keti bisalu ya bimvuka ya ke kwendaka kupesa lusadisu kele ti malanda ya mbi ya kukonda kukana, bonso bantu yina kele na bigonsa na bisika yina bo ke kabulaka bima, kukabwana ya bimvuka to na bimvuka yina ke salaka kisalu ya kuyamba bantu? Yo ke lomba kusala nki sambu bigonsa yai kuvanda diaka mingi ve?
- Keti kele ti bansiku ya ke pesa ndola na lutaninu ya bantu, mumbandu kusadisa ekzame ya Sida, kuvukisa nitu bankento ti bankento to babakala ti babakala to kusala mambu yai na mitindu ya nkaka?

Sosa kusala mpi kuyidika bimvuka ya ke pesana bansangu mpi ya ke pesaka sadisaka bantu, yo vanda bimvuka yina kele na kigonsa sambu na kuzaba mpi kuyidika mambu ya me tala lutaninu na bo.

Kukota ve ata fioti na mambu ya me tala kufwa nsiku ya me tala banswa yina bantu kele na yo na mambu ya politike mpi bisalu yina lenda nata bampasi. Mumbandu, bisalu ya kukatula bantu mpi kunata bo bisika ya nkaka na ngolo sambu na mambu ya politike, kisalu ya kisoda, to kukonda kuwakana ya bimvuka ya bantu yina ke salaka ti beto sambu na kupesa beto bima to bisadilu, yika mpi bimvuka ya bantu ya mumbungu. Mambu yai lenda sala nde kupona to kubaka lukanu kuvanda mpasi kibeni, kansi yo ke lomba kutula dikebi ya mingi kibeni mpi kutadila diaka mbote mutindu mambu lenda soba.

Lusadisu na ntangu ya mpasi: Mutindu ya kupesa lusadisu mpi kisika ya kupesa yo lenda natila diaka bantu bampasi ya mingi, mambu ya nku to kusadisa bantu mambu na ngolo.

- Kabisila bantu ya kele na mpasi bima na bisika ya mbote kibeni mpi tanina bantu na bigonsa mpi na mambu yina lenda natila bo bampasi. Mumbandu, kulonga bantu mpi kupesa bo lusansu fwete salama na bisika yina bantu yonso lenda vanda na lutaninu ⊕ *tala Manuel INEE*.
- Baka bangidika ya me fwana ntangu beno ke pesa lusadisu mpi ke landila mutindu yo ke salama sambu bantu kusala ve bantu yina kele na mpasi, mambu ya nku to kuvukisa nitu ti bo na ngolo. Mumbandu, bantu lenda yiba bima ya ntalu to mbongo yina bo ke pesa sambu na kusadisa bantu ya kele na mpasi mpi yo lenda tula luzingu na bo na kigonsa.
- Sadisa bantu na kuyidika mambu yina ke pesaka bo mpasi sambu na kulungisa bampusa na bo mpi sambu na kuditanina na bigonsa. Mumbandu, monisa mitindu ya nkaka yina bantu lenda baka tiya mpi kulamba sambu bo kwenda diaka ve kulokuta bankuni na bisika yina kele ya bigonsa.
- Sadisa bisalu yina ta tanina bana babakala ti bana bankento mpi yina ta tula ve luzingu na bo na kigonsa bonso kuyiba bana mpi kubumba bo to kukabula bo ti mabuta na bo ⊕ *tala Mukanda SMPE*.
- Kusala na kuwakana ti bamfumu ya luyalu mpi bimvuka ya ke talaka kaka mambu ya me tala kukatula bamine mpi masasi yina kele ya kubumbana na bisika yina bo ke kwenda kupesa lusadisu na bantu ya kele na mpasi ⊕ *tala Bansiku ya Bainsi ya Nkaka ya Ke Monisa Mutindu ya Kusadila Bamine*.
- Tadila mbote diambu ya kukonda kukana yina lenda basika na bisika yina bantu kele mpi mambu yina lenda vanda ti bupusi na lutaninu, luzitu mpi banswa ya bantu.
- Solula ti bibuka ya bantu na kati ya bimvuka mingi-mingi bibuka yina kele na kigonsa mpi bimvuka yina bo ke tudilaka ntima sambu na kuzaba mutindu ya mbote ya kukwenda kupesa bantu lusadisu. Mumbandu, kusala ti bantu yina kele ti bifu na nitu sambu na kuzaba mutindu ya mbote ya kupesa bo lusadisu. Yo kele mbote na kutanina bima na bo na bigonsa mpi bantu yina bo ke tindaka sambu na kukwenda kubakila bo bima.

Bimvuka ya ke taninaka bantu: Sosa kuzaba mayele yina bantu ke sadilaka sambu na kuditanina, kutanina mabuta mpi bimvuka na bo. Pesa maboko na bangindu ya mfunu yina bimvuka ke baka. Lusadisu yina kimvuka ya ke kwenda kupesa lusadisu ke pesa. Lusadisu yina kimvuka ya ke kwenda kupesa lusadisu na bantu ya kele na mpasi ke pesaka fwete kanga ve nzila na makuki yina bantu kele na yo ya kuditanina mpi ya kutanina bantu na nkaka.

Bansangu ya mfunu: Ke monisa nde babiro ya bimvuka yina ke kwendaka kupesa lusadisu na bantu ya kele na mpasi mpi kimvuka ya ke pesaka bansangu ke tula ve luzingu ya bantu na bigonsa. Tula bansiku sambu na kubaka mpi kupesa bansangu ya mfunu. Bansiku yango fwete tendula mutindu ya kupesa bansangu mpi ya kuzitisa munsiku ya ke monisa bigonsa na pwelele yonso. Kukonda kuzitisa mambu yai lenda tula luzingu ya bantu yina beno me sadisa na kigonsa mpi ya bantu ya kisalu.

Munsiku ya ke tanina bantu ya 2:
Siamisa bantu na kusadisa bantu ya kele na
mpasi na luzolo yonso kukonda kusambisa bo

Bantu ya mayele yina ke salaka na kimvuka yina ke kwendaka kupesa lusadisu na bantu ya kele na mpasi fwete sosa kuzaba mambu ya mpasi yina lenda sala nde bantu kubaka ve lusadisu mpi kubaka bangidika yina ke ndimisa kibeni nde bantu pesaka lusadisu na kutadila bampusa ya bantu mpi kukonda kusadila bantu ya nkaka mambu na kupona-kupona.

Munsiku yai ke tadila:

- Kuyidika mambu yonso yina lenda sala nde bantu kulungisa ve bampusa na bo na mutindu ya mbote na kusadilaka minsiku ya mfunu ya kimvuka ya ke kwendaka kupesa lusadisu mpi bansiku yina bo ke sadilaka *tala Kuwakana yina bimvuka salaka*;
- Kusosa kuzaba kana bantu yonso ke baka lusadisu na kutadila bampusa na bo mpi kukonda kusadila bo mambu na kupona-pona ata muntu mosi buna me pesa nswa; mpi
- Kuzikisa kibeni nde bantu yonso me baka lusadisu na bisika yonso yina bo kele.

Munsiku yai kele ti dibanza ya ke monisa nde bantu ya kele na mpasi kele ti nswa ya kubaka lusadisu yina kimvuka ya ke kwendaka kupesa lusadisu na bantu ya kele na mpasi kele na yo *tala Nsiku ya me fwana sambu na kupesa lusadisu na bantu ya kele na mpasi, Kuwakana ya 2.*

Mikanda ya ke pesa lutwadisu

Kukonda kupona-pona: Zaba mambu ya mfunu yina ke lomba kupesa nswalu lusadisu na kutadila bampusa mpi pesa lusadisu na kutadila bampusa ya yango. Munsiku yai ya kukonda kupona-pona kele na kati ya Minsiku ya bikalulu ya mbote yina *Mouvement international de la Croix-Rouge et du Croissant-Rouge* ke tubila mpi ONG sambu na kukwenda kupesa lusadisu kana bisumbula me salama *tala Annexe 2* mpi *Kuwakana yina bimvuka salaka.* Bimvuka ya ke kwendaka kupesa lusadisu na bantu ya kele na mpasi fwete tula ve dikebi kaka na kimvuka mosi buna ya bantu (mumbandu, bantu yina bo me nataka na bwala ya nkaka to kimvuka mosi buna ya bantu fioti) sambu kutula dikebi mingi kaka na kimvuka ya bantu mosi buna kansi na kimvuka ya nkaka ve lenda niokula bantu yina ya nkaka ya kele na mpasi.

Nswa ya kubaka lusadisu: Funda bantu yina ke zitisa ve banswa yina bantu ya kele na mpasi kele na yo sambu bo baka lusadisu. Kana bantu ke lungisa ve bampusa na bo mpi nde bamfumu ya luyalu kele ve ti makuki ya kupesa bo lusadisu ya me fwana, bamfumu yai fwete buyisa ve ata fioti bimvuka yina ke kwendaka kupesa lusadisu kukonda kupona-pona na kupesa bantu yina lusadisu. Kukonda kusadila mambu yai kele kukolama na nsiku yina kele na bainsi yonso, mingi-mingi kana kukonda kuwakana kele na kati ya bimvuka ya basoda. Yo ke lomba ve nde bantu yina kele na mpasi kuvanda ti nswa mosi buna sambu na kubaka lusadisu yina kimvuka ya ke kwendaka kupesa lusadisu na bantu ya kele na mpasi ke pesaka mpi kuzinga na lutaninu.

Bamfumu ya luyalu fwete mona ve nde bimvuka ya ke kwendaka kupesa lusadisu kele ve na mfunu mpi bo fwete sadila ve bimvuka yai mambu ya mpasi yo vanda na babiro na bo sambu na kufiotuna kimpwanza na bo sambu na kupesa bantu lusadisu.

Kukangila bantu nzila: Landila mbote bantu yina bo fwete pesa lusadisu sambu na kusosa kuzaba mpi na kubakisa mambu yina lenda kanga bo nzila na kubaka lusadisu. Kana mpila kele baka bangidika sambu na kumanisa mambu yina kana mpila kele.

- Tadila mambu yina ke buyisa bantu na kutambula diaka mingi ve to kukanga bo nzila na banswa yina bo kele na yo ya kubaka lusadisu yina kimvuka ya ke kwendaka kupesa lusadisu ke pesaka. Yo lenda vanda kukanga kibeni nzila sambu bantu kuluta ve, kusalakisika bantu ke salaka bamine mpi kusala bisalu ya kuzikika mikanda ya bantu. Kana kuwakana kele na kati ya bimvuka ya basoda, bo lenda tula mambu yai ya beto me tubila bisika ya kulandila kansi yo lenda kanga ve bantu ya nkaka nzila na kubaka lusadisu yina kimvuka ya ke kwendaka kupesa lusadisu ke pesaka.
- Kangula banzila yina bo me kangila bimvuka to bantu mosi buna sambu na kubaka ve lusadisu mpi sala na mpila nde muntu yonso kubaka lusadisu yango na mutindu ya kufwana. Mambu yina ya mpasi lenda nata kupona-pona na kati ya bankento mpi bana, na minunu, na bantu yina kele ti bifu na nitu to na bantu ndambu mpamba. Bo lenda sala mpi nde bantu ya nkaka kubaka ve lusadisu na kulandaka bikalulu ya mbote, dibundu, mambu ya politike, mambu ya me tala mutindu ya kuvukisa nitu, kuzaba kisika muntu katukaka, ndinga yina yandi ke tubaka to mitindu ya nkaka.
- Pesa bansangu ya me tala bansiku mpi baka bansangu ya nkaka na mutindu (format) mpi na ndinga yina bantu ta bakisa mbote kibeni. Zabisa bimvuka ya bantu yina kele na kigonsa "bayina ke monana ve", bonso bantu yina kele ti bifu na nitu, bana yina ke zingaka na babala-bala to bantu yina ke zingaka na bisika yina bantu ke kwendaka kuna na mpasi sambu na kusadisa bo na kubaka lusadisu na lutaninu yonso.

Minsiku ya ke tanina bantu ya 3:
Sadisa bantu sambu bo vutukila diaka mavimpi mpi mutindu na bo ya mbote ya kuyindula ata mambu ya nku me kumina bo to bo me kutana ti bupusi ya ngolo

Bantu yina ke kwendaka kupesa lusadisu na bantu ya kele na mpasi fwete pesa lusadisu ya me fwana mpi na nswalu yonso na bantu yina bo me sadila mambu ya nku mpi kutinda bo na bisika ya nkaka kana mpila kele.

Munsiku yai ke tadila:

- Kunata bantu na bisika yina bo lenda baka lusadisu;

- Kubaka bangidika ya me fwana sambu na kusadisa bantu yina kele na mpasi sambu bantu kusadila bo diaka ve mambu ya nku, na kingolo-ngolo mpi kubuyisa bo mambu ya nkaka; mpi
- Kupesa maboko na bisalu yina bantu bo mosi ke salaka sambu na kuzinga na luzitu mpi na kuwakana ti banswa na bo sambu bo zinga na lutaninu.

Munsiku yai kele ti dibanza ya ke monisa nde bimvuka mpi bantu yina kele na mpasi fwete baka lusadisu ya me fwana mpi kutambusa mambu na mutindu ya mbote *tala Nsiku ya me fwana sambu na kupesa lusadisu na bantu ya kele na mpasi, Kuwakana ya 6.*

....

Mikanda ya ke pesa lutwadisu

Balutwadisu: Kuzaba mutindu ya kutwadisa mpi ya kusadisa bantu yina bo me sadila mambu ya nku sambu bo kwenda kubaka lusadisa na bisika yina bo me yidikaka na lutaninu kibeni. Bantu ya nkaka ke vandaka ve na mfunu ya lusadisu ntangu bo ke sadilaka bo mambu yai ya nku. Sosa kuzaba mambu ya mpasi yina ke kangaka bantu nzila ya kukonda kukwenda kubaka lusadisu mpi sadila mbote bangidika ya lutwadisu yina me bakamaka.

Sadisa bantu yina bo vukisaka nitu ti bo na ngolo to yina bo sadilaka mambu ya nku sambu bo kwenda kubaka lusansu na opitale, lusadisu na basoda, sambu bo kwenda kubaka lusansu ya ntu, ya mabanza mpi bamaladi ya nkaka. Bantu ya ke salaka na babiro yai fwete pesa lusansu na kutadila mvula ya muntu, kana yandi kele nkento to bakala, kana yandi kele ti kifu na nitu, mambu ya yandi me zaba ya kuvukisa nitu mpi mambu ya nkaka yina ke benda dikebi *tala Directives pour intégrer les interventions contre les violences sexistes dans l'action humanitaire.*

Tendula mpi sadila bima ya mbote mpi ya ngolo ya ke twadisaka babiro yina ke taninaka bana yina bo ke sadilaka mambu ya nku, yina bo me bebisaka mpi bana yina bo ke tudilaka ve dikebi sambu na kupesa bo lusadisu.

Mambu yina kimvuka ke sala: Pesa maboko na mambu yina kimvuka ke sala mpi na bisalu ya nkaka yina ke sadisa bantu na kuvutukila makuki na bo mpi na kuditanina mbote kibeni.

Pesa maboko na bangidika yina mabuta, bimvuka mpi bantu me bakaka sambu na mambu ya me tala lutaninu, ya mutindu ya mbote ya kuyindu mpi lusadisu ya mabanza. Yo ke tendula kusosa mabaku ya mbote yina ta pusa konso muntu na kutubila diambu yina ke yangisa yandi, kupona mutindu ya lutaninu ya me fwana, kusosa kupesa mvutu na mambu ya mpasi na yina me tala lutaninu mpi kutadila mbote mpi kubaka bangidika ya me fwana sambu na kununga mambu yina ya mpasi.

Sadisa bimvuka yina kele na babwala na beno, mumbandu bimvuka ya batoko, bimvuka ya bankento, bimvuka ya mabundu na kusadila bima yina lenda vanda ve kigonsa mpi kutanina bantu yina kele na mpasi.

Kana mpila kele, vukisa mabuta kisika mosi yo vanda mabuta yina katukaka na bwala ya nkaka mpi sadisa bantu yina katukaka na bwala mosi to kimvuka yina ke pesaka lusadisu na kuzinga kisika mosi.

Kupesa maboko na bangidika yina bo me tulaka, mumbandu, kimvuka ya ke talaka mambu ya kuzika bamvumbi na kutadila binkulu ya babwala, kusala bafeti ya mabundu, mambu ya me tala babwala mpi kuzinga na bumosi.

Kusala mambu ya nku, kukengila mpi kuzabisa bantu ya nkaka: Sosa kuzaba bima yina ta sadisa sambu na kuzaba kana bantu ke zitisa ve banswa yina bantu kele ti yo mpi kulanda mutindu ya kusala yo mpi bantuma sambu na kukabula bansangu ya mpasi na lutaninu yonso ⬡ *tala Minsiku ya ke tanina bantu ya 1* mpi *Appendixe: Bunkufi ya bansiku sambu na bisalu ya lutaninu.*

Yo ke lomba kutula dikebi na mambu ya nku yina ke manaka ve nswalu mpi kulanda diambu yango ti bantu ya ke salaka na bimvuka ya nkaka mpi bimvuka ya ke landilaka kaka mambu yango. Mukumba ya ntete-ntete ya bamfumu ya luyalu mpi bamfumu ya nkaka kele ya kutanina bantu. Sala na kuwakana ti bimvuka yina ke talaka mambu yango sambu na kuzaba bantu ya me fwana to ya kele ti makuki ya kutanina bantu mpi ya kuyibusa bo mambu yina bo fwete sala.

Bisalu ya ke talaka mambu ya lutaninu mpi ya kutula ndonga, bapolisi, basoda bantu ya ke tulaka ngemba ke salaka kisalu ya mbote kibeni ya kutanina bantu. Kana mpila kele mpi kana diambu ya kigonsa kele ve, benda dikebi ya bapolisi, ya bimvuka ya ke tulaka ndonga to ya basoda kana bantu ke zitisa ve banswa ya bantu ya nkaka.

Kana kuwakana kele ve na kati ya basoda, sosa kulandila mbote bimvuka yina ke pesaka bisalu ya me fwana mpi yina nsiku ya ntoto ya mvimba, yina bansiku ya kimvuka ya ke kwendaka kupesa lusadisu ke taninaka yo, mumbandu, banzo-nkanda mpi baopitale mpi kuzabisa diambu yonso yina ke monana ya mbi. Sala bikesa ya me fwana sambu bigonsa kuvanda diaka mingi ve mpi kusosa kutina ti bantu na ngolo to kusonikisa bantu bazina na ngolo lenda vanda mbi na bisika ya bisalu yina beto me tubila.

Mutindu ya kulandila bansangu ya mpasi: Bimvuka ya ke kwendaka kupesa lusadisu na bantu ya kele na mpasi fwete landa mbote bansiku mpi lutwadisu ya pwelele sambu na kusungika bantu yina ke salaka ti bo na mutindu ya kusala mambu kana bo zaba to bo mona ntangu bo vandaka kubebisa bantu mpi mutindu ya kutinda bantu ya kele na mpasi na bantu ya mayele yina ke tadilaka diambu yango. Mutindu bo ke bumbaka mbote bansangu, bo fwete tendula yo mpi na bitini yai.

Mambu bonso kubaka bangidika sambu na bantu yina ta vanda pana, mambu yina konso muntu me zaba mpi bizuzi ya ke sadisa sambu na kubaza luse ya konso muntu lenda vanda diambu ya mpasi mpi yina lenda tula bantu na kigonsa. Bimvuka ya mayele mpi ya kele ti makuki ya me fwana fwete baka bansangu ya mpasi ya me tala kubebisa bantu to kusadila bo mambu na ngolo, mitindu ya kusala yo, makuki mpi kuyamba bantu na mutindu ya me fwana ⬡ *tala Appendixe: Bansiku ya me fwana sambu na kisalu ya lutaninu.*

Munsiku ya ke tanina bantu ya 4:
Sadisa bantu na kubakisa banswa na bo

Bantu yina ke salaka na kimvuka ya ke kwendaka kupesa lusadisu ke sadisa bantu yina kele na mpasi na kuzaba banswa na bo, na kupesaka bansangu mpi mikanda, mpi na kusikisaka bo na bikesa yina bo ke sala sambu na kuzitisa mbote kibeni banswa na bo.

- Kuzabisa bantu banswa na bo mpi nswa yina bo kele na yo ya kuzabisa bamfumu ya leta mambu na bo to bisika ya nkaka;
- Pesa bantu mikanda yina bo kele na yo mfunu sambu yo sadisa bo na kuzaba banswa na bo; mpi
- Kuvanda na luzitu ya mingi na banswa ya bantu mpi ya nsiku ya insi ya nkaka ya kutula bantu na bisika ya mbote ya kuzinga na lutaninu.

Munsiku yai kele ti dibanza ya ke monisa nde bantu ya kele na mpasi fwete zaba banswa na bo *tala Nsiku ya me fwana sambu na kupesa lusadisu na bantu ya kele na mpasi, Kuwakana ya 4.*

Bansangu yina bantu lenda zwa: Pesa ndongisila mpi bansangu yina ta sadisa bantu na kubakisa mpi kutubila banswa na bo. Zabisa bantu banswa na bo, mumbandu, na yina me tala mambu ya kupona mutindu ya kuvutukila mpi ya kuyidika diaka bima. Kusala na bumosi ti bimvuka ya ke talaka kaka mambu mosi buna yina ke lomba kupesa lusadisu ya bansiku sambu na kuzabisa bantu banswa na bo yina kele na kati ya bansiku mpi minsiku ya insi yina yo ke tadila.

Pesa bansangu na ndinga yina bantu ya kele na mpasi lenda bakisa kukonda mpasi. Sadila baforma ya luswaswanu (ya bisono, ya bifwanisu, ya kuwidikila) sambu bantu yonso kubakisa mbote kibeni bansangu yango. Sosa kuzaba kana bantu ke bakisa mbote bansangu na kutadila mvula na bo, mutindu bo kele, banzo-nkanda yina bo me salaka mpi ndinga yina bo ke tubaka yantika bumwana na bo.

Mikanda: Bantu yonso kele ti banswa yo vanda bo kele ti mikanda to ve. Kansi, kana mikanda ya nkaka kele ve, mumbandu, mukanda ya kubutuka (*acte de naissance*), mukanda ya makwela (*acte de mariage*), mukanda ya lufwa (*acte de décès*), mukanda yina ke pesaka nswa sambu na kukwenda na insi ya nkaka, mikanda ya ke pesaka nswa ya bima, *diplôme*, yo lenda vanda mpasi sambu na banswa na bo. Tinda bantu na babiro yina ke pesaka mikanda yai sambu bo baka yo.

Bantu fwete vila ve mikanda ya bansiku yina me zabanaka na bamfumu ya me fwana ti mikanda ya bimvuka ya ke kwendaka kupesa lusadisu na bantu ya kele na mpasi ke pesaka, bonso kitansi sambu na kubaka madia to mikanda ya kukwenda kusonikisa zina. Mikanda yina bamfumu ya leta ke pesaka ke monisa ve bantu yina me fwana sambu na kubaka lusadisu yina kimvuka ya ke kwendaka kupesa lusadisu ke pesaka.

Nswa ya kubaka lusadisu na kutadila bansiku mpi lunungu: Muntu yonso kele ti nswa ya kukwenda kusosa lusadisu na bamfumu ya luyalu mpi bamfumu ya nkaka kana bo me zitisa ve banswa na yandi. Yo lenda vanda kuvidisa to kuvutudila yandi bima. Yo me fwana kibeni na kuzaba nde bantu yina ke salaka mambu na nku ke bakaka ndola na boloko.

Sadisa bantu yina ke kwenda kutelemina banswa na bo na kukota na babiro ya bazuzi na lutaninu yonso. Bantu yina ke salaka na babiro ya ke pesaka bantu lutwadisu fwete zaba mbote bisika yina babiro ya bansiku kele sambu na kukwenda kusosa lusadisu.

Kupesa ve bazuzi nswa ya kulandila mambu yina lenda pesa diaka mpasi ya mingi na bantu yina kele na mpasi. Mumbandu, minganga mpi bantu yina ke pesaka bantu lutwadisu na yina me tala kuvukisa nitu ti bantu na ngolo fwete zaba kisika yina leta me yidikaka sambu na kupesa bantu lusansu mpi bansiku yina bo me tulaka na yina me tala kuvukisa nitu ti bantu na ngolo. Zabisa bantu yonso na kutubila na kiteso ya me fwana bansangu yina bambefo ke pesa bo, sambu bansangu ya nkaka lenda bebisa lukumu na bo. Yo lenda vanda ti bupusi na lukanu yina bantu lenda baka ya kulanda kubaka lusansu to kutubila mambu, kansi yo ke lomba kuzitisa yo ⊗ *tala Lusansu ya me fwana mpi mavimpi ya mbote sambu na kuvukisa nitu mpi kubuta bana, nsiku ya 2.3.2.*

Na ntangu ya bampasi, bimvuka yina kele na mpasi lenda sadila bima yina lenda sadisa bo sambu na mwa ntangu mpi kuzabisa mutindu ya kuyika kukonda kuwakana bonso mutindu ya kusala mambu na bimvuka. Kana mambu yango kele, zabisa bantu mpi tendudila bo mutindu bo lenda kota na bisalu yango.

Kuzwa ntoto mpi balupangu lenda vanda mambu ya ngolo kibeni. Siamisa bamfumu ya luyalu na kusala na kimvuka sambu na kuyidika mambu ya me tala kuzwa ntoto to balupangu ya bantu.

Appendixe
Bansiku na bunkufi ya me fwana na kisalu ya lutaninu

Na mambu bonso kukonda kuwakana ya basoda to mambu ya nkaka ya nku, yo ta lomba kutanina mbote bantu na mambu ya nku mpi na bampasi yina yo lenda nata. Yo ta lomba kutinda nswalu kimvuka ya me fwana ya lutaninu mpi kuzitisa mwa bansiku ya me fwana yina bantu me ndima mpi yina ke tadila bantu yonso yina ke talaka mambu ya lutaninu.

Bo me salaka bansiku ya me fwana ya bisalu ya lutaninu sambu mambu kusalama na mutindu ya mbote sambu na bantu, kimvuka ya ke kwendaka kupesa lusadisu mpi bantu yina ke nwaninaka banswa ya bantu, ke kabulaka yo sambu na kukumisa bisalu yai ngolo na bantu yina kele na mpasi. Mambu yai kele mpi mfunu katala Minsiku ya ke tanina bantu.

Bansiku yai ke vutukila dibanza ya ke tubaka nde bantu fwete zaba balukanu yina bo ke bakila bo. Bantu kele ti mukumba ya nene sambu na kutadila mambu, kuyidika mbote mpi kulandila mutindu bo ke sadisa bantu sambu bo boka lutaninu na kutadila bampasi yina lenda basika mpi bigonsa. Katula bangidika ya ke bakama sambu na kutanina mavimpi ya bantu, bangidika ya lutaninu fwete bakama na luzitu ya bansiku, na luzitu ya bantu, mpi kwikama ya bantu yina kele na mpasi to yina bo bebisaka.

Bisalu mingi yina bimvuka ya ke kwendaka kupesa lusadisu sobaka mingi kibeni mpi yo kele mfunu kibeni nde bantu yonso ya ke salaka bisalu kutubila na bisalu na bo mambu ya lutaninu na kuwakana ti Minsiku ya ke tanina bantu. Bansiku ya me fwana ke tadila ntete-ntete bantu ya me zaba mbote mambu ya lutaninu mpi na bimvuka yina ke salaka bisalu ya kutanina bimvuka ya basoda yina kuwakana kele na kati na bo mpi na mambu ya nkaka ya nku.

Bansiku ya me fwana ke sadisaka bimvuka sambu na kutadila mpi kutalulula bansiku, minsiku yina me simbama mpi yo ke sadisaka bo na kusala mikanda ya kupesila formasio. Bo ke pesaka mikanda ya kusala bansosa na bantu yina ke yamba mpi ke sadila mayele ya nkaka ya lutaninu na bisika yina bo kele. Yo lenda vanda kisika yina bantu lenda kwenda kusala bansosa. Bo me kumaka bisika ya mbote yina bantu lenda baka bansangu sambu na kusadisa bantu ya bimvuka na kubakisa mutindu bantu ya bimvuka ya nkaka yina me longukaka mbote mambu ya lutaninu ke sala bisalu na lutaninu yonso sambu na kutanina mbote bantu mpi bimvuka.

Lukanu ya bansiku yai kele ve ya kutula bansiku na bisalu ya lutaninu to kutula bandilu yina lenda soba ve, kansi lukanu na yo kele ya kulungisa minsiku ya nkaka ya me fwana kibeni, mpi ya kusiamisa bantu ya ke talaka mambu ya lutaninu na kukotisa bo na bisalu yina bo ke salaka, minsiku mpi baformasio.

Bo salaka Minsiku ya me fwana ya 2018 na mitindu yai:

1. Minsiku yonso sambu na bisalu ya lutaninu
2. Mutindu ya kusadila mayele ya lutaninu
3. Kubakisa mpi kukumisa ngolo mayele ya lutaninu

4. Kutula ntima na mambu ya me simba bansiku ya lutaninu
5. Kulungisa mambu yina bantu ya nkaka salaka ve
6. Kutadila mambu mpi bansangu sambu na lutaninu
7. Kusiamisa makuki ya me fwana na kisalu

Bansiku ke pesa dibanza na mutindu ya kusadila teknolozi ya bansangu mpi ya mutindu ya kusolula, mpi diaka na bansiku ya me tala bansangu ya lutaninu ti bandongisila ya me fwana na mutindu ya kutadila bansangu ya me tala lutaninu.

Sambu na kuzwa lufutu ya mbote na yina me tala lutaninu, kusolula mpi kuwakana mbote kele mfunu mingi na kati ya bimvuka yina ke kwenda kupesa lusadisu na bantu ya kele na mpasi ti kimvuka ya ONU yina ke kwendaka kutula ngemba, basoda ya nkaka mpi ti bapolisi ya nkaka yina ke salaka na lutwadisu ya bainsi ya nkaka. Bansiku ya me fwana ke monisaka mutindu ya kuzitisa bansiku yina me simbama na minsiku.

Bikesa yina babwala, bainsi na beto mpi bainsi ya nkaka ke salaka kele ti lukanu ya kutelemina "bantu yina ke salaka mambu ya nku" na nsadisa ya bansiku ya ke tadilaka bantu ya mbi yina bo ke tubila na kati ya buku ya bansiku ya me fwana sambu yo ke monisaka mutindu bansiku yango lenda vanda ti bupusi na bisalu ya lutaninu yina bimvuka ya ke pesaka lusadisu ke salaka.

Beno lenda baka buku ya bansiku yai ya me fwana sambu na bisalu ya lutaninu na *boutique* e-Book du CICR:
https://shop.icrc.org/e-books/icrc-activities-ebook.html.

Bareferanse mpi mikanda ya nkaka yina bantu sonikaka

Kutanina bantu yonso: mambu ya kela na kati mpi bisadilu
Minimum Agency Standards for Incorporating Protection into Humanitarian Response – Field Testing Version. Caritas Australia, CARE Australia, Oxfam Australia and World Vision Australia, 2008. https://drc.ngo

Policy on Protection in Humanitarian Action. IASC, 2016.
www.interagencystandingcommittee.org

Professional Standards for Protection Work Carried Out by Humanitarian and Human Rights Actors in Armed Conflict and Other Situations of Violence. ICRC, 2018.
https://shop.icrc.org

Kuvukisa nitu ti bantu na ngolo
Guidelines for Integrating Gender-based Violence Interventions in Humanitarian Action: Reducing risk, promoting resilience, and aiding recovery. IASC, 2015. gbvguidelines.org

Banswa ya banzo, ya ntoto mpi ya bima
Principles on Housing and Property Restitution for Refugees and Displaced Persons. OHCHR, 2005. www.unhcr.org

Bantu yina me katukaka na bwala ya nkaka mpi me kwendaka kuzinga na babwala ya nkaka
Handbook for the Protection of Internally Displaced Persons. Global Protection Cluster, 2010.
www.globalprotectioncluster.org

Lusansu ya ntu mpi lusadisu ya mabanza
IASC Guidelines on Mental Health and Psychosocial Support in Emergency Settings. IASC, 2007. https://interagencystandingcommittee.org

Mutindu ya kusala bamine
International Mine Action Standards. www.mineactionstandards.org

Minunu mpi bantu yina kele ti bifu na nitu
Humanitarian Inclusion Standards for Older People and People with Disabilities. Age and Disability Consortium as part of the ADCAP programme. HelpAge, 2018.
www.helpage.org

Bana mpi kutanina bo
INEE Minimum Standards for Education: Preparedness, Response, Recovery. INEE, 2010.
https://inee.org/standards

Minimum Standards for Child Protection in Humanitarian Action: Alliance for Child Protection in Humanitarian Action, 2012. http://cpwg.net

Mikanda yina bantu ya nkaka sonikaka
For further reading suggestions please go to:
www.spherestandards.org/handbook/online-resources

Mikanda yina bantu ya nkaka sonikaka

Kutanina bantu yonso: mambu ya kele na kati mpi bisadilu

Aide Memoire: For the Consideration of Issues Pertaining for the Protection of Civilians. OCHA, 2016. https://www.unocha.org/sites/unocha/files/Aide%20Memoire%20 2016%20II_0.pdf

Enhancing Protection for Civilians in Armed Conflict and Other Situations of Violence. ICRC, 2017. www.icrc.org/eng/resources/documents/publication/p0956.htm

FMR 53: Local communities: first and last providers of protection. University of Oxford and Refugee Studies Centre, 2016. www.fmreview.org/community-protection. html

Giossi Caverzasio, S. *Strengthening Protection in War: A Search for Professional Standards.* ICRC, 2001. https://www.icrc.org/en/publication/0783-strengthening-protection-war-search-professional-standards

Growing the Sheltering Tree – Protecting Rights through Humanitarian Action – Programmes & practices gathered from the field. IASC, 2002. http://www.globalprotectioncluster.org/_assets/files/tools_and_guidance/ IASC_Growing_Sheltering_Tree_2002_EN.pdf

Operational Guidelines on the Protection of Persons in Situations of Natural Disasters. IASC, 2011. www.ohchr.org/Documents/Issues/IDPersons/Operational Guidelines_IDP.pdf

O'Callaghan, S. Pantuliano, S. *Protective Action: Incorporating Civilian Protection into Humanitarian Response.* HPG Report 26. ODI, 2007. https://www.odi.org/sites/odi. org.uk/files/odi-assets/publications-opinion-files/1640.pdf

Protection and Accountability to Affected Populations in the HPC (EDG Preliminary Guidance Note). IASC, 2016. https://interagencystandingcommittee.org/system/ files/edg_-aap_protection_guidance_note_2016.pdf

Protection Mainstreaming Training & Sector-Specific Guidance. Global Protection Cluster. http://www.globalprotectioncluster.org/themes/protection-mainstreaming/

Safety with Dignity: A field manual for integrating community-based protection across humanitarian programs. Action Aid, 2009. https://actionaid.org/publications/2010/safety-dignity

Statement on the Centrality of Protection in Humanitarian Action. IASC, 2013. https://interagencystandingcommittee.org/principals/content/ centrality-protection-humanitarian-action

Slim, H. Bonwick, A. *Protection – An ALNAP Guide for Humanitarian Agencies.* ALNAP, 2005. www.alnap.org/resource/5263

Mayele mpi makuki yina muntu fwete vanda na yo sambu na kuditanina
Local Perspectives on Protection: Recommendations for a Community-based Approach to Protection in Humanitarian Action. Local to Global Protection, 2015. www.local2global.info/wp-content/uploads/L2GP_pixi_Final_WEB.pdf

Thematic Policy Document no 8 – Humanitarian Protection: improving protection outcomes to reduce risks for people in humanitarian crises, page 24. DG ECHO, EC, 2016. https://ec.europa.eu/echo/sites/echo-site/files/ policy_guidelines_humanitarian_protection_en.pdf

Lusadisu ya mbongo
Guide for Protection in Cash-based Interventions. UNHCR and partners, 2015. www. globalprotectioncluster.org/_assets/files/tools_and_guidance/cash-based-interventions/erc-guide-for-protection-in-cash-based-interventions-web_en.pdf

Bantu yina kele ti bifu na nitu
Including Children with Disabilities in Humanitarian Action: Child Protection. UNICEF, 2017. training.unicef.org/disability/emergencies/protection.html

Need to Know Guidance: Working with Persons with Disabilities in Forced Displacement. UNHCR, 2011. www.unhcr.org/4ec3c81c9.pdf

Washington Group on Disability Statistics. 2018. www.washingtongroup-disability.com

Kuvukisa nitu ti muntu na ngolo
Building Capacity for Disability Inclusion in Gender-based Violence Programming in Humanitarian Settings: A Toolkit for GBV Practitioners. Women's Refugee Commission & International Rescue Committee, 2015. www.womensrefugeecommission. org/?option=com_zdocs&view=document&id=1173

Ethical and safety recommendations for researching, documenting and monitoring sexual violence in emergencies. WHO, 2007. http://apps.who.int/ iris/bitstream/handle/10665/43709/9789241595681_eng.pdf;jsessionid= 9834DA17763D28859CAD360E992A223B?sequence=1

Gender-based Violence Against Children and Youth with Disabilities: A Toolkit for Child Protection Actors. Women's Refugee Commission, ChildFund International, 2016. www.womensrefugeecommission.org/populations/disabilities/research-and-resources/1289-youth-disabilities-toolkit

Banswa yina muntu kele na yo sambu na banzo, ntoto mpi bima
Checklist of Housing, Land and Property Rights and Broader Land Issues Throughout the Displacement Timeline from Emergency to Recovery. Global Protection Cluster, Housing, Land and Property Area of Responsibility, 2009.

Handbook on Housing and Property Restitution for Refugees and Displaced Persons. Implementing the "Pinheiro Principles". Internal Displacement Monitoring Centre, FAO, OCHA, Office of the UN High Commissioner for Human Rights, UN-Habitat and UNHCR, 2007. www.unhcr.org/refworld/docid/4693432c2.html

Land and Natural Disasters: Guidance for Practitioners. UN Human Settlements Programme. UN-Habitat, FAO, Global Land Tool Network and Early Recovery Cluster, 2010. https://www.alnap.org/help-library/ land-and-natural-disasters-guidance-for-practitioners

Bantu yina me katukaka na babwala ya nkaka mpi me kwendaka kuzinga na babwala ya nkaka

Addressing Internal Displacement: A Framework for National Responsibility. Brookings Institution – University of Bern Project of Internal Displacement, 2005. https://www.brookings.edu/research/addressing-internal-displacement-a-framework-for-national-responsibility/

Bagshaw, S. Paul, D. *Protect or Neglect? Toward a More Effective United Nations Approach to the Protection of Internally Displaced Persons.* Brookings-SAIS Project on Internal Displacement and UNOCHA, Interagency Internal Displacement Division, 2004. https://www.brookings.edu/research/protect-or-neglect-toward-a-more-effective-united-nations-approach-to-the-protection-of-internally-displaced-persons/

Framework on Durable Solutions for Internally Displaced Persons. IASC, 2010. www.brookings.edu/research/iasc-framework-on-durable-solutions-for-internally-displaced-persons/

Implementing the Collaborative Response to Situations of Internal Displacement: Guidance for UN Humanitarian and/or Resident Coordinators and Country Teams. IASC, 2004. www.refworld.org/pdfid/41ee9a074.pdf

UN Guiding Principles on Internal Displacement. UN Economic and Social Council, 1998. www.unhcr.org/protection/idps/43ce1cff2/guiding-principles-internal-displacement.html

Lusadisu ya ntu mpi lusadisu ya mabanza

Community-based Protection and Mental Health & Psychosocial Support. UNHCR, 2017. https://cms.emergency.unhcr.org/

Mental Health and Psychosocial Support (MHPSS) in Humanitarian Emergencies: What Should Protection Programme Managers Know? IASC Reference Group on Mental Health and Psychosocial Support, 2010. https://interagencystandingcommittee.org/system/files/legacy_files/MHPSS%20Protection%20Actors.pdf

Minunu

Humanitarian Action and Older Persons: An essential brief for humanitarian actors. WHO, HelpAge International, IASC, 2008. www.globalprotectioncluster.org/_assets/files/tools_and_guidance/IASC_HumanitarianAction_OlderPersons_EN.pdf

Bana mpi kutanina bo

Handbook for Professionals and Policymakers on Justice in matters involving child victims and witnesses of crime. UNODC, 2009. https://www.unodc.org/documents/justice-and-prison-reform/hb_justice_in_matters_professionals.pdf

Integrated Disarmament, Demobilization, and Reintegration Standards. UN-DDR, 2006. www.unddr.org/iddrs.aspx

Inter-agency Guiding Principles on Unaccompanied and Separated Children. ICRC, International Rescue Committee, Save the Children, UNICEF, UNHCR and World Vision, 2004. www.icrc.org/eng/assets/files/other/icrc_002_1011.pdf

INSPIRE: Seven Strategies for Ending Violence against Children. WHO, 2016. www.who.int/violence_injury_prevention/violence/inspire/en/

Paris Principles and Commitments to Protect Children from Unlawful Recruitment or Use by Armed Forces or Groups. UNICEF, 2007. https://www.unicef.org/protection/57929_58012.html

Responding to the Worst Forms of Child Labour in Emergencies. CPWG, 2010. https://resourcecentre.savethechildren.net/library/responding-worst-forms-child-labour-emergencies

SIDA

Consolidated Guidelines on HIV Prevention, Diagnosis, Treatment and Care for Key Populations. Update. WHO, 2016. www.who.int/hiv/pub/guidelines/keypopulations-2016/en/

Implementing Comprehensive HIV and STI Programmes with Transgender People: Practical guidance for collaborative interventions. UNDP, 2016. www.undp.org/content/undp/en/home/librarypage/hiv-aids/implementing-comprehensive-hiv-and-sti-programmes-with-transgend.html

Implementing Comprehensive HIV and HCV Programmes with People Who Inject Drugs: Practical guidance for collaborative interventions. UNODC, 2017. www.unodc.org/unodc/en/hiv-aids/new/practical-guidance-for-collaborative-interventions.html

Implementing Comprehensive HIV/STI Programmes with Sex Workers: Practical approaches from collaborative interventions. WHO, 2013. www.who.int/hiv/pub/sti/sex_worker_implementation/en/

Implementing Comprehensive HIV/STI Programmes with Men Who Have Sex with Men: Practical guidance for collaborative interventions. UNFPA, 2015. www.who.int/hiv/pub/toolkits/msm-implementation-tool/en/

Joint United Nations Statement on ending discrimination in health care settings. WHO, 2017. www.who.int/mediacentre/news/statements/2017/discrimination-in-health-care/en/

Bantu ya kimvuka ya LGBTQI mpi bantu ya ke twadisaka mambu ya kuvukisa nitu, kimuntu ya muntu mpi mutindu bantu lenda zaba yandi kukonda mpasi, mpi mitindu ya nkaka ya kuvukisa nitu

Joint UN Statement on ending violence and discrimination against lesbian, gay, bisexual, transgender and intersex (LGBTI) people. OHCHR, 2015. www.ohchr.org/EN/Issues/Discrimination/Pages/JointLGBTIstatement.aspx

Mean Streets: Identifying and Responding to Urban Refugees' Risks of Gender-Based Violence — LGBTI Refugees. Women's Refugee Commission, 2016. https://www.womensrefugeecommission.org/gbv/resources/document/download/1284

Training Package on the Protection of LGBTI Persons in Forced Displacement. UNHCR, 2015. https://lgbti.iom.int/lgbti-training-package

The Yogyakarta Principles: Principles on the Application of International Human Rights Law in Relation to Sexual Orientation and Gender Identity. International Commission of Jurists, 2007. www.yogyakartaprinciples.org

Working with Lesbian, Gay, Bisexual, Transgender & Intersex Persons in Forced Displacement. UNHCR, 2011. www.refworld.org/pdfid/4e6073972.pdf

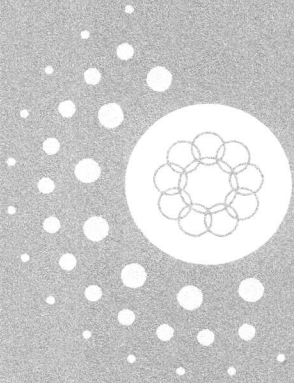

Nsiku ya me fwana sambu na kupesa lusadisu na bantu ya kele na mpasi

Kuwakana yina bimvuka salaka mpi minsiku ya lutaninu ke ndima na mbala mosi nsiku ya me fwana sambu na kupesa lusadisu na bantu ya kele na mpasi.
Bakapu yai tatu ke monisa minsiku mpi bansiku ya me fwana ya mukanda yai Sphère.

BIMVUKA MPI BANTU YINA KE KUTANA TI BAMPASI

1 Yo kele mbote mpi yo me fwana na kupesa lusadisu na bantu ya kele na mpasi.

2 Kimvuka ya ke talaka mambu ya bantu kele na mpasi me pesa mvutu ya mbote mpi na ntangu ya me fwana.

3 Mvutu yina kimvuka yango me pesa ke kumisa ngolo kivuvu ya bantu mpi ke pusa bo na kusala mambu ya mbote.

4 Kimvuka yango me simbama na kusolula ya mbote, kupesa lusadisu mpi kubaka mvutu na ngiufula.

5 Beto ta tadila mambu na nge mpi ta landila yo na kiese yonso.

6 Kele ti bantu ya ke talaka mpi ke pesaka lusadisu na kimvuka yango.

7 Bantu ya ke talaka kimvuka yango ke landa na kulonguka mpi na kutomisa mayele na bo.

8 Bo ke pesaka kikesa na bantu yina ke salaka bisalu sambu bo sala yo ti kikesa, mpi ke sadilaka bo mambu ya mbote mpi ya lunungu.

9 Kusadila bima na mutindu ya mbote mpi ti luzitu na bantu yina bo me tindila.

Bantu – Kukonda kupona-pona – Kukonda kukota na kimvuka mosi buna – Kimpwanza

Bansiku ya me fwana sambu na kukwenda kusadisa bantu ya kele na mpasi (Kifwanisu 2)

APPENDIXE Bangiufula ya ke pesa lutwadisu na mutindu ya kutambusa mambu mpi makuki yina bimvuka kele na yo (na Internet)

Mambu ya kele na kati

Nsiku mosi ya mfunu yina kele ti bakuwakana uvwa

Bantu mpi bimvuka mingi ke kwendaka kupesa lusadisu na ntangu kimvuka ya ke kwendaka kupesa lusadisu ke kumaka na mpasi. Mambu ya nkaka mpi mutindu ya nkaka ya kusala mambu kele mfunu sambu na kusadisa bantu mbote. Kukonda kuwakana lenda sala nde lusadisu kuvanda ya mbote ve mpi mambu ya kukonda kukana lenda basika.

Nsiku ya me fwana sambu na kupesa lusadisu na bantu ya kele na mpasi na yina me tala kitoko mpi mutindu ya mbote ya kusadila mikumba ke tubila kuwakana uvwa yina bimvuka mpi bantu yina ke kwendaka bisika yonso sambu na kukwenda kupesa lusadisu na bantu ya kele na mpasi lenda sadila sambu na kutomisa mutindu ya mbote ya kupesa lusadisu mpi yina lenda zinga mingi. Yo ke kumisaka mpi ngolo munsiku ya bikalulu ya mbote na bimvuka mpi na bantu yina kele na mpasi, na bantu ya bisalu, na bantu yina ke salaka kisalu ya kupesa mpi na bimvuka ya nkaka yina ke pesaka maboko. Kuzaba bakuwakana ya bimvuka yina ke kwendaka kupesa lusadisu ke sadisaka bimvuka yina ya nkaka. Yo kele kisalu ya luzolo sambu na bantu ya mayele mpi sambu na bimvuka.

Bo lenda sadila nsiku yai na mitindu zole; na mutindu bo ke sasdisa bantu mpi ntangu yonso yina bo ke kwenda kupesa lusadisu. Ata mpidina, yo ke lomba kaka ve nde bakuwakana yai uvwa fwete landa kaka mutindu manaka yango ke salama. Mambu ya nkaka kele mfunu mingi na bantangu ya nkaka, kansi mambu ya nkaka diaka, bonso kusolula ti bantu yina kele na mpasi, bo fwete sadila yo na ntangu yonso.

Nsiku ya me fwana sambu na kupesa lusadisu na bantu ya kele na mpasi ti Kuwakana yina bimvuka salaka mpi Minsiku ya ke tanina bantu kele bakapu ya me simba kibeni mukanda yai Sphère mpi yo ke sadisa na mutindu ya kutadila bansiku ya nkaka na kimvuka. Mukanda yai kele ti bareferanse ya ke wakana ti bakapu ya mfunu ya mambu yina yo me simbama.

Sambu na kubaka bansangu ya mingi ya Nsiku ya me fwana sambu kusadisa bantu yina kele na mpasi, kota na site *Internet* yai corehumanitarianstandard.org.

Mutindu mosi ya me fwana

Nsiku ya me fwana sambu na kupesa lusadisu na bantu ya kele na mpasi me katuka na bikesa yina kimvuka ya ke kwendaka kupesa lusadisu salaka na kimvuka sambu na kutomisa bansiku ya me fwana ya mukanda yai *Sphère*, *Humanitarian Accountability Partnership*, *People In Aid* mpi *le Groupe URD*, mpi kukotisa yo na kisalu mosi buna. Bubu yai bantu me zaba yo na nsadisa ya *Sphère*, *CHS Alliance* mpi *le Groupe URD* yina ke bakaka bima yina bo ke pesaka sambu na banswa yonso.

Konso kuwakana na kati ya bakuwakana yai uvwa ke tadila mbote kibeni konso kitambi ya mutindu ya kukwenda kupesa lusadisu. Bakuwakana yai ke salaka na bumosi, mpi me kumaka kuwakana mosi ya ngolo yina ke kwendaka kupesa lusadisu na bantu ya kele na mpasi, na mutindu ya me fwana kibeni.

Mutindu nsiku ya me fwana sambu na kupesa lusadisu na bantu ya kele na mpasi kele me swaswana fioti ti bansiku ya mukanda yai Sphère:

- **Kuwakana** ke sadisaka na kubakisa mambu yina bimvuka mpi bantu yina kele na mpasi ke monisa mpi lusadisu yina bantu ya ke kwenda kupesa lusadisu ke nataka.
- **Malombo** ya me fwana ke monisa mutindu bo lenda lungisa diambu yina bo me wakana mpi mutindu bimvuka mpi bantu ya bisalu ya ke kwenda kupesa lusadisu fwete sala sambu na kulungisa kuwakana yina bo salaka.
- **Bima ya ke monisa mutindu kisalu ke toma** ke monisa kiteso ya kuyela yina kuwakana kele na yo, yo ke twadisa mutindu ya kulonguka, ke siamisa mutindu ya kusoba mambu mpi yo ke sadisa na kufwanisa bansungi ti bisika ya nkaka.
- **Bisalu ya mfunu** mpi **mikumba yina bimvuka kele na yo** ke monisa mambu yina bantu ya bisalu mpi bamfumu ya politike fwete sala, mutindu ya kusala mambu mpi mambu yina bimvuka fwete sala sambu na kulandila mbote kibeni kana bantu na bo ya bisalu ke pesa lusadisu na mutindu mpi na kiteso ya me fwana.
- **Banoti ya ke pesa lutwadisu** ke sadisa mambu ya mfunu mpi mikumba yina bimvuka kele na yo ti bambandu mpi bansangu ya nkaka.
- **Bangiufula ya ke pusa na kuyindula** ke sadisaka na mutindu ya kuyidika mambu, kutadila mbote mpi bisalu yina salamaka 〉 tala Appendixe 1 (yo kele na Internet).
- **Bareferanse** ke pesa bansangu ya nkaka na yina me tala bangiufula ya nkaka ya mfunu.

Tablo yai ke monisa mutindu bantu lenda sadila Nsiku ya me fwana sambu na kupesa lusadisu na bantu ya kele na mpasi na bisika yonso. *Sphère, le Groupe URD* mpi *CHS Alliance* kele ti bisadilu ya me fwana na site *Internet* yai corehumanitarianstandard.org.

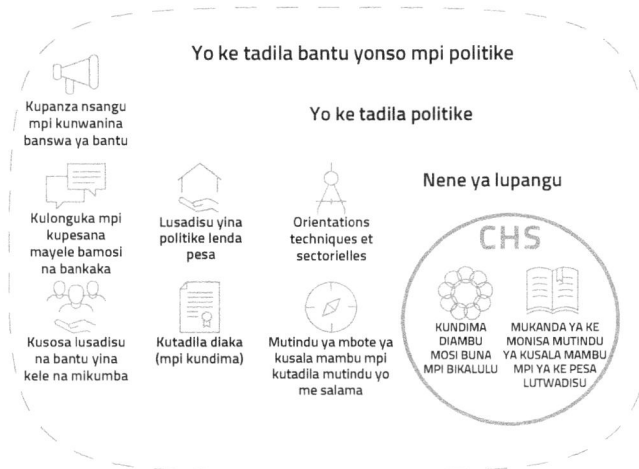

Mutindu ya kusadila bansiku sambu na kupesa nswalu lusadisu na bantu ya kele na mpasi (Kifwanisu 3)

Kuwakana ya 1

Bimvuka mpi bantu ya kele na mpasi fwete baka lusadisu ya me fwana na kutadila bampusa na bo.

Malombo ya me fwana

Yo kele mbote mpi yo me fwana na kupesa lusadisu na bantu ya kele na mpasi.

Mambu ya ke monisa nde bisalu kele ya ngolo

1. Bimvuka mpi bantu yina kele na mpasi ke yindulaka nde kimvuka ya ke kwendaka kupesa lusadisu ke tulaka dikebi na bampusa na bo, na kinkulu na bo mpi na mambu yina bo ke zolaka.
2. Bo fwete pesa lusadisu mpi lutaninu na yina ma tala bigonsa, mambu ya mpasi mpi bampusa yina bo me tadila mbote.
3. Sambu na kupesa lusadisu, yo ke lomba kutadila makuki, ngolo mpi mambu yina bantu ya kele ti mfunu ya lusadisu mpi lutaninu kele na yo.

Bisalu ya mfunu

1.1 > **Landa na kuzikika kana bantu ke lungisa balukanu, mpi ke sala bisalu na mutindu ya me fwana.**

- Tadila mbote mukumba mpi makuki ya bamfumu ya leta ya babwala na beno mpi ya bamfumu ya nkaka ya kele na politike to ve mpi bupusi yina bampasi kele na yo sambu na bo.
- Tadila makuki yina babwala yina beno ke zingaka kele na yo (bima, bantu, bazandu) sambu na kupesa lusadisu na bampusa yina bantu kele na yo na yina me tala lusadisu mpi lutaninu, beno fwete bakisa nde mambu yai lenda soba na bantangu ya nkaka.
- Kabula mpi landila mbote bansangu mpi kuvila ve nde bansangu ya mambu yina bo landilaka kele mfunu kansi yo lenda kanga ve nzila ya kukwenda kusadisa bantu yina kele na mpasi sambu na kugulusa bo.
- Sosa kuzaba kana bantu yina kele na mpasi kele na lutaninu, bantu yina kwendaka na babwala ya nkaka mpi bantu yonso sambu na kuzaba kana bo me sadila bantu mambu na nku yonso ve mpi kana bo me sadila bantu mambu na lununga to ya kukonda kuzitisa banswa ya bantu.
- Sosa kuzaba mutindu ya kusadila kiyeka, mutindu bo ke tadila bantu mbote to na kukonda kuwakana sambu na kuzaba kana mambu yonso kele mbote mpi kana yo ta zinga mingi.
- Sala na kuwakana ti bantu ya nkaka ya mayele sambu bimvuka ya nkaka kumona diaka ve mpasi ya kulandila diaka bampusa ya bantu. Yo ke lomba kuzabisa mpi bimvuka yina ke salaka na kuwakana ti bimvuka yai na kutadila mambu mpi kubaka balukanu na bumosi, ti luyalu mpi bantu yina kele na mpasi.

1.2 **Sala bamanaka ya me fwana yina beno ta sadila, ya me simbama na kokonda kupona-pona mpi ya ke tadila bigonsa, mpi ya ke bakisa mbote mambu ya bantu yina kele na mpasi mpi makuki yina bantu ya bimvuka ya nkaka kele na yo.**

- Tadila mbote bampusa ya bantu na mambu ya me tala lutaninu mpi kusadisa babakala, bankento, bana mpi batoko, bantu yina ke zingaka na bisika yina bantu ke kumaka kuna na mpasi mpi bantu yina kele na kigonsa mumbandu bantu yina kele ti bifu na nitu, minunu, bantu yina ke zingaka na kingenga, mabuta yina kibuti mosi mpamba ya nkento ke sansaka bana, bantu fioti mpamba ya bwala mosi to ya ndinga mosi to bimvuka ya ke zingaka ve ti mabanza ya mbote (mumbandu, bantu yina kele ti Sida).

1.3 **Wakanisa manaka na kutadila bampusa, makuki mpi mambu yina beno ke kutana ti yo.**

- Landila mbote mambu ya politike mpi sosa kuyikana ti mutindu ya kutadila mambu mpi lutaninu ya bimvuka yina ya nkaka.
- Talaka ntangu yonso bansangu yina beno kele na yo, mumbandu kusosa kuzaba kana bimbefo kele, sambu na kupesa nsemo na balukanu yina nge fwete baka mpi kupesa nswalu lusadisu sambu na kugulusa bantu yina kele na kigonsa.
- Vanda ti luzolo ya kubaka bangidika sambu na kupesa lusadisu na mutindu ya mbote. Sosa kuzaba mpi kana bantu yina ke kwendaka kupesa lusadisa me ndima bansoba yina bamanaka nataka na kutadila bampusa ya bantu.

Mikumba yina bimvuka kele na yo

1.4 **Bamfumu ya politike ke wakanaka sambu na kupesa lusadisu kukonda kupona-pona na kutadila bampusa, makuki yina bimvuka kele na yo mpi bantu yina kele na mpasi.**

- Bimvuka ke vandaka ti mayele, mutindu ya kulandila mambu mpi mutindu ya nkaka ya kusala mambu ya ke sadisa sambu na kuzitisa minsiku ya bimvuka ya ke kwendaka kupesa lusadisu mpi ya kuzinga na bumosi.
- Konso muntu ya kisalu fwete zaba mikumba na yandi mpi mutindu ya kupesa rapore.
- Bimvuka ke kabulaka mayele yai na pwelele yonso na bimvuka yina bo ke kwendaka kupesa lusadisu.

1.5 **Bamfunu ya politike ke zitisaka bakuwakana yina ke tulaka dikebi na bampusa ya bimvuka ya bantu yonso, tanga mpi bantu yina bo ke monaka mfunu ve mpi kuvukisa bansangu yina kele kisaka-saka.**

- Bo me tendula na pwelele yonso kiteso ya bansangu yina bo kele na yo mfunu sambu na kutadila mpi kulandila mbote mambu.

1.6 **Bangidika ya me bakama sambu na kulandilaka mambu mbala na mbala mpi mbote-mbote.**

- Bimvuka ke pesaka lusadisu na bantu yina yo ke sadilaka na kukwenda kupesa lusadisu sambu na kubaka nzayilu, mayele, makuki mpi bikalulu ya me fwana sambu na kulandila mpi kundima mutindu ya kusala mambu.

Mikanda ya ke pesa lutwadisu

Kulandila mpi kuzikisa ke monisa mutindu ya kusala mambu kansi ve diambu yina fwete salama kaka na ntangu mosi buna. Na kutadila ntangu yina beno kele na yo, beno fwete zikisa mbote-mbote bisalu. Bo fwete kudiyindudila ve makuki, bampusa ya bantu mpi bimvuka ya bantu yina kele na mpasi kansi bo fwete zaba yo mbote na nsadisa ya kuwakana ntangu bo ke solula sambu na kuzwa bamvutu ya me fwana.

Pesa formasio ya mbote na mutindu ya kupesa lusansu ya mabanza na bantu yina bo me tulaka sambu na kulandila mambu. Yo lenda sadisa bantu yina ke landilaka mambu na kupesa lusadisuna bantu yina kele na mpasi na ntangu bo ke landila diambu mosi buna.

Sosa kuzaba kana bo ke landila mbote bimvuka yina lutaninu na bo me kuma na kigonsa. Kutanina mbote babakala, bankento, bana babakala ti bana bankento sambu na kubakisa mbote mambu ya nku, mutindu bo ke niokula bantu to kutanina bo na bigonsa ya nkaka.

Kulandila mambu kukonda kupona-pona: Munsiku ya ke tadila kusala mambu kukonda kupona-pona ke tendula kibeni ve nde bo fwete sadila bantu yonso mambu mutindu mosi. Kupesa lusadisu yina me simbama na luzitu ya banswa ya bantu ke monisa nde bo fwete pasa lusadisu na kutadila makuki, mambu ya mpasi yina bantu ke kutana ti yo mpi bampusa ya bantu ya me swaswana. Bantu lenda mona mpasi na kutadila mutindu bo kele, mumbandu mvula yina bo kele na yo, kuvanda babakala to bankento, kana bo kele ti bifu na nitu, mavimpi ya mbote, mutindu bo ke kuvukisaka nitu, to kana bo ke tudila bantu ya kele na mpasi dikebi.

Mambu ya mpasi: Mambu ya kele na Internet mpi mambu ya nkaka ke salaka nde bantu kumona mpasi. Yo ke tadila kusadila bantu mambu na kukonda luzitu mpi kubuyisa bo mambu ya nkaka, kukonda kusala na kimvuka, kubebisa bisika ya kuvanda, kubebisa mupepe, kinsukami, kukonda balupangu ya mbote, kukonda kutambusa mambu mbote, bikalulu ya bantu ya bwala mosi buna, kuvanda na banzo-nkanda mosi buna, bikanda, bimvuka ya mabundu mpi ya politike.

Makuki yina bantu kele na yo: Bantu, bimvuka, baorganizasio mpi bamfumu yina kele na mpasi kele ti makuki, mayele mpi makuki ya kusala mpi ya kununga ntangu kisumbula me salama. Sadisa bantu yina kele na mpasi sambu bo baka balukanu bo mosi sambu bo landa kuzinga na luzitu yonso. Yo ke lomba kusala bikesa ya me fwana sambu na kukumisa ngolo bimvuka bonso bimvuka yai ya bankento, bana, minunu, bantu yina kele ti bifu na nitu, bantu fioti yina ke tubaka ndinga mosi buna to ya bikanda mosi buna.

Kumwanga bansangu keles mfunu sambu na kubakisa mutindu mambu ke salama na bimvuka ya luswaswanu. Mutindu ya mbote ya kusala yo kele kumwanga bansangu ya me tala nkento to bakala, mvula ya muntu mpi bifu yina muntu kele na yo na nitu mpi na kutadila mambu ya nkaka yina beno me kutana ti yo.

Kutadila mbote mutindu bansangu ke mwangana kele mfunu mingi sambu na kusadila bansiku na kutadila disolo mpi mutindu ya kulandi yo. Kusadila bansangu yina ke mwangana na mutindu ya mbote ke sadisaka na kuzaba muntu yina kele na mpasi ya mingi mpi yina bo lenda pesa lusadisu mpi kuzaba mambu ya kusala sambu na kukwenda kutanina bantu yina kele na bigonsa *tala Sphère kele nki?*.

Kuzikisa mambu mbala na mbala mpi kusadila bansangu na mutindu ya mbote: Kulandila mambu ya bantu yina ke salaka kisalu fwete salama na mutindu ya mbote sambu na kubaka mpi kutula na nswalu yonso bimvuka yina fwete landilaka mambu mpi bisalu. Kuzabisa bimvuka ya ke talaka mambu ya mbongo mpi mambu ya nkaka na kutadila bampusa. Mbongo ta sadisa sambu na kisalu ya kulandila mambu ya me tala bampusa ya bantu yina kele na mfunu ya lusadisu mpi lutaninu, kuyikama mpi kuyidika diaka bamanaka, yikan mpi bangidika yina bakamaka sambu na kukuma ti nswa kukonda mpasi (mumbandu; mutindu ya kupesa bansangu, kuvanda ti nswa ya kusadila bisadilu ya mpa ya bo me tula mpi kusolula mbote).

Kuwakana ya 2

Bimvuka mpi bantu yina kele na mpasi kele ti nswa ya kubaka lusadisu yina kimvuka ya ke kwendaka kupesa lusadisu ke pesaka na ntangu ya me fwana mpi na kutadila bampusa na bo.

Malombo ya me fwana

Kimvuka ya ke talaka mambu ya bantu kele na mpasi me pesa mvutu ya mbote mpi na ntangu ya me fwana.

Mambu ya ke monisa nde bisalu kele ya ngolo

1. Bimvuka mpi bantu yina kele na mpasi, bonso bimvuka yina kele na mpasi kibeni ke vandaka na mfunu ya lutaninu mpi lusadisu na ntangu ya mbote.
2. Bimvuka mpi bantu yina kele na mpasi fwete ndima nde lusadisu yina kimvuka ya ke kwenda kupesa lusadisu ke pesa ke sadisa bo na kulungisa mbote bampusa na bo.
3. Barapore ya kulandila mambu ke monisaka na kubakisa kana lusadisu yina kimvuka ya ke kwendaka kupesa lusadisu ke pesaka ke lungisa mbote lukanu na yo na ntangu yina bo me tudilaka yo, kana yo kele ya mbote mpi mingi.

Bisalu ya mfunu

2.1 **Sala bamanaka yina ta sadisa na kuvanda ngolo sambu diambu yina bo ke kana kusala kulungana mpi sala na mpila nde bimvuka ya nkaka kuvanda ve na kigonsa.**

- Tula kidimbu mpi zabisa na pwelele yonso kana yo ta vanda mpasi na kuzikisa bampusa ya bwala mosi buna, tanga mpi babwala yina bantu ke kwendaka kuna na mpasi, to kimvuka ya bantu mosi buna sambu na kusadisa bo.
- Pesa lusadisu ya me fwana na bisika yina beno ke zingaka kana bantu kele na mpasi mpi yo lenda vanda pete ve sambu na kukwenda na bisika ya nkaka yina bo ke zingaka.

2.2 **Pesa na ntangu ya mbote bima yina kimvuka ya ke kwendaka kupesa lusadisu ke nataka ntangu beno ke baka balukanu mpi ke kwenda kupesa yo na nswalu kibeni.**

- Kuzaba mutindu bantu ke zingaka, kusala mambu yina kinkulu ke lombaka, bansungi ya mvula to ya musipu, bansungi yina bo ke salaka bilanga mpi mambu ya nkaka ke vandaka ti bupusi na mutindu bantu ke salaka bisalu mbote mpi na ntangu ya me fwana.
- Bika mwa ntangu sambu na kulungisa bisalu mpi mutindu ya kulandila mambu na kutadilaka manaka; kuyidika mambu na ntwala mpi kusala na mpila nde beno sala ve mambu na nsukinina.
- Beno fwete zaba nde bo ta baka balukanu na kutadila bansangu yina kele ve ya kulunga, na mbala ya ntete yina mpasi mosi buna me kumina bantu, mpi bo ta yidika mambu na mpila beno ke yika bo bansangu ya mpa.
- Sala na bumosi ti bantu ya nkaka ya mayele sambu na kumonisa mayele ya kimvuka na mpila ya kuyidika mambu yina ke kumina bantu yonso yina ke sala nde lusadisu kukumina ve bantu na ntangu ya mbote.

2.3 **Tindila na bimvuka ya nkaka yina kele ti makuki ya mingi bampusa yonso yina beno me lungisaka ntete ve to kutubila yo sambu bamfumu kutadila diambu yongo.**

- Yo ke tadila bampusa ya bansangu, lutaninu mpi bampusa yina bo me lungisa ntete ve.

2.4 **Sadila bansiku ya mfunu ya me fwana mpi mutindu ya mbote ya kusala mambu yina kimvuka ya ke kwendaka kupesa lusadisa ke sadilaka sambu na kuyidika mpi kutadila bamanaka.**

- Sadila bansiku ya me fwana ya bainsi na beno kana yo kele ti mambu yina kimvuka ya ke kwendaka kupesa lusadisu ke sadilaka.
- Sala na kuwakana ti kimvuka ya me fwana yina fwete baka lusadisu na mutindu ya kusadila bansiku ya bainsi na beno yina bainsi ya nkaka ndimaka (tanga mpi bansiku ya mukanda yai Sphère mpi bantu yina ke salaka na kuwakana ti babwala ya nkaka).

2.5 **Landila mutindu mambu ke salama, lufutu mpi mambu ya mpasi yina kimvuka ya ke kwendaka kupesa lusadisu ke nataka sambu na kuyikana ti bamanaka mpi kusungika bima ya nkaka yina kele diaka na mbote ve.**

- Tendula bima yina ke pesaka ngolo yina bo me tulaka ntangu yina yo fwete suka mpi na kutadila disolo yina yo ke tubila. Kutadilaka yo mbala na mbala sambu na kuzaba kuyela yina ke salama na bampusa ya bantu na yina me tala lusadisu mpi lutaninu.
- Tubila bikesa ya ke salama na kutadila balukanu mpi bima yina ke monisaka nde mambu ke toma, yika diaka bisalu mpi mbuma yina yo ke buta (mumbandu ntalu ya banzo yina bo me tunga). Kulandila mbote mbuma yina kisalu mosi buna ke buta mpi mambote yina beno ke vingila na kutadila bisalu na beno, mumbandu kusadila banzo, to kusala mambu mutindu ya nkaka.
- Kutala mbala na mbala mutindu mambu ke tambula sambu na kundima nde bo ke baka kaka bansangu ya mfunu, mpi bansangu ya mpa na kutadilaka mambu yina beno me kutana ti yo (mumbandu, mutindu mambu ke salamaka na zandu ya bwala mosi buna, bansoba yina ke salamaka na yina me tala lutaninu).

Mikumba yina bimvuka kele na yo

2.6 **Bakuwakana ya manaka kele mfunu mutindu mosi ti makuki yina kimvuka kele na yo.**

- Mambu ya politike ke monisa mfunu ya kusadila bansiku ya me fwana ya bimvuka ya ke kwendaka kupesa lusadisu na bantu ya kele na mpasi mpi kuyedisa mayele ya kukwenda kupesa lusadisu.
- Sosa kuzaba mambu yina yo ke lomba sambu kimvuka lenda vanda na mfunu ya kulandila bisalu yina ke kotaka ve na mambu na yo ya kusala bansosa na ntwala nde bimvuka ya nkaka kusala yo.

2.7 **Bakuwakana yina kele na kati ya mambu ya politike ke ndimisa nde:**

    a.   bo fwete landila bisalu mpi mambu na yo mpi kutadila yo mbote, ya kele ti balukanu mpi yina ke landa kusala yo;

    b.   bo ke sadilaka kuwakana na kulandila mambu yina me salama sambu na kuyidika mpi kutomisa bamanaka; mpi

    c.   bo bakaka balukanu na ntangu ya mbote mpi na kuwakana ti mambu ya nkaka ya mfunu.

Mikanda ya ke pesa lutwadisu

Kulandila mambu ya mpasi mpi kuyidika manaka: Kana kimvuka mosi buna kele ve ti nswa sambu na bantu to ke lungisa ve bampusa, kimvuka yango kele ti mukumba ya kuzabisa bampusa yango na bantu ya mayele yina kele ti makuki (mumbandu, bamfumu ya politike to mfumu yina kele ve ya politike) *tala Nsiku ya ke tanina bantu ya 3.*

Sadila bima yina bo bumbaka mpi kima yina lenda zabisa nge dezia na ntwala nde mpasi mosi buna ke kwisa sambu na kusadisa bimvuka, bamfumu mpi bimvuka sambu bo pesa lusadisu na nswalu yonso kana mpila kele. Yo ta sadisa kibeni bantu yina kele na mpasi na kutanina bima yina bo kele na yo na ntwala nde luzingu mpi bima na bo ya kuzingila kukuma na kigonsa.

Sadila mutindu ya mbote ya kubaka balukanu ya nswalu kibeni sambu na kutula dikebi na bansangu ya mpa na mambu yina bo ke zola kusala. Pona muntu yina ta bakaka balukanu na kati ya kimvuka mpi bansangu ya pene-pene yina kele na na Internet sambu na kuzaba mutindu ya kusala mambu.

Sonika balukanu yina ke bakama mpi mutindu ya kusala mambu sambu na kumonisa na pwelele yonso mutindu mambu ke salama. Mutindu ya kusala mambu fwete simbama na mutindu ya nkaka ya kutadila mambu, kusala na mutindu ya mbote mpi kusala na kimvuka ti bantu ya nkaka *tala Kuwakana ya 6.*

Kulandila mutindu bisalu ke salama mpi mambote yina yo ke pesa: Kulandila mutindu bisalu ke salama ke sadisa sambu na kuzaba mutindu bisalu salamaka, kuzikisa mutindu bo vandaka kupona bantu mpi kusosa kuzaba kana bantu yina kele na mpasi bakaka lusadisu ya me fwana. Sonika nsoba yonso yina manaka salaka sambu na kulandila mambu mpi kutula bantu yina ta landilaka mambu yango mpi yina ke tadila bantu yina kele na mpasi mpi bimvuka yina ke salaka bisalu yango *tala Kuwakana ya 7.*

Sadila bima yina ke songaka mutindu kisalu ke toma yina bantu yonso ke sadilaka sambu na kulandila mutindu bimvuka ke kwendaka kupesa lusadisu.

Balukanu yina kimvuka ke bakaka: Mikumba mpi mutindu ya kubaka balukanu na kati ya kimvuka fwete salama na pwelele yonso mpi bo fwete bakisa yo kukonda mpasi, diaka yo ke lomba kuzaba nani ke twadisa kimvuka, muntu yina yo ke lomba kusolula ti yandi mpi kuzaba bansangu ya mfunu yina ta sadisa sambu na kubaka balukanu ya mbote.

Mambu ya politike, mutindu ya kusala mambu mpi mutindu bimvuka ke salaka mambu: Bimvuka Bimvuka fwete sonika mutindu mambu ya mbote yina kimvuka ya ke kwendaka kupesa lusadisu ke nataka na kutalulaka mambu mpi kulandila yo na mutindu ya mbote kibeni. Monisa mutindu bo ke sadilaka bansangu ya kulandila mutindu mambu ke salama mpi kutadila diaka mambu sambu na kuyikama ti bamanaka, mambu ya politike mpi mayele ya nkaka, kupesa maboko na mutindu ya kuyidika mambu mpi kutomisa mutindu ya kusala mambu na ntangu ya mbote *tala kuwakana ya 7*. Yo lenda tendula mbongo yina bo ke bumbaka sambu kaka na kukwendaka kupesa lusadisu na nswalu kibeni to kusoba na nswalu yonso bantu ya nkaka ya mayele kana mpila kele.

Kuwakana ya 3

Bimvuka mpi bantu yina kele na mpasi ke kutanaka ve ti bampasi ntangu kimvuka ya ke kwendaka kupesa bo lusadisu mpi bo ke vandaka ya kuyilama mbote kibeni, diambu ya mpasi ke simbaka bo kibeni ve mpi bigonsa ke vandaka mingi ve.

Malombo ya me fwana

Mvutu yina kimvuka yango me pesa ke kumisa ngolo kivuvu ya bantu mpi ke pusa bo na kusala mambu ya mbote.

Mambu ya ke monisa nde bisalu kele ya ngolo

1. Bimvuka mpi bantu yina kele na mpasi ke vandaka dezia ya kuyilama sambu na kununga bampasi yina lenda kumina bo na bilumbu ke kwisa mpi bampasi yina kimvuka ya ke kwendaka kupesa lusadisu lenda nata.
2. Bamfumu ya luyalu, bimvuka mpi bamfumu ya bambanza yina ke pesaka lusadisu na ntangu ya mpasi ke yindulaka nde bantu me yedisaka makuki na bo.
3. Bimvuka mpi bantu yina kele na mpasi ti bantu yina ke niokwama mpi bantu yina kele ntama ke zabaka ve mambu ya mpasi yina kukwenda kupesa lusadisu na bantu ya kele na mpasi ke nataka.

....

Bisalu ya mfunu

3.1 ⟩ **Sosa kuzaba kana manaka ke wakana ti makuki yina babwala kele na yo mpi ke pesa maboko na ngolo yina bimvuka kele na yo mpi bantu yina kele na mpasi.**

- Sadisa bisalu (mumbandu, mutindu ya kulandila kukonda masa mpi kubaka bangidika sambu na bamvula ya ngolo, mipepe ya ngolo mpi kunikana ya ntoto) yina lenda sala nde bisumbula kuvanda diaka mingi ve.

- Ndima bangindu ya kuditanina mpi bangidika yina bimvuka ke baka.

3.2 **Sadila mambote yina kulandila bigonsa, mambu ya mpasi mpi mutindu bimvuka ke yidikaka mambu sambu na kusala bisalu ya nkaka.**

- Sosa kubakisa mpi kulungisa bampusa mpi makuki yina bimvuka ya luswaswanu kele na yo na ntwala ya bigonsa ya mutindu na mutindu.

3.3 **Yedisa makuki ya bimvuka mpi ya bamfumu ya babwala na beno na mikumba yina bo kele na yo, ya ntete-ntete sambu na kukwenda kupesa lusadisu kana mpasi ya nkaka me kumina bantu, na kubakaka bangidika ya me fwana sambu na kundima kibeni nde bimvuka yina ke niokwama mpi ke kutana ti bampasi to bantu ke monaka mfunu ve, kubaka lusadisu ya me fwana.**

- Sala na kimvuka ti bamfumu ya luyalu mpi bamfumu ya leta ya bwala na beno.
- Bondila bamfumu sambu bo kuma kusadila bantu ya mayele ya babwala kukuma na kimpwanza ya kusala bamanaka ya lusadisu mpi kukwenda kupesa lusadisu na bantu ya kele na mpasi.
- Pesa maboko na bangindu yina bimvuka mpi bibuka ya bantu ya babwala ke baka sambu na kusala kisika yina bantu lenda kwenda kulonguka mpi kuyedisa makuki sambu na kupesa maboko na bampasi yina lenda kwisa na bilumbu ya ntwala.
- Baka bantu mingi ya bwala na beno mpi ya babwala ya nkaka na bisalu na kutadila mambu yina bantu ya bwala na beno ke sepela na yo kansi ve mambu yina bantu ya insi ya nzenza ke sepela na yo.

3.4 **Sadila mayele ya nkaka mpi kukonda kundima diambu mosi buna kaka na luyantiku ya manaka ya kimvuka ya ke kwendaka kupesa lusadisu, sambu na kutanina mambu ya mbote na makwisa mpi kusala na mpila nde nge fiotuna bigonsa ya kukonda kimpwanza.**

- Pesa lusadisu yina ta kumisa ngolo mambu yina bimvuka ke salaka mpi bamfumu yina kele dezia na kisika ya kusala diaka bikesa ya mutindu mosi yina ta suka ntangu bo ta manisa kukwenda kupesa lusadisu.

3.5 **Sala manaka mpi sadila yo na mpila nde bantu kubaka nswalu lusadisu ya me fwana na nima ya kisumbula mpi kupesa maboko na matindu ya kubumba bima na bwala.**

- Baka bangidika sambu na kuvutula diaka bisalu ya bimvuka, banzo-nkanda, bazandu, bisika ya kutinda bima mpi bima ya kuzingila yina ta lungisa bampusa ya bantu yina kele na mpasi.
- Kuvila ve ata fioti mambu ya mpasi yina beno monaka na bazandu sambu na kuzaba mutindu ya mbote ya kukwenda kupesa lusadisu (mbongo, mukanda yina bo ke pesaka mpi bima) yina ta nata mambote ya mingi.
- Kana mpila kele, sumba bima mpi bisalu na babwala yango.
- Kana mpila kele, sala na mpila nde mambu ya mpasi kukuma ve na zandu.

3.6 **Sosa kuzaba mambu ya mpasi to mambu ya ngolo, yina ta sadisa na ntangu ya me fwana mpi na mutindu ya mbote mingi-mingi na mambu yai:**

- a.   **lutaninu, luzitu mpi banswa ya bantu;**
- b.   **kuvukisa nitu ti bankento na ngolo mpi kubebisa bankento;**

c. mutindu ya kuzinga ya bantu ya bwala mosi buna, bangiufula, kuwaka-na mbote ti bantu yonso mpi bamfumu ya politike;

d. bima ya kuzingila;

e. mutindu ya kubumba bima ya bwala na beno; mpi

f. kisika ya kuzinga.

Mikumba yina bimvuka kele na yo

3.7 Mayele ya kimvuka, bametode mpi banzila yina ke pesa lutwadisu sambu na:

a. Kukonda kupesa nzila na bamanaka na kusala mambu ya mbi bonso kubebisa banwsa ya bantu to kusadila bo mambu na kupona-pona mpi kusadila bimvuka mpi bantu ya kele na mpasi mambu ya nku; mpi

b. Kukumisa ngolo makuki yina bantu ya babwala kele na yo.

3.8 Bangidika ya me bakamaka sambu na kutanina bansangu yina bimvuka mpi bantu ya kele na mpasi ke bakaka ntangu bo ke kutanaka ti mpasi mosi buna kana yo ke tula luzingu na bo na kigonsa.

▪ Sadila mayele ya pwelele mpi ya me fwana sambu na kutanina bansangu, yo lenda vanda na nsadisa ya bamasini yina bo ke kotisilaka ndinga mpi yina bo ke zabisaka basangu.

▪ Songa bantu yina fwete baka lusadisu na kutadila banswa na bo ya ke wakana ti kutanina bansangu, mutindu bo lenda zwa bansangu ya muntu yina kimvuka lenda pesa mpi mutindu ya kulandila makambu kana bo sadila bansangu yango na mutindu ya mbi.

Mikanda ya ke pesa lutwadisu

Kimvuka yina kele ngolo mpi kutwadisa mambu ya bwala: Bimvuka , baorganizasio mpi bamfumu ya babwala na beto ke vandaka bantu ya ntete na kupesa lusadisu mpi bo ke zabaka mbote mambu mpi bampusa ya bantu yina me fwana. Bantu yina ya mayele ya babwala na beto fwete vanda bantu ya ke sala na kuwakana mpi bo fwete vanda ti nswa ya kubumba bima to ya kukwenda kupesa lusadisu. Yo ta vanda kukonda luzitu kana bimvuka ya bainsi ya nkaka mpi ya insi na beto kubaka lukanu ya kusadila mutindu bo ke salaka kisalu, na kusolula na pwelele yonso mpi na kutubila mambu ya mbote yina ta sadisa. Kana mpila kele, beno lenda sadila mambu yina bo me yidika mbote sambu na yina me tala banzila mpi bisalu ya mumbungu ya babwala na beno na kisika ya kusala diaka bisalu ya ke fwanana ti yo.

Mayele ya nkaka mpi kukonda kundima diambu mosi buna: Na kuwakana ti kimvuka ya bamfumu ya luyalu mpi bantu yina kele na mpasi, kana mpila kele tula na nswalu yonso bisalu yina ta landaka kusala kisalu ya kukwenda nswalu kupesa lusadisu (mumbandu, kutubila bangidika yina ke bakama sambu na mambu ya me tala kufuta mbongo, kusadila bima yina kele na bisika yina beno ke zingaka to kukumisa ngolo makuki ya kimvuka yina ke tambwisaka mambu na bwala na beno).

Mambu ya mbi mpi munsiku ya "kusala mbi ve": Kudefa bambongo ya mingi sambu na kusadisa mpi na kisalu ya ngolo yina bantu ya ke salaka na kimvuka ya ke kwendaka kupesa lusadisu lenda sadila yo na mutindu ya mbi to bo lenda yiba bima yina bo ke pesaka sambu na kusadisa bantu ya kele na mpasi, bo lenda bebisa bankento, na kutulana bantembe mpi na kukonda kuwakana na diambu mosi buna. Lusadisu yina bo ke pesaka lenda bebisa bima ya kuzingila mpi kubebisa diaka mambu ya luyalu na bimvuka ya luswaswanu. Baka bangidika sambu mambu yina ya mpasi kusalama ve, landila yo mbote mpi baka bangidika na nswalu yonso sambu mambu yango kusalama ve.

Kusadilaka ntangu yonso binkulu ya babwala lenda vanda ti malanda ya mbi na bimvuka ya nkaka. Mumbandu, kutubila diambu yina ke tadila kaka bana bankento, bana babakala, kukotisa na mpasi bana bankento na banzo-nkanda, kubuya kubaka mangwele mpi mintindu ya nkaka ya kuniokula bantu.

Bima yina ke salaka nde bantu kupesa mpi kubaka bansangu, mpi mutindu ya kulandila makambu lenda sala nde bo bebisa diaka ve mingi bankento. Bantu ya bisalu fwete yamba mpi kusosa bangindu mpi mambu yina bantu ke tuba. Bantu ya bisalu yango fwete vanda bantu yina ke bumbaka kinsweki mpi ke zabaka mutindu ya kutadila bansangu ya mpasi, mumbandu, kuzabisa nswalu mambu ya me tala kubebisa bankento to kuvukisa nitu ti bo na mutindu ya mbi.

Kuvukisa nitu na mutindu ya mbi ti bankento mpi kubebisa bo: Bantu ya bisalu fwete sala ngolo na kutelemina bantu yina ke vukisaka nitu na mutindu ya mbi ti bankento mpi kubebisa bo. Beno fwete zabisa na nswalu yonso kana bo me vukisa nitu na mutindu ya mbi ti mwana ya nkento to kana bo me bebisa yandi, yo vanda na kimvuka yina yandi kele to ve. Beno vila ve nde bo lenda bebisa bana (mingi-mingi bana bankento) kukonda mpasi, yo yina bamfumu ya politike fwete tanina bana sambu bo vukisa ve nitu ti bo na mutindu ya mbi to kubebisa bo *tala Kuwakana ya 5*.

Mambu ya me tala bisika yina bantu ke zingaka: Kukwenda kupesa lusadisu lenda sala nde bisika yina bantu ke zingaka kubeba (mumbandu, mabengi, kubeba ya mupepe to ya bamasa, kuloba mingi bambisi, bamvindu lenda kuma mingi mpi kubebisa bamfinda). Kubeba ya bisika ya kuzinga lenda sala nde bampasi kukuma diaka mingi kibeni mpi yo lenda sala nde bantu kulemba ntangu bo ke kutana ti mpasi mosi buna.

Bangidika ya kubaka sambu bampasi kuvanda ve mingi kana bisika yina bantu ke zinga me beba kele kuzenga bamfinda, kusala kisika yina masa ya mvula ta kwendaka kukota, kusadila na mutindu ya mbote bima yina kele, mpi kutula bamfumu ya politike mpi kuvanda na bikalulu ya mbote sambu na kisika yina bo ke bumbaka bima. Bisalu ya ngolo ya lutungu fwete salama kana bo me longuka mbote kibeni bisika yina bo ta tunga *tala Kuwakana ya 9*.

Mayele ya bimvuka sambu mambu ya mbi kuvanda diaka ve mpi kukumisa ngolo makuki ya babwala: Bimvuka fwete sonikaka na pwelele yonso mayele yina bo ke sadila mpi mutindu ya kuditanina na bigonsa. ONG yina ke kuka ve na kunwanisa bikalulu ya mbi to kusala mambu na muyibi mpi kusadila ve mambu mutindu yo kele to kukonda kuwakana ti ba ONG ya nkaka lenda pusa bantu na kukwendaka kufuta bambongo na bantu ya nkaka ya mayele sambu na kununga na diambu mosi buna.

Bimvuka fwete monisa na mayele na bo sambu na kutanina bantu yina kele na mpasi mpi kumonisa mambu yina bantu fwete sala sambu kusadila ve kiyeka na mutindu ya mbi mpi kusala bansosa sambu na yo. Kubaka bantu na bisalu, kupona bantu mpi kusala ngolo kibeni lenda manisa bigonsa yina bantu ya bisalu lenda nata mpi bikalulu ya mbote fwete monana pwelele kibeni. Bantu yina bo me tula na bisalu fwete zitisa bansiku ya bikalulu ya mbote mpi bo fwete zabisa bo ndola yina bo me yidikaka kana bo zitisa ve bansiku yai ⊕ *tala Kuwakana ya 8*.

Kutanina bansangu ya muntu: Bansangu yonso yina ke tadila muntu yandi mosi yina beno me wa na bantu to na bimvuka, beno fwete zabisa yo ve ata fioti na bantu ya nkaka. Yo ta vanda mfunu mingi kana bo sadila yo na bansangu ya me tala lutaninu, kusadila bantu mambu na nku, kufunda bantu yina ke kuvukisaka nitu ti bankento na mutindu ya mbi to ke bebisaka bo mpi kuvukisa nitu ti bankento na ngolo. Kikalulu ya kubumba dikambu kele mfunu mingi sambu mambu ya nkaka ya mbi kuvanda ve ⊕ *tala Minsiku ya ke tanina bantu* mpi *Kuwakana ya 5 mpi ya 7*.

Kusadila ba apareyi yina ke kotisaka ndinga mpi yina ke kabisaka bansangu na yina me tala kimvuka ya ke kwendaka kupesa lusadisu ke monisaka mfunu ya kubumba na pwelele yonso bansangu ya lutaninu mpi ya mingi. Bakuwakana ke lomba na bimvuka ya nkaka bonso bimvuka ya ke bumbaka mbongo mpi ya ke talaka mambu ya mumbungu na kubaka bansangu ya mfunu. Yo kele mfunu na kusadila mayele ya pwelele ya kuvukisa, ya kubumba, ya kusadila mpi ya kukatula bansangu ya nkaka mpi yina kele na bansiku ya bainsi ya nkaka mpi na bansiku ya babwala na beto ya ke tadila kubumba bansangu. Yo ta lomba kubaka bangidika ya me fwana sambu na kubumba mbote bansangu sambu yo vila ve. Bo fwete katula bansangu yina kele diaka ve na mfunu.

Kuwakana ya 4

Bimvuka mpi bantu ya kele na mpasi fwete zaba banswa na bo, bo kele ti nswa ya kubaka bansangu mpi fwete pesa bangindu na balukanu yina ke tadila bo.

Malombo ya me fwana

Kimvuka yango me simbama na kusolula ya mbote, kupesa lusadisu mpi kubaka mvutu na ngiufula.

Mambu ya ke monisa nde bisalu kele ya ngolo

1. Bimvuka mpi bantu yina kele na mpasi fwete zaba banswa na bo mpi mambu ya mbote yina ke tadila bo.
2. Bimvuka mpi bantu yina kele na mpasi kele ti mfunu ya kubaka bansangu ya masonga mpi ya mfunu, ata bansangu yango lenda tula bo diaka na kigonsa.
3. Bimvuka mpi bantu yina kele na mpasi fwete sepela na nswa yina bo kele na yo ya kuvanda ti bupusi na kimvuka yina ke kwendaka kupesa lusadisu.
4. Bo me pesaka bantu ya bisalu formasio ya mbote sambu na banswa yina bantu ya kele na mpasi kele na yo.

....

Bisalu ya mfunu

4.1 **Zabisa bimvuka mpi bantu yina kele na mpasi mambu ya me tala organizasio, minsiku yina yo me simbama, ya bikalulu ya mbote ya bantu ya kisalu na yandi, ya bamanaka na yandi mpi ya mambu yina yandi ke zola kusala.**

■ Baka bansangu bonso diambu ya kuluta mfunu ya nge fwete tanina.
Kana bantu ke baka bansangu ya mbote sambu na banswa yina bo kele na yo, bo

lenda kutana ti mambu ya mpasi na yina me tala kuvukisa nitu na ngolo ti bo mpi kubebisa bo *tala Munsiku ya ke tanina bantu ya 1.*

- Tubila na pwelele yonso bikalulu yina bantu ya ke salaka na bimvuka ya ke kwendaka kupesa lusadisu fwete vanda na yo mpi mutindu bo fwete tubila baswa na bo kana bo me sepela ve na diambu mosi buna.

4.2 **Tuba na luzitu yonso mpi na mutindu ya mbote, nge lenda sadila bandinga, baforma mpi bametode ya nkaka ya kusolula yina bantu ya kimvuka lenda bakisa kukonda mpasi, mingi-mingi, bimvuka yina kele na mpasi mpi ya kele na mfunu kibeni.**

- Sadila bima yina bo ke sadilaka dezia sambu na kusolula mpi kwenda kutala bantu na bisika yina bo ke sepela. Kuvila ve bandilu yina bo me tulaka sambu na kubumba dikambu sambu na baforma mpi bima ya ke sadisaka sambu na kusolula.
- Sadila teknolozi sambu na kusolula yo vanda mayele ya ntama to ya mpa bo sadila yo na mutindu ya mbote mpi na lutaninu.

4.3 **Sala na mpila nde bimvuka yonso mpi bantu yina kele na mpasi kudipesa na bumosi na bisalu na beno mpi ntangu yonso yina kisalu ke salama.**

- Tula mpi dikebi na bimvuka mpi na bamfumu ya babwala yina bo me katulaka na kimfumu na ntangu ya kubaka balukanu. Tadila makuki ya me fwana sambu na kusolula mbote ti bantu yango mpi bimvuka yango sambu na kuzitisa bo mpi kusala na mpila nde bo nganina bo diaka ve.
- Tadila na bukati-kati mutindu bimvuka ke kudipesa mpi mutindu bantu yina bo ke tindaka ke salaka mambu na mitindu yonso yina bo ke pesaka lusadisu na bantu yina kele na mpasi.

4.4 **Siamisa bimvuka mpi bantu yina kele na mpasi na kumonisa kiese na bo na mambu ya mbote yina bo me sadila bo, na kutulaka dikebi ya mingi kana muntu kele nkento to bakala, leke to mbuta, mpi kupesa bo dibaku ya kutuba mbote.**

- Pesa bantu ya kisalu formasio sambu bo nunga mpi bantu kutudila bo ntima, sambu bo zaba mutindu ya kupesa mvutu na bantu yina ke tuba mambu ya mbote to ya mbi mpi bo tala kana bantu ya bimvuka ke sepela to ve na bisalu yina bo me pesa bo.
- Kotisa bansangu na mutindu mosi ya mbote na bimvuka yonso to na babwala yonso sambu na kutadila yo diaka mbote, kutala diaka bansangu yina ke vutukila bo mpi kutala mutindu ya kuyidika mambu.
- Zabisa kimvuka bansangu yina nge me baka.

Mikumba yina bimvuka kele na yo

4.5 **Bo ke sadilaka mayele ya kukabula basangu mpi ke sadisaka sambu bantu kusolula na pwelele yonso.**

- Tendula mpi sonika mutindu ya kupesa bansangu.
- Sala ngolo sambu na kupesa bansangu ya bimvuka na pwelele yonso na yina me tala kununga mpi kubela ti mambu ya bimvuka yina ya nkaka sambu na kutula bima yina ta sadisa sambu na kufika mutindu mambu ya mpasi ke salama.

4.6 **Bamfumu ya politike kele mfunu sambu na kuvukisa bimvuka mpi bantu yina kele na mpasi, kusala mambu ya mfunu mpi bigonsa yina yo ke monisa ntangu yonso yina bo ke kwendaka kupesa lusadisu.**

- Tendula mutindu bantu ya bisalu kele mpi siamisa bantu na kukumisa kuwakana pete mpi mutindu yo ke kotaka na balukanu yina ke bakamaka, na kuwidikilaka bimvuka ya luswaswanu ya bantu yina kele na mpasi mpi mutindu ya kutadila bansangu ya mbi yina bo ke bakaka.
- Sadila bangindu mpi mayele ya nkaka sambu na kupesa nzila na kusolula mbote ti kimvuka, kuzaba kana yo ke pesaka mpi maboko na ntangu ya kubaka balukanu mpi kundima bangindu.

4.7 **Kusolula ti bantu yonso, yo vanda bantu yina ke bakaka bambongo ke monisaka nde beto kele ti bikalulu ya mbote mpi ti luzitu, luzitu yina bo fwete monisila bimvuka mpi bantu ya kele na mpasi.**

- Zabisa bantu bansangu ya bigonsa yina beno me baka. Zaba mbote bingosa yina lenda kumina bantu, mumbandu na ntangu ya kupesa bansangu ya mutindu ya kukabula mbongo to kulonguka na kuzaba ntalu ya bisika yina babiro kele, diambu yai lenda tula luzingu ya bantu na kigonsa.
- Sadila na mayele yonso masolo, bafoto yina kele mpi ya ke monisa bantu yina kele na maladi sambu kana ve yo lenda monana bonso nde beno ke kota na mambu ya luzingu na bo mpi beno ke fwa nsiku ya kubumba kinsweki kana bo me pesa ntete ve nswa sambu na mambu na bo ⊕ *tala Munsiku ya ke tanina bantu ya 1 na kuwakana ya pwelele*.

....

Mikanda ya ke pesa lutwadisu

Kupesa bansangu na bimvuka: Kupesa bansangu ya masonga, na kundima mpi ya me fwana ke kumisaka lukwikilu ngolo, yo ke sadisaka sambu na kudipesa mingi mpi ke tomisaka bamambu sambu na kisalu yina ke kwisa. Yo ke lomba kusala mambu na pwelele yonso. Kuzabisa bimvuka bansangu ya me tala mbongo lenda tomisa mambu mpi yo lenda sadisa bimvuka na kuzabana mpi na kumonisa mutindu bantu ke bebisaka bima to ke kotisaka yo na muyibi.

Kana kimvuka ke pesa mbote ve bansangu na yo ti bantu yina yandi fwete kwenda kutala, yo lenda basisa kukonda kuwakana mpi mambu ta salama diaka ve na tangu ya me fwana, kubebisa bima yina kele mfunu sambu na kuyidika mutindu ya kusala bisalu yina ke kwisa, mpi kutadila kimvuka yango na mutindu ya mbi. Kana kimvuka ke kabula ve na mutindu ya mbote bansangu ti bantu yina yandi fwete kwenda kutala, yo lenda sala nde kuwakana kuvanda na kati ya bantu mpi bo lenda sukinina, kukonda kusala mambu yina bo wakanaka sambu na kubebisa bima yina bo ke pesaka mpi kutadila kimvuka na mutindu ya mbi. Mambu yai lenda pesa makasi, mvutu ya mbi mpi kukonda lutaninu.

Kusolula ya mbote, ya me fwana, yina bantu lenda kota kukonda mpasi mpi ya ke tadila bantu yonso: Bimvuka kele ti bampusa, kisika yina bo ke bakaka bansangu mpi mutindu ya kusolula ya me fwanana. Yo lenda baka ntangu sambu bo solula diambu mosi buna na kati na bo na masonga yonso mpi na kinsweki sambu na kutadila bansangu mpi kukotisa bima ya nkaka.

Kuwakana na pwelele: Kuvila ve nde bantu ya nkaka lenda basisa mawi na bo kukonda kubakisa kibeni mutindu mambu kele. Na luyantiku, yo ta lomba kumonisa yo ata yo kele mutindu yina ve, kumonisa mawi mosi buna mpi na nsadisa ya luzolo ya mbote yina bantu fwete sala bisalu, na mutindu bo ke talaka mbote, na mayele ya kubakisa mambu to mikanda ya bansiku to ya nkaka (mumbandu, kuwakana yina salamaka ti kimvuka)   *tala Munsiku ya ke tanina bantu ya 1.*

Kuvukana mpi kuwakana: Solula na ntwala ti bantu yina kele na mpasi mpi babiro ya babwala na beno sambu na kukwenda kupesa lusadisu, sambu na kusadila mayele yina kele dezia mpi kuvanda ti kuwakana ya mbote mpi ya luzitu. Kutadila mambu na ntwala ya ntangu yina bo me tulaka kele mutindu ya mbote ya kusadila ntangu na balukanu ya kukonda mfunu yina bakamaka. Yo ke vandaka pete ve na mbala ya ntete yina kisumbula me salama na kuzaba ntalu ya bantu yina kele na mpasi. Malembe-malembe, bantu mpi bimvuka lenda vanda ti makuki ya kudipesa sambu na kubaka balukanu.

Kuvila ve nde, na mambu ya nkaka ya me tala bantu yina kuwakana kele ve na kati na bo, kusiamisa kuswana mpi kubaka balukanu na kimvuka lenda monana bonso kimvuka mosi ya politike mpi yo lenda natila bantu ya babwala yina bampasi. Tadila bametode ya nkaka sambu na kutomisa bimvuka ya kuwakana na kupesaka mpi kubakaka bansangu, tanga mpi kusadila bamikanda ya kulandila mambu.

Kupesa mpi kubaka bansangu: Bo lenda lomba nde nge vutula mvutu na bangiufula yina bansangu ya nge tindaka me basisa (mumbandu yo lenda salama na balukutakanu ya kimvuka to ntangu beno ke yidika mambu), kulandila mutindu ya kukabula yo to ya kuyula bangiufula. Yo lenda lomba mpi nde beno pesa nsemo na bansangu yina bantu ya nkaka tindaka, yina me basisa mwa bangiufula sambu bantu kutudilana ntima mpi kutomisa bamanaka sambu na bilimbu ke kwisa.

Sosa kubaka bansangu sambu na kuzaba kana bo ke zitisaka babakala, bankento, bana bankento mpi bana babakala mpi ke sepelaka ntangu bo ke bakaka balukanu. Bantu lenda sepela sambu na lusadisu ya bima yina bo me natila bo, kansi bo lenda vanda na mawa na ntangu ya kubaka lukanu sambu bantu ya nkaka vandaka ti bupusi na zulu na bo. Bantu lenda yindula nde mbala ya nkaka mambu yina bo ke tuba lenda vanda ti malanda ya mbi. Kinkulu ya babwala lenda sala nde bantu kundima ve lusadisu yina bo ke kwenda kupesa bo. Sadila bametode ya luswaswanu ya kubaka bansangu, yo vanda na munoko to ya bo me sonika na mikanda, mpi diaka bametode yina ke sadisa sambu na kubumba kinsweki ntangu bo ke kabula bansangu yai.

Sadila mayele yina lenda sadisa beno na kukabula bansangu na kuwakana ti bimvuka ya nkaka mpi sosa kuzaba kana bantu yonso lenda baka mpi kuzikisa kana bantu yonso me baka yo. Mayele yai fwete swaswana ti mambu yina bo ke salaka na kulandila muntu yina bo me funda, yina ke tadila kufwa nsiku ya bikalulu ya mbote   *tala Kuwakana ya 5,* ata mbala mingi, kubaka bansangu mpi kufunda bantu lenda landana. Kuvila ve mpi landila mutindu ya kubaka bansangu mpi tomisa manaka kana mpila kele. Kotisa mayele yina ke sadisaka na kubaka bansangu na mutindu ya kulandila mpi ya kutadila bimvuka.

Kutubila kikalulu mosi buna na pwelele yonso: Bimvuka fwete tubila na meso ya bantu yonso (yo vanda na site Internet na bo to na bisadilu yina bo me pesaka bo sambu na kumonisa kisalu mpi kupesa yo na bantu yina kele na mpasi) mambote na bo

77

mumbandu, mambu ya mabundu na bo to ya politike. Diambu yai ke sadisa bantu ya bimvuka ya nkaka na kubakisa mbote organizasio ti mambu na yo mpi ya mayele yina yo ke sadilaka.

Kuwakana ya kimvuka salaka sambu na kupesa bangindu mpi kuwidikila bimvuka ya nkaka: Mayele ya kimvuka ya kisalu mpi mabanza ya nkaka lenda sadisa sambu na kupesa lukumu mpi kuwakana ya bimvuka mpi yo lenda pesa mbandu ya mbote yina bantu ya nkaka lenda landa. Bansangu yina bantu ya ke sala bisalu ke nataka, ke sadisaka sambu ya nkaka mpi kuyela ya manaka.

Kulandila mutindu bansangu ke mwangana mpi kubumba bansangu: Bo fwete pesa ve bansangu yonso na bimvuka yina ya nkaka. Sosa kutadila mbote nki bansangu ya me fwana yina lenda sadisa sambu na kuzaba kimvuka (kuzaba ntalu ya bantu) to bantu yina bampasi na bo lenda kumi mingi, to yina lutaninu na bo lenda kuma na kigonsa *tala Minsiku ya ke tanina bantu*.

Bikalulu ya mbote ya kusolula ti bantu: Bisadilu mpi bafoto yina bo bakaka ntangu bo vandaka kuvukisa bima yina bo fwete sadila na kisalu yina kele ya bo ve lenda monana bonso yo kele ve ya masonga mpi yo lenda sala nde bantu kuvanda diaka ve na lutaninu ya me fwana. Mayele ya bantu ya nkaka mpi bansangu na bo beno fwete zikisa yo mbote sambu na kusala ve kifu yai.

Mambu yina kele na buku ya bafoto mpi na masolo yina bo ke tubilaka fwete monisa ve ata fioti kisika bantu yango ke zingaka (mingi-mingi bana) to na bimvuka yina bo katukaka. Ntangu beno ke baka bafoto, beno fwete panza nsangu ve ya kisika yina beno me kanga foto.

Kuwakana ya 5

Bimvuka mpi bantu yina kele na mpasi kele ti nswa na bima ya me fwana mpi ya mbote sambu na kulandila mambu na bo.

Malombo ya me fwana

Beto ta tadila mambu na nge mpi ta landila yo na kiese yonso.

Mambu ya ke monisa nde bisalu kele ngolo

1. Bimvuka, bantu ya kele na mpasi, bantu ya kele na kigonsa mpi bantu yina bo me niokula, ke zabaka nde bo me tulaka bima to mayele mosi buna, yina ke landilaka makambu sambu na mambote na bo.
2. Bimvuka mpi bantu yina kele na mpasi ke ndimaka nde mutindu ya kuzikisa makambu ke vandaka na mpila yina bo lenda zikisa mpi mambu yango, yo me fwana mpi ke bumabaka binsweki ya bantu mbote.
3. Kana bo me funda muntu bo fwete sala bansosa sambu na kuzikisa mambu, kutadila mambu dikambu yango mbote, mpi kuzabisa bantu yina kwendaka kufunda dikambu lukanu yina bo me baka.

5.1 **Solula ti bimvuka mpi bantu yina kele na mpasi sambu bo pesa mabanza na bo, sambu kumosi beno sadila mambu mpi bitambi sambu na kulandila makambu ya bantu.**

- Kabula bansangu na kutadila mvula ya muntu mpi kana yandi kele ti kifu na nitu sambu mambu yai lenda vanda ti bupusi na mutindu yina bo ke landilaka makambu mpi na mambu ya mpasi yina yo ke basisaka.
- Pesa nswa sambu na kukwenda kufunda makambu, mambu yina lenda kanga bantu nzila mpi kupesa mvutu na mutindu bo ke zola. Yidika kisika yina muntu lenda kotisa ndinga ntangu yandi ke funda dikambu mpi bo fwete landila yo mpi bo ta tula mambu yango na ndonga sambu na kutubila yo na kilumbu ya nkaka.
- Sosa kutula kisika mosi bima yina ke sadisaka sambu na kulandila makambu na bimvuka ya nkaka, bantu yina ke salaka na kuwakana ti beno mpi na ndambu ya bantu yina vukanaka.
- Pesa bantu formasio sambu bo zaba mutindu ya kusadila bima yina ke sadisaka na kulanda makambu mbote.

5.2 **Yamba mbote mambu yina muntu ke funda mpi kotisa ndinga na yandi, mpi diaka monisa mutindu ya kusadila bima yango.**

- Sadisa kampanie ya ke pesa bansangu sambu na kuzabisa bimvuka yai na mutindu ya kusala mambu mpi kulanda mutindu bo ke salaka dezia mambu mpi yo ke sadisaka bantu na kudiyula bangiufula ya nkaka na mutindu yo ke salaka.

5.3 **Landila dikambu na ntangu ya mbote, na lunungu mpi na mutindu ya mbote kukonda kutula muntu ya me funda dikambu na kigonsa mpi bantu yonso yina kele na mpasi ntangu yonso yina ya bo ke landilaka makambu.**

- Tala dikambu ya muntu mosi-mosi, ata mambu ya bantu mingi lenda kwendila mutindu mosi.
- Pesa mvutu na ntangu ya me fwana. Bantu yina me funda dikambu fwete zaba ntangu yina bo fwete baka mvutu na dikambu na bo.
- Zabisa mpi bimvuka na mutindu ya kulandi makambu.

5.4 **Sonika mutindu ya kulandila makambu sambu na bimvuka mpi sambu na bantu yina kele na mpasi mpi bo sadila mambu yina bo me sonikaka. Mutindu ya kusala mambu fwete fika mambu yina bantu ke fundaka na yina me tala bamanaka, kuvukisa nitu ti bankento na mutindu ya mbi mpi kubebisa bankento, mpi na kusadila biyeka ya nkaka na mutindu ya mbi.**

- Sonika mutindu bo ke sadilaka bima yina ke sadisaka na kulandila makambu, malombo sambu na kubaka balukanu, mambu yonso yina bantu fundaka yina bo sonikaka, mutindu bo tadilaka makambu yango mpi bantangu yina dikambu yango ta sala.
- Sala na mpila nde bantu kuzaba ve ata fioti bansangu ya me tala makambu yina bantu fundaka na kutadila mutindu ya kubumba bansangu.

- Sala na kuwakana ti bimvuka ya nkaka na mutindu ya kusadila bima yina ke sadisaka na kulandila makambu sambu bigonsa yina kukonda kuzaba mbote bimvuka mpi bantu ya kisalu ke nataka.

> **5.5** Mutindu ya kusala mambu ya kimvuka mosi yina bo ke bakaka na mbalu na mambu yina bantu ke fundaka bantu ya nkaka mpi ke salaka mambu na kutadila bameyele ya nkaka mpi mutindu ya kusala mambu yina bo tubilaka.

- Tubila na meso ya bantu yonso mayele yina organizasio ke sadilaka sambu na kutanina bantu yina bo ke kwendaka kutala, na bansiku ya bikalulu ya mbote mpi na mutindu bo ke taninaka bimvuka yina lenda kutana ti bampasi, mumbandu, bankento, bana mpi bantu yina kele ti bifu na nitu.
- Sadila mayele ya kusala bansosa yina me zabanaka ya ke wakana ti minsiku ya kubumba makambu, ya kimpwanza mpi ya luzitu. Sala bansosa ya mudindu mpi ya me fwana mpi na ntangu yina me tulamaka, na kuzitisaka bantuma ya bansiku mpi mambu yina bisalu ya bwala na beno ke lombaka. Pesa bamfumu formasio na mutindu ya kusadila bima yina ke sadisaka na kusala bansosa mpi na kutadila bikalulu ya me fwana ve na bantu ya kisalu to sadisa bo na kubaka malongi na bandongisila yina muntu mosi ya mayele ke pesa.
- Sadila mayele mosi buna sambu na kutelemina banswa mpi ya mutindu ya kutula kima yina ta yibusaka sambu na kulandilaka kufunda yina bantu ya kisalu lenda sala mpi kuzabisa yo bamfu.

> **5.6** Bimvuka mpi bantu yina kele na mpasi ke vingilaka nde bantu yina ke kwendaka kupesa lusadisu na bantu ya kele na mpasi kumonisila bo bikalulu yina ta sepedisa bo, yo vanda bakuwakana yina organizasio salaka sambu bantu kuvukisa ve nitu ti bankento na mutindu ya mbi mpi kubebisa bo ve.

- Tendula mutindu ya kulanda mambu yina muntu me funda bimvuka to bantu ya kisalu. Sadila bima ya nkaka sambu na kubaka bansangu ya mbi (mumbandu, kupesa madesu ya bana, kuvukisa nitu ti bankento na mutindu ya mbi mpi kubebisa bo, bikalulu yina ke sepedisaka ve bantu to kusala mambu ya mbi) mpi bansangu ya mbote (mumbandu, bampasi yina kusadila mambu yina bo me pona ke nataka).

> **5.7** Bo fwete tinda mambu ya bo me funda yina ke tadila ve organizasio na bisika yina bo lenda landila yo na mutindu ya mbote kibeni.

- Monisa na pwelele yonso makambu yina kimvuka lenda yidika ti mambu yina ke lomba kutinda yo na bimvuka ya nkaka sambu bo landila yo.

....

Mikanda ya ke pesa lutwadisu

Mambu yina kele na kati ya bima yina ke monisaka mutindu ya kulandila makambu yina bo me funda muntu: Bo fwete tadila mbote mambu ya kimvuka mpi ya kimfumu na ntwala ya kubaka lukanu ya mbote kibeni na ntwala nde bimvuka ya nkaka kupesa lusadisu na bo. Tula dikebi ya me fwana na bampusa ya minunu, ya bankento ti ya bana bankento, ya babakala ti ya bana babakala, ya bantu yina kele ti bifu na nitu to ya bantu ya nkaka yina bo lenda sadila mambu ya mbi. Sosa kuzikisa kana bo vandaka mpi ti nswa ya kutuba na bimvuka yina bo ke zingaka mpi kutula bima yina ke sadisaka na kulandila mbote makambu yina bo me funda muntu.

Songa bantu mutindu ya mbote ya kufunda dikambu: Ntangu mpi bima kele mfunu sambu na kusadisa bantu ya kele na mpasi na kuzaba bisalu yina kimvuka ya ke kwendaka kupesa lusadisu ke salaka mpi bikalulu yina bantu ya bisalu kele na yo. Bantu ya kele na mpasi fwete zaba mambu ya kusala mpi na kisika yina bo lenda kwenda kufunda muntu yina ke zitisa ve kuwakana yina kimvuka ya ke kwendaka kupesa lusadisu salaka.

Beno fwete bumba mbote bima yina beno ke sadilaka sambu bantu kudiwa na lutaninu ntangu bo ke kwenda kufunda dikambu na mutindu yina bantu ya nkaka lenda mona ve mpi kukonda kuwa boma ata ya kima mosi.

Tadila kukonda kuwakana na mutindu ya mbote sambu bimvuka lenda yindula nde mutindu ya kulanda makambu lenda pesa mvutu na bamambu na bo yonso ya mpasi. Kimvuka me zaba ve bansoba yonso yina me salamaka mpi yo lenda pesa boma mpi nkabwana.

Kulandila makambu: Tendudila muntu ya me kwisa kufunda dikambu na pwelele yonso kikuma yina ke salaka nde bo landila ve dikambu mpi mukumba yina kimvuka kele na yo. Kana mpila kele mpi kana muntu ya fundaka dikambu me ndima nde bo tinda diambu yango kisika ya nkaka, bo lenda tinda yo na kimvuka ya nkaka yina ta landila mbote dikambu yango. Sala na kuwakana ti bimvuka mpi babwala ya nkaka sambu mambu kusalama na mutindu ya mbote.

Kaka bantu yina me bakaka formasio kele ti nswa ya kusala bansosa sambu na mutindu ya mbi ya kuvukisa nitu ti bankento mpi kubebisa bo yina bimvuka ya ke kwendaka kupesa lusadisu ke tubilaka.

Lutwadisu ya kinsweki ya ke tadila lusansu mpi lusadisu ya nkaka (bonso kusansa muntu ya ke belaka maladi ya ntu mpi ya mabanza to lusansu ya nkaka) bo fwete pesa yo na bantu yina ke kwenda kufunda muntu na kutadila bampusa na bo.

Kufunda dikambu yina zina ya muntu ya me sala mbi ke zabana ve mpi ya kele ti bangindu ya mbi lenda nata mavwanga na kisina yina ke zabana ve. Yo lenda vanda bonso kima yina ke monisaka mawa, kulandila diambu mosi buna, mingi-mingi kana kuvandaka dezia ti diambu yina bo fundaka yina zina ya muntu zabanaka ve.

Kutanina bantu ya ke funda dikambu: Pona na kati ya kimvuka bantu yina ta bakaka bansangu ya mpasi. Bantu yina ke fundaka bantu yina ke bebisaka bana bankento, bo lenda nganina bo ngolo mpi kumonisa bo mpasi na bantu yina ke salaka mambu yango mpi mabuta na bo mosi mpi lenda monisa bo mpasi. Tula kima yina lenda tanina mambu yina muntu fundaka ya bo me manisa kutadila yo. Ntangu bo ke zabisa yo na bantu, bo fwete baka bangidika sambu na kutanina bantu ya bisalu yina ke zabisa mambu yina ke tadila bamanaka to bikalulu ya bantu yina bo ke salaka ti bo.

Mayele ya kutanina bansangu fwete tubila ntangu yina yo ta baka sambu na kubumba bansangu ya nkaka, na kutadila bansiku ya kutanina bansangu ya me fwana.

Mutindu ya kulandila makambu: Zikisa kibeni nde bantu yina ke salaka na organizasio mosi buna mpi bayina ke salaka na bimvuka lenda landila makambu na mutindu ya mbote. Makambu yango lenda monana bonso dibaku ya mbote sambu na kutomisa kimvuka mpi bisalu na yo. Kufunda makambu lenda vanda ti malanda mpi mutindu ya mbote ya kupesa lusadisu, bigonsa ya nkaka, mambu ya mpasi mpi kiteso yina bantu ke sepelaka na bisalu yina ke salamaka.

Kuvukisa nitu na mutindu ya mbi mpi kubebisa bantu yina kele na mpasi: Kimvuka
mpi lutwadisu na yo fwete sala ngolo na kutula bima yina ke sadisaka mpi mutindu
ya kuditanina, ya ke monana pwelele, ya ke tadila bantu yonso mpi yina ke tadila
kubumba dikambu yina muntu me funda bantu yina ke vukisaka nitu ti bankento
na mutindu ya mbi mpi ke bebisaka bo. Kana mpila kele, bimvuka fwete tula mpi na
kuwakana na bo bisika yina bantu lendaka kukwenda kutubila makambu na bo na yina
me tala kuwakana sambu na bansosa ya me tala kuvukisa nitu na mutindu ya mbi mpi
kubebisa bankento.

Bikalulu yina kele na bimvuka: Badirektere mpi bamfumu ya nkaka ya nene fwete
vanda ti bikalulu ya kuzitisa bantu yina bo ke sala ti bo, na bantu yina ke salaka bisalu
na luzolo na bo mosi kukonda kufuta bo mbongo mpi na bantu yina kele na mpasi.
Lusadisu yina bo lenda pesa sambu na bima yina ke sadisaka na kulandila mbote
makambu yina bo me funda muntu kele mfunu mingi. Bantu ya kisalu fwete zaba
mutindu ya kutadila makambu yina bo me funda to yina bo me bebisa bankento. Kana
yo kele diambu ya nku to ya bo me fwa nsiku ya insi ya nkaka, bantu ya kisalu fwete
zaba mutindu ya kuzabisa yo na bamfumu ya me fwana sambu na kulandila diambu
yango. Bimvuka yina ke salaka kumosi ti bimvuka ya nkaka fwete wakana mbote na
mutindu ya kulandila makambu (ata bantu ya bimvuka mosi me fundana).

Bikalulu ya mbote yina bantu ya kisalu fwete vanda ti yo: Bimvuka fwete vanda ti buku
ya ke monisa bikalulu yina muntu ya kisalu fwete vanda na yo, yina bamfumu me
ndimaka mpi ya me zabanaka na bantu yonso. Bantu ya bisalu mpi bimvuka yina ke
salaka na kimvuka ti bimvuka ya nkaka fwete lemfuka na munsiku ya kutanina bana,
bo fwete yula mpi kubaka bansangu sambu na kusala mambu mutindu yo ke lombama.
Bamfumu fwete sosa kuzaba mpi kubakisa bampasi yina kukonda kulemfuka na nsiku
ya bikalulu ya mbote ke nataka ⊕ *tala Kuwakana ya 3 mpi ya 8*.

Kuwakana ya 6
Bo ke pesa lusadisu ya me fwana mpi ya mbote na bimvuka mpi bantu yina
kele na mpasi.

Malombo ya me fwana
Kele ti bantu ya ke talaka mpi ke pesaka lusadisu na kimvuka yango.

Mambu ya ke monisaka nde bisalu kele ya ngolo

1. Bimvuka ke salaka nde mambu ya mpasi kuvanda diaka mingi ve mpi bimvuka
   yina kele na mpasi ke monaka mambu ya nkaka ya mpasi mpi bimvuka yina ke
   salaka na kuwakana ti mutindu ya kutambusa mambu.
2. Bimvuka yina kele na kati ti bimvuka ya babwala, ke pesaka bansangu ya mfunu na
   bima yina ke sadisaka na kutambusa mambu na munoko to na nzila ya mikanda.
3. Bimvuka ke tambusaka mutindu ya kulandila bampusa, kuyidika manaka sambu
   na kukwenda kupesa lusadisu na bantu ya kele na mpasi mpi kulandila kana
   mambu yango ke salama na mutindu ya mbote.
4. Bimvuka ya babwala ke pesaka lusadisu mpi ke kudimonisaka na mutindu ya
   mbote na bima yina ke sadisaka na kutambusa mambu.

Bisalu ya mfunu

6.1 **Songa bisalu, mikumba, makuki mpi mambote yina bimvuka ya nkaka ke bakaka.**

- Sala na kimvuka sambu na kumonisa mutindu ya mbote ya kusala mambu na bimvuka, na bamfumu ya luyalu, na bantu yina ke pesaka bima, na babwala ya nkaka mpi na bimvuka yina ke kwendaka kupesa lusadisu na bantu ya kele na mpasi (babwala, bambanza, bainsi ya nkaka) ti kupesa bima mpi kuzaba kusala mambu.
- Pesa bangindu mpi monisa mutindu ya kulandila mambu, baformasio mpi kutadila mbote na bimvuka yonso mpi bimvuka ya nkaka yina yo ke tadila sambu mambu kutambula na mutindu ya mbote kibeni.

6.2 **Zikisa kimvuka ya kwendaka kupesa lusadisu kulungisa bampusa yina lusadisu ya ntete ya bamfumu ya insi mpi ya babwala pesaka mpi yina bimvuka ya nkaka ya ke kwendaka kupesa lusadisu ke pesaka lungisaka ve.**

- Kuzaba nde kuyidika mambu mpi kutambusa mambu ya bikesa ya kukwenda kupesa nswalu lusadisu, ke bakaka mukumba yina bamfumu ya luyalu fwete sala. Bimvuka ya ke kwendaka kupesa lusadisu kele ti kisalu ya mfunu sambu na kusadisa Luyalu mpi mutindu na yo ya kutambusa mambu.

6.3 **Kota na bimvuka ya ke tambusaka mambu mpi sala na kuwakana ti bimvuka ya nkaka sambu kizitu kuvanda mingi ve na bimvuka mpi mutindu ya mbote ya kusala mambu mpi bisalu yina bikesa ya kimvuka ya ke kwendaka kupesa lusadisu ke nataka.**

- Tubila sambu na luzitu mpi mutindu ya kutambusa mambu sambu na kuyikana ti bansiku mpi lutwadisu ya mbote yina bantu me zabaka. Sadila bima yina ke sadisaka na kutambusa mbote mambu sambu na kuyikama ti bansiku ya bimvuka ya ke kwendaka kupesa lusadisu, yo ke tadila bima yina ke sadisaka, kulanda mpi kutadila na kimvuka bisalu mpi mvutu na yo yonso.
- Monisa mutindu bisalu kele mpi bakuwakana ti bimvuka ya nkaka ya ke tambusaka mambu mpi mutindu bo ta tadila diambu yango, mumbandu, na mambuyina me tala kusadisa bantu ya nkaka, mutindu ya kutadila bantu to mambu mpi lutaninu.

6.4 **Kabisa bansangu ya mfunu na nzila ya masolo to mikanda ti bimvuka yina ke salaka na kuwakana ti beno, bimvuka ya ke tambusaka mambu mpi konso muntu ya nkaka ya kele ti makuki ya kufwana yina lenda sadisa beno.**

- Zitisa mutindu bantu yonso ke tubaka ndinga ya bwala na bo na balukutakanu mpi na mutindu ya nkaka ya kusolula. Tadila mbote mambu ya mpasi na kusolula sambu na kusadisa bimvuka ya nkaka yina ke salaka na kuwakana kupesa mpi bangindu na bo.
- Solula na pwelele yonso mpi kusadila ve bangongo ya ngolo to yina bo ke sadilaka na babalala-bala kana bantu ya nkaka yina kele ti beno ke tubaka yo ve.
- Kana mpila kele beno lenda sosa bantu yina lenda balula ndinga yango na ndinga yina bantu ya nkaka lenda bakisa to bambaludi.
- Sosa kuzaba kisika yina balukutakanu lenda salama sambu na kusadisa bantu ya mayele ya babwala yango na kuvukana na balukutakanu yango.

- Sala kumosi ti baorganizasio ya société civile na mpila nde nge vila ve makambu ya mbote yina bantu na bo ke salaka.

Mikumba yina bimvuka kele na yo

6.5 **Mayele ya kimvuka mpi bangindu ya nkaka ke monisaka na pwelele kuwakana yina bo tubilaka dezia na yina me tala kutambusa mambu ti bimvuka ya nkaka, tanga mpi bamfumu ya babwala na beno, kukonda kutula bansiku ya kimvuka ya ke kwendaka kupesa lusadisu.**

- Ntangu beno ke yidika mambu beno tadila mpi mayele ya kutambusa mambu, mpi mutindu ya kutambula ti bima ya kisalu. Kimvuka fwete monisa mutindu yo ta salaka mambu na kuwakana ti bimvuka ya nkaka, bamfumu ya luyalu mpi bantu ya nkaka ya mayele ya bimvuka ya ke kwendaka kupesa lusadisu na bantu ya kele na mpasi (to bantu ya nkaka yina kele ve na kimvuka yina ke kwendaka kupesa lusadi).
- Bantu ya kisalu ta kumaka mimonisi ya bimvuka na ntangu balukutakanu ke salama, bo fwete baka bansangu, makuki mpi kimfumu ya me fwana sambu na kuyidika mpi ntangu bo ke baka balukanu. Tendula na pwelele yonso mikumba yina bo kele na yo ntangu bo ke pesa konso muntu kisalu na yandi.

6.6 **Kusala ti bimvuka ya nkaka ke tambulaka na kuwakana ya masonga mpi na ndonga yina ke zitisaka mambu yina beno wakanaka, bansiku mpi kimpwanza ya konso muntu yina ke salaka na kimvuka ti beno kele, yina ke yibuka mambu ya mpasi bakuwakana yina konso muntu salaka.**

- Bimvuka ya babwala mpi ya bambanza ke salaka na kuwakana ti bimvuka yina ke bakisaka mbote kibeni ntangu yina organizasio me tulaka sambu na bamosi mpi bankaka sambu na kisalu mpi mikumba yina konso muntu kele na yo, sambu na kukwenda kupesa lusadisu ya mbote mpi na mutindu ya me fwana.

Mikanda ya ke pesa lutwadisu

Kusala na babwala yina bamfumu ya luyalu ke kwendaka kibeni ve kupesa lusadisu: Babwala yina bamfumu ya luyalu ke kwandaka kibeni ve kupesa lusadisu lenda pesa maboko sambu kisalu ya mumbungu kukwenda na ntwala, makuki yina yo kele na yo mpi bisika yina ya nkaka ya ke pesaka lusadisu na bimvuka yina ke kwendaka kupesa lusadisu. Yo ke lomba kupesa bansangu na kiteso ya me fwana sambu kisalu kuvanda mingi ve mpi kupesa mbote lusadisu yina kimvuka ya ke sadisaka bantu ya kele na mpasi ke pesaka. Zikisa kana bakompani yina ke salaka na kuwakana ti beno ke zitisa banswa ya bantu mpi nde na ntangu ya ntama bo vandaka ve kusadila bantu mambu na kupona-pona to kusadila bo mambu ya nku. Bimvuka yina ke salaka na kuwakana ti babwala yina bamfumu ya luyalu ke kwendaka kibeni ve kupesa lusadisu fwete baka mambote na bantu yina kele na mpasi, na kuzabaka nde bantu ya mayele ya babwala yina bamfumu ya luyalu ke kwendaka kibeni ve kupesa lusadisu lenda vanda ti lukanu na bo.

Kuwakana yina bantu mpi basoda fwete vanda na yo: Bimvuka yina ke kwendaka kupesa lusadisu na bantu ya kele na mpasi fwete monisaluswaswanu ya pwelele na kati na bo ti kimvuka ya basoda mpi kukonda kuvukana ti konso kimvuka yina ya politike to kimvuka ya basoda yina ke nataka nkabwana, kubebisa kimpwanza, kutula ntima mpi lutaninu yina bimvuka ke pesaka mpi kukanga nzila na kukwenda kutala bantu yina kele na mpasi.

Basoda ke pesaka ngolo na bo mpi bima yina lenda pesa lusadisu ya mbote, na yina me tala lutaninu, ndonga, bakaminio mpi kusolula. Kansi, konso kimvuka yina ke salaka na kuwakana ti kimvuka ya basoda fwete sala bisalu mpi na lutwadisu ya kimvuka yina ke kwendaka kupesa lusadisu mpi na kutadila lutwadisu yina bo me ndimaka *tala Sphère kele nki? Kuwakana yina bimvuka salaka* mpi *Minsiku ya ke tanina bantu*. Bimvuka ya nkaka lenda solula ti bimvuka yina ta sadisa bo na na kuzaba ngolo ya konso muntu, ntangu bimvuka ya nkaka ke sala kuwakana ya ngolo.

Mambu tatu kele mfunu sambu kimvuka ya basoda kutambula mbote;kupesa bansangu, kuyidika mambu mpi kukabisa bisalu. Bo fwete solulaka mbote ntangu yonso na konso diambu mpi na bisika yonso.

Lusadisu ya nkaka: Bimvuka, bamfumu ya babwala mpi bisalu ya société civile kele ti mayele ya kufwana na yina me tala mambu yina ke salama. Mbala ya nkaka, bo lenda vanda na mfunu ya lusadisu sambu na kuvutukila luzingu yina bo vandaka na yo ntete na ntwala nde mpasi kumina bo, bo fwete vanda mpi na kati ya bantu yango mpi bo fwete monisa bikesa yango na kimvuka ya ke tambusaka mambu ya kukwendaka kupesa lusadisu.

Kana bamfumu me kwenda kisika yina kuwakana kele na kati ya bantu, bantu ya mayele yina ke salaka na kimvuka ya ke kwendaka kupesa lusadisu na bantu ya kele na mpasi fwete tadila mbote sambu na kuzaba kimpwanza yina bamfumu kele na yo ya kubumba bima ya bantu yina kele na mpasi na balukanu yina bo mosi bakaka.

Kuvukisa mpi kutwadisa mambu: Bimvuka yina kele na kati-kati ya babwala ya nkaka lenda lungisa bampusa ya bantu na mutindu ya mbote kansi na kingènga ve. Mumbandu, bo fwete tula kimvuka ya ke talaka makambu ya bantu ya ke belaka ntu mpi ya ke yindulaka mbote kibeni ve na kati-kati ya babwala, kimvuka ya lutaninu mpi ya banzo-nkanda, mpi kusala kimvuka mosi ya ke monisa mutindu ya kusala bisalu ya me salama na bantu ya mayele yina me zaba bisalu yango mbote.

Bantu yina ke tambusa kimvuka fwete sosa kuzaba kana bo ke landila mbote balukutakanu mpi bansangu ya mbote mpi yina ke sadisa na kuzwa mvutu ya mbote. Bantu ya mayele ya babwala na beto lenda vukana to ve na bisalu ya kimvuka kana yo ke monana bonso nde bo ke zola kupesa bimvuka ya bainsi ya nkaka mambote sambu bo ke kutadila ndinga mosi ti bo to ke ke zingaka kisika mosi. Yo lenda vanda mfunu nde bo sadila mwa mayele ya kulandila makambu na bambanza to na babwala.

Kukota na kimvuka ya ke vukisaka mpi ke tambusaka mambu na ntwala nde kisumbula kusalama ke salaka nde beno kuma banduku mpi bisalu kusalama mbote ntangu lusadisu ke pesama. Vukisa bima ya kimvuka ya kukwendaka nswalu kupesa lusadisu na mutindu ya kuyedisa mambu mpi bitini ya nkaka ya kimvuka ya ke talaka mambu sambu na ntangu ya nda kana yo kele.

Bima yina kimvuka ya bainsi ya nkaka ya ke kwendaka nswalu kupesa lusadisu na bimvuka ya nkaka fwete pesa maboko na bimvuka ya bainsi na beto. Sambu na yina me tala lusadisu na bantu yina me tinaka na bainsi ya nkaka, bimvuka yina ke tambusaka mambu ya me tala bantu yina ke tinaka na bainsi ya nkaka ke sadilaka *Haut-Commissariat des Nations-unies pour les réfugiés* (UNHCR).

Kabula nsangu (yo vanda bansangu ya me tala mbongo): ti bimvuka ya luswaswanu ya ke bakaka mbongo mpi bima ya nkaka ya kimvuka mpi ke sadisaka sambu na kumanisa makambu ya mpasi mpi kusala bikesa mingi.

Kusala ti bimvuka ya nkaka: Kele bimvuka t mingi yina kele, banda na ntangu ya kubaka lukanu mosi buna tii na kubaka lukanu yina ta tadila bantu ya nkaka mpi bima yina bo lenda kabula. Zitisa ntangu yina bo me tulaka mpi ngindu ya kimvuka yina beno ke salaka na bumosi mpi kimpwanza na yo. Monisa makuki ya kulonguka mpi ya kuyela. Tendula mambote yina bimvuka yonso zole lenda baka kana bo ke yedisa mayele mpi makuki na bo mpi kuzaba kana bo me yilama mbote mpi ke kumisa ngolo mambu yina ta sadisa sambu na kukwenda kupesa lusadisu.

Kuwakana ya mbote na kati ya bimvuka ya société civile ya bambanza na beto mpi ya bainsi na beto mpi bimvuka ya bainsi ya nkaka lenda pesa nswa na bimvuka ya bantu yina ke salaka na kimvuka ti beno na kuyedisa mayele mpi makuki na bo, na kuyilama mbote kibeni mpi kusoba mitindu ya nkaka ya kukwenda kupesa lusadisu.

Kuwakana ya 7
Bimvuka mpi bantu yina kele na mpasi kele ti nswa ya kubaka lusadisu ya me fwana na nsadisa ya mutindu bimvuka ke yindula mpi mayele yina bo ke bakaka na malongi na bo.

Malombo ya me fwana
Bantu ya ke talaka kimvuka yango ke landa na kulonguka mpi na kutomisa mayele na bo.

Mambu ya ke monisa nde bisalu kele ya ngolo

1. Bimvuka mpi bantu yina kele na mpasi fwete mona nsoba yina ke salama na lusadisu mpi lutaninu yina ke pesama.
2. Nsoba ya ke salama sambu na kupesa lusadisu mpi lutaninu yina kimvuka ya ke kwendaka kupesa lusadisu ke nataka na nsadisa ya malongi yina bo bakaka na lusadisu yina ke na kusalama.
3. Bimvuka ya ke kwendaka kupesa lusadisu mpi lutaninu ke landaka mbandu ya mutindu ya kulonga bimvuka ya nkaka yina ke kwendaka kupesa lusadisu.

Bisalu ya mfunu

7.1 **Sadila mayele yina nge longukaka ntangu beno ke zola kusala bamanaka.**

- Tula bima yina ta kengilaka mpi ya kukonda mpasi, tulaka dikebi na mutindu ya kupesa bansangu sambu bansangu yango fwete pesama na bimvuka ya luswaswanu mpi tendula na pwelele yonso bantu yina fwete baka lusadisu to ve na kutadila manaka yina lutaka.
- Tula dikebi na kubela mpi na kununga.

7.2 **Longuka, kotisa kima ya mpa mpi landilaka mambu ya me tala bamanaka mpi kutadila yo, yo vanda mambu yina bantu ke tuba mpi mambu yina bantu ya kele na mpasi ke tuba.**

- Sadila bambandu ya ke monisa mutindu ya kuwidikila mpi bambandu ya nkaka ya mbote. Bantu yina kele na mpasi me fwana kibeni na kutubila bampusa mpi mutindu mambu ke soba.
- Songa bimvuka ya nkaka mambu yina nge me longuka mpi beno tubila yo ti bo, yula bo mutindu bo vandaka ntete kusala mambu mpi mutindu bo lenda sadisa bo na kisalu yina bo ke salaka ya kubaka balukanu to muntindu ya kutambusa mambu.

7.3 **Longa bantu ya nkaka mpi zabisa mambu ya mpa yina kele na organizasio ti bimvuka, bantu yina kele na mpasi mpi bimvuka ya nkaka.**

- Pesa bansangu yina beno bakaka ntangu beno vandaka kulandila mpi kutadila mambu yina ta sadisa na kukabula mpi kubaka balukanu *tala Kuwakana ya 4.*
- Zaba mutindu ya kupesa maboko sambu bisalu ya kulonguka kukwenda na ntwala na mutindu ya mbote.

Mikumba yina bimvuka kele na yo

7.4 **Bo me tulaka mutindu ya kutadila mambu, ya kulonguka mpi ya kutomisa mutindu ya kusala yo.**

- Bimvuka ke tulaka mpi ntangu yina bo ke salaka na kulonguka mutindu ya kutadila diambu mosi buna mpi kutomisa makuki na yo na bantu yina ke kwendaka kupesa nsangu mpi balukanu ya me fwana.
- Konso muntu ya kisalu fwete zaba mukumba na yandi na kutadila kuyela yina yandi ke sala mpi mutindu kulonguka lenda sadisa yandi na kuyedisa mutindu na yandi ya kulonguka.

7.5 **Bo ke sadilaka bima ya nkaka sambu na kukotisa ndinga mpi kukabula mayele na kimvuka, malongi mpi mutindu ya mbote ya kusala mambu yina beno longukaka.**

- Mambu yina bimvuka ke longaka fwete monana na bisalu (kutomisa mambu ntangu bo ke tadila yo, kusala diaka bimvuka ya mpa sambu mambu kusalama mbote, kutubila na pwelele yonso mikumba yina bo bakaka sambu na kubaka balukanu).

7.6 **Kimvuka ke sadisaka na kulonguka mpi kunata mambu ya mpa na kimvuka ya ke kwendaka kupesa lusadisu na kisika mosi to na babwala.**

- Vukisa mpi zabisa bansangu ya me tala kimvuka ya ke kwendaka kupesa lusadisu na bantu ya kele na mpasi, mingi-mingi malongi ya mfunu yina bo bakaka mpi mambu yina yo ke lomba kusala na ntangu ya kukwenda kupesa lusadisu na mbala ya nima.

Mikanda ya ke pesa lutwadisu

Kubaka mayele: Ntangu yonso yina bo ke bakaka lukanu ya ngolo, ke longukaka mpi kuyantika kisalu yina ta mana ntama mingi ve mpi metode mosi ya me fwana:

Kulandila, kubakaka bansangu ya bisalu ntangu yonso mpi bisalu ya ngolo lenda sadisa sambu na kubongisa mambu. Sadila bansangu ya mbote mpi ya mingi mpi tadila diambu mosi buna; wakanisa bansangu mpi bakaka bansangu na bisika ya mbote. Sadila bametode ya mbote sambu na kubaka bansangu, ya kulandila mambu mpi ya kutubila yo. Monisa bansangu yina nge me baka mpi monisa mutindu ya kusadila yo mpi bantu yina ke sadilaka bansangu. Baka kaka bansangu yina bo ta tadila mpi ta sadila.

Kusala ekzame na ntangu ya mbote, kulandila mbote kisalu yina ke tadila bantu yina ke sala na kisalu yina kele sambu na ntangu mosi buna mpi yina ta sadisa sambu na kuyidika bifu yina salamaka.

Kubaka mpi kupesa bansangu ya bantu yina kele na mpasi, yo kele kibeni mfunu ve na kubaka bangidika, kansi bo lenda sadila yo sambu na kusoba bifu yina salamaka. Bantu ya kele na mpasi me fwana kibeni na kutendula bansoba yina me salama na luzingu na bo.

Na nima ya kutadila mambu mpi kusala bangalasisi ya me fwana ya ke tadila bantu yina ke salaka na bisalu yina ke manaka na ntangu yina bo me tulaka yo mpi mambu yina yo me sala ntangu kisalu yango ke mana. Tubila bima yina yo ke lomba kubumba mpi yina bo lenda talulula na kisalu yina ta kwisa na makwiza.

Kutadila mambu, bisalu yina leta me pesaka nswa nde yo salama ke sadisaka na kumonisa mfunu ya kisalu mosi buna, ya projet mosi buna to ya manaka. Mbala mingi, yo ke salamaka na bantu yina kele ve na kati ya projet yango. Yo lenda salama na ntangu ya mbote (sambu na kuyidika bifu yina salamaka) to na nsuka ya projet sambu na kusadila malongi yina beno bakaka na mambu yina me fwanana ti yo mpi kuzabisa bamfumu ya politike.

Kusala bansosa ke tendula kusala bansosa na bangiufula ya nkaka yina kekwendaka kupesa lusadisu na bantu ya kele na mpasi, bo ke sadilaka yo kaka sambu na kuzabisa bamfumu ya politike.

Diambu ya mpa: Mbala mingi, mvutu yina ke pesamaka na ntangu ya mpasi ke sadisaka na mambu ya mpa sambu bantu mpi bimvuka ke yikamaka na bisika yina lenda soba. Bantu yina kutanaka ti mambu ya mpasi ke sobaka sambu bo ke yikanaka ti nsoba yina me salama na luzingu na bo; yo ke lomba kupesa bantu ya mutindu yai lusadisu ya me fwana na mutindu ya mbote ntangu luzingu na bo me soba mpi me kutana ti mambu ya mpa.

Kusala na kimvuka mpi kupesa malongi: Kusala na kimvuka ti bimvuka ya nkaka, bimvuka ya politike to ve mpi bauniversite sambu na kulonguka kele nswa yina ya me pesamaka sambu na kupesa bansangu ya me fwana mpi bangindu ya ke monisa mutindu ya kusadila mbote bima ya kuzingila. Kusala na kimvuka ke salaka nde kisalu ya kutadilaka diaka mambu mbala na mbala na kimvuka mosi kuvanda diaka mingi ve.

Bimvuka mingi me salaka nde kulonguka kusalama na mitundu zole mpi bo lenda sadila yo sambu na kulanda kuyela na yo na ntangu ya me fwana to kuyindula mingi na nima ya mpasi mosi buna.

Internet mpi bimvuka ya ke salaka mambu (tanga mpi universite) lenda sala na mpila nde bantu kukuma kulonguka na nsadisa ya bisalu yina bantu ya ke salaka bansosa salaka, yo vanda na bisika ya bisalu, na ntangu ya kutadila mutindu mambu ke salama to na ntangu ya kulonguka. Yo lenda sadisa kibeni na kusala bisalu ya kimvuka mpi na kulonguka mutindu ya kusala mambu. Kukabula mambu ya mpasi mpi kununga ti bantu yina ke salaka bansosa na kimvuka ke sadisaka bantu ya mayele ya kimvuka ya ke kwendaka kupesa lusadisu na bantu ya kele na mpasi na kuzaba bigonsa mpi mutindu ya kutina bingonsa yango na bilumbu ke kwisa.

Bansangu yina bimvuka ya nkaka ke pesaka ke vandaka na mfunu bantangu ya nkaka. Tadila mbote bansangu ya kimvuka sambu na kubaka malongi yina ta sadisa na mutindu ya kusoba mambu na kimvuka yina beno longukaka na kimvuka mosi buna.

Kana bantu ya kele na mpasi ke landila mambu, yo lenda sala nde mambu kusalama na masonga, na mutindu ya mbote mpi yo ta siamisa bantu na kuyikama ti bansangu yina bo ke baka.

Mayele ya kutadila mpi ya kulonguka mambu: Malongi mpi bisika yina yo ke lomba kubongisa, bo ke lungisaka yo ve na mbala mosi mpi bo me bakaka ve malongi sambu ata nsoba mosi ve me salamaka dezia na meso ya bantu sambu na kusadisa bantu ya kele na mpasi.

Kusadila mayele mpi mambu yina kimvuka ke longa: Kusadila mayele ke tadila mpi kubaka bansangu, na kuyedisa, kuzabisa, kubumba mpi kusadila na mutindu ya mbote mayele mpi mambu yina bimvuka ke longaka. Bantu ya bisalu ya insi na beno kele mfunu mingi sambu na kutanina mayele mpi kinduku. Kulonguka fwete tadila bantu ya mayele ya bainsi na beto, ya babwala mpi ya bambanza na beno mpi kusadisa bo na kuyela to na kubaka bangidika na ntwala sambu na bampasi yina lenda kwisa.

Kuwakana ya 8

Bimvuka mpi bantu yina kele na mpasi ke bakaka lusadisu yina bo kele na yo mfunu ya muntu ya kisalu mpi ya bantu yina ke salaka kisalu ya ofele ya kele ti makuki ya kufwana mpi ya kele na lutaninu ya mbote.

Malombo ya me fwana

Bo ke pesaka kikesa na bantu yina ke salaka bisalu sambu bo sala yo ti kikesa, mpi ke sadilaka bo mambu ya mbote mpi ya lunungu.

Mambu ya ke monisaka nde bisalu kele ngolo

1. Kimvuka ke sadisaka bantu ya bisalu na kusala mbote kisalu na bo.
2. Bantu ya bisalu ke lungisaka balukanu na bo na mutindu ya mbote.
3. Bimvuka mpi bantu yina kele na mpasi ke yindulaka nde muntu ya kisalu lenda vanda ngolo na yina me tala mayele, makuki, bikalulu mpi mutindu muntu ke monana.
4. Bimvuka mpi bantu ya kele na mpasi ke zabaka mbote nde kele ti bansiku ya bikalulu ya mbote ya kimvuka ya ke kwendaka kupesa lusadisu mpi mutindu ya kupesa bansangu ya ke tadila mambu ya nku.

Bisalu ya mfunu

8.1 **Bantu ya kisalu ke salaka na kuwakana ti ntangu yina bo me tulaka mpi valere ya organizasio mpi na kutadila balukanu mpi bansiku ya ngolo yina bantu yonso ke sepelaka na yo.**

- Bo lenda sadila bangogo ya luswaswanu mpi malombo na mitindu mpi na bantu ya luswaswanu. Mbala mingi, nsiku ya kisalu ya insi ke tubilaka mutindu bantu kele mpi bo fwete zitisa yo. Bantu ya bisalu fwete zaba mutindu bo kele mpi kisalu yina bo kele na yo na organizasio, yo vanda ya insi na beno to ya insi ya nkaka.

8.2 **Bantu ya bisalu ke salaka na kuwakana ti bamfumu ya politike mpi kubakisa mambu ya mpasi yina kufwa bansiku ke nataka.**

- Mpusa ya kupesa baformasio ya ke tadila ntangu yina kisalu ta suka, mambu ya politike mpi na bansiku ya bikalulu ya mbote ya kimvuka, yo ke tadila mambu yonso ata ntangu mambu ke salama na nswalu yonso.

8.3 **Bantu ya bisalu ke ke kwenda na ntwala mpi ke sadila makuki yina bo kele na yo, mayele mpi kulandila mambu sambu na kulungisa mikumba na bo, bo ke zabaka mbote mutindu bimvuka na bo lenda sadisa bo sambu na kununga.**

- Mabaku ya ke tubila kuyela kana mpasi mosi buna me kumina bantu lenda vanda ti bandilu kansi bamfumu fwete landa mbote lutwadisu mpi bo fwete baka formasio sambu na takutambusa mambu yango na mutindu ya mbote.

Mikumba yina bimvuka kele na yo

8.4 **Bimvuka kele ti makuki ya kutambusa mambu, makuki ya me fwana sambu na kusala bamanaka.**

- Tula bantu na bisalu mpi kusadila ve ata fioti bantu mambu ya mbi na yina me tala ndinga yina muntu ke tubaka, kikanda yina tandi kele, mutindu na yandi, kana yandi kele ti kifu na nitu to mvula na yandi.
- Tadila mutindu mambu ya mpasi yina organizasio ta kutana na yo ntangu bo ta lomba bantu ya mayele. Tubila na pwelele yonso na insi na beno bisalu mpi mikumba ya ke tadila balukanu yina ke bakama mpi bansangu.
- Kukatulaka ve bantu na kisalu sambu na ntangu fioti, sambu ntalu ya bantu lenda sobaka ntangu yonso, kuyela ya mbote lenda vanda ve mpi bamanaka lenda vanda diaka mbote ve, mpi yo lenda sala nde bantu ya bisalu kusala diaka kisalu na bo mbote ve.
- Sadila mutindu ya mbote ya kubaka bantu sambu na kukonda kupesa mpasi na ba ONG ya babwala na beno.
- Kusala mbote kisalu ya kubaka bantu na kisalu yina ta sala ntangu mingi. Na bimvuka yina ke vandaka ti bamanda mingi, bantu yina bo me tulaka sambu na kulandila kuyela ya mambu fwete baka formasio mpi fwete yilama sambu na kukwenda kupesa lusadisu na bantu ya kele na mpasi.

8.5 **Mayele ya kusadila mambu mpi mutindu ya kubaka bantu na kisalumpi kusadila bo mambu fwete salama na lunungu, na pwelele, kukonda kuniokula bantu mpi na kutadila nsiku ya kisalu ya bwala na beno.**

- Mayele ya kusadila mambu mpi mambu ya bimvuka ke monisaka mukumba yina mfumu kele na yo na kisika yina mambu yonso ke katuka mpi mutindu ya kutambusa mambu sambu na kuzaba kana yo ke salama mbote, kubumba *mémoire institutionnelle* mpi kupesa mvutu ya mbote na kutadila disolo yina yo ke tubila.

8.6 **Tubila bisalu yina kele, balukanu ya bisalu yango mpi kutadila mutindu ya kubaka bansangu sambu na kusadisa muntu na kubakisa na pwelele yonso mambu yina bo me lomba yandi na kisalu.**

- Mutindu ya kumonisa bisalu kele mbote mpi yo kele ya bilumbu na beto.
- Bantu ya bisalu ke tadila balukanu yina bantu lenda baka ya ke wakana ti kisalu ya kupema mpi makuki yina kele na kati ya mikanda yina bo me sala.

8.7 **Nsiku ya bikalulu ya mbote yina bo me tulaka, na kiteso mosi buna, konso mitindu yina ya kuvukisa nitu ti bankento na mutindu ya mbi to kusadila bo mambu ya nku.**

- Bantu me bakisaka nsiku ya bikalulu ya mbote ya kimvuka, yina bo me ndima mpi ke zitisa, mpi bamfumu yonso ya kimvuka (bantu ya kisalu, bantu yina ke salaka kisalu na luzolo yonso ya ofele, bimvuka yina ke salaka na kuwakana ti bimvuka ya nkaka mpi bamfumu yna ke tambusaka bisalu) ke zabaka mbote bansiku ya bikalulu ya mbote ya kulanda mpi bampasi yina kufwa nsiku ke nataka.

8.8 **Bo me tulaka mambu ya mfunu sambu na kusiamisa bantu ya bisalu na kutomisa makuki na bo.**

- Bimvuka fwete vanda ti bima yina ta sadisaka bo na kutadila mbote ngolo ya bantu ya bisalu, kutadila mambu ya mpasi na yina me tala makuki mpi kuyedisa mambu yina muntu me zaba kusala mbote.

8.9 **Bo me tulaka mambu ya mfunu sambu na kutanina mpi sambu na mambote ya bantu ya kisalu.**

- Bimvuka kele ti mukumba ya kutanina bantu na bo ya bisalu. Bamfumu fwete zabisa bantu yina ke salaka na bimvuka ya ke kwendaka kupesa lusadisu mambu ya mpasi yina bo ta kutana na yo mpi kutanina bo na bigonsa yonso yina lenda niokula nitu mpi mabanza na bo.
- Na kati ya balukanu yina bo lenda sadila kele ti mutindu ya mbote ya kulandila lutaninu, kukwendaka ntangu yonso na kukutana ti minganga, kusala kisalu na bantangu ya me fwana mpi kubaka lusadisu ya mabanza.
- Beno fwete lolula ve ata fioti muntu yina ke vukisa nitu na mutindu ya mbi mpi muntu ke bebisa bankento na bisika ya bisalu.
- Sadila mayele ya nkaka sambu na kutanina bantu mpi kukwenda kupesa bo lusadisu kana bo me vukisa nitu ti bankento na mutindu ya mbi mpi na ngolo to bantu ya kisalu.

Mikanda ya ke pesa lutwadisu

Bantu ya bisalu mpi bantu yina ke salaka bisalu ya ofele: Bamfumu yonso ya kimvuka, tanga mpi bantu ya bisalu ya insi na beno, ya bainsi ya nkaka, ya ke salaka ntangu yonso to ntangu fioti ti bantu yina ke salaka bisalu ya ofele mpi bantu yina ke kwisaka kaka sambu na kulandila kisalu, bo ke tadilaka bantu yai yonso bonso bantu ya kisalu.

Bimvuka fwete zabisa bantu ya bisalu mpi bantu yina ke salaka bisalu ya ofele yina kele na bimvuka ya nkaka mpi mfunu ya kubuya bisalu mpi bikalulu ya mbi to kusala mambu ya nku.

Kuwakana na yina me tala manda, valere mpi mutindu ya kusala mambu ya kimvuka: Kimvuka fwete sala na kuwakana ti bansiku, kupesa mukumba, valere mpi mambu yina kimvuka ke zola kusala yina ke lomba kutendula mpi kutubila yo na bantu. Katula kubakisa kisalu ya konso muntu mpi mutindu kimvuka ke tambusaka mambu, konso muntu ya kisalu fwete tendula balukanu na yandi mpi mutindu yandi ke wakanaka mbote ti bamfumu na yandi.

Bamfumu ya politike fwete tendudila bantu ya kisalu mpi bantu yina ke salaka kisalu ya ofele na pwelele yonso kuwakana yina kimvuka me salaka nde nkento kele kaka mutindu mosi ti bakala.

Bamfumu ya politike fwete pesa bisika ya mbote ya kusala bisalu, bisika yina bo lenda vukana mpi bisika yina bantu ya kele ti bifu na nitu lenda kota kukonda mpasi. Yo ta vanda mbote kutula kidimbu mpi kukatula bima yina lenda vanda kigonsa na bisika ya bisalu, kubuyisa bantu na kukonda kutuba mambu ya nku sambu na bantu yina kele ti bifu na nitu, kupesa mabaku ya mutindu mosi mpi mbongo sambu na kisalu ya mfunu, mpi kusala kuwakana ya mbote na bantu yina kele ti bifu na nitu na bisika ya bisalu.

Bantu yina ke salaka na kimvuka ti bantu ya nkaka, bantu yina ke salaka bisalu yina bo ndimaka mpi bantu yina ke bakaka mbongo fwete zaba mpi mambu ya politike mpi bansiku ya bikalulu ya mbote yina ke tadila bo mpi mambu ya mpasi yina kukonda kulemfuka na bansiku yango ke nataka (mumbandu, kuzenga kuwakana yina salamaka).

Bansiku ya ke monisa ngolo mpi kuyedisa makuki: Bamfumu ya bisalu mpi bantu ya bisalu fwete sala na bumosi sambu na kuyedisa makuki na bo, tanga mpi mayele ya mutindu ya kulanda mambu. Na nsadisa ya balukanu mpi ya bansiku ya ngolo yina bo me tendula na pwelele yonso, bo fwete zaba mbote makuki mpi mayele yina yo ke lomba sambu bisalu na bo kukwenda na ntwala. Ya kieleka, bo fwete zabisa bo mutindu kuyela ya mbote ke salama mpi kuyela yina ke lombama. Kuzaba mambu, kubaka formasio, kupesa bandongisila ke sadisaka na kuyedisa makuki.

Bo lenda sadila bametode mingi sambu na kutadila makuki mpi bikalulu ya muntu ya kisalu, tanga mpi kutala mambu na dikebi yonso, kutadila mbote kisalu yina bo me sala, kuyidika mambu mbala mosi ti yandi mpi ti banduku na yandi ya kisalu. Kutadilaka mbala na mbala mikanda ya ke pesa ngolo ke sadisaka bamfumu na kuzaba kisika yina yo ke lomba kupesa lusadisu mpi formasioya mfunu.

Makuki yina muntu ya kisalu kele na yo: Mutindu ya kusala mambu ya bantu ya kisalu lenda soba na kutadila babiro mpi disolo yina yo ke tadila, kansi yo fwete zabana na mambu ya mbote yina yo ke sala. Bo fwete yindula mpi kuyilama mbote ti lusadisu ya bamfumu yina ke tambusaka yo. Kimvuka mpi mutindu ya kuyidika mambu ya baproje fwete tula dikebi na makuki yina mfumu kele na yo mpi dibanza ya ke tubaka nde nkento kele kiteso mosi ti bakala. Bo fwete vanda ti bantu mingi yina kele ti makuki ya kufwana bisika ya mbote mpi na ntangu ya kufwana sambu na kulungisa balukanu ya bimvuka na ntangu ya nkufi to na ntangu ya nda.

Bimvuka fwete sosa kuzaba makuki yina bamfumu ya bisalu fwete vanda na yo sambu na kuwidikila bimvuka, na ntangu ya kubaka balukanu mpi na ntangu ya kulungisa mambu. Bo fwete pesa bantu ya kisalu formasio ya mutindu ya kusadila bansiku sambu yo ke sadisa bantu yina bo ta tinda ya kele ti mayele mingi mpi kukwenda kupesa lusadisu ya me fwana kibeni.

Calendrier ya kutadila mutindu ya kusala mambu ya ngolo yina bo lenda soba kukonda mpasi sambu na kubumba bantu yina ke salaka kisalu ya ntangu fioti to ya ntangu mingi. Bo fwete tula dikebi ya mingi na bamakuki yai: kuwidikila na dikebi yonso, kuvukisa mambu mbote kibeni, kusolula kukonda mpasi ti bimvuka mpi kusiamisa bimvuka na kubaka balukanu mpi bangidika. Bimvuka yina ke salaka na kuwakana ti bimvuka ya nkaka fwete vanda ti makuki yina bantu ya kisalu fwete vanda na yo sambu na kundima kuwakana yina bo yidikaka.

Mayele ya kisalu mpi mutindu ya kusadila bantu ya kisalu mambu: Mutindu ya kusala mambu, mayele ya kisalu mpi mambu yina bantu ya kisalu fwete salama na kutadila nene mpi mambu yina kimvuka ke kutana ti yo. Yo vanda kimvuka kele ya nene to ya fioti, bantu ya kisalu fwete pesa maboko na kuyela ya mambu mpi na kulandila mayele ya kisalu kana mpila kele sambu na kumonisa bangindu na bo. Muntu mosi yina ke pesaka lutwadisu ke zabisaka bantu ya kisalu na yina me tala kukwenda kutala diambu mosi buna mpi kumonisa bo na ntwala bigonsa yina kukonda kuzitisa mambu yai ke nataka.

Lutwadisu yina bantu ya kisalu ke pesaka: Konso muntu ya kisalu fwete zaba balukanu na yandi yina ke wakana ti kisalu na bo mpi makuki yina bo ke zola kuyedisa mpi kusonika yo na mukanda mosi buna.

Kuvanda ti bantu ya kisalu ya kele ti makuki ya mbote ke tendula ve nde kukwenda kupesa lusadisu ta salama na mutindu ya mbote, kansi yo ta tadila na mutindu bo ke tanina yo. Bansosa yina me salamaka na mambu yina yo ke lomba kukwenda kupesa nswalu lusadisu ke monisa nde kutanina, bisika yina bantu ke zinga mpi mutindu ya kulandila mambu kele mpi na kati ya mambu ya mfunu yina lenda sala nde kukwenda kupesa lusadisu kusalama na mutindu ya mbote kuluta makuki yina bantu ya kisalu kele na yo.

Lutaninu mpi mutindu ya kuzinga mbote: Mbala mingi, bantu ya bisalu ke salaka bisalu bantangu mingi mpi na bisika ya bigonsa mpi bisalu yina ke lembisaka kibeni. Mambu yina bantu ke salaka, mumbandu, kusala na mpila nde bantu kuvanda ti mabanza mpi mavimpi ya mbote, kusala na mpila nde bantu kulemba ve, bantu kusala ve ngolo kuluta mingi, kukonda kulwala mpi bamaladi yina ke manaka nswala ve yina bantu ya kisalu ya insi na beno mpi ya insi ya nkaka fwete sonika na mukumba ya kimvuka ya lutaninu.

Bamfumu yina bo me tulaka lenda siamisa bantu na yina me tala lutaninu na kutulaka mutindu ya mbote ya kusala mambu mpi na kuzitisaka mambu ya politike. Bantu yina ke salaka na kimvuka ya ke kwendaka kupesa lusadisu fwete kuditanina mbote. Bantu ya bisalu yina me salaka bamvula mingi yina vandaka pana ntangu mambu ya mbi vandaka kusalama, bo fwete nata bo nswalu na opitale yina bo ke sansaka maladi ya ntu.

Songa bantu ya kisalu mutindu ya kubaka bansangu ya me tala bantu yina ke vukisaka nitu na ngolo ti bantu na bo ya bisalu. Pesa nswa sambu na kusadila bangidika yina bakamaka sambu na kusala bansosa mpi kukonda kusiamisa bantu na kusala mambu yina ta sala nde bo landa kutudila bo ntima mpi bo baka ve bamfuka. Kana mambu ya mpasi ke landa kaka kukumina bantu, yo ta vanda mbote kunata bo na opitale mpi kupesa bo lusansu na mabanza, yo ke tadila maladi yina kuyindula mambu mingi ya mpasi na mbala mosi ke nataka. Lusadisu yango fwete vanda ya mbote mpi yo ta lomba kutula dikebi na bampusa ya bantu yina ke katukaka na bainsi ya nkaka mpi ya bantu ya kisalu ya insi na beno.

Munganga mosi ya mayele ya ke sansaka maladi ya ntu yina lungisaka malombo ya me tala mambu ya babwala mpi ya bandinga ya me fwana fwete solula ti bamfumu ya insi na beno mpi ya insi ya nkaka sambu na bangonda kiteso ya tatu kana diambu mosi ya mpasi ya ke yangisa mabanza na beno kukumina beno. Bantu yina me zaba kisalu yango mbote kibeni fwete tadila mbote muntu yina ke bela mpi kutinda yandi na opitale yina yandi lenda baka lusansu ya mbote.

Kuwakana ya 9

Bimvuka mpi bantu yina kele na mpasi kele ti nswa ya kuvingila bimvuka baorganizasio yina ke pesaka bo lusadisu sambu bo landila mbote bima na bo na mutindu ya mbote, ya me fwana mpi ya bikalulu.

Malombo ya me fwana

Kusadila bima na mutindu ya mbote mpi ti luzitu na bantu yina bo me tindila.

Mambu ya ke monisa nde bisalu kele ya ngolo

1. Bo fwete zabisa bimvuka mpi bantu yina kele na mpasi mbongo yina kele na kesi na bo, mbongo yina bo me sadila mpi kuzabisa bo mambu yina ke tadila bo.
2. Bimvuka mpi bantu yina kele na mpasi ke yindulaka nde bima yina bo ke sadilaka yo:
   a. na mutindu ya mbote; mpi
   b. kukonda kuyiba to kubebisa.
3. Bo ke sadilaka bima yina bo ke pesaka bo sambu na kukwenda kupesa lusadisu mpi ke landaka mbote kibeni bantuma yina pesamaka, na balukanu yina bakamaka, na mbongo yina bo pesaka mpi na ntangu yina bo tulaka.
4. Kimvuka ya ke kwendaka kupesa lusadisu ke salaka yo na mutindu ya mbote kibeni.

Bisalu ya mfunu

9.1 **Sala bamanaka mpi tula bansiku yina ke monisa mutindu ya mbote ya kusadila bima yina kele, kana bima yango kele ya mbote, ntalu na yo mpi kana lusadisu yango ke pesamaka na nswalu kibeni.**

- Kana mpasi mosi buna me kumina bantu, beno fwete sadila mambu ya nkaka sambu na kubaka nswalu balukanu ya me tala mbongo mpi kumanisa mpasi yango (Mumbandu, kukonda muntu yina fwete pesa bima sambu na kusala bisalu yango na nswalu kibeni).

9.2 **Landila mpi sadila mbote bima yina bo ke pesa sambu na kulungisa balukanu yina bakamaka kukonda kubebisa yo.**

- Sala na mpila nde mfumu ya kisalu kuvanda ti makuki ya me fwana mpi kubaka bangidika ya me fwana sambu na kulandila mbote bigonsa yina kusumba, kupesa lusadisu ya mbongo mpi kulandila bima yina me bikala ke nataka.

9.3 **Landila mbote mpi monisa bima yina beno me sumba na kutadila mbongo yina beno kele na yo.**

- Tula bima yina ta sadisaka na kuyidika mpi na kulandila mambu ya me tala mbongo sambu na kuzikisa kana balukanu ya bakamaka ke lungana, tanga mpi mutindu ya kusala mambu sambu na kusukisa bigonsa yina kulandila mambu ya me tala mbongo ke nataka.
- Bumba mbote mikanda yonso yina bo vandaka kutinda mbongo.

9.4 **Kana beno me sadila bima yina kele na bisika yina beno ke zingaka, tula dikebi mpi na mambu yina lenda kumina bisika yango.**

- Tadila na nswalu yonso kigonsa yina lenda vanda ti bupusi na bisika yina bantu ke zingaka sambu na kusosa kuzaba bigonsa mpi kubaka bangidika sambu na kulembika bigonsa yango na ntangu kimvuka ke kwenda kupesa lusadisu to kulungisa manaka.

9.5 **Landila bigonsa yina kupesa madesu ya bana ke nataka mpi baka bangidika ya me fwana kana diambu ya mutindu yai me salama.**

- Sonika malombo mpi bisika yina mbongo ke katukaka. Zabisa bantu na pwelele yonso mambu ya me tala kisalu yango.
- Siamisa bantu ya kisalu na kufunda muntu yonso yina ke zitisa ve nsiku.

Mikumba yina bimvuka kele na yo

9.6 **Mayele ya kisalu mpi mutindu ya kusala mambu mpi ya kusadila mbote bima yina kele, yo ke monisa mpi mutindu kimvuka fwete:**

    a.   **ndima mpi kudefa mbongo mpi bima ya nkaka na mutindu ya mbote mpi mutindu nsiku ke lomba;**

    b.   **sadila bima yina bo ke pesa na mutindu ya mbote na meso ya bantu;**

    c.   **yilama mpi sambisa mambu ya me tala kupesa madesu ya bana, kusala diambu mosi ya luvunu, kukonda kuwakana mpi kusadila mbongo na mutindu ya mbi;**

d. landila mbote mambu ya mbongo mpi ya kimvuka, tala kana yo kele mutindu mosi ti mutindu mambu ke lombama mpi kuzabisa mutindu mambu lutaka na masonga yonso;

e. tadila, landila mpi sala na mpila nde bigonsa kuvanda diaka ve; mpi

f. bakisa nde lusadisu yina bo ke bakaka ta tula ve kimpwanza na bo na kigonsa.

Mikanda ya ke pesa lutwadisu

Kusadila mbote kibeni bima yina bo ke pesaka: Ngogo "bima yina bo ke pesaka" ke zola kutubila bampusa ya bimvuka kele na yo sambu na kulungisa mukumba yina bo kele na yo. Yo ke tadila, kukonda kulutisa ndilu, mambu yina kele na kati, bamfumu ya bisalu, bima, bima yina kele, ntangu, ntoto, mpi bisika yonso yina bantu ke zingaka.

Ntangu mpasi mosi buna ke kwisaka na kintulumukila, bo ke zabisaka nswalu bimvuka sambu bo kwenda nswalu kupesa lusadisu mpi sambu na kumonisa nde bimvuka kele ya kuyilama sambu na kupesa lusadisu. Diambu yai lenda sala nde kisalu yina bo kanaka kusala kusalama mbote ve mpi nde bo tubila ve mingi mfunu ya kusadila mayele ya nkaka na yina me tala manaka mpi mbongo yina bimvuka ya nkaka lenda pesa (mumbandu, kusadila mbongo yina bo pesaka) yina lenda nata mambote. Yo yina, sambu mambu ya mpasi mingi kuvanda ve sambu na diambu yai, yo ke lomba kupesa formasio mpi lusadisu na bantu ya kisalu mpi kutula bima yina ta sadisaka sambu na kulandila mambu ya mpasi yina bantu ke kutana na yo sambu mambu ya luvunu kubebisa ve mambu □ *tala Kuwakana ya 3 mpi ya 5.*

Kutula muntu mosi ya kisalu yina kele ti nzayilu ya mingi na ntangu yina lenda sadisa sambu bigonsa kuvanda mingi ve mpi yo ke nataka bukati-kati na yina me tala kukwenda nswalu kupesa lusadisu, kuzitisa bansiku mpi kukonda kusadila bima kukonda kikuma.

Kusala mambu na kuwakana mpi na bumosi ti bimvuka (mpi bimvuka ya bantu)

lenda kwenda kupesa lusadisu ya me fwana kibeni (mumbandu, na kutadilaka mambu to kupesa nswa sambu na kukotisa ndinga to mutindu ya kusala mambu na kati ya bimvuka).

Na nsuka ya kisalu, bima yina bo pesaka mpi bima yina me bikala fwete vutuka, bo lenda teka yo to kuvutula yo na mutindu ya mbote.

Sadila bima yina bo pesaka na mutindu yo lombamaka: Bamfumu yonso yina ke salaka ti bimvuka ya ke kwendaka kupesa lusadisu kele ti mukumba na bantu yina ke pesaka makabu ti bantu yina kele na mpasi mpi bo fwete monisa nde bo sadilaka bima yina bo pesaka bo na mutindu ya mbote mpi ya kufwana.

Mukanda yina bo ke sonikaka mbongo fwete vanda na kuwakana ti bansiku ya ya bainsi na beno ti ya bainsi ya nkaka yina bo me ndimaka mpi yina kimvuka fwete sadila.

Kutuba luvunu, kupesa madesu ya bana mpi kukonda kusadila mbote bima ke salaka nde bantu yina kele kibeni na mfunu ya lusadisu kubaka yo ve. Kansi, kana lusadisu me pesama ya mbote ve sambu na kukonda ya bantu ya kisalu to ya bima yina bo ke pesaka, beno lenda tanga lusadisu yina ve. Bantangu ya nkaka, yo ta lomba kusala bukati-kati na yina me tala mutindu ya mbote ya kusadila bima, ntangu yina bima yango ta salaka mpi mambote yina yo ta nata.

Kulandila mpi kupesa rapore ya mambu ya mbongo: Bantu ya bisalu fwete sadila mbote kibeni mbongo. Bantu ya kisalu fwete zabisa nswalu bamfumu na yandi ya nkaka kana yandi me mona nde bantu ya kisalu me kuma kutuba luvunu, ke pesa madesu ya bana to ke yiba bima yina bimvuka ke tindaka sambu na kukwenda kupesa lusadisu.

Bupusi yina bisika bantu ke zingaka kele na yo mpi mutindu ya mbote ya kusadila bima ya lugangu: Kukwenda kupesa lusadisu na bantu ya kele na mpasi lenda bebisa bisika yina bantu ke zingaka. Mumbandu, yo lenda basisa bima mingi ya mvindu, kubebisa bima ya lugangu, kumanisa mpi kubebisa bamasa, kuzenga bamfinda mpi kubebisa bisika yina bantu ke zingaka. Bima yonso ya ke zingaka kele mfunu sambu bantu kuzinga mbote mpi yo ke taninaka bantu na bisumbula ya lugangu. Konso diambu yina ke salama na bisika yina bantu ke zingaka bo fwete tadila yo bonso diambu ya me tala babwala ya luswaswanu sambu mambu yina ya ya mpasi lenda tula luzingu ya bantu na kigonsa ya nene kibeni, mavimpi mpi bima ya kuzingila ya bantu. Vukisa bantu yina kele na mpasi ti bamfumu na bo mpi tubila mambu na bo ntangu beno ke yidika makambu ya me tala bo. Lusadisu mpi mutindu ya kusadila bima ya lugangu fwete kota na kati ya manaka.

Mutindu ya kulandila bigonsa yina kupesa madesu ya bana ke nataka: Ntendula mpi mutindu ya kubakisa ngogo kupesa madesu ya bana kele ve mutindu mosi na bandinga ya nkaka. Yo kele mfunu kibeni na kutendudila bantu ya kisalu bikalulu ya bo fwete monisa(yo vanda ya bantu yina ke salaka kisalu ya ofele) mpi bimvuka yina ke salaka na kuwakana ti bimvuka ya nkaka sambu na kuditanina na bigonsa *tala Kuwakana ya 8*. Kusolula na mutindu ya mbote ti bantu ya kimvuka na kutulaka bima yina ke landilaka mambu na *Internet* mpi mutindu ya kusadila munsiku ya kutuba mambu na pwelele yonso ti bimvuka yina ke bakaka lusadisu, lenda sala nde kupesa madesu ya bana kuvanda diaka mingi ve.

Kupesa lusadisu ya bima lenda sala nde bantu kukuma ti bangindu ya bikalulu ya mbote ya luswaswanu. Na bandinga mingi, bo ke tadilaka kukabila muntu kima bonso nsiku ya mfunu ya ke monisa kuzinga na bumosi mpi kubuya kubaka kima yina bo ke kabila nge lenda monana bonso kukonda luzitu. Kana muntu yina bo ke kabila kima ke sepela ve na kubaka yo, yandi fwete buya na luzitu yonso. Kana yandi me ndima, yo ta vanda mbote na kutubila mpi kuzabisa yo na mfumu mosi. Sala na mpila nde bigonsa yina ya kuvanda na kimpwanza ke nataka mpi ya kukonda kupona-pona ya bimvuka na kupesaka bantuma na bantu ya bisalu mpi na kusiamisaka bo na kutubaka masonga. Bo fwete zabisa bamfumu ya kisalu mayele yina bo me sadila mpi bangindu ya luswaswanu yina ke wakanisa bo.

Bima ya lugangu mpi bupusi yina bisika bantu ke zingaka kele na yo: Bimvuka fwete kudipesa na kulanda mayele ya kisalu mpi kutula dikebi na bisika yina bantu ke zingaka (yo vanda bangidika sambu na kusala mambu mpi kutadila na nswalu yonso bupusi yina bisika bantu ke zingaka kele na yo), mpi sadila bangidika yina me bakamaka dezia na mutindu ya kuyidika bupusi yina bisika bantu ke zingaka na ntangu ya mpasi kele na yo. Kusadila mayele ya kusumba bima ke salaka na mpila nde mambu ya mpasi kuvanda mingi ve na bisika yina bantu ke zingaka, kansi bo fwete sadila yo mpi tii ntangu kimvuka ya ke pesaka lusadisu ta kwisa.

Kupesa madesu ya bana mpi kubaka kima kukonda kulomba nswa: Ngongo yai kubaka kima kukonda kulomba nswa ke tendula kuyiba, kubumba bima yina kele ya nge ve to kusala mikanda ya luvunu, mumbandu, mukanda ya ke tadila kufuta mbongo. Konso kimvuka fwete bumba mbote mikanda yina bo ke tindilaka bo mbongo sambu na kutendula mutindu bo ke sadilaka mbongo yina bo ke pesaka bo. Kusadila bima mpi mayele ya nkaka sambu na kulandila ntangu yonso mutindu bo ke sadilaka mbongo sambu muyibi mpi kupesa madesu ya bana kuvanda ve.

Bimvuka fwete pesa maboko na bisalu ya mbote yina bantu me zabaka na yina me tala mutindu ya kulandila mbongo mpi ya kupesa barapore. Mayele yina bimvuka ke sadila na mpila nde luvunu kuvanda ve mpi kisalu ya kukwendaka kusumba bima kuvanda kaka ngolo mpi kubaka bangidika sambu na kutelemina bantu ya mubulu.

Kukonda kuwakana sambu na mambote mosi buna: Bantu ya bisalu fwete bakisa kibeni nde kele ve ti kukonda kuwakana na kati ya balukanu ya organizasio mpi mambote na bo mosi to mambu ya mbongo. Bo kele ve ti nswa ya kusala kuwakana ti bantu yina ke kwisaka kunata bima, bimvuka to bantu kana bo mosi to mabuta na bo ke zola kubaka mbongo.

Kele ti mitindu mingi ya kukonda kuwakana sambu na mambote mosi buna mpi bantu ke zabaka ve nde bo ke kangaka nzila na bansiku mpi na mayele ya bimvuka. Mumbandu, kusadila bima yina organizasio ke pesaka kukonda kulomba nswa to kundima bima yina bantu ya ke kwendaka kupesa bima ke kabilaka bantu lenda sala nde bantu kukonda kuwakana.

Kusadila kinkulu mosi buna kisika yina bantu ke mona nde bo lenda solula mpi kutubila mambu na pwelele yonso kukonda kuwakana sambu na mambote yina ke pesa dibanza mosi buna, to masonga kele mfunu sambu na kulandila kukonda kuwakana.

Mutindu ya kusala sambu na kulandila mambu ya me tala mbongo mpi kutubaka masonga: Mutindu ya kusala sambu na kulandila mambu ya me tala mbongo lenda swaswana. Mutindu ya kusala sambu na kulandila mambu ya me tala mbongo na kati ya kimvuka ke sadisaka sambu na kuzaba kana bo landaka mambu na mutindu ya mbote. Mutindu ya kusala sambu na kulandila mambu ya me tala mbongo ya ke talaka mambu ya kele na nganda ya kimvuka, ke sadisaka na kutubila kana mambu ya me tala mbongo kele ya masonga mpi ya kwikama. Mutindu ya kusala sambu na kulandila mambu ya me tala mbongo ke salamaka ntangu kimvuka mosi buna me bakisa nde kele ti diambu mosi buna, mbala mingi yo ke vandaka kana muntu me yiba.

Appendixe
Bangiufula ya ke pesa lutwadisu na mutindu ya kutambusa mambu mpi makuki yina bimvuka kele na yo (na Internet)

Bangiufula ya ke pusa na kuyindula sambu na kulandila mambu ya mfunu mpi mikumba yina bimvuka kele na yo yina kele na kati ya Nsiku ya me fwana sambu na kupesa lusadisu na bantu ya kele na mpasi bo me tubila yo awa na nsi na bangiufula yina ke landa. Bangiufula yango lenda sadisa sambu na kutanina bamanaka to bisadilu sambu na kutadila diaka projet mosi buna, kukwenda kupesa lusadisu to sambu na mambu ya poilitike.

Bangiufula ya ke pusa na kuyindula mambu ya mfunu

1. Keti bo tadilaka makuki ya bantu mpi bo lungisaka mbote kibeni bampusa ya bantu mpi bo yidikaka mutindu ya kukwenda kupesa lusadisu?
2. Keti bimvuka mpi bantu yina kele na mpasi, mambu ya me tala babwala mpi bimvuka ya nkaka (tanga mpi bimvuka yina bankento ke tambusaka, babakala, bana bankento mpi bana babakala) kwendaka kukutana ti bo sambu na kuzaba bampusa na bo, bigonsa yina bo ke kutana ti yo makuki mpi mambu yina yo ke tadila? Keti bansangu yina bo tadilaka mpi landilaka bo kabulaka yo na yina me tala mvula ya muntu, kana yandi kele nkento to bakala mpi kana yandi kele ti kifu na nitu?
3. Inki mutindu bo zabaka nde bimvuka yina vandaka na kigonsa?
4. Keti bo tulaka mpi dikebi na bangiufula ya mfunu ntangu bo vandaka kutadila bampusa mpi disolo yina yo ke tadila?
5. Keti lusadisu yina bo ke pesaka ke vandaka ya kufwana na yina me tala bampusa mpi mambu yina bantu ya kele na mpasi ke zolaka (mumbandu, kupesa bima to mbongo) ? Keti kele ti mitindu ya nkaka ya lusadisu mpi ya lutaninu sambu na ntalu ya bimvuka yina ya nkaka?
6. Inki mambu me salamaka sambu na kupesa lusadisu na bimvuka ya nkaka ya luswaswanu ya mingi na kutadila bampusa na bo, makuki yina bo kele ti yo, bigonsa mpi mambu ya me tadila bo?

Bangiufula ya ke pusa na kuyindula sambu na mikumba yina bimvuka kele na yo

1. Keti kimvuka ndimaka na kusadila mayele ya ke monana pwelele na yina me tala bansiku, kukonda kupona-pona mpi ya kimpwanza ntangu yo ke kwenda kupesa lusadisu na bantu ya kele na mpasi? Keti bantu ya bisalu me zaba yo?
2. Keti bimvuka yina ke bakaka bantuma yina bimvuka ya nkaka ke zabisaka bo, mumbandu kukonda kupona-pona, kuvanda na kimpwanza mpi kukonda kusadila bantu ya nkaka mambu ya nku?
3. Keti mutindu ya kusala mambu kele ti bima yina ke sadisaka na kubaka bansangu ntangu yonso, bansangu ya masonga mpi kukabula yo na yina me tala mvula ya muntu, kana yandi kele nkento to bakala, kana yandi kele ti kifu na nitu to malombo ya nkaka?

4. Keti bo ke sadilaka bansangu yango ntangu yonso sambu na kutwadisa manaka mpi mutindu ya kusadila manaka yango?
5. Keti organizasio kele ti mbongo, mayele ya kubaka bantu na bisalu mpi ya kuyidika mutindu ya kusala sambu na kukwenda kupesa lusadisu na kutadila bampusa ya bantu?
6. Keti bimvuka ke kwendaka kutala mbote bazandu sambu na kusosa kuzaba lusadisu ya me fwana yina bo lenda natila bo?

_____

Kuwakana ya 2   Bimvuka mpi bantu yina kele na mpasi kele ti nswa ya kubaka lusadisu yina kimvuka ya ke kwendaka kupesa lusadisu ke pesaka na ntangu ya me fwana mpi na kutadila bampusa na bo.

Bangiufula ya ke pusa na kuyindula sambu na mambu ya mfunu

1. Na kutadila mambu ya mpasi bonso ya me tala mavimpi to kuniokula bimvuka ya nkaka, keti bantu ke bakisa bigonsa ntangu yonso mpi ke tadilaka yo mbote? Keti bimvuka yina ke pesaka lusadisu ke yikamaka ti bantu yina kele na mpasi?
2. Keti bisalu yina bo me yidika ke tadila ntangu, bansungi ya bamvula to ya bantangu, kuzinga na bumosi, kusala mambu mpi ntangu ya kukonda kuwakana?
3. Keti bo ke landilaka kukonda kusala mambu na ntangu ya me fwana sambu na kuyidika, kulandila mpi kusala mambu?
4. Keti beno ke sadilaka bima yina ke sadisaka na kuyibukisa beno mambu na ntwala mpi mutindu ya kukwenda kupesa lusadisu?
5. Keti bo ke sadilaka bansiku yina me zabana sambu na mambu mosi buna?
6. Keti beno ke zabaka bampusa yina bimvuka ke landilaka mpi ke lungisaka ve?
7. Keti bo ke sadilaka mambu yina bo ke monaka sambu na kusadila yo na bamanaka?

Bangiufula ya ke pusa na kuyindula sambu na mikumba yina bimvuka kele na yo

1. Keti kele ti mitindu ya pwelele ya ke sadisa sambu na kutadila kana organizasio kele ti makuki, mbongo ya kufwana mpi bantu ya bisalu ya me lombama, na ntwala ya kusala kuwakana sambu na bamanaka?
2. Keti bo sadilaka mayele, mutindu ya kusala mambu mpi bima yina bo pesaka sambu na kuzaba mutindu ya kulandila mpi kutadila bamanaka, mpi kusadila mbote sambu na kulandila mpi kubaka balukanu? Keti bantu ya bisalu ke zabaka yo?
3. Keti kele ti mitindu yina ke tendula na pwelele yonso mikumba mpi ntangu yina ke lomba kuzitisa sambu na kubaka balukanu na yina me tala kubaka bima yina bo ke pesaka?

_____

Kuwakana ya 3   Kimvuka ya ke kwendaka kupesa lusadisu ke pesaka lusadisu ya me fwana na bimvuka ya nkaka mpi na bantu yina kele na mpasi mpi kana bo ke yilama mbote na ntwala ya kukwenda kupesa lusadisu, mambu ya mpasi ta vanda diaka mingi ve.

Bangiufula ya ke pusa na kuyindula sambu na mambu ya mfunu

1. Keti bo me bakisaka makuki yina kele na babwala ya ke salaka nde mpasi kuvanda ya mingi ve (bangidika, bimvuka, bimvuka ya ke tubaka mambu, bamfumu mpi Internet) mpi keti kele ti mitindu ya nkaka sambu na kukumisa makuki yango ngolo kuluta mingi?
2. Keti bo ke sadilaka bansangu yina kele dezia sambu na bigonsa, mambu ya mpasi, bima ya kukonda mpasi mpi mambu yina ke wakana sambu na kuyidika bamanaka ya bisalu?

3. Keti manaka me tadila mbote mutindu ya kupesa bisalu na société civile ya bwala na beno, ya bamfumu ya luyalu to bimvuka ya babwala ya nkaka? Keti bangidika me bakamaka sambu na kusadisa bimvuka yai ya bantu ya mayele ya ke baka mukumba ya kusadisa bisalu yina ke lombama?

4. Keti mayele ya nkaka mpi bisalu ya nkaka ya ke sadisa sambu bigonsa kuvanda mingi ve mpi ya ke vandaka ngolo na ntwala ya bigonsa bo vukisaka yo na kusolulaka ti bimvuka mpi bantu yina kele na mpasi mpi kulanda mambu yina bo ke tuba?

5. Na nki mitindu (formelles et informelles) bamfumu to bantu yina ke tambusaka mambu na babwala ke salaka mambu sambu na kundima kibeni nde mayele yina bo sadilaka sambu na kukwenda kupesa lusadisu ke wakana ti mambu yina yo ke lomba kusala ntete na babwala to na bambanza?

6. Keti bamfumu ke ndimaka kibeni bangindu yina babwala ke pesaka, mingi-mingi bangindu ya kusadisana na bimvuka, ya ke tadila bimvuka ya mingi mpi ya fioti mpi bimvuka yina ke kwendaka nswalu kupesa lusadisu mpi ya ke pesaka ngolo sambu na kukwenda kupesa lusadisu?

7. Keti mvutu yina me pesama ke sadisa sambu société kukwenda na ntwala?

8. Keti bantu yina ke zingaka na babwala ke bakaka malembe-malembe bansangu mpi balukanu?

9. Keti bo landilaka mbote mambu ya kele na zandu sambu na kuzaba bupusi yina manaka kele na yo sambu na kusadila mbote bima yina kele na babwala?

10. Keti mayele ya pwelele tulamaka ya me tala kusala mambu na kukonda kusala kuwakana na nima ya kusolula ti bantu ya kele na mpasi mpi bimvuka ya nkaka yina diambu yango ke tadila?

Bangiufula ya ke pusa na kuyindula sambu na kulandila mikumba yina bimvuka kele na yo

1. Keti kele ti mayele yina ke lombaka kutadila bigonsa mpi bangidika ya ke bakamaka sambu bigonsa kuvanda diaka mingi ve na bantu yina lenda kutana ti mambu ya mpasi na bisalu yina organizasio ke salaka? Keti bantu ya bisalu ke zabaka yo?

2. Keti kele ti mayele to mitindu ya nkaka ya kulandila mpi ya kumanisa mambu ya mpasi ntangu bo ke kwendaka kupesa lusadisu?

3. Keti bo sadilaka mayele ya kusala mambu sambu na kulandila mambu ya me tala kuvukisa nitu ti bankento na mutindu ya mbi, kubebisa bankento mpi kuvukisa nitu ti bo na nku yonso na yina me tala kutwadisa bo na mutindu ya kuvukisa nitu to mambu ya nkaka? Keti bantu ya bisalu ke zabaka yo?

4. Keti bangidika ya ke bakamaka sambu na kukwenda nswalu kupesa lusadisu kele dezia sambu na kutelemina bampasi yina ke kumina bantu to kulandila mutindu bampasi yina kele dezia? Keti bantu ya bisalu ke zabaka yo?

5. Keti bantu ya bisalu ke bakisaka kibeni mambu yina bantu ke vingila na yina me tala kutanina, lutaninu mpi bigonsa?

6. Keti kimvuka ke pesaka nswa mpi ke siamisaka mambu ya mbote yina kimvuka ke salaka mpi mutindu ya kuditanina?

Kuwakana ya 4 Bimvuka mpi bantu ya kele na mpasi fwete zaba banswa na bo, bo kele ti nswa ya kubaka bansangu mpi fwete pesa bangindu na balukanu yina ke tadila bo.

Bangiufula ya ke pusa na kuyindula sambu na mambu ya mfunu

1. Keti bo ke pesaka bimvuka ya luswaswanu yina kele na mpasi bansangu ya me tala organizasio mpi kwenda kupesa bo lusadisu?
2. Keti babakala, bankento, bana bankento mpi ya babakala (mingi-mingi bantu yina bo ke katulaka na bisalu mpi bantu yina lenda baka maladi kukonda mpasi) kele ti nswa ya kubaka bansangu mpi ya kubakisa yo?
3. Keti yo ke lomba kusosa kuzaba dibanza ya bantu ya kele na mpasi, tanga mpi bantu yina ke bakaka maladi kukonda mpasi mpi bantu yina bo ke katulaka na bisalu? Keti bo ke tulaka dikebi na mambu yai yonso sambu na kutwadisa bangindu mpi mutindu ya kusala manaka?
4. Keti bimvuka yonso ya bantu yina kele na mpasi ke zabaka mutindu bo lenda pesa mabanza na bo na yina me tala kukwenda kupesa lusadisu yina kimvuka ya ke kwendaka kupesa lusadisu ke pesaka mpi keti bo ke vandaka na lutaninu ntangu bo ke sadilaka mambu yai sambu na kupesa dibanza na bo?
5. Keti bo ke sadilaka bansangu yina bo ke bakaka mpi ke kabulaka to vutulaka bansangu yango? Keti mambu ya manaka sobaka sambu na bansangu yina bo bakaka? *tala Mambu ya mfunu ya 1.3 mpi ya 2.5.*
6. Keti bo ke zabaka mpi ke tadilaka mambu ya mpasi yina kupesa mpi kubaka bansangu ke nataka?
7. Keti bansangu yina bo bakaka na bima yina ke pesaka mpi ke bakaka bansangu ke tadilaka na yina mutindu muntu kele, mvula na yandi, kana yandi kele ti kifu na nitu mpi na mutindu ya nkaka?
8. Kana bo me tinda mbongo sambu na lusadisu na nzila ya rezo (*transfert électronique*), keti bantu ya kele na mpasi lenda monisa ntonda na bo ata bisika yina bo kele bo me kutana ve ti bantu ya kisalu?

Bangiufula ya ke pusa na kuyindula sambu na kulandila mikumba yina bimvuka kele na yo

1. Keti kele ti mutindu ya kusala mambu yina ke lomba mutindu ya kutadila bigonsa mpi mutindu ya kusala nde bigonsa kuvanda diaka mingi ve sambu na bantu yina ke bakaka maladi kukonda mpasi na yina me tala mutindu ya kusala mambu ya organizasio? Keti bantu ya bisalu ke zabaka yo?
2. Keti bamfumu ya luyalu mpi mutindu ya kuyidika bamanaka ke bakaka bangidika sambu na kutanina mbote bansangu? Malombo sambu na kubumba bansangu (yo ke lomba kukanga *armoires* yina kele ti mikanda na nsapi mpi kusadila *mots de passe* sambu na baapareyi), kukonda kukota, kubebisa mikanda yina bo bumbaka na ntangu ya bo ke panza nzo mpi kana bo tendulaka mbote bansangu? Keti bantu yina ke pesaka bansangu ke monisaka bansangu yina yo ke lomba kukabisa, bantu yina kele ti nswa ya kubaka bansangu yango mpi ntangu yina mambu yango ta salama? Kuvila ve nde bansangu fwete pesama na kutadila munsiku ya "nzala ya kuzaba mambu" mpi yo lenda monisa mutindu ya kuzaba bantu to masolo ya mambu yango kana yo kele mfunu.
3. Keti bamfumu ya luyalu me bakaka bangidika sambu na kulandila mutindu bo ke tadila bansangu yina fwete zabana ve na bantu mpi bansangu yina lenda tula na kigonsa bantu ya bisalu to bantu yina kele na mpasi? Keti bantu ya bisalu ke zabaka yo?

4. Keti kele ti bakuwakana ya politike mpi balutwadisu ya ke monisa mutindu bantu ya kele na mpasi kele na kati ya bimvuka mpi mutindu ya kuvukisa bima yina bo ke pesaka? Keti bantu ya bisalu ke zabaka yo?

Kuwakana ya 5   Bimvuka mpi bantu yina kele na mpasi kele ti nswa na bima ya me fwana mpi ya mbote sambu na kulandila mambu na bo.

Bangiufula ya ke pusa na kuyindula sambu na mambu ya mfunu

1. Keti bo ke landilaka mbote bima yina ke sadisaka na kulandila mambu ya bimvuka mpi bantu yina kele na mpasi?
2. Keti bo ke tulaka mpi dikebi na mambu yina bimvuka yonso ya insi ke zolaka, mingi-mingi ya ke tadila lutaninu mpi kuvanda ti kinsweki ntangu bo ke tulaka bima yina ke sadisaka sambu na kulandila mambu yina bo ke funda muntu?
3. Keti beno ke zabisaka bimvuka yonso bansangu ya mutindu bima yina ke sadisaka na kufunda makambu ke salaka mpi mambu yina yo ke lomba kukwenda kufunda kuna? Keti bo ke bakisaka bansangu yango?
4. Keti bo ndimaka mpi zitisaka kusala bansosa sambu na mambu yina bantu fundaka mpi keti bo yidikaka mambu yango? Keti ntangu yina bo fundaka mpi mutindu bo yidikaka mambu yango bo bumbaka yo mbote?
5. Keti yo ke lomba nde muntu mosi ya kisalu ya me fwana kulandila na nswalu yonso mambu ya bo me funda muntu ya me vukisa nitu ti nkento na mutindu ya mbi, me bebisa yandi to me sadila yandi mpi mambu ya nku?

Bangiufula ya ke pusa na kuyindula sambu na kulandila mikumba yina bimvuka kele na yo

1. Keti mayele, mutindu ya kusala mambu mpi mbongo ya me fwana kele sambu na kulandila mambu yina bo me fundila muntu?
2. Keti bantu yonso ya bisalu ke bakaka formasio mpi formasio ya ntangu yonso ya mutindu ya mambu ya politike mpi mutindu ya kulandila mambu yina bo me funda muntu yina kele na na kati ya organizasio?
3. Keti mutindu ya kulandila mambu ya organizasio kele mpi bangidika yina me bakamaka sambu na bantu yina ke vukisaka nitu na mutindu ya mbi ti bankento, ke bebisaka bo mpi ke vukisaka nitu ti bo na nku yonso?
4. Keti beno me zabisaka bimvuka mpi bantu ya kele na mpasi kuwakana yina bimvuka salaka sambu na bantu yina ke vukisaka nitu na mutindu ya mbi ti bankento, ke bebisaka bo mpi ke vukisaka nitu ti bo na nku yonso?
5. Keti bo lenda tinda mambu yina bo lenda sambisa ve na organizasio na ntangu ya me fwana na bimvuka ya nkaka yina kele ti makuki ya kusala yo?

Kuwakana ya 6   Bo ke pesa lusadisu ya me fwana mpi ya mbote na bimvuka mpi bantu yina kele na mpasi.

Bangiufula ya ke pusa na kuyindula sambu na mambu ya mfunu

1. Keti bo ke kabisaka bansangu ya me tala makuki, bima yina bo ke pesaka, bisika ya nkaka na insi mpi babwala yina ke salaka bisalu ya organizasio na ntangu ya me fwana ti bantu ya nkaka yina ke kotaka mambu yango?
2. Keti organizasio ke bakaka bansangu ya me tala makuki, bima yina bo ke pesaka, bisika ya nkaka na insi mpi babwala yina ke salaka bisalu ya organizasio, tanga mpi bamfumu ya leta babwala mpi ya bainsi na beno, mpi keti bo ke sadilaka yo?
3. Keti mutindu ya kutwadisa mambu yina kele dezia, bo me zabaka yo mpi ke sadisaka yo?

4. Keti beno ke tulaka dikebi na bamanaka ya bimvuka mpi ya bamfumu ya nkaka na ntangu beno ke tadilaka makambu, ke yidikaka mambu mpi ke salaka manaka?
5. Keti beno bakisaka mambu ya mpasi mpi bikesa ya mingi yina salamaka?

Bangiufula ya ke pusa na kuyindula sambu na kulandila mikumba yina bimvuka kele na yo

1. Keti kele ti kuwakana ya pwelele yina lenda salama na bamfumu ya politike to na mayele yina bimvuka ke sadilaka na kusala na kivmuka ti bantu ya nkaka ya mayele?
2. Keti bo tendulaka malombo sambu na kundima kusala ti bimvuka ya nkaka, na mutindu ya mbote mpi na kuwakana?
3. Keti bo me tulaka dikebi na bakuwakana yina bimvuka ya nkaka ya ke salaka na kuwakana ti beno ke sadilaka?
4. Keti kuwakana yina bimvuka ya nkaka ya ke salaka kele ti bantendula ya pwelele ya kisalu, mikumba mpi bakuwakana ya konso kimvuka yina ke salaka ti bimvuka ya nkaka, yo ke tadila mutindu konso kimvuka ta monisa luzitu na bansiku ya kimvuka ya ke kwendaka kupesa lusadisu me tulaka?

_____

Kuwakana ya 7   Bimvuka mpi bantu yina kele na mpasi kele ti nswa ya kubaka lusadisu ya me fwana na nsadisa ya mutindu bimvuka ke yindula mpi mayele yina bo ke bakaka na malongi na bo.

Bangiufula ya ke pusa na kuyindula sambu na mambu ya mfunu

1. Keti bo landilaka mitindu ya kutadila mambu mpi ya kulonguka yina salamaka na yina me tala bamvutu yina pesamaka mpi kukotisa yo na mutindu ya mbote na mambu yina bamanaka ke tubila?
2. Keti mutindu ya kulandila mambu, ya kutadila, ya kubaka bansangu yina pesamaka mpi mutindu ya kulandila mambu yina bo fundaka ke sala bansoba na mambu yina kele na kati ya bamanaka mpi na mutindu ya kusadila mambu yina kele na kati ya bamanaka?
3. Keti bo ke sonikaka mbala mosi mambu yina bo ke longukaka?
4. Keti bo sadilaka mambu ya me fwana sambu na kulonga mpi bimvuka ya nkaka yina ke salaka na kuwakana ti bo, tanga mpi bantu yina kele na mpasi mpi bimvuka yina ke salaka na kuwakana ti bo?

Bangiufula ya ke pusa na kuyindula sambu na kulandila mikumba yina bimvuka kele na yo

1. Keti kele ti mayele ya nkaka mpi bima yina bo ke pesaka sambu na kulandila mpi kulonguka? Keti bantu ya bisalu ke zabaka yo?
2. Keti kele ti balutwadisu ya pwelele na yina me tala kukotisa ndinga mpi mutindu ya kulonga bantu, mpi balutwadisu ya me fwana ya kusadila ntangu kimvuka ya ke kwendaka kupesa lusadisu ke kumaka na mpasi?
3. Keti bantu lenda mona bima yina bo ke longukilaka kukonda mpasi, kusonika yo na mikanda mpi kukabula yo na kati ya organizasio?
4. Keti organizasio kele na kati ya bimvuka yina ke longukaka mpi ya kusala mambu ya mpa? Inki mutindu organizasio ke pesaka maboko na mambu yina ya mpa?

Kuwakana ya 8   Bimvuka mpi bantu yina kele na mpasi ke bakaka lusadisu yina bo kele na yo mfunu ya muntu ya kisalu mpi ya bantu yina ke salaka kisalu ya ofele ya kele ti makuki ya kufwana mpi ya kele na lutaninu ya mbote.

Bangiufula ya ke pusa na kuyindula sambu na mambu ya mfunu

1. Keti bo ke zabisaka bantu yina kele ya mpa na kisalu ntangu yina organizasio ta suka mpi mfunu na yo?
2. Keti bo ke landilaka mambu ya mbote yina mfunu ya kisalu ke monisaka, mambu ya kukonda mfunu mpi mambu ya mbote yina bantu yonso me zabaka?
3. Keti bantu ya bisalu ke ndimaka buku ya bikalulu ya mbote to mukanda ya nkaka ya me fwanana ti buku yango? Kana mpidina, keti bo me pesa formasio ya mbote na bantu ya kisalu sambu na kubakisa mbote nsiku ya bikalulu ya mbote mpi konso mayele ya nkaka?
4. Keti organizasio ke ndimaka mambu yina bo me funda muntu na yandi ya kisalu to ya bimvuka yina ke salaka na kuwakana ti bo? Inki mutindu bo ke sadilaka bo mambu?
5. Keti bantu ya kisalu ke zabaka lusadisu yina ke pesamaka sambu na kuyedisa makuki ya bisalu mbote? Kana mvutu kele nde ee, keti bo ke sadilaka yo?

Bangiufula ya ke pusa na kuyindula sambu na kulandila mikumba yina bimvuka kele na yo

1. Keti kele ti mutindu ya kulandila bampusa na bima yina bantu kele na yo ya me fwanana na nda mpi na nene ya bamanaka?
2. Ntangu organizasio ke yidikaka mambu, keti bo ke yindulaka mpi sambu na bampusa ya bantu yina ke tambusaka mambu sambu na bilumbu ke kwisa mpi kuyedisa makuki yina ya mpa ya bo kele na yo?
3. Keti mayele mpi mutindu ya kusala mambu ya ke tadila bantu ya kisalu ke salamaka na kuwakana ti bansiku ya kisalu ya insi mpi na mutindu ya mbote ya kulandila bantu ya kisalu?
4. Keti mayele sambu na lutaninu mpi ya mutindu mfumu ya kisalu fwete vanda ke lungisaka bampusa yina ke monana mpi ya mabanza ya bantu ya bisalu ya babwala yina kutanaka ti mambu ya mpasi?
5. Keti bantu ya ke bakaka bantu na bisalu, ke pesaka formasio mpi ke tadilaka bantu ya bisalu na yina me tala makuki ya me fwana yina ke sadisaka bantu ya bisalu na kuwidikila bantu yina kele na mpasi ke tulaka dikebi na mambu yina bo ke zolaka mpi na makuki yina bo kele na yo?
6. Keti konso muntu ya kisalu ke monisaka mutindu kisalu kele mpi balukanu na yo mpi mikumba yina konso muntu kele na yo?
7. Keti mutindu ya kusala mambu kele ya lunungu, ya pwelele mpi bo ke sadilaka yo na mutindu ya mbote?
8. Keti bantu ya kisalu ke bakaka lutwadisu ya me fwana mpi bansangu mbala na mbala na mutindu ya kulandila bima ya ke salaka ngolo, mayele mpi kuyela ya bisalu yina mfumu ke salaka?
9. Keti nge lenda zabisa bantu ya kisalu (mpi bantu yina bo me tulaka sambu na kusala kisalu sambu na ntangu mosi buna) na kundima buku ya bikalulu ya mbote (tanga mpi kubaka bangidika sambu na bantu yina ke vukisaka nitu ti bankento na nku mpi ke kebebisaka bo) mpi keti bo monisaka buku yango ya bikalulu ya mbote na mutindu ya me fwana?
10. Keti kele ti diambu mosi yina bantu tubaka/ngidika mosi ya bakamaka/nsiku ya bikalulu ya mbote ya pwelele sambu na kumanisa mambu yonso ya me tala kuvukisa nitu ti bankento na mutindu ya mbi mpi kubebisa bo?

11. Keti organizasio kele ti balutwadisu na yina me tala kisika mpi kima yina ke landilaka mambu yina muntu ya kisalu me funda nduku na yandi ya kisalu? Keti bantu ya bisalu ke zabaka yo?
12. Keti bantu ya kisalu ke zabaka mpi ke bakisaka kima ya bo ke binga kusadila bantu mambu ya nku na bamanaka mpi na bisalu na bo?

Kuwakana ya 9   Bimvuka mpi bantu yina kele na mpasi kele ti nswa ya kuvingila baorganizasio yina ke pesaka bo lusadisu sambu bo landila mbote bima na bo na mutindu ya mbote, ya me fwana mpi ya bikalulu ya mbote.

Bangiufula ya ke pusa na kuyindula sambu na mambu ya mfunu

1. Keti bantu ya bisalu ke sadilaka bima na mutindu ya mbote mutindu bansiku ya organizasio ke lombaka?
2. Keti bo ke landilaka mbala na mbala bima yina bo ke sumbaka; mpi keti bo ke pesaka rapore na bamfumu ya bamanaka?
3. Keti bisalu mpi bima yina bo sumbaka ke lemfuka na bansiku yina salamaka?
4. Keti beno ke landilaka mbote mambu ya mpasi yina lenda kuma na bisika yina bantu ke zingaka (masa, ntoto, mupepe, bima ya lugangu yina kele na ntoto) mpi mambu yina bantu ke sala lenda sadisa sambu na kumanisa mambu ya mpasi yina ke kumina bantu?
5. Keti bo me sadilaka mayele mosi buna ya ke tanina na yina me tala kutula kima yina ke zabisaka ntangu diambu yina ke zola kusalama mpi kuzaba bantu ya bisalu, bantu yina kele na mpasi mpi bimvuka ya nkaka yina ke salaka na kuwakana ti bimvuka ya nkaka?
6. Keti bo ke landila mbote mambu mpi bupusi yina kuzinga na kimvuka ke nataka?

Bangiufula ya ke pusa na kuyindula sambu na kulandila mikumba yina bimvuka kele na yo

1. Keti kele ti mayele ya nkaka mpi mutindu ya bikalulu ya mbote sambu na kusumba, mutindu ya kusadila mpi kusadila mbote bima yina kele?
2. Keti bo ke bakaka bangindika ya:
    - ke tendula malombo sambu na kundima mpi mambu ya ke monisa kubaka bima?
    - ke tendula malombo sambu na kundima mpi lusadisu ya bima yina bo ke pesaka?
    - ke tadila kutelemina mpi kubaka bangidika sambu na mambu ya mpasi kusalama ve na bisika yina bantu ke zingaka?
    - sambu na kubaka bangidika sambu bantu kuyiba ve, kulandila mambu yina ke monana ve pwelele to kuzaba mbote madesu ya bana (corruption) mpi kuyiba bima yina bo pesaka?
    - kukonda kuwakana?
    - sambu na kuwidikila, kutalulula diaka mpi bansiku ya mutindu ya kupesa barapore?
    - sambu na kulandila mpi kutadila bigonsa yina lenda kumina bantu?

Bareferanse mpi mikanda ya nkaka yina bantu sonikaka

Bima ya kuzingila ya nkaka sambu na Nsiku ya me fwana sambu na kupesa lusadisu na bantu ya kele na mpasi:
corehumanitarianstandard.org

CHS Alliance: www.chsalliance.org

CHS Quality Compass: www.urd.org

Overseas Development Institute (ODI): www.odi.org

Mukumba

Child Protection Minimum Standards (CPMS). Global Child Protection Working Group, 2010. https://www.alliancecpha.org/en/cpms

Complaints Mechanism Handbook. ALNAP, Danish Refugee Council, 2008. www.alnap.org

Guidelines on Setting Up a Community Based Complaints Mechanism Regarding Sexual Exploitation and Abuse by UN and non-UN Personnel. PSEA Task Force, IASC Taskforce, 2009. www.pseataskforce.org

Humanitarian inclusion standards for older people and people with disabilities. Age and Disability Consortium, 2018. www.refworld.org

Lewis, T. Financial Management Essentials: Handbook for NGOs. Mango, 2015. www.humentum.org

Livestock Emergency Guidelines and Standards (LEGS). LEGS Project, 2014. https://www.livestock-emergency.net

Minimum Economic Recovery Standards (MERS). SEEP Network, 2017. https://seepnetwork.org

Minimum Standards for Education: Preparedness, Recovery and Response. The Inter-Agency Network for Education in Emergencies INEE, 2010. www.ineesite.org

Minimum Standard for Market Analysis (MISMA). The Cash Learning Partnership (CaLP), 2017. www.cashlearning.org

Munyas Ghadially, B. Putting Accountability into Practice. Resource Centre, Save the Children, 2013. http://resourcecentre.savethechildren.net

Top Tips for Financial Governance. Mango, 2013. www.humentum.org

Kisalu ya ngolo yina bantu ya ke salaka na kimvuka ya ke kwendaka kupesa lusadisu na bantu ya kele na mpasi

A Handbook for Measuring HR Effectiveness. CHS Alliance, 2015. http://chsalliance.org

Building Trust in Diverse Teams: The Toolkit for Emergency Response. ALNAP, 2007. www.alnap.org

Protection Against Sexual Exploitation and Abuse (PSEA). OCHA.
https://www.unocha.org

Protection from Sexual Exploitation and Abuse. CHS Alliance.
https://www.chsalliance.org

Rutter, L. *Core Humanitarian Competencies Guide: Humanitarian Capacity Building Throughout the Employee Life Cycle*. NGO Coordination Resource Centre, CBHA, 2011.
https://ngocoordination.org

World Health Organization, War Trauma Foundation and World Vision International. Psychological First Aid: Guide for Field Workers. WHO Geneva, 2011. www.who.int

Kutadila mambu
Humanitarian Needs Assessment: The Good Enough Guide. ACAPS and ECB, 2014.
www.acaps.org

Multi-sector Initial Rapid Assessment Manual (revised July 2015). IASC, 2015.
https://interagencystandingcommittee.org

Participatory assessment, in *Participation Handbook for Humanitarian Field Workers* (Chapter 7). ALNAP and Groupe URD, 2009. http://urd.org

Kupesa lusadisu ya mbongo
Blake,, M. Propson, D. Monteverde, C. *Principles on Public-Private Cooperation in Humanitarian Payments*. CaLP, World Economic Forum, 2017.
www.cashlearning.org

Cash or in-kind? Why not both? Response Analysis Lessons from Multimodal Programming. Cash Learning Partnership, July 2017. www.cashlearning.org

Martin-Simpson, S. Grootenhuis, F. Jordan, S. *Monitoring4CTP: Monitoring Guidance for CTP in Emergencies*. Cash Learning Partnership, 2017.
www.cashlearning.org

Bana
Child Safeguarding Standards and how to implement them. Keeping Children Safe, 2014.
www.keepingchildrensafe.org

Kutambusa mambu
Knox Clarke, P. Campbell, L. *Exploring Coordination in Humanitarian Clusters*. ALNAP, 2015. https://reliefweb.int

Reference Module for Cluster Coordination at the Country Level. Humanitarian Response, IASC, 2015. www.humanitarianresponse.info

Mambu ya kele na kati mpi kukwenda kupesa lusadisu
The IASC Humanitarian Programme Cycle. Humanitarian Response.
www.humanitarianresponse.info

Bantu yina kele ti bifu na nitu
Convention on the Rights of Persons with Disabilities. United Nations.
https://www.un.org

Washington Group on Disability Statistics and sets of disability questions. Washington Group. www.washingtongroup-disability.com

Kisika yina bantu ke zingaka
Environment and Humanitarian Action: Increasing Effectiveness, Sustainability and Accountability. UN OCHA/UNEP, 2014. www.unocha.org

The Environmental Emergencies Guidelines, 2nd edition. Environment Emergencies Centre, 2017. www.eecentre.org

Training toolkit: Integrating the environment into humanitarian action and early recovery. UNEP, Groupe URD. http://postconflict.unep.ch

Kusosa kuzaba kana muntu kele nkento to bakala
Mazurana,, D. Benelli, P. Gupta, H. Walker, P. *Sex and Age Matter: Improving Humanitarian Response in Emergencies*. ALNAP, 2011, Feinstein International Center, Tufts University.

Women, Girls, Boys and Men: Different Needs, Equal Opportunities, A Gender Handbook for Humanitarian Action. IASC, 2006. https://interagencystandingcommittee.org

Kuvukisa nitu ti bakala to nkento na ngolo
Guidelines for Integrating Gender-based Violence Interventions in Humanitarian Action: Reducing risk, promoting resilience, and aiding recovery. GBV Guidelines, IASC, 2015. http://gbvguidelines.org

Handbook for Coordinating Gender-based Violence Interventions in Humanitarian Settings. United Nations, UNICEF, November 2010. https://www.un.org

Lusadisu yina kimvuka ya ke kwendaka kupesa bantu
Bonino,, F. Jean, I. Knox Clarke, P. *Closing the Loop – Effective Feedback in Humanitarian Contexts*. ALNAP, March 2014, London. www.alnap.org

Participation Handbook for Humanitarian Field Workers. Groupe URD, ALNAP, 2009. www.alnap.org

What is VCA? An Introduction to Vulnerability and Capacity Assessment. IFRC, 2006, Geneva. www.ifrc.org

Ngolo, kulandila mpi kutadila
Catley,, A. Burns, J. Abebe, D. Suji, O. *Participatory Impact Assessment: A Design Guide*. Tufts University, March 2014, Feinstein International Center, Somerville. http://fic.tufts.edu

CHS Alliance and Start, A. *Building an Organisational Learning & Development Framework: A Guide for NGOs*. CHS Alliance, 2017. www.chsalliance.org

Hallam, A. Bonino, F. *Using Evaluation for a Change: Insights from Humanitarian Practitioners*. ALNAP Study, October 2013, London. www.alnap.org

Project/Programme Monitoring and Evaluation (M&E) Guide. ALNAP, IRCS, January 2011. https://www.alnap.org

Sphere for Monitoring and Evaluation. The Sphere Project, March 2015. www.spherestandards.org

Lutaninu

Slim, H. Bonwick, A. *Protection: An ALNAP Guide for Humanitarian Agencies.* ALNAP, 2005. www.alnap.org

Kunata mambu na ntwala

Minimum Economic Recovery Standards. SEEP Network, 2017. https://seepnetwork.org

Kima yina ke bebaka nswalu ve

Reaching Resilience: Handbook Resilience 2.0 for Aid Practitioners and Policymakers in Disaster Risk Reduction, Climate Change Adaptation and Poverty Reduction. Reaching Resilience, 2013. www.alnap.org

Turnbull, M. Sterret, C. Hilleboe, A. *Toward Resilience, A Guide to Disaster Risk Reduction and Climate Change Adaptation.* Catholic Relief Services, 2013. www.crs.org

Mikanda yina bantu ya nkaka sonikaka

For further reading suggestions please go to:
www.spherestandards.org/handbook/online-resources

Mikanda yina bantu ya nkaka sonikaka

Mukumba

Hees,, R. Ahlendorf, M. Debere, S. *Handbook of Good Practices: Preventing Corruption in Humanitarian Operations*. Transparency International, 2010. www.transparency.org/whatwedo/publication/handbook_of_good_practices_preventing_corruption_in_humanitarian_operations

Value for Money: What it Means for UK NGOs (Hintergrundpapier). Bond, 2012. https://www.bond.org.uk/sites/default/files/resource-documents/assessing-and-managing-vfm-main-report-oct16.pdf

Ngolo yina bantu ya ke kwendaka kupesa lusadisu kele na yo

Centre of Excellence – Duty of Care: An Executive Summary of the Project Report. CHS Alliance, 2016. https://www.chsalliance.org/files/files/Resources/Articles-and-Research/Duty%20of%20Care%20-%20Summary%20Report%20April%202017.pdf

CHS Alliance and Start, A. *HR Metrics Dashboard: A Toolkit*. CHS Alliance, 2016. www.chsalliance.org/files/files/Resources/Tools-and-guidance/CHS-Alliance-HR-metrics-dashboard-toolkit.pdf

CHS Alliance and Lacroix, E. *Human Resources Toolkit for Small and Medium Nonprofit Actors*. CHS Alliance, 2017. www.chsalliance.org/files/files/Resources/Tools-and-guidance/HR%20Toolkit%20-%202017.pdf

Debriefing: Building Staff Capacity. CHS Alliance, People In Aid, 2011. http://chsalliance.org/files/files/Resources/Case-Studies/Debriefing-building-staff-capacity.pdf

Nightingale, K. *Building the Future of Humanitarian Aid: Local Capacity and Partnerships in Emergency Assistance*. Christian Aid, 2012. www.christianaid.org.uk/resources/about-us/building-future-humanitarian-aid-local-capacity-and-partnerships-emergency

PSEA Implementation Quick Reference Handbook. CHS Alliance, 2017. www.chsalliance.org/what-we-do/psea/psea-handbook

Mayele mpi kukwenda kupesa lusadisu

Camp Management Toolkit. Norwegian Refugee Council, 2015. http://cmtoolkit.org/

IASC Reference Module for the Implementation of The Humanitarian Programme Cycle (Version 2.0). IASC, 2015. https://interagencystandingcommittee.org/iasc-transformative-agenda/documents-public/iasc-reference-module-implementation-humanitarian

Kisika yina bantu ke zingaka

Environment and Humanitarian Action (factsheet). OCHA and UNEP, 2014. www.unocha.org/sites/dms/Documents/EHA_factsheet_final.pdf

Kisalu ya ngolo yina bantu ya ke salaka na kimvuka ya ke kwendaka kupesa lusadisu na bantu ya kele na mpasi

A Red Cross Red Crescent Guide to Community Engagement and Accountability (CEA): Improving Communication, Engagement and Accountability in All We Do. IFRC, 2016. http://media.ifrc.org/ifrc/wp-content/uploads/sites/5/2017/01/CEA-GUIDE-2401-High-Resolution-1.pdf

Communication Toolbox: Practical Guidance for Program Managers to Improve Communication with Participants and Community Members. Catholic Relief Services, 2013. www.crs.org/our-work-overseas/research-publications/communication-toolbox

How to Use Social Media to Better Engage People Affected by Crises. FRC, 2017. http://media.ifrc.org/ifrc/document/use-social-media-better-engage-people-affected-crises/

Infosaid Diagnostic Tools. CDAC Network, 2012. www.cdacnetwork.org/tools-and-resources/i/20140626100739-b0u7q

Infosaid E-learning course. CDAC Network, 2015. www.cdacnetwork.org/learning-centre/e-learning/

Ngolo, kulandila mpi kutadila

Buchanan-Smith, M. Cosgrave, J. *Evaluation of Humanitarian Action: Pilot Guide.* ALNAP, 2013. www.alnap.org/help-library/evaluation-of-humanitarian-action-pilot-guide

Norman, B. *Monitoring and Accountability Practices for Remotely Managed Projects Implemented in Volatile Operating Environments.* ALNAP, Tearfund, 2012. www.alnap.org/resource/7956

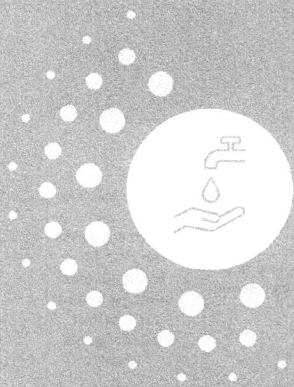

Masa, Bunkete mpi Kutubila yo na bantu yonso

Kuwakana yina bimvuka salaka

Minsiku ya ke tanina bantu

Nsiku ya me fwana sambu na kupesa lusadisu na bantu ya kele na mpasi

Masa, Bunkete mpi Kutubila yo na bantu yonso (WASH)

Kutubila bunkete na bantu yonso	Kubumba masa	Kulandila batufi yina bantu ke nenaka	Kutanina bantu na baniama mpi bima ya nkaka ya ke nataka maladi	Kulandila bima ya mvindu	Masa, bunkete mpi kutubila yo na bantu yonso na ntangu ya bamaladi mosi buna me kumina bantu mpi na ntangu ya lusansu
NSIKU YA 1.1	NSIKU YA 2.1	NSIKU YA 3.1	NSIKU YA 4.1	NSIKU YA 5.1	NSIKU YA 6
Kutubila bunkete na bantu yonso	Nswa ya kubaka masa ya kufwana	Bisika mbote ya kuzinga yina kele ve ti batufi ya bantu	Kutadila nsiku sambu na kulandila mbote bima yina ke pesaka bantu maladi	Bisika ya mpamba ya me bikala	WASH na lusansu ya me fwana
NSIKU YA 1.2	NSIKU YA 2.2	NSIKU YA 3.2	NSIKU YA 4.2	NSIKU YA 5.2	
Kuyidika, kubaka mpi kusadila bima ya bunkete	Masa ya mbote	Banswa ya kukota mpi ya kusadila batoilette	Mutindu muntu fwete sala mambu mpi na dibuta sambu na kufwa baniama yina ke pesaka bantu maladi	Mambu yina muntu mpi mabuta fwete sala sambu na kutula bamvindu na mutindu ya mbote	
NSIKU YA 1.3		NSIKU YA 3.3		NSIKU YA 5.3	
Kuvanda bunkete na ntangu ya règle mpi kana masuba ke basika mbote ve		Kulandila mpi kuyidika mambu ya me tala kuvukisa batufi, kukatula yo mpi kutula yo nkisi		Mutindu kimvuka fwete landila bima ya mvindu	

APPENDIXE 1 Lisiti sambu na kutadila bampusa na yina me tala masa, bunkete mpi kutubila yo na bantu yonso

APPENDIXE 2 Kifwanisu ya F: Bamaladi ya pulu-pulu yina ke kwisaka na nzila ya bima yina bantu ke diaka

APPENDIXE 3 Kiteso yina masa fwete vanda: Kiteso ya masa sambu na kutanina luzingu ya bantu mpi kuzaba bampusa ya bantu yina kele na mfunu ya masa

APPENDIXE 4 Ntalu ya ba WC (*bo toilette*): na bimvuka, na bisika ya bantu yonso mpi na bisika ya bisalu

APPENDIXE 5 Bamaladi yina masa mpi mvindu ke nataka

APPENDIXE 6 Kubaka lukanu ya kubumba mpi kutula nkisi na masa ya kusaidla sambu yo kuma bunkete

Mambu ya kele na kati

Minsiku ya mfunu na yina me tala masa, bunkete mpi kutubila yo na bantu yonso

Muntu yonso kele ti mfunu ya masa mpi ya kuvanda bunkete

Bansiku ya kele na mukanda yai Sphère ya ke tadila mambu ya kubumba masa, mpi bunkete ke tadila mpi kimvuka yina ke kwendaka kupesa lusadisu na bantu ya kele na mpasi. Bansiku yango me simbama na balukwikilu, minsiku, mikumba mpi banswa mutindu kuwakana yina bimvuka salaka ke monisa yo. Diambu yai ke tadila kuzinga na luzitu, na lutaninu mpi kubaka lusadisu yina kimvuka ya ke kwendaka kupesa lusadisu ke pesaka na kutadila bampusa ya bantu yina kele na mpasi.

Sambu na kuzaba lisiti ya buku ya bansiku mpi ya politike yina me simbama na kuwakana yina bimvuka salaka ⊕ *tala Annexe 1.*

Bantu yina kele na mpasi lenda baka bamaladi kukonda mpasi mpi kufwa, mingi-mingi, bamaladi ya nsambukila mpi pulu-pulu. Kukonda kubumba mbote masa mpi bumvindu ke nataka bamaladi ya mutindu yai. Lukanu ya kapu yai ya ke tubila Kubumba masa, Bunkete mpi Kutubila yo na bantu yonso kele ya kutanina bantu sambu bo bela diaka kibeni ve bamaladi ya mutindu yai.

Bantu ke bakaka maladi mingi na nsadisa ya batufi, ya bamasa yina ke kulumukaka, na misapi, na banzinzi mpi na bima yina bantu ke diaka. Lukanu ya bamanaka yai kubumba masa, bunkete mpi kutubila yo na bantu yonso ntangu bo ke kwenda kupesa lusadisu na bantu ya kele na mpasi kele ya kukonda kupesa nzila na mambu yonso yina lenda natila bantu maladi sambu bo bela diaka mingi ve ⊕ *tala Appendixe 2: Kifwanisu ya F.* Bisalu ya kuluta mfunu sambu na kulungisa lukanu yai kele:

- kutubila bantu yonso mutindu ya kuvanda bunkete;
- kubumba masa ya mbote mpi ya bunkete;
- kupesa bima ya bunkete ya me fwana kibeni;
- kusala na mpila nde mavimpi ya bantu kuvanda ve na kigonsa na bisika yina bo ke zingaka
- kuzaba mambu yina fwete sadisa bantu na kuzinga na mavimpi ya mbote, na luzitu yonso, na mutindu ya mbote mpi na lutaninu.

Na bamanaka ya kubumba masa, bunkete mpi kutubila yo na bantu yonso, yo kele mfunu na:

- kusadila mbote masa: masa ya nto, masa yina bo me tula nkisi, masa yina bo me kabisa, masa yina bo me vukisa, masa yina bo me bumba na nzo mpi kiteso ya masa yina bo ke sadila;
- kusadila na mutindu ya mbote bima yonso yina ke sadisaka na kutula bunkete;
- kuvanda ti bikalulu ya mbote; mpi
- kupesa bima ya bunkete.

Kuwakana yina kimvuka salaka kele mfunu

Na manaka mosi ya kubumba masa, bunkete mpi kutubila yo na bantu yonso, kuwakana yina kimvuka salaka kele mutindu ya mbote ya ke monisa kuwakana yina kele na kati ya kimvuka ti kimvuka ya nkaka yina ke bakaka bima, mpi yo ke sadisaka bantu ya kele na mpasi na kuvanda ti ntima ya nda ntangu kimvuka ke kwenda kupesa lusadisu mpi bupusi yina yo ke vandaka na yo. Diambu yai ke salaka nde bantu kuzaba mambu ya mpasi na ntwala mpi kutadila bampusa yango. Kuwakana ya mbote ke salaka nde bimvuka kuwakana ti bantu yina ke kwendaka kupesa lusadisu sambu bo sala na mpila nde bigonsa kuvanda diaka mingi ve sambu na mavimpi ya bantu, kupesa bisalu ya me fwana mpi yina bantu lenda sala kukonda mpasi, kutomisa manaka mpi kutula bima yina ke monisa mutindu ya kubaka mukumba. Yo ta lomba kusadila mayele mpi luzolo yina kimvuka kele na yo ya kulandila mpi ya kutanina mambu ya kubumba masa, bunkete mpi kutubila yo na bantu yonso   *tala Kifwanisu ya 3 ya WASH, Kuwakana yina kimvuka salaka.*

Kusala ti kimvuka ke sadisaka na kubakisa bangindu ya nkaka, bampusa, bima yina ke sadisaka na kuyikama, makuki, bansiku yina kele dezia, mutindu ya kutambusa mambu mpi mambu ya kusala na nswalu kibeni, mpi kubaka balukanu ya me fwana ya kusadila. Kulandila mpi kutadila mambu, bima yina ke bakaka mpi ke pesaka bansangu ke monisa mfunu ya kubumba masa, bunkete mpi kutubila yo na bantu yonso to kana yo ke lomba kutomisa yo diaka.   *tala Nsiku ya me fwana sambu na kupesa lusadisu na bantu ya kele na mpasi, Kuwakana ya 4 mpi ya 5.*

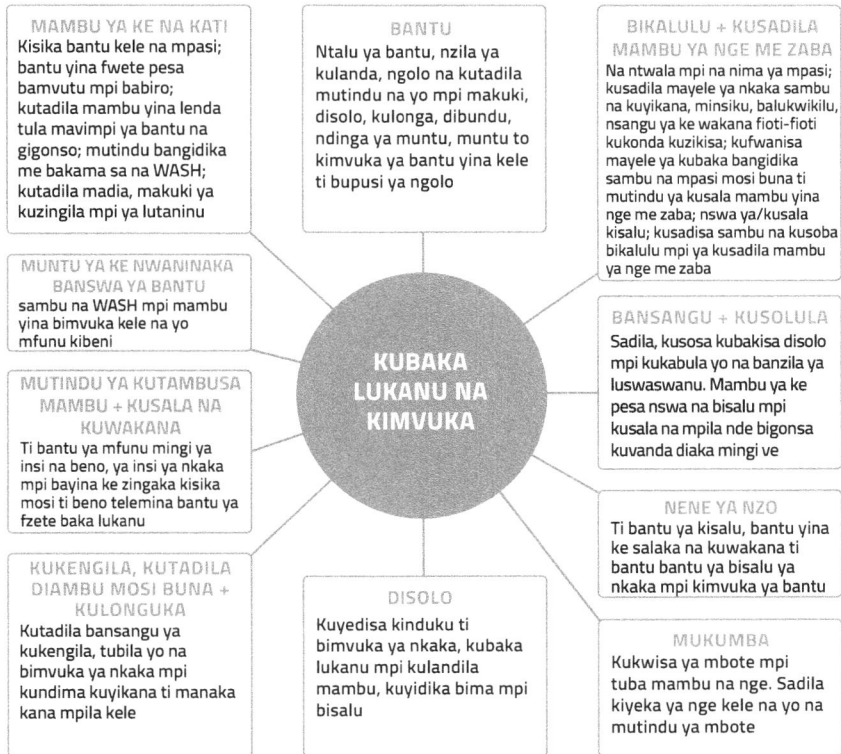

MAMBU YA KE NA KATI Kisika bantu kele na mpasi; bantu yina fwete pesa bamvutu mpi babiro; kutadila mambu yina lenda tula mavimpi ya bantu na gigonso; mutindu bangidika me bakama sa na WASH; kutadila madia, makuki ya kuzingila mpi ya lutaninu	**BANTU** Ntalu ya bantu, nzila ya kulanda, ngolo na kutadila mutindu na yo mpi makuki, disolo, kulonga, dibundu, ndinga ya muntu, muntu to kimvuka ya bantu yina kele ti bupusi ya ngolo	**BIKALULU + KUSADILA MAMBU YA NGE ME ZABA** Na ntwala mpi na nima ya mpasi; kusadila mayele ya nkaka sambu na kuyikana, minsiku, balukwikilu, nsangu ya ke wakana fioti–fioti kukonda kuzikisa; kufwanisa mayele ya kubaka bangidika sambu na mpasi mosi buna ti mutindu ya kusala mambu yina nge me zaba; nswa ya/kusala kisalu; kusadisa sambu na kusoba bikalulu mpi ya kusadila mambu ya nge me zaba
MUNTU YA KE NWANINAKA BANSWA YA BANTU sambu na WASH mpi mambu yina bimvuka kele na yo mfunu kibeni	**KUBAKA LUKANU NA KIMVUKA**	
MUTINDU YA KUTAMBUSA MAMBU + KUSALA NA KUWAKANA Ti bantu ya mfunu mingi ya insi na beno, ya insi ya nkaka mpi bayina ke zingaka kisika mosi ti beno telemina bantu ya fzete baka lukanu		**BANSANGU + KUSOLULA** Sadila, kusosa kubakisa disolo mpi kukabula yo na banzila ya luswaswanu. Mambu ya ke pesa nswa na bisalu mpi kusala na mpila nde bigonsa kuvanda diaka mingi ve
		NENE YA NZO Ti bantu ya kisalu, bantu yina ke salaka na kuwakana ti bantu bantu ya bisalu ya nkaka mpi kimvuka ya bantu
KUKENGILA, KUTADILA DIAMBU MOSI BUNA + KULONGUKA Kutadila bansangu ya kukengila, tubila yo na bimvuka ya nkaka mpi kundima kuyikana ti manaka kana mpila kele	**DISOLO** Kuyedisa kinduku ti bimvuka ya nkaka, kubaka lukanu mpi kulandila mambu, kuyidika bima mpi bisalu	**MUKUMBA** Kukwisa ya mbote mpi tuba mambu na nge. Sadila kiyeka ya nge kele na yo na mutindu ya mbote

Kutadila mbote diambu mosi buna [   ]

Manaka [   ]

Kubaka lukanu ti bantu ya nkaka [   ]

WASH Kuwakana yina kimvuka salaka (Kifwanisu 3)

Manaka ya Kubumba Masa, Bunkete mpi Kutubila Yo na Bantu Yonso fwete tula dikebi ya mingi na bisika ya mbote yina kele na babwala

Yo lenda vanda mpasi sambu kimvuka kukukwenda kupesa lusadisu na babwala yina kele ya mbote, sambu bantu ke vandaka mingi kuna mpi yo ke vandaka mpasi na kumona bigonsa. Ata mpidina, na babwala yina ya mbote, na bisika ya bantu yonso, bima yonso yina ya ke mwangaka bansangu mpi mambu ya teknolozi lenda sala nde bantu kusolula mingi mpi masolo ya mfunu. Mutindu ya kuvanda ti bima (mabuta na babwala ya mbote, bantu ya luswaswanu yina kele na babwala ya mbote) ke vandaka ti bupusi na mutindu ya kupona lusadisu ya me fwana mpi bametode ya mutindu ya kupona bima ya kupesa.

Yo kele mfunu na kusala mambu na bumosi

Kupesa lusadisu na bazandu lenda lungisa kibeni bampusa ya Kubumba Masa, Bunkete mpi Kutubila Yo na Bantu Yonso, mumbandu, kupesa bima yina ta sadisa sambu na bunkete. Kupesa lusadisu ya mbongo, (kupesa mbala mosi mbongo na maboko to na mukanda yina ke monisa yo) bimvuka ya nkaka ya Kubumba Masa, Bunkete mpi Kutubila Yo na Bantu Yonso fwete sadisa bo, mumbandu, kupesa bima mpi kuwakana ya bimvuka. Sambu na kusala yo, mambu lenda soba na lutungu ya banzila tii na kutubila mambu ya bunkete na bantu mpi kuvukisa bimvuka. Bo lenda pesa na nswalu yonso bamasini mpi ba WC kana bisalu ya kuyidika bamasa kele sambu na bilumbu ke kwisa. Yo ke lomba kulandila mbote mpi kusadila bamasini sambu na kutanina bantu mpi kusadisa bo na kuvanda na mavimpi ya mbote. Lusadisu ya bamasini fwete pesama na mutindu ya mbote mpi na ntangu ya me fwana. Lusadisu yango fwete vanda ya mbote, yina bantu yonso lenda lunga mpi yina lenda salama sambu yo zinga ntangu mingi.

Lusadisu yina kimvuka ya Kubumba Masa, Bunkete mpi Kutubila Yo na Bantu Yonso ke pesaka fwete kumisa ngolo balukanu ya kimvuka mpi bigonsa fwete vanda ve mingi na bisika yina bantu ke zingaka. Kulandila mbote kubumba ya masa mpi bunkete fwete lungisa bampusa ya bantu mpi kutanina kimvuka yina bantu salaka na bimvuka ya nkaka. Diambu yai lenda vanda ti bupusi sambu na kupona teknolozi ya kusadila, ntangu yina bo me tulaka mpi ntangu yina bisalu fwete salama, bisalu yina kimvuka fwete sala, kisalu yina babwala ya nkaka mpi bazandu fwete sala mpi makuki ya kupesa mbongo.

Bo fwete sadila ve bansiku yai ya fioti-fioti na mutindu ya kubumbana

Nswa ya kubuma masa mpi ya kuvanda na bisika ya bunkete me simbama na nswa yina muntu kele na yo sambu na kisika ya kulala, na madia mpi na mavimpi ya mbote. Kuyela ya bikesa yina ke salama sambu na kulungisa bansiku ya fioti-fioti na ndambu mosi buna lenda vanda ti bupusi na kuyela ya mambu na ndambu ya nkaka. Kusala na kuwakana mpi kutambusa mambu na mutindu ya mbote ti bantu ya babwala ya nkaka ti kuwakana ya mbote ti bamfumu ya babwala mpi babiro ya nkaka ya ke kwendaka kupesa lusadisu ke sadisaka na kubakisa kana bo me lungisa bampusa ya bantu, kukonda kusala kisalu mosi mbala zole mpi nde kukwenda kupesa lusadisu yina Kubumba Masa, Bunkete mpi Kutubila Yo na Bantu Yonso kusalama na mutindu ya mbote kibeni. Mumbandu, kana bantu me zaba ve bansiku ya me tala mambu ya mavimpi, yo ta lomba kupesa nswa na bansiku ya ke tubila Kubumba Masa, Bunkete mpi Kutubila Yo na Bantu Yonso sambu ntalu ya bantu yina kele na maladi kele mingi kibeni. Diambu yai ke tadila mpi babwala yina ntalu ya bantu ya kele ti SIDA kele mingi kibeni. Bareferanse yonso ya bo ke tubila na mukanda yai ke monisa bakuwakana ya nkaka ya mfunu.

Kana bansiku ya fioti-fioti ya Sphère kele na zulu ya bansiku ya insi, bimvuka yina ke kwendaka kupesa lusadisu na bantu ya kele na mpasi fwete sala na kimvuka ti bamfumu ya luyalu sambu na kuyedisa yo malembe-malembe.

Nsiku ya bainsi ya nkaka ke taninaka nsiku ya ke tubila kubumba masa mpi bunkete

Nsiku yango ke tubila kubaka masa na kiteso ya kufwana, masa ya mbote mpi na ntalu ya mbote sambu na kunwa mpi kusadila yo na nzo, mpi ba WC yina bantu ke sadilaka, ya bunkete mpi ya mbote. Bamfumu ya luyalu kele ti mukumba ya kusadila nswa yai ntangu mpasi mosi buna me kumina bantu   tala Annexe 1: Nsiku ya me simbama na Sphère.

Masa ya mbote mpi bima ya bunkete kele mfunu sambu na:

- kuzinga mbote, kuvanda ti mavimpi ya kitoko mpi kuzinga na luzitu yonso;
- kukonda kufwa kana masa me mana na nitu;
- kukonda kubaka maladi yina masa ke nataka, kuvanda bunkete mpi kuvanda na mavimpi ya mbote; mpi
- kusadisa na mutindu ya kufwana na bampusa ya ke tadila mutindu ya kusadila masa, bima ya kudia, kutula bunkete ya nitu mpi ya nzo.

Nswa ya kubaka masa mpi ya kuvanda bunkete kele na kati ya banswa ya mfunu ya ntoto ya mvimba sambu na kutanina luzingu ya bantu mpi sambu bo zinga na luzitu yonso; bimvuka mpi bamfumu ya luyalu kele ti mukumba ya kulungisa nswa yai. Mumbandu, kana bimvuka ya basoda ke wakana ve, yo kele mbi kibeni na kunwanisa, kubebisa to kukatula batiyo yina ke sadisaka na kubaka masa ya bunkete to bamasa yina bo me salaka sambu na kupesaka bitwisi.

Kuwakana yina kele na kati ya Minsiku ya ke tanina bantu mpi Nsiku ya me fwana sambu na kupesa lusadisu na bantu ya kele na mpasi

Masa kele mfunu mingi na luzingu ya muntu. Kana bimvuka ya basoda ke wakana ve mpi mambu ke salama ve mutindu mosi, yo ke nataka malanda na yina me tala kutanina masa yina bantu mpi bimvuka ke sadilaka. Kulomba mbala na mbala masa ya kunwa, ya kusadila na nzo to kulomba mbala na mbala bima ya kuzingila lenda sala nde lutaninu kuvanda diaka mbote ve kana bo me yidika ve mambu sambu na ntangu fioti to sambu na ntangu mingi. Ntangu lusadisu ya kubumba masa, bunkete mpi kutubila yo na bantu yonso ke pesamaka, mbala mingi, bo ke tadilaka yo na yina me tala lutaninu mpi kuditanina, na kuzabaka mikumba ya nkaka na ntangu ya kubaka masa to kulandila mbote mambu ya bunkete ya konso ngonda. Lutaninu ya mutindu yai kele mfunu, kansi mambu ya me tala lutaninu kele mpi mfunu mingi. Kubaka bangidika na ntwala kele mbote, mumbandu, kukangaka kielo ya WC na nsapi, kutula mwinda ya kufwana mpi kukabula ba WC ya bankento ti ya babakala lenda sala nde bantu kuvukisa ve nitu na mutindu ya mbi ti bankento to kubebisa bo.

Manaka yina bo me yidika mbote mpi ya kimvuka kele mfunu mingi sambu bo sadila ve bantu mambu ya nku, sambu bigonsa kuvanda mingi ve mpi sambu na kutomisa mutindu ya mbote ya kusala bisalu. Mumbandu, kuzabisa bantu nde bantu yina kele na bifu na nitu fwete sadila bima ya bunkete mpi nde bankento mpi bana kele ti bima ya mbote kibeni ya kubakila masa. Kukotisa bantu mpi bimvuka ntangu yonso yina bo ke pesa lusadisu lenda sadisa na kukotisa ntangu yonso mambu ya me tala lutaninu na bamanaka ya Kubumba Masa, Bunkete mpi Kutubila Yo na Bantu Yonso.

Bo fwete pesa bantu yina ke salaka na kimvuka ya ke kwendaka kupesa lusadisu na bantu ya kele na mpasi formasio ya mutindu ya kutanina bana mpi kuzaba mutindu ya kusadila bima yina ke pesaka lutwadisu kana bo ke tubila diambu ya bantu yina ke vukisaka nitu na ngolo ti bana ya fioti, kubebisa bo to kuvukisa nitu ti bo na mutindu ya mbi.

Bimvuka ya ke kwendaka kupesa lusadisu na bantu ya kele na mpasi fwete tadila mbote kibeni kuwakana mpi mutindu ya kutambusa mambu yina na kati ya basoda ti bantu yina kele ve basoda, mingi-mingi kana bo ke wakana ve. Diambu ya ke tadila kukonda kukota na ndambu mosi buna mpi kukonda kupona-pona lenda vanda ti bupusi na mambu yina kimvuka fwete ndima. Na ntangu mosi buna, kimvuka ya ke kwendaka kupesa lusadisu lenda ndima lusadisu yina kimvuka ya basoda lenda pesa bo, mumbandu, kupesa bo kaminio to na ntangu ya kukabula bima. Ata mpidina, bo fwete tula dikebi na bupusi yina minsiku ya kimvuka ya ke kwendaka kupesa lusadisu kele na yo, mpi bo fwete sala bikesa ya mingi sambu na kusukisa bigonsa yina mambu ya lutaninu ke nataka ⬡ *tala Kuwakana yina bimvuka salaka,* mpi *Bisika yina bantu ya lenda zinga kisika mosi ti basoda ya insi na bo to ya insi ya nkakaa* na *Sphère kele nki?*

Ntangu beno ke sadila bansiku ya fioti-fioti, beno fwete zitisa bakuwakana uvwa yina kele na Nsiku ya me fwana sambu na kupesa lusadisu na bantu ya kele na mpasi sambu yo me simba kibeni manaka ya mukumba ya Kubumba Masa, Bunkete mpi Kutubila Yo na Bantu Yonso.

1. Kutubila bunkete na bantu yonso

Maladi mingi yina bantu ke belaka mpi ke natilaka bantu lufwa na ntangu ya mpasi mosi buna ke katukaka na bamasa, na bamvindu yina kele na bisika yina bantu ke zingaka mpi na kukonda bunkete. Kutubila bunkete na bantu yonso ke sadisaka na kutomisa mabanza ya bantu, mambu yina kimvuka lenda sala mpi mambu yina kele ti lukanu ya kusala na mpila nde maladi kuvanda mingi ve sambu lusadisu yina Kubumba Masa, Bunkete mpi Kutubila Yo na Bantu Yonso (WASH) kusalama na mutindu ya mbote.

Diambu mosi ya ke wakana na nsiku mosi buna ke simbamaka na malongi ya me tala bansangu, mpi kukabisa bima ya bunkete lenda vanda ya mbote kibeni ve. Bigonsa mpi mutindu yo ke monana lenda soba na bantangu ya nkaka. Bantu me swaswana na yina me tala mayele ya luzingu, mayele ya kuyikana na diambu mosi buna, bansiku ya babwala mpi na bikalulu na bo. Yo kele mfunu na kuyikanisa bima na kutadila mambu yina beno ke kutana ti yo mpi na nsadisa ya mayele ya luzingu, mayele ya kuyikana na diambu mosi buna mpi bansiku ya bantu yina kele na mpasi. Kutubila bunkete na bantu yonso me simbama na:

- kusala na bumosi ti kimvuka sambu na kusala mambu na kimvuka mpi kusiamisa bo na kubaka balukanu;
- mitindu zole ya kusolula mpi bigonsa ya kubaka mpi kupesa bansangu, mambu ya kusala na nswalu mpi bisalu; mpi
- nswa ya kukota na ba WC, na bisalu mpi ya kubaka bansangu ya me tala WASH mpi kusadila yo.

Kutubila bunkete na bantu yonso lenda simbama na mayele yina bantu kele na yo na yina me tala bigonsa mpi bangidika ya ke bakama sambu na maladi na kuvanda ti mavimpi mpi bikalulu ya mbote.

Kubaka bangidika sambu na kulandila mutindu bisalu ke salama mpi mambote yina yo ke nata sambu na kutubila bunkete na bantu yonso mpi mutindu bamanaka ya WASH ke kwenda na ntwala. Kusala na bumosi ti bantu yina ke talaka mambu ya mavimpi ya bantu sambu na kulandila maladi yina WASH ke tubilaka, mumbandu, kimbefo ya pulu-pulu, kimbefo ya *choléra*, *typhoïde*, kimbefo ya *trachome*, banioka ya divuma (*les vers intestinaux*) mpi kimbefo ya *schistosomiase*   tala Lusansu ya me fwana – banda na Nsiku ya 2.1.1 tii na 2.1.4 mpi *Bamaladi ya nsambukila mpi na nsiku ya 1.5*.

Bunkete, Nsiku ya 1.1:
Kutubila bunkete na bantu yonso

Bantu yina ke zabaka bigonsa yina masa lenda nata na luzingi ya bantu, bisika ya mvindu mpi kukonda bunkete lenda baka bangidika sambu na yandi mosi, sambu na mabuta mpi na kimvuka, sambu na kutanina bo na bigonsa.

Bisalu ya mfunu

1 ⟩ Sosa kuzaba bima yina lenda tula mavimpi ya bantu na kigonsa mpi bima ya mvindu yina lenda nata bigonsa yango.

- Sosa kubakisa mutindu kimvuka kele sambu na kuzaba mbote bantu mpi bimvuka yina kele ti mikumba na yina me tala bigonsa ya WASH mpi sambu na nki.
- Sosa kuzaba mambu yina lenda siamisaka bikalulu ya mbote mpi bangidika yina lenda bakama na ntwala.

2 > Kusala na kuwakana ti bantu ya kele na mpasi sambu na kubaka mpi kuyidika mutindu ya kutubila bunkete mpi mutindu ya kukwenda kupesa lusadisu na yina me tala WASH na bunda.

- Sadila mayele ya nkaka ya mutindu ya kutubila mambu mpi ya kusolula mbote ti kimvuka sambu na kukabula bansangu ya me fwana.
- Sosa kuzaba mpi kupesa formasio na bantu yina me zabanaka mingi, na bimvuka ya bantu mpi na bantu ya bisalu yina ke vandaka ti bupusi.

3 > Sadila bansangu yina nge ke baka sambu na kimvuka mpi bansangu ya me tala mavimpi sambu na kuyikana mpi kutomisa mambu ya kutubila bunkete na bantu yonso.

- Sosa kulandila mpi mutindu ya kusadila nswa ya kubumba Masa, Bunkete mpi Kutubila Yo na Bantu Yonso mpi bupusi yina kutubila bunkete na bantu yonso kele na yo sambu na bikalulu ya mbote mpi mutindu ya kusala mambu
- Sosa lungisa bisalu na kulandaka bampusa mpi sosa kuzaba bampusa yina bo me lungisa ve.

Bima ya ke salaka ngolo

Ntalu ya mabuta yina kele na mpasi ya kele ti makuki ya kutubila bangidika tatu yina lenda sadisa bantu na kuditanina na bamaladi yina WASH ke nataka

Ntalu ya bantu yina kele ti makuki ya kutubila mbote kibeni bantangu zole ya mfunu kibeni ya kuyobisa maboko

Ntalu ya bantu yina ke yobisaka maboko na bo na masa yina bimvuka me tulaka na nima ya kubasika na WC

Ntalu ya mabuta yina kele ti maladi yo vanda bo kele ti masa to sabuni sambu na kuyobisa maboko

Ntalu ya bantu yina kele ti maladi ata bo ke kwendaka kubaka masa na nto yina bo ke tulaka nkisi

Ntalu ya mabuta yina ke bumbaka masa ya kunwa na bima ya mbote mpi ke fikaka yo mbote

Ntalu ya bantu yina ke sadisaka yina ke monisa nde bo ke katulaka batufi ya bana na mutindu ya mbote kibeni

Ntalu ya mabuta yina ke sadilaka bankisi sambu na bantu yina kele ve ti makuki ya kuyala tufi to masuba na bo (couches sambu na bana ya fioti, kisika ya kusuba, malonga ya nene, bakiti ya kutelema) mpi ke monisa nde bo kota ve na bima yina lenda sadisa bambuta

Ntalu ya mabuta yina kele na mpasi ya ke katulaka batufi yina bo ke nenaka na mutindu ya mbote

Ntalu ya bantu yina pesaka dibanza na bo mpi tubaka nde mabanza yina bo pesaka sadisaka na kuyikama, kutomisa, kutula bima mpi bisalu ya kubumba WASH

Batufi ya bantu mpi ya bambisi kele ve na babwala yina bantu ke zingaka

Banoti ya ke pesa lutwadisu

Sosa kubakisa mpi kulandila bigonsa yina kubumba Masa, Bunkete mpi Kutubila Yo na Bantu Yonso ke nataka: Yo lenda vanda mpasi na kuzaba bigonsa yina ke lomba kupesa nswalu lusadisu mpi kusala na mpila nde bigonsa yango kuvanda diaka mingi ve na ntangu mpasi mosi buna ke kuminaka bantu sambu na mbala ya ntete. Kusadila masa ya bunkete, kulandila batufi yina bantu ke nenaka mpi kuyobisaka maboko ke salaka nde maladi kupanzana ve na bantu mingi. Kulandila mambu ya mpasi yina lenda tula luzingu ya bantu yonso na kigonsa ya me simbama na kubumba WASH mpi bangidika yina ta bakama sambu bigonsa kuvanda diaka mingi ve ke lomba mutindu ya mbote ya kubakisa mambu:

- mutindu ya kusadila bima ya kubumba WASH mpi bisalu na yo;
- kubaka bima yina ke sadisaka sambu na kutula bunkete na nzo   *tala Kutubila bunkete na bantu yonso, Nsiku ya 1.2 mpi 1.3*;
- mutindu ya kuyikama na mayele ya nkaka, binkulu mpi mambu yina bantu ke kwikilaka na babwala;
- mitindu ya kusala mambu na kimvuka mpi ya kusala ngolo sambu na mikumba yina muntu kele na yo na kimvuka;
- bisika yina bantu ke kwendaka sambu na kubaka lusansu (mungnga yina ke nsansaka bantu na bankisi ya bunkoko, bisika yina bo ke tekaka bankisi ya minganga (pharmacies), baopitale);
- bamfunu yina bo me tulaka sambu na kusadila mpi kuyidika mbote mambu ya me tala WASH;
- bansangu ya bamaladi yina bo ke landila ya ke katuka na WASH;
- mambu ya mpasi ya ke tala bantu yonso, mavimpi mpi masolo yina lenda pesa mpasi sambu na kutula mambu mpi bisalu ya kubumba Masa, Bunkete mpi Kutubila Yo na Bantu Yonso sambu na bankento mpi bana bankento, minunu mpi bantu yina kele ti bifu na nitu;
- kusoba ya mambu; mpi
- mutindu ya bisika yina bantu ke zingaka kele mpi bangonda yina bamaladi ke sobaka.

Sambu mambu kusalama na mutindu ya mbote, yo ke lomba kusoba bikalulu mpi kukonda kusala mambu ya mpamba-mpamba. Bo fwete tula bima yango na mutindu ya mbote sambu bantu yonso lenda sadila yo kukonda mpasi, na mutindu ya mbote, ya me fwana, na bunkete mpi yina ke wakana ti mambu ya kinkulu. Beno fwete tula babakala ti bankento na bisalu ya kutubila bunkete na bantu yonso sambu diskure mosi yina bakala lenda sala na ntangu ya kutubila bunkete na bantu yonso lenda vanda ti bupusi ya ngolo na bikalulu ya bantu na kati ya dibuta.

Kimvuka yina ke vukisaka bantu: Sala na kuwakana ti bantu yina ke salaka dezia na kisika yango mpi tula dikebi na mpila nde mabaku ya bisalu ya ofele to ya kufutaka mbongo kusalama na mutindu ya mbote sambu na bankento mpi babakala. Bantu ya kimpeve yina ke pesaka lutwadisu yina bantu yonso ya kimvuka ke zitisaka, bantu ya bisalu yina ke salaka pene-pene mpi bantu ya mayele ya babwala yina bo ke tudilaka ntima ti bimvuka ya bankento to ya batoko lenda sadisa kimvuka ya ke vukisaka bantu mpi mambu yina ke salamaka sambu na kuyilama na ntwala nde diambu mosi buna kukumina beno.

Nsiku ke tuba nde yo ta vanda mbote kupesa bantu zole ya bisalu sambu na kulandila bantu kiteso ya 1 000. Bantu ya bisalu yina ke salaka pene-pene mpi bantu yina ke salaka kisalu ya ofele fwete zaba kusolula mbote, kuvanda ti makuki ya kusala kinduku na luzitu ti bimvuka ya babwala mpi kubakisaka mbote kibeni bampusa mpi bamambu yina kele na bambanza. Kana mpila kele, kibuka ya bamfumu ya ke tambusaka mambu fwete baka lukanu ya kusadila bantu ya bisalu yina ke salaka pene-pene ti bo mambu ya mbote sambu na kusala mambu na lunungu mpi na ndonga.

Minganga lenda sala mpi kisalu ya mutindu mosi ti ya bantu ya bisalu ya WASH kansi bo fwete vanda ti mikumba ya kuswaswana ⊕ *tala Mambu ya me tala mavimpi, Nsiku ya 1.2: Bantu ya salaka na opitale.*

Kusala ti bana: Bana lenda monisa bikalulu ya mbote ntangu bo kele ti bana ya nkaka mpi na mabuta na bo. Kisalu ya ke talaka mambu ya bikalulu to bisalu ya kusala na bumosi lenda vanda ti makuki ya kulonga mambu ya me tala bunkete na banzo-nkanda, na mabuta yina ke yambaka bantu, na mabuta yina mwana muntu kele mfumu ya dibuta to na bana yina ke zingaka kaka na babala-bala (des enfants des rues). Tanga mpi bana yina ke panzaka bansangu ⊕ *tala manuels INEE mpi CPMS.*

Mitindu ya kusolula mpi ya kukumisa bansangu: Pesa bansangu na mitindu ya kuswaswana (sonika mikanda, monisa yo na bifwanisu, kotisa ndinga) mpi na bandinga ya luswaswanu sambu bantu mingi kuwa bansangu yango. Pesa bansangu sambu na bana mpi bantu yina kele ti bifu na nitu, tadila mpi meka fioti bansangu yango sambu na kusosa kuzaba kana bo ke bakisa yo ata bo kele ve bamvula kiteso mosi, kana bo kele bankento to babakala, kana bo salaka banzo-nkanda to ve mpi kana bo ke tubaka bandinga ya luswaswanu.

Kusolula ya mbote na kati ya bimvuka kele mfunu sambu na kuyidika diambu mosi buna to kuyidika mutindu ya kusala mambu. Mitindu yonso yina ya kumwanga nsangu lenda sala na mpila nde bantu mingi kuwa bansangu yongo. Mitindu yai yonso zole kele mfunu kana bantu mingi ke wa bansangu yango na mutindu ya mbote. Kutula bima yina lenda sadisa na kubaka bansangu ya ke wakana ti bantu yina ke sadilaka yo mpi kusosa kuzaba kana yo ta salaka mbote kibeni. Pesa bansangu na bantu ya nkaka mpi tubila mambu yina nge me mona na bimvuka sambu na kusiamisa bantu na kupesa bangindu na bo ⊕ *tala Nsiku ya me fwana sambu na kupesa lusadisu na bantu ya kele na mpaski, Kuwakana ya 5.*

Kuyobisa maboko na sabuni kele mfunu mingi sambu na kukonda kubaka bamaladi yina ke pesaka pulu-pulu. Bo fwete tulaka ntangu yonso masa, sabuni mpi kukatulaka masa yango kana yo me kuma mvindu na bima yina bo ketulaka yo. Tula masa ya kuyobisa maboko na kisika yina bantu lenda yobisa maboko kukonda mpasi na ntwala ya kusimba bima ya kudia (madia, na ntangu ya kulamba madia to madia ya mwana) mpi kana nge me katuka kunena (kana nge me katuka na WC to na nima ya kuyobisa mataku ya mwana) *tala Kubumba masa, Nsiku ya 2.2: Masa ya bunkete.*

Mutindu ya kusadila ba WC (des toilettes): Diambu ya mfunu yina bantu ya bo me tulaka sambu na kulandila mambu ya bunkete fwete sala kele ya kuzabisa bantu yonso na kukwenda kunena kaka na WC mpi ya kusadila bima yina me lombama. Mambu ya nkaka ya ke tadila bunkete mpi nsudi ya mbi yina ke salaka nde bantu mingi kusadila ve ba WC kele nsoni, mambu yina bo lenda tubila ve na yina me tala binkulu, mutindu muntu kele mpi mambu ya ke tadila kukonda kuzaba luzingu ya muntu mpi lutaninu
tala Mutindu ya kutadila batufi yina bantu ke nenaka, Nsiku ya 3.2: Kukota na WC mpi mutindu ya kusadila yo.

Mutindu ya kuvukisa, kunangula mpi kubumba masa ya bunkete na mutindu ya mbote kele mfunu mingi sambu na kukonda kubaka bamaladi. Mabuta fwete vanda ti bima ya nkaka ya mbote sambu na kubumbaka masa ya bunkete *tala Kutubila bunkete na bantu yonso, Nsiku ya 1.2* mpi *Kubumba masa, Nsiku ya 2.1 mpi 2.2.*

Bantu yina ke kwenda bisika ya nkaka: Sosa mabaku sambu na kukutana ti bantu yina ke kwenda bisika ya nkaka to bantu yina ke sala nzietelo ti bo, to kutana ti bo na bisika yina bo ke pema. Sadila mitindu ya nkaka ya kupanza nsangu, mumbandu, Radio, SMS, bimvuka yina kele na ba Internet mpi ba telefone sambu na kupesa bansangu ya me tala kuvanda bunkete, mpi lomba na bantu yango na kupesa beno bamvutu to bangindu na bo. Vanda ti "bisadilu yonso ya nzo", mumbandu, kutula batefone to bima yina ke salaka ti ntangu yo ta sadisa bo na kusolula ti mabuta na bo, bo lenda baka bansangu mpi kupesa bangindu na bo.

Bunkete, Nsiku ya 1.2:
Kuyidika, kubaka mpi kusadila bima ya bunkete

Bima ya me fwana sambu na bunkete, mavimpi, luzitu mpi kuvanda na mutindu ya mbote kele mpi na kati ya mambu yina bantu ya kele na mpasi ke sadilaka.

Bisalu ya mfunu

1 ⟩ Sosa kuzaba bima ya bunkete yina bantu, mabuta mpi bimvuka kele na mfunu na yo.

- Tula dikebi na bampusa ya babakala mpi bankento, minunu, bana mpi bantu yina kele ti bifu na nitu.
- Sosa kuzaba mpi pesa bima yina ta sala nde bisika yina bantu ke zingaka kuvanda bunkete, mumbandu, kisika yina bo lenda tula bima ya mvindu (poubelles) mpi bima ya kuyobisila nzo.

2 ⟩ Pesa bima ya mfunu na ntangu ya mbote.

- Sosa kuzaba bima ya kele na bazandu yina kele na babwala, na bambanza ya bainsi na beno to ya bainsi ya nkaka.

3 ⟩ Solula ti bantu yina kele na mpasi, bamfumu ya luyalu ya babwala na beno mpi bantu ya nkaka ya mayele sambu na kusosa kuzaba mutindu bantu lenda baka to kusumba bima ya kutula bunkete.

115

- Zabisa bantu ntangu, kisika, bima yina kele mpi bantu yina fwete baka lusadisu ya mbongo to ya bima ya kutula bunkete.
- Sala na kimvuka ti babwala ya nkaka sambu na kukwenda kupesa lusadisu ya mbongo to ya bima ya kutula bunkete mpi monisa bantu yina fwete kabula yo.

4 > Sosa bantu yina kele na mpasi sambu na kuzaba mabanza mpi bangindu na bo sambu na bima ya kutula bunkete yina bo pesaka bo mpi kiese yina bo kele na yo sambu na bimvuka yina ke salaka ngolo sambu bima yango kukumina bo.

Bimonisilu ya mfunu

Mabuta yonso yina kele na mpasi kele ti nswa ya kubaka bima ya mbote ya kutula bunkete:

- dibuta mosi fwete vanda ti bima zole ya kubakila masa (10-20 *litres*; mosi sambu na kubakila masa mpi yankaka sambu na kubumba masa);
- muntu mosi fwete sadila 250g ya sabuni sambu na konso ngonda
- muntu mosi fwete sadila 200g ya sabuni ya kuyobisila bilele sambu na konso ngonda
- tula sabuni mpi masa na bisika yina bantu lenda yobisa maboko (tula mosi na lweka ya WC to mosi sambu na dibuta mosi)
- sadila nzungu, pawu to kitende (*couches*) sambu na kukatula tufi yina bana me nena.

Ntalu ya bantu yina kele na mpasi ya ke tubila/yina bo monaka ke sadila bima ya kutula bunkete mbala na mbala na nima ya kukabula yo

Ntalu ya mabuta yina ke sumba bima ya kutula bunkete sambu na kuzaba bampusa yina yo ke lomba kulungisa ntete

Mikanda ya ke pesa lutwadisu

Sosa kuzaba bima ya mfunu: yikanisa bima ya kutula bunkete mpi bima yonso ya kutula bunkete na kutadila bisika yina bantu ke zingaka mpi disolo yina yo ke tubila. Sambu na mbala ya ntete nge fwete pesa ntete bima ya kele mfunu mingi (mumbandu, sabuni, bima ya kutulaka masa ti bima yina ke sadisa bankento kana bo me mona menga (*règle*) mpi bankisi yina ke sadisaka muntu yina ke suba mbote ve) na kisika ya kupesa ntete bima "yina bantu ke sepelaka" (brosse ya nsuki, nkisi ya nsuki (*shampoing*), nkisi ya ke yobisaka meno (*dentifrice*), nti ya meno (*brosse à dents*). Bantu ya nkaka lenda vanda ti bampusa ya mutindu ya nkaka ⊕ *tala Mikanda ya ke pesa lutwadisu – Bimvuka ya kele na kigonsa* (Yina ke landa awa na nsi).

Bima ya kutula masa: Sosa bima ya mbote ya 10-20 *litres* sambu na kubakila masa mpi kubumba masa ya kunwa mpi ya kusadila. Nene ya kima yina muntu ke bakila masa fwete wakana ti mvula mpi nene na yandi. Bima yina beno ke tula masa fwete vanda ti mifiniki na yo, yo fwete vanda bunkete mpi ya kufika mbote, mpi bima ya kubumba masa fwete vanda ti tiyo sambu na kubaka masa, kubuma mpi kunwa yo kukonda kigonsa.

Kana bantu ke pesa masa kaka na bantu ya nkaka, yo ta vanda mbote kupesa bantu bima ya nene yina lenda pusa bo na kubumba masa. Na bambanza to na bisika yina bantu ke bakaka masa kisika mosi, mabuta fwete bumbaka masa ya kufwana sambu na kusadila yo na mutindu ya mbote (tanga kusaladi masa na bisika yina yo ke lomba) na yina me tala kubuma diaka masa.

Bimvuka yina kele na kigonsa: Bantu ya nkaka lenda vanda ti mfunu ya bima fioti ya kutula bunkete na kutadila mvula na bo, mavimpi na bo, kana bo kele ti bifu na nitu, diambu yina lenda soba to kukonda kusuba mbote. Bantu ya kele ti bifu na nitu to bantu yina ke sobaka lenda vanda ti mfunu ya bima fioti mpamba. Yo ke tendula kupesa sabuni ya mingi, bankisi sambu na bantu yina ke kukaka kusuba mbote, babima ya kutula masa, malonga ya nene, kiti ya kulala mpi bilele ya plastike sambu na bamatela. Yula bantu to bantu yina ke sadisaka bo kana bo kele na mfunu ya lusadisu ya kukwenda kusosa masa mpi kukatula batufi na bo na mutindu ya mbote. Solula ti bo to na mabuta na bo to bantu yina ke zingaka ti bo sambu na kusosa kuzaba lusadisu ya me fwana sambu na kupesa bo.

Manaka sambu na kupesa bima ya kutula bunkete na zandu: Kupesa bima ya kutula bunkete fwete sadisa bazandu yina kele na babwala kana mpila kele (mumbandu, kupesa mbongo to jeton, to kuyidika diaka bisika yina bo ke bumbaka bima). Kutadila mbote zandu mpi kulandila mambu ya mabuta kele mfunu ntangu beno ke kabula bima ya kutula bunkete, mingi-mingi na mikumba yina bakala to nkento kele na yo na ntangu ya kubaka balukanu ya me tala mambu ya kusala. Sosa kuzaba kana zandu ke pesa bima ya mingi mpi ya mbote mpi kana mpila kele kuyidika yo   *tala Pesa lusadisu na bazandu.*

Kukabula: Tula dikebi ya mingi na lutaninu ya bantu na ntangu ya kukabula bima   *tala Munsiku ya ke tani na bantu ya 1.*

Sosa kutula kimvuka mosi ya bantu yina ta kabulaka kaka bima yango. Songa bantu na ntwala kilumbu mpi ntangu, lisiti ya bima yina kele mpi malombo sambu na kubaka bima yango. Sala ngolo ya kutelemina bantu yina ke sadilaka bantu ya nkaka mambu ya nku to ya ke nganinaka bantu ya nkaka, kana mpila kele mabuta lenda vanda na ndonga sambu na kukabula yo mbala mosi. Sosa kuzaba mpi sala ngolo ya kutelemina mambu yonso yina ya mpasi ya me tala kizitu yina kukabula to mutindu ya kukabula, mingi-mingi, babakala, bankento mpi bana bankento, minunu mpi bantu yina kele ti bifu na nitu.

Kupesa bima yina bantu ke diaka: Kabulaka mbala na mbala bima ya mbote yina bantu ke diaka mpi bima ya nkaka, mumbandu, sabuni to bima yina bankento ke lwataka kana bo kele ti *règle* mpi bankisi kana muntu ke suba mbote ve.

Kutambusa mutindu ya kukabula bima na bantu: PIKwendaka kutala bimvuka sambu na kubakisa bampusa mpi mayele ya nkaka ya kuyikama na babwala ya nkaka. Lungisa bampusa ya bantu mingi na ntangu mosi sambu na kusadisa bantu yina me zabana dezia mpi sambu na kuzwa ntangu mpi mbongo na babwala yina yonso. Beno fwete zikisa kibeni nde mabuta yonso nataka bima yina bo kabilaka bo na lutaninu kibeni.

Bantu yina ke kwenda bisika ya nkaka: Ntangu bantu ke kwenda bisika ya nkaka, sosa kuzaba kana bo lenda nangula bima ya kutula bunkete kukonda mpasi (mumbandu, sabuni yina bo lenda sala na yo nzietelo). Bika bantu kupona bo mosi bima yina bo ke zola na kisika ya kupesa bo bima yina bo ke sepela na yo ve. Tula kimvuka yina ta kwendaka kuvukisa mpi kukatula bima yina bantu bikisaka kana bo me kwenda bisika ya nkaka.

Bunkete, Nsiku ya 1.3:
Kuvanda bunkete na ntangu ya *règle* mpi kana masuba ke basika mbote ve

Bankento mpi bana bankento yina kele na mvula ya kumona menga (règle), mpi babakala ti bankento yina ke belaka maladi ya kukonda kusuba mbote kele ti nswa ya kubaka bima ya bunkete mpi ntangu bo ke tulaka kimvuka ya WASH yina ke zitisa bantu mpi bima na bo.

Bisalu ya mfunu

1 > Kubakisa mutindu ya kusala mambu, bansiku ya ke tadila bantu yonso mpi masolo ya ke monisa mutindu ya kulandila bunkete na ntangu ya règle mpi maladi ya kukonda kusuba mbote, mpi kuzaba mutindu ya kusadila bima mpi mambu ya ke tadila bunkete.

2 > Solula ti bankento, bana bankento mpi bantu yina kele ti maladi ya kukonda kusuba mbote na ntangu ya kubaka bangidika, ya kupona kisika ya kukwenda mpi na ntangu ya kulandila ba WC (ba WC, binkoso ya kuyobila masa, kisika ya kuyobisa bilele, bisika ya kulosa bima ya mvindu mpi kubasisa masa).

3 > Kupesa bantu bima ya bunkete ya me fwana ya kusadila na ntangu ya *règle* mpi ntangu muntu ke suba mbote ve, sabuni (sambu na kuyobila, kuyobisa bilele mpi maboko) mpi bima ya bunkete ya nkaka.

   - Ntangu nge ke pesa bima yango, yo ta vanda mbote kupesa yo na kisika yina bantu ya nkaka lenda mona ve sambu na kuzitisa bantu yina ke baka yo mpi kukonda kungani bo, mpi songa bo mutindu ya kusadila bima yango mbala ya nkaka bo me zaba ve mutindu ya kusadila yo.

Bimonisilu ya mfunu

Ntalu ya bankento mpi bana bankento yina kele na mvula ya kubasika menga (*règle*) yina kele ti nswa ya kubaka bima yina ke sadisaka bo na kulwata sambu bo vanda bunkete na bilumbu yina bo kele ti menga

Ntalu ya bantu yina ke sepelaka na bima yina bo ke pesaka bo mpi ba WC yina bo ke tulaka sambu bankento kuvanda bunkete ntangu bo kele ti menga

Ntalu ya bantu yina kele ti maladi ya kukonda kusuba mbote yina ke sadilaka bima mpi ba WC yina bo me salaka sambu na bo

Ntalu ya bantu yina ke sepelaka na bima mpi ba WC yina bo me tulaka sambu na bantu yina kele ti maladi ya kukonda kusuba mbote

Banoti ya ke pesa lutwadisu

Zabisa mutindu ya kulandila bunkete ya me tala* règle *mpi ya maladi yina bantu ke subaka na mpasi ntangu mpasi mosi buna me kumina bantu: Mutindu ya mbote ya kulandila bunkete ya me tala règle mpi maladi yina bantu ke subaka na mpasi ke sadisaka bantu na kuzinga na luzitu mpi na kusala kisalu na bo ya konso kilumbu. Diaka, na kisika yina bo ke tulaka bima sambu na bunkete, yo kele mfunu na kusolula ti bantu yina ke sadilaka bima mosi buna sambu na kukatula, yo vanda na nzo to na ba WC ya bantu yonso to mpi na bisika ya bisalu, mumbandu na banzo-nkanda. Ba WC fwete vanda ya mbote mpi beno fwete yambula kisika sambu na kuyobisa bilele mpi kuyanika yo   *tala Kulandila batufi yina bantu ke nenaka, Nsiku ya 3.1 mpi 3.2.*

Nsoni na kutubila ba **règle**: Balukwikilu, bansiku mpi bansiku sambu na menga yina ke basikaka bankento kele ti bupusi na kununga mpi kukwenda kupesa lusadisu. Bantangu ya nkaka, yo lenda vanda mpasi sambu na kulandila mambu yina yonso na mbala ya ntete to na ntangu ya mpasi mosi buna ya ke manaka ve me kumina bantu, kansi yo fwete salama na nswalu yonso kibeni.

Mbala ya nkaka, yo lenda vanda mpasi na minganga na kusadila ngongo "*l'incontinence*" to kusadila yo na mambu ya nkaka. Ngongo yai ya bo ke binga na Kifalansa "*l'incontinence*" ke tadila bantu yonso mpi bantu ya nkaka yina ke vandaka ve ti makuki ya kuzaba kana yandi ke zola kusuba to ke zola kunena. Diambu yai lenda pusa muntu na kutuba mambu ya mbi, kuvanda na kingenga, kulemba na nitu mpi kukonda kusala bisalu, na nzo-nkanda to na kisalu mosi buna. Kubaka lukanu sambu na mavimpi lenda monana bonso nde yo kele ngolo ve, bantu mingi ke tubilaka ve diambu yango kansi na kutuba masonga, maladi yai ya l'incontinence lenda simba bantu ya luswaswanu. Yo ke tadila bantu yai:

- minunu;
- bantu yina kele ti bifu na nitu mpi bantu yina ke kutanaka ti mambu ya mpasi ya me tala kusoba bisika;
- bankento yina me katuka kubuta mpi bana bankento yina kele na kigonsa ya mingi ya maladi yina lenda basika bo na nzila ya kinkento;
- bantu yina ke belaka maladi yina ke manaka ve (*asthme*, maladi ya sukadi (*diabète*), *AVC to cancer*);
- bankento mpi bana bankento yina bo me vukisaka nitu ti bo na mutindu ya mbi to yina bo me sobaka kinama na yandi ya kinkento;
- bantu yina minganga me salaka dezia *opération*, mumbandu, opération ya *prostate*;
- bankento yina me kuma na mvula ya kukonda kubuta; mpi
- babebe mpi bana yina ke belaka maladi ya ntu sambu na kukonda kuwakana to sambu na kisumbula yina salamaka.

Kukonda bunkete yina maladi ya kusuba mpi kunena na mpasi ke nataka lenda benda bamaladi mingi kibeni na ntangu ya kupesa lusadisu ya nswalu. Yo kele mfunu na kusadila masa mpi sabuni ya mingi kibeni. Bantu yina ke belaka maladi yai mpi bantu yina ke vandaka sambu na kusadisa bo fwete vanda na mfunu ya masa mpi ya sabuni ya mingi kuluta bantu yonso ya nkaka. Bantu yina ke belaka maladi ya kusuba mpi kunena na mpasi fwete kwenda kukutana ti badoktere yina ke sansaka kaka maladi yina (*des médecins spécialistes*) to bayina ke sansaka kaka maladi ya bantu yina kele ti bifu na nitu sambu na kusosa kuzaba bangidika yina bo fwete kama sambu na kutani mpi kutadila bamicrobe yina lenda fwa muntu.

Bima yina bo pesaka mpi ba WC: Solula ti bantu yina kele na mpasi sambu na kuzaba mpusa na bo sambu na bima yina bo lenda bumba ve mpi bima yina bo lenda sadila diaka; bimvuka ya kukatula bima na banzo, na banzo-nkanda, na baopitale mpi na ba WC ya bantu yonso; bisadilu sambu na kuyobisa bilele mpi nsinga sambu na kuyanika yo; ba WC mpi binkoso sambu na kuyobila masa. Kutula dikebi na mambu yina bantu ke zolaka mpi bansiku ya ke tadila mvula ya muntu kele mbote, sambu mutindu yo kele mpi kiteso ya bima yango lenda soba na ntangu mosi buna. Sosa kumonisa mambu ya masonga na yina me tala bima yina bantu me zaba ve.

Kusadila bitende (*couches*) kele mfunu kana muntu ke kudisubila mpi kudinenina kukonda kuzaba mpi na kutadila mutindu yo kele. Sambu na kusadila yo mbote nge fwete vanda na nene ya mbote kibeni. Pesa mbala mosi bitende (*couches*) sambu na bantu yina ke kudisubila mpi kudinenina kukonda kuzaba, sambu na bantu ya mitindu yonso, bantu ya nene mpi bantu ya fioti.

Tadila mbote ba WC ya pene-pene sambu na bantu yina ke belaka maladi ya kudisubila mpi kudinenina kukonda kuzaba. Bantu ya nkaka lenda vanda ti mwa makuki ya kukanga fioti masuba to tufi sambu na kukota nswalu na WC ata yandi kele ti maladi yina bantu ke kudisubila mpi kudinenina kukonda kuzaba. Yo kele mfunu na kupesa bantu ya mutindu yai kiti mosi ya kulala, dilonga mosi ya nene to kima ya kusubila.

Ndambu ya bima yina bo ke pesaka *sambu na yina me tala mutindu ya kulandila bunkete na ntangu yina bankento ke monaka menga mpi ya bantu yina ke belaka maladi yina muntu ke kudisubilaka mpi ke kudineninaka kukonda kuzaba:*

- ngungulu mosi ya kele ya kufika mbote sambu na bilele ya mvindu mpi kubumba bitende ya bunkete; mpi
- bansinga mpi bima yina bo ke kangilaka bilele (des pinces) sambu na kutandaka bitende yango.

Sambu na bunkete na ntangu ya barègle:

- yo vanda bima ya kele na coton yina ke bendaka masa (4 m² sambu na mvula mosi), bitende yina bo fwete sadilaka kaka mbala mosi (15 sambu na ngonda mosi) to yina bo lenda sadila diaka (sambanu sambu na mvula ya mvimba), na kutadila bima yina bankento mpi bana bankento ke sepelaka na kusadila;
- bakaleson (*sous-vêtements*) (sambanu sambu na mvula mosi);
- Sabuni ya kufwana (250g sambu na ngonda mosi) *tala Kutubila bunkete na bantu yonso, Nsiku ya 1.2: Identification, nswa mpi mutindu ya kusadila bima ya bunkete.*

Sambu na maladi yina muntu ke kudisubilaka mpi ke kudineninaka kukonda kuzaba, bo fwete pesa bima na kutadila nene mpi mutindu ya maladi yango kele mpi na kutadila bampusa ya bantu. Ndambu ya mambu yina bo me tubila kele:

- yo vanda bima ya kele na coton ya mbote yina ke bendaka masa (8 m² sambu na mvula mosi), bitende yina bo fwete sadilaka kaka mbala mosi (150 sambu ngonda mosi) to bakaleson yina muntu ya ke belaka maladi yai mpamba fwete sadila yo diaka (12 sambu na mvula mosi);
- bakaleson (*sous-vêtements*) (12 sambu na mvula mosi);
- sabuni ya kufwana savon (500g sambu na WC, mpi 500g sambu na kuyobisa bilele sambu na ngonda mosi);
- Matela ti bilelezole yina yina lenda kota ve masa mpi yina bo lenda yobisa kukonda;

- bangungulu ya masa ya nkaka;
- bima ya kuyobisila nzo (*désinfectant*) javel ya masa (3 litres ya bima yai ya kukonda kuvukisa na masa sambu na mvula ya mosi);
- malonga ya nene mpi po sambu na kusubilaka (sambu na bankento mpi babakala), kiti mosi ya kulala (kana mpila kele).

Kubumba diaka bima: Yidika mutindu mpi ntangu ya kubumba diaka madia. Bo lenda sadila mbongo to bima yina bo ke pesaka bo na mitindu ya kuswaswana na bantu ya nkaka. Sosa kuzaba makuki yina bakompani ya fioti kele na yo ya kupesa bima to mikumba yina bantu kele na yo ya kusala bima yina lenda tanina bo *tala Kupesa lusadisu na bazandu.*

Banzo-nkanda, bisika ya mbote mpi bisika ya kulonguka mambu: Lusadisu yina kimvuka ya WASH ke pesa na banzo-nkanda mpi na bisika ya mbote fwete tula dikebi na mutindu kimvuka yango kele mpi na baformasio yina bo ke pesaka balongi. Mambu yai fwete vanda ti ngungulu mosi ya kele ti mufiniku, ya kele ti kisika ya kubasisa mpi ya kukotisa masa, to mutindu mosi ya kuvukisa ba WC sambu na kukwenda kuyoka yo tiya. Tula bima yina kimvuka ya WASH na mutindu ya mbote mpi kabula yo na bisika zole; ya babakala mpi ya banketo mpi tula yo ti ba *crochet* mpi ba étagères sambu na kutula bima yina bankento ke sadilaka kana bo kele na *règle*.

Siamisa balongi na kulonga dilongi ya me tala mutindu ya kulandila bunkete kana mwana nkento kele ti *barègle* bonso malongi ya bansiku. Pesa balongi formasio na:

- kumonisa bana bankento mutindu bo lenda vanda bunkete ntangu bo kele ti règle;
- kutula bima yina bankento ke sadilaka na ntangu ya barègle na nzo-nkanda;
- kusadisa bana yina ke belaka maladi ya kudisubila mpi kudinenina kukonda kuzaba yina kuyindula mambu ya mpasi yina kuminaka bo nataka *tala Mukanda INEE.*

Bisika ya mbote ya lutaninu: Sala na kuwakana ti babwala ya lutaninu sambu na kuzaba kana bo ke kudipesa kibeni na yina me tala kuvanda bunkete ntangu bo kele ti barègle mpi maladi yina muntu ke kudisubilaka mpi kudineninaka kukonda kuzaba na mabuta mpi na na bisika ya mbote ya lutaninu yina bantu yonso ke vandaka. Beno lenda tula bima yina lenda kabula yo sambu bantu ta kwendaka kukatula mpi kulwata bilele na bo.

Bantu yina kele na kukwenda na babwala ya nkaka: Kabula bima yina bankento ke lwataka kana bo kele ti *règle* mpi bima yina bo ke pesaka bantu ya kele ti maladi ya kudisubila to kudinenina na bilele kukonda kuzaba, ntangu bantu ke kwisa na bisika yina bo ke kabulaka yo.

2. Kubumba masa

Kukonda masa mpi masa ya mvindu ke natilaka bantu maladi mingi na ntangu ya mpasi mosi buna. Kana bo kele ve ti masa ya kufwana sambu na kulungisa bampusa na bo ya mfunu; yo ta vanda mbote na kupesa bo masa ya mbote ya kunwa sambu bo landa kuzinga. Diambu ya mfunu kele ya kupesa bantu masa ya kufwana, ata masa yango kele ya mbote mingi kibeni ve. Yo lenda vanda mfunu tii ntangu ya kulungisa bampusa ya bansiku ya fioti-fioti ya me tala mingi ya masa mpi kana yo kele ya mbote to ve.

Mbala mingi, batiyo yina ke basisaka masa, bisika bo ke bakaka masa mpi bisika bo ke pesaka masa lenda beba kana bantu ke wakana mbote ve, kana bisumbula me salama to kana bo ke yidika yo ve. Na ntangu bantu ke wakana ve, kukonda kupesa bantu masa lenda monana bonso nde yo kele mayele mosi buna yina bimvuka ya ke wakana ve ke sadilaka. Nsiku ya kimvuka ya ke kwendaka kupesa lusadisu ya bainsi ya nkaka ke buyisaka diambu yai kibeni.

Sosa kukutana ti bantu ya kimvuka mpi bimvuka yina diambu yango ke tadila sambu na kusosa kuzaba mutindu bo ke sadilaka mpi ke bakaka masa, kana kele ti nswa ya kukonda kubaka masa mpi mutindu yo lenda soba na bansungi ya nkaka.

Kubumba masa, Nsiku ya 2.1:
Nswa ya kubaka masa ya kufwana
Bantu kele ti nswa ya me fwana mpi ya mbote ya kubaka masa ya mbote mpi na kiteso ya me fwana sambu na kunwa mpi sambu na kusadila na banzo.

Bisalu ya mfunu

1 ⟩ Sosa kuzaba nto ya masa to bisika yina kele ya mbote kibeni, kukonda kuvila bupusi yina bisika bantu ke zingaka kele na yo.

- Kutula dikebi na mutindu bansungi ke sobaka na yina me tala kubumba mpi kulomba masa, mpi bima yina ke sadisaka sambu na kubaka masa ya bunkete, masa ya kusadila na nzo mpi masa sambu na kuzingila.
- Kuzaba banto ya luswaswanu ya masa, bantu yina ke pesaka yo mpi bantu yina ke sadilaka yo, mpi malombo sambu na kubaka masa na bimvuka mpi na mabuta.

2 ⟩ Tubila kiteso ya masa yina bantu fwete baka mpi mutindu ya mbote ya kupesa masa yango.

- Solula mbote ti bimvuka yina ke bakaka masa yango sambu na kupona kisika yina bo lenda tula banto ya masa sambu bantu yonso ya bimvuka kubaka yo na mutindu ya mbote mpi ya me fwana.
- Tula bima yina ta sadisaka sambu na kusadila mpi kuyidika yina ke pesa mikumba ya pwelele mpi kutadila bampusa sambu na bilumbu ke kwisa mpi kutula dikebi na bampusa ya bilumbu ke kwisa sambu bantu kubaka masa yango na ntangu ya me fwana.

3 〉 Zikisa nde tiyo yina bo me tula ke basisa masa mbote na dibuta, na bisika yina bantu yonso ke lambaka madia, ke yobisaka bilele mpi na ba WC, mpi na bisika yina bo me tula bima ya kuyobisa mabako.

- Sosa mabaku sambu na kusadila diaka masa, mumbandu, sambu na bilanga, sambu na kusala babrike to masini yina ke sadisaka na kulosa masa na bilanga.

Bimonisilu ya mfunu

Kiteso ya masa yina bo ke sadilaka sambu na kunwa mpi sambu na kuyobisila konso nzo

- Kiteso ya balitre 15 sambu na muntu mosi konso kilumbu
- Tubila kiteso ya masa na kutadila bampusa na bo mpi ntangu yina bo ke kwendaka kupesa lusadisu

Ntalu ya mingi ya bantu yina ke sadilaka bima yina bo me tulaka sambu na kubaka masa

- Bantu 250 na robinet mosi (ya me simbama na 7,5 *litres*/minuta)
- Bantu 500 na konso tiyo yina bo ke kangulaka masa na maboko (ya me simbama na 17 *litres*/minuta)
- Bantu 400 na konso dibulu ya masa yina bo ke bakaka na maboko (ya me simbama na 12,5 *litres*/minuta)
- Bantu 100 na bisika yina bantu ke yobisaka bilele
- Bantu 50 na bisika ya WC mpi na bisika yina bantu ke yobilaka masa

Ntalu ya mabuta yina ke sumbaka masa ya kunwa mpi ya kusadila na banzo

- Lukanu: 5 % to na nsi

Ntalu ya mabuta yina ke zabaka bisika mpi ntangu yina bo ta baka masa na mbala ya nima

Kitamina yina kele na konso dibuta yina mpi kisika ya pene-pene yina bo ke bakaka masa

- <Bametre 500

Ntangu ya kuvingila na bisika yina bo ke bakaka masa

- <Minuta 30

Ntalu ya banto yina bantu yonso ke kwendaka kubaka masa kukonda mpasi, masa yina ke kitaka ve

Ntalu ya bima ya masa/bima yina ke landilaka mutindu mambu ke tambulaka mpi mikumba yina bo me tulaka

Banoti ya ke pesa lutwadisu

Sambu na *kupona bisika ya kubaka masa*, beno fwete tula dikebi na mambu yai:

- kisika ya mbote, ya lutaninu, ya pene-pene mpi kisika yina kele ti masa ya mingi sambu na ntangu ya nda;

- mfunu mpi mutindu ya kutula nkisi na masa sambu yo kuma bunkete, yo vanda sambu na bantu yonso to sambu na dibuta; mpi
- mambu ya me tala bantu, mambu ya politike to ya bansiku lenda soba na mutindu ya kulandila masa, mingi-mingi kana bantu ke wakana ve.

Na mbala ya ntete yina mpasi me kumina bantu, mbala mingi yo ke vandaka mbote na kuvukisa mayele sambu na kulungisa bampusa ya bantu yina kele na luzingu. Ata yo ke lomba kutula nkisi na banto ya masa, mbala mingi yo ke sadisaka na kuyidika mambu nswalu kibeni. Banto ya masa yina ke basikaka na ntoto mpi banto ya masa yina salamaka na lugangu kele mbote mingi na kusadila. Bametode yai ke sadisaka na kutula nkisi ndambu mpi yo ke lombaka kusala mingi sambu na kutula yo. Landilaka mbala na mbala banto yonso ya masa sambu bantu kusadila yo ve na mutindu ya mbi ⊕ tala Bisika ya mbote ya kupema mpi banzo, Nsiku ya 2: Bisika mpi mutindu ya kuyidika bisika yina bantu fwete zinga.

Bampusa: Kiteso ya masa yina ke lombama sambu na kunwa, kutula bunkete mpi kusadila na nzo ke tadila mambu yina mabuta ke kutana ti yo mpi ntangu ya kukwenda kupesa lusadisu. Kiteso ya masa yango lenda soba na mambu ya kuswaswanu, bonso, bikalulu mpi mutindu ya kusadila masa na ntwala nde mpasi mosi buna kukumina bantu, mutindu ya kufika tufi yina muntu me nena mpi bikalulu yina bantu ke zingaka ti yo ⊕ tala Nsiku ya 1.1. ya ke tubila bunkete mpi Nsiku 3.2 ya ke tubila mutindu ya kulandila batufi yina bantu ke nenaka.

Mutindu ya mbote yina muntu mosi fwete sadila masa na kilumbu mosi kele balitre 15. Kansi ntalu yai me lunga kibeni ve sambu na mambu ya nkaka to ntangu bo ke kwenda kupesa lusadisu. Mumbandu, diambu yai ke salamaka ve na bisika yina bantu lenda katuka sambu na kukwenda bisika ya nkaka sambu na kusala kuna bamvula mingi. Na ntangu masa ke manaka, kupesa balitre 7,5 ya masa na konso muntu mpi konso kilumbu lenda vanda mbote mingi sambu na mwa ntangu fioti. Na mbanza mosi, balitre 50 ya masa konso kilumbu mpi sambu na konso muntu lenda vanda mwa mbote sambu na kutanina mavimpi mpi kuzinga na luzitu.

Bo fwete tadila mbote mambu ya mpasi yina kukonda kupesa masa na kiteso ya kufwana ke nataka na kutadila ntalu ya bantu yina kele ti maladi mpi ntalu ya bantu yina ke fwa na bamaladi yina WASH ke nataka. Kusala na kimvuka ti bimvuka ya nkaka ya WASH sambu na kulungisa kiteso ya mwa ndambu ya masa na kutadila mambu yina beno ke kunata ti yo. Sambu na kubaka lusadisu sambu na kuzaba mingi ya masa yina kele mfunu sambu na bantu, na bambisi, na babiro mpi sambu na kusadila yo na mutindu ya nkaka ⊕ tala Lusansu ya me fwana – Nsiku ya 2.1.1 tii na 2.1.4 mpi WASH Appendixe 3. Sambu na kubaka masa ya kupesa nswalu bambisi ⊕ tala Mukanda LEGS.

Bampusa	Mingi ya masa (balitre/muntu/kilumbu)	Kuwakanisa yo ti disolo ya me simbama na
Luzingu: kubaka masa (ya kunwa mpi ya kulambila)	2.5–3	Mutindu ya kutala mpi ya kuyindula ya muntu
Kusala mambu ya bunkete	2–6	Bikalulu ya bantu mpi mutindu na bo ya kuzinga
Kulamba madia ya ke tunga nitu	3–6	Madia, bikalulu ya bantu mpi mutindu na bo ya kuzinga
Ntalu ya masa ye ke tunga nitu	7.5–15	

Mfunu ya ndambu ya masa yina lenda sadisa sambu na kuzinga: Nzala ya masa yina bantu kele na yo lenda soba, mingi-mingi sambu na bantu yina kele na bifu na nitu to bantu yina lenda soba mpi na bimvuka yina bantu ke sambilaka banzambi ya luswaswanu.

Bangidika: Kubula ve kiteso ya masa yina bo me pesa na ntalu ya bantu yina bo me pesa dezia. Sambu na kubaka bansangu ya mutindu ya kusadila masa, yo kele mbote na kusolula ti bantu yina ke salaka bisalu ya nzo, na kutadila mpi na kubudila bimvuka ya bantu masolo na kisika ya kutesa mingi ya masa ya me bikala, yo vanda bo ke nata yo na kaminio, ke tinda yo to ke yina yo na maboko. Fwanisa rapore ya masa ti rapore ya masa yina bantu ke sadilaka na banzo.

Nswa mpi lunungu: Nswa mpi lunungu: Bisika ya kubaka masa fwete vanda ti bisika sambu na WC, kinkuku, kisika ya kuyobisa bilele, ba WC, mpi bisika ya nkaka bonso na banzo-nkanda to na baopitale.

Balukanu ya fioti na yina me tala kiteso ya masa (tala bimonisilu ya mfunu) yina kela na ziulu) ke monisa kibeni nde nto yina ke pesaka masa ke pesaka yo bangunga 8 konso kilumbu. Sadila balukanu yai na mayele yonso sambu yo ke bumbaka ve masa to yo ke vandaka ve na nswa ya mbote.

Kupesa lusadisu ya masa mpi ya kutula bunkete fwete lungisa bampusa ya bantu yina ke kwendaka na babwala ya nkaka mpi na bantu yina ke yambaka bantu ya nkaka na mutindu ya mbote sambu mawvanga mpi kukonda kuwakana kuvanda ve.

Ntangu beno ke yidika mutindu ya kukwenda kupesa lusadisu, kuvila ve nde bampusa lenda soba na kutadila mvula ya muntu, kana yandi kele nkento to bakala, kana yandi kele ti kifu na nitu to ke sobaka mambu. Kutula bisika ya kubaka masa pene-pene ti banzo sambu bantu kubaka yo na lutaninu.

Zabisa bantu yina kele na mpasi kilumbu, ntangu mpi kisika yina bo fwete baka masa, nswa yina bo kele na yo ya kubaka masa na mutindu ya mbote mpi na mutindu yina bo lenda pesa mabanza na bo.

Ntangu yina yo ta baka sambu na kukwenda mpi kuvutuka: Kana ntangu yina yo ta baka sambu na kukwenda mpi kuvutuka kele mingi, yo ke tendula nde bisika ya kubaka masa kele mbote ve to masa kele mingi ve na nto yina bo ke bakaka yo. Diambu ya mutindu yai lenda sala nde bantu kunwa diaka masa mingi ve mpi nde bantu lenda sadila diaka banto ya masa yina bo me tulaka ve nkisi, mpi kubaka ntangu fioti mpamba sambu na kusala mambu ya nkaka, mumbandu, kulonga to kusala bisalu yina lenda pesa lufutu. Kulutisa ntangu mingi na kisika yina bo ke bakaka masa lenda pusa bantu na kusala bantu ya nkaka mambu ya mbi *tala Munsiku ya ke tanina bantu ya 1* mpi *Nsiku ya me fwana sambu na kupesa lusadisu na bantu ya kela na mpasi, Kuwakana ya 1.*

Ngungulu ya masa ya bunkete: *Tala Kutubila bunkete na bantu, Nsiku ya 1.2: Kuyidika, kubaka mpi kusadila bima ya bunkete.* Kana bangidika ya kutula nkisi na masa sambu yo kuma bunkete mpi ya kubumba mbote masa me bakama, tubila ntalu mpi nene ya bangungulu yango. Mumbandu, mayele ya kukanga menga mpi ya kufwa bamicrobe fwete vanda ti malonga zole ya masa, kitende mosi mpi muntu mosi ya ke tadilaka mambu yango.

Manaka ya me simbama na zandu sambu na kupesa masa: Sosa kuzaba mutindu mabuta vandaka ntete kubaka masa mpi ntalu ya bangungulu ya masa na bo na ntwala nde mpasi kukumina bo, mpi mutindu bo vandaka kubaka na nima ya mpasi yango. Mutindu yai ya kutadila zandu fwete sadisa sambu na kubaka balukanu ya me fwana na mutindu ya kupesa masa ya mbote sambu na ntangu fioti to mingi. Monisa mutindu ya kusadila, ya kupesa maboko mpi ya kunata na ntwala kuteka masa, na kuvukisaka lusadisu ya mbongo na mabuta, lusadisu ya mbongo yina bamfumu ya luyalu ke pesaka mpi kuyedisa mayele ti bantu ya mumbungu mpi bantu yina ke pesaka bima to mutindu ya nkaka. Landila konso ngonda bantalu yina kele na zandu (masa, kima yina lenda zika kukonda mpasi) ti kuwakana ya badepensi ya nzo na bantangu ya ke kwisa, mpi kusadila mayele yango sambu na kuzabisa bansoba yina ke salama ya kele na kati ya manaka ⊕ *tala Kupesa lusadisu na bazandu.*

Kufuta mbongo: Badepensi sambu na masa fwete luta ve 3 tii na 5 % ya bansiku ya dibuta. Sosa kuzaba mutindu mabuta ke futaka mbongo ya mingi na ntangu ya mpasi mpi baka bangidika ya kutadila na bukati-kati mambu yina ya mpasi ⊕ *tala Munsiku ya ke tanina bantu ya 1.* Zikisa kana bo ke sadila mbongo na mutindu ya masonga.

Mutindu ya kulandila masa mpi bima ya nkaka: Sala na kuwakana ti kimvuka mpi kimvuka ya bantu yina fwete baka lusadisu yango sambu na kuzaba kisika ya kutula yo, mutindu yo kele mpi mutindu ya kusadila banto ya masa yango (Kuyidika mambu mbala mosi sambu na ntangu ya nkufi mpi ya nda). Mambu yango ke tadila ba WC, binkuku mpi bisika ya kuyobisa bilele, ti babiro ya nkaka mumbandu, banzo-nkanda, bazandu mpi baopitale. Tula dikebi na bansangu yina nge ke baka sambu na kuyikana mpi kutomisa bisika yina bantu fwete baka masa kukonda mpasi.

Tula dikebi na mutindu bamfumu ya luyalu ya ntangu me luta mpi ya ntangu yai ke tambusa mambu ya me tala masa, makuki yina bo kele na yo mpi luzolo ya mbote yina bantu kele na yo ya kufuta mbongo sambu na bisalu ya kutula masa mpi bunkete, mpi bisalu ya ke talaka mambu ya kukwenda kubaka mbongo. Tadila mutindu ya kubumba masa sambu bo sadila yo mbote na ntangu ya nda to ntangu ntalu ya bima ke kita. Fwanisa bima bonso tiyo mosi ya ke salaka na ntangu, to nzila yina ke nataka masa ti kubumba masa na bakaminio, mingi-mingi, na bantu ya mpasi yina ke bakaka ntangu ya mingi na bambanza mpi na babwala yina kele ti babiro ya ke talaka bimvuka yonso.

Songa bantu mutindu ya kusadila mpi ya kutanina bima ya masa yina kimvuka yai WASH ke pesaka to bima yina bimvuka ya ke salaka na kuwanaka ti bwala yina bantu kele mingi to ve

Kusadila masa ya kele na mulangi: Masa yina bo me tula nkisi ke tekamaka na ntalu mingi ve, yo kele mbote mingi kibeni mpi yo ke monana mingi kuluta masa yina kele na milangi, mingi-mingi, sambu yo ke lombaka kunata yo na bakaminio, ntalu yina bo ke lombaka, sambu yo kele ya mbote mpi na bima yina bo ke basisaka. Mambu ya kukonda kukana ke kondaka ve sambu na ntangu mosi buna (mumbandu, kana muntu ke sala nzietelo). Tula kima yina ta sadisaka sambu na kulosa bima ya mvindu.

Bisika sambu na kuyobisa bilele, kuyobila mpi WC: Kana kuyobila na dibuta kele mbote kibeni ve, sala binkoso mpi kabula yo, ya babakala na ndambu yina kuna mpi ya bankento na ndambu ya nkaka sambu na lutaninu na bo, sambu na kubumba binama ya nitu na bo mpi sambu na kupesa nitu luzitu.

Solula ti bantu yina ke sadilaka yo, disongidila, bankento, batoko mpi bantu yina kele ti bifu na nitu sambu na kubaka lukanu ya kisika yina bo fwete tula yo, na mutindu yo kele mpi na lutaninu ya bima yina bo tungaka. Na ndambu ya nkaka, yo ta lomba kupesa masa ya tiya ya kusadila na ba WC mpi ya kuyobisila bilele, mumbandu, sambu na kumanisa makwanza mpi sambu na bansungi ya nkaka.

Mutindu masa ke basika na banto, na bisika yina bantu ke yobisaka bilele, na ba WC mpi na bisika yina bo ke yobisaka maboko: Na ntangu ya lutungu mpi ya kuyidika diaka bisika yina bantu vandaka kupesa mpi kusadila masa, nge fwete zikisa kibeni nde bantu yina ke sadila yo ta baka ve maladi mpi nde bamicrobe lenda butuka ve. Sala na kuwakana ti bantu yina ke yidikaka mutindu masa ke basikaka na banto, ti babwala ya mbote ya kupema mpi bamfumu ya kartier (commune.

Tula bima mpi bisalu yina WASH ke salaka na kuzitisaka bansiku na yina me tala mutindu masa ke basikaka na banto na yo. Mumbandu, kana masa ke basika ntinu na tiyo yango, kiteso ya masa yango mpi na ntangu ya kuyobisa bilele, mpi kitamina yina kele banda na tiyo yango tii na kati ya ngungulu ya masa fwete vanda ya mbote kibeni
    tala Bisika ya mbote ya kupema mpi banzo,Nsiku ya 2: Kisika mpi mutindu bo me yidika bambanza ya kusansa bantu.

Kubumba masa, Nsiku ya 2.2:
Masa ya mbote

Masa ke vandaka kitoko mpi mbote sambu na kunwa mpi kulambila, sambu na kuyobila mpi kusadila na nzo kukonda kupesa bantu maladi.

Bisalu ya mfunu

1 > Zabisa bantu bamaladi yina masa ke natilaka bantu mpi songa bo mutindu ya kuditanina na bamaladi yango.

- Tanina mbote banto ya masa mpi salaka bansosa mbala na mbala sambu na kuzaba mavimpi ya bantu na yina me tala nto ya masa mpi bisika yina bo ke bakaka masa.

2 > Monisa metode mosi ya mbote sambu na kutanina masa ya mbote ya kunwa mpi ya kusadila.

- Mabaku sambu na kutula nkisi na masa sambu yo kuma bunkete ke tadila mpi kukabula masa na bantu yonso, kubaka masa mpi kisika ya mbote ya kubumba masa na dibuta, to kutula nkisi na masa sambu yo kuma bunkete mpi kubumba masa na kisika ya mbote na dibuta.

3 > Baka bangidika ya me fwana sambu na kutanina bantu na maladi yina na nima ya kubaka masa ya kunwa to ya kusadila ke nataka.

- Pesa bantu yina ke salaka bisalu ya nzo bima ya mbote sambu na kuvukisa mpi kubumba masa ya mbote, mpi mutindu ya kubumba masa ya kunwa na nzo.
- Sosa kuzaba bidimbu yina ke sadisaka na kuzaba masa ya mbote (*chlore résiduel libre* - CRL *et bactéries coliformes* - CFU) sambu na kupesa, kunwa mpi kusadila.

Bimonisilu ya mfunu

Ntalu ya bantu yina kele na mpasi ya ke bakaka masa ya mbote na nto ya masa ya bunkete

Ntalu ya mabuta yina ke bumbaka masa ya mbote na bisika ya kitoko kibeni, na bangungulu ya bunkete mpi ya kufika mbote

Ntalu ya bantu yina salaka teste sambu na kuzaba masa ya mbote yina me fwana kibeni na bansiku yina ke lombamaka sambu na masa ya mbote

- <10 CFU/100 ml na kisika yina bo ke pesaka masa (masa yina bo me tula ve nkisi)
- ≥ 0,2–0,5 mg/l na kisika yina bo ke tindaka masa sambu na kupesa masa (masa yina bo me tula nkisi)
- Masa yina ke panzana kele na nsi ya 5 NTU

Banoti ya ke pesa lutwadisu

Tanina mbote masa ya bunkete: Maladi mingi yina masa ke nataka ke vandaka ti kigonsa na yina me lunungu ya kutanina masa ya bunkete. Mambu yina lenda sala nde muntu kubaka ve microbe na nzila ya munoko kele kunena na WC, kufikaka mbote madia, kuyobisaka mabako bantangu yonso, kuvukisa mpi kubumba masa ya mbote *tala Kutubila bunkete na bantu yonso, Nsiku ya 1.1; Mutindu ya kutadila batufi, Nsiku ya 3.2* mpi *Appendixe 2: Kifwanisu ya F.*

Kutadila bigonsa yina kutanina masa ya mbote ya bunkete, disongidila, banda na nto ya masa tii na kima yina bo ke bumbaka masa ya mbote ya kunwa kele:

1. kulanda kutula bunkete na kisika yina bo ke bakaka masa;
2. kuzitisa bantuma ya mutindu ya kusadila bangungulu ya kuvukisa mpi ya kubumba masa;
3. kuzitisa bantuma ya kuvanda ti ngungulu ya bunkete mpi ya kufika mbote; mpi
4. teste sambu na kuzaba masa ya mbote.

Kana mambu mingi ke sala nde masa kuvanda ya mvindu, mambu yina beto me tubila lenda sadisa sambu na kuzaba bigonsa kukonda kusala bateste ya kuzaba masa ya mbote yina kele na kati ya mabuta.

Nsosa mosi ya me tala mambu ya mamvimpi ke tadila malombo mpi mambu yina lenda tula na kigonsa mavimpi ya bantu yonso na bisika yina bo ke bakaka masa. Yo ke tadila mutindu banto ya masa kele, kusala batiyo yina fwete basisa masa, lupangu na yo, mutindu ya kubasisa tufi mpi mutindu ya kulandila bima ya mvindu yina lenda natila bantu maladi. Bansosa fwete salama mpi na bangungulu ya masa ya kusadila na nzo.

Masa ya mbote: Ntangu beno ke kangula kisika ya nkaka ya mpa ya masa, sosa kuzaba mambu ya me tala mavimpi, bankisi mpi bamicrobe yina masa ke nataka. Sala teste yango na ntwala mpi na nima ya kusoba ya bansungi ya insi. Kuvila ve ata fioti kulandila mambu ya me tala bankisi (mumbandu, kiteso ya nkisi *fluorure* mpi *arsenic*) sambu yo lenda vanda ti bupusi na mavimpi ya bantu na bilumbu ke kwisa.

Bamicrobe yina ke katukaka na tufi yina bantu ke nenaka (disongidila *E. coli* kele kuluta 99 %) ke nataka maladi na masa na kulosaka batufi ya bantu to ya bambisi mpi microbe ya nkaka yina lenda nata bamaladi ya mbi kibeni. Kana masa kele ti microbe, yo ta vanda mbote kibeni na kutula nkisi na masa sambu yo kuma bunkete. Ata beno me mona ve microbe yai E. coli, masa lenda kuma diaka ti microbe kana bo sadila ata nkisi mosi sambu na kutula na masa yango.

Kana bo me tula nkisi na masa (na ntwala ya kukabula masa to ya kutula nkisi na nzo), baka bidimbu ya masa na banzo sambu na kutesa kiteso ya CRL mpi kupesa nswalu lusansu kana mpila kele. Mutindu ya kupesa masa, kiteso ya ntangu to ya madidi mpi ntangu yina masa ya bo bumbaka ke sala kele ti bupusi na CRL na kati ya dibuta (kumanisa nkisi *chlore*).

Kuzabisa bantu yonso banto ya masa yina kele ya bunkete: Mbala ya nkaka bantu lenda sepela kusadila banto ya masa yina kele ve ya bunkete, mumbandu, bamasa yina ke kulumukaka (*les rivières*), bamasa yina ke kulumukaka ve (*les lacs*) mpi banto ya masa yina kele ve bunkete, sambu na ntomo, sambu yo kele pene-pene to sambu bantu mingi ke sepela na yo. Kuzaba bikuma yina ke pusaka bantu na kusala mutindu yina, kutadila bansangu mpi bisalu yina ta sadisa sambu na kutula bunkete na banto ya masa.

Masa ya bunkete/ya ntomo: Kana masa ya bunkete kele kibeni ntomo ve (sambu na mungwa yina ke wakana, ya *sulfure d'hydrogène* to ya nkisi chlore yina bantu me yikanaka ve na yo), mbala ya nkaka bantu lenda nwa masa yina kele ntomo kansi banto ya masa yango lenda vanda ve ya bunkete. Kudipesa na kuwakana ti bimvuka mpi bisalu ya ke tubila bunkete na bantu sambu na kutula bunkete na banto ya masa.

Kutula nkisi na masa sambu yo kuma bunkete: Bo fwete tula nkisi na masa, mumbandu, kana banto mpi bisika yina bo ke bakaka masa lenda baka *microbe* kukonda mpasi, yo ta lomba kutula nkisi *chlore* na masa. Kigonsa yango ke sobaka na na kutadila mingi ya bantu, bangidika yina me bakamaka sambu na kukatula tufi, mutindu ya kusala mambu ya bunkete mpi bangidika yina me bakamaka sambu na bamaladi ya pulu-pulu. Masa yina ke panzana fwete vanda na nsi ya 5 NTU. Kana ntalu yina kele ya mingi, sadila bima yina ta kumisaka masa bunkete, bika yo sambu na mwa ntangu mpi katula yo sambu yo panzana ve na ntwala ya kutula nkisi. Sosa mpila ya kutula nkisi *chlore* mbala zole na kiteso yina me lombama kana mambu ya mpasi bankisi ya nkaka kele ve. Kuvila ve nde kupanzana ya nkisi yai *chlore* ke tadila ntangu yina masa ya bo bumbaka bakaka mpi kisika yina bo tulaka yo na madidi to na ntangu, yo yina yo ta lomba kusadila bansangu yai sambu na kutendula kiteso mpi ntangu ya kusadila yo
tala Appendixe 6: Kubumba masa ya kusadila na nzo mpi kubaka lukanu ya kutula nkisi na masa sambu yo kuma bunkete.

Masa ya mbote mpi ya mingi: Kana mpila ta vanda ve sambu na kulungisa bampusa ya fioti-fioti ya bantu na yina me tala masa ya mbote mpi mingi na yo, yo vanda mbote kusadila kiteso ya masa. Mwa masa ya mbote ya kunwa lenda sadisa sambu muntu kumana ve masa na nitu, sambu yo manisa kulemba mpi sambu bantu kubaka ve balamadi yina ke pesaka pulu-pulu.

Kisika yina kele ti microbe: Masa ya mbote lenda kota microbe na ntangu bo ke baka yo, na kisika yina bo ke bumba yo to na kisika yina bo ke nata yo. Nge lenda manisa mambu yai na bisika ya mbote ya kubaka masa mpi ya kubumba yo. Yobisaka mbala na mbala bisika yina mabuta ke bumbaka masa mpi pesa bantu formasio sambu bo landa kusala yo   *tala Kutubila bunkete na bantu, Nsiku ya 1.1 mpi ya 1.2.*

Mutindu ya kutula nkisi na masa sambu yo kuma bunkete mpi ya kubumba yo: Kana mpila ya kutinda masa ya mbote kele diaka ve, beno lenda sadila metode ya kutula nkisi na masa sambu yo kuma bunkete mpi kubumba yo. Metode yango ke sala na mpila nde bantu kubela mingi ve maladi ya pulu-pulu mpi ke tomisa masa ya mbote yina bo me bumba na nzo, mumbandu, kutokisa masa (*ébullition*), kutula nkisi *chlore*, kufwa microbe na ntangu, kusadila mayele sambu na kukotisa masa, kukotisa masa malembe na ntoto, *floculation* mpi kufwa *microbe*. Sala na kimvuka ti babwala ya nkaka sambu na kulungisa bampusa ya dibuta mpi makuki ya kutokisa masa na tiya. Kusadila ve mutindu ya nkaka ya kutula nkisi na masa sambu yo kuma bunkete yina bantu me yikamaka ve na kusadila na ntangu ya mpasi mosi buna to na ntangu ya bamaladi mosi buna. Sambu nde metode yai ya kutula nkisi na masa sambu yo kuma bunkete mpi ya kubumba yo kuvanda ya me fwana, beno fwete landilaka yo, kukengila mpi kusadisaka yo mbala na mbala, kele mambu yina me lombama sambu na kutula nkisi na masa sambu yo kuma bunkete mpi kubumba yo, na ntangu ya bo ke tula nkisi na masa ⊕ *tala Appendixe 6: Kubumba masa ya kusadila na nzo mpi kubaka lukanu ya kutula nkisi na masa sambu yo kuma bunkete.*

Masa ya mbote sambu na babiro: Tula nkisi na bamasa yonso yina bo ke pesa na banzo-nkanda, na baopitale ya nene, na baopitale ya fioti (*centres de santé*) mpi na ba Centre yina ke sadilaka nkisi *chlore* to nkisi yonso yina lenda fwa bamicrobe ⊕ *tala Appendixe 3: Kiteso ya masa: Kiteso ya masa sambu na kuzinga mpi kutanga bantu yina kele na mfunu ya masa.*

Microbe yina muntu lenda baka na nzila ya radio yina bo ke talaka nitu ya muntu: Ntangu barapore ya mutindu ya kulonguka bunkete ya bamasa to bansangu ya me tala bisalu yina ke salamaka na ba Izine to mutindu bisalu ya kisoda ke salama ke sadisa na kuyindula nde masa yina bo ke pesa lenda vanda ti bigonsa sambu na kukonda bunkete to apareyi yina ke talaka mikwa ya bantu, sosa kusala bansosa ya me fwana. Lukanu ya kusadila diaka masa yina vandaka ti microbe sambu na kupesa yo na bilumbu ya ntwala , bo lenda sadila yo kaka kana bo me tadila mbote maladi yina yo lenda natila bantu mpi ti nswa ya bamfumu ya luyalu ya babwala na beno.

3. Kulandila Batufi yina bantu ke nenaka

Kuzinga na kisika yina kele ve ti batufi ya bantu kele mbote mingi sambu na kuzinga na luzitu, na lutaninu, na mavimpi ya mbote mpi sambu na mambote ya bantu. Yo ke tadila bisika ya mbote ya lugangu yina bantu lenda zinga mbote kibeni, bisika ya kulonguka mpi ya bisalu. Kulandila batufi yina bantu ke nenaka kele diambu ya mfunu na yina me tala manaka ya WASH. Na ntangu ya mpasi mosi buna, yo kele mfunu na kupesa masa ya mbote ya kunwa.

Muntu yonso kele ti nswa ya kuvanda ti WC na nzo na yandi, ya mbote, ya bunkete mpi yina bantu lenda sadila kukonda mpasi. Kunena na luzitu yonso na WC ya mbote kele lukanu ya konso muntu. Bikalulu ya mbote ke tendula kusala mambu na kuwakana ti bikalulu ya babwala, ya binkulu mpi bikalulu yina bantu me yikama na yo, mutindu bo ke tadilaka mambu, mpi kana bo vandaka kunene ntete na WC to ve. Batufi yina bantu ke nenaka na bisika yina bantu ke zingaka ke natilaka bantu bamaladi ya ngolo kibeni, mingi-mingi kana ntalu ya bantu ke kuma kaka mingi, ntangu bantu ke kwendaka na babwala ya nkaka mpi na bisika yina kele madidi.

Bo me sadila bangogo ya luswaswanu na kimvuka ya WASH sambu na kutendula ba WC ya kulandila batufi yina bantu ke nenaka. Ngogo « *toilettes* » ya bo me sadila na mukanda yai ke tendula bangidika yina me bakamaka sambu na kulosa mbala mosi batufi yina bantu ke nenaka mpi kutula kima yina ke kabula bantu ti batufi yina bo ke nena tala *Appendixe 2: Kifwanisu ya F*. Bo me sadila ngogo WC na kisika ya ngogo « *toilettes* » na mukanda yai ya mvimba.

Kunena na bisika yina kele ntama ti bantu ke sadisaka bantu na kukonda kubaka bamaladi yina tufi ke nataka, kusala mutindu yina ke salaka nde bantu kubaka ve bamaladi ya nsambukila yina batufi ke nataka tala *Appendixe 2: Kifwanisu ya F*. Kuvukisa batufi ya bantu fwete vanda na kima ya kuvukisa, na kaminio, kutula yo nkisi mpi kukatula yo sambu na kutanina mavimpi ya bantu mpi bisika yina bantu ke zingaka.

Kana batufi ya bantu kele na bisika yina bo ke zingaka, na bisika ya kulonguka mpi na bisika ya bisalu lenda monisa nde bantu kele ve na lutaninu. Mbala ya nkaka, bantu ke kudiwaka ve na lutaninu kana bo sadila ba WC, mingi-mingi na bisika yina bantu kele mingi kibeni.

Na kapu yai, "batufi ya bantu" ke tendula bima ya mvindu yina me basika na nitu ya bantu (tufi yina bantu ke nenaka, masuba mpi menga yina ke basikaka bankento (règle). Bansiku ya kele na kapu yai ke tubila mambu yonso ya ke tadila batufi yina bantu ke nenaka, banda na kuvukisa yo tii na kutula yo nkisi.

Bo ke tulaka batufi yonso yina bantu ke nenaka na kisika ya mbote sambu yo bebisa ve lugangu mpi bisika yina bantu ke zinga, bisika ya kulonguka, bisika ya bisalu mpi bisika ya bantu yonso.

Bisalu ya mfunu

1. Sosa kutula bima na bimvuka yina bo me katuka kutunga to na babwala yina kele ti banzila ya kubeba kibeni sambu na kutula na nswalu yonso batufi yina bantu ke nenaka kisika mosi buna.

2. Katula na nswalu kibeni bigonsa yina lenda vanda na bisika yina bantu ke zingaka, na bisika yina bo ke longukaka mpi na bisika ya bisalu to na banto ya masa yina kele ti bamicrobe yina batufi yina bantu ke nenaka ke nataka.

3. Baka mpi tunga babiro yina ke landilaka mambu ya batufi yina bantu ke nenaka na kutadila bigonsa yina yo lenda vanda na yo na masa mpi na banto ya masa.

- Tadila mambu yina kele na pula ya bwala na beno, mutindu ntoto kele, bamasa yina ke basikaka na ntoto mpi bamasa yina ke basikaka na lweka (na kutadilaka bansungi ya bamvula to ya bantangu) sambu na kukonda kutula microbe na masa mpi sambu na kupona mutindu ya mbote ya kusala mambu.

4. Vukisa kisika mosi mpi katula batufi ya babébé mpi ya bana ya fioti na mutindu ya mbote.

5. Bumba mpi tunga ba WC na mutindu ya mbote sambu na kukabula batufi yina bantu ke nenaka mpi banzinzi yina ke nataka maladi.

Bimonisilu ya mfunu

Batufi yina bantu ke nenaka ke vandaka ve na bisika yina bantu ke zingaka, ke longukaka mpi ke salaka

Bo fwete tunga ba WC na kisika yina me fwana mpi yo fwete vanda ntama ti banto ya masa yina ke basikaka na ntoto to na balweka

Banoti ya ke pesa lutwadisu

Kuswaswanisa mutindu ya kupesa lusadisu: Kaka na nima ya mpasi mosi buna, zabisa bantu na kunena ve na bisika yina bantu lenda mona batufi na bo. Tunga ba WC yina bantu ta kwendaka kunena, sosa kuzaba mutindu ya kutula yo mpi tunga ba WC yina bantu yonso ta kotaka, mpi sala Kampanie ya kutubila bunkete na bantu yonso. Kunena ve na lweka ya banto ya masa (yo vanda nto ya masa ya kunwa to ve), na bisika yina bo ke bumbaka masa to na bisika yina bo ke tulaka nkisi na masa. Kutunga ve WC na zulu ya ngumba to na zulu ya nzo. Kutunga yo mpi ve na bisika yina bantu yonso ke lutaka to na lweka ya ba WC ya bantu yonso (mingi-mingi ba WC ya ke tadila mavimpi mpi kutunga nitu), to pene-pene ya bisika yina bo ke bumbaka bima mpi bisika yina bo ke lambaka madia.

Sala kampanie ya kutubila bunkete na bantu yonso ya ke monisa mutindu ya kulosa batufi yina bantu ke nenaka kukonda kubaka maladi, mpi siamisa bantu na kutunga ba WC.

Ntangu bambanza ke vandaka na mpasi, sosa kuzaba mambu ya mpasi yina mutindu ya kutubila mambu ya bunkete kele dezia ke nataka. Sosa kuvanda ti ba WC yina muntu lenda tambula ti yo to kusadila WC yina bo lenda tinda masa mpi yo nata batufi na ndambu ya nkaka, to kusadila kima yina lenda sadisa na kulosa tufi ntangu yonso yina muntu me nena.

Kitamina yina kele banda kisika nto ya masa kele tii bisika bantu ke zingaka: sosa kuzikisa mbote nde bisika yina bo ke kwendaka kulosa batufi (WC, WC yina bo lenda tinda masa mpi yo nata batufi na ndambu ya nkaka, bima yina ke vandaka ya kukanga kisika tufi ke kwendaka na nima ya kunena, banto ya masa) ke bebisa ve banto ya masa. Microbe yina ke katukaka na tufi yina bantu ke nenaka kele ve ti bupusi na mavimpi ya bantu, katula kaka kana bantu kunwa masa yina ya nto, kansi sala ngolo na kukutana ve ti bigonsa yina bisika bantu ke zingaka kele na yo.

Kana mpila kele, sala teste sambu na kusosa kuzaba mutindu ntoto kele sambu na kutendula vitesi yina bima ya ngolo ke kota na ntoto (ntalu ya kukotisa yo). Sadila bansangu yai sambu na kutendula kitamina yina kele na kati ya ba WC ti banto ya masa. Kiteso ya kukotisa na ntoto ta tadila kiteso ya ntoto ke pasuka na kutadila kisika batufi ke katuka mpi mutindu na yo (batufi ya pete ke panzanaka nswalu kibeni kuluta batufi yina ya ngolo).

Kana mpila kele ve ya kusala teste ya me fwana, yidika kitamina ya kiteso ya bametre 30 banda na ba WC tii na banto ya masa, mpi nda ya dibulu ya WC fwete vanda kiteso ya bametre 1,5 banda na kisika sima kele tii na nsi ya dibulu. Kitisa nda ya dibulu kana kisika yina kele ya matadi to kele ti banzila ya kupasula matadi yina ya fioti-fioti, to kukumisa yo diaka fioti kuluta sambu na bantoto ya mbote.

Kana masa yina ke vandaka ve mudindu me fuluka to kana mvula me fulusa yo, sala na mpila nde bima yina bo ke bumbaka batufi kukuma kima yina ke tanina na mvula sambu banto ya masa kukota ve microbe. Diambu ya nkaka lenda vanda ya kutunga ba WC na zulu to kutunga kisika mosi ti sima sambu na kutulaka batufi yina bantu ke nenaka na kati mpi kusala na mpila nde yo bebisa ve bisika yina bantu ke zingaka. Sala na mpila nde tiyo yina ke basisaka masa to batufi yina kele na kati ya mabulu kubasika ve sambu na kukwenda kubebisa bisika yina kele ti banto ya masa to bamasa yina ke basikaka na ntoto.

Kana bantu ke tuba nde microbe me kota, sosa kuzaba mpi kulandila mbala mosi kisika microbe yina me katuka mpi tula nkisi na masa yango. Kana masa me kuma ti microbe beno lenda sadila bametode ya nkaka, mubandu, kutula nkisi *Chlore* na masa. Diaka, nto ya *microbe* bonso yina ke bebisaka masa, bo fwete sosa kuzaba yo mpi kulandila yo. *La méthémoglobinémie* kele mpusa ya ngolo kansi yo lenda soba, kana mungwa yina bo ke bingaka nitrate kulutana mingi na masa ya kunwa   *tala Kubumba masa, Nsiku ya 2.2: Masa ya mbote.*

Kutula batufi yina bana ke nenaka kisika mosi buna: Batufi yina babebe mpi bana ke nenaka kele kigonsa mingi kuluta batufi ya bantu yina kele ya kuyela. Bamaladi mingi yina bana ke belaka ke katukaka na batufi yina bo ke nenaka, mpi sambu mpusu na bo ke vanda ngolo ve sambu na kunwanisa *microbe* yango. Zabisa bibuti mpi bantu yina ke zingaka pene-pene ti bo mutindu ya mbote ya kukatula batufi yina bana ke nenaka, mutindu ya mbote ya kuyobisa bilele, mpi ya kusadila bitende yina bo ke kangaka bana (couches), bapo yina bana ke neninaka to dibulu yina bo fwete losaka batufi yango.

Kulandila Batufi yina bantu ke nenaka, Nsiku ya 3.2: Banswa ya kukota mpi ya kusadila batoilette

Bantu kele ti ba WC ya kitoko, ya me fwana mpi ya mbote yina bo lenda kota nswalu kibeni konso ntangu yina bo me zola mpi na lutaninu.

Bisalu ya mfunu

1 Monisa diambu ya kuluta mfunu ya kusala na ba WC.

- Bumba mpi tunga ba WC sambu bantu kuvanda kibeni ve na kigonsa mpi bantu yina bo me tulaka sambu na kuyidika yo, mingi-mingi, bankento mpi batoko, bana, minunu mpi bantu yina kele ti bifu na nitu.
- Kana mpila kele, kabula ba WC ya bankento ti ya babakala, ya bambuta mpi ya baleke.

2 Tanga ntalu ya ba WC ya bantu yina kele na mpasi na kutadila bigonsa yina yo lenda natila bantu, ya bikalulu yina bantu ya bwala mosi buna kele na yo, kuvukisa mpi kubumba masa.

3 Kwenda kukutana ti bantu yina bo me tulaka sambu na kukengila bantu ya nkaka sambu na kuyidika bisika, mutindu mambu ta vanda mpi bisika ya kutunga ba WC sambu na bantu yonso to sambu na bantu ya nkaka.

- Tula dikebi na mvula ya muntu, kana yandi kele nkento to bakala mpi kana yandi kele ti kifu na nitu, kima yina lenda soba, bantu yina kele ti Sida, bantu yina ke kudineninaka mpi ke kudisubilaka na bilele kukonda kuzaba mpi kuvukisa nitu to mutindu bantu kele.
- Tunga ba WC pene-pene ti banzo sambu bantu lenda kota na lutaninu yonso kansi yo kangama mpi mingi kibeni ve na nzo kana ve bantu lenda vanda diaka ve na ngemba.

4 Pesa bima ya me fwana yina bo lenda sadila na ba WC sambu na kuyobisa mpi kukawusa to kukatula bima yina bo ke pesaka sambu na bunkete kana nkento ke basika menga to muntu kele ti maladi yina muntu ke kudineninaka mpi kudisubilaka kukonda mpasi.

5 Sosa kuzaba kana mpila kele ya kulungisa bampusa ya bantu na yina me tala masa na kutadila mambu yina beno ponaka.

- Tula masa ya mingi sambu na kuyobisa maboko ti sabuni, ntangu nge ke yobisa kisika yina tufi ke basikaka to sambu na bima yina ke basisaka masa to tiyo yina ke basisaka masa.

Bimonisilu ya mfunu

Ntalu ya ba WC yina bo ke kabula

- Kiteso ya WC 1 sambu na bantu 20

Kitamina yina nzo fwete vanda ti WC

- Kiteso ya bametre 50

Ntalu ya ba WC yina kele ti crocher na kati mpi yina kele ti nsemo ya kufwana

Ntalu ya ba WC yina bankento mpi bana bankento ke tuba nde yo kele ya mbote

Ntalu ya bankento mpi bana bankento yina kele na kiese ya kusadila bima yina bo ke pesa bo ntangu bo kele ti règle yina kele na ba WC yina bo ke sadilaka mbala na mbala

Inki kele mambu ya mbote, ya me fwana mpi yina bantu ke ndimaka? Bantu ya ke kwendaka kupesa lusadisu fwete pona ba WC ya kusadila, mambu yina bantu ya ke sadilaka ke ndimaka, mambu yina kele dezia, masa ya kufwana yina kele sambu na kubasisa mvindu mpi tiyo yina ke basisaka masa na mutindu ya mbote, ntoto mpi bima ya kutungila yina kele.

Na kutuba ya masonga, ba WC ke vandaka ya mbote, ya me fwana mpi yina bantu ke ndimaka kaka kana:

- bo salaka yo sambu bantu kusadila yo na lutaninu yonso, yo vanda bana ya fioti, minunu, bankento yina kele ti mavumu mpi bantu yina kele ti bifu na nitu;
- yo kele na kisika yina bantu ya ke sadila yo kele ve na kigonsa, mingi-mingi bankento mpi bana bankento mpi bantu yina ke vandaka kibeni ve na lutaninu;
- yo kele ve bametre kuluta 50 ti banzo;
- yo ke monisa ve kinkonga ya bantu mutindu bantu ke sepelaka;
- yo kele mpasi ve na kusadila mpi bunkete (ya kieleka, ba WC yina ke vandaka bunkete bantu ke sepelaka kusadila yo);
- yo lenda bebisa ve kisika yina bantu ke zinga;
- yo kele ti kisika ya mingi sambu na bantu ya luswaswanu yina ta sadilaka yo;
- yo kele ti *crocher* yina muntu lenda kanga kana yandi kele na kati;
- yo kele ti kisika yina bantu lenda yobisa maboko kukonda mpasi, kuyobisa kisika yina tufi ke basikaka mpi kisika masa ke basikaka;
- yo kele ti kisika ya kuyobisa, ya kukawusa to kisika ya kukatula bima yina bo ke pesaka sambu na bunkete kana nkento ke basika menga, mpi bima yina bo ke pesaka sambu na bana ya fioti mpi bantu yina ke kudinenika mpi kudisubilaka na bilele kukonda kuzaba;
- yo ke basisa ve banzinzi mingi mpi bambembele; mpi
- yo ke basisa ve nsudi mingi.

Sadisa bantu yina kele ti bamaladi yina ke manaka ve, mumbandu, Sida na kukota na ba WC. Sambu bantu yina ke vandaka ti Sida ke salaka ntangu yonso pulu-pulu mpi mambu na bo ke tubamaka ntangu yonso.

Sala kimvuka ya kulandila mutindu bantu ke sadila ba WC mpi kuzaba ntalu ya bantu yina ke sepela ti ba WC yina bo me tungila bo kaka mutindu bo zolaka. Beno fwete tula dikebi ya mingi na bansangu ya mutindu yai sambu na kusosa kuzaba kimvuka ya bantu yina me sepela ve ti ba WC na bo mpi kusosa kuzaba mutindu ya kusadisa bo. Tula dikebi na mutindu bantu ta sadilaka ba WC yango na kutadila kana bo kele bankento to babakala mpi mvula na bo, kana bo kele ti bifu na nitu to kana bo ke soba-soba diaka ve bisika, kana bo kele ti Sida mpi maladi yina bantu ke kudineninaka mpi kudisubilaka na bilele kukonda kuzaba.

Nswa: Dibanza yina bantu me pona fwete zitisa nswa ya konso muntu, yo vanda bantu yina kele ti bifu na nitu lenda kota na ba WC kukonda mpasi. Yo lenda vanda mfunu na kutunga, na kuyidika mpi na kusumba ba WC yina kele ya mbote, to kusumba bapo ya kunenina mpi kusubila sambu na bana, minunu mpi bantu yina kele ti bifu na nitu to bantu yina kele ti maladi yina bo ke kudineninaka mpi kudisubilaka na bilele kukonda kuzaba. Lutwadisu kele nde, ba WC yina bantu bo mosi ke sadilaka, ba WC yina babakala mpi bankento ke sadilaka , na bisika ya kukotila kele na mwa ngumba to kana yo ke kota tii na ntoto fwete lomba kubaka bangidika, mpi yo fwete vanda kaka na **kiteso ya WC 1 sambu na bantu 250**.

Ba WC ya mbote: Kana ba WC kele ve na kisika ya mbote yo lenda vanda kigonsa sambu na bakento mpi bana bankento, mingi-mingi na mpimpa. Beno fwete kangula meso kibeni na mpila nde bimvuka yonso yina kele na kigonsa, mingi-mingi bankento mpi bana bankento, minunu mpi bantu ya nkaka yina kele kibeni ve na lutaninu kuvanda mpi kudiwa na lutaninu na ntangu ya bo ke kota na ba WC. Tula mwinda ya ke pesa nsemo ya mbote na ba WC mpi pesa bimvuka yina kele na kigonsa ba torche. Yula bimvuka bangiufula, mingi-mingi bantu yina kele kibeni na kigonsa sambu na kuzaba mutindu ya kutomisa lutaninu na bo. Sosa kukutana ti bamfumu ya banzo-nkanda, baopitale ya fioti mpi ya nene, bisika yina kele kaka sambu na bana ya fioti, bazandu mpi baopitale yina bo ke sansaka bibuba.

Kuyula bankento mpi bana bangiufula ya me tala mutindu kimvuka ya WASH salaka mambu na mutindu ya mbote kibeni me fwana kibeni ve, sambu na mambu mingi babakala ke landilaka mambu yina bankento mpi bana ke salaka. Kuvila ve mambu yai ya beto me tubila, mpi sala na kuwakana ti bantu ya nkaka yina ke bakaka balukanu sambu na kukumisa ngolo nswa yina bankento mpi bana kele na yo ya kusadila ba WC mpi binkoso ya kuyobila masa na lutaninu yonso.

Kutula mwinda na ba WC ya bantu yonso lenda sala nde bantu kukota na mutindu ya mbote kansi yo lenda pusa mpi bantu na kusadila nsemo yina sambu na mambu ya nkaka. Sala kuwakana ti kimvuka, mingi-mingi, bantu yina luzingu na bo kele kibeni na kigonsa, sambu na kumonisa mutindu ya nkaka ya kutanina bo na bigonsa.

Tangaka bampusa ya bantu yina kele ti mfunu ya ba WC: Sosa kuzaba mutindu ya kuwakanisa bampusa ya ba WC yina bantu kele na yo na kutadila diambu yina ke salama sambu na kuyikama na bansoba yina lenda salama na bisika yina bantu ke zingaka na ntwala mpi na nima ya mpasi mosi buna, na kutadila bampusa ya bisika sambu na bantu yonso mpi na konso kigonsa yina sambu na mavimpi ya bantu yonso. Ntangu mpasi mosi buna me kumina bantu sambu na mbala ya ntete, **ba WC ya bantu yonso ke sadisaka kibeni mpi bantu kiteso ya 50 lenda sadila WC mosi, yina bo lenda yidika yo nswalu nswalu kibeni. Kiteso ya me lombama kele bantu 20 lenda sadila WC 1**, ti rapore ya 3:1 sambu na ba WC ya bankento ti ya babakala. Sambu na kuzaba bansangu ya me tala mutindu ya kuyidika ba WC mpi ntalu na yo ⬡ *tala Appendixe 4.*

Keti yo kele ba WC ya kusadila na mabuta, ti bantu ya nkaka to ti bantu yonso? Ba WC ya kusadila na mabuta kele mbote kibeni na yina me tala lutaninu, na mutindu ya kusala mambu mpi ya luzitu na bantu yina ke sadila yo mpi na kuwakana yina kele na kati ya bunkete mpi kuyidika yo. Bantangu ya nkaka, ba WC yina bantu fioti mpamba ke sadilaka lenda vanda mbote kibeni. Ba Wc yina bantu yonso ke sadilaka fwete vanda ya kutunga mbote ti lukanu ya kutunga ba WC sambu na mabuta na bilumbu ke kwisa. Mumbandu, kuyambula kisika na ba WC na lupangu, ke sadisaka na na kutunga ba WC sambu na bantu yonso na lweka ya bisika yina bantu ke pemaka, mpi kutunga ba WC sambu na mabuta kana mbongo me monana. Bisika yina ke bikalaka na na lweka ya ba WC ke sadisaka sambu na kukatula poto-poto, kuyidika mpi kukatula bima.

Ba WC ya bantu yonso lenda vanda mfunu na bisika ya bantu yonso mpi ya kimvuka, mumbandu, na baopitale, na bazandu, na bisika yina bo ke pesaka madia, na bisika ya kulonguka, na bisika ya bo ke yambaka bantu mpi na bisika ya bisalu   *tala Appendixe 4: Ntalu ya ba WC yina kele na kimvuka, na bisika ya bantu yonso mpi na banzo-nkanda.*

Ba WC yina bo me tunga sambu na kupesa nswalu lusadisu fwete vanda na mpusa ya ngolo sambu na kusadila mpi kuyidika yo. Kufuta bantu yina ta yobisaka ba WC yango mbongo fwete salama na kuwakana ti bimvuka sambu na kubaka bangidika yina sambu na ntangu fioti mpi ti mayele mosi buna ya pwelele.

Masa mpi bima ya kuyobisa kisika yina tufi ke basikaka: Ntangu beno ke yindula mutindu ya kutunga WC, beno fwete sosa kuzaba kana masa ya kufwana kele, bapapier ya kukumunina tufi to bima ya nkaka ya mfunu ya kusadila na WC. Kwenda kukutana ti bantu yina ke sadilaka yo na yina me tala bima ya me fwana sambu na kuyobisa WC mpi ntangu yina kisalu yango ta sala.

Kuyobisa maboko: Sosa kuzaba kana WC kele ti kisika ya kuyobisa maboko ti masa mpi sabuni (to kuyobisa maboko ti putulu ya tiya kana sabuni kele ve), kana nge me katuka na WC, kana nge me yobisa mataku ya mwana fioti, na ntwala ya kulamba madia mpi na ntwala ya kudia.

***Kulandila bunkete na ntangu ya* règle:** Kulandila bunkete na ntangu ya *règle*: Na kati ya ba WC fwete vanda ti kitunga mosi sambu na kulosaka bitende yina bo me sadila na ntangu ya *règle* sambu na kukonda kukanga nzila yina tufi ke kitaka na kati ya dibulu ya WC to na ntangu ya kupepa batufi na ba WC. Solula ti bankento mpi batoko sambu na ba WC yina kele ti kisika ya kutula masa mpi kisika ya kukawusa maboko.

Kulandila Batufi yina bantu ke nenaka, Nsiku ya 3.3: Kulandila mpi kuyidika mambu ya me tala kuvukisa batufi, kukatula yo mpi kutula yo nkisi

Ba WC, bisadilu mpi mutindu ya kulandila batufi yina bantu ke nenaka bo ke landilaka yo mpi ke tadilaka yo na mutindu ya mbote sambu na kutanina bisadilu ya bisalu mpi bupusi yina yo lenda vanda na yo na bisika yina bantu ke zingaka.

Bisalu ya mfunu

1 > Tula bima yina ta sadisaka sambu na kuvukisa batufi, kunangula yo, kutula nkisi mpi kukatula yo na mutindu ya kufwana mutindu yo ke salamaka na insi na beno, na kusolulaka mbote ti bamfumu ya bainsi na beno yina ke talaka mambu ya me tala kulandila batufi.

- Zitisa bansiku ya insi na beno mpi zikisa kibeni nde kele ve ti kizitu ya nkaka yina ke yikamaka na zulu ya yina kele dezia ya ke pesa mpasi na kisika yina bantu ke zingaka mpi na bimvuka.

- Kuwakana ti bamfumu ya babwala na beno mpi bankwa-ntoto sambu na kusadila ntoto na bo kusansa, mpi kukatula bima yina me fwana ve.

2 > Tula bima yina ta sadisaka na kulandila mutindu ba WC ke salama sambu na ntangu fioti mpi ntangu ya nda, mingi-mingi kana yo kele ve mutindu yo ke lombama (mabulu ya WC yina bo ke timunaka na maboko, mabulu ya WC yina bo ke timunaka na bamasini, mambulu yina bo ke timunaka sambu na masa ya mvula).

- Baka mpi sala mabulu yango ya fioti sambu batufi kuvanda kaka na kati mpi sambu na ntangu ya kupepa yo.

- Tendula kisalu mpi mukumba ya konso muntu, zaba mambu yina bo ke salaka, mpi zabisa bantu bisika mbongo ya bisalu yina ke katukaka sambu na mutindu ya kusadila mpi ya kuyidika sambu na mbala ya nima.

3 > Pepa batufi yina kele na ba WC na mayele yonso, kukonda kuvila nde kele ti bantu yina bo me tulaka sambu na kukatula yo mpi bantu yina kele pene-pene.

4 > Sosa kuzaba kana bantu kele ti bansangu, makuki, bisadilu mpi bima ya kutungila, ya kuyobisila, ya kuyidika mpi ya kutula bunkete na ba WC na bo.

- Sala bakampanie ya kutubila na bantu yonso mutindu ya kuvanda bunkete na yina me tala kusadila, kuyobisa mpi kuyidika ba WC.

5 > Zikisa kibeni nde masa yina bo, ke sadila sambu na kunata batufi bo fwete baka yo na banto ya masa yina kele, kukonda kutubila mambu ya nkaka sambu na banto yango.

Kimonisilu ya mfunu

Beno fwete katula batufi yonso ya bantu na mutindu ya mbote sambu na kutanina mavimpi ya bantu mpi bisika yina bantu ke zingaka

Banoti ya ke pesa lutwadisu

Kukatula batufi kele kubasisa (kutula nkisi to ve) batufi yina bantu ke nena na WC yina ke vandaka na kati ya nzo, na dibulu yina bo ke timunaka na masini sambu na kutula batufi yina bantu ke nenaka to na kima mosi buna yina bo lenda sadila, mpi kunata batufi na WC ya nkaka yina bo ke tulaka nkisi mpi kukatula batufi ya nkaka yina kele na nganda ya dibulu. Kana yo kele mfunu na kukatula batufi, diambu yai fwete kota na kati ya mutindu ya kusala mambu mpi ya kuyidika mambu mpi diaka na kati ya bakonte ya kubasisa mbongo na ntwala kibeni.

Bamasa yina ke kitaka mpi yina bo ke sadilaka na banzo kele na kati ya bamasa yina bo me sadila dezia kana bo me vukisa yo ti batufi ya bantu. Kaka kana banzo yina bantu ke zingaka kele na kisika yina bo sadilaka bamasa ya mvindu, bamasa ya mutindu yina bo fwete vukisa yo ve ti batufi ya bantu. Bamasa yina ya mvindu ke vandaka mpasi mpi ntalu mingi sambu na kutula nkisi kuluta bamasa yina bo ke sadilaka na banzo..

Mutindu ya kuyidika mambu: Mutindu ya kuyidika mambu: Na luyantiku, nge lenda yidika kiteso ya litre 1 to balitre 2 na konso muntu mpi na konso kilumbu. Sambu na ntangu ya nda, nge lenda yidika balitre 40 tii 90 na konso muntu mpi konso mvula; kusala mutindu yina ke panzaka batufi yina bantu ke nenaka malembe-malembe. Mingi ya masa sambu na ntangu yai kele na mitindu mingi: mutindu ya kubasisa masa, kusadila ba WC na kimvuka ti bima ya nkaka yina bo ke salaka, kuyobisa ba WC na bima yina bo ke salaka, ndonga ya madia yina bantu ya ke sadilaka yo. Zikisa kibeni nde masa ya dibuta ke katukaka na bamasa yina bo ke yobisilaka nzo to ke lambilaka, to masa yina bo ke yobisilaka bilele mpi ba WC, kukota ve na ba WC yina kele fioti sambu bamasa ya nkaka ta sadisa sambu na kubasisa batufi ya nkaka. Bikisa kitamina ya metre 0,5 na zulu ya dibulu ya WC sambu na kukomba yo diaka.

Kana bamaladi mosi buna ke zola kutula mavimpi ya bantu na kigonsa, mumbandu maladi ya *choléra   tala WASH Nsiku ya 6: WASH baopitale.*

Bazandu yina kele na babwala: Bazandu yina kele na babwala: Kana mpila kele, baka bisadilu mpi bantu yina kele ti ntangu sambu na kutunga ba WC. Yo ke sadisaka mingi kibeni na kupesa maboko na kusadila mpi kuyidika ba WC.

Kutula batufi na bisika ya mpasi yina bantu ke zingaka: Ntangu masa ke fulukaka mingi na bambanza, yo ke vandaka mpasi na kutunga ba WC ya mbote kibeni. Kana mambu ya mutindu yai me salama, sadila ba WC yina kele na zulu, ba WC yina bantu ke subaka ve na kati, bima yina bo ke tulaka masa yina bo me sadila to kuyidika ntete basaki ya kopale mpi yina bo lenda losa ti bima ya bo me sadila ya mutindu ya mbote sambu na kuvukisa mpi kulosa yo. Nge lenda pesa maboko na mambu yai na bisaku ya kutubila bunkete na bantu yonso.

Kusadila batufi: Bo lenda sadila mpi batufi sambu na kuzwa bima ya nkaka. Mayele ya teknolozi lenda sala nde bo balulula poto-poto yina bo me tula nkisi yo kuma *courant*, mumbandu yo lenda sala bonso briki yina ke basisaka tiya to batufi ya bambisi sambu na kubasisa *courant*. Bunkete na bisika yina bantu ke zinga to mutindu ya kusala ya *compostage* ke sadisaka na kubaka madia mpi matiere ya nkaka. Kima yai ya ke tadilaka nitu ya bantu *compost* yina bantu ke sadilaka yo mpi bonso nkisi ya ke pesaka vitamine na ntoto to bima yina ke pesaka vitamine na bandunda yina bantu ke diaka.

4. Kutanina bantu na baniama yina ke nataka maladi

Niama mosi lenda natila bantu maladi. Baniama yango ke bakaka maladi kisika ya nkaka mpi ke pesaka yo bantu. Bimvuka ya ke kwendaka kupesa lusadisu me bakisaka nde bantu mingi ke belaka mpi ke fwaka sambu na bamaladi yina baniama yina ke nataka. Bima mingi yina ke nataka maladi kele baniama, mumbandu, bambe-mbele, banzinzi mpi banzenga, kansi bampuku mpi lenda vanda na kati ya baniama yina ke nataka maladi. Baniama ya nkaka ke lwadisaka bantu bamputa ya ngolo kibeni. Baniama yai yonso lenda sadisa bantu na kubakisa nde kisika ya bo ke zinga kele mvindu mpi ti batufi to bisika yina masa ke kulumukaka ve, bisika ya mbi yina bo ponaka sambu na kuvanda to mambu ya nkaka ya me tala lutaninu.

Mbala mingi baniama yina ke nataka maladi ke vandaka mpasi yo vanda sambu na kutubila mambu ya me tala yo, yo vanda mfunu na kukwenda kusosa lusadisu ya bantu yina me longukaka mambu ya me tala maladi yina baniama yai ke nataka. Kansi, kubaka bangidika ya pete mpi ya mbote lenda sala na mpila nde bantu mingi kubaka ve bamaladi yango.

Bamanaka yina ke salaka ngolo sambu na kumanisa baniama yina ke nataka maladi lenda nunga ve kana bo ke zaba ve baniama ya me fwana kibeni, kana bo ke sadila bametode ya mbote ve to kana bo simba baniama yango na bisika ya mbi to na ntangu ya kufwana ve. Bo fwete zaba bangidika yina me fwana mpi kusadila yo na bunda ya luzingu mpi kulonguka mbote bisika yina baniama yango ke vandaka.

Lukanu ya bamanaka ya ke taninaka bantu na baniama yina fwete vanda ya kufiotuna ntalu ya bantu yina kele na maladi yina baniama yina ke nataka, kuzaba bisika baniama yango ke butukaka mpi kuwakana yina ke vandaka na kati ya bantu ti baniama yina ke pesaka maladi. Na ntangu ya beno ke tadila bamanaka, sala bansosa na malongi yina kele dezia, sadila bandongisila ya bantu ya mayele yina ke salaka na bimvuka ya ke talaka mavimpi ya bantu ya bainsi na beto mpi ya bainsi ya nkaka. Baka bandongisila na babwala yina beno ke zinga sambu na kubaka bansangu ya bamaladi ya luswaswanu, na bisika yina yo ke butukaka mpi na bansoba ya bansungi na kutadila ntalu ya baniama yango mpi kuzaba ntalu ya bamaladi yango.

Bansiku yina kele na kapu yai ke sadisa sambu na kumanisa baniama yina ke natilaka bantu maladi sambu bantu kubaka diaka ve bamaladi ya nsambukila yina yo ke nataka mpi kufiotuna mambu ya mpasi. Kisalu ya kutanina bantu na baniama yina ke pesaka maladi fwete salama na babwala mingi — *tala Kisika ya mbote ya kupema mpi bansiku, Nsiku ya 2, Lusansu ya me fwana – bamaladi ya nsambukila, Nsiku ya 2.1.1* mpi *Kupesa lusadisu ya madia, Nsiku ya 6.2.*

Kutanina bantu na baniama yina ke nataka maladi, Nsiku ya 4.1:
Kutadila nsiku sambu na kulandila mbote bima yina ke pesaka bantu maladi

Bantu ke zingaka na bisika yina baniama yango ke zingaka mpi ke diaka, yo ta lomba kubaka bangidika sambu na kumanisa mambu ya mpasi yina baniama yango ke nataka.

1. Tadila bigonsa yina maladi yina baniama yina ke nataka kele na yo na bwala mosi buna.

- Sosa kuzaba kana ntalu ya bampasi yango sambu na bwala mosi kele mingi to ve na kutadila nsiku yina insi me tulaka to OMS sambu na maladi.
- Sosa kuzaba bisika ya luswaswanu yina baniama yina ke butukaka mpi nda ya luzingu na bo, madia yina bo ke diaka, mpi kwenda kuyula bantu ya mayele ya insi na beto ya me longukaka mambu yango mpi sadila mayele ya kuzaba baniama yina ke nataka kibeni maladi.

2. Sosa kuwakanisa mambu yina bimvuka ya ke kwendaka kupesa lusadisu ke salaka to bangidika yina babwala ke bakaka sambu na kutanina bantu na maladi ti bantuma, bamanaka to balutwadisu yina insi ke pesaka.

3. Baka lukanu ya kuzaba kana lukanu ya kufwa baniama yina ke nataka maladi na bankisi to ve kele mfunu mingi to ve na kusadila mayele ya kuzaba nda ya luzingu ya baniama yina ke pesaka bantu maladi.

- Zabisa bantu bigonsa yina lenda kumina bo na bankisi ya bo ke sadilaka sambu na kufwa baniama yina ke pesaka bantu maladi mpi na calendrier ya mutindu ya kusala mambu ya mfunu.
- Pesa bantu formasio mpi zabisa bo mutindu ya kusadila bankisi yina bo ke salaka ti bima mpi bilele yina ke taninaka.

Ntalu ya bisika yina baniama yina ke pesaka bantu maladi ke butukaka mpi nsuka ya luzingu ya baniama yina ke pesaka bantu maladi

Bisika yina bantu ke zingaka: Kupona bisika ya kuvanda kele mfunu mingi sambu na kutanina bantu yina kele na mpasi na bamaladi ya nsambukila yina baniama yina ke pesaka bantu. Yo lenda vanda diambu ya kuluta mbote ya kusala na ntangu ya beno ke zola kukwenda kuzinga bisika ya nkaka ya luswaswanu. Mumbandu, sambu na kutanina bantu na malaria yina bambe-mbele ke nataka, bisika yina bantu ke zinga fwete vanda kitamina ya kilometre 1 to 2 na bisika yina baniama yina ke butukaka, bonso na bisika yina madidi mpi kusosa kuzaba kana nto ya masa kele bunkete. Monisa bupusi yina bisika ya kuvanda ya mpa lenda vanda na yo kana bambembele kele na bisika yina bimvuka ke yambaka bantu ⊕ *tala Bisika ya mbote ya kupema mpi banzo, Nsiku ya 2: Kisika mpi kuyidika nzo ya kuvanda*.

Kutadila bima yina lenda nata bigonsa: Kutadila bima yina lenda nata bigonsa: Baka balukanu ya me simbama na lusadisu yina kutanina bantu na maladi ya nsambukila yina bambembele ke nataka na yina me tala bigonsa yina maladi yango ke nataka mpi bingonsa ya nkaka ti bidimbu ya opitale yina ke monana mpi ya kimbefo yina baniama yina ke natilka bantu. Tadila mbote mambu yina bantu ke tuba sambu na maladi yina bo me kutana na yo na bamvula zole yina lutaka na bisika yina bo tubilaka. Mambu ya nkaka yina ke vandaka ti bupusi na bigonsa kele:

- mavimpi ya bantu, tanga mpi mutindu mambu salamaka na mbala ya lutaka to kulemba na yina me tala madia to mambu ya nkaka;
- kukatula bantu na bwala yina kele ve ti maladi endémique mpi kunata bo na kisika yina kele ti maladi yango;
- mutindu mpi ntalu ya bantu yina kele ti maladi na ntangu mosi buna, yo vanda sambu na baniama yina ke pesaka bantu maladi to sambu na bantu;
- mutindu baniama yango kele, ntalu na yo, bikalulu na yo mpi siansi yina ke longukaka baniama yina ke pesaka maladi (nsungi, bisika yina bo ke butukaka) mpi mutindu bo ke salaka nswalu mambu; mpi
- mingi ya baniama yina ke pesakla maladi na kutadila mutindu yo kele pene-pene, na mutindu bantu yina kele, na mutindu ya bisika ya kupema kele, na lutaninu ya konso muntu yina kele dezia mpi na bangidika ya kukonda kusala dikambu.

Katula to tomisa bisika yina baniama yina ke pesaka bantu maladi ke butukaka mpi ke diaka: Bisalu mingi ya me tala WASH lenda vanda ti malanda ya mbi na bisika yina bo ke butukaka mpi ke diaka, beto lenda tanga:

- kukatula bamasa yina ke telemaka na bisika yina bo ke kabisaka yo to bisika ya madidi na lweka ya bisika yina bo ke kabulaka masa, na bisika ya ba WC mpi na bisika yina bo ke yobisaka bilele;
- kuyidika kisika ya kubumba bima ya mingi ya mvindu na nzo na ntangu bo ke vukisa mpi ke nangula yo, mpi bisika yina bo ke pesaka bankisi mpi ke katulaka bima;
- pesa mifiniku sambu na kufika bangungulu yina kele ti masa;
- kulandila batufi yina bantu ke nenaka;
- yobisa sima ya ba WC mpi bibaka ya nzo sambu na kukatula baniama yonso yina ke pesaka bantu bamaladi;
- kangaka munoko ya dibulu ya WC sambu tufi kubasika ve bisika bantu ke zingaka mpi sambu baniama yina ke pesaka bantu bamaladi kukota ve na kati ya dibulu ya WC;
- kuyidika bamanaka sambu na kutubila bunkete na bantu yonso; mpi
- fika mbote kibeni banto ya masa to tula nkisi yina ya ke fwaka baniama yango, mumbandu, na bisika yina kele ti maladi ya nsambukila.

Bambembele yai tatu ke pesaka bantu bamaladi ya nsambukila:

- Bambembela yina bo ke binga *Culex (filariose et virus du Nil occidental)*, yina ke butukaka na bamasa yina kulumukaka ve, mumbandu na WC;

- Bambembele yina bo ke bingaka *Anopheles (paludisme et filariose)*, ke butukaka na bamasa ya mvula yina ke telamaka na mabulu, na bisika yina kele matiti mingi, na bamasa yina ke kulumukaka malembe-malembe mpi na bamasa ya mabulu; mpi
- Bambembele *Aedes (dengue, fièvre jaune, virus chikungunya et Zika)*, ke butukaka na bamalonga ya masa, mumbandu, na milangi, na bakantine mpi na ba pneus.

Kulandila mambu ya me tala mavimpi mpi mambu ya kukonda bankisi: Kulandila mambu ya me tala mavimpi ke sadisaka bimvuka ya nkaka na kukula, bamicrobe, kutulana ntembe to kufiotuna ntalu ya bantu yina kele ti maladi yina baniama yina ke pesaka. Mumbandu, bambisi ya masa mpi bambisi ya nkaka yina ke zingaka na lweka ya masa (*crustacé*) ke sadisaka na kumanisa bambembele yina bo ke bingaka Aedes (baniama yina ke pesaka maladi ya ngolo). Mutindu ya mbote ya kumanisa bambembele yina ke pesaka bantu maladi ya ngolo kele kusadila *bactérie endosymbiotique Wolbachia* sambu kumanisa bambembele yina ke pesaka bantu maladi ya ngolo sambu bo pesa yo diaka ve na bantu. Kulandila mambu ya me tala mavimpi ke salamaka na mutindu ya mbote na bisika ya nkaka mpi yo ke sadisaka na kubakisa nde yo ke vandaka mbote bantangu ya nkaka.

Ata bangidika ya nkaka bakamaka sambu na kulandila mambu ya mavimpi, yo ke sadisaka na kukonda kubebisa bisika yina bantu ke vandaka, yo lenda vanda ti bandilu mpi malanda yina siansi ya ke longukaka mambu ya bantu mpi ya bisika yina bo ke zingaka lenda vanda na yo. Bametode ya kulandila mambu ya mavimpi ya bantu ke vandaka mbote kibeni na ntangu bambembele yina ke pesaka maladi kele ntete fioti mpi mbala mingi bo ke sadilaka yo na banto ya masa ya nene to na bangungulu ya masa ya kele na sima to na ntoto ya bo me tula mukubu. Kuyula mabanza ya bimvuka ya bwala na beno na ntangu ya kukotisa bimvuka na bangungulu ya masa kele mfunu. Yo lenda vanda mbote kana kimvuka kupesa dibanza na yandi na ntangu ya kukabula bimvuka yina ke kwendaka kulandila mambu mpi kubumba bangulungulu kana mpila kele.

Lusadisu yina siansi ya ke longukaka mambu ya bisika yina bantu ke zingaka ke pesaka: Bangidika mingi ya siansi yina ya ke longukaka mambu ya bisika ya bantu ke zingaka lenda sala na mpila nde bambembele kubuta diaka kibeni ve, mingi-mingi na yina me tala:

- kukatula mbote kibeni batufi ya bantu mpi ya bambisi, ba WC yina ke salaka mbote kibeni, kufikaka ntangu yonso mufiniku na dibulu ya kabine;
- kukatula mbote kibeni bamvindu na bisika yina bantu ke zingaka sambu na banzinzi mpi bampuku kuvanda ve;
- kusakulaka mbote kibeni matiti na bisika yina bantu ke zingaka; mpi
- kusala nzila sambu masa kukulumuka mpi kuyobisa matiti yina kele na lweka ya banzila yango mpi bamasa ya mvula yina ke kulumukaka ve sambu na kufwa bambembele.

Bangidika ya mutindu yai ta sala na mpila nde bantu mingi kuvanda ve ti maladi yina baniama yina ke nataka. Yo lenda vanda nde mambu kusalama mbote kibeni ve na bisika yina bima ke butukaka, bima ya kudia mpi na bisika yina baniama ke zingaka to na bisika ya pene-pene, to sambu na ntangu ya nda. Kana diambu ya mutindu yai me salama, yo ta lomba kukwenda nswalu na bisika yina bo me bakaka lukanu ya kutelemina bima to mutindu ya muntu lenda kuditanina. Kutula nkisi na bisika yina baniama bebisaka lenda sala na mpila nde banzinzi mpi maladi ya pulu-pulu kuvanda diaka mingi ve, mpi yo ke manisaka bamaladi ya nkaka kana bo me sadila nkisi yango na ntangu ya maladi mosi buna me kumina bantu. Kutula bankisi na bibansala lenda sala nde nkisi yango kukota tii na banzo mpi kufwa bambembele yonso yina ke pesaka bantu malaria to bamaladi ya ngolo. Kutula nkisi na madia yina bampuku ya nzo ke diaka lenda vanda mbote sambu bampuku kuvanda diaka mingi kibeni ve.

Bantu yina ke salaka kisalu ya kuyamba bantu ya insi na bo mpi ya bainsi ya nkaka: OMS basisaka bansiku mpi bantu yina ke salaka kisalu ya kuyamba bantu na bainsi ya nkaka ya ke tubila kimpwanza ya kupona mpi mutindu ya kusadila bankisi yina bo ke salaka sambu na kumanisa baniama yina ke pesaka bantu maladi, mpi na mutindu ya kutanina bantu ya kisalu mpi ya kupesa bo formasio. Bangidika yina bo bakaka sambu na kumanisa baniama yina ke pesaka bantu maladi fwete salama na kutadila mambu yai zole ya mfunu kibeni: ya mbote mpi ya ke tanina. Kana bansiku ya bainsi ya ke tadilaka mutindu ya kupona bankisi yina bo ke salaka kele ntalu ve kuluta bansiku ya bainsi ya nkaka, yo yina yo ta lomba kukwenda kukutana ti bamfumu ya bainsi na beno yina kele ti makuki mpi zabisa bo na kundima kibeni na kusadila bansiku yina bainsi ya nkaka ke pesaka.

Tanina bantu yina ke salaka bankisi na kupesaka bo formasio, bilele yina ta taninaka bo, na kuyidika binkoso yina bo ta yobilaka mpi na kutulaka bantangu yina kusala bankisi fwete baka.

Kulandila mutindu ya kusansa malaria: Sadila mayele ya nkaka sambu na kumanisa baniama yina ke pesaka bantu malaria na kusalaka ntangu yonso teste sambu na kuzaba kana yo kele mpi kubaka bankisi ya malaria ⊕ *tala Lusansu ya me fwana – Bamaladi ya nsambukila,Nsiku ya 2.1.1: Bangidika.*

Kutanina bantu na baniama yina ke nataka maladi, Nsiku ya 4.2:
Mutindu muntu fwete sala mambu mpi na dibuta sambu na kufwa baniama yina ke pesaka bantu maladi
Bantu yonso yina kele na mpasi kele ti mayele mpi makuki ya kuditanina mpi ya kutanina mabuta na bo na baniama yina ke pesaka bantu maladi ya ngolo.

Bisalu ya mfunu

1 〉 Tadila mutindu ya kusala mambu yina ke sadisa na kumanisa bambembele to bametode ya mutindu ya kusala mambu na mabuta bonso kitini ya manaka ya kutubila bunkete na bantu yonso.

- Sosa kuzaba mambu ya mpasi sambu na kulandila bikalulu mpi mutindu ya mbote ya kusala mambu.

2 〉 Kwenda kusala kampanie ya kuzabisa bantu mpi ya ke pesa nswa sambu na kusonga bantu baniama yina ke pesaka bantu maladi, bambembele mpi bisika yina bantu lenda baka bamaladi yango mpi bangidika yina me bakama sambu na kutanina bantu.

- Sosa kulandila mambu na mutindu ya mbote kibeni na bimvuka yina kele na kigonsa.

3 ⟩ Landila mambu ya me tala bazandu yina kele na babwala na yina me tala bangidika ya mfunu yina me bakama mpi ya mbote.

- Sosa kuyidika bazandu sambu yo ta vanda nto ya mbote ya kubaka balukanu ya mambu yina lenda kuma na ntwala.
- Sala pula ya bima ya kusumba, ya kubabula mpi ya kutula bankisi yina ke fwaka baniama yina ke pesaka bantu maladi na kusalaka na kuwakanaka ti kimvuka, bamfumu ya luyalu mpi babwala ya nkaka kana bazandu ya babwala kele ve ti makuki ya kulomba bima.

4 ⟩ Sala bimvuka ya kulandila mambu, ya kusala barapore mpi ya kupesa bansangu na yina me tala baniama yina ke pesaka maladi mpi bamanaka ya kutanina bantu na baniama yango.

Bimonisilu ya mfunu

Ntalu ya bantu yina kele na mpasi yina lenda tendula mbote mutindu baniama yina ke pesaka bantu maladi mpi bangidika ya mbote yina me bakama sambu na kutanina dibuta na baniama yango

Ntalu ya bantu yina me bakaka bangidika ya me fwana sambu na kuditanina na bimbefo yina baniama yina ke pesaka bamaladi ke nataka

Ntalu ya mabuta yina kele bisika ya mbote ya kubumba madia

Banoti ya ke pesa lutwadisu

Bangidika ya kubaka sambu na kuditanina na malaria: Yo ke lomba kubaka bangidika sambu na kuditanina, mumbandu, batenta, barido mpi ba *moustiquaire* yina bo me tula nkisi sambu na kuditanina na bambembele. Ba *moustiquaire* yina bo me tulaka nkisi yina ta sala bantangu mingi kele mfunu mingi kibeni sambu na kutanina bantu na banzenga na nitu mpi na nsuki, binkala-nkala, bankala, bampesa mpi binsekwa. Sadila bametode ya nkaka ya lutaninu, mumbandu, kisika ya mbote ya kutula basimisi ya maboko ya nda, kutula nkisi ya nzo, sadila nkisi ya bambembele, tula nkisi ya kupompa sambu na sima mpi nkisi yina ke manisa bambembele. Siamisa bantu mpi bimvuka yina kele na kigonsa na kusadila bamedote yai, mumbandu, bana yina kele ti bamvula na nsi ya 5, bantu yina kele ti bamaladi ya ngolo mpi na bankento ya mavumu.

Bimvuka yina kele na kingonsa kibeni: Bimvuka ya nkaka ya bantu lenda baka maladi yina baniama yina ke pesaka kukonda mpasi kuluta bimvuka ya nkaka, mingi-mingi, bana ya fioti mpi bana yina me katuka kubutuka, minunu, bantu yina kele ti bifu na nitu, bantu yina ke bela ti bankento ya mavumu mpi bankento yina ke nwisa bana mabele. Sosa kuzaba bimvuka yina kele na mpasi ya ngolo mpi baka bangidika sambu bingonsa yango kuvanda diaka mingi ve. Sala ngolo ya kukonda kunganina bantu.

Kimvuka ya mutindu ya kusala mambu mpi ya kusolula: Konso muntu fwete yelaka ti bikalulu ya mbote ntangu yandi kele yandi mosi mpi na kimvuka sambu na kumanisa baniama yina ke pesaka maladi mpi bantu yina baniama yina ke pesaka maladi. Bisalu ya kimvuka ya mutindu ya kusala mambu mpi ya kusolula fwete pesa maboko na bisalu ya ke salamaka sambu na kumanisa mpi kutanina bantu na baniama yina ke pesaka bo maladi, mpi na kusadilaka bima ya nkaka ya luswaswanu.

Bangidika ya kubaka sambu na kuditanina na baniama ya nkaka yina ke pesaka maladi: Bunkete ya nitu, kuyobisaka ntangu yonso bilele mpi bilele ya mbote kele mfunu mingi sambu banzenga kukota ve na bilele. Bankisi lenda sadisa muntu na kuvanda mbote (sadilaka poudre), kuzabisaka bantu yonso na kuyobisaka bilele na bo mpi na kukatula bilele yina me beba. Sosa kuyedisa mpi kusadila bantu yina ke salaka kisalu ya kusansa bantu ya mpa yina ke kwisaka na kisika ya mbote ya kubaka mupepe. Kisika yina bantu ke zinga fwete vanda bunkete, kukatula bamvindu na mutindu ya mbote mpi bisika ya mbote ya kubumba madia ya kupia to ve, ta manisa bampuku nzala ya kudia, mpi baniama ya nkaka (bonso bampese), na kukonda kukota na banzo to na bisika ya mbote ya kupema ⊕ *tala Kutubila bunkete na bantu yonso, Nsiku ya 1.1.*

5. Kulandila bima ya mvindu

Mutindu ya kulandila bima ya mvindu kele mutindu ya kusala mambu mpi ya kukatula bamvindu yina bantu salaka to ve. Beto lenda tanga:

- kuyidika mutindu ya kulandila bima ya mvindu;
- mutindu ya kusala mambu, ya kukabula, ya kubumba, ntalu mpi kutula nkisi na kisika yina bima ya mvindu ke katukaka;
- kutinda yo na kisika ya nkaka yina bo ke vukisaka yo; mpi
- kunangula mpi kunata yo sambu na mbala ya nsuka, kusadila yo diaka mpi kubaka bamvindu yina bo me tula nkisi sambu na kutula yo kisika ya nkaka.

Bima ya mvindu lenda vanda mingi na nzo, na banzo-nkanda to na bimvuka, tanga mpi ti bamvindu ya bankisi. Yo lenda vanda kigonsa to ve. Kulandila bima ya mvindu na mutindu ya mbi lenda vanda kigonsa sambu na mavimpi ya bantu sambu yo lenda kuma bisika ya mbote yina baniama ya mutindu na mutindu, bampuku mpi baniama ya nkaka ya ke pesaka maladi lenda kuma kuzinga   *tala Kutanina bantu na baniama yina ke pesaka maladi, Nsiku ya 4.1: Kufwa baniama yina ke pesaka bantu maladi na bisika ya bantu ke zingaka.* Kana bo tula ve nkisi na bamvindu yango; yo lenda bebisa balweka ya masa mpi nto ya masa. Kana bantu ke bumba mbote ve bamvindu, bana lenda yantika kusakana na zulu na yo, bo lenda lwala to kubela maladi. Bantu yina ke kwendaka kukatula bamvindu sambu na kubaka mbongo lenda lwala to kubaka maladi ya nsambukila.

Bamvindu ya nkaka lenda pesa mpasi sambu na kubalula ntoto, kukanga nzila na bamasa yina ke kulumukaka mpi balweka ya ba masa yina ke kulumukaka lenda kuma bisika yina baniama yina ke pesaka bantu maladi ke zingaka mpi yo lenda natila bantu maladi.

Bansiku yai ke fika ve mambu ya me tala kutula nkisi to kukatula bima yina bo ke salaka to masa yina ke basikaka na tiyo mpi ke kwendaka kukota na nzadi. Sambu na yina me tala mutindu ya kusala mambu mpi kutula nkisi na bima ya mvindu yina kele kigonsa   *tala Bareferanse mpi mikanda ya nkaka yina bantu sonikaka.* Sambu na yina me tala bamvindu ya baopitale   *tala WASH Nsiku ya 6: WASH na lusansu ya me fwana.*

Mutindu ya kulandila bima ya mvindu, Nsiku ya 5.1: Bisika ya mpamba ya me bikala

Bo fwete tula bamvindu na kisika mosi ya mbote sambu na kukonda kubebisa mupepe ya mbote na bisika yina bantu ke zingaka, na bisika ya kulonguka mpi na bisika ya bisalu.

Bisalu ya mfunu

1 ⟩ Sala manaka ya kukatula bamvindu sambu na kutanina mavimpi ya bantu, na kutadilaka bima ya mvindu yina mabuta me tubilaka mpi banzo-nkanda, mpi na kusalaka mambu na kuwakana ti mutindu bo ke salaka dezia.

- Tadila mbote makuki sambu na kusadila diaka, kusolula diaka, kubaka diaka bima yina ya mvindu to kubalula diaka bima yina bo ke salaka na babwala.
- Sosa kubakisa kisalu yina bankento kele na yo, bana bankento mpi bana babakala na yina me tala bamvindu sambu na kuditanina na bigonsa.

2 > Solula ti bamfumu ya babwala to ya bambanza mpi bantu yina ke pesaka bisalu sambu na kuzaba nde bisalu yina bo ke salaka mpi bima yina bo ke sadilaka bisalu kuvanda ve na kizitu ya mingi, mingi-mingi na babwala yina kele ti bantu mingi.

- Zikisa kibeni nde ba WC yina ke tulaka bankisi mpi ya ke katulaka yo na nganda ya kisika yina me fwana, disongidila, bantu yonso kele ti nswa ya kusadila ba WC yina kele dezia to yina ya mpa.
- Sala *calendrier* yina lukanu na yo kele ya kuzitisa bansiku ya me tala mavimpi to bansiku ya babwala na yina me tala mutindu ya kulandila bima ya mvindu.

3 > Sala bakampanie mbala na mbala mpi tubila mutindu ya kukatula bima ya mvindu mpi tula bima ya me fwana sambu na kusimba kampanie yango.

4 > Pesa bantu bilele sambu na lutaninu mpi pesa bantu yina ke kwendaka kulokuta mpi kukatula bima ya mvindu mangwele ti bantu yonso yina ke salaka sambu na kuvutukila to kusolula diaka sambu na diambu mosi buna.

5 > Sosa kuzaba kana bisika yina bo ke tulaka bankisi me fwana kibeni, kele ya mbote mpi ya kitoko.

- Sadila bametode ya me tala kutula nkisi, ya kukatula, mpi ya mbote, mingi-mingi, kutimuna dibulu mpi kuzika yo, kulandila bisika yina bo ke losaka bamvindu mpi bisika yina bo ke yokaka yo tiya.
- Sala bisika yina bo ta landilaka bima ya mvindu sambu na kutanina mavimpi ya bantu, mingi-mingi mavimpi ya bana.

6 > Kitisa ntalu ya bisadilu yina bo ke kangisilaka bima mpi kitisa ntalu ya kizitu yina bima ya mvindu kele na yo na kusalaka na kimvuka ti bimvuka ya me fwana sambu na kukabula bima ya kudia mpi bima ya kusadila na banzo.

Kimonisilu ya mfunu

Ata mvindu mosi ve fwete vanda na bisika yina bo ke katula bamvindu yina bamfumu ya kartier mpi ya commune pesaka nswa

Banoti ya ke pesa lutwadisu

Bantu yina ke kwendaka bisika ya nkaka fwete nata ve bima yina kele kizitu mingi to bima yina bo ke sadilaka diaka ve. Kubasisa bima ya mvindu na bisika yina bo ke kabulaka yo lenda nata mavwanga na bantu yina ke yambaka bantu. Kiteso ya bima ya mvindu ta kuma mingi kibeni kaka kana bima yina bo pesaka sambu na kusadila na banzo me fwana kibeni ve na bampusa yina bantu kele na yo. Mbala ya nkaka, bima yina ya mvindu bo salaka yo na bima ya luswaswanu ti bima yina bo ke sadilaka na babwala, yo yina bo fwete tula yo nkisi to kukatula yo na mutindu ya mbote.

Bisika yina kele na bambanza: Bisika yina kele na bambanza ya mutindu ya kulandila bima ya mvindu lenda kota na mutindu ya nkaka ya kusala bisalu. Sala na kuwakana ti bamfumu ya luyalu mpi mutindu ya kusala mambu sambu na kutadila kilo yina ke monisa mingi ya bima ya mvindu ya nkaka.

Tanina bantu yina ke katulaka bima ya mvindu: Pesa bantu yonso yina ke katulaka bamvindu bilele yina ta taninaka bo. Pesa bo mpi ti bima ya kulwata na maboko (*des gants*). Diaka, beno fwete pesa bo mpi ba sapatu (*des bottes*) mpi bampu (*des masques*) sambu na kutanina bo. Kana mpila kele, pesa bo mangwele ya tetanosi mpi ya microbe yina ke vanda na ba *foie* ya muntu (*l'hépatite B*). Zikisa kibeni nde sabuni mpi masa kele sambu na kuyobisa maboko mpi ilungi na nima ya kusala kisalu. Zabisa bantu mpi monisa bo mutindu ya mbote ya kunangula mpi kukatula bamvindu, mpi zabisa bo mambu ya mpasi yina lenda kumina bo kana bo sadila ve bandongisila yai   *tala Lusansu ya me fwana – Nsiku ya 2.1.1: Bangidika*.

Bantu ya nkaka lenda tadila bantu yina ke katulaka mvindu bonso bantu ya mvindu to bansukami. Kusala balukutakanu ti kimvuka lenda sadisa bo na kutomisa mutindu na bo ya kuvanda. Yo lenda sadisa diaka na kusiamisa bantu nde bantu yina ke katulaka bamvindu kele ti bisadilu ya mbote mpi yo ke sadisa bo na kuvanda bunkete.

Bisika yina bimvuka ke vandaka mpi bisika ya bantu yonso: Kukomba bima ya mvindu na nzo kele mbote kibeni, nkutu yo lenda vanda kima ya ntete ya kusala na bisika yina bantu ke zingaka mpi na bisika yina bantu fioti mpamba ke zingaka. Tubila nene ya bisika yina bo fwete tula bima ya mvindu mpi kukwenda kuyoka yo tiya na kutadila nene ya dibuta mpi kutadila mingi ya bima yango ya mvindu. Munoko ya dibulu ya bima ya mvindu fwete vanda ya kukanga mbote kibeni sambu bana mpi bambisi kukota ve na kati mpi yo fwete vanda na kiteso ya bametre 15 ti bisika yina bantu ke zingaka.

Pesa kitunga yina bo ke losaka mvindu ya balitre kiteso ya 100 sambu na banzo 40. Pesa kitunga mosi yina bo ke losaka mvindu sambu na ntangu ya nda na mabuta 10 kana bampusa ya mabuta yango ke kuma kaka mingi. Kimvuka mosi ya bantu yina ke yidikaka mambu ya bantu 2,5 sambu na 1000 fwete tadila mbote mambu.

Kusadila diaka, kuyikama mpi kubaka batufi sambu na kulosa yo kisika ya nkaka: Siamisa bantu na kusadila diaka, kuyikama mpi kubaka batufi ya kimvuka mosi buna sambu na kulosa yo kisika ya nkaka, kaka kana yo lenda tula luzingu ya bantu yonso na kigonsa. Longuka mutindu ya kusala bisalu ya fioti ya mumbongo to ya bansiku ya nkaka yina ke katukaka na batufi yina bo ke bakaka sambu na kulosa yo bisika ya nkaka mpi makuki yina mabuta mpi kimvuka kele na yo ya kukatula batufi.

Mutindu ya kulandila bima ya mvindu, Nsiku ya 5.2: Mambu yina muntu mpi mabuta fwete sala sambu na kutula bamvindu na mutindu ya mbote
Bantu lenda vukisa mpi kutula nkisi na bamvindu yina kele na mabuta na bo.

Bisalu ya mfunu

1 ⟩ Zabisa mabuta bangidika ya me bakama na mutindu ya kubumba, mutindu ya kusala mambu mpi mingi ya bima ya mvindu to bangungulu sambu na bimvuka ya fioti ya mabuta.

- Tula dikebi na bampusa ya mabuta na yina me tala ntalu mpi nene ya bangungulu yango sambu na kusadila diaka mpi kubaka batufi sambu na kulosa yo kisika ya nkaka.

2 > Sala na mpila nde bantu ya Kartier kumona bisika yina bo me tulaka sambu na kulosaka bima ya mvindu konso kilumbu mpi bisika yango fwete vanda ya kutunga mbote kibeni.

3 > Monisa mutindu ya nkaka ya kukatula bamvindu na banzo mpi bisika yina bantu yonso fwete katulaka yo.

4 > Zikisa kibeni nde bisika yina kutula bima ya mvindu to mutindu ya kuyoka yo tiya fwete salama na mutindu ya mbote, yo vanda na banzo to na bimvuka.

Bimonisilu ya mfunu

Ntalu ya mabuta yina kele ti nswa ya kulosaka bima ya mvindu na kisika yina bo me yidikaka na Kartier to na kimvuka yina kele na kitamina ya kufwana ti banzo

Ntalu ya mabuta yina ke monisa kisika ya mbote ya kubumba bima ya mvindu mpi ya me fwana kibeni na dibuta

Banoti ya ke pesa lutwadisu

Mutindu ya kuyidika mambu: Mutindu ya kuyidika mambu: Bima ya mvindu yina bantu ke losaka ke sobaka na kutadila mutindu bo ke bakaka bima mpi ke lambaka yo, mpi na kutadila bisalu yina salamaka na kati to na nganda ya dibuta. Mambu lenda soba na kutadila bansungi mpi mbala mingi yo lenda wakana na *calendrier* ya bazandu to ya kukabula bima. Zikisa kibeni nde muntu mosi ke basisa 0,5 kg konso kilumbu ya bima ya mvindu. Yo lenda vanda kiteso ya balitre banda na 1–3 sambu na muntu mosi mpi konso kilumbu, ya me simbama na bamvindu ya kiteso ya 200 tii na 400 kg/m^3.

Mutindu ya kulandila bima ya mvindu, Nsiku ya 5.3: Mutindu kimvuka fwete landila bima ya mvindu
Bisika yina bo me tulaka bitunga sambu bantu yonso kulosa bamvindu fwete lutisa ve ndilu, mpi kutula nkisi to kukatula bamvindu ya nsuka fwete vanda ya kitoko mpi ya mbote.

Bisalu ya mfunu

1 > Sosa kuzikisa nde babiro bonso banzo-nkanda mpi bisika yina bantu ke kwendaka kulonguka, bisika yina bo me yidikaka sambu na bana mpi babiro ya nkaka fwete vanda ti kisika ya kubumba bima yina bantu lenda mona kukonda mpasi, ya kitoko mpi ya me fwana sambu na bima ya mvindu na kisika yango.

2 > Sala bisika ya kubumba bamvindu mpi tunga mwa lupangu na bisika yina bantu yonso lenda mona yo, mingi-mingi na bazandu ya kutubila ti ya kukonda kutubila, kisika ya kutinda diambu mosi buna mpi ya kukotisa ndinga.

Mambu ya ke monisaka nde kisalu ke toma

Ntalu ya banzo-nkanda mpi ya bisika ya kulonguka yina bo me bakaka lukanu ya kutula bima ya mvindu ya mbote mpi ya me fwana kisika mosi

Ntalu ya bazandu yina me bakaka lukanu ya kutula bima ya mvindu ya mbote mpi ya me fwana kisika mosi

Ntalu ya ba WC to ya bisika ya kutula bima ya mvindu tiya na banzo-nkanda, na bisika ya kulonguka, na bazandu mpi na babiro ya nkaka yina bo ke tadilaka yo na mutindu ya mbote kibeni

Banoti ya ke pesa lutwadisu

Bamvindu yina ke katukaka na bazandu: Beno fwete tula dikebi ya mingi na bisika yina kele ti bazandu, sambu mbala mingi bisika ya bantu yonso ke vandaka mbote kibeni ve na kutadila kima yina muntu kele na yo mpi mukumba yina bo kele na yo ya kulandila bima ya mvindu. Nge fwete tula nkisi na bamvindu yina ke katukaka na bazandu kiteso mosi ti bamvindu yina ke katukaka na banzo.

Bamvindu yina ke katukaka na bisika yina bantu ke fwaka bambisi (les abattoirs): Sosa kuzaba kana bisika yina bantu ke fwaka bambisi kele bunkete mpi na kuwakana ti bansiku ya kisika yina beno ke zingaka. Beno fwete tula nkisi na bamvindu mingi yina ke katukaka na ba *abattoir* mpi na bisika yina bo ke tekaka bambisi mutindu mosi ti bamvindu yina ke katukaka na banzo, kansi beno fwete sala keba na masa ya mvindu yina bamvindu yango ke basisaka. Kana bantu ke yikama na kusadila yo, losa bamvindu yango na kati ya dibulu yina kele ti kima ya kufika na lweka ya *abattoir* to mupepe yina ke sansaka bambisi. Losa menga ya bambisi yango na kati ya dibulu yina kele ya kufika mbote sambu baniama kukota ve na kati ya dibulu yango. Masa fwete vanda pana sambu na kuyobisa yo.

6. WASH na ntangu bamaladi me kumina bantu mpi lusansu ya me fwana

Lukanu ya bantu yina ke talaka mambu ya mavimpi ya bantu mpi bamanaka WASH kele ya kutanina mavimpi ya bantu yonso, ya kutanina bantu na bamaladi, mpi ya kubaka bangidika sambu na kumanisa bamaladi. Kutambusa mbote mambu ya bantu yina ke salaka na kuwakana ti beno mpi mutindu bamfumu ya luyalu ke sala mambu, na babwala yonso zole kele mfunu mingi sambu na kulandila mbote bima yina lenda tula luzingu ya bantu na kigonsa na kimvuka mpi na yina me tala mutindu ya kubaka lusansu. Nsiku yai me katuka na bansiku ya 1 tii na 5 ya WASH, mpi na kati yo ke tubila Mavimpi ya bantu na bunda na yo mpi kupesa lusadisu na mitindu yonso yina bo lenda kwenda kupesa lusadisu.

Kulandila mpi kubaka bangidika sambu na bamicrobe kele kisalu ya kuluta mfunu na ntangu ya kubaka bangidika sambu na maladi, yo vanda na konso ntangu yina, mpi na ntangu ya kukwenda kupesa lusadisu sambu na kumanisa bamaladi yina me kumina bantu. Diambu yai kele mfunu kibeni sambu na bantu yina ke bela, minganga mpi sambu na kimvuka. Yo kele mukumba ya bantu yina bo me tulaka sambu na mavimpi, na kuzikisa nde bo ke zitisa bansiku ya fioti-fioti na yina me tala lusansu, kansi kusadila mutindu yina mbala mingi ke lombaka kuwakana mpi lusadisu ya mbote yina bantu yina ke salaka na WASH ke pesaka.

Mitindu ya mbote yina WASH lenda sala mambu, na kimvuka mpi na mambu ya me tala lusansu, ke salaka na mpila bamaladi ya nsambukila kuvanda diaka mingi ve mpi yo ke sadisaka na kunwanisa bamaladi ya nkaka yina ke zolaka kukwisa. Mambu ya fioti-fioti yina kele na nsiku yai ke tadilaka kukwenda kupesa lusadisu mpi ke monisaka mambu yina yo ke lomba kutomisa kana maladi mosi buna me kumina bantu.

Lusadisu yina bo ke pesaka na ntangu ya maladi mosi buna ya ke salaka kumosi ti kimvuka

Yo kele mbote kibeni ve na kupesa lusadisu ntangu yonso yina bo ke yidika manaka ya WASH. Tula dikebi ya mingi na bigonsa yina lenda kumina bantu mpi sosa kutudila bantu ya nkaka ntima mpi mukumba yina bimvuka kele na yo. Tula dikebi ya mingi na lusadisu yina bo ke pesa kukonda kuvila mvutu ya bansosa yina bo salaka sambu na kuzaba maladi yina muntu ke bela (épidémiologiques), kutadila bima yina lenda nata bigonsa, bima yina lenda nata maladi (yo lenda vanda bima yina lenda sala nde muntu kutula tufi na munoko kukonda kuzaba), bupusi yina kukwenda kupesa lusadisu kele na yo mpi bima yina lenda sadisa sambu na kuzinga.

Lusadisu yina kimvuka lenda pesa kele diambu ya mfunu na konso ntangu yina bo ta kwendaka kupesa lusadisu kana maladi mosi buna kukumina bantu sambu maladi yango kusambukila diaka ve bantu ya nkaka. Kuvila ve nde mabanza mpi mambu yina kimvuka ke kwikilaka na yo lenda sadisa to kukanga nzila sambu bantu kupesa ve lusadisu, yo kele mfunu kibeni na kuzaba mambu yai mpi na kukonda kuvila yo. yo lenda vanda mbote na kuyedisa bansiku ya nkaka ya ke tadila bantu yonso sambu maladi kusambukila ve bantu. Mumbandu, sala na kuwakana ti kimvuka sambu na kumonisa mutindu ya nkaka ya kupesa mbote to kukonda kupesa mbote ya maboko.

Kuwakana yina kimvuka salaka kele diambu ya mfunu sambu na kutanina mpi kusansa maladi yina lenda kumina bantu yina kele na mpasi. Mumbandu: beno lenda sadila moustiquaire sambu na kukonda kubaka malaria, to kukonda ya masa na nitu mpi zinc (sambu na bana) sambu na kumanisa pulu-pulu.

Kana bantu yina ke salaka na kimvuka ke sala kisalu ya kusosa maladi na nitu ya bantu mpi bisalu ya mutindu mosi, bo fwete baka formasio. Baka bansangu yonso ya me tadila maladi mosi buna ya me kumina bantu mpi na ntangu ya kukwenda kupesa lusadisu. Yo ta vanda mfunu na kulandila mutindu maladi mosi buna ke kumina bantu yonso mpi bantu yina kele na mpasi sambu na kukwenda kupesa lusadisu na bantu ya kele na mpasi na ntangu ya me fwana mpi kukotisa bansangu yina na kisika yina bantu yonso lenda mona yo, kusala mpidina ta sadisa sambu bantu yonso kutanga diaka ve mbala zole to kuvila mambu ya mfunu *tala Lusansu ya me fwana – Bamaladi ya nsambukila, Nsiku ya 2.1.4: Kuyilama mpi kukwenda kupesa lusadisu ntangu maladi mosi buna me kumina bantu.*

Kana maladi mosi buna me kumina bantu, zitisaka ntangu yonso bantuma yina bo me basisa ntama mingi ve sambu bamaladi ya mutindu yina ke butuka lenda vanda ti bigonsa mpi ya luswaswanu. Kele ti bandongisila ya me fwana sambu na PLI na yina me tala kubaka bangidika mpi kutanina bantu na maladi, beno fwete zitisa bandongisila yai *tala Bareferanse yai na nsi.* Nsiku yai ke pesa lisiti ya masolo na ntwala yina bantu lenda tadila mpi tubila na pwelele yonso kuwakana yina kele na kati ya bwala ya WASH mpi ya ke tadila mavimpi. Kifwanisu yai ya kele awa na nsi ke monisa mutindu minsiku ke salaka na kimvuka bisalu yina WASH ke salaka ya ke kotisa mpi kimvuka mosi buna na ntangu ya maladi mosi me kumina bantu. Sambu na yina me tala mambu ya mavimpi, *tala Lusansun ya me fwana – maladi ya nsambukila 2.1.1 tii na 2.1.4.*

Minsiku yina WASH ke pesa sambu na kusadisa bantu ntangu maladi mosi buna me kumina bo

Kudibongisa mbote mpi sadila kifwanisu ya mutindu ya kuyidika mambu mpi ya kupesa nswalu lusadisu kana maladi mosi buna me kumina bantu

Kutendula, kundima kukengila mpi kupesa bidimbu yina ke monisa maladi mosi buna

Kupesa lusadisu na nswalu kibeni

Kutadila na mayele yonso bima yina ke nataka maladi

Kusala mambu nswalu ti malanda yina yo ke basisa na nswalu kibeni. Sala na mpila nde mambu ya nge ke sala nswalu kuvanda ya mbote kibeni, yo salama na nswalu kibeni mpi ya mpa

Kundima, kunangula mpi kusansa mbote batufi yina bantu ke nena

Kubaka lukanu ya kuvukana ti kimvuka mosi buna mpi kutubila bantu malanda yina mvindu ke nataka

Masa ya mbote mpi ya mingi ya bo me sala sambu na kikuma mosi buna

Kuvukisa, kunangula mpi kukatula na mayele yonso bamvindu yina kele kilo

Bisalu mpi mikumba ya me fwana (na kisika ya beno ke zinga mpi beno na beno)

Kuvanda ntete ti kikalulu kusala bansosa ya me tala mavimpi na baopitale

Landa kubaka bansangu ya me tala mavimpi ya bantu yonso sambu na kuzabisa bantu ya nkaka mpi kusala mambu yina kele na manaka

Bansiku yina WASH ke pesa bantu ntangu maladi mosi buna me kumina bo (Kifwanisu 5)

WASH na ntangu bamaladi me kumina bantu mpi lusansu ya me fwana, Nsiku ya 6: WASH na lusansu ya me fwana

Lusansu yonso ya me fwana ke zitisaka bansiku ya fioti-fioti ya WASH na yina me tala kubaka bangidika mpi kutanina bantu na bamicrobe, yo vanda na ntangu ya bamaladi.

Bisalu ya mfunu

1 〉 Pesa bantu masa ya kufwana mpi ya mbote yina lenda sadisa bo na kubaka lusansu ya me fwana.

- Bumba masa ya mbote ya kufwana sambu na kiteso ya bangunga 48 (0,5 mg/l *de chlore résiduel libre*) sambu na kubumba masa ya me fwana.
- **Bantu mingi yina ke bela maladi mosi buna:** Matisa mingi ya masa mpi tula nkisi *solutions chlorées* na kutadila bamaladi yina bantu ke bela, bigonsa mpi bampusa ya bantu.

2 〉 Zabisa bantu na kutunga ba WC ya kufwana sambu bantu kubaka ve bamaladi ya nsambukila.

- Pesa bakiti ya kulala mpi bapo ya kunenina na bantu yina ke kukaka ve kutambula.
- Yobisaka ba WC (ba wc, binkoso ya kuyobila masa, mpi bisika yina bo me tulaka ba wc) ti masa mpi nkisi (Javel). Kusadilaka ve bankisi yina ke vanda ngolo mingi na ba WC.
- **Kana maladi ya nsambukila ke baka bantu mingi:** Tunga bisika ya kukwenda kulosa batufi na bisika yina bantu ke bakaka lusansu ya me fwana.
- **Kana maladi ya nsambukila ke baka bantu mingi:** Sadila bima yina bo ke pesaka na kutadila na kutadila mambu yina beno ke kutana ti yo mpi kabila yo bantu na kutadila maladi yina bo ke bela, mumbandu, mbeto ya choléra mpi bapo yina muntu lenda luka to kunena na kati na yo.
- **Kana maladi ya nsambukila ke baka bantu mingi:** Zabisa bangidika ya mfunu yina bakamaka sambu na kuyobisa ba WC, kukanga bayina ke salaka diaka ve mpi kupepa batufi mpi bisadilu yina bo pesaka kaka sambu na kukatulaka batufi.

3 〉 Pesa bankisi mpi bima ya kuyobisila nzo ya kufwana sambu bantu ya ke salaka na hopitale, bambefo mpi bantu yina ke kwisaka kutala bantu yina kele na hopitale kuvanda kaka bunkete.

- Tula masa ya mbote ya kuyobisa maboko, sabuni to masa ya nkaka ya kutula nkisi yina muntu lenda yobisa diaka maboko na nima ya kuyobisa na masa ti sabuni. Kawusa maboko na mupepe to na papier yina nge lenda sadila diaka ve.
- **Kana maladi ya nsambukila ke baka bantu mingi:** Na konso kisika, tula masa ya kuyobisa maboko.
- **Kana maladi ya nsambukila ke baka bantu mingi:** Monisa bantu mutindu ya kusala sambu na kuvanda bunkete, mumbandu, kuyobisa makulu ti nkisi chlore to ti nkisi ya kupompa na makulu (na kutadila maladi yina muntu ke bela), to kuyobisa maboko na ntwala ya kulwata to kukatula bima yina ke taninana muntu.

- **Kana maladi ya nsambukila ke baka bantu mingi:** Pesa bambefo bisadilu sambu na kutula bunkete mpi songa bo mutindu ya kusadila yo na ntwala nde bo basika na opitale.

4 〉 Tula bunkete na bisika yina bantu ke zinga.

- Yobisika sima mpi bisika yina bantu ke vandaka ti masa mpi nkisi (Javel) konso kilumbu.
- Yobisa mpi tula nkisi *solution chlorée* na kiteso ya 0,2 % na bisika yonso yina kele ti maladi.
- Yobisa, tula nkisi to kotisa bima yina bo ke sadilaka na baopitale na bamas ini na ntwala ya kusadila yo.
- Tula nkisi na bilele yonso yina bo ke fikaka na zulu ya matela *(draps)* nkisi chlorée kiteso ya 0,1 % kana nge me basisa yo na masa kana yo kele kaka ti bamvindu; tula nkisi na ba draps yina bo ke sadilaka bantu operasio.
- **Kana maladi ya nsambukila ke baka bantu mingi:** Tula nkisi na kiteso ya mingi sambu na kuyobisa sima mpi bisika yina kele ya mvindu. Sadila bima ya me fwana sambu na kutula nkisi na ba *drap*.

5 〉 Lokuta, tula nkisi mpi katula mvindu mbote kibeni.

- Kutula ve bamvindu yina ke katukaka na opitale kisika mosi, tula bisika tatu yina bantu ta losaka mvindu..
- Pesa bantu ya ke salaka na baopitale formasio ya mutindu ya kukabula mpi ya kulandila bamvindu.
- Zikisa kibeni nde bima yina bo me pesa sambu na mambu yai kele ti kima yina ke taninaka muntu sambu na kulokuta, kutula nkisi mpi kukatula bamvindu (kiteso ya ba gants mpi basapatu ya kufwana).
- **Kana maladi ya nsambukila ke baka bantu mingi:** Baka bangidika ya mfunu kibeni na yina me tala kulokuta bamvindu na kusadilaka kima yina ke taninaka muntu na maladi mosi buna.

6 〉 Sosa kuzaba kana bantu yina ke salaka na opitale, bambefo mpi bantu yina ke zingaka pene-pene ti bo ke sadilaka bima yina ke sadisaka na kuditanina ya me fwana.

- Pesa bima yina ke sadisaka na kuditanina na yina me tala mutindu yo kele mpi mambu yina yo ke lomba kusala kana muntu kele yandi mosi.
- Pesa formasio na minganga, bambefo mpi bantu yonso ke salaka na opitale na kupona, kusadila mpi kukatula bima yina ke taninaka muntu.
- **Kana maladi ya nsambukila ke baka bantu mingi:** Tadila mutindu ya kutula diambu yina bo yidikaka mpi sosa kuwakanisa bima yina ke taninaka muntu na kutadila mutindu ya kupesa nsangu.

7 〉 Baka mukumba ya kuzika bamvumbi na mutindu mosi ya mbote, ya luzitu na kutadilaka binkulu ya kisika yina bo ke zingaka mpi sala yo na kutadila mambu ya mavimpi ya bantu yonso.

- Tula dikebi na binkulu ya babwala mpi na mpusa ya kuzaba mpi ya kukwenda kusosa sambu na kuzaba bantu yina me fwaka na mabuta na bo.
- **Kana maladi ya nsambukila ke baka bantu mingi:** Sosa kuzaba mambu ti kimvuka kana mambu yina bo ke salaka kele kibeni ve ya mbote.

- **Kana maladi ya nsambukila ke baka bantu mingi:** Pesa bimvuka formasio mpi bima ya me fwana yina ke sadisaka bantu na kuditanina ntangu bo ke zika bamvumbi.

Bimonisilu ya mfunu

Bantu yonso ke salaka na opitale fwete yobisaka maboko ti sabuni, na nima kuyobisa diaka maboko na masa ya nkisi konso ntangu na ntwala mpi na nima ya kukutana ti mbefo

Bambefo mpi bantu yina ke sansaka bo fwete yobisaka maboko na ntwala ya kusala diambu mosi buna to na ntwala ya kudia mpi kana bo me katuka na WC

Bisika yonso yina bo me tulaka masa sambu na kuyobisa maboko kele ti sabuni mpi masa ya nkaka ya bo me tula nkisi sambu na kuyobisa diaka maboko (to bankisi ya nkaka yina bo me vukisa kiteso ya 0,05 % kana maladi mosi buna me kumina bantu)

Ntalu ya bisika yina bo me tulaka sambu na kuyobisa maboko

- Ntalu ya fioti: kisika mosi ya kuyobisa maboko sambu na bambefo 10 yina kele na opitale

Masa ya mbote ya kunwa na kisika yina bo ke pesaka yo

- Ntalu ya fioti: 0,5–1 mg/l CRL

Mingi ya masa yina kele mbote

- Ntalu ya fioti: balitre 5 ya masa sambu na mbefo mosi konso kilumbu
- Ntalu ya fioti: balitre 60 sambu na mbefo mosi mpi konso kilumbu na opitale yina bo ke sansaka maladi ya *choléra*
- Ntalu ya fioti: balitre 300-400 sambu na mbefo mosi mpi konso kilumbu na opitale yina bo ke sansaka bamaladi ya mutindu na mutindu *(hémorragique virale)*

Ntalu ya ba WC yina bantu ke sadilaka

- Ntalu ya fioti: ba WC 4 na konso opitale (kabula yo; ya babakala, ya bankento, ya bana mpi ya bantu yina ke salaka na opitale)
- Ntalu ya fioti: WC 1 sambu na bambefo 20 yina kele na opitale (kabula yo; ya babakala, ya bankento, ya bana mpi ya bantu yina ke salaka na opitale)

Banoti ya ke pesa lutwadisu

Bamanaka ya kubaka bangidika mpi kutanina bantu na bamaladi kele mingi ntangu yonso yina bo ke pesa bantu lusansu, yo vanda ba ambulance mpi bamanaka ya ke talaka mavimpi ya bimvuka. Yo ke lomba kuyedisa mayele ya lutwadisu ya bansiku, kubaka bangidika na yina me tala bamaladi ya nsambukila mpi mayele yina minganga kele na yo ya kukatula konso diambu yina ya mbi. Sala kimvuka yina ta sadisaka na kubaka bangidika mpi na kutanina bantu na bamaladi mpi pesa minganga formasio. Bangidika yina me bakamaka sambu na kukengila bamicrobe mpi bamicrobe yina ke fwaka na mpasi kibeni. Bamikanda yina bo kele na yo fwete vanda ti ntalu ya kufwana ya bantu mpi manaka ya mbote ya kisalu. Konso mbefo fwete vanda ti mbeto na yandi mosi. Beno fwete pesa bantu lusansu ya mbote mpi na bisika yina bantu yonso me zaba, na banzo ya kitoko yina bo me tungaka mpi ti bisadilu ya WASH sambu na kulanda kusala mambu na bunkete yonso ⚬ *tala Mambu ya me tala mavimpi 1.1 mpi 1.2.*

Kiteso ya masa mpi masa ya mbote: Kiteso ya masa mpi masa ya mbote: Sambu na kuzaba kiteso ya masa yina ke lombama, beno tala na Appendixe ya 3 mpi wakanisa yo ti mambu yina beno ke kutana na yo, ⚬ *tala Appendixe 3: Ntalu ya fioti ya masa.* Baopitale mingi fwete vanda ti lukanu ya kuzitisa bansiku ya WASH sambu na bambefo yina ta sala bantangu mingi ve na opitale, mpi kupesa bo nswa ya kubaka masa ya bunkete mpi ya kusadila ba WC yina kele na opitale. Zikisa kibeni nde masa kele (to bo bumbaka masa) na WC sambu na bangunga 48. Sambu na bamaladi bonso *Ebola* mpi *choléra*, beno fwete bumba masa sambu na bangungu 72. Na yina me tala bamanaka ya bimvuka ya WASH ⚬ *tala Kubumba masa, Nsiku ya 2.1 mpi 2.2.*

Tablo yai ya kele awa na nsi ke monisa mitindu ya kuvukisa nkisi chlore ti bima ya nkaka sambu na kusansa bantu.

Chlore yina bo me vukisa ti bankisi ya nkaka	Kisalu yina minganga kele na yo
0.05 %	Kuyobisa maboko Kuyanika bilele (na nima kuyobisa)
0.2 % (*cholera*) 0.5 % (*Ebola*)	Pangusa kisika ya kisalu na nima ya kuyobisa yo (ti nkisi cholera) Bisadilu sambu na kuyobisa, lele ya kulambila, basapatu, bisadilu ya kikuku mpi malonga Kuyobisa mbeto, kantini Kutula bunkete na bisika yina bantu ke zinga Kuyobisa mvumbi (Ebola)
2 %	Kuyidika nitu ya bamvumbi (*choléra*) Kukatula batufi mpi biluki (*choléra*)
1 %	Mutindu ya mbote sambu kuzwa masa ya bunkete

Kulandila batufi yina bantu ke nenaka: ⚬ *tala Kulandila batufi yina bantu ke nenaka, Nsiku ya 3.1 tii na 3.3* ya ke pesa lutwadisu ya mutindu ya kulandila batufi yina bantu ke nenaka, mpi *Kutubila bunkete na bantu yonso, Nsiku ya 1.3: Kulandila bunkete ntangu ya règle mpi kana muntu ke kudisubila mpi kudinenina kukonda kuzaba* sambu na kuzaba bansangu ya me fwana ya bima ya kupesa.

Sala ba WC ya mbote na yina me tala tekinike mpi kinkulu, ba WC yango fwete vanda ya kukabwana ti nsapi mpi nsemo ya kufwana, yo fwete vanda mpi ti kisika ya mwa nene na kati sambu na bantu yina ke sadisaka bambefo kusadisa bo mbote na kukota na WC. Beno fwete yobisa ba WC yonso (ba WC, binkoso ya kuyobila masa, kisika bo ke yobilaka) ti masa mpi nkisi (*détergent*). Kusadila ve bankisi yina ke vandaka ngolo mingi kibeni na ba WC (mingi-mingi kana yo kele WC yina ke vandaka na kati ya nzo) sambu yo lenda vwalangasa mutindu bima ya nkaka ke salaka na nitu ya muntu sambu na kupesa maladi.

Ntangu maladi mosi buna me kumina bantu, baka bangidika ya kuyobisa, kukanga ba WC yina ke sala ve to kupepa ba WC mpi bima yina bo ke pesaka sambu na kukatula batufi yina bantu ke nenaka (mumbandu, kuvukisa bima ya nkaka ti *Chlore* sambu na kuyobisa ba WC, kuvukisa chaux ya kuyuma ti *chlore*).

Bamasa ya mvindu: Nsiku yai ke lomnba na kukatula bamasa yina ya mvindu na kusadila tiyo mosi ya ke basisaka masa mpi kima mosi yina ta bendaka masa. Zikisa kibeni nde yo kele ya kukanga mbote sambu bantu kumona yo ve.

Bamvindu yina ke vandaka na baopitale ke vandaka ti bima ya nkaka yina lenda nata maladi bonso Sida to hépatite B, yina lenda pesa mpi maladi na ntoto mpi na banto ya masa. Sadila metode ya kutula bitunga tatu sambu na kulokuta mpi kukabisa bima ya mvindu, kaka na ntangu yina yo ke basika:

Ndonga ya mambu	Mbandu	Mukubu ya ngungulu/zina yina kele ya kusonika na zulu na yo
Bamvindu ya nkaka Ya kele ve kigonsa	Papier	Ndombe
Bima yina bo fwete sadila yo kaka mbala mosi ya kele kigonsa, yina lenda pesa bantu maladi	Bantunga, bambele ya fioti, bangidika sambu na kuvutula masa, dikopa ya ditensi ya kupasuka, milangi ya kopale ya mpamba	Mukubu ya Jaune, bo me sonika na zulu na yo "OBJETS COUPANTS", ya kukanga mbote mpi ya kukanga nzila sambu yo basika ve
Bima yina bo lenda zenga ve Ya kigonsa mpi yina lenda pesa bantu maladi	Bima yina me beba na masa yina bantu me yobila, mumbandu, brosse sambu na kuyobisa banzila yina bo salaka, bitende yina bo ke kangaka na mputa, kutunga bamputa, bima ya laboratware	Mukubu ya Jaune, zina yina kele ya kusonika na zulu na yo mpi bima yina ke kangaka nzila sambu kima mosi buna basika ve

Yo lenda vanda mbote kibeni na kukabula diaka bima ya mvindu, tanga mpi bamvindu ya bamaladi (mpusu ya nitu ya muntu), ya bisika yina bo ke salaka bankisi mpi bima ya nkaka (mutindu mambu na laboratware ke salama) ya mvindu. Lokuta bamvindu yina kele na lweka ya opitale, mbala mosi konso kilumbu, mpi na nswalu yonso kibeni kana yo kele ya kubeba kibeni. Sadila pusu sambu na kunata matiti ya mvindu mpi kulosa yo na kisika yina bo me yidikaka mpi zabisa bantu na kukwenda ve ata fioti na kisika yango. Beno fwete tula nkisi ntangu yonso na bangungulu yina kele ti bima ya mvindu, na bapusu mpi na bisika yina bo ke bumbaka bima. Pesa mangwele ya *hépatite B* mpi ya *tétanos* na bantu yonso yina ke katula bima ya mvindu yina ke katukaka na baopitale.

Tula nkisi mpi katula bamvindu na kutadila ba WC yina kele:

Nkisi mpi kukatula mvindu	Ndonga
Ndonga ya mambu	Kutula nkisi mpi kukatula bamvindu
Na kimvuka	Kukatula, kuyoka tiya, to kuzika Kundima diambu ya leta
Bima yina bo me zenga ya bo ke sadilaka diaka ve	Dibulu ya matiti Kangisa yo na kima mosi buna mpi zika yo na mukanda yina ke monisa nde nge me ndima Kuyoka yo na tiya (kansi milangi ya kopale ve) na nima yoka yo na dibulu yina vandaka ti putulu ya tiya (sala yo na mayele sambu bisadilu yina ke vandaka makasi lenda vanda diaka ve makasi kibeni)

Nkisi mpi kukatula mvindu	Ndonga
Bima yina lenda pesa bantu maladi (yina bo lenda zenga ve)	Dibulu ya kuzika bima ya mvindu (fika bima ya mvindu ti bima yina kele ve na masa) Kumisa yo putulu mpi yoka yo na dibulu yina kele ti putulu ya tiya Kima yina ke vandaka ti kifiniku to kusala diambu mosi buna
Kusala diambu kukonda kuyindula	Lenda soba na kutadila bansiku ya bimvuka: Kufika bima ya mvindu (mumbandu, dibulu ya kulosa kibu (placenta)) to bisika yina bo ke kwenda kuyoka bima yango tiya
Kisika bo ke tekaka bankisi	Kana mpila kele landa lutwadisu yina bambanza ke pesa to vutula yo na bantu yina ke salaka yo Basisa yo na banzo na yo mpi katula yo ti mukanda yina ke pesa nswa Bima ya sipesiali yina ke sadisaka na kuyoka yo tiya (>1 200 degrés celsius)

Bima yina ke yokaka bima ya mvindu tiya fwete vanda na tiya ya kiteso ya kuluta 900 mpi yo fwete vanda ti basuku zole. Bima yina ke yokaka bima ya mvindu tiya ya ke vandaka mbote kibeni ve ke basisaka bima yina kele ndikila, ke bebisaka mupepe mpi yo ke fwaka mbote kibeni ve microbe na bima yina bo ke sadilaka. Bamabulu yonso ya WC mpi bima yina ke sadisaka sambu na kuyoka bima ya mvindu tiya fwete vanda ya kutunga na kutadila bansiku ya bantu ya bainsi ya nkaka to ya bainsi na beto, kusadila yo, kuyidika yo mbote mpi kukanga yo mbote kana bantu ke sadila yo ve.

Kisadilu sambu na kuditanina kele mfunu mingi sambu na kuvanda mutindu mosi ti bantu yina ke salaka kisalu ya kuyamba batu mpi sambu na kubakisa nde bambefo, mabuta mpi bantu ya bisalu kele ve na kigonsa.

Sosa kutadila bima yina ke lomba nde bo tula yo na meso ya bantu yonso (kidimbu ya mvindu, kubaka nkisi na mungungu to na mbombo, kukutana mpi kusimba) mpi mutindu ya kupesa bantu maladi. Sadila kisadilu mosi ya mbote, yina ta zinga mingi mpi ya mbote (mumbandu, kima yina ke kitaka ve na masa yina ke kulumukaka malembe-malembe to kima yina ke kitaka ve).

Kisadilu sambu na kuditanina ke taninaka mbote muntu yina ke lwata yo sambu menga kusimba yandi ve, mutoki, kitini ya nitu ke buta kitini ya nkaka mpi bamicrobe yina ke katukaka na masuba to na tufi. Yo ke tendula kuvanda ti: *gants* ya kulwata na maboko sambu na kuditanina na bima yina kele na maladi; kulwata bilele ya kisalu *(tablier)* kana bilele yango to bitini ya nitu ya nkaka kele na lweka ya bima yina kele ti microbe, nge fwete sadila bima bonso *masque* sambu na kutanina ilungi, luneti to écran sambu na kuditanina na kidimbu ya mvindu, to kubaka nkisi na mungungu to na mbombo. Kisadilu sambu na kuditanina ya nkaka lenda lomba kulwata yo na kutadila mutindu maladi lenda sambukila muntu: bima yina lenda simba muntu (mumbandu, kulwata bilele ya kisalu *(tablier)* to *gants* ya kulwata na maboko na bisika yina kele ti bambefo); matono ya masa (*masques* ya bo ke lwataka sambu na kusala muntu operasio kiteso ya kitamina ya metre 1 ti mbefo); mpi mupepe (yo ke tadila baapareyi yina bo ke sadilaka sambu na kupema).

Losa bima yina bo ke lwataka sambu na kuditanina na kisika yina bo ke losaka bima ya mvindu na nima ya kusadila yo (bonso bangungulu ya balitre 220) yina kele na kisika yina bo ke kotaka sambu na kukatula bilele. Lokuta mpi nata bima ya mvindu na kisika yina bo me yidikaka kaka sambu na kulandila bima ya mvindu. Tula bima yina bo lenda lwata diaka sambu na kuditanina, bonso baluneti mpi ba *gants* sambu na kusadila yo na mutindu ya mbote, na kati ya malonga yina kele ti nkisi *chlore* kiteso ya 0,5 %. Bantu yai, ke yobisaka bilele, ke yidikaka yo kana yo me beba mpi ke yidikaka yo na mutindu ya me fwana kibeni.

Beno fwete tula nkisi *chlore* kiteso ya 0,5 % sambu na kuyobisa maboko mpi kulwata ba *gants* konso ntangu yina ya beno ke katula bilele. Tula masa ya kuyobisa maboko ti nkisi *chlore* kiteso ya 0,05 % ya ke monisa bonso kitini ya nsuka to mutindu ya kukatula bilele.

Kulandila bantu yina ke fwa: Sosa kisika ya mbote yina bantu ke zingaka ve kuna sambu na kulandilaka bantu yina ke fwaka na mutindu ya mbote, na luzitu mpi na mutindu ya me fwana na kuzitisaka kinkulu na bo, mpi yidika bidimbu yina ta sadisaka bantu na kuzaba konso muntu. Bika bantu bo mosi kupona bantu na bo mpi kuyidika bisika ya kutula mvumbi na bo. Kulosa ve bima ya mvindu na bisika yina bo me yidikaka kana matanga kele ve. Yo lenda vanda mpasi na kubaka mukanda ya kuzika muntu yina lenda vanda mfunu mutindu bansiku ya insi ke vandaka. Tula dikebi na mambu ya luswaswanu yina lenda basika na ntangu ya kuzika bantu yina bo fwaka na nku *tala Mambu ya me tala mavimpi, Nsiku ya 1.1: Mambu yina minganga fwete sala*.

Kubaka bangidika ya sipesiali, bonso kuyidika mutindu ya kubasisa bamvumbi na kusadilaka nkisi chlore, lenda vanda mfunu kana bamaladi mosi buna me kumina bantu na kutadila bima yina ke nataka maladi mpi mutindu yo ke pesaka maladi yango na bantu. Bantuma sambu na kuyobisa mpi kumonisa bamvumbi lenda sala nde bamaladi kukuma mingi kibeni, kansi kukonda kuzitisa nswa ya kuzabisa bantu binkulu lenda sala nde kimvuka ya tadilaka mambu ya kuzika bamvumbi kusala yo ya kubumbana to kukonda kuzabisa.

Minganga ti kimvuka yina ke salaka kisalu ya kuzika bamvumbi fwete lwataka ntangu yonso kima yina lenda sadisa bo na kuditanina. Sadisa bantu yina bo me tulaka sambu na kuzika bamvumbi na nsadisa ya bisalu ya ke monisa mutindu bo ke yindulaka na bisika ya bantu. Sala na kimvuka ti bamfumu ya kimvuka sambu na kubaka bangidika ya kukonda kunganina bantu yina ke salaka bisalu yina.

Kukonda kutula mambu na ndonga: Kwenda kukutana ti kimvuka, bamfumu ya babwala yina beno ke zingaka, mpi bantu yina ke salaka na kimvuka ya ke kwendaka kupesa bantu lusadisu sambu bo baka lukanu na mutindu ya kubaka lusansu sambu na ntangu mosi buna na ntangu ya kupesa lusadisu.

Appendixe 1
Lisiti sambu na kutadila bampusa ya masa, bunkete mpi kutubila yo na bantu yonso

Mfunu ya ntete-ntete ya lisiti yai ya bangiufula kele sambu na kutadila bampusa, kutubila banto mpi kutubila mutindu bantu na babwala ke zingaka. Yo ke tadila ve bangiufula ya ke sadisa na kutubila bima ya mfunu yina babwala ya nkaka ke pesaka na nzulu ya bima yina kele dezia na babwala.

General

- Bantu ikwa kele na mpasi mpi bo kele na wapi? Tadila bansangu na kusosaka kuzaba kana bantu yango kele bankento to babakala, mvula na bo, kana bo kele ti bifu na nitu, *etc.*

- Inki banzietelo yina bantu yango ta salaka? Inki mambu ya kutula dikebi sambu na kutanina bantu yina kele na mpasi mpi ya bantu yina ke kwendaka kupesa lusadisu?

- Inki bamaladi yina bantu kele na kubela, yina me panzana mingi kibeni to ya me fwana yina me simbama na WASH?

- Inki bantu yina kele kibeni na mpasi na kati ya bantu yina yonso mpi sambu na nki?

- Keti bantu yonso lenda kota na ba WC kukonda mpasi, mingi-mingi na bisika ya bantu yonso, na baopitale ya fioti mpi na banzo-nkanda?

- Inki kele bigonsa ya me tala kutanina bankento mpi bana bankento, babakala mpi bana babakala? Mpi inki kele bimvuka yina kele na bigonsa?

- Inki vandaka mutindu ya kubumba masa, bunkete mpi kutubila yo na bantu yonso yina bantu yikanaka na yo na ntwala nde mpasi mosi buna kukumina bo?

- Inki bupusi kutubila mambu na pwelele yonso to ve kele na yo (mumbandu, bamfumu ya kimvuka, bambuta mpi bimvuka ya bankento)?

- Inki mutindu bantu ke bakaka balukanu na mabuta mpi na kimvuka?

- Keti bantu ke kwendaka na bazandu ya babwala na bo kukonda mpasi? Inki bima mpi bisalu yina WASH vandaka na yo na ntwala mpi na nima ya mpasi mosi buna?

- Keti bantu kele ti nswa ya kubaka mbongo to mfuka?

- Keti bansungi ke sobaka ntangu yonso sambu na kumonisa ndilu yina bantu kele na yo to kumatisa bampusa ya bantu, mumbandu na ntangu ya kukatula bambuma?

- Banani kele bamfumu yina me fwana kibeni mpi bamfumu yina me fwana na kusala ti bo?

- Banani kele bantu ya bisalu ya babwala yina ke zingaka na kisika yina bantu me zabaka dezia (bimvuka ya *société civile* yina kele ti makuki ya mutindu mosi na mambu ya metala WASH mpi kupesa lusadisu na bimvuka?

Kutubila bunkete na bantu yonso

- Inki mutindu bantu vandaka kusala mambu na yina me tala kubumba masa, bunkete mpi kutubila minsiku ya bunkete yina bantu yikanaka dezia na yo na ntwala nde mpasi mosi buna kukumina bo?

- Inki mambu ya mbi yina muntu fwete sala ve sambu na mavimpi, yina ke sala mambu yai mpi sambu na nki?

- Inki bantu yina ke landa kuvanda ti kikalulu ya mbote ya kuvanda bunkete mpi inki ke sadisaka bo mpi ke pesaka bo kikesa ya kulanda kutanina kikalulu yango?
- Inki mambu ya mbote mpi ya mbi yina lenda kumina muntu kana yandi soba bikalulu?
- Inki baapareyi ya kusolula mbote to ve yina kele dezia mpi mitindu ya kusolula (bantu yina ke salaka na baopitale ya nene, minganga yina ke butisaka bankento, munganga yina ke sansaka bantu na bankisi ya bunkoko, bimvuka, kusala na kimvuka, banzo-nzambi mpi *mosquées*, etc.)?
- Keti bantu kele ti nswa na bima yina lenda pesa bansangu na babwala (radio, télévision, vidéo, mikanda, etc.)?
- Inki bima yina ke pesaka bansangu to ONG kele na babwala yina bantu ke zingaka?
- Inki bantu yina ke lomba kukutana ti bo (bamama, bana, bamfumu ya bimvuka, bamfumu ya mabundu, etc.)?
- Inki kima yina ya kele ntama kibeni ve yina lenda sala na disolo yai (bantu yina ke salaka na luzolo yonso to bantu ya bisalu to bantu yina basisaka mambu ya me tala bunkete sambu na bantu yonso, bimvuka ya ke tadila mambu ya mavimpi na banzo-nkanda, bimvuka ya WASH) sambu na kutula kimvuka ya basoda sambu na ntangu fioti to sambu na ntangu mosi buna?
- Inki kele bampusa ya kulonguka na kati ya mfumu mpi bantu ya bisalu yina ke salaka pene-pene na kimvuka yina ke talaka mambu ya bunkete?
- Inki masolo ya nkaka ya ke tubilaka ve madia yina kele, mpi inki masalo yina kele na mfunu kibeni na yina me tala mambu yina bantu ke zola mpi bampusa na bo?
- Na wapi bantu ke kwendaka kusumbaka bima na bo sambu na kutula bunkete? Keti mambu yango ke sobaka na ntangu ya mpasi mosi buna (ntalu, kusoba ya mambu, diambu ya mbote)?
- Inki mutindu mabuta ke bakaka bima na bo ya kutudila bunkete? Nani ke bakaka lukanu ya bima yina bo fwete sumba ntete?
- Inki mambote kusala mambu na bunkete ke nataka na baopitale (ngiufula ya mfunu kibeni na ntangu mpasi mosi buna me kumina bantu)?
- Inki kele bampusa mpi mambu yina bankento mpi batoko ya bankento ke zolaka na mambu ya me tala *règle*?
- Inki bampusa mpi mambu yina bantu ya ke belaka maladi ya kudinenina mpi kudisubila kukonda kuzaba kele na yo mfunu?

Kubumba masa

- Inki nto ya masa yina bantu ke sadila bilumbu yai mpi banani ke sadilaka yo?
- Inki kiteso ya masa ya kufwana sambu na konso muntu mpi konso kilumbu?
- Na nki bisika konso kilumbu mpi konso mposo bantu ke bakaka masa?
- Keti masa yina kele na nto ta lungisa kibeni bampusa ya bantu sambu na ntangu fioti mpi na ntangu ya nda?
- Keti bisika yina bantu ke bakaka masa kele pene-pene ti bisika yina bantu ke zingaka? Keti yo kele ya mbote?
- Keti kubumba masa ya bilumbu yai kele ya mbote? Bantangu ikwa yo ta sala?
- Keti bantu kele ti bangungulu ya nene mpi kufwana na banzo (kuvukisa mpi kubumba masa) ?
- Keti nto ya masa kele ti microbe to keti yo lenda baka microbe kukonda mpasi *(contamination microbiologique, chimique ou radiologique)* ?

- Keti kele ti mutindu ya kutula nkisi na masa sambu yo kuma bunkete? Keti yo kele mfunu na kutula nkisi na masa sambu yo kuma bunkete? Keti mpila kele? Inki kele nkisi ya me fwana sambu na kutula?
- Keti yo kele mfunu na kutula nkisi? Keti bimvuka ke sepalaka ti ntomo ya masa mpi bo ke ndimaka ntomo yango mpi nsudi ya nkisi *chlore*?
- Keti kele ti banto ya nkaka ya masa yina kele pene-pene?
- Inki binkulu mpi mambu yina bunkoko ke salaka sambu na yina me tala kuvukisa, kubumba mpi kusadila masa?
- Keti kele ti bigonsa sambu na kusadila banto ya masa yina kele?
- Keti yo kele mfunu na kunata bantu bisika ya nkaka kana banto ya masa me fwana kibeni ve?
- Keti kele ti banto ya nkaka ya masa yina kele pene-pene?
- Keti kele ti balukwikilu mpi mutindu ya kusala mambu na bunkoko na yina me tala bunkete (mumbandu, na ntangu ya maladi *Choléra* kotaka na mbanza Haïti, maladi vandaka kuwakana ti kinkulu ya *vaudou*)? Na kutadila balukwikilu mpi mutindu ya kusala mambu, keti yo ke vandaka mbote to mbi?
- Inki mambu ya me tala bunkete yina kubumba masa ke nataka?
- Keti bantu ke sumbaka masa? Kana ee, na wapi, na ntalu ikwa mpi na nki lukanu? Keti mambu yango ke kwenda kaka na ntwala yantika mpasi mosi buna kuminaka bantu (ntalu, ya mbote, kupesaka bantu mbala na mbala)?
- Keti bantu kele ti makuki ya kusadila masa na bunkete yonso?
- Keti bantu ke katulaka masa mbote kibeni na bisika yina bantu ke bakaka masa, na bisika yina bo ke yobisaka bilele mpi na ba WC?
- Keti ntoto yango ke wakana ti mutindu ya kulandila na bisika yina bo ke bakaka masa to na nganda ya bisika yango masa yina ke katukaka na banto, na bisika yina bo ke yobisaka bilele mpi na ba WC? Keti bo tadilaka mbote ntoto?
- Kana bantu kukwenda kuzinga kisika ya nkaka, inki kele nto ya masa sambu na bambisi na bo?
- Keti kele ti mambu yina lenda salama sambu bangidika yina bakamaka na yina me tala kubumba masa, kubaka masa mpi kusadila banto ya masa?
- Banani ke sadilaka ntangu yai banto ya masa? Keti kele ti kigonsa na kusadila nto ya masa sambu na bantu ya mpa yina ke kuma?
- Inki kele mitindu ya kuwakana ti kisika yina bamfumu ya leta ke kwendaka kibeni ve to kisika yina bo ke kwendaka kubaka kima na yina me tala kubumba masa? Inki mambu ya mpasi mpi makuki yina lenda sadisa na kulandila sambu na kukwenda kupesa lusadisu mpi kupusa bo na kusala yo?
- Inki malombo ya me fwana sambu na kusadila mpi ya kuyidika mambu? Inki makuki ya me fwana sambu na kupesa mvutu sambu na ntangu ya nkufi to ya nda? Yo kele mukumba ya nani?
- Keti kele ti bimvuka to mutindu ya nkaka ya kupesa mbongo to ya kumonisa dibanza sambu na kufika mbongo yina bo basisaka sambu na kuyidika mpi kusadila?
- Inki mutindu bantu yina bo ke yambaka kele ti nswa na masa mpi ke zabaka nde masa kele ya mbote sambu na kusadila?

Kukatula batufi
- Keti bisika yina bantu ke zingaka ke vandaka ve ti batufi?
- Keti bo ke katulaka batufi kana bo kele ve ti kisalu ya kusala? Keti kele ti kisika yina bo me yidikaka sambu na kulosa batufi yango?

- Keti ba WC kele dezia? Kana ee, keti bo ke sadilaka yo? Keti yo kele ya kulunga? Keti yo ke salaka mbote kibeni? Keti bo lenda kumisa yo diaka nene to kuyidika yo diaka na kutadila kisika yina bantu ke zinga?
- Keti ba WC kele ya mbote mpi ya me fwana: ti mwinda na kati, bima ya kukanga na kati kana muntu me kota, bima yina ke kabisaka yo? Keti bantu lenda kota na ba WC na mpimpa mpi na ntangu? Kana bantu lenda kota ve na WC na mpimpa, inki bangidika yina beno me baka?
- Na nki mambu ya kulandila batufi bantu yina ke yambaka bantu ke kutanaka na yo?
- Mutindu ya kusala mambu ntangu yai ke nata mavwanga na masa yina ya nkaka ya me bikala (masa yina ke vandaka na lweka ya banto ya masa), sambu na bisika yina bantu ke zingaka to sambu na bisika yina bantu yonso ke zingaka?
- Keti kele ti bansiku ya bantu ya bwala mosi buna yina bo fwete zitisa sambu na yina me tala ba WC?
- Keti bantu me yikanaka ti mutindu ya kutadila mambu, ya lutungu mpi ya kusadila ba WC?
- Keti bantu ke ndimaka kubalula mambu mpi kusadila yo?
- Yantika na nki mvula bana lenda yantika kunena na ba WC?
- Inki bo lenda sala ti batufi yina babebe mpi bana ya fioti ke nenaka?
- Inki mutindu *terrain* yango kele na lweka?
- Na nki kiteso ya kitende yina bo ke tulaka sambu na masa kele?
- Keti mutindu ntoto kele ke sadisa sambu na kukatula batufi na bisika yina yo kele?
- Keti bangidika yina ke bakama sambu na kukatula batufi ke siamisa baniama yina ke pesaka bantu maladi?
- Keti kele ti kima mosi to masa sambu na kuyobisa kisika yina tufi ke basikaka? Inki mutindu bantu ke katulaka na mutindu ya mbote bima yango?
- Keti bantu ke yobisaka maboko kana bo me katuka na WC, na ntwala ya kulamba madia to na ntwala ya kudia? Keti sabuni to bima ya nkaka ya kutula bunkete mpi masa pene-pene ya ba WC kele na kati ya mabuta?
- Inki mutindu bankento ke tadilaka mambu ya me tala *règle*? Keti kele ti bisadilu to ba WC ya me fwana sambu na mambu yai?
- Keti kele ti ba WC to bima ya nkaka yina bo me salaka kaka sambu na kusadisa bantu yina kele na bifu na nitu, bantu yina kele na Sida, na bantu yina ke kudineninaka mpi kudisubilaka na bilele kukonda kuzaba to na bambefo yina ke bikalaka na baopitale na kukota na ba WC?
- Tadila bangiufula ya ke tadila bisika yina bantu ke zingaka: mumbandu, kukabula bima yonso yina ke sadisaka na kusala bima ya nkaka (*matières Premières*), bonso zelo mpi matadi ya fioti-fioti yina ke bikalaka kana bo me manisa kutunga nzo mpi kutanina bisika yina bantu ke zinga na batufi yina bantu ke nenaka.
- Keti kimvuka ke tangaka mpi bantu ya bisalu yina bo me ndimaka, bonso bantu yina ke tungaka banzo, bantu yina ke tulaka baludi mpi bantu ya bisalu yina bo me ndimaka ve?
- Keti kele ti bima ya kukatula bamvindu to bakaminio yina ke katulaka bamvindu? Batufi yina bantu ke vukisaka, keti bo ke katulaka yo ntangu yai na mutindu ya mbote mpi ya me fwana?
- Keti kimvuka ke tangaka mpi bantu ya bisalu yina bo me ndimaka, bonso bantu yina ke tungaka banzo, bantu yina ke tulaka baludi mpi bantu ya bisalu yina bo me ndimaka ve?

- Keti kele ti bima ya kukatula bamvindu to bakaminio yina ke katulaka bamvindu? Batufi yina bantu ke vukisaka, keti bo ke katulaka yo ntangu yai na mutindu ya mbote mpi ya me fwana?

Bamaladi yina baniama ke nataka

- Inki kele bigonsa yina bamaladi yina baniama ke nataka, mpi na nki kiteso bigonsa yango kele mbi kibeni?
- Inki kele bametode to bansungi yina baniama ke landaka na yina me tala kubuta bana, kupema mpi madia na bo?
- Keti kele ti binkulu to mutindu mosi buna yina bo ke salaka mambu na babwala (mumbandu, kundima nde masa ya mvindu ke pesaka malaria) ya me simbama na baniama mpi bamaladi yina yo ke nataka? Na kutadila balukwikilu yai mpi mutindu ya kusala mambu, keti kele ti mutindu ya nkaka ya kusadila mambu ya mbote to ya mbi?
- Kana ntalu ya bantu mingi kele na kigonsa sambu na bamaladi yina baniama ke pesaka, keti bantu yango kele ti nswa ya kuditanina bo mosi?
- Keti mpila ta vanda na kusala bansoba na bisika yina bantu ke zingaka (kupesa nzila sambu masa kuluta, kulosa batufi, kukatula bamvindu, etc.)Sambu baniama yina ke pesaka maladi kubutuka ve?
- Keti mpila kele ya kumanisa baniama yina ke pesaka maladi na nsadisa ya bankisi? Inki kele, bansiku to bima yina ke vandaka dezia sambu na kumanisa baniama yina ke pesaka bantu maladi mpi mutindu ya kusadila bankisi?
- Inki bansangu me fwana na kupesa mpi inki bantuma yo ke lomba kupesa na bantu yina ke salaka bisalu ya nzo?

Kulandila bima ya mvindu

- Keti kuvukisa bima ya mvindu lenda nata diambu ya mpasi?
- Inki mutindu bantu ke katulaka bamvindu na bo? Inki kele mitindu ya mvindu mpi mingi na yo??
- Keti bo lenda katula bima ya mvindu na kisika yina bo ke tulaka yo to keti yo ke lomba kulokuta yo mpi kukatula yo na nganda ya kisika yina bo ke tulaka yo?
- Inki kele mutindu ya mbote ya kusala mambu na yina me tala kukatula bamvindu yina bantu ya kele na mpasi ke tulaka (kuyidika ntoto sambu na kukuna bima mpi mabulu yina ke vandaka na lweka, mutindu ya kulokuta bima, *poubelle*)?
- Keti kele ti ba WC mpi bisalu yina minganga ke salaka sambu na kukatula bima ya mvindu? Nani kele ti mukumba yango?
- Na wapi bo ke losaka bima ya mvindu yina bo ke sadilaka kaka mbala mosi (mumbandu, bitende yina bo ke lwatisaka bana *(les couches des enfants)*, bintende yina ke dibaka masa mpi bitende yina bo ke sadilaka na ntangu ya *règle* mpi babima sambu na bantu yina ke belaka maladi ya kudinenina mpi kudisubila kukonda kuzaba)? Keti ntangu bo ke katulaka yo bo ke salaka yo na mutindu ya kubumbana mpi ya mbote?
- Inki kele diambu ya mpasi ya bilumbu yai na yina me tala kukatula bamvindu na bisika yina bantu ke zingaka?
- Inki kele mutindu ya kulandila bima ya mvindu na bisalu ya bantu mingi mpi na kingenga?

Appendixe 2

Kifwanisu F – Bamaladi ya pulu-pulu yina ke kwisaka na nzila ya bima yina bantu ke diaka

W MASA

S BUNKETE

H BUKENTE

Beno lenda sadila mayele ya nkaka sambu maladi kusambukila diaka ve bantu; yo lenda vanda ya fioti (sambu na kukabula maladi ya kele na luyantiku ti tufi ya bantu) to yo lenda vanda ya nene (kusala na mpila nde yo pesa diaka ve muntu ya nkaka maladi). Bo lenda landila yo na bantu yina ke pesaka lusadisu na masa mpi na bunkete.

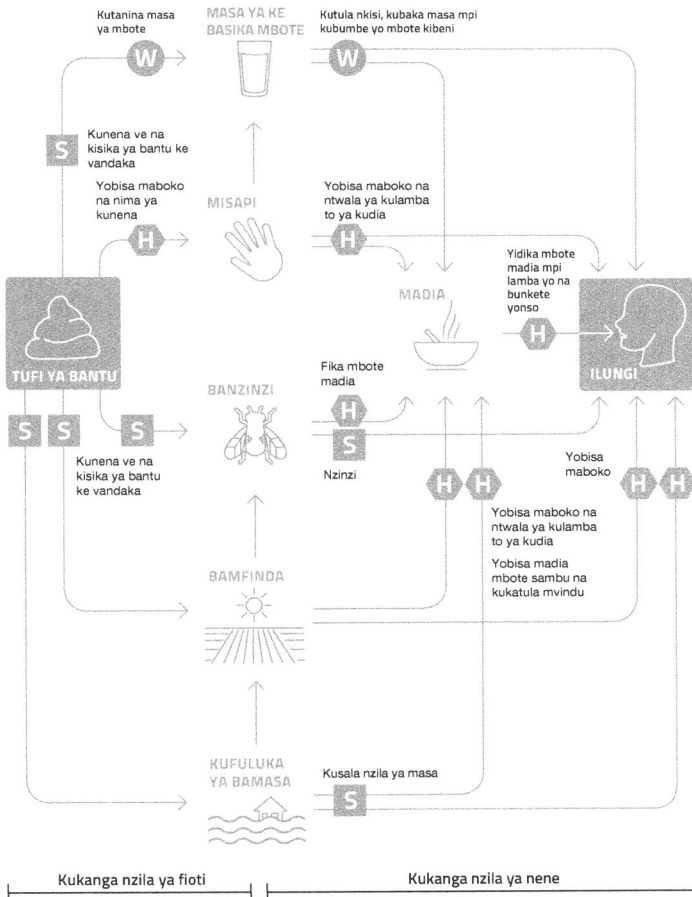

Kutanina masa ya mbote

MASA YA KE BASIKA MBOTE

W

Kutula nkisi, kubaka masa mpi kubumbe yo mbote kibeni

Kunena ve na kisika ya bantu ke vandaka **S**

Yobisa maboko na nima ya kunena

MISAPI

H

Yobisa maboko na ntwala ya kulamba to ya kudia

H

Yidika mbote madia mpi lamba yo na bunkete yonso

MADIA

H

TUFI YA BANTU

S **S** **S**

Kunena ve na kisika ya bantu ke vandaka

BANZINZI

Fika mbote madia

H

S

Nzinzi

Yobisa maboko

ILUNGI

H **H**

H **H**

Yobisa maboko na ntwala ya kulamba to ya kudia

Yobisa madia mbote sambu na kukatula mvindu

BAMFINDA

KUFULUKA YA BAMASA

Kusala nzila ya masa

S

Kukanga nzila ya fioti	Kukanga nzila ya nene

NOTI Kifwanisu ke monisa na bunkufi mutindu banzila kele; yo lenda vanda mbote kana bo vukisa yo ti banzila ya nkaka. Mumbandu, masa ya mbote ya kunwa lenda baka microbe kana bo ke bumba yo na kima ya mvindu to madia lenda baka microbe kana

The 5 Fs: tufi, masa ya ke basika mbote, misapi, banzinzi, madia (Kifwanisu 6)

Source: Water, Engineering and Development Centre (WEDC)

Appendixe 3
Kiteso yina masa fwete vanda: Kiteso ya masa sambu na kutanina luzingu ya bantu mpi kuzaba bampusa ya bantu yina kele na mfunu ya masa

Bampusa ya bantu: masa yina bo ke sadila (masa ya kunwa mpi madia)	Balitre 2.5–3 sambu na muntu mosi mpi konso kilumbu (na kutadila nsungi yina bantu kele mpi muntindu konso muntu kele)
Mutindu ya kusala mambu na bunkete	Balitre 2–6 sambu na muntu mosi mpi konso kilumbu (na kutadila bansiku ya bantu yonso mpi ya binkulu)
Bampusa ya mfunu sambu na kinkuku	Balitre 3–6 sambu na muntu mosi mpi konso kilumbu (na kutadila mutindu ya madia yango kele, bansiku ya bantu yonso mpi binkulu)
Baopitale ya fioti mpi ya nene	Balitre 5 sambu na muntu mosi konso kilumbu na konso mbefo yina ke vandaka na opitale sambu na bangunga fioti Balitre 40–60 sambu na mbefo mosi yina ke lala na opitale konso kilumbu Balitre 100 sambu na mbefo mosi yina bo me sala operasio mpi yina me buta mwana Kiteso ya bima ya nkaka lenda vanda mfunu sambu na bisadilu ya bo ke yobisaka bilele, kubasisa masa ya WC mpi buna na buna
Baopitale yina bo ke sansaka maladi ya cholera	Balitre 60 sambu na mbefo mosi mpi konso kilumbu Balitre 15 sambu na muntu mosi yina ke sansa mbefo mpi konso kilumbu
Opitale yina bo ke sansaka bamaladi mingi	Balitre 300–400 sambu na mbefo mosi mpi konso kilumbu
Baopitale yina ke sansaka nswalu kibeni maladi yina bantu ke diaka mbote ve	Balitre 30 sambu na mbefo yina ke bikala na opitale konso kilumbu Balitre 15 sambu na muntu mosi yina ke sansa mbefo mpi konso kilumbu
Opitale yina bo lenda katula yo mpi kunata yo kisika ya nkaka yina bantu ke kwendaka ve mbala na mbala sambu na kutala bambefo	Litre 1 sambu na mbefo mosi konso kilumbu
Opitale yina bo lenda katula yo mpi kunata yo kisika ya nkaka yina bantu ke kwendaka mbala na mbala sambu na kutala bambefo	Balitre 5 sambu na mbefo mosi konso kilumbu
Bisika yina bantu fwete nwa masa sambu bo konda yo ve na nitu (PRO)	Balitre 10 sambu na mbefo mosi mpi konso kilumbu
Bisika yina bo ke yambaka bantu mpi ke tindaka bo kisika ya nkaka	Balitre 15 sambu na muntu mosi mpi konso kilumbu kana muntu yango ta sala bilumbu mingi Balitre 3 litres sambu na muntu mosi mpi konso kilumbu kana muntu ta sala kaka kilumbu mosi mpamba

Banzo-nkanda	Balitre 3 sambu na mwana-nzonkanda mosi mpi konso kilumbu sambu na kunwa mpi kuyobisa maboko (Bo me tula yo ve sambu na kusadila na ba WC: tala ba WC ya bantu yonso yina kele na nsi)
Banzo-nzambi ya bamizilima (Mosquées)	Balitre 2−5 sambu na muntu mosi mpi konso kilumbu sambu na kunwa mpi kuyobisa maboko
Ba WC ya bantu yonso	Balitre 1−2 sambu na muntu mosi yina ke sadilaka sambu na kuyobisa maboko Balitre 2−8 sambu na WC mosi mpi konso kilumbu sambu na kuyobisa ba WC
Kubasisa masa na ba WC yonso	Balitre 20−40 sambu na muntu mosi yina ke sadilaka yo mpi konso kilumbu na ba WC yina bo me wakanaka sambu masini kubasisa masa yina ke salaka na kuwakana ti nzila yina bo me salaka sambu na kubasisa masa Balitre 3−5 sambu na muntu mosi yina ke sadilaka yo mpi konso kilumbu sambu na ba WC yina bo ke basisaka ve masa na masini
Kuyobisa kisika yina tufi ke basikaka	Balitre 1−2 sambu na muntu mosi mpi konso kilumbu
Bambisi	Balitre 20−30 sambu na mbisi mosi ya nene to ya fioti mpi konso kilumbu Balitre 5 sambu na mbisi mosi ya fioti mpi konso kilumbu

Appendixe 4
Ntalu ya ba WC: na bimvuka, na bisika ya bantu yonso mpi na bisika ya bisalu

Kisika	Sambu na ntangu fioti	Sambu na ntangu mosi buna mpi ntangu ya nda
Kimvuka	WC 1 sambu na bantu 50 (commune)	WC 1 sambu na bantu 20 (dibuta) WC 1 sambu na bantu 5 to sambu na dibuta mosi 1
Na bisika ya bazandu	WC 1 sambu na bisika 50	WC 1 sambu na bisika 20
Baopitale ya nene mpi ya fioti	WC 1 sambu na bambeto 20 to sambu na bambefo 50 yina lenda kwenda kisika ya nkaka	WC 1 sambu na bambeto 10 to sambu na bambefo 20 yina lenda kwenda kisika ya nkaka
Bisika yina bo ke pesaka madia	WC 1 sambu na bambuta 50 WC 1 sambu na bana 20	WC 1 sambu na bambuta 20 WC 1 sambu na bana
Bisika yina bo ke yambaka bantu mpi ke tindaka bo kisika ya nkaka	WC 1 sambu na bantu 50 3:1 sambu na babakala mpi bankento	
Banzo-nkanda	WC 1 sambu na bana bankento 30 WC mosi sambu na bana babakala 60	WC 1 sambu na bana bankento 30 WC mosi sambu na bana babakala 60
Babiro		WC 1 sambu na bantu 20 ya kisalu

Source: Adapted from Harvey, Baghri and Reed (2002)

Noti: Na bisika yina yo kele mfunu, kubaka lukanu ya kusadila ve WC mosi na mabuta lenda vanda mbote, yo ta vanda mbote kana mabuta kele ti ba WC na bo banda luyantiku sambu na kusadisa na kundima, na kupesa lusadisu na mambu ya bunkete yina bo me yidika na babwala yina bo ke zingaka.

Noti: Na kimvuka mosi, bo lenda sadila kaka ntalu mosi ya ba WC sambu na bantu 50 (sambu na ntangu fioti) to bantu 20 (sambu na ntangu ya nda).

Appendixe 5
Bamaladi yina masa mpi mvindu ke nataka

1 . Ndonga ya bamicrobe yina ke katukaka na masa

Ndonga	Microbe	Bima yina ke nataka maladi
1) Microbe yina ke kotaka na munoko (yo ke katukaka na masa)		
a) Pulu-pulu mpi Microbe yina ke katukaka na misopo	Dysenterie amibienne	Protozoaire
	Balantidiase	Protozoaire
	Entérite à Campylobacter	Bactérie
	Choléra	Bactérie
	Cryptosporidiose	Protozoaire
	Diarrhée liée à E. coli	Bactérie
	Giardiase	Protozoaire
	Diarrhée à rotavirus	Virus
	Salmonellose	Bactérie
	Shigellose	Bactérie
	Yersiniose	Bactérie
b) Bamaladi yina ke vanda na misopo	Typhoïde	Bactérie
	Paratyphoïde	Bactérie
	Poliomyélite	Virus
	Hépatite A	Virus
	Leptospirose	Spirochète
	Ascaridiase	Helminthe
	Trichocéphalose	Helminthe
2) Masa ya kuyobila		
a) Microbe ya mpusu mpi ya meso	Maladies cutanées infectieuses	Divers
	Maladies oculaires infectieuses	Divers
b) Ya nkaka	Typhus à poux	Rickettsia
	Fièvre récurrente à poux	Spirochaete
3) Masa yina kele ti microbe		
a) Ya ke kota na mpusu ya nitu	Schistosomiase (bilharziose)	Helminthe
b) Kukotisa yo na munoko	Ver de Guinée	Helminthe
	Clonorchiase	Helminthe
	Diphyllobothriose	Helminthe
	Paragonimiase	Helminthe
	Autres	Helminthe
4) Niama yina ke katukaka na masa		
a) Ke tatikaka na lweka ya masa	Maladi yina muntu ke lalaka kaka bampongi	Protozoaire
b) Ke tatikaka na kati ya masa	Filariose	Helminthe
	Paludisme	Protozoaire
	Onchocercose	Helminthe
	Virus transmis par les moustiques	Virus
	Fièvre jaune	Virus
	Dengue	Virus
	Autres	

Source: ACF: Masa, Bunkete mpi Bunkete na bantu yina kele na mpasi, Annexe 5, lutiti 675

2 . Ndonga ya bamicrobe yina ke katukaka na batufi yina bantu ke nenaka

Ndonga	Microbe	Bima yina ke nataka maladi	Mambu ya mfunu yina ke sadisaka na kukabula maladi	Ngidika ya mfunu ya me bakama (bangidika ya me bakama na italique)
1) Microbe yina ke kotaka na munoko (kukonda microbe) Microbe yina ke monanaka mpi ya kele ngolo ve	Poliomyélite Hépatite A Diarrhée à rotavirus Dysenterie amibienne Giardiase Balantidiase Oxyurose Hyménolépiase	Virus Virus Virus Protozoaire Protozoaire Protozoaire Helminthe Helminthe	Kukutana ya muntu na muntu kubaka maladi na nzo	Kubumba masa ya nzo Kuyidika banzo ya kulala Bima yina bo ke sadilaka na ba WC Kulonga mambu ya me tala mavimpi
2) Microbe yina ke kotaka na munoko (microbe) Microbe yina ke monanaka, kiteso ya kupesa nkisi, to ya kati-kati to ya zulu Mutindu ya kulanda kusala mambu mpi makuki ya kukumisa yo mingi	Diarrhées et dysenteries Entérite à Campylobacter Choléra Diarrhée liée à E. coli Salmonellose Shigellose Yersiniose Fièvres entériques Typhoïde Paratyphoïde	Bactérie Bactérie Bactérie Bactérie Bactérie Bactérie Bactérie Bactérie	Kukutana ya muntu na muntu kubaka maladi na nzo Masa yina kele ti microbe Bupusi yina binkulu kele na yo	Kubumba masa ya nzo Kuyidika banzo ya kulala Bima yina bo ke sadilaka na ba WC Kutula nkisi na batufi yina bantu ke nenaka na ntwala ya kusadila yo diaka to ya kulosa yo Kulonga mambu ya me tala mavimpi
3) Banioka yina ke katukaka na ntoto yina ke monanaka ve kukonda kuluta na nzila mosi buna	Ascaridiase (ver rond) Trichocéphalose (ver trichocéphale) Ankylostomiase Anguillulose (strongyloïdose)	Helminthe Helminthe Helminthe Helminthe	Kilanga ya kele ti microbe Ntoto ya kele ti microbe na bisika yina kele ti batufi Kimvuka ya Microbe yina me kotaka tii na binkulu	Bima yina bo ke sadilaka na ba WC ti sima ya bunkete Kutula nkisi na batufi na ntwala ya kupanza yo na ntoto

Ndonga	Microbe	Bima yina ke nataka maladi	Mambu ya mfunu yina ke sadisaka na kukabula maladi	Ngidika ya mfunu ya me bakama (bangidika ya me bakama na italique)
4) Maladi *Ténia* yina ke katukaka na bangulu mpi na bangombe mpi ya ke vandaka ngolo mingi na bangombe to na bangulu bonso nzila ya ke salaka kuwakana ya nene	*Tæniasis (téniase)*	*Helminthe*	Kilanga ya kele ti *microbe* Mfinda ya kele ti *microbe* Matiti yina bambisi ke diaka ya kele ti *microbe*	Bima yina bo ke sadilaka na ba WC Kutula nkisi na batufi na ntwala ya kupanza yo na ntoto Kutala mbote kana madia me pia mpi misuni
5) Banioka yina ke katukaka na masa ya kunwa yina ke monanaka ve mpi ya ke vanda ngolo kibeni ti nzila ya ke salaka na kuwakana ya nene ti bambisi yina ke zingaka na masa	*Schistosomiase (bilharziose)* *Clonorchiase* *Diphyllobothriose* *Paragonimiase*	*Helminthe* *Helminthe* *Helminthe* *Helminthe*	Masa yina kele ti *microbe*	Bima yina bo ke sadilaka na ba WC Kutula nkisi na batufi na ntwala ya kupanza yo na ntoto Kutelemina bambisi yina ke nataka *microbe* Madia ya kupia
6) Baniama yina ke pesaka maladyi ya ke katukaka na batufi	*Microbe filariose* (yina bambe-mbele Culex pipiens ke nataka) *Microbe* kele na donga ya 1–4, yo ke tadila I mpi II, yina banzinzi lenda pesa yo na bantu mpi bampese	*Helminthe* *Divers*	Baniama ke butukaka na bisika ya kuswaswana yina kele ti batufi	Kuzaba bisika yango mpi kupanza bisika yango yina bo ke butukaka Kusadila *moustiquaires*

Appendixe 6
Kubaka lukanu ya kubumba mpi kutula nkisi na masa ya kusadila na nzo sambu yo kuma bunkete

Keti nto ya masa kele kaka bunkete?

EE

VE → Yidika mbote kisika ya kubumba masa mpi mutindu ya mbote ya kusadila yo

Keti bantu ke sepelaka ti bankisi yina bo ke tekaka sambu na kutula na masa?

VE

EE

Na ntwala ya kusansa: keti masa kele ti poto-poto to yo kele diaka ve na mutindu ya mbote?

VE

EE → Sala na mpila nde masa kubasika na tiyo mosi ya mbote, kutula masa na banzungu tatu to na kima mosi yina kele na kiyungulu yina beno lenda yobisaka yo mbala na mbala sambu kima mbi kuluta ve na masa ya bunkete

Mutindu ya kufwa microbe na masa: keti beno kele ti bankuni to kisika ya nkaka yina beno lenda baka tiya kukonda mpasi?

VE → Tula masa na ntangu sambu na kufwa microbe. Diaka, sala kisika yina nge lenda bumba masa ya bunkete mpi mutindu ya kusadila yo

EE → Bumba masa ya tiya mpi sadila yo na mutindu ya mbote. Diaka, bumba mbote muntu ya ke talaka bankuni mpi mfinda

Keti masa kele ti poto-poto?

VE

EE → Tula nkisi na masa sambu na kufwa microbe to sala na mpila nde kima yina beno me tula kiyungulu sambu na kubasisa masa kuvanda ya mbote to metode ya kutula masa na banzungu tatu mpi kutula nkisi Chlore na mutindu ya me fwana. Diaka, sala kisika yina nge lenda bumba masa ya bunkete mpi mutindu ya kusadila yo

Keti masa kele ya mbote?

VE → Pesa masa ya mbote (kutula bidon ya mbote ya kele ti tiyo sambu na kubasisa masa, céramique colloidale, buna na buna) to sadila kiteso ya mbote nkisi sambu na kutula na masa. Diaka, sala kisika yina nge lenda bumba masa ya bunkete mpi mutindu ya kusadila yo

EE → Pesa masa ya mbote (kutula bidon ya mbote ya kele ti tiyo sambu na kubasisa masa, céramique colloidale, buna na buna) to sadila kiteso ya mbote nkisi sambu na kutula na masa. Diaka, sala kisika yina nge lenda bumba masa ya bunkete mpi mutindu ya kusadila yo

Source: Adapted from IFRC (2008) Household water treatment and safe storage in emergencies manual

Bareferanse mpi mikanda ya nkaka yina bantu sonikaka

Bunda ya mambu/Nswa na masa
United Nations General Assembly Resolution 64/292: The human right to water and sanitation. 2010. www.un.org

Bupusi yina manaka WASH kele na yo na mavimpi
Bartram, J. Cairncross, S. "Hygiene, sanitation, and water: forgotten foundations of health." PLoS Med, vol. 7, 2010, e1000367.

Liddle, K et al. An Evidence Review of Research on Health Interventions in Humanitarian Crises. LSHTM, Harvard School of Public Health, 2013. www.elrha.org

Campbell, O.M. Benova, L. et al. "Getting the basic rights: the role of water, sanitation and hygiene in maternal and reproductive health: a conceptual framework." Trop Med Int Health, vol. 20, 2015, pp. 252–67.

Fewtrell, L. Kaufmann, et al. "Water, sanitation, and hygiene interventions to reduce diarrhoea in less developed countries: a systematic review and meta-analysis." Lancet Infectious Diseases, vol. 5, 2005, pp. 42–52. www.thelancet.com

Ramesh, A. Blanchet, K. et al. "Evidence on the Effectiveness of Water, Sanitation, and Hygiene (WASH) Interventions on Health Outcomes in Humanitarian Crises: A Systematic Review." PLoS One, vol. 10, 2015, e0124688.

Wolf, J. Pruss-Ustun, A. et al. "Assessing the impact of drinking water and sanitation on diarrhoeal disease in low- and middle-income settings: systematic review and meta-regression." Trop Med Int Health, vol. 19, no. 9, 2014.

Ngolo yina bamanaka WASH kele na yo
Compendium of accessible WASH technologies. WaterAid and WEDC, 2014. www.wateraid.org

Davis, J. Lambert, R. Engineering in Emergencies (2nd ed). ITDG Publishing & RedR UK, 2002.

Efficacy and effectiveness of water, sanitation, and hygiene interventions in emergencies in low- and middle-income countries: a systematic review. https://www.developmentbookshelf.com

Public Health Engineering in Precarious Situations. MSF, 2010. http://refbooks.msf.org

WASH Manual for Refugee Settings: Practical Guidance for Refugee Settings. UNHCR, 2017. http://wash.unhcr.org

Water, Sanitation and Hygiene for Populations at Risk. ACF, 2005. www.actionagainsthunger.org

Lutaninu mpi WASH

House, S. Ferron, S. Sommer, M. Cavill, S. *Violence, Gender & WASH: A Practitioner's Toolkit - Making water, sanitation and hygiene safer through improved programming and services.* WaterAid/SHARE, 2014. https://violence-wash.lboro.ac.uk/

Humanitarian Inclusion Standards for older people and people with disabilities. Age and Disability Consortium, 2018. https://www.cbm.org

INEE Minimum Standards for Education: Preparedness, Response, Recovery. INEE, 2010. www.ineesite.org

Jones, H.E. Reed, R. *Water and sanitation for disabled people and other vulnerable groups: Designing services to improve accessibility.* Loughborough University, UK, 2005. www.ircwash.org

Minimum Standards for Child Protection in Humanitarian Action: Alliance for Child Protection in Humanitarian Action, 2012. http://cpwg.net

Kutubila bunkete na bantu yonso/kusoba bikalulu

Curtis, V. Cairncross, S. *"Effect of washing hands with soap on diarrhoea risk in the community: a systematic review." Lancet Infect Dis*, vol. 3, 2003, pp. 275-81.

De Buck, E. Hannes, K. et al. *Promoting handwashing and sanitation behaviour change in low- and middle income countries. A mixed method systematic review. Systematic Review 36.* International Initiative for Impact Evaluation, June 2017. www.3ieimpact.org

Ferron, S. Morgan, J. O'Reilly, M. *Hygiene Promotion: A Practical Manual from Relief to Development.* ITDG Publishing, Rugby, UK, 2000 and 2007.

Freeman, M.C. Stocks, M.E. et al. *"Hygiene and health: systematic review of hand-washing practices worldwide and update of health effects." Trop Med Int Health*, vol. 19, 2014, pp. 906-16.

Harvey, P. Baghri, S. Reed, B. *Emergency Sanitation: Assessment and Programme Design.* WEDC, 2002. https://wedc-knowledge.lboro.ac.uk

Hygiene Promotion in Emergencies. Training package. WASH Cluster.
http://washcluster.net

Hygiene Promotion Guidelines. UNHCR, 2017. http://wash.unhcr.org

Rabie, T. Curtis, V. *"Handwashing and risk of respiratory infections: a quantitative systematic review." Trop Med Int Health*, vol. 11, 2006, pp. 258-67.

Watson, J.A. Ensink, J.H. Ramos, M. Benelli, P. Holdsworth, E. Dreibelbis, R. Cumming, O. *"Does targeting children with hygiene promotion messages work? The effect of handwashing promotion targeted at children, on diarrhoea, soil-transmitted helminth infections and behaviour change, in low- and middle-income countries." Trop Med Int Health*, 2017.

Bunkete na ntangu ya règle

Mahon, T. Cavill, S. *Menstrual Hygiene Matters: Training guide for practitioners.* WaterAid. https://washmatters.wateraid.org

Sommer, M. Schmitt, M. Clatworthy, D. *A Toolkit for integrating Menstrual Hygiene Management (MHM) into Humanitarian Response.* Colombia University, Mailman School of Public Health and International Rescue Committee. New York, 2017. www.rescue.org

Maladi yina muntu ke kudineninaka mpi kudisubilaka kukonda kuzaba

Groce, N. Bailey, N. Land, R. Trani, J.F. Kett, M. *"Water and sanitation issues for persons with disabilities in low- and middle-income countries: a literature review and discussion of implications for global health and international development."* Journal of Water and Health, vol. 9, 2011, pp. 617-27.

Hafskjold, B. Pop-Stefanija, B. et al. *"Taking stock: Incompetent at incontinence - why are we ignoring the needs of incontinence sufferers?"* Waterlines, vol. 35, no. 3, 2016. www.developmentbookshelf.com

Kulandila batufi yina bantu ke nenaka

Clasen, T.F. Bostoen, K. Schmidt, W.P. Boisson, S. Fung, I.C. Jenkins, M.W. Scott, B. Sugden, S. Cairncross, S. *"Interventions to improve disposal of human excreta for preventing diarrhoea."* Cochrane Database Syst Rev, 2010, CD007180.

Freeman, M.C. Garn, J.V. Sclar, G.D. Boisson, S. Medlicott, K. Alexander, K.T. Penakalapati, G. Anderson, D. Mahtani, A.G. Grimes, J.E.T. Rehfuess, E.A. Clasen, T.F. *"The impact of sanitation on infectious disease and nutritional status: A systematic review and meta-analysis."* Journal of Water and Health, vol. 220, 2017, pp. 928-49.

Gensch, R. Jennings, A. Renggli, S. Reymond, Ph. *Compendium of Sanitation Technologies in Emergencies.* WASH-Netzwerk Deutschland und Eidg. Anstalt für Wasserversorgung, Abwasserreinigung & Gewässerschutz (Eawag), Berlin, Deutschland, 2018.

Graham, J.P. Polizzotto, M.L. "Pit latrines and their impacts on groundwater quality: A systematic re*view."* Environmental Health Perspectives, vol. 121, 2013. https://hsrc.himmelfarb.gwu.edu/

Harvey, P. *Excreta Disposal in Emergencies: A Field Manual.* An Inter-Agency Publication, WEDC, 2007. http://wash.unhcr.org

Simple Pit Latrines. WASH Fact sheet 3.4. WHO. www.who.int

Kutula nkisi na masa sambu yo kuma bunkete

Branz, A. Levine, M. Lehmann, L. Bastable, A. Imran Ali, S. Kadir, K. Yates, T. Bloom, D. Lantagne, D. *"Chlorination of drinking water in emergencies: a review of knowledge to develop recommendations for implementation and research needed."* Waterlines, vol. 36, no. 1, 2017. https://www.developmentbookshelf.com

Lantagne, D.S. Clasen, T.F. *"Point-of-use water treatment in emergencies."* Waterlines, vol. 31, no. 1-2, 2012.

Lantagne, D.S. Clasen, T.F. *"Use of household water treatment and safe storage methods in acute emergency response: Case study results from Nepal, Indonesia, Kenya, and Haiti."* Environmental Science and Technology, vol. 46, no. 20, 2012.

Rayner, J. Murray, A. Joseph, M. Branz, A.J. Lantagne, D. *"Evaluation of household drinking water filter distributions in Haiti."* Journal of Water, Sanitation and Hygiene for Development, vol. 6, no. 1, 2016.

Masa ya bunkete

Bain, R. Cronk, R. Wright, J. Yang, H. Slaymaker, T. Bartram, J. *"Fecal Contamination of Drinking-Water in Low- and Middle-Income Countries: A Systematic Review and Meta-Analysis."* PLoS Med, vol. 11, 2014, e1001644.

Guidelines for Drinking-Water Quality. WHO, 2017. www.who.int

Kostyla, C. Bain, R. Cronk, R. Bartram, J. *"Seasonal variation of fecal contamination in drinking water sources in developing countries: a systematic review."* PubMed, 2015.

Kusala ngolo sambu na kumanisa baniama yina ke pesaka bantu maladi

Dengue: Guidelines for Diagnosis, Treatment, Prevention and Control. New Edition. World Health Organization, Geneva, 2009. Chapter 3, Vector management and delivery of vector control services. www.who.int

Handbook for Integrated Vector Management. WHO, 2012. www.who.int

Lacarin, C.J. Reed, R.A. *Emergency Vector Control Using Chemicals.* WEDC, Loughborough University, 1999. UK. https://wedc-knowledge.lboro.ac.uk/details.html?id=15336

Malaria Control in Humanitarian Emergencies: An Inter-agency Field Handbook. WHO, 2005. www.who.int

Thomson, M. *Disease Prevention Through Vector Control: Guidelines for Relief Organisations.* Oxfam GB, 1995. https://policy-practice.oxfam.org.uk/

Vector Control: Aedes aegypti vector control and prevention measures in the context of Zika, Yellow Fever, Dengue or Chikungunya: Technical Guidance. WASH WCA Regional Group, 2016. http://washcluster.net/

Kulandila bima ya mvindu

Disaster Waste Management Guidelines. UNOCHA, MSB and UNEP, 2013. www.eecentre.org

Technical Notes for WASH in Emergencies, no. 7: Solid waste management in emergencies. WHO/WEDC, 2013. www.who.int

WASH ntangu bamaladi mosi buna me kumina bantu

Brown, J. Cavill, S. Cumming, O. Jeandron, A. *"Water, sanitation, and hygiene in emergencies: summary review and recommendations for further research."* Waterlines, vol. 31, 2012.

Cholera Toolkit. UNICEF, 2017. www.unicef.org

Essential environmental health standards in health care. WHO, 2008. http://apps.who.int

Guide to Community Engagement in WASH: A practitioners guide based on lessons from Ebola. Oxfam, 2016. https://policy-practice.oxfam.org.uk/

Infection prevention and control (IPC) guidance summary: Ebola guidance package. WHO, 2014. www.who.int

Lantagne, D. Bastable, A. Ensink, J. Mintz, E. *"Innovative WASH Interventions to Prevent Cholera."* WHO Wkly Epid Rec. October 2, 2015.

Management of a Cholera Epidemic. MSF, 2017. https://sherlog.msf.org

Rapid Guidance on the Decommissioning of Ebola Care Facilities. WHO, 2015. http://apps.who.int

Taylor, D.L. Kahawita, T.M. Cairncross, S. Ensink, J.H. *"The Impact of Water, Sanitation and Hygiene Interventions to Control Cholera: A Systematic Review." PLoS One*, vol. 10, e0135676. Doi: 10.1371/journal.pone.0135676, 2015. http://journals.plos.org

Yates, T. Allen, J. Leandre Joseph, M. Lantagne, D. *WASH interventions in disease outbreak response. Humanitarian Evidence Programme.* Oxfam GB, 2017. https://policy-practice.oxfam.org.uk/

Yates, T. Vujcic, J.A. Joseph, M.L. Gallandat, K. Lantagne, D. *"Water, sanitation, and hygiene interventions in outbreak response: a synthesis of evidence." Waterlines, vol.* 37, no. 1, pp. 5–30. https://www.developmentbookshelf.com

Kubaka bangidika mpi kusala ngolo sambu na kumanisa bamicrobe

Aide Memoire for infection prevention and control in a healthcare facility. WHO, 2011. http://www.who.int

Essential water and sanitation requirements for health structures. MSF, 2009.

Guidelines on Core Components of Infection Prevention and Control Programmes at the National and Acute Health Care Facility Level. WHO, 2016. www.who.int

Guidelines for Safe Disposal of Unwanted Pharmaceuticals in and after Emergencies. WHO, 1999. www.who.int

Hand Hygiene Self-Assessment Framework. WHO, 2010. www.who.int

Incineration in Health Structures of Low-Income Countries. MSF, 2012. https://sherlog.msf.org

Laundries for Newbies. MSF, 2016. https://sherlog.msf.org

Management of Dead Bodies after Disasters: A Field Manual for First Responders. Second Edition. ICRC, IFRC, 2016. https://www.icrc.org

Medical Waste Management. ICRC, 2011. https://www.icrc.org

Safe management of wastes from health-care activities. Second edition. WHO, 2014. www.who.int

Sterilisation Guidelines. ICRC, 2014. http://icrcndresourcecentre.org

WASH in health care facilities. UNICEF, WHO, 2019. www.who.int

Waste Zone Operators Manual. MSF, 2012. https://sherlog.msf.org

WASH mpi madia ya ke tunga nitu

Altmann, M. et al. *"Effectiveness of a household water, sanitation and hygiene package on an outpatient program for severe acute malnutrition: A pragmatic cluster - randomized controlled trial in Chad." The American Journal of Tropical Medicine and Hygiene*, vol. 98, no. 4, Apr 2018, pp. 1005-12. https://www.ajtmh.org

BABYWASH and the 1,000 days: a practical package for stunting reduction. Action Against Hunger (ACF), 2017. https://www.actionagainsthunger.org

Null, C. et al. (2018) *"Effects of water quality, sanitation, handwashing, and nutritional interventions on diarrhoea and child growth in rural Kenya: a cluster randomised control trial." The Lancet: Global Health*, vol. 6, no. 3, March 2018, pp. e316-e329. https://www.sciencedirect.com/

Oxfam and Tufts University WASH and Nutrition Series: Enteric Pathogens and Malnutrition. Technical memorandum 1. Oxfam, Tufts.
https://oxfamintermon.s3.amazonaws.com/sites/default/files/documentos/files/Estudio%20Oxfam-Tufts%20University.pdf

WASH'NUTRITION 2017 Guidebook: Integrating water, sanitation, hygiene and nutrition to save lives. Action Against Hunger (ACF), 2017. www.actionagainsthunger.org

WASH, mbongo mpi bazandu
CaLP CBA quality toolbox. http://pqtoolbox.cashlearning.org

Mikanda yina bantu ya nkaka sonikaka
For further reading suggestions please go to:
www.spherestandards.org/handbook/online-resources

Mikanda yina bantu ya nkaka sonikaka

Bunda ya mambu/Nswa ya masa
2.1 billion people lack safe drinking water at home, more than twice as many lack safe sanitation. WHO, 2017.
www.who.int/mediacentre/news/releases/2017/water-sanitation-hygiene/en/

The Right to Water: Fact Sheet 35. OHCHR, UN-HABITAT and WHO, 2010.
www.ohchr.org/Documents/Publications/FactSheet35en.pdf

Bunda ya mambu/Bisika yina bantu ke zingaka
Environment Marker – Guidance Note. UN OCHA & UNEP, 2014.
www.humanitarianresponse.info/sites/www.humanitarianresponse.info/files/documents/files/Environment%20Marker%2BGuidance%20Note_Global_2014-05-09.pdf

Ngolo ya bamanaka WASH kele na yo
Disaster risk reduction and water, sanitation and hygiene: comprehensive guidance: a guideline for field practitioners planning and implementing WASH interventions.
www.preventionweb.net/publications/view/25105

Lutaninu mpi WASH
Including children with disabilities in humanitarian action. WASH Booklet. UNICEF, 2017. http://training.unicef.org/disability/emergencies/index.html

WASH, Protection and Accountability, Briefing Paper. UNHCR, 2017.

WASH, Protection and Accountability Briefing Paper. UNHCR, 2017.
http://wash.unhcr.org/download/wash-protection-and-accountability/

Kutubila bunkete na bantu yonso/kusoba bikalulu
ABC – Assisting Behaviour Change Part 1: Theories and Models and Part 2: Practical Ideas and Techniques. ACF France. 2013.

Choose Soap Toolkit. London School of Hygiene and Tropical Medicine (LSHTM), 2013.

Communication for Behavioural Impact (COMBI) A toolkit for behavioural and social communication in outbreak response. WHO, 2012.
www.who.int/ihr/publications/combi_toolkit_outbreaks/en/

Curtis, V. Schmidt, W. et al. *"Hygiene: new hopes, new horizons."* Lancet Infect Dis, vol. 11, 2011, pp. 312-21.

Guidelines on Hygiene Promotion in Emergencies. IFRC, 2017.
www.ifrc.org/en/what-we-do/health/water-sanitation-and-hygiene-promotion/hygiene-promotion/

Harvey, P. Baghri, S. Reed, B. *Emergency Sanitation: Assessment and Programme Design.* WEDC, 2002. https://wedc-knowledge.lboro.ac.uk/details.html?id=16676 or http://www.unicefinemergencies.com/downloads/eresource/docs/WASH/Emergency%20Sanitation%20(WEDC).pdf

Kittle, B. *A Practical Guide to Conducting a Barrier Analysis.* Helen Keller International, New York, 2013. http://pdf.usaid.gov/pdf_docs/PA00JMZW.pdf

Service, O. et al (The Behavioural Insights Team) *EAST: Four Simple Ways to Apply Behavioural Insights.* In partnership with Cabinet Office, Nesta, 2014. www.behaviouralinsights.co.uk/publications/east-four-simple-ways-to-apply-behavioural-insights/

Bunkete na ntangu ya règle

House, S. *Considerations for selecting sanitary protection and incontinence materials for refugee contexts.* UNHCR Publication, 2016. http://wash.unhcr.org/download/considerations-for-selecting-sanitary-protection-and-incontinence-materials-for-refugee-contexts/

House, S. Mahon, T. Cavill, S. *Menstrual Hygiene Matters; A resource for improving menstrual hygiene around the world.* WaterAid/SHARE, 2012. https://washmatters.wateraid.org/sites/g/files/jkxoof256/files/Menstrual%20hygiene%20matters%20low%20resolution.pdf

Kulandila batufi yina bantu ke nenaka

Majorin, F. Torondel, B. Ka Saan Chan, G. Clasen, T.F. *"Interventions to improve disposal of child faeces for preventing diarrhoea and soil-transmitted helminth infection."* *Cochrane Database of Systematic Reviews,* 2014.

Simple Pit Latrines. WASH Fact sheet 3.4. WHO. www.who.int/water_sanitation_health/hygiene/emergencies/fs3_4.pdf

Masa ya bunkete

Fewtrell, L. *"Drinking water nitrate, methemoglobinemia, and global burden of disease: A discussion."* *Environ Health Perspectives,* vol. 112, no. 14, Oct 2004, pp. 1371-74. doi: 10.1289/ehp.7216. www.ncbi.nlm.nih.gov/pmc/articles/PMC1247562/

Kostyla, C. Bain, R. Cronk, R. Bartram, J. *"Seasonal variation of fecal contamination in drinking water sources in developing countries: A systematic review."* *Science of The Total Environment,* vol. 514, 2015, pp. 333-43.

Villenueava, C.M. et al. *"Assessing Exposure and Health Consequences of Chemicals in Drinking Water: Current State of Knowledge and Research Needs."* *Environmental Health Perspectives,* vol. 122, 2014, pp. 213-21. pdfs.semanticscholar.org/d037/3e8020adfaa27c45f43834b158cea3ada484.pdf

Kusala ngolo sambu na kumanisa baniama yina ke pesaka bantu maladi

Benelli, G. Jeffries, C.L. Walker, T. *"Biological Control of Mosquito Vectors: Past, Present, and Future."* *Insects,* vol. 7, no. 4, 2016. www.ncbi.nlm.nih.gov/pubmed/27706105

Chemical methods for the control of vectors and pests of public health importance. WHO, 1997. http://apps.who.int/iris/handle/10665/63504

Hunter, P. *Waterborne Disease: Epidemiology and Ecology.* John Wiley & Sons Ltd, Chichester, UK, 1997. www.wiley.com/en-us/Waterborne+Disease%3A+Epidemiology+and+Ecology-p-9780471966463

Malaria Control in Humanitarian Emergencies. Working Group GFATM in Humanitarian Emergencies, 2009. www.unhcr.org/4afacdfd9.pdf

Manual for Indoor Residual Spraying: Application of Residual Sprays for Vector Control, 3rd Ed. WHO, 2007. http://apps.who.int/iris/handle/10665/69664

Malaria vector control policy recommendations and their applicability to product evaluation. WHO, 2017. www.who.int/malaria/publications/atoz/vector-control-recommendations/en/

Rozendaal, J.A. Vector Control: Methods for use by individuals and communities. WHO, 1997. www.who.int/whopes/resources/vector_rozendaal/en/

Warrell, D. Gilles, H. (eds). *Essential Malariology.* Fourth Edition. Arnold. London, 2002.

WASH ntangu bamaladi mosi buna me kumina bantu

Cholera Outbreak Guidelines: Preparedness, Prevention and Control. Oxfam, 2012. https://policy-practice.oxfam.org.uk/publications/cholera-outbreak-guidelines-preparedness-prevention-and-control-237172

Ebola: Key questions and answers concerning water, sanitation and hygiene. WHO/UNICEF, 2014. http://apps.who.int/iris/bitstream/10665/144730/1/WHO_EVD_WSH_14.2_eng.pdf

Schiavo, R. Leung, M.M. Brown, M. *"Communicating risk and promoting disease mitigation measures in epidemics and emerging disease settings."* Pathog Glob Health, vol. 108, no. 2, 2014, pp. 76-94. www.ncbi.nlm.nih.gov/pubmed/24649867

WASH mpi madia ya ke tunga nitu

Dodos, J. Mattern, B. Lapegue, J. Altmann, M. Ait Aissa, M. *"Relationship between water, sanitation, hygiene and nutrition: what do Link NVA nutritional causal analyses say?"* Waterlines, vol. 36, no. 4, 2017. https://www.developmentbookshelf.com/doi/abs/10.3362/1756-3488.17-00005

Luby, S. et al. (2018) *"Effects of water quality, sanitation, handwashing, and nutritional interventions on diarrhoea and child growth in rural Bangladesh: a cluster randomised control trial."* The Lancet: Global Health, vol. 6, no. 3, March 2018, pp. e302-e315. https://www.sciencedirect.com/science/article/pii/S2214109X17304904

WASH, mbongo mpi bazandu

Cash and Markets in the WASH Sector: A Global WASH Cluster position paper. Global WASH Cluster, 2016. www.emma-toolkit.org/sites/default/files/bundle/GWC%20-%20Cash%20and%20Markets%20Position%20Paper%20-%20Dec%202016.pdf

Cash Based Interventions for WASH Programmes in Refugee Settings. UNHCR, 2014. www.unhcr.org/59fc35bd7.pdf

Madia ya bo me bumba mbote mpi ya ke tunga nitu

Kuwakana yina
bimvuka salaka

Minsiku ya ke
tanina bantu

Nsiku ya me fwana
sambu na kupesa
lusadisu na bantu ya
kele na mpasi

Madia ya bo me bumba mbote mpi ya ke tunga nitu

Kutadila mbote diambu mosi buna	Kusansa bibuba ya ofele	Kukonda ya micronutriment na nitu	Madia sambu na babebe mpi bana ya fioti	Kubumba mbote madia	Kupesa lusadisu ya madia	Bima ya kuzingila
NSIKU YA 1.1	NSIKU YA 2.1	NSIKU YA 3	NSIKU YA 4.1	NSIKU YA 5	NSIKU YA 6.1	NSIKU YA 7.1
Kutadila mambu ya me tala kubumba madia mbote	Kibuba yina me yantika ntama ve	Kukonda ya micronutriment na nitu ya muntu	Lutwadisu mpi mutindu ya kusala mambu	Kubumba madia mbote	Bampusa ya bantu yonso ya madia ya ke tungaka nitu	Bima yina ke butaka
NSIKU YA 1.2	NSIKU YA 2.2		NSIKU YA 4.2		NSIKU YA 6.2	NSIKU YA 7.2
Kutadila mambu ya me tala madia ya ke tunga nitu	Bibuba ya ngolo kibeni		Lusadisu ya madia yina babwala ya nkaka ke pesaka sambu na babebe mpi bana ya fioti na ntangu ya kukwenda kupesa lusadisu		Madia ya mbote, ya me fwana mpi yina bantu ke sepela na yo	Kisalu mpi lufutu yina yo ke nataka
					NSIKU YA 6.3	
					Kuzaba kisika ya kukabula mpi ya kupesa bima	
					NSIKU YA 6.4	
					Mutindu ya kusadila madia	

APPENDIXE 1 Lisiti sambu na kutadila madia ya bo me bumba mbote mpi bima ya kuzingila
APPENDIXE 2 Lisiti sambu na kuzikisa mpi kutanina madia
APPENDIXE 3 Lisiti sambu na kutadila madia ya ke tunga nitu
APPENDIXE 4 Mutindu ya kuzaba kibuba
APPENDIXE 5 Kubaka bangidika sambu na mavimpi ya bantu mingi, kukonda micronutriment
APPENDIXE 6 Bampusa ya me tala mavimpi

Mambu ya kele na kati

Madia ya bo me bumba mbote mpi ya ke tunga nitu

Konso muntu kele ti nswa ya kudia madia mpi ya kubaka madia ya mbote kibeni

Bansiku ya fioti-fioti ya Sphère na yina me tala madia yina bo me bumba mbote mpi ya ke tunga nitu ke monisa ngongo mosi ya mbote na yina me tala nswa sambu na madia ya kufwana ntangu kimvuka ya ke kwendaka kupesa lusadisu na bantu ya kele na mpasi ke kwenda kupesa lusadisu kana mpila kele. Bansiku me simbama na kundima mambu, minsiku, mikumba mpi banswa mutindu bo me salaka yo na Kuwakana yina bimvuka salaka. Tanga mpi nswa ya kuzinga na luzitu, na lutaninu mpi na kimpwanza, mpi nswa ya kubaka lusadisu yina kimvuka ya ke kwendaka kupesa bantu lusadisu ke pesaka na kutadila bampusa na bo.

Sambu na kuzaba lisiti ya mikanda ya mfunu ya mambu ya bansiku mpi ya politike yina me simbama na Kuwakana yina bimvuka salaka, ti mambu yina ke pesa bantendula na mutindu ya kusadila bantu yina ke salaka na kimvuka ya ke kwendaka kupesa bantu lusadisu mambu, ⊕ *tala Annexe 1*.

Kukonda kudia ya mbote ke salaka nde bantu kukonda ngolo na ntangu ya mpasi mosi buna. Yo ke salaka na mpila nde muntu kuvanda diaka ve na nzayilu ya mbote, bantu kubaka bamaladi kukonda mpasi, ke yedisaka mambu yina lenda sala nde bantu kubaka maladi yina ke manaka ve, yo lenda pesa mpasi sambu na kuzwa bima ya kuzingila, mpi yo ke tulaka bandilu ya kusala mambu mingi na kimvuka. Yo ke sadisa na mambu ya mpasi mpi yo ke sala na mpila nde bigonsa ya kukonda kuvanda na kimpwanza na yina me tala lusadisu yina bo ke pesaka.

Bikuma yina ke salaka nde madia kuvanda mingi ve kele mingi

Bikuma yina ke salaka nde bantu kukonda madia kele nde bantu ke pesaka ve barapore yonso na mutindu ya mbote mpi bamaladi mingi yina ke vutukilaka bantu ⊕ *tala Kifwanisu ya 7*. Bikuma ya ke salaka nde mambu ya mutindu yai kusalama, kele kukonda kubumba mbote madia na nzo, kukonda kusala mambu na bunkete mpi madia, kisika ya kukonda bunkete na kisika yina bantu ke zingaka, mpi kukonda lusansu ya mbote.

Bikuma yina ke salaka nde mambu ya mpasi kusalama ke vandaka na kuwakana, bamosi ti bankaka. Kansi, ata kukonda kubuma madia mbote lenda vanda mosi na kati ya mambu yina ke salaka nde bantu kudia mbote ve, kupesa lusadisu ya madia lenda lungisa kibeni ve bampusa ya bantu na ntangu ya nda kana bo yidika ntete ve na nswalu yonso mambu ya nkaka yina lenda nata mpi bampasi. Bo fwete tadila mbote kibeni kukwenda kupesa lusadisu ya bima ya kudia mpi ya ke tunga, tanga mpi lusadisu ya masa, bunkete mpi kutubila yo na bantu yonso (WASH), na bisika ya mbote ya kubaka mupepe mpi bantu, mpi diaka na kubaka lusansu. Mumbandu, bantu lenda vanda ti mfunu ya masa ya mbote mpi ya mingi sambu na kulamba madia mpi kulamba madia ya bunkete. Kuvanda ti nswa na bisika ya mbote mpi ya bunkete ke tanilaka bantu bamaladi mingi. Kuvanda ti nswa ya kuzinga na bisika yina bo me yidikaka mbote, bima

MALANDA YINA KE MANAKA NSWALU
Ntalu ya bantu yina ke bela sambu na ntangu mosi buna, ntalu ya bantu yina ke fwa, kusala diaka mbote ve

KUKONDA YA MADIA YA MBOTE NA BANA YA KE BUTUKA MPI BANA YA FIOTI

MALANDA YINA KE MANAKA NSWALU VE
Nda ya muntu ya kuyela, banzo-nkanda, kubuta mbuma, kusala mingi sambu na kubuta mbuma, maladi mêtabolique mpi maladi ya ntima

Maladi

Madia ke lunga ve na kiteso yina bo me tulaka

MALANDA YINA KE MONANAKA NA NSWALU KIBENI

Kisika ya mvindu ya kuvanda mpi minganga yina ke talaka mamabu ya bantu ya kele ve bunkete

Kunwisa mwana mabele ya me fwana ve, madia ya me fwana ve sambu na babêbé ti bana ya fioti mpi kupesa lusansu ya me fwana

Madia yina bo me bumba mbote ve na nzo, kuvanda ti nswa, kuvanda ti ntangu ya kusala diambu mosi buna, mutindu ya kusadila

LUZINGU YA KINSUKAMI MPI KUVUTUKILA DIAKA LUZINGU YA KINSUKAMI
Kisalu, kisalu ya muntu yandi mosi, kisika kuzinga, kuvanda ti kima mosi buna, kutinda mbongo, kusala diaka ve kisalu, kutinda

KIMA YA KE SALAKA NDE MUNTU KUBUMBA DIAMBU MOSI BUNA

KUKONDA MAKUKI YA KUZINGILA
Mbongo, bantu, kumonana, kuzinga na bumosi, kikalulu yina muntu ke butukaka na yo mpi politike

NSIMBULU KIMA YA KE SALAKA NDE DIAMBU MOSI BUNA SALAMA

Mpasi mosi ya ngolo, mutindu yo ke monana, kusoba ya bangonda, bantu ke zinga na kimvuka, mutindu ya kutadila bima, mambu ya bwala mosi buna mpi politike

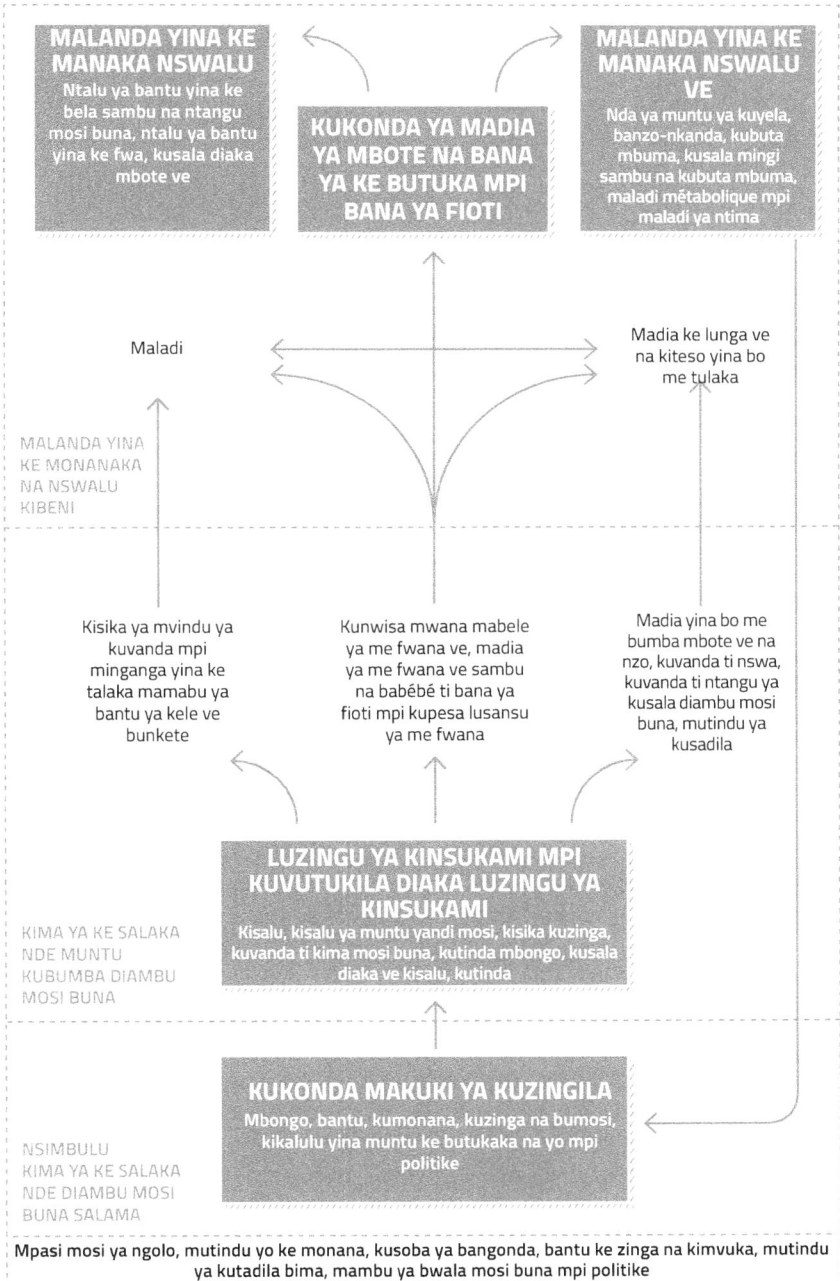

Kutanina bima ya madia mpi madia: kima ye ke salaka nde bantu kukuma bibuba (Kifwanisu 7)

ya mbote ya kinkuku mpi nswa ya kutanina bantu na mambu ya nkaka ya mpasi yina lenda kumina bo, kusala mutindu yai ke manisaka bigonsa ya bimbefo. Kana bantu ke baka lusansu ya mbote, bo lenda vanda ti mavimpi ya mbote. Kusala mutindu yina ta yedisa mayele na bo ya kusosa bima ya kuzingila.

Kulandila mbote mambu ya mpasi yina lenda kumina bantu ta sadisa na kubaka bangidika sambu madia kuvanda ya mingi. Na disolo yai, kuvanda ti makuki ya yina ta sadisa bantu na kuzinga kele mfunu mingi sambu yo ta yedisa makuki na bo ya kulandila mambu ya nkaka yina ke salaka nde bantu kudia mbote ve. Bima ya nkaka ya kuzingila lenda vanda bima ya nkaka mpi bamasini, les matières premières, ntoto to mpi kuzaba mbote mutindu bazandu ke salaka mpi kusadila yo. Kukwenda kupesa lusadisu na yina me tala madia ya bo me bumba mbote mpi ya ke tunga nitu ke sadisaka na kutanina mpi na kuyedisa makuki na yo mpi ya kupesa maboko na mayele ya nkaka ya me simbama na bima ya kuzingila, yo vanda ntalu ya bibuba kele mingi to ve.

Kusoba ya bimvuka, ya mambu, ya binkulu mpi ya politike mbala mingi na nima ya mpasi mosi buna ke vandaka ti bupusi na mayele ya nkaka yina bo ke sadilaka na banzo mpi makuki yina bo kele na yo na bima ya kuzingila to na bima mingi ya kuzingila. Kuzaba mbote mambu yai yonso ta sadisa na kutomisa makuki ya kuvutukila mpi ta sala na mpila nde bantu mingi kukuma ve bibuba.

Kusala na bambanza ke nataka bampasi ya ngolo

Kukonda kusala ngolo mambu na bambanza ke nataka bampasi na yina me tala madia ya bo me bumba mbote mpi ya ke tunga nitu. Bambanza kele bisika ya mbote yina lenda pesa mabaku ya mbote ya kuzwa bisalu mpi kuvutukila diaka bisalu ya mfunu. Kansi, kana bantu ke kuma kaka mingi, yo ta lomba kutunga diaka banzo ya nkaka mpi kukangula bisalu ya nkaka na babwala yango. Mbala mingi, mayele ya kisalu ya kimvuka mpi mayele ya nkaka ya mutindu ya kuyidika mambu yina kele dezia na yina me tala mutindu ya kusadila ntoto kukonda kupesa mvutu ya kukonda kukana na mambu yina ke lombama. Bantu mingi, kubeba ya mupepe, mutindu ya mbi ya kulandila bima ya mvindu mpi kukonda banzila ya mbote na babwala yina kele pene-pene ya bambanza ke kumisaka mingi bigonsa ya kubaka bamaladi ya ngolo. Bantu ke vandaka ve ti makuki ya kubaka malongi na bima ya kuzingila yina kele mpi mbala mingi yo ke nataka mambu yina ke monisaka nde bantu ke dia mbote ve.

Yo lenda vanda mpasi na bimvuka ya nkaka na kubaka madia

Kutadila mutindu ya kukwenda kupesa lusadisu ya madia ya me fwana ke lombaka kubakisa mbote kibeni madia yina bankento ya mavumu mpi bankento yina ke nwisaka bana ke zolaka, bana ya fioti mpi babebe, minunu mpi bantu yina kele ti bifu na nitu. Sambu na kutomisa mutindu ya kutanina madia, yo kele mbote na kubakisa mukumba ya konso muntu. Mumbandu, mbala mingi bankento ke salaka mbote kibeni mukumba na bo na yina me tala kuyidika mpi kulamba madia na banzo.

Yo kele mfunu na kubaka bansangu na kutadilaka kana muntu kele nkento to bakala, mvula na yandi mpi kiteso ya kifu yina yandi kele na yo na nitu. Diambu yai ta sadisa na kuzaba bampusa ya bantu mpi bantu yina me zanga bima ya nkaka ya mfunu yina ke tungaka nitu. Kulandila mambu na bisika yina bo ke kabulaka madia fwete salama na mutindu mosi, sambu na kundima kibeni nde manaka ya kukwenda kupesa lusadisu ke sadisaka na kukabula mbote madia mpi madia yina ya ke tunga nitu mpi ya me fwana.

Bangidika yina ke bakamaka sambu na bantu yina ke diaka mbote ve kele mpi mfunu mingi kuluta kusansa bibuba yina ke manaka ve. Kukwenda kupesa lusadisu sambu na madia ya bo me bumba mbote mpi ya ke tunga nitu ke sadisaka bantu na kuvanda ti mavimpi mpi madia ya mbote sambu na ntangu mosi buna, kansi sambu bo zinga mpi bo vanda na mavimpi ya mbote sambu na ntangu ya nda.

Beno fwete sadila ve bansiku yai ya fioti-fioti na mutindu ya kukabwana

Bansiku ya fioti-fioti yina bo ke tubila na kapu yai ke vandaka na kuwakana ti mambu ya mfunu yina ke tadilaka nswa sambu na madia mpi yo ke sadisaka na mpila nde bantu kulanda kuzitisa nsiku yango na ntoto ya mvimba.

Nswa sambu na madia ya kufwana me simbama na banswa na masa mpi na bunkete, na mavimpi mpi na banzo. Bikesa yina salamaka ntangu bo salaka diaka bansiku ya fioti-fioti ya Sphère sambu na diambu mosi buna ke vandaka ti bupusi na kuyela ya mambu ya nkaka. Sambu lusadisu yango kusalama na mutindu ya mbote, yo ke lomba kutambusa mpi kusala mambu na kuwakana ti bimvuka ya nkaka, bamfumu ya luyalu mpi bimvuka ya nkaka yina ke kwendaka kupesa lusadisu. Kusala mutindu yai ke sadisaka na kubakisa nde bantu ke lungisa mbote bampusa na bo, mpi bikesa yina bo ke sala kele ve ya mpamba, mpi kukwenda kupesa lusadisu ya madia ya bo me bumba mbote mpi ya ke tunga nitu kele mfunu. Bisika yonso yina kele na Mukanda yai ke monisa bisika ya mfunu yina bantu lenda kota.

Mumbandu, kana bampusa ya bantu yina kele na mpasi ke lunga kibeni ve, lusadisu yina WASH ke pesaka fwete vanda ya kiteso ya mingi, sambu ntalu ya bantu yina lenda baka maladi kukonda mpasi ke kuma kaka mingi. Yo kele mfunu sambu na bantu yina kele ti SIDA, minunu to ya bantu yina kele ti bifu na nitu. Kana mpidina, bo fwete yidika diaka bima yina bo ke pesaka sambu na mavimpi. Yo ta vanda mbote na kutula mambu ya mfunu na kisika ya ntete na yina me tala bansangu yina me pesama na babwala mpi kutadila diaka mutindu mambu yango ke tambula.

Kana bansiku ya bambanza kele na nsi ya bansiku ya fioti-fioti ya Sphère, bimvuka ya ke kwendaka kupesa lusadisu fwete sala na kimvuka ti bamfumu ya luyalu sambu na kumatisa yo malembe-malembe.

Nsiku ya ntoto ya mvimba ke taninaka nsiku ya ke tubilaka nswa yina muntu kele na yo ya kudia madia ya mbote

Nsiku ya ntoto ya mvimba ke taninaka nsiku ya kukonda kuvanda na nzala mpi ya kubaka madia ya mbote. Yo ke lomba bantu mpi bima sambu na kuvanda ti madia ya kufwana. Bamfumu ya luyalu kele ti mukumba ya kuzitisa nsiku yai ntangu bantu to bimvuka, tanga mpi bantu yina ke tinaka na babwala ya nkaka mpi bantu yina ke katukaka bisika bo kele sambu na kukwenda bisika ya nkaka kaka na kati ya insi na bo, kele ve ti makuki ya kuzwa madia ya kufwana, mingi-mingi na ntangu ya mpasi mosi buna ― *tala Annexe 1.*

Bamfumu ya luyalu lenda lomba lusadisu na bainsi ya nkaka kana bima yina bo kele na yo ke lungisa ve bampusa ya bantu. Kana mpidina, bo fwete:

- zitisa nswa ya kubaka madia ya mbote yina kele dezia mpi kupesa nswa sambu bantu kulanda kusala mutindu mosi;

- tanina bantu yina kele ti nswa ya kubaka madia ya mbote mpi baka balukanu sambu na kutanina bantu yango sambu bimvuka to bantu ya nkaka kukanga bo ve nzila ya kubaka madia na bo; mpi
- pesaka bantu bima yina bo kele na yo mfunu sambu na kutanina bima na bo ya kuzingila mpi madia yina bo me bumba mbote.

Na kutadila kuwakana yina salamaka na Genève, yo kele mbi kibeni na kukonda kupesa bantu madia bonso nde yo kele bitumba. Yo kele mbi kibeni na kubuyisa bantu na kuyikana, kubebisa, kukatula to kukonda kusadila binkulu, bambisi, madia ya mbote, ba WC mpi kubumba masa ya mbote ya kunwa mpi bisika yina bo ke katulaka bima na bilanga.

Kana kimvuka mosi kubotula kimvuka ya nkaka bima na ngolo, nsiku ya ntoto ya mvimba ya kimvuka ya ke kwendaka kupesa lusadisu ke lomba na kimvuka yina kele ti ngolo ya kuluta na kuzikisa kana bantu yina kele na luzingu ke zinga na mutindu ya mbote mpi kana bima yina kele na teritware na bo kele ya kulunga ve.

Kuwakana yina kele na kati ya Minsiku ya ke tanina bantu mpi Nsiku ya me fwana sambu na bantu yina kele na mpasi

Lusadisu ya madia mpi madia ya ke tunga nitu lenda vanda kigonsa kana bo sadila nsiku na mutindu ya mbi, mingi- mingi kana bantu yina ke yidika manaka ke bebisa bankento to ke vukisa nitu ti bo na kingolo-ngolo. Bo fwte sala manaka na kuwakana ti bantu yina kele na mpasi mpi mutindu ya kusala mambu sambu na lutaninu na bo, sambu bo zinga na luzitu yonso mpi na ngemba. Mutindu ya mbote ya kusala mpi ya kulandila mambu ya me tala bantu ya kisalu mpi bima ya nkaka kele mfunu mingi, mpi diaka kulemfuka mpi kusadila Nsiku ya bikalulu ya mbote sambu na bantu yonso yina fwete sala na bamanaka ya kupesa lusadisu. Tula bima yina ke sadisaka na kubaka bansangu ya mbote ya bantu yina kele na mpasi mpi kupesa bo lusadisu na nswalu ntangu yonso yina bo ke kutana ti diambu ya mpasi. Bantu yina ke salaka na kimvuka ya ke kwendaka kupesa lusadisu na bantu ya kele na mpasi fwete baka formasio ya ke monisa mutindu ya kutanina bana ya fioti mpi ya kusadila bima yina ke twadisaka na bisalu ya nkaka kana bantu ke tubila mambu ya me tala nku, kubebisa bankento to kuvukisa nitu ti bo na ngolo, yo vanda bana ya fioti ⊕ *tala Minsiku ya ke tanina bantu ya 1* mpi *Kuwakana ya 5 ya me fwana sambu na bantu ya kele na mpasi.*

Kuwakana mpi mutindu bantu fwete sala mambu na kimvuka ti basoda, bonso kupesa maboko na mutindu ya kufwana fwete salama na dikebi yonso na konso mambu yina, mingi-mingi kana kuwakana kele ve na kati ⊕ *tala Sphère kele nki* mpi *Minsiku ya ke tanina bantu.*

Ntangu beno ke sadila bansiku ya fioti-fioti ya mukanda yai, beno fwete zitisa bakuwakana uvwa ya Nsiku ya me fwana sambu na bantu ya kele na mpasi sambu yo kele ti manaka ya mbote na yina me tala madia ya bo me bumba mbote mpi ya ke tunga nitu.

1. Kutadila mambu ya me tala kubumba mbote madia mpi madia ya ke tunga nitu

Yo kele mfunu na kulungisa mutindu ya kutadila mambu ya me tala kubumba mbote madia mpi madia ya ke tunga nitu ntangu mpasi mosi buna me kumina bantu. Kutadila mambu yango ke sadisa na kubakisa mutindu mambu yango ke salama mpi kuzaba mutindu ya mbote ya kukwenda kupesa lusadisu. Ya kieleka, kutadila mambu ya me tala kubumba mbote madia mpi madia ya ke tunga nitu lenda salama diaka ve kana beno me bakisa nde madia mosi buna me kuma kigonsa mpi ke monana kibeni ve, mutindu ya kusadila madia yango mpi kana bantu lenda baka madia kukonda mpasi. Kutadila mambu ya me tala kubumba mbote madia mpi madia ya ke tunga nitu lenda tomisa rapore ya me tala ntangu yina yo lenda sala mpi yo lenda sala kuwakana na kati ya bamanaka ya kubumba mbote madia mpi madia ya ke tunga nitu.

Yo ke lomba kuzitisa mbote kibeni minsiku yina bantu me ndimaka na ntangu ya beno ke landila mambu, kusadila bametode yina me zabanaka na bansi ya nkaka mpi kuvanda ve ti kikalulu ya kupona-pona, kusala mambu na mutindu ya mbote mpi kutambusa mbote bimvuka ya ke kwendaka kupesa lusadisu mpi baluyalu. Mutindu ya kulandila mambu fwete lungisa bampusa ya bantu, yo fwete vanda ya mbote mpi yina bantu lenda fwanisa. Bimvuka yina ke pesaka lusadisu fwete ndima metode yina bo ke sadila. Yo ke tadila kuvanda ti bantu yina ke ndimisa kibeni nde bo kele na mpasi mpi kutula dikebi ya me fwana na bimvuka yina kele na kigonsa. Kulandila mutindu babwala ya nkaka ke tadilaka mambu lenda sadisa na kusosa kuzaba bampasi yina bantu ke tubila mingi mpi bisika ya nkaka yina kele nene kibeni.

Balukanu ya ke tadila kubumba mbote madia mpi madia ya ke tunga nitu lenda vanda ya:

- kubakisa mbote diambu yango, mambu yina bo kele na yo mpusa mpi kuzaba mutindu ya kusadisa bo;
- sosa kuzaba ntalu ya bantu yina kele na mfunu ya lusadisu;
- sosa kuzaba bimvuka yina kele na bigonsa ya ngolo kibeni; to mpi
- monisa mutindu ya mbote ya kulandila mambu ya mpasi yina kimvuka ya ke kwendaka kupesa lusadisu na bantu ya kele na mpasi.

Kulandila mambu lenda salama na mitindu ya kuswaswana na ntangu ya mpasi mosi buna. Mumbandu:

- sala bilumbu zole to tatu sambu na kulandila mutindu ya kupesa bantu na nswalu kibeni madia yina me fwana kibeni;
- landila mambu nswalu kibeni na bamposo zole to tatu ya me simbama na bangindu mpi mambu yina bantu ke yindula sambu na kupesa bangindu ya me fwana sambu na mambu yina kele na kati ya bamanaka;

- kulandila mambu na mudindu yantika na bangonda 3 tii na bangonda 12, kana mambu ke yantika na kubonga to kana bansangu ya nkaka kele mfunu sambu na kuyidika bamanaka sambu na kukwenda kupesa lusadisu.

Kulandila na mudindu **mambu ya me tala madia yina bo me bumba mbote** ke sadisaka na kuzaba mayele ya nkaka sambu na bima ya kuzingila, bantu yina ke salaka kisalu mpi mayele ya nkaka sambu na kuyikana na yo. Yo ke sadisa na kubakisa mutindu mambu yango yelaka na ntangu mpasi mosi buna kuminaka bantu mpi mambu ya mpasi yina kukonda kubumba mbote madia na nzo ke nataka. Kulandila mbote kibeni mambu ke sadisaka na kubakisa mutindu ya kuluta mbote ya kutanina to ya kusadila mayele ya nkaka ya bima ya kuzingila sambu na kuzaba mutindu ya mbote ya kutanina madia.

Kulandila mbote kibeni mambu ya me tala madia ke tadila kuvukisa mpi kutadila diaka bansangu yina ke monana sambu na kuzaba bantalu ya kufwana ya bibuba yina ke manaka ve, kuzaba mutindu ya kulamba madia sambu na babebe mpi bana ya fioti to mitindu ya nkaka ya kubaka lusansu. Bansangu yango ke sadisa na kulandila mambu ya nkaka yina ke salaka nde bantu kububuka mpi kulandila mambu ya me tala mavimpi mpi madia yina bo me bumba mbote ya ke sala nde bantu kusosa kuzaba kikuma yina ke sala nde bantu kukuma bibuba (*Nutrition Causal Analysis*, NCA). Diambu yai kele mfunu kibeni na ntangu ya kuyidika mambu, ya kusadila yo mpi ya kulandila bamanaka ya madia ya ke tunga nitu.

Bazandu kele mfunu mingi na yina me tala madia ya bo me bumba mbote mpi ya ke tunga nitu, yo vanda na babwala yina kele bunkete to ve. Mitindu yonso ya kulandila mambu fwete bakisa mutindu mosi ya kulandila bazandu yina ya ke lungisa kiteso ya malombo ya kufwana sambu na zandu (*Minimum Standard for Market Analysis*, MISMA) mpi Bansiku ya fioti-fioti sambu na kutadila diaka mpi kulandila mambu (MERS) tala *Kupesa lusadisu na bazandu.*

Bansiku yina ke landa ya me simbama na madia ya bo me bumba mbote mpi ya ke tanina nitu me simbama na Kuwakana yina bimvuka salaka, kuwakana ya 1. Sambu na kuzaba lukanu na bo na yina me tala kukwenda kupesa lusadisu ya me fwana na yina me tala madia ya bo me bumba mbote mpi ya ke tunga nitu sambu na bantu yina kele na mpasi tala *Annexe 1, 2 mpi 3* mpi *Mukanda LEGS* sambu na lisiti ya ke sadisa na kulandila mambu.

Kutadila mambu ya me tala kubumba mbote madia mpi madia ya ke tunga nitu, Nsiku ya 1.1:
Kutadila mambu ya me tala kubumba madia mbote

Kana madia yina bantu ke diaka kele diaka ve na lutaninu, yo ta lomba kulandila mambu sambu na kubakisa bunene mpi mingi ya bisika yango yina madia kele na kigonsa, kuzabisa diaka bantu yina kele na mpasi ya mingi mpi na kusosa kuzaba lusadisu ya me fwana kibeni sambu na bo.

Bisalu ya mfunu

1 ⟩ Baka bansangu mpi tadila yo mbote na ntwala mpi na ntangu bantu kele na mpasi mosi buna.

- Sosa kubakisa mutindu ya kutadila diaka mambu ya me tala madia ya bo me bumba mbote bonso kubeba ya bisika yina bantu ke zingaka, lutaninu mpi kukwenda na bazandu kukonda mpasi.

2 > Yindula mbote na bupusi yina madia ya bo me bumba mbote kele na yo na mavimpi ya bantu yina kele na mpasi.

- Tubila bikuma yina ke salaka nde bantu kuvanda ve ti mavimpi ya mbote, na kati na yo beto lenda tanga kukonda kubaka lusansu ya mbote, bisika ya mvindu yina bantu ke zingaka, kukonda kubaka lusansu mpi kukonda kukota na mambu ya me tala kutanina bantu yonso.
- Bakaka bansangu ntangu yonso ya bambwala yina kele bunkete sambu mambu ya mpasi lenda kuma kuna na nswalu kibeni mpi yo lenda vanda mpasi kibeni na kubakisa kuluta na babwala yina ke vandaka ve bunkete.

3 > Sosa kuzaba mitindu ya kupesa lusadisu sambu na kugulusa bantu, na kutanina bo mpi na kusadisa bo na kuzwa bima ya kuzingila.

- Tanga mpi landila mambu ya bazandu mpi makuki yina bamfumu ya luyalu kele na yo mpi bantu ya nkaka ya kulungisa bampusa ya bantu.

4 > Sosa kutadila bima mpi bametode ya kusadila sambu na kulamba madia, bonso bikalangu mpi bankuni, mpi diaka banzungu mpi bisadilu ya kinkuku.

- Sosa kuzaba nki mutindu bantu vandaka kusumba mpi kubumba bima, bankuni sambu na kusadila na kinkuku mpi bima na bo ya nkaka na ntwala nde mpasi mosi buna kukumina bo mpi mutindu bo ke salaka bubu yai.
- Tula dikebi na bansiku mpi na bampusa ya kutanina bankento, bana bankento yina ke talaka mambu ya bankuni mpi ya kulamba madia.

Bimonisilu ya mfunu

Kisalu ya kukengila bima ke sadisaka na kuyindula mutindu ya kutanina bima, bima ya kuzingila mpi mayele ya nkaka ya kusala mambu

Ntalu ya barapore yina bo ke tadilaka diaka ya ke monisa bunkufi ya mambu, mpi bametode ya kutadila mambu yina bo sadilaka mpi mambu ya mpasi yina bo kutanaka na yo

Banoti ya ke pesa lutwadisu

Bansangu na ntwala nde mpasi mosi buna kukumina bantu, ti bansangu yina ke katukaka na mutindu ya kupesa bansangu ya me tala bisika yina bantu kele lenda vana ti bupusi na bampasi yina bantu lenda kutana ti yo. Kansi, yo lenda lunga kibeni ve na kupesa ntendula ya pwelele na babwala yina kele ya bunkete.

Bisika ya kubaka bansangu, bisadilu mpi mutindu ya kupesa bansangu: Bisika ya kubaka bansangu ke tadila mpi kulandila mutindu ya kubaka bansangu, bizuzi ya kutula na sateliti, kusala bansosa na banzo, kusolula mbote ti bimvuka yina bo ke tindaka mpi kuwakana mbote ti bantu yina ke pesaka formasio. Bisadilu ya kusadila lenda vanda mpi Ntalu ya bantu yina ke diaka madia, Ntalu ya madia ya luswaswanu yina kele na banzo mpi Kima yina ke sala na mpila nde bantu kusadila mayele ya nkaka sambu na kubaka nswalu bangidika ya kubumba mbote madia na banzo. Bansangu na babwala mpi na bambanza kele mingi na yina me tala kutanina mbote madia, tanga mpi bima yina ke zabisaka bantu na ntwala kana nzala me kota na bwala. Kana mpila kele, beno lenda sadila *le Cadre intégré de classification de la sécurité alimentaire (Integrated Food Security Phase Classification)*, mpi beno sadila bantu yina ke yambaka bantu sambu na kuzaba bunene ya kigonsa mpi mambu yina ke salaka nde madia kuvanda kaka na kigonsa ntangu yonso na babwala yango. Mutindu ya kutadila dibanza ya bamanaka sambu na kutanina madia me simbama na mutindu ya pwelele ya kutadila mambu mpi na lufutu yina kulandila mambu ke nataka.

Kubeba ya bisika yina bantu ke zingaka lenda sala nde madia kukuma na kigonsa mpi kukonda kubumba madia mbote lenda bebisa bisika yina bantu ke zingaka. Mumbandu, kulokuta bankuni mpi kusala makala ke sadisaka na kulamba madia mpi na kuteka yo. Kansi, kusala mutindu yina lenda bebisa bamfinda. Ntangu beno ke kwenda kupesa lusadisu, beno fwete bumba mpi kutanina mbote madia na kutulaka bandilu na mambu ya mpasi yina bisika bantu ke zinga lenda nata.

Bimvuka yina kele na kigonsa: Vukisa bansangu na yina me tala mvula ya muntu, kana yandi kele nkento to bakala, kana yandi kele ti kifu na nitu, kimvuka yina kele ti kimvwama mpi mambu ya nkaka ya mfunu. Bankento fwete vanda ve ti mikumba ya kiteso mosi ti babakala sambu na kulandila mbote kibeni madia yina lenda tunga nitu na dibuta ya mvimba. Beno lenda sala kuwakana sambu yonso zole, kana mpila kele, na yina me tala mutindu ya kusala mambu ya me tala madia yina bo me bumba mbote, mpi bima ya kusadila na nzo. Kuvila ve nde, baminunu mpi bantu yina kele ti bifu na nitu kele ve ti ngolo ya kukota na kati ya nzo sambu na kukwenda kubaka madia yina bo ke pesaka.

Tanga mpi bana bankento mpi ya babakala, mingi-mingi bana yina kele bamfumu ya mabuta, bana yina ke zingaka bo mosi, bana yina kele ti bifu na nitu mpi bana yina ke zingaka na bisika yina bo ke sansaka bo. Tula dikebi ya mingi na bangiufula yina bana lenda yula kana bampasi me kumina bo. Mumbandu, kana maladi ya nsambukila me kumina bantu, yo vanda bana yina bo ke landila, bana yina kele na baopitale ya fioti-fioti to yina bo ke yambaka bantu sambu na ntangu mosi buna. Kana kuwakana kele ve na kati ya bantu, tanga mpi bana yina kele na baopitale ya fioti-fioti.

Kusadila mayele ya nkaka: Longuka mitindu ya luswaswanu ya kusadila mayele ya nkaka, ngolo na yo mpi mambu na yo ya mpasi. Kusadila mayele ya nkaka bonso kuteka bantoto, mambu yina ke kwendaka na babwala ya nzenza to kubebisa bamfinda lenda nata bampasi sambu na kubumba madia na bilumbu ke kwisa. Mayele ya nkaka yina bankento, bana bankento mpi ya babakala sadilaka to kundimisa bo mambu na ngolo lenda vanda ti bupusi na mavimpi, na mabanza mpi na mutindu na bo ya kuvanda ti bantu. Mayele yai ya nkaka ke tadila kuvukisa nitu ti bankento na ntwala ya kupesa bo madia to mbongo ya kuzingila, kupesa malafu sambu na kukwela bana bankento, kupesa bankento mpi bana madia na na nima ya bantu yonso, kusadi bana bisalu, banzenza yina kele bigonsa mpi kuteka bana mpi kusadila bo mambu ya nku.

Bangidika yina ke bakama: Kiteso ya madia yina ke lomba kudia kele mfunu sambu bantu ya dibuta kuvanda ngolo mpi na mavimpi ya mbote. Kana mpila ya kutesa kibeni bima yina ke pesaka ngolo na nitu kele ve to ya kuzaba mavimpi ya muntu na ntangu ya kulandila mambu, yo ta vanda mbote na kusadila bangidika yina ke bakama. Mumbandu, ntalu ya bimvuka ya madia yina muntu mosi fwete dia to sambu na dibuta mosi, mpi mutindu ya kudia madia yango sambu na ntangu mosi buna kele bima yina ke sadisaka na kuzaba mingi ya bima yina bantu ke diaka. Kulandila ntangu yonso ntalu ya madia yina bantu ke dia konso kilumbu mpi madia ya luswaswanu kele bima ya mbote yina ke sadisaka na kutanina madia mingi-mingi kana bo me vukisa yo ti mutindu ya kusala mambu na nzo.

Na kati ya bima yina ke sadisa na kutesa mbote kibeni bikalulu ya mutindu ya kusadila madia, beto lenda tanga ntalu madia yina bo ke sadilaka na banzo, kulandila sambu na kuzaba bigonsa yina kele na madia to diaka sambu na kuzaba mingi ya madia yina bantu ke diaka. Kana nzala me kota na nzo, yo lenda monisa kibeni nde madia kele diaka ve na lutaninu. Bima ya nkaka yina bo me katuka kusadila ntama mingi ve bonso ntalu ya bima ya kudia ke monisaka ve ntangu yonso na mutindu ya mbote madia yina kele na kigonsa na babwala yina kele bunkete. Vukisa bangidika yina bo ponaka ti mayele ya nkaka yina bo ke sadilaka sambu na kubakisa mambu ya luswaswanu yina ke pesaka mpasi na kukonda kudia.

Badepensi ya madia yina salamaka mpi mambu ya nkaka yina bo tulaka sambu na bangidika yango lenda vanda mpasi na kutula yo na babwala yina kele bunkete. Ata mpidina, bantu mingi lenda vanda ti mikumba ya kutanina kitunga ya madia, na kisika nde bantu ya dibuta kudia madia yina me katuka na nganda ya dibuta mpi nde bantu mingi ke pesa maboko sambu dibuta kuvanda mbote.

Kutadila mbote bazandu mpi ntalu ya bima ya kudia: Baka bansangu na yina me tala nswa ya kukota na bazandu, mbongo yina me bikala, bima ya kuzingila mpi mambu ya mpasi yina kukonda mbongo ke nataka. Mambu yai yonso kele na kuwakana ti ntalu ya bima ya kuteka, mabaku ya kuzwa bima yina me bikala mpi mingi ya mbongo ya kufuta bantu, yina ke vandaka ti bupusi na madia yina bo me bumba mbote. Mutindu mambu ya bazandu ke salamaka, yo vanda na munoko to ya kusoni na papie lenda tanina bima ya kuzingila na kupesaka bima yina lenda buta mbuma bonso bima yina bo lenda kuna mpi bima ya nkaka _tala Madia ya bo me bumba mbote mpi ya ke tunga nitu, Nsiku ya 7.1 mpi 7-bima ya kuzingila._

Sala mutindu ya kulandila mambu yina ke salama na zandu mpi mambu ya nkaka. Kutadila mambu ya me tala zandu fwete vanda ya kusosa kuzaba kana bazandu ya bambanza lenda pesa lusadisu ya madia sambu na kulungisa bampusa ya bantu mpi kutuba ntalu yina yo ta baka mpi bisono yina ya me fwana ya madia ya ke lungisa na mutindu ya mbote bampusa ya mabuta na yina me tala madia _tala Kupesa lusadisu na bazandu._

Bantu ke pesaka lusadisu mingi-mingi na bazandu na babwala yina kele kibeni ve bunkete mpi mbala na mbala na babwala yina kele bunkete. Yo ke lombaka lusadisu na bimvuka ya nkaka, kusadila bisika yina kele na zandu, bima ya kudia mpi kamio yina ke sadisaka na kunata bima na babwala sambu na kulungisa bampusa ya bantu yina kele na mpasi. Yo kele mfunu na kubakisa nswa yina muntu kele na yo na zandu sambu na bimvuka yina kele na kigonsa _tala Mukanda MISMA._

Kutadila mambu ya me tala kubumba madia mbote mpi madia ya ke tunga nitu, Nsiku ya 1.2:

Kutadila mambu ya me tala madia ya ke tunga nitu

Sambu na kuzaba mutindu ya mbote ya kupesa lusadisu ya madia ya ke tunga nitu, yo ke lomba kusadila bametode yina bantu ke zabaka dezia sambu na kubakisa mutindu, kiteso mpi bunene yina kibuba me kotilaka bantu, vukisa bantu yina kele na kigonsa mpi pesa bo lusadisu yina me fwana kibeni.

Bisalu ya mfunu

1 ⟩ Vukisa bansangu yina beno bakaka na ntwala nde mpasi mosi buna kukumina bantu mpi landila mbote mbote mambu yango sambu na kuzaba mbote mutindu mpi bunene ya mambu ya me tala madia yina ke tungaka nitu.

- Sosa kuzaba makuki yina bantu ya babwala mpi ya bambanza kele na yo sambu na kutambusa to kupesa maboko na kimvuka yina ke pesaka lusadisu, mpi diaka lusadisu yina bantu ya nkaka ya mayele yina ke talaka mambu ya me tala mavimpi ya bantu.

2 ⟩ Sadisa teste ya nswalu kibeni sambu na kutesa kitamina ya bantu mpi na kusosa kulandila mutindu bo ke salaka madia ya babebe mpi ya bana ya fioti na ntangu ya mpasi mosi buna sambu na kusosa kulandila mambu na ntwala nde mpasi mosi buna kukumina bantu.

3 ⟩ Vukisa bimvuka yina kele na mfunu nde bo pesa bo lusadisu ya madia yina ke tungaka nitu.

- Vukisa bansangu ya ke monisa bikuma yina ke salaka nde bantu kuvanda ve na mavimpi ya mbote banda bumwana mpi ntangu bo ke yela, mingi-mingi na yina me tala mabanza ya bimvuka.
- Solula ti bimvuka sambu na kusosa kuzaba bimvuka yina kele na kigonsa mpi tula dikebi na mvula na bo, kana bo kele bankento to babakala, kana bo kele ti bifu na nitu, kana bo kele ti bamaladi yina ke manaka ve to bimbefo ya nkaka.

4 ⟩ Pesa lusadisu ya me fwana na kutadila diambu yina beno me kutana na yo mpi na diambu yina ke lomba kupesa nswalu lusadisu.

- Sosa kuzaba kana diambu yango me yilama to kana yo ke landa kaka na kubeba mpi sosa kulandila mambu ya me tala madia ya ke tungaka nitu na ntangu ya kufwana na kisika ya kusosa kuzaba na ntwala ntalu ya bibuba.
- Baka bangidika na ntwala sambu na kutanina mpi kusansa bantu.

Bimonisilu ya mfunu

Bisadilu yina ke sadisaka sambu na kuyamba bantu kele mfunu sambu na kulandila bibuba mpi mpi kuzaba bikuma yina ke salaka nde bantu kububuka

Ntalu ya barapore ya ke monisa bametode yina bo sadilaka sambu na kulandila mambu mpi mambu ya mpasi yina bo kutanaka na yo

Banoti yina ke pesa lutwadisu

Bansangu ya me tala mambu yango: Yo ta vanda mbote na kuzikisa bansangu ya me tala bikuma ya mambu yina ke salaka nde bibuba kuvanda yantika na bumwana to na kimbuta, disongidila, mambu ya me tala mavimpi mpi madia ya ke tunga nitu yina bantu ke sadilaka dezia, barapore ya bansosa, bansangu ya me tala mambu yina ke zabisaka bantu bigonsa na ntwala nde yo salama, mikanda sambu na baopitle ya fioti, bansangu sambu na madia yina bo me bumba mbote mpi bansangu ya nkaka. Beto lenda tanga:

- bansosa ya kuzaba bisika mpi mambu ya me tala ba WC;
- bansosa sambu na kuzaba mambu yina ke salaka ngolo;
- bansangu ya me fwana na yina me tala diambu ya mavimpi ya bantu yina ke zingaka na mbanza;
- bansosa ya nkaka ya bainsi na yina me tala mavimpi mpi madia ya ke tunga nitu;
- mambu yina bainsi ke sadilaka sambu na kulandila mambu ya mavimpi ya bantu;
- ntalu ya bantu yina kele na manaka mpi ya ke sukisa bamanaka yina kele dezia sambu na kusansa bibuba kukonda kulomba mbongo; mpi
- kubaka bangidika na ntwala sambu na mambu ya me tala Sida, ntalu ya bantu yina ke fwa to ya ke kutana ti bisumbula, mingi-mingi bimvuka yina kele na kigonsa ya mingi to ya ke ndimaka mukumba ya nene kibeni *tala Lusansu ya me fwana – Nsiku ya 2.3.3: mutindu ya mbote ya kuvukisa nitu mpi mambu yina ke nataka SIDA.*

Kana mpila kele, babiro mpi bimvuka yina kele na babwala fwete sala na bumosi sambu na kulandila mambu, sambu na kutubila bantu balukanu yina bakamaka mpi sambu na kuyidika mutindu ya kukwenda kupesa nswalu lusadisu.

Kukwenda kupesa nswalu lusadisu: Kana mpasi mosi buna me kumina bantu sambu na mbala ya ntete, bantu fwete tadila na nswalu kibeni balukanu ya me tala mutindu ya kukabisa madia yina ke tungaka nitu to mutindu ya kupesa bibuba lusansu ya me fwana kiebni, balukanu yina bakamaka mpi makuki ya kukwenda kupesa lusadisu. Bansosa ya kufwana fwete salama na nima, kansi bansosa yango fwete kanga ve nzila na bantu ya ke kwendaka kupesa lusadisu na ntangu maladi mosi buna ke mana ve.

Ntangu yina kulandila mambu fwete salama: Beno fwete landila mambu na mutindu ya mbote kana beno kele ve ti bansangu ya mambu ya nkaka, kansi kana bansangu ya nkaka kele mfunu sambu na kutanina manaka, sosa kuzaba lufutu ya manaka to sambu na mambu ya me tala kufunda bantu ya nkaka. Baka lukanu ya kulandila mambu ya mbote to ya mingi ya bantu yonso sambu na kubakisa mutindu bantu kele, kukonda madia yina ke tungaka nitu, madia ya babebe mpi ya bana fioti, mambu ya me tala kusansa bana ya fioti mpi mambu ya nkaka yina kukonda kudia ya mbote ke nataka. Sala na kuwakana ti babwala yina ke talaka mambu ya mavimpi, masa, bunkete mpi kutubila yo na bantu yonso (WASH) mpi madia yina bo me bumba mbote mpi kuyidika mutindu ya kulandila mambu.

Kubaka bansangu ya me tala nene ya bantu: Bo ke sadilaka yo sambu na kulandila mambu ya me tala mavimpi ya bantu mpi yo ke pesaka mabanza sambu na kuzaba ntalu ya bibuba yina kele ya ngolo mpi ya ke manaka ve. Yo lenda vanda bonso kidimbu to teste mosi buna. Bansosa yango fwete tadila nene/nda ya muntu kiteso ya Z na kutadila bansiku ya kimvuka ya ke talaka mambu ya mavimpi ya bantu na ntoto ya mvimba (OMS). Sala kuwakana yina kele na kati ya nene/nda ya muntu kiteso ya Z yina lenda mata na kutadila bareferanse ya NCHS *(National Center for Health Statistics)* sambu na kufwanisa yo ti bansosa yina salamaka na mbala yina lutaka. Tanga mpi mambu ya nkaka ya mpasi kibeni yina périmètre brachial (PB) basisaka. Mutindu ya mbote mingi ya kusala mambu kele ya kulandila ntalu ya bana yina kele bibuba, bana yina kele ti bangonda banda na 6 tii na 59 bonso kidimbu sambu na bantu yonso. Ata mpidina, kana bimvuka ya nkaka ke kutana ti bigonsa ya nkaka ya nene na yina me tala mavimpi, yo ta vanda mbote na kukotisa bo na lisiti ya bantu yina yo ke lomba kulandila ⬚ *tala Appendixe 4: Mutindu nge lenda zaba kibuba.*

Tula bima yina ke sadisaka na kuzaba madia yina ke tungaka nitu mpi kotisa yo na mutindu ya kukabwana. Songa bima yina ke monisa ntalu ya bibuba mpi sala bansosa ya me fwana kibeni. Sadila bisadilu yina kele dezia bonso *le manuel de méthodologie d'enquêtes Suivi et d'évaluation normalisés des phases d'urgence et de transition (Standardized Monitoring and Assessment of Relief and Transitions, SMART), l'enquête nutritionnelle normalisée élargie (Standardised Expanded Nutrition Survey, SENS)* sambu na bantu yina ke tinaka na bainsi ya nkaka, *logiciel ENA (Emergency Nutrition Assessment, évaluation nutritionnelle dans les situations d'urgence)* mpi *logiciel EPI Info.*

Kulandila madia ya babebe mpi ya bana ya fioti: Sosa kuzaba bampusa mpi mambu yina yo ke lomba kusala na nswalu kibeni sambu na l'ANJE-E mpi sala manaka sambu na kulandila mutindu mambu ke salama mpi mambu yina kimvuka ya ke kwendaka kupesa lusadisu ke kuka ve na kusala na yina me tala madia ya babebe mpi ya bana ya fioti. Yo kele mfunu na kusadila bansangu ya ke tadila diambu mosi buna na ntwala nde mpasi mosi buna kukumina bantu sambu na kubaka lukanu ya nswalu kibeni. Sala na kuwakana ti bimvuka ya nkaka sambu na kukotisa bangiufula ya me tala ANJE-E na ntangu bo ke landila mambu na babwala ya nkaka mpi kutula dikebi na bansangu ya babwala ya nkaka sambu na kupesa lutwadisu ya mbote na ntangu ya kulandila mambu ⬚ *tala Appendixe 3: Lisiti ya ke tadila madia ya ke tunga nitu.*

Tubila mpi ntalu ya bantu yina ke pesaka bandongisila na mambu ya me tala kunwisa bana mabele, minganga yina me bakaka formasio mpi bisalu ya nkaka yina ke pesaka lusadisu mpi makuki yina bisalu yango kele na yo. Sambu na yina me tala kulandila mambu na mudindu, sala kidimbu yina ta monisaka mutindu mambu yango ke salama, kisika ya kupesa bandongisila to kidimbu ya bwala mosi buna. Diambu yai lenda salama bonso bansosa ya ANJE-E na luzolo yonso to ya mudindu. Kansi, bansosa ya mudindu me simbama na kidimbu ya ke monisa nene ya kidimbu yango, diambu yai lenda sala nde mutindu ya kusala bansosa kuvanda diaka mbote kibeni ve.

Bimonisilu ya nkaka: Bo fwete tadila bansangu ya nkaka na mutindu ya mbote kibeni sambu na kumonisa pwelele mutindu ya kulandila mambu ya me tala madia yina ke tungaka nitu. Diambu yai ke tadila, ntalu ya bamanaka sambu na madia mpi ya kupesa vaccin, mingi-mingi vaccin sambu na kutanina bantu na kasesi, bantu yina me konda vitamine A na nitu, iode to bima ya nkaka yina ke tungaka nitu, ntangu bantu yina ke belaka bamaladi konso ntangu mpi bikalulu ya mbote. Kana mpila kele, sosa kuzaba ntalu ya babebe mpi ya bana ya fioti yina ke fwa ya kele ti bamvula na nsi ya 5 mpi sosa kuzaba bikuma yina ke sala nde bana yango kufwa.

Kutendula kiteso yina bibuba kele: Yo kele mfunu na kutubila na bunda mambu ya me tala nene mpi bantu yina ke pesa mbandu, mpi ntalu ya bantu yina kele na maladi mosi buna mpi ntalu ya bantu yina ke fwa sambu na kusadisa bantu na kubakisa kana yo ke lomba kukwenda kupesa lusadisu ya madia. Kubaka bansangu ya me tala mavimpi, bansungi, bima yina ke monisa ANJE-E, kiteso yina bantu ke diaka mbote ve na ntwala nde mpasi mosi buna kukumina bo, kiteso ya bibuba ya mingi yina ke manaka ve kuluta bibuba yina ke manaka ve mpi kukonda ya vitamine ya kufwana na nitu *tala Lusansu ya me fwana, Nsiku ya 2.2.2: kusansa babébé mpi bana ya fioti yina ke bela kukonda kulomba mbongo* mpi *Appendixe 5: Kubaka bangidika ya me fwana sambu na mavimpi ya bantu yonso, kukonda ya micronutriment.*

Kuvukisa bansangu ya nkaka lenda vanda mutindu ya kuluta mbote ya kusosa kuzaba kana diambu mosi buna ke zola kusalama. Yo ta vanda mfunu kibeni na kusadila bambandu yina bo ke pesa mumbandu kutanina mbote madia, bima ya kuzingila, mavimpi mpi madia ya ke tunga nitu *tala Madia ya bo me bumba mbote mpi ya ke tunga nitu, Nsiku 1.1: Kutadila mambu ya me tala madia ya ke tunga nitu.*

2. Kusansa bibuba ya ofele

Kubaka bangidika na ntwala mpi kusansa bibuba kele mambu ya kuluta mfunu kana bimvuka ya ke kwendaka kupesa lusadisu kele na mpasi mosi buna. Bantu lenda baka bangidika na ntwala sambu na kusansa kibuba yina ke manaka ve, kansi ntalu na bo ke monisa kibeni nde yo lenda vanda mpasi kibeni na kumanisa to na kusansa kibuba yango. Ata mpidina, bantu lenda baka bangidika na ntwala mpi kusansa bantu yina kele ti kibuba yina ke manaka ve yina lenda monana kukonda mpasi na ntangu ya mpasi mosi buna.

Kukwenda kupesa nswalu lusadisu ya madia kele mfunu mingi sambu na kufiotuna ntalu ya bantu yina kele na mpasi ya ke bela mpi ya ke fwa. Yo ke lomba mutindu ya mbote ya kubakisa bikuma yina ke salaka nde bantu kukuma bibuba. Mambu ya me tala bimvuka kele mfunu sambu na kuzaba bikuma mpi mambu yonso yina lenda sala nde bantu kukuma bibuba.

Kusansa bibuba yina me yantika ntama mingi ve kukonda kulomba bo mbongo: Kana mpasi mosi buna me kumina bantu, mbala mingi kupesa madia ya kufwana ke vandaka mayele ya ntete sambu na kutanina mpi kusansa bibuba yina ke manaka ve.

Mbala mingi, bo ke sadilaka bamanaka zole ya me tala mambu ya madia: bamanaka yonso ya me tala kutanina madia mpi bamanaka yina me zabanaka sambu na kusansa kibuba yina ke manaka ve mpi kubaka bangidika ya kufwana sambu na kibuba yango yina ya ke manaka ve. Kupona mosi na kati ya bamanaka yai zole fwete salama na kutadila kiteso ya kibuba yango yina ke manaka ve, bimvuka ya bantu yina kele na kigonsa mpi bigonsa yina kibuba ya ke manaka ve lenda nata.

Yo kele mfunu na kusadila bamanaka yonso ya me tala kutanina madia kana bantu ke tanina kibeni ve madia mpi nde yo kele mfunu na kuvingila lusadisu ya me fwana na kisika ya kuvingila kaka diambu mosi ya me tala kibuba yina ke manaka ve. Yo fwete salama na bumosi ti kimvuka yina ke kabulaka madia sambu bo me zaba mbote banzo yina kele na mpasi. Sambu bima yina ke sadisaka sambu na kuzaba mutindu mambu ke salama kele ve, yo kele mfunu na kulandila mambu, kundima mpi mambu ya nkaka yina ke pesama. Bima yina ke sadisaka na kusansa bibuba yina ke manaka ve kukonda kulomba bo mbongo ke vandaka ti mutindu ya kutadila mambu ya madia yina me zabana dezia.

Lukanu ya ntete ya manaka ya me tala madia kele ya kusala na mpila nde bantu yina kele bibuba kulanda diaka ve na kukuma mingi mpi na kusadisa bo na kuvutukila diaka mutindu na bo ya kuzinga. Bamanaka ya mutindu yai ke pesaka madia ya nkaka na zulu ya madia yina bo ke pesaka bantu yonso yina kele bibuba, na bankento yina kele ti mavumu mpi yina ke nwisa bana mabele mpi diaka na bantu ya nkaka yina kele na kigonsa.

Kusansa bibuba yina ke manaka ve kukonda kulomba bo mbongo: Bo ke sadilaka mitindu mingi sambu na kubaka lusansu ya me fwana. Kana mpila kele, bo lenda sansa bibuba yina ke manaka ve kukonda kulomba bo mbongo. Yo lenda vanda:

- kunata na opitale bantu yina ke monisa bidimbu ya mbote ve na yina me tala kibuba yina ke manaka ve;

- kunata babebe yonso yina kele ti bangonda na nsi ya 6 ya ke monisa bidimbu ya kibuba yina ke manaka ve na opitale;
- lusansu ya me fwana sambu na bibuba yina ke manaka ve ya ke monisa ve bidimbu yina ke lomba kukansi ya ke lomba ve kunata na opitale;
- kuzabisa kimvuka; mpi
- bisalu ya nkaka to bamanaka ya nkaka ya mfunu na kutadila disolo yina yo ke tubila sambu na bantu yina kele ti kibuba yina ke manaka ve.

Bamanaka yina ke salaka ngolo sambu na kumanisa kibuba yina ke manaka ve fwete sala na kuwakana ti bimvuka ya ke talaka mambu ya madia mpi ya kuzabisa bimvuka sambu bo pesa maboko na kisalu ya kuzabisa, ya kusala ba ekzame sambu na kuzaba bamaladi, lutwadisu mpi ya kulandila bantu.

Kusansa bibuba ya ofele, Nsiku ya 2.1: Kibuba yina me yantika ntama ve

Bangidika me bakama sambu na kutanina mpi kulandila kibuba yina me yantika ntama mingi ve.

Bisalu ya mfunu

1 › Sadila mayele ya nkaka kaka na luyantiku ya manaka, baka balukanu mpi mambu ya nkaka yina kele ya mbote mpi yina bantu lenda ndima sambu na kubanda mpi kusukisa kisalu ya kukwenda kupesa lusadisu.

2 › Tula ntalu ya bantu yina kele ti nswa ya kubaka lusadisu yina bo ke pesaka bibuba yina ke manaka ve na kusadilaka kimvuka kaka na luyantiku.

- Sala kumosi ti bimvuka yina ke pesaka lusadisu sambu na kuvila ve bantu mpi banzo yina lenda baka maladi kukonda mpasi.

3 › Tula bantu yina ta salaka kisalu ya kuyamba bantu mpi ya kubasisa bima na kutadila malombo yina me zabanaka na insi na beno mpi na bainsi ya nkaka.

- Monisa na pwelele yonso na rapore na nge mambu yina yo ke lomba kubasisa na Bima ya ke salaka ngolo.
- Sosa kulonguka bikuma yina ke salaka nde bantu kuzolana ve mpi ya kukonda lufutu to ya kumata ya ntalu ya bantu yina ke fwa.

4 › Sala kuwakana yina kele na kati ya kusansa kukonda kulomba mbongo kibuba yina ke manaka nswalu ve mpi kibuba yina ke manaka kibeni ve ata fioti mpi na mambu yina baopitale ke salaka.

5 › Pesa madia yina kele ya mbote mpi yina bantu lenda lamba, kaka kana kele ti bukuma ya mbote yina lenda sala nde beno kwenda kusumba bima na alimentation yina kele kisika beno ke zingaka.

- Pesaka madia mbala na mbala to na ntangu mosi buna. Tula dikebi na nene ya nzo, na lutaninu ya madia mpi na mutindu ya kukabula yo kukonda mpasi ntangu bo ke tubila mingi mpi mutindu madia yango kele

- Pesa bansangu ya me fwana na yina me tala mutindu ya kulamba mpi ya kubumba na bunkete yonso madia yina me bikala, ntangu mpi mutindu ya kudia yo.

6 > Bula munsonso mingi-mingi na yina me tala lutaninu mpi tubila bantu mutindu ya kunwisa bana, madia ya nkaka mpi ya bunkete.

- Pesa bansangu ya pwelele ya ke monisa mfunu ya kupesa mabele na bana yina kele ti bangonda na nsi ya 6 mpi sambu na bana ya nkaka yo lenda landa na kati ya bangonda 6 ti 24, yo kele mfunu kibeni sambu na mavimpi ya nitu mpi ya mabanza ya maman mpi ya mwana na yandi.
- Bamaman yina ke nwisaka bana yina kele ti bangonda na nsi ya 6 kansi ya kele ti kibuba yina ke manaka ve fwete vanda ti nswa na manaka yina ke pesaka madia ata bo kele ti madia na bo mosi.

Bimonisilu ya mfunu

Ntalu ya bantu yina ke tambulaka kilumbu ya mvimba kukwenda mpi kuvutuka (ti ntalu ya lusansu mpi na kati) na bisika yina bo ke pesaka bantu madia sambu na kukwenda kulamba

- >90 %

Ntalu ya bantu yina ke tambulaka ngunga mosi sambu na kukuma kisika yina bamanaka kele

- >90 %

Ntalu ya bibuba yina ke manaka na mpasi kibeni yina kele ti nswa ya kubaka lusansu na baopitale (kimpusu ya nganda)

- >50 % na babwala yina ke vandaka kibeni ve bunkete
- >70 % na babwala yina kele bunkete
- >90 % na bisika ya nkaka

Ntalu ya bantu yina ke basisaka bamanaka ya madia yina me fwaka, yin me beluka to yina bo me losaka

- Bantu yina me fwaka: <3 %
- Bantu yina me belukaka: >75 %
- Bantu yina bo me losaka: >15 %

Banoti yina ke pesa lutwadisu

Tanina bamanaka yina me simbama na makuki yina mambu ya me tala lusansu kele na yo mpi na mambu yina yo ke pesaka lusadisu; tula dikebi na nswa yina bantu kele na yo ya kubaka lusansu na baopitale, mutindu bantu me panzana na teritware ya mvimba mpi na lutaninu. Sala kuwakana ti minganga yina ke sansaka bantu yina makulu to maboko na bo ke salaka mbote ve mpi bayina ke bakaka lusansu na bo na basuku yina bo kele, minganga yina ke pesaka lusansu na ntwala, kupesa lusansu na twala sambu na kutanina bantu sambu bo bela ve malaria, bimvuka yina ke salaka ngolo sambu na kumanisa Sida mpi tuberculose, mpi diaka bamanaka ya ke talaka madia ya bo me bumba mbote, mingi-mingi na yina me tala kutinda bima ya kuzingila, mbongo mpi bitini ya bapapie.

Bamanaka ya ke pesaka lusadisu ya madia ke vandaka ve ti lukanu ya kusoba mutindu bantu ke diaka kansi ya kuyika na bisika yina madia me konda. Yo kele mbote kibeni na kutadila bamanaka bonso kitini ya mfunu mingi ya bimvuka ya kele na kati ya babwala mingi yina kele ti bisalu ya nkaka bonso WASH, mavimpi, ANJE mpi kukabila bantu yonso madia. Tadila mbote madia yina kele na bazandu ya bainsi na beno to ya bainsi ya nkaka mpi tula dikebi na mambu ya bampasi ya me tala kubumba madia na ntangu ya kuyidika manaka   *tala Kupesa lusadisu na bazandu.*

Kubaka bangidika na ntwala to lusansu: Baka bansangu yonso sambu na kutanina bantu sambu bo kuma ve bibuba to bansangu ya mfunu sambu na kusansa bo. Sambu na kupona, beno fwete tula dikebi na:

- ntalu ya bibuba yina ke manaka ve mpi ntalu ya bantu yina kele na mpasi;
- kigonsa yina lenda sala nde ntalu ya bantu yina kele ti maladi kulanda kaka na kumata;
- kigonsa yina lenda sala nde ntalu ya bantu yina ke bumbaka madia kukulumuka;
- kukwenda bisika ya nkaka mpi na ntalu ya bantu;
- na makuki ya kusala ekzame mpi ya kulanda bantu yina kele na mpasi na kusadilaka mambu ya nkaka; mpi
- bima yina kele mpi na makuki yina bantu kele na yo ya kukutana ti bantu yina kele na mpasi.

Kana madia me lutana mingi yo ta lomba kubaka ntangu mpi kusala bikesa sambu na kusala ekzame mpi kulanda bantu yina kele ti kibuba yina ke manaka ve yina kele ti ndambu ya madia sambu na kimbefo yango. Kusala bansosa na kimvuka ta sadisa bantu ya kisalu na kusala bansosa ya ngolo kibeni ve, kansi na kusadila mingi bima ya me tala madia ya mfunu.

Kutula kimvuka ya kufwana: Kutubila bantu mpi kisalu yina bimvuka kele na yo ke sadisa bantu na kubakisa mbote kibeni manaka mpi na kutomisa mutindu ya kupesa lusadisu. Sala na kimvuka ti bantu yina bo me tubila sambu na kubaka lukanu to sambu na kutula kisika yina manaka fwete vanda. Tula dikebi na mbimvuka yina lenda vanda na kigonsa sambu na kukota na bisika yango. Pesa bansangu ya pwelele mpi ya me fwana sambu na lusadisu ya me fwana na bandinga yina bantu lenda wa, na kusosaka bima yina ta sadisa na kupesa bansangu (ndinga yina bo me kotisa, bima yina ke monana na meso mpi yina bo me sonika).

Bima yina kele na zulu ke tendula rapore ya ke monisa ntalu ya bantu yina ke baka lusansu mpi ntalu ya bantu yina ta vanda ti mfunu na yo. Bima yina kele na zulu lenda vanda ti bupusi na:

- kundima manaka, kisika babiro yonga ta vanda mpi yina bantu lenda kota kukonda mpasi;
- mambu ya me tala lutaninu;
- na nima ntangu ikwa bo ke kukabula bima;
- ntangu yina yo ke lomba na kuvingila;
- bupusi yina kuzabisa bantu lenda baka, ntalu ya bantu yina ke kwenda kutala bantu na banzo mpi bisalu ya ke monisa mutindu ya kusala ekzame;
- ntangu yina bankento to ya babakala kele na yo na yina me tala madia ya ke tunga nitu;

- kuwakana yina kele na kati ya malombo sambu na kundima mpi sambu na bima yina kele na zulu; mpi
- makuki yina minganga kele na yo ya kuzaba bidimbu yina ke monisa nde muntu kele dezia kibuba.

Bametode ya mutindu ya kutadila bima yina kele na zulu kele mfunu mpi yo ke lomba kupesa bantu ya bisalu formasio sambu na diambu yango. Kana mpila ta vanda ve ya kusala bansosa ya mambu yina kele na zulu, kutula dikebi na lutwadisu yina bainsi ke pesaka sambu na kubaka lukanu na diambu mosi buna. Sadila bansangu ya mbote ya me tala manaka bonso kusala ekzame, kupesa lutwadisu mpi kundima mambu ya me tala mambu yina kele na zulu.

Yo ta vanda mfunu kibeni ve sambu na kulandilaka mambu ya kele na zulu mbala na mbala kaka kana nsoba mosi buna me salama na bisika yina bo ke yidika manaka, bonso mambu yina bantu ke sala to mambu ya mpa to bantu yina ke yambaka bantu sambu na kupesa bo lusansu.

Malombo sambu na kundima muntu fwete wakana ti lutwadisu yina bainsi na beno to bainsi ya nkaka ke pesaka. Malombo ya kundima mambu sambu na babebe yina kele ti bangonda na nsi ya 6 mpi sambu na bimvuka yina yo kele mpasi na kuzaba mambu na bo fwete tula dikebi na opitale yina bo ke kwenda mpi ya mambu ya me tala kunwisa bana mabele ⊕ *tala Appendixe 4: Kutadila kiteso ya kibuba* mpi *Bareferanse mpi mikanda yina bantu ya nkaka sonikaka*.

Beno fwete sadila ve ata Bambefo yina kele ti Sida (to yina bantu ke tubila nde bo lenda vanda ti Sida), bambefo yina ke bela maladi ya kosu-kosu *(la tuberculose)* to bayina kele ti maladi ya nkaka yina ke manaka ve fwete baka lusansu na luzitu yonso kana bo ke lungisa malombo sambu na kubaka lusadisu. Bantu ya nkaka ke lungisa ve malombo ya ke tendulaka kibuba yina ke manaka ve lenda baka lusadisu ya madia yina bo ke pesaka. Mumbandu yo lenda tadila mpi bantu yina kele na Sida to ya ke belaka maladi ya kosu-kosu to maladi ya nkaka yina ke manaka ve, bantu yina me katuka kubaka lusansu kansi ya kele ti mfunu ya lusansu ya nkaka sambu na kukonda kubela diaka, to bantu yina kele ti bifu na nitu. Beno lenda soba diaka mutindu ya kusala mambu kana bantu yango ke lungisa diaka ve malombo sambu na kubaka lusansu.

Mbala mingi, bantu yina kele ti Sida mpi ya ke lungisa ve malombo ke vandaka ti mfunu ya lusadisu ya madia ya ke tunga nitu. Beno fwete pesa bo ve lusadisu yango kiteso mosi ti yina bo ke pesaka bibuba yina ke manaka ve kana mpasi mosi buna me kumina bantu. Beno lenda pesa bantu yina ke belaka maladi yina ke manaka ve ti bantu ya mabuta na bo bisalu ya kuswaswana, bonso lusansu yina bo ke pesaka bimvuka mpi bantu ya dibuta, baopitale yina ke sansaka bantu yina ke belaka maladi ya kosu-kosu mpi bamanaka ya kubaka bangidika sambu na kutanina maman mpi mwana.

Malombo sambu na kubasika mpi sambu na kulandila mambu: Ntalu ya bantu yina me basika na kutadila manaka kele ntalu ya bantu yina bo me baka, bantu yina me fwaka, bantu yina me yambulaka to yina me vutukilaka ntete ve luzingu yina bo vandaka ntete kuzinga. Bantu yina bo tindaka na bisalu ya nkaka, bonso bisalu ya kimunganga, bo ke tadilaka bantu ya mutindu yai bonso bantu yina me manisa ve lusansu na bo na mutindu ya mbote. Kusonika ve bazina ya bantu yina bo tindaka na baopitale ya nkaka to bayina manisaka ve lusansu na bo.

Kana bo me ndima bantu ya nkaka na kati ya manaka ya madia ya ke tungaka nitu na nima ya kubasika na mpasi mosi buna, beno fwete tanga bo na ndonga ya nkaka sambu na kubebisa ve mvutu ya mbote yina beno zwaka. Kana muntu ke landa na kumonisa kaka bidimbu ya kibuba yina ke manaka ve bonso na mambu ya nkaka, mumbandu, kana yandi kele ti kifu na nitu, kana yandi kele ti maladi yina bo fwete sala yandi operasio, beno fwete kotisa yo na kati ya rapore ya manaka yina beno fwete sala. Sosa kuzaba bupusi yina nkento to bakala kele na yo to kana bo kele ve ti nswa ya kubaka lusansu, lusansu yina bo me yambulaka mpi kuzinga diaka na mutindu ya mbote.

Sosa kusala bakalikile ya mambu yango na mutindu yai:

- Ntalu ya bantu yina basikaka = ntalu ya bantu yina beno bakaka to ntalu ya bantu yonso na kimvuka × 100
- Ntalu ya bantu yina fwaka = ntalu ya bantu yina fwaka to ntalu ya bantu yonso yina basikaka × 100
- Ntalu ya bantu yina yambulaka = ntalu ya bantu yina yambulaka to ntalu ya bantu yonso yina basikaka × 100
- Ntalu ya bantu yina basikaka kansi yina bo sonikaka ve = ntalu ya bantu yina bo sonikaka ve to ntalu ya bantu yonso yina basikaka × 100

Katula mambu yina beto me tubila na zulu, bantu yina ke salaka kisalu ya kulandila fwete vila ve nde:

- mabanza yina bantu ke pesaka;
- kundima manaka (yina bo lenda zaba mbala mosi ntangu bo ke sadila ntalu ya bantu yina yambulaka mpi ntalu yina kele na zulu);
- madia ya mbote mpi ya kiteso ya kufwana yina bo ke pesaka;
- bima yina kele na zulu;
- bikuma yina lenda sala nde bo tinda bantu ya nkaka na bamanaka ya nkaka (mingi-mingi sambu na bana yina mavimpi na bo ke landa kaka na kubeba mpi yo lenda nata kibuba yina ke manaka ve); mpi
- ntalu ya bantu yina me ndima kubaka lusansu yango mpi na ntangu ya bo ke baka lusansu yango.

Tula dikebi na mambu ya nkaka yina kele na nganda bonso:

- bifwanisu yina ke monisa ntalu ya bantu yina ke bela maladi mosi buna;
- kiteso ya bantu yina ke diaka kibeni ve madia yina ke tungaka nitu;
- mingi ya banzo mpi ya bantu yina ke bumbaka mbote ve madia yina ke tungaka nitu;
- lusadisu ya nkaka ya me fwana sambu na bantu (yo vanda kupesa bantu yonso madia to bamanaka yina kele mutindu mosi); mpi
- makuki yina bisalu yango kele ya kupesa bisalu ya nkaka.

Kuwakana yina kele na kati ya lusansu mpi bimvuka ya nkaka: Beno lenda sadila bamanaka ya madia ya nkaka mpi madia yina bo me zwa bonso kimvuka yina ta sadisaka na kupesa bisalu ya nkaka. Na mambu mingi ya nkaka, lukanu ya manaka ya nkaka sambu na madia lenda vanda ya kupesa maboko na mpasi mosi buna. Mumbandu, kupesa bantu nswa ya kubaka madia yango na kukwendaka kukutana ti bo mbala na mbala, kusadisa bimvuka ekzame mpi kutwadisa bo na bisalu ya nkaka sambu na kulandila mambu ya bibuba yina ke manaka ve mpi yina lenda mana na ntangu mosi buna. Yo kele mutindu ya mbote ya kupesa lusadisu ya bankisi yai ya ke landa sambu bana kulanda kuzinga mbote:

- *des anthelminthiques*;
- kupesa vitamine A;
- kupesa nkisi ya ke pesaka ngolo na nitu *acide folique* ntangu beno ke kwenda kusala visite sambu na kusosa kuzaba kana maladi yango kele mpi kupesa bantu nkisi ya malaria;
- pesa bantu nkisi zinc sambu na pulu-pulu; mpi
- kupesa mangwele.

☺ *Tala Lusansu ya me fwana – bamaladi ya nsambukila, Nsiku ya 2.1.1 tii na 2.1.4* mpi *Lusansu ya me fwana – Mavimpi ya bana, Nsiku 2.2.1 mpi 2.2.2.*

Na bantu yina lenda kutana ti bampasi kukonda mpasi, bonso ntalu ya mingi ya bantu yina kele ti Sida to bantu yina kele ve ti makuki ya kukwenda kisika ya nkaka to ya kusosa madia sambu na bo mosi, yo ta vanda mbote kibeni na kusadila manaka sambu na kulungisa bampusa ya bantu ya mutindu yai. Disongidila, kuyidika mbote madia mpi na kiteso ya kufwana sambu na kupesa bo ☺ *tala Madia sambu na babébé mpi bana ya fioti, Nsiku ya 4.1.*

Kusansa bibuba ya ofele, Nsiku ya 2.2:
Bibuba ya ngolo kibeni

Bangidika me bakama dezia sambu na kusansa kibuba yina ke manaka ve.

Bisalu ya mfunu

1 > Sala manaka ya mutindu ya kusala mambu, ya balukanu yina beno me baka mpi ya bamalombo kaka na luyantiku mpi beno lenda yantika mpi kusukisa yo na nima ya kukwenda kupesa lusadisu.

- Baka bantu ya kufwana na kisalu, tula dikebi na makuki na bo, mayele ya mingi yina bo kele na yo mpi ngolo yina bo kele na yo ya kusala kisalu.

2 > Na kati ya mambu ya me tala kusansa bibuba yina ke manaka ve kukonda kulomba mbongo, mayele ya kutwadisa mambu na bisalu ya nkaka mpi kuzabisa mambu ya nkaka na bimvuka ya bantu.

3 > Pesa lusadisu ya madia mpi ya lusansu ya me fwana na kutadila bansiku ya bainsi na beno to ya bainsi ya nkaka yina me zabanaka ya kusansa bibuba yina ke manaka ve kukonda kulomba bo mbongo.

4 > Tula bansiku yina ta monisa bidimbu ya bankisi yina anthropométrique mpi bidimbu ya nkaka yina lenda monisa yo.

5 > Sosa kuzaba bikuma yina ke salaka nde bantu kuzola kibeni ve mpi kukonda kutudilana dikebi to mutindu ntalu ya bantu yina ke fwa ke kuma kaka mingi.

6 > anina, siamisa, mpi pesa bima yina ta sadisa sambu na kupesa bana ya fioti madia, madia yina ke tunga nitu, mutindu ya mbote ya kusala sambu na kuvanda bunkete mpi kuwakana ya mbote na kati ya mama ti mwana.

- Pesa bansangu ya pwelele ya mutindu ya mfunu ya kunwisa babebe yina kele ti bangonda na nsi ya 6 mpi kulanda kunwisa bana na kiteso ya bangonda 6 mpi 24, kusala mutindu yai kele mfunu sambu na mavimpi ya nitu mpi ya mabanza ya mama mpi ya mwana na yandi.

Bimonisilu ya mfunu

Ntalu ya bantu yina ke tambulaka na kukwenda mpi kuvutuka na kiteso ya kilumbu(tula mpi ntalu ya lusansu na kati) tii na kisika yina manaka kele

- bantu kiteso ya >90 %

Ntalu ya banti yina kele ti kibuba yina ke manaka ve yina kele ti nswa ya kubaka lusansu

- bantu kiteso ya >50 % na babwala yina bantu ke vandaka mingi kibeni ve
- bantu kiteso ya >70 % na babwala yina ke vandaka bunkete
- bantu kiteso ya >90 % na camp mosi

Ntalu ya bantu yina me katuka kubaka lusansu kansi ya me fwa, ya me kuma mbote to yina me yambula kubaka lusansu

- Bantu yina me fwa: <10 %
- Bantu yina me kuma mbote: >75 %
- Bantu yina me yambula kubaka lusansu: <15 %

Banoti ya ke pesa lutadisu

Mambu yina kele na manaka: Beno lenda tula muntu mbala mosi na opitale to beno lenda twadisa yandi. Bamanaka yango fwete yidika na ntwala bisalu yina lenda salama na kisika yina muntu kele sambu na bana yina kele ve ti maladi ya ngolo. Bamanaka yango fwete vanda ve ntama ti bisika yina bantu yango kele sambu bigonsa kuvanda mingi ve mpi sambu bo sala ve kitamina ya nda ti bana ya fioti mpi bigonsa ya nkaka yina kusala nzietelo ya nda sambu na kukuma na bisika yango ke nataka. *Tala Mavimpi ya bana Nsiku 2.2.2: kusansa babebe mpi bana ya fioti yina ke belaka kukonda mbongo.*

Vukisa bamanaka ti bisalu ya nkaka:

- madia ya nkaka;
- bisalu yina ke tadilaka maladi ya Sida mpi Tuberculose;
- kuyidika diaka mambu;
- kupesa lusansu ya ntete; mpi
- bamanaka sambu na madia yina bo me bumba mbote, disongidila kupesa lusadisu ya mbongo to ya madia.

Kufika mambu: Bametode ya mutindu ya kufika mambu ya me tala kibuba yina ke manaka ve kele mutindu mosi ti ya bamanaka ya ke salaka ngolo sambu na kumanisa kibuba yina ke manaka ve ata fioti *tala Kusansa bibuba ya ofele, Nsiku ya 2.1; Bibuba yina ke manaka ve 2.1: Bibuba yina me yantika ntama mingi ve.*

Malombo sambu na kundimama fwete wakana ti lutwadisu yina bainsi na beno to bainsi ya nkaka ke pesaka. Malombo yina ke lombamaka sambu na babebe yina kele ti bangonda na nsi ya 6 mpi sambu na bimvuka yina kuzaba maladi na bo kele mpasi kibeni fwete tula dikebi na opitale yina bo kele na yo mpi na mambu ya me tala kunwisa bana mabele ⊕ *tala Appendixe 4: Mutindu ya kuzaba kibuba and Bareferanse yina bantu ya nkaka sonikaka.*

Beno fwete sadila bambefo yina kele ti Sida (to yina bantu ke yindula nde bo lenda vanda na Sida), tuberculose to maladi yina ke manaka ve mambu ti luzitu yonso mpi bo kele ti nswa ya kubaka lusansu kiteso mosi ti bantu yonso kana bo ke lungisa malombo yina me lombama. Bantu ya nkaka yina ke lungisa ve malombo kansi bo ke tendula mbote kibuba yina ke manaka ve lenda baka mpi lusadisu ya madia yina bo ke pesaka. Mumbandu, bantu yina kele ti Sida to ya ke belaka tuberculose to maladi ya nkaka yina ke manaka ve, bantu yina me katuka na bisalu kele ti mfunu ya lusansu sambu na kubela diaka ve to bantu yina kele ti bifu na nitu. Sala mutindu ya nkaka ya kulandila mambu kana bantu yango ke lungisa ve malombo yina me fwana.

Bantu yina kele ti Sida mpi ya ke lungisa ve malombo ya me lombama lenda vanda ti mfunu ya lusadisu ya madia yina ke tunga nitu. Bo ke pesaka lusadisu ya mutindu yai ntangu mosi ve ti lusansu ya bantu yina kele ti kibuba ya ke manaka ve na ntangu ya mpasi mosi buna. Pesa bantu ya mutindu mpi na mabuta na bo bisalu ya luswaswanu bonso lusansu ya bimvuka mpi ya nzo, baopitale yina ke sansaka bantu yina kele ti tuberculose mpi bamanaka yina ke taninaka bana mpi bamama.

Malombo sambu na kubasika mpi sambu na kubeluka: Bantu yina bo me pesa nswa ya kubasika na manaka fwete monisa ve mambu ya nkaka ya mpasi. Diaka, bo fwete sala ngolo sambu na kuvutukila mutindu bo vandaka kudia ntete, sambu na kuvanda ti mavimpi ya kufwana (mumbandu bakilo zole ya ke landana). Sosa kuzaba kilo yina konso mbefo kele na yo yina bakaka madia ya ke tunga nitu mpi bambefo yina bakaka yo ve. Kunwisa mabele kele mfunu sambu na yina kele na nsi ya bangonda 6 mpi na bana yina kele ti bangonda kiteso ya 6 tii bangonda 24. Beno fwete landila mbote kibeni babebe yina me nwaka ve mabele ya bamama na bo. Beno fwete zitisa malombo yina ke lombaka sambu na kubasika sambu na kuditanina na bingosa yina kubasika na ntangu ya me fwana ve ke nataka.

Lutwadisu yina ke tadila mutindu kimvuka lenda sadisa na yina me tala kibuba yina ke manaka ve ya ke monisa bilumbu yina lusansu yango ta baka mpi yo kele ti lukanu ya kubelula bantu na nswalu kibeni. Zitisa lutwadisu yina bainsi na beno ke pesa ntangu beno ke sosa kuzaba bilumbu yina lusansu yango ta baka, sambu yo lenda soba na kutadila insi yina beno ke zinga. Sida, tuberculose mpi bamaladi ya nkaka yina ke manaka ve nswalu lenda sala nde bambefo ya nkaka kubela kibuba sambu bo ke kwendaka ve kubaka lusansu. Sala na kimvuka ti minganga mpi bimvuka ya nkaka yina ke pesaka lusadisu sambu na bantu yonso mpi bimvuka sambu na kusosa kuzaba mutindu ya kupesa lusansu to lusansu ya ntangu ya nda ⊕ *tala Lusansu ya me fwana – mavimpi ya mbote sambu na kuvukisa nitu mpi kubuta, Nsiku ya 2.3.3: SIDA.*

Bima ya ke monisaka ngolo sambu na kusansa kibuba yina ke manaka ve kukonda kulomba mbongo: Bantu yina kele diaka ve na kati ya manaka ya ke tadila kibuba yina ke manaka ve yina kele ve ti nswa ya kubaka lusansu fwete vanda kaka bantu yina me beluka na maladi na bo, bantu yina me fwa, bantu yina me yambula kubaka lusansu to bantu yina me beluka ntete ve   *tala Mikanda ya ke pesa lutwadisu-Kusansa bantu yina kele bibuba kukonda kulomba mbongo, Nsiku ya 2.1: Kibuba yina me sala bantangu mingi.*

Bima ya ke salaka ngolo sambu na kusansa kibuba yina ke manaka ve kukonda kulomba mbongo fwete tula dikebi na bamvutu yina me monana ti bantu yina ke bela ya kele na baopitale to bambefo yina kele na bisika na bo kukonda kutinda kimvuka mosi na nima ya kimvuka ya nkaka. Kana diambu ya mutindu yai me salama, beno fwete yidika mambu yango na mutindu ya mbote. Mumbandu, lukanu ya bamanaka fwete vanda ya kusadila mbote kibeni Bima ya ke salaka ngolo ntangu yo ke sansa bambefo ya nkaka kukonda kulomba mbongo. Ntangu bo ke sadisa kaka bambefo yina kele na baopitale, bamanaka fwete sala ngolo ya kulungisa ntalu yina yo ke lomba sambu na bimvuka yina bo me vukisa bambefo yina kele na baopitale to na banzo.

Bambefo yina bo me tinda sambu na kukwenda kubaka lusansu na bisika ya nkaka, bonso bisalu yina minganga ke salaka, bo fwete tadila bo ve bonso bantu yina me manisa lusansu. Ntangu bo ke sosa kuzaba kana lusansu na nzo me vanda ya mbote, bo lenda tinda bo na baopitale ya nkaka sambu na kuzaba mutindu manaka ke salaka.

Bima ya ke salaka ngolo ke tulaka ve dikebi na tablo yina ke tadilaka mambu ya bantu yina kele ti Sida. Tablo ya opitale yina ke talaka mambu ya bantu yina kele ti Sida kele ti bupusi na ntalu ya bantu yina ke fwaka. Yo ke tadila kutula dikebi ntangu bo ke sadila Bima ya ke salaka ngolo na mambu ya mutindu yai.

Ntangu beno ke landila Bima ya ke salaka ngolo, bima ya nkaka yina ke monisa mambu yina ke basika, yo ke lomba kutadila mbote bansangu (mvula ya muntu, kana yandi kele nkento to bakala, kana yandi kele ti bifu na nitu), ntalu ya bana yina ke baka lusansu mpi ntalu ya mambu ya nkaka. Sala bansosa mpi tala mikanda ya ke monisa bisika mpi bikuma yina ke salaka nde mambu kusalama, kubeba ya tablo yina ke monisaka mambu ya me tala opitale to ya kukonda mambu ya mbote. Fwanisa bantendula yai na kutadila lutwadisu yina bantu ke sadilaka.

Bansangu ya me tala mambu ya mavimpi: Bamanaka yonso ya ke tadila kusansa bibuba yina ke manaka ve kukonda kulomba bo mbongo fwete bakisa mutindu ya kusala mambu na kulandaka lutwadisu yina bainsi na beno to bainsi ya nkaka ke pesaka. Ya kieleka, yo kele ti minsiku ya pwelele sambu na kutinda bo na bisika ya nkaka na yina me tala kupesa bo lusansu kukonda kulomba bo mbongo na yina me tala bamaladi bonso tuberculose mpi Sida. Na babwala yina Sida kele mingi, bamanaka ya ke sansaka bibuba kukonda kulomba bo mbongo lenda kwenda mpi kupesa bo lusadisu sambu na kutanina bantu na Sida mpi kutanina bamama mpi bana yina kele na luzingu. Kana bantu mingi me kuma na Sida (bantu ya kele ti Sida kiteso ya 1 %), sadisa bana yina kele bibuba teste sambu na kuzaba kana bo kele ti Sida mpi sosa kuzaba bankisi ya me fwana sambu na kupesa bo.

Kupesa lusadisu na bamama yina ke nwisa bana: Bamama yina ke nwisa babebe kele ti mfunu ya lusadisu ya me fwana na yina me tala madia yina ke tunga nitu bonso kitini ya ke sadisa sambu na kuvutukila mavimpi mpi ya kubaka madia yina ke tunga nitu. Diambu yai kele mfunu kibeni na bana yina kele na nsi ya bangonda 6 mpi yina bamama na bo me kutana ti diambu mosi buna ya mfunu. Yo ke lomba ntangu ya kufwana mpi makuki sambu na kusala kisalu yai, bonso kisika mosi buna yina bo me yidikaka kaka sambu na kunwisa bana sambu na kulandila bo mbote mpi sambu na kupesa lusadisu ya me fwana na bamama. Bamama yina kele ti bana ya kele na bangonda na nsi ya 6 yina kibuba na bo ke manaka ve, fwete baka madia na kiteso ya kufwana kibeni ata mavimpi ya mama kele mbote. Kana bamama yina ke lungisa malombo na yina me tala bibuba yina ke manaka ve, bo fwete baka lusansu ya me fwana kibeni.

Lusadisu ya mabanza: Kana bana yina vandaka ti kibuba yina ke manaka ve me beluka na maladi yango, kusala bansaka kumosi ti bo sambu na kutelemisa mawi mpi mabanza na bo kele mfunu mingi. Yo ke sadisaka bana na kuzola diaka mingi bamama na bo. Mbala mingi, bantu yina ke sansaka bana yango kele ti mfunu ya lusadisu ya bantu mpi ya mabanza sambu na kunata bana yango mpi kupesa bo lusansu. Bamama ya nkaka kele ti mfunu ya lusadisu sambu na kusala na baopitale yina ke sansaka bantu yina ke belaka maladi ya ntu sambu na kusadisa bantu yina ke niokwama na mabanza. Diambu yai lenda salama kaka kana beno ke sadila bamanaka ya kuzabisa bantu yonso. Bamanaka yango fwete sadisa bantu na kubakisa mfunu ya kusadisa bantu sambu na kupesa lusansu mpi ya kuyidika na ntwala bima ya bantu yina kele ti bifu na nitu mpi maladi ya nkaka yina kele na bana ya fioti. Beno fwete siamisa bantu yonso yina ke kengilaka bana ya fioti yina kele ti kibuba yina ke manaka na kupesa bo madia mpi lusansu na ntangu yina bimvuka ke kwenda kupesa lusadisu, na kupesaka bo bandongisila, kutelaka bo masolo mpi bansangu ya me tala mavimpi mpi madia ya ke tunga nitu. Tula dikebi ntangu bo ke pesa lusansu na bantu yina ke sadisaka beno sambu na kutanina kisalu yina ke kengilaka bana mbote, sambu na kukonda kukabula mabuta, sambu kuniokwama na mabaza kuvanda kibeni ve mpi kulanda kusala kisalu yango ya kupesa lusansu na mutindu ya mbote.

Kuwakana yina kele ti bimvuka ya nkaka: Sala na kuwakana ti bimvuka yina ke salaka sambu na kutanina bana mpi kulandila mambu ya me tala kuvukisa nitu ti bankento na ngolo sambu na kupesa lutwadisu ya mbote mpi kuzabisa bantu yina ke pesaka bansangu. Pesa bantu ya ke talaka mambu ya madia ya ke tunga nitu formasio na mutindu ya kupesa lutwadisu na mutindu ya kutanina kinsweki ya bana yina bo me bebisa, ya kele ti mawi mosi buna to ya bo me vukisa nitu ti bo na ngolo.

3. Kukonda ya micronutriment na nitu

Kukonda ya *micronutriment* na nitu kele diambu ya me tala kukonda ya bima na bainsi mingi. Yo kele ti malanda ya mbote na mavimpi ya bantu yina ke salaka kisalu, makuki na bo ya kulonguka mpi mambu ya kubuta. Kukonda ya *micronutriment* na nitu ke salaka nde muntu kukuma kibuba, kukonda kuyela mbote mpi kukuma nsukami, mpi yo ke vandaka ti bupusi na bimvuka ya nkaka.

Na mambu yina ya nkaka, yo kele mpasi kibeni na kuzaba bidimbu yina ke monisa muntu me konda *micronutriment* na nitu. Kana bidimbu ya nkaka ya ngolo kibeni me kuma kumonana kukonda mpasi, kukonda ya mambu ya nkaka na baopitale lenda kuma kizitu sambu na mavimpi mpi luzingu ya bantu. Mutindu munsiku ke monisa yo, mpasi mosi buna ta kuma mingi kibeni na yina me tala kukonda ya *micronutriment* na nitu. Beno lenda nunga mutindu yai na kukwendaka kupesa lusadisu na bantu yonso mpi na mutindu ya kusadila konso muntu mambu.

Mambu yai tatu ke sala na mpila nde *micronutriment* kukonda ve na nitu ya muntu:

- **Kulutana ya ntalu:** Mambu ya me tala *micronutriment* na nitu ya muntu ke salaka nde mambu kumonana na nswalu kibeni na yina me tala kusala na mpila nde bantu to kibuka ya bantu mosi buna ya me zabanaka kukonda ve *micronutriment* na nitu. Na kati ya bambandu yina kele dezia, kele ti bamanaka kulutana ya ntalu na mambu ya me tala kukonda ya menga na yina me tala rapore na fer, kulutana ya *acide folique* na bankento yina kele ti mavumu, mpi kulutana ya vitamine A na bana yina kele ti bamvula na nsi ya 5.
- **Kukumisa ngolo:** Bima ya kudia yina ke kumisaka mingi *micronutriment* na nitu ya muntu lenda vanda mutindu ya mbote na yina me tala kutelemina mambu ya kukonda *micronutriment* na nitu ya bantu. Na kati ya bambandu yina kele ti sel iodé, *micronutriment* ya fufu to ya mafuta yina kele ti vitamine A ya mingi.
- **Mambu yina me simbama na madia:** Bavitamine mpi baminéraux yina ke vandaka mfunu sambu na kukonda ve *micronutriment* na nitu kele na kati ya bamadia mingi kibeni. Mayele ya politike mpi bamanaka fwete bumba madia ya mutindu na mutindu sambu na mvula ya mvimba, yina kele na kiteso ya kufwana, mpi ya mbote mpi yina kele ti *micronutriment* mingi na nitu.

Ata bantu ke sadilaka mambu yai tatu na ntangu ya mpasi mosi buna, kitini ya me zabanaka mpi yina bantu ke sadilaka mingi kele kulutana ya ntalu.

Kukonda ya micronutriment na nitu ya muntu, Nsiku ya 3: Kukonda ya micronutriment na nitu

Bangidika me bakama sambu na kusansa kukonda ya *micronutriment* na nitu.

Bisalu ya mfunu

1 ⟩ Baka bansangu na ntwala nde mpasi mosi buna kukumina bantu sambu na kusosa kuzaba kukonda ya *micronutriment* na nitu ya bantu yina me panzanaka mingi kibeni.

2 ⟩ Pesa minganga formasio sambu na kuzaba mpi kusansa muntu yina kele ve ti *micronutriment* na nitu.

3 ⟩ Monisa mambu ya kusala sambu na kutelemina bigonsa yina kukonda ya *micronutriment* ke nataka.

4 ⟩ Vukisa mitindu ya kupesa lusadisu ya *micronutriment* ti lusadisu na mambu ya me tala mavimpi ya bantu yonso sambu bamaladi yina ke katukaka na mpasi mosi buna kuvanda kibeni ve, bonso vitamine A sambu na kusansa kasesi mpi zinc sambu na kusansa pulu-pulu.

Bimonisilu ya mfunu

Kele ve ti mambu na yina me tala kukonda ya Vitamine C, ya niacine, thiamine mpi ya riboflavine na nitu ya muntu

- *Tala Appendixe 5: Kubaka bangidika ya me fwana sambu na mavimpi ya bantu yonso, kukonda nutriment na nitu* Yo kele ti bantendula ya ke monisa mfunu ya mavimpi ya bantu yonso na kimvuka na kutadila mvula yina kimvuka kele na yo mpi sambu na bantu yonso.

- Sadila bima yina ke sadisaka sambu na kuzaba mambu na bainsi to na kutadila disolo yina bo ke tubila kana yo kele.

Ntalu ya *xérophtalmie*, ya kukonda ya menga mpi iode na nitu ya muntu kele mfunu kibeni ve na mambu ya me tala mavimpi ya bantu yonso

- *Tala Appendixe 5: Kubaka bangidika ya me fwana sambu na mavimpi ya bantu yonso, kukonda ya nutriment na nitu* Yo kele ti bantendula ya ke monisa mfunu ya mavimpi ya bantu yonso na kimvuka na kutadila mvula yina kimvuka kele na yo mpi sambu na bantu yonso.

- Sadila bima yina ke sadisaka sambu na kuzaba mambu na bainsi to na kutadila disolo yina bo ke tubila kana yo kele.

Banoti ya ke pesa lutwadisu

Mambu yina minganga ke tuba mpi kupesa lusansu na bantu yina kele ve ti* micronutriment *na nitu ya muntu: Munganga yina me zabaka mambu mingi fwete sosa kuzaba kana muntu me konda *micronutriment* na nitu. Kana bima yina minganga ke sadilaka sambu na kumonisaka kukonda ya *micronutriment* na nitu kele na kati ya bima yina ke sadisaka na kulandila mambu ya mavimpi ya muntu mpi ya madia yina ke tungaka nitu, yo yina beno fwete pesa minganga formasio sambu na kusala bansosa ya kufwana, mpi kuzaba mambu yango na nima. Bantendula ya mambu yai me swaswana, na mambu ya me tala kukwenda nswalu kupesa lusadisu, tendula mambu yango na yina me tala mvutu yina pesamaka.

Kukonda ya* micronutriment *na nitu ya muntu yina bo me monisa yo na opitale kele yina bo lenda yidika na nswalu kibeni. Ata mpidina, yo lenda konda ve ata fioti kunatila muntu bampasi na nitu. Bo ke zabaka yo na nsadisa ya *biochimiques spécifiques*. Kukonda ya menga na nitu ya muntu kele ve na kati ya nsiku yai, yo yina, yo ta lomba kusala teste ya kufwana sambu na kulungisa mambu yango na bisika yina beno ke kwenda.

Beno lenda sadila bima yina ke sadisaka na kuzaba sambu na kutadila bigonsa yina kukonda ya *micronutriment* na nitu ya muntu ke nataka, mpi kusosa kuzaba kana bo lenda tomisa mambu ya me tala madia to kukwenda na mambu ya nkaka lenda vanda mfunu. Mutindu ya kulandila mambu ke tadila kusosa kuzaba mambu yina ke tadila *micronutriment* na bantu yonso mpi kutadila bigonsa yina yo lenda nata. Yo yina, longuka mambu ya me tala nswa yina muntu kele na yo na madia, mutindu yo kele, mpi mutindu ya kusadila madia yango mpi kutadila mambu ya me tala madia ya ke tunga nitu.

Kubaka bangidika na ntwala: Mutindu ya kubaka bangidika sambu na kusala mambu ya me tala kukonda ya *micronutriment* na nitu ya muntu kele na kitini ya 6 yina kele na nsi   *tala Kupesa lusadisu ya madia: bampusa yina bantu yonso kele na yo na madia ya ke tunga nitu, Nsiku ya 6.1* kutanina bantu na bamaladi kele mfunu mingi sambu na kubaka bangidika ya kutanina bantu yina me konda *micronutriment* na nitu. Bamicrobe yina ke manaka ve na bisika yina muntu ke pemaka, kasesi mpi bamaladi ya nkaka bonso malaria mpi pulu-pulu, mpi kukonda ya *micronutriment* na nitu. Sambu na kuyidika mabanza ya bantu yina ke bela na ntwala ya kusansa bo, beno fwete monisa bo bantendula ya konso maladi mpi bansiku ya kulanda sambu na kusansa yo, mpi bima yina ke sadisaka na kusala teste   *tala Lusansu ya me fwana – mavimpi ya bana, Nsiku ya bana 2.2.1 mpi 2.2.2.*

Kupesa lusansu na bantu yina me konda* micronutriment *na nitu: Kusala teste mpi kupesa lusansu fwete salama na opitale mpi bamanaka ya me tala madia. Kana ntalu ya bantu yina kele ve ti *micronutriment* na nitu kele mingi kuluta ya mavimpi ya bantu yonso, beno lenda pesa bantu yonso lusansu ya me fwana kibeni. Kukonda ya vitamine C, ya niacine, ya thiamine mpi ya riboflavine kele bamaladi yina bantu ke monaka yo kukonda mpasi mpi yo ke kuminaka muntu kana yandi kele ve ti *micronutriment   tala Appendixe 5: Kubaka bangidika ya me fwana sambu na mavimpi ya bantu yonso, kukonda ya micronutriment.*

Bangidika ya ke tala mavimpi ya bantu yonso yina me bakamaka sambu bantu kukonda diaka ve *micronutriment* na nitu, ke sadisa na:

- kupesa vitamine A na bana yina kele ti bangonda yantika na 6 tii na 59 ntangu beno ke kwenda kupesa bo mangwele;
- kupesa nkisi ya baniama na bana yonso yina kele ti bangonda 12 tii na 59;
- kutula sel iodé mpi bima ya nkaka yina ke tunga nitu bonso mafuta ya bambisi yina kele ti vitamine A mpi D na kati ya kitunga ya madia, mpi pesa *micronutriment* ya fufu to mafuta yina ke vandaka *iodée*;
- kupesa bima yina kele ya kuvukisa ti *micronutriment* ya mingi mpi yina kele ti fer sambu na bana yina kele ti bangonda yantika na 6 tii na 59;
- kupesa bankento yina kele ti mavumu mpi ya ke nwisaka bana madia yina kele ti *micronutriment* ya kufwana, yina kele ti fer na kati mpi ti *acide folique*.

Kana madia yina kele ti *micronutriment* ti fer kele ve, pesa bankento yina kele ti mavumu mpi bayina me buta dezia ya me sala bilumbu 45 madia ya nkaka yina kele ti fer mpi *acide folique*.

Sadila bima yina ke pesaka mupepe kana muntu yango kele nkento to bakala sambu na kusosa kuzaba bigonsa yina kukonda *micronutriment* ke nataka na nitu ya bantu yina kele na mpasi mpi mfunu ya kusosa lusadisu na bisika ya nkaka. Mumbandu, bima yina ke monisaka mbala mosi kukonda ya vitamines A na nitu ya muntu lenda sala nde mwana kubutuka ti kilo ya mbote ve, to kuyela na mpasi ⊕ tala *Kulandila madia ya bo me bumba mbote mpi kulandila mambu ya me tala madia yina ke tunga nitu, Nsiku ya 1.2.*

4. Madia sambu na babebe mpi bana ya fioti

Kupesa lusadisu ya me fwana mpi na ntangu ya mbote ya madia na babebe mpi ana ya fioti na ntangu ya mpasi mosi buna ke gulusaka bo mpi ke taninaka madia, mavimpi mpi kuyela ya mwana. Kupesa na mutindu ya mbi madia sambu na babebe mpi bana ya fioti ke tulaka luzingu na bo na kigonsa mpi yo lenda natila bo kibuba, maladi to mpi lufwa. Bigonsa ke vandaka ya mingi kana mpasi mosi buna me kumina bantu. Babebe ya nkaka mpi bana ya fioti ke kutanaka ti mambu ya mpasi kukonda mpasi, mingi-mingi kana:

- babebe yango butukaka ti kilo ya kufwana ve;
- bana yina kele ya kukabwana to bo kele bo mosi;
- babebe mpi bana yina bamama na bo ke niokwama na mabanza;
- bana yina kele ti bamvula na nsi ya 2 yina kunwaka ve mabele;
- bana yina ke zingaka kisika mosi ti bantu yina kele ti Sida;
- bana yina kele ti bifu na nitu, mingi-mingi bana yina ke kuka kibeni ve kudia
- babebe mpi bana ya fioti yina kele ti kibuba yina ke manaka ve, cachexie to kukonda ya *micronutriment* na nitu.

ANJE-E ke monisa bima ya kusala mpi lukanu ya lusadisu yina kele ya kutanina mpi ya kulungisa bampusa ya madia sambu na babebe, yo vanda bo ke nwaka mabele to ve, mpi sambu na bana ya fioti yina kele ti bangonda yantikana 0 tii na 23. Kukwenda kupesa lusadisu ya mfunu ke tadila:

- kutanina mpi kusiamisa bamama sambu bo nwisa bana mabele;
- kupesa madia ya nkaka ya me fwna mpi ya mfunu; mpi
- kulandila madia yina kele na biberon yina babebe ta nwaka.

Kupesa lusadisu ya madia na bankento yina kele ti mavumu mpi bankento yina ke nwisa bana kele mfunu kibeni sambu na mambote ya bana. "Kunwisaka ntangu yonso" ke tendula nde bana lenda nwa masa ya nkaka ve ata fioti kaka mabele ya bamama na bo mpi bo fwete dia ve madia ya nkaka ya kizitu, katula kaka madia yina kele ti *micronutriment* to bankisi yina kele mfunu sambu na bo. Yo ke taninaka madia yina bana ke diaka na bangonda sambanu yina bo ke butukaka mpi yo ke pesaka lutanina ya mbote kibeni na kimvuka yina ke kwendaka kupesa lusadisu. Kunwisa bana mabele ke yedisaka mayele na bo mpi ke landaka na kutanina mavimpi ya babebe yina me yela mpi ya bana ya fioti, mingi-mingi kana mambu ya me tala WASH kele ya kubeba. Kunwisa bana mabele ke taninaka mpi mavimpi ya bamama mpi ke salaka na mpila nde bo ke bela ve maladi ya mebele (cancer du sein). Yo ke sadisaka sambu mwana kuvanda ti mabanza ya mbote na kukumisaka ngolo kinduku mpi makuki ya kusala mambu.

Bisalu ya mfunu ya kitini yai ke salaka na kuwakana ti lutwadisu yina bo ke pesaka na yina me tala madia ya babebe mpi ya bana ya fioti na mambu ya me tala kukwenda kupesa nswalu lusadisu *(Directives opérationnelles)*. Balutwadisu yango me simbama na kimvuka ya bisalu yina ke salaka na kuwakana ti bimvuka ya nkaka yina lukanu na yo kele ya kupesa bandongisila ya mfunu mpi ya mbote yina ta sadisa bantu na kuzitisa ANJE-E yina me fwana mpi Nsiku ya bainsi ya nkaka ya ke tubilaka mambu ya mumbongo sambu na miliki ya bana ya fioti ("Nsiku").

Madia sambu na babebe mpi bana ya fioti, Nsiku ya 4.1: Lutwadisu mpi mutindu ya kusala mambu

Lutwadisu mpi mutindu ya kusala mambu ke salaka na mpila nde madia kuvanda ya me fwana, ya kukonda bigonsa mpi kupesa yo na babebe mpi na bana ya fioti na ntangu ya kufwana.

Bisalu ya mfunu

1 > Pona mfumu mosi yina ta tambusaka mambu ya ANJE-E na kati ya kimvuka ya kutambusa mambu kana mpasi mosi buna me kumina bantu, mpi yo ke pesaka kuwakana na kati ya bimvuka.

- Kana mpila kele, yantika na mambu ya me tala minsiku yina ke monisaka nde bamfumu ya luyalu kele na zulu ya mfumu yina ke tambusaka mambu.

2 > Tanga mpi mutindu mambu ya nkaka ke salamaka na yina me tala lutwadisu ya mbote na kati ya balutwadisu yina bainsi na beno mpi bimvuka yina ke kwendaka kupesa lusadisu ke pesaka na yina me tala bangidika yina ke bakamaka.

- Tula bansiku mpi mutindu ya kutubila mambu yango na bantu yonso na kusalaka na kimvuka ti bamfumu ya bainsi na beno kana bansiku ke vandaka ve na bainsi na beno.
- Pesa maboko na mayele ya politike yina bainsi na beno ke sadila kana mpila kele.

3 > Solulaka mbote kibeni na bantu, sala mambu ya mbote mpi na ntangu ya kufwana na yina me tala ANJE-E na bisika yonso yina bo ke kwenda kupesa lusadisu.

- Zabisa bimvuka yina ke kwendaka kupesa lusadisu na bantu ya kele na mpasi, na bantu yina ke pesaka na luzolo yonso mpi na bansangu ya me fwana na yina me tala konso munsiku mpi mutindu ya kusala mambu ya l'ANJE-E kana bo me tula yo.
- Zabisa bantu yina kele na mpasi bisalu yina kele, mambu yina ANJE-E ke salaka mpi bima yina ke sadisaka na kubaka bansangu.

4 > Kundima ve to kulomba ve miliki yina bo ke pesaka bana ya fioti to miliki ya masa, *biberons* to *tétines*.

- Bima yina bo me pesa, bo fwete landilaka yo na bamfumu yina bo ponaka, na kusalaka na kuwakana ti balutwadisu yina ke pesamaka mpi Nsiku.
- Vanda ngolo na kuzabaka mambu, na mutindu ya kusadila, ya kubumba, ya kulandila mpi ya kukabula miliki ya bana. Mutindu yai ya kusala mambu fwete vanda ti lukanu ya kulandila bigonsa mpi bampusa, kulandila bansangu mpi kupesa balutwadisu yina me fwana.

Bimonisilu ya mfunu

Ntalu ya bansiku yina ya kulanda na yina me tala ANJE na mambu ya me tala kukwenda nswalu kupesa lusadisu yina ke wakana ti balutwadisu yina me bakama

Bantu yonso me zitisa Nsiku

Ntalu ya bantu yina me pesa miliki ya bana, miliki ya masa, milangi mpi ya *tétines* yina me fwa Nsiku yina bo landilaka na ntangu ya me fwana

Banoti ya ke pesa lutwadisu

Kusolula ti bantu yina kele na mpasi, bantu yina ke kwendaka kupesa lusadisu mpi bansangu: Kupesa nsangu ya bisalu yina kele mpi mutindu ya kusala mambu na bunkete yonso na yina me tala madia ya babebe mpi ya bana ya fioti ta lomba kuwakanisa bansangu na yina me tala bimvuka yina yo ke lomba kukwenda kupesa lusadisu mpi na kutadila bantu yonso. Ntangu beno ke kabula bansangu, tula dikebi na bampusa ya bantu yina ke sadisaka mabuta disongidila, bankaka, bamfumu ya mabuta yina kele ya kuvukana, bana yina kele bamfumu ya mabuta, kusadisa bantu yina kele ti bifu na nitu mpi diaka bantu yina kele ti SIDA.

Nsiku ya bainsi ya nkaka ya ke tadila mambu ya mumbungu sambu na kunwisa bana mabele: Nsiku yai ke taninaka babebe yina ke zingaka kaka na miliki yina bo ke salaka sambu na kupesa bo. Yo me simbama na bansangu ya kukonda kupona-pona, ya masonga mpi bo lenda sadila yo na konsa mambu. Bo fwete kotisa yo na ntangu ya kuyidika mambu, mpi kundimisa yo bantu na ntangu ya kupesa lusadisu ya nswalu kibeni. Katula nsiku ya insi na beno, sadila bangidika yina Nsiku me tulaka.

Nsiku ke tula ve bandilu to ke buyisa bantu na kusadila miliki yina bo ke pesaka sambu na babebe, biberons to tétines. Yo ke taninaka kaka mambu ya mumbungu na yo, bima yina bo ke sumbaka mpi yina bo ke kabulaka. Kufwa Nsiku na ntangu ya mpasi mosi buna me simbama na mambu ya me tala bima yina bo ke tulaka mpi na kukabula bima na bisika yina beno me zaba ve. Na ntangu ya mpasi mosi buna landila mbote mpi zabisa bamfumu kana bantu ke zitisa ve Nsiku ya UNICEF, ya OMS mpi ya bamfumu ya babwala na beno me tulaka.

Sadila bima yina bo ke sadilaka bisika yonso kana yo kele mpi tula bima ya nkaka na kutadila disolo yina yo ke tubila. Tendula malombo ya bareferanse yina ke wakana ti ANJE-E sambu na kumonisa kuyela mpi lufutu ya mambu yango na kutadila calendrier mpi ntangu yina lusadisu yango fwete baka. Siamisa kulanda kusadila mambu ya me tala ANJE-E na kati ya bimvuka yonso yina ke salaka na kuwakana mpi bansosa. Landila diaka mambu to bisika yina yo ke lomba kutadila diaka na yina me tala kulandila mambu sambu na kukwenda kupesa lusadisu ya ANJE-E. Sadila bansosa yina salamaka na bamvula yina me luta sambu na kuzaba bupusi yina kukwenda kupesa lusadisu yango vandaka na yo.

Madia yina bo me sala na bamasini: Bantu yonso yina ke salaka miliki fwete zitisa *Codex Alimentarius* mpi Nsiku. Nswa yina bantu kele na yo na bisalu ya WASH kele mfunu sambu na kumanisa bigonsa yina ke katukaka na madia yina bo me sala na basini na ntangu ya kukwenda kupesa nswalu lusadisu. Mutindu ya kukabula miliki yina ya bana ta tadila mambu yina beno ta kutana ti yo, mingi-mingi na bisika yina yo ke lomba kukwenda kupesa lusadisu. Kuvukisa ve miliki yina bo sala na bamasini mpi miliki ya nkaka ya bana ntangu beno ke kwenda kupesa bantu yonso madia. Kupesa ve miliki ya masa to ya fufu bonso bima yina bantu ke sadilaka ve. Mambu yina bo me sonikaka ya me simbama na madia mpi na mutindu ya kulandila yo fwete zitisa balutwadisu yina ke pesamaka mpi Nsiku, na lutwadisu ya bamfumu yina ke tambusaka mambu ya me tala ANJE-E.

Madia sambu na babebempi bana ya fioti, Nsiku ya 4.2: Lusadisu ya madia yina babwala ya nkaka ke pesaka sambu na babebe mpi bana ya fioti na ntangu ya kukwenda kupesa lusadisu

Bamama mpi bantu yina ke kengilaka babebe mpi bana ya fioti kele ti nswa ya kubaka lusadisu ya madia ya me fwana yina kele kibeni ve ti bigonsa, kuzitisa binkulu ya babwala mpi kupesa ntalu ya mingi ya bantu yina kele ve ti madia, mavimpi mpi luzingu.

Bisalu ya mfunu

1 > Tula dikebi ya mingi na bankento yina kele ti mavumu mpi yina ke nwisa bana ya fioti mabele sambu na kutindila bo bima, mbongo, mpi mitindu ya nkaka ya kupesa lusadisu.

2 > Siamisa bantu na kubaka bandongisila ya me fwana na yina me tala kunwisa bana mabele sambu na bankento yina kele ti mavumu mpi yina ke nwisaka bana mabele.

3 > Sosa kuzaba bamama ya konso bebe sambu na kusiamisa bo banda na luyantiku na kupesaka bana na bo mabele ya me fwana kibeni.

- Pesa bandongisila ya pete na yina me tala kunwisa bana mabele ya me fwana na bisika yina bo ke tulaka bankento yina me katuka kubuta.
- Tanina, pesa mpi nsadisa na babebe yina ke nwa mabele yina kele ti bangonda yantika na 0 tii na 5, bana yina ke landa kunwa mabele ya kele ti bamvula yantika na bangonda 6 tii na bamvula 2.
- Kana babebe yina kele ti bangonda yantika na 0 tii na bangonda 5 kele ti madia ya kuvukisa, pesa lusadisu ya me fwana na ntangu bo ke katuka kisika bo kele ntangu yai sambu na kukuma kunwa mabele sambu na ntangu ya nda.

4 > Pesa miliki ya bana ya me fwana, bima yina bo ke sadilaka sambu na kupesa bana madia mpi bantu yina ke salaka kisalu ya kukengila bamama mpi bantu yina ke sadisaka bana yina kele bo mosi kele na mfunu ya madia yina bo ke salaka na bamasini.

- Tadila lutaninu mpi makuki ya kusala diaka mambu mpi ya kupesa bima na babebe yina me nwaka ve mabele ya bamama na bo. Yo ke lomba kutula dikebi na mambu ya me tala binkulu mpi bisalu yina kele na mambu ya mutindu yai.

- Kana bantu kundima nde bo sadila kaka miliki ya mabele ya bamama, sadila kima yina ta pesaka lusadisu ya me fwana mpi bisadilu yonso ya kinkuku mpi ya madia, lusadisu yina WASH ke pesaka mpi nswa yina baopitale kele na yo.

5 > Sala na mpila nde madia ya nkaka ya mbote , ya me fwana mpi ya mbote kupesama na ntangu ya kufwana.

- Tadila madia yina kele na banzo sambu na kusosa kuzaba kana bo ke sadila yo bonso madia ya nkaka sambu na bana, mpi pesa bo bandongisila ya me fwana na kutadila disolo yina bo ke tubila mpi lusadisu sambu na madia yina ya nkaka.
- Pesa nswa na bimvuka yina ke talaka mambu ya madia mpi ya kinkuku, na kutulaka dikebi na bana yina ke kukaka ve kudia.

6 > Pesa lusadisu ya madia sambu na babebe mpi na bana ya fioti yina lenda baka maladi kukonda mpasi.

- Siamisa bantu yina ke salaka bisalu ya me tala madia yina ke tunga nitu ya babebe mpi mutindu ya kupesa lusansu mpi kuyela ya mwana na kintulumukina na kati ya bamanaka ya ke talaka mambu ya madia yina ke tungaka nitu.

7 > Kana mpila kele, pesa madia yina kele ti *micronutriment*.

- Pesaka konso kilumbu bankento yina kele ti mavumu mpi bayina ke nwisaka madia ya nkaka ya mingi, mingi-mingi kiteso yina ya me lombama yina bo me vukisa yo ti *micronutriment*, na mpila nde bima yina bo ke bumbaka sambu na bana mpi mutindu bo ke salaka miliki sambu na bana kuvanda ya kubumba mbote, yo vanda madia yina bo ke pesa bankento yango kele na *vitamine* to ve.
- Landila bima yina kele ti fer mpi *acide folique* kana yo kele mutindu yina.

Bimonisilu ya mfunu

Ntalu ya bamama yina ke nwisaka bana ya kele ti nswa ya kubaka lusadisu ya me fwana ya madia

Ntalu ya bantu yina ke sansaka bana yina kele ti nswa na madia yina bo me bumba mbote na Nsiku ya me tala kupesa bana mabele ya me fwana mpi lusadisu ya me fwana yina bo ke pesaka babebe ya ke lomba madia yina bo ke salaka na bamasini

Ntalu ya bantu yina ke sansaka bana yina kele ti bangonda yantika na 6 tii na 23, yina kele ti nswa ya kubaka madia na ntangu ya mbote, madia ya ke tunga nitu mpi ya me fwana

Banoti ya ke pesa lutwadisu

Kutadila mpi kulandila mambu ya me tala ANJE-E: Tadila bampusa mpi mambu yina ke lomba kusala na kisika ya ntete sambu na kupesa lusadisu ya ANJE-E mpi kulandila bupusi yina kukwenda kupesa lusadisu na yina me tala ANJE-E ke nataka *tala Kutadila madia ya bo me bumba mbote mpi ya ke tunga nitu; Nsiku ya 1.2: Kulandila madia ya ke tunga nitu.*

Kusala na kuwakana ti babwala ya nkaka: Na kati ya mambu ya me tala mutindu ya kuzaba babwala sambu na kutula kidimbu mpi kusadisa ANJE-E beto lenda tanga:

- lusansu yina bo ke pesaka na ntwala mpi na nima ya kubuta;

- bisika yina bo ke pesaka mangwele;
- kulandila kuyela ya mwana;
- mutindu mwana ya fioti ke yelaka;
- baopitale yina ke sansaka SIDA (mingi-mingi kubaka bangidika sambu mama kupesa yo ve na mwana);
- kusansa kibuba yina ke manaka ve;
- mavimpi ya bantu, maladi ya ntu mpi lusadisu yina bo ke pesaka bimvuka ya ke niokwama na mabanza;
- bisalu ya WASH;
- bisika ya kisalu; mpi
- bisalu ya me tala kulandila bima yina ke basikaka na bilanga.

Bimvuka yina me zabanaka: Bansangu yonso ya kulanda mpi ya manaka sambu na bana yina kele ti bamvula na nsi ya 5 fwete salama na kutadila mvula na bo mpi kana bo kele bankento to babakala: yantika na 0 tii na bangonda 5, 6 tii na bangonda 11, 12 tii na bangonda 23 mpi 24 tii na bangonda 59. Sambu na bana yina kele ti bifu na nitu yo ke lomba kusala yo kana bo me lungisa bangonda 24.

Tendula mpi pesa bisalu yina ta lungisa bampusa ya bantu na yina me tala lusansu mpi madia yina ke tunga nitu sambu na babebe mpi sambu na bana ya fioti yina kele ti bifu na nitu, yina ke zingaka bo mosi mpi kukonda bamama na bo. Tinda bana yina ke zingaka bo mosi mpi kukonda bamama na bo na bantu yina me longukaka kaka mutindu ya kutanina bana ya fioti. Monisa mambu ya me tala bankento yina kele ti mavumu mpi bayina ke nwisaka bana.

Sosa kuzaba ntalu ya bantu yina kele ti SIDA, ya bana yina ke zingaka bo mosi mpi kukonda bamama na bo, ya bana yina butukaka ti kilo ya mingi ve, ya bana yina kele ti bifu na nitu mpi yina ke kuka ve kudia bo mosi, ya bana yina kele ti bamvula na nsi ya 2 yina ke nwaka ve mabele mpi ya bana yina kele ti kibuba yina ke manaka ve. Kuvila ve nde, bana yina bamama na bo ke niokwamaka na bamanza ke vandaka ti makuki ya mingi ya kubela kibuba yina ke manaka ve.

Bankento yina kele ti mavumu mpi yina ke nwisaka bana mabele: Kana beno ke lungisa ve bampusa ya bankento yina kele ti mavumu mpi ya ke nwisaka bana mabele na bamanaka ya ke pesaka lusadisu ya madia, sosa kuzaba bankento yina kele ti mavumu mpi bayina ke nwisaka bana mabele sambu na kupesa bo madia yina ke tungaka nitu. Pesa madia ya nkaka yina kele ti *micronutriment* sambu na kuzitisa mambu yina OMS ke tubaka.

Kwenda kupesa lusadisu na bamama yina ke niokwama na mabanza, yo vanda na kutindaka bo na baopitale yina bo ke sansaka bantu yina ke belaka maladi ya ntu kana mpila kele. Pesa lusadisu ya me fwana na bamama yina kele ti bifu na nitu. Sala bisika ya mbote ya kupema na camps to na bisika ya nkaka yina bantu lenda vanda na kimvuka sambu bamama lenda kwenda kunwisa bana na bo mabele kuna, bonso bisika yina bo ke yambaka babebe yina kele ti bisika na kati yina bo me yidikaka kaka sambu bamama kunwisa bana na bo kuna.

Babebe yina ke nwaka mabele: Kuyidika mambu mpi kubaka bimvwama fwete pesa lusadisu ya me fwana na bana yina ke nwaka mabele kana yo ke lomba kulandila mambu yina mosi buna ya mpasi. Yo lenda tadila babebe yina kele na nsi ya bangonda 6 yina kibuba na bo ke manaka ve, madia ya bantu yina me panzanaka kibeni mpi diaka madia yina bo ke pesaka babebe na yina me tala microbe yina ke katukaka na SIDA.

Babebe yina ke nwaka ve mabele: Kana mpasi mosi buna me kumina bantu, tanina babebe mpi bana ya fioti yina ke nwaka ve mabele mpi sadisa bo na kulungisaka bampusa na bo na yina me tala madia. Bigonsa yina kukonda kunwa mabele ke nataka ke sobaka na kutadila mvula ya mwana. Bana yina kele ya fioti mingi ke bakaka bamaladi kukonda mpasi. Yo ke tadila nswa yina bo kele na yo ya kunwa mabele ya bamama na bo, bankuni, bisadilu mpi na kuzitisaka malombo yina WASH ke pesaka.

Miliki yina bo me sala mpi madia ya nkaka yina bo me sala na miliki ya mabele: Miliki yina bo ke salaka na mabele kele mfunu sambu na babebe yina kele na bangonda yantika na 0 tii na 5. Tubila mambu yina kele na kati ya miliki yango yina ya masa na ntwala ya kusadila yo, sambu yo ke lombaka ve kulamba yo diaka mpi yo kele ve ti bigonsa na yina me tala lutaninu kuluta miliki ya fufu.

Sambu na yina me tala miliki yina bo me sala yina bantu lenda sadila, yo ta vanda mbote na kusadila yo na mutindu ya mbote, kubumba mpi kutanina mbote kibeni malonga yina bo ke tudilaka madia. Miliki yina bo me sala yina bo lenda sadila ke vandaka mingi mpi ntalu sambu na kunangula mpi kubumba. Beno lenda sadila miliki ya nkaka ya masa sambu na bana yina kele ti bangonda kuluta 6. Milki yina bo ke salaka ke katukaka na bangombe, bankombo, mameme, *chameau* to *buffle*; miliki ya masa yina me basika mupepe to *yaourt*.

Kusadila miliki yina bo salaka sambu na bana yina kele ti bangonda na zulu na 6 ta tadila mutindu ya kusala mambu na ntwala nde mpasi mosi buna kukumina bantu, bima ya kusaladila, bisika ya kubaka miliki ya masa, mutindu ya kusala mambu sambu na madia ya nkaka mpi bansiku yina kimvuka ya ke kwendaka kupesa lusadisu me tulaka. Bima ya ke monisa mutindu ya kusadila miliki sambu na bana ya fioti lenda pesama sambu na ntangu ya nda to ya nkufi. Miliki yina bo ke pesaka mwana kana yandi me lungisa bamvula zole, miliki ya masa sambu na kuyela ya mwana mpi mvula ya tatu ya bo ke salaka mumbungu sambu na bana yina kele ti bangonda na zulu ya 6 kele kibeni ve na mfunu.

Munganga mosi to muntu mosi ya mayele yina me longukaka mambu ya me tala madia yina ke tungaka nitu lenda sadisa na kubakisa mpusa ya miliki yina bo salaka na nsandisa ya kutadila diaka mpi kulandila mambu ya muntu na kinsweki. Kana yo kele mpasi na kulandila mambu ya muntu yandi mosi, kwenda kukutana ti mfumu yina ke tambusaka mambu mpi bimvuka ya ke kwendaka kupesa lusadisu yina ke tadilaka kaka mambu ya me tala kubaka bandongisila na yina me tala malombo ya kulandila mambu mpi ya kuzaba diambu mosi buna. Pesa miliki yina bo me sala tii ntangu mwana ta yantika kunwa mabele to tii ntangu yandi ta lungisa bangonda 6. Na ntangu ya kupesa miliki ya me tala bana yina kele na mfunu na yo, beno fwete siamisa ve bamama yina ke nwisaka bana sambu na kusadila yo.

Beno fwete sadila ve biberon sambu mpila ya kuyobisa yo ke vandaka ve. siamisa bantu mpi sadisa bo na kupesaka madia yango na dikopa.

Sosa kulandila mambu ya me tala ntalu ya bantu yina kele ti maladi yina lenda nata muntu na lufwa, na kutulaka dikebi ya mingi ntangu muntu kele ti pulu-pulu.

Madia ya nkaka ke yantikaka ntangu miliki yina mama ke pesaka mwana ke kukaka diaka ve kulungisa bampusa ya madia yina ke tungaka nitu ya babebe, to madia ya nkaka mpi madia ya masa kele mfunu katula miliki ya mabele yina bo ke nwaka. Madia mpi madia ya nkaka ya masa, yo vanda bo salaka yo na bamasini to na maboko, bo fwete pesa yo na bana yina kele ti bangonda yantika na 6 tii na 23.

Kukonda ya *micronutriment* na ntwala to na nima kele mfunu sambu na kutendula mitindu ya kupesa lusadisu ya madia ya nkaka. Na kati ya mambu ya nkaka yina lenda sala nde mambu kusalama mpi yo vanda na kutadila mambu ya me tala madia ya ke tunga nitu, mambu ya me tala nsungi na ntangu ya kubuma madia mpi nswa yina muntu kele na yo na madia ya nkaka ya mbote kibeni yina bantu lenda zwa kukonda mpasi na babwala. Na kati ya mambu ya me tala kukwenda kupesa lusadisu ya madia, beto lenda tanga:

- lusadisu ya mbongo sambu na kukwenda kusumba madia ya mbote kibeni yina ke tunga nitu mpi ya ke pesa ngolo, yina kele na babwala yina beno ke zingaka;
- kukabula madia ya mfunu yina ke tunga kibeni nitu ya muntu to madia ya ke pesa ngolo;
- madia ya me fwana yina kele ti *micronutriment* sambu na mavimpi ya bana yina kele ti bangonda yantika na 6 tii na 23;
- kuvanda ti madia mingi na nzo ti madia yina kele ti *micronutriment* sambu na kutunga nitu ya muntu, bonso *micronutriment* ya fufu;
- bamanaka sambu na bima ya kuzingila; mpi
- bamanaka ya me tala *"filet de sécurité"*.

Sosa kupesa formasio to kusolula na yina me tala lusadisu ya mbongo yina bo ke pesaka sambu na kusadisa bantu ya kele na mpasi na kuzaba mutindu ya kusadila mbote mbongo yina bo ke pesa bo sambu na kusumbaka madia na mutindu ya mbote.

Micronutriment *ya nkaka ya ke tungaka nitu ya muntu:* Bana yina kele ti bangonda yantika na 6 tii na 59 yina ke bakaka ve madia yina ke tungaka nitu, lenda vanda ti mfunu ya *micronutriment* ya nkaka sambu na kulungisa bampusa na bo na yina me tala madia. Beno lenda pesa bo vitamine A. Na babwala yina malaria kele mingi, beno lenda pesa fer na konso mutindu yina, yo vanda mpi *micronutriment* ya fufu, na kuvukisaka yo ti mutindu ya nkaka ya kusala mambu na yina me tala mambu yina minganga ke tubila, kubaka bankisi ya malaria. Na kati ya bambandu ya me tala bankisi ya malaria, beno lenda tanga kupesa *moustiquaires* yina kele ti nkisi, mpi bamanaka sambu na kumanisa baniama yina ke pesaka bantu maladi, mpi kubaka nkisi ya mbote sambu na malaria. Beno lenda pesa bo fer mpi *acide folique*, to mambu mingi ya me tala *micronutriment* na bankento yina kele ti mavumu to ya ke nwisa bana mabele, na kulandaka lutwadisu yina me katuka kupesama.

SIDA mpi madia ya babebe: Beno fwete siamisa bamama yina kele ti SIDA, na kulanda kunwisa bana na bo yina kele ti bangonda kiteso ya 12 tii na 24 to kulanda kupesa bana mabele kana bo ke landa kubaka nkisi *antirétrovirale*. Kana bankisi yango kele ve, beno fwete sadila mayele ya nkaka sambu na kusadisa babebe yango na kukonda kubaka SIDA. Yo ke lomba kutadila mpi kufwanisa bigonsa yina lenda sala nde SIDA kusambukila bo na kiteso ya me tala bigonsa yina yina lenda nata na lufwa, bigonsa yina me simbama ve na SIDA. Sadisa bamama mpi bantu ya nkaka yina kele pana sambu na kubaka lusadisu. Tula dikebi ya mingi na bankisi *antirétroviraux* tala Lusansu ya me fwana – kuvanda na mavimpi ya mbote sambu na kuvukisa nitu mpi kubuta bana, nsiku ya 2.3.3: SIDA.

Pesa bandongisila na bamama yina ke nwisaka bana mabele mpi ya kele ti babebe yina kele ve ti Sida, mpi na bayina ke zabaka ve nde bo kele ti SIDA, sambu bo zaba mutindu ya mbote ya kunwisa bana na bo na kati ya bangonda yai 6 ya me landana. Diaka, pesa madia ya nkaka mpi landa na kunwisa mwana tii ntangu yandi ta lungisa bamvula 2 to na zulu. Babebe fwete baka madia yina bo lenda yingisa, bo fwete tula bidimbu na madia yango mpi kupesa lusadisu na nswalu kibeni.

Tadila balutwadisu yina bainsi mpi bambanza ke pesaka, mpi tadila yo kana yo ke wakana ti lutwadisu yina OMS me katuka kupesa ntama mingi ve. Sosa kuzaba kana yo me fwana kibeni sambu na bampasi yina me kumina bantu, na kutulaka dikebi na mambu ya me tala bigonsa ya kubaka maladi ya nkaka ya nsambukila katula Sida, ntangu yina diambu yango ta salama, sambu na kusosa kuzaba kana yo me fwana to ve na kupesa madia ya nkaka, na kusosaka kuzaba kana bankisi antirétroviraux kele. Yo lenda vanda mbote kibeni na kutadila mambu, na kundima mpi na kupesa balutwadisu ya ntangu mosi buna na bamama mpi na bantu yina ke pesaka lusadisu na bana ya fioti.

Kuvukisa nitu na ngolo ti bankento, kutanina bana ya fioti mpi madia: Kuvukisa nitu na ngolo ti bankento, kuvanda kiteso mosi nkento ti bakala mpi madia ya ke tunga nitu, mbala mingi yo ke vandaka ti kuwakana. Kusadila bankento mambu ya nku na banzo lenda vanda kigonsa sambu na mavimpi ya bankento mpi bana. Minganga yina ke talaka mambu ya mavimpi ya muntu, fwete baka lutwadisu ya mutindu ya kubumba kinsweki ya bantu yina ke sadisaka babebe to bana yina bo lenda vukisa nitu ti bo na ngolo to kuniokula bo. Na kati ya mambu ya nkaka yina beto lenda tubila na kati ya bandongisila kele kusala kisalu ya mudindu kibeni sambu na kusala kisika ya lusansu sambu na kuyamba bankento mpi bana, mpi kulandila mbala na mbala ntalu ya bantu yina ke tina mpi yina kele ve na ntangu ya kubaka lusansu. Tula bantu yina ke sadilaka Internet na kati ya bantu yina ke talaka mambu ya mavimpi ya muntu na yina me tala kutanina bana mpi kuvukisa nitu ti bo na ngolo *tala Minsiku ya ke tanina bantu ya 3 mpi 4.*

Mambu ya ke tala kukwenda nswalu kupesa lusadisu sambu na mavimpi ya bantu yonso: Kana mpasi mosi buna me kumina bantu yonso, baka bangidika yina ta sadisa sambu na kukonda kukota na bisalu ya nkaka ya me tala mavimpi mpi kupesa maboko na mambu ya me tala madia, sambu na kubumba mbote madia mpi bima yina ta landa kuzinga na bazo, mpi na kusala na mpila nde bigonsa kuvanda ve mingi na bamaladi yina ya nsambukila yina lenda kwisa na nsadisa ya kunwisa bana mabele, mpi diaka ntalu bamaladi yina lenda nata muntu na lufwa to ntalu ya bana yina ke fwa na buleke. Kutadila balutwadisu yina OMS ke pesaka kana mpila kele sambu na yina me tala maladi ya *choléra*, Ebola mpi Zika.

5. Kubumba mbote madia

Beto lenda tubila madia ya bo me bumba mbote ntangu bantu yonso kele ti nswa ya kuvanda na mavimpi, ya kuzinga na bumosi, mpi ya kusala mambu na mayele na madia ya me fwana, ya mbote mpi ya ke tunga nitu yina ke lungisa bampusa na bo mpi madia yina bo ke zolaka mpi sambu yo sadisa bo na kuzinga na mutindu ya mbote mpi ya me fwana.

Kutanina mbote madia ke vandaka ti bupusi na mambu ya me tala bampasi ya luzingu, ya politike mpi ya bisika yina bantu ke zingaka. Mambu ya politike, mutindu ya kusala mambu mpi babiro ya insi na beno mpi ya bainsi ya nkaka lenda vanda ti bupusi na yina me tala makuki yina bantu ya kele na mpasi kele na yo ya kubaka madia ya me fwana kibeni mutindu madia ya ke tungaka nitu ke lomba yo. Kubeba ya bisika ya mbote ya kuvanda na babwala, mpi mambu ya me tala lugangu yina lenda soba ntangu yonso mpi mingi kibeni sambu na kusoba ya nsungi lenda vanda kibeni ti bupusi na madia yina bo me bumba mbote.

Kana kimvuka ya ke kwendaka kupesa lusadisu kele na mpasi mosi buna, lukanu ya kukwenda kupesa lusadisu ya madia fwete vanda ya kulungisa bampusa ya bantu sambu na ntangu mosi buna mpi kusala na mpila nde bantu yina kele na mpasi kusadila diaka kibeni ve bamayele ya nkaka ya mbi. Malembe-malembe, kukwenda kupesa lusadisu fwete tanina mpi kuvutukila diaka bima ya kuzingila yina bantu kele na yo, kutula yo na kisika ya kufwana mpi kusala na mpila nde bisalu kumonana mpi yo sadisa na kuvutukila diaka madia yina bo me bumba mbote sambu na ntangu ya nda. Yo lenda vanda ve ata fioti ti bupusi na bima ya lugangu mpi na bisika ya mbote yina bantu ke zinga.

Kukonda kubumba mbote madia na nzo kele mosi na kati ya bikuma iya yina ke salaka nde bantu kukuma bibuba, kukonda kusadila bunkete na mutindu ya mbote mpi na mambu ya me tala madia, bisika ya mbote ya kuzinga na mabuta mpi kubaka lusansu na mutindu ya mbote kibeni.

Bansiku yina kele na kapu yai ke tula dikebi na bima ya me fwana sambu na kulungisa bampusa ya bantu yonso mpi mingi-mingi ya bantu yina kele na kigonsa ya kukuma bibuba, bonso bana yina kele ti bamvula na nsi ya 5, bantu yina kele ti SIDA, minunu, bantu yina ke belaka maladi ya ke manaka ve to bantu yina kele ti bifu na nitu.

Bimvuka yonso ya ke kwendaka kupesa lusadisu yina lukanu na bo kele ya kusansa bantu yina kele bibuba lenda lungana ve kana bo lungisa ve bampusa ya bantu yonso na yina me tala madia. Bantu yina ke vutukila diaka mavimpi na bo ya mbote kansi yina lenda kuka ve kudia madia ya ke tunga nitu ta yantika kumona nde nitu na bo ke vutuka diaka bonso kibuba.

Mutindu ya kupona mambu na ntangu ya mpasi mosi buna ke lomba kutadila mbote kibeni bampusa ya bantu, na kutadila mambu yina mabuta ke zolaka, kana bantu yango kele bankento to babakala, kana mambu kele ya mbote mpi ya me fwana mpi bigonsa yina ya me tala lutaninu mpi kusoba ya bansungi. Yo me fwana kibeni na kutendula mutindu mpi mingi ya madia ya me fwana mpi mutindu ya kuluta mbote ya kukabula yo.

Madia kele depensi ya kuluta mingi na mabuta yina lenda kutana ti mambu ya mpasi. Kupesa bo lusadisu ya mbongo lenda sadisa bo na kusadila mbote kibeni bima yina bo kele na yo kana ntalu ya mbongo yina bo me pesa kele ya kukuka. Kusala na kimvuka mpi balukanu ya manaka ya ke pesaka lutwadisu mosi buna, ntangu ya mbongo ya kutinda mpi mambu ya nkaka yina lenda vanda ti bupusi na ntangu ya kutinda mbongo yango.

Bimvuka yina ke kwendaka kupesa lusadisu ya madia fwete sosaka malembe-melembe na kusala na kimvuka ti bazandu yina kele na babwala mpi na kusadisaka yo. Balukanu ya me tala kusumba bima na bwala, na insi to na mbanza fwete simbama na mutindu ya mbote ya kubakisa mambu ya me tala bazandu, mingi-mingi bantu yina ke pesaka mbongo mpi bantu ya mayele yina ke talaka mambu ya bazandu. Bamanaka ya ke tadila bazandu lenda pesa maboko na banzandu yango, mumbandu, kupesa lusadisu ya mbongo na bantu yina ke teka sambu bo sumba bima ya nkaka yina bo lenda bumba   *tala Kupesa lusadisu na mabanza* mpi *Mukanda MERS*.

Kubumba madia mbote, Nsiku ya 5:
Kubumba madia mbote

Bantu ke baka lusadisu ya madia yina bo ke pesa ya ke tanina luzingu na bo mpi ya ke sadisa bo na kuzinga na luzitu, ya ke sala nde bima na bo kubeba ve mpi ya ke kumisa ngolo makuki na bo.

Bisalu ya mfunu

1 > Ntangu nge ke baka bansangu ya me tala madia ya bo me bumba mbote, kwenda kupesa lusadisu sambu na kulungisa bampusa ya bantu, mpi kusosa kuzaba balukanu ya kubaka sambu na kupesa maboko, kutanina, kupesa mpi kuvutukila diaka mutindu ya mbote ya kubumba madia.

- Tadila mambu yai zole na mbala mosi, kupesa bima to mbongo na kitunga yina bo ke tulaka madia.

2 > Sadila bamayele ya nkaka sambu na kutinda mpi kubasisa bamanaka yonso ya me tala madia yina bo me bumba mbote.

- Vukisa bamanaka yango ti lusadisu yina babwala ya nkaka ke pesaka.

3 > Sala na mpila nde bantu yina ke baka lusadisu yango kuvanda ti mayele ya kubakisa mambu ya me fwana, makuki mpi bisalu yina ke pesa maboko sambu bo yikana na mambu mpi sambu na bima na bo ya kuzingila.

4 > Tanina, dindamana mpi yidika diaka bisika ya mbote ya lugangu ya kuvanda.

- Tula dikebi na bupusi yina kusadila bankuni sambu na kinkuku kele na bisika yina bantu ke zingaka.

- Sadila mayele ya nkaka sambu na kutomisa bima ya kuzingila yina ke pesa ve maboko na bamfinda to na mabengi yina ke salama na ntoto.

5 > Landa na kiteso ya kufwana lusadisu yina kimvuka ya ke kwendaka kupesa lusadisu na yina me tala madia yina bo me bumba mbote mpi nswa yina yo kele na yo sambu na bimvuka mpi bantu ya luswaswanu.

6 > Sala na mpila nde bantu yina fwete baka lusadisu kuzaba mambu na yina me tala kukwenda kupesa lusadisu mpi kusadila bo mambu ti luzitu yonso.

- Sala kima mosi yina ta sadisaka na kupesa bansangu.

Bimonisilu ya mfunu

Ntalu ya banzo yina me zabana yina kele ti ntalu ya kufwana ya kudia madia yina me fwana

- > 35 %; >42 % kana bo me pesa mafuta mpi sukadi

Ntalu ya banzo yina me zabana yina kele ti ntalu ya mbote ya madia yina bo me ndima

- Bimvuka >5 ya me fwana ya madia ya mfunu yina bantu ke diaka yo mbala na mbala

Ntalu ya banzo yina kele ti kidimbu ya mayele yina ya kusadila mambu ya me fwana

Ntalu ya bantu yina ke bokuta to ya ke tubila mambu ya mbi yina bo ke sadilaka bo na ntangu ya kupesa bo madia

- Beno fwete landila mambu yonso yina bantu ke tubila mpi kubaka na nswalu yonso lusadisu ya me fwana.

Banoti ya ke pesa lutwadisu

Mutindu ya kutadila mambu: landila mambu yonso ya me tala madia yina bo me bumba mbote sambu na kulandila mutindu ya mbote ya kukwenda kupesa lusadisu. Tendula ntangu ya me fwana sambu na kusala diaka ve bisalu ya nkaka, kusosa kusoba mambu ya nkaka to kuyantika kusala bisalu ya mpa mpi zaba bampusa yonso yina bantu tubilaka na ntwala.

Na bawala yina ya bunkete, kubaka bangidika sambu na kusoba bima yina ke monisaka badepensi ya me salama na banzo na kutadila mambu na bo, mingi-mingi na bisika yina babwala yina lufutu ya mbote ke vandaka ve. Mumbandu, badepensi yina salamaka sambu na madia mpi bangidika yina bakamaka lenda vanda mwa mpasi na babwala yina ya bunkete sambu badepensi yina ke tadila ve madia, bonso badepensi ya nzo mpi ya kima yina ke sadisaka sambu na kupesa tiya lenda vanda ntalu mingi kibeni.

Kusadila mayele ya nkaka sambu na kubasisa mpi kutinda: Yantika kuyedisa mayele ya nkaka sambu na kubasisa mpi kutinda bima kaka na luyantiku ya manaka. Na ntwala ya kukanga manaka mosi buna to ya kutinda bima sambu na bisika ya nkaka diaka, yo kele mfunu kibeni na kumonisa nde kutomisa mambu ke salaka nde muntu ya nkaka kundima kubaka mukumba ya kulanda kusala diambu yango. Na ntangu kimvuka ya ke kwendaka kupesa lusadisu ke pesaka lusadisu ya madia, yo lenda sadisa na kubakisa mbote mutindu mambu ya me tala kutanina bantu yonso lenda sala to mutindu ya « *filet de sécurité* » yina kele sambu na ntangu ya nda to sambu na ntangu mosi buna.

Bamanaka ya me tala kupesa lusadisu ya madia lenda sala na kuwakana ti mambu ya me tala kutanina bantu yonso to kusala mutindu yina sambu na kusala mambu ya nkaka na bilumbu ke kwisa. Bimvuka yina kele na kati ya bimvuka ya ke kwendaka kupesa lusadisu lendaka mpi kutelemina mambu ya me tala kukonda kubuma mbote madia yina ke manaka ve na nsadisa ya kulandila mbote mambu ya me tala kukonda kubuma mbote madia yina ke manaka ve kana yo kele *tala Mukanda MERS*.

Bimvuka yina kele na kigonsa: Sadila mutindu ya kulandila mambu ya bimvuka yina kele na kigonsa mpi mambu ya nkaka yina kele na kati sambu na kutelemina bikalulu yonso yina lenda tula bantu to bimvuka mosi buna na kigonsa. Mumbandu, kukabisa bankuni to bisadilu ya kinkuku sambu na kulamba madia lenda sala nde bantu kuvukisa diaka kibeni ve nitu ti bankento to bana bankento. Kutinida mbongo bisika ya nkaka, mingi-mingi sambu na banzo to sambu na bantu yina bampasi lenda simba bo kukonda mpasi, bonso na banzo yina mama kele mfumu to mwana kele mfumu ya dibuta, to na banzo yina kele ti bantu yina kele ti bifu na nitu, lenda sala nde bigonsa ya kuvukisa nitu ti bankento na ngolo mpi bisalu sambu na bana kuvandaka diaka kibeni ve.

Mambu ya kusala sambu na kusadisa kimvuka: Tula bima yina ta sadisaka na kimvuka, sala yo na kuwakana ti bantu yina ta sadilaka yo, na mpila nde bo baka bo na kisalu na mutindu ya mbote mpi ya me fwana, mpi yo sala bantangu mingi na nima ya manaka. Tula dikebi ya mingi na bampusa ya bantu yina lenda kutana ti bampasi ntangu beno ke baka bangidika. Mumbandu, bana ya bankento mpi bana ya babakala yina ke zingaka ve kisika mosi na mabuta na bo to yina ke vandaka bo mosi lenda baka ve bansangu mpi lenda zaba ve mutindu kuyela ya mambu ke salama na kati ya dibuta *tala Nsiku ya me fwana na kupesa lusadisu na bantu ya kele na mpasi, Kuwakana ya 4*.

Lusadisu yina ke katukaka na bima ya kuzingila: *tala Madia yina bo me bumba mbote mpi ya ke tunga nitu – Bima ya kuzingila, Nsiku ya 7.1 mpi 7.2, Mukanda MERS* mpi *Mukanda LEGS*.

Bupusi yina kisika bantu ke zingaka kele na yo: Bantu yina ke zingaka na ba camps ke vandaka na mfunu ya bankuni sambu na kulamba madia, diambu yai lenda sala nde bamfinda yina kele na babwala kuvanda diaka ve. Tadila mambu bonso, kukabisila bantu bankuni, banzungu mpi courant. Sala bitini ya bapapie sambu na kusadisa bantu na kukwenda na bisika ya mbote sambu na kubaka bima yango mpi na kupesa lutwadisu na bisalu yina ke zitisaka bisika yina bantu ke zingaka. Sosa kusoba mutindu ya ntama ya kusala mambu na yina me tala madia mpi binkuku yina ke bebisaka bisika yina bantu ke zingaka. Tula dikebi na kusoba ya bansungi. Tula dikebi ya mingi na bisalu yina ke pesaka lutwadisu sambu na ntangu ya fioti mpi yina ke salaka nde bigonsa yina mpasi ke nataka kuvandaka kibeni mingi ve. Mumbandu, kukita ya ntalu ya bangombe, lenda sala nde mambu ya me tala kuyuma ya masa kuvanda kibeni mingi ve *tala Bisika ya mbote ya kupema mpi banzo, Nsiku ya 7: Bisika ya mbote yina bantu ke zingaka*.

Nswa mpi kundima mambu: Bantu ke ndimaka kibeni na kukota na manaka kana kukota kele kuna kele mpasi ve mpi kana bo ke tula dikebi na mambu yina bo ke ndima. Beno lenda sadila mutindu ya kutala mambu yina ke tadila bantu yonso yina kele na mpasi sambu na kupesa bo lusadisu kukonda kuniokula bo. Ata mpidina, lusadisu ya nkaka na yina me tala kutanina madia ke tulaka dikebi ya mingi na bantu yina ke salaka mambu na mutindu ya mbote, mpi beno fwete pesa lusadisu na bantu yonso. Sambu na kununga bampasi yina kele na bimvuka yina kele na kigonsa, sala na kimvuka ti bantu yango sambu na kuvukisa bisalu mpi kuyidika mutindu ya mbote ya kupesa lusadisu.

6. Kupesa lusadisu ya madia

Kupesa lusadisu ya madia kele mfunu kana madia yango kele ya mbote mpi na kiteso ya kufwana, to kana madia kele mingi kibeni ve sambu kukonda kupesa nzila nde bantu kubela bamaladi, kufwa to kukuma kibuba ya ngolo. Yo ke tadila lusadisu yina kimvuka ya ke kwendaka kupesa lusadisu ke pesaka ya kutomisa madia na mutindu ya kufwana, na kutubila bantu mambu ya me tala kibuba mpi mpi mutindu ya kusadila madia yango. Mutindu yai ya kupesa lusadisu fwete tanina mpi kukumisa ngolo bima ya kuzingila ya bantu yina kele na mpasi. Na kati ya mambu ya me tala kukwenda kupesa lusadisu ya me tala kukabula madia, kupesa lusadisu ya mbongo, kupesa lusadisu na bima yina ke butaka mpi lusadisu na bazandu. Kana lukanu ya ntete-ntete yina kele na luyantiku ya mpasi mosi buna kele ya kulungisa na bampusa ya bantu, bimvuka ya ke kwendaka kupesa lusadisu fwete bumba mbote mpi kutanina bima ya bantu, kusadisa bantu na kuvutukila diaka bima na bo yina bo vandaka na yo na ntwala nde mpasi mosi buna kukumina bo mpi na kutomisa makuki sambu na bampasi yina lenda basika na bilumbu ke kwisa.

Kupesa lusadisu ya madia lenda vanda mfunu sambu bantu kukutana ve ti mambu ya mpasi, bonso kuteka bima yina bo basisaka na bilanga, kusala mingi kisalu ya bilanga to kubebisa ya bima ya lugangu to kubaka bamfuka mingi.

Kele ti bisadilu mingi kibeni yina bantu lenda sadila na bamanaka ya kukwenda kupesa lusadisu ya madia, beto lenda tanga:

- kukabisila bantu yonso bima ya kudia (kupesa bima ya kudia, mbongo sambu na kusumba bima ya kudia);
- bamanaka ya madia ya mingi sambu na bantu yonso;
- kupona bantu ya kuyika madia na kulandaka manaka; mpi
- bisalu ya ke talaka mambu ya madia mpi makuki yina bantu kele na yo, disongidila kukabula makuki mpi nzayilu.

Kukabula bima ya ke sadisaka bantu yina kele na yo mfunu. Kupesa diaka ve madia kana beno me mona bantu me kuma ti makuki ya kusala bo mosi madia na bo to ke sadila mitindu ya nkaka sambu na kuzwa madia. Kutindila bantu kima mosi buna lenda vanda mfunu, mumbandu, kupesa lusadisu ya mbongo to ya bima ya kuzingila.

Bantu yina kele ti bampusa mosi buna na yina me tala madia ya ke tunga nitu lenda vanda ti mfunu ya madia ya nkaka ya mingi na zulu ya madia yina bo ke pesaka bo. Yo ke tadila bana yina kele ti bangonda 6 tii na 59, minunu, bantu yina kele ti bifu na nitu, bantu yina kele ti Sida mpi bankento yina kele ti mavumu to ya ke nwisa bana mabele. Mbala mingi, kuvanda ti madia ya mingi kibeni lenda gulusa luzingu ya bantu. Madia yina bo ke pesaka sambu na diambu mosi buna fwete salama kaka kana bantu kele ve ti mukuki ya kulamba madia bo mosi. Yo lenda vanda mbote kaka na nima ya mpasi mosi buna, kana bantu ke kwenda bisika ya nkaka to kana mambu ya me tala lutaninu ke tula na kigonsa luzingu ya bantu yina ke kwenda kubaka madia yina bo ke katuka na babwala ya nkaka. Yo lenda sadisa mpi sambu na madia yina bo lenda pesa na banzo-nkanda ata bo lenda kabula madia yina me katuka bisika ya nkaka na banzo-nkanda. Kuvila ve nde bana yonso ve ke kwendaka na banzo-nkanda sambu na kubaka madia yina bo ke pesaka, yo yina beno fwete bumba madia ya nkaka sambu na kupesa na bana yina ke kwendaka ve na banzo-nkanda.

Kupesa lusadisu ya madia ke lomba mutindu ya mbote ya kulandila mambu ya me tala kubuma madia mpi makuki yina bantu kele na yo ya kulandila na mutindu ya mbote bima ya kuteka.

Kupesa lusadisu ya mbongo fwete vanda ya mbote mpi ya me fwana mpi kulandila mambu na mutindu ya mbote   *tala Kupesa lusadisu na bazandu.*

Kupesa lusadisu ya madia, Nsiku ya 6.1:
Bampusa ya bantu yonso ya madia ya ke tungaka nitu
Bampusa ya bantu yina kele na mpasi, mingi-mingi bantu yina lenda kutana ti bampasi yina bo me lungisila bo ntete bampusa.

Bisalu ya mfunu

1 ⟩ Sosa kuzaba kana madia ya mingi mpi ya kufwana kele.

- Sosa kutadila kiteso ya bima yina me bikala sambu na kuzaba kana yo me fwana to kana yo me kita.
- Sosa kutadila nswa yina bantu ya kele na mpasi kele na yo na bazandu.

2 ⟩ Pesa lusadisu ya mbongo mpi ya madia sambu na kulungisa bampusa ya me fwana na yina me tala *énergie*, *protéines*, mafuta mpi *micronutriment* na nitu ya muntu.

- Lamba madia na mpila nde bantu kusala luswaswanu na kati ya bampusa ya madia yina ke tungaka nitu mpi yina bantu lenda nata bo mosi sambu na kulungisa bampusa na bo.

3 ⟩ Tanina, pesa mpi sala na mpila nde bantu yina kele na mpasi kubaka madia yina ke tungaka nitu kukonda mpasi mpi lusadisu ya madia yina bo ke pesaka.

- Sala na mpila nde bana yina kele ti bangonda yantika na 6 tii na 24 kubaka madia yina bo ke pesaka kukonda mpasi mpi nde bankento yina kele ti mavumu mpi bayina ke nwisaka bana mpi kubaka lusadisu ya madia yina bo ke pesaka.
- Sosa kuzaba kana bantu yina kele ti maladi yina ke manaka ve, bantu yina kele ti SIDA to ti TB, minunu mpi bantu yina kele ti bifu na nitu ke bakaka madia yina ke tungaka nitu na mutindu ya mbote mpi ya me fwana kibeni sambu na bo.

Bimonisilu ya mfunu

Ntalu ya bana yina kele bibuba < yina kele ti bamvula kiteso ya 5 kana yandi kele nkento to bakala, kana yandi kele ti kifu na nitu kubanda na bangonda 24

- Sala mambu na kulandaka mutindu OMS ke salaka mambu (MAA, DAM-F).
- Sambu na yina me tala kutanga bantu yina kele ti bifu na nitu, beno lenda sadila mbandu yina UNICEF/Kimvuka ya Washington ke salaka mambu na yina me tala bana.

Ntalu ya banzo yina ke diaka madia na mutindu ya me fwana

- >35 %; >42 % kana bo pesaka bo mafuta ti sukadi

Ntalu ya banzo yina kele ti madia ya kufwana

- Bimvuka >5 ya madia ya me fwana yina bantu ke diaka mbala na mbala

Ntalu ya banzo yina bampusa ya madia yina ke pesaka ngolo kele kiteso ya 2 100 Kcal sambu na konso muntu mpi konso ntalu ya bansangu ya me lombama ya konso kilumbu yina ke lungisa bampusa ya bantu ya *micronutriment* yina kele na nitu

Banoti ya ke pesa lutwadisu

Sosa kuzaba kana madia kele: Tula dikebi na mambu ya luswaswanu, beto lenda tanga, kiteso ya madia ya bo me bumba mbote yina kele, nswa na bazandu, bima ya kuzingila, mavimpi mpi madia ya ke tungaka nitu. Kuzaba mambu yai ke sadisaka na kubakisa kana mambu ke kwendila mbote to ve mpi kana yo kele mfunu na kukwenda kupesa lusadisu ya madia. Sadila bima ya mfunu sambu na kuzaba mambu bonso ntalu ya bantu yina ke dia madia to ntalu ya madia ya nkaka.

Mutindu ya kukwenda kupesa lusadisu: Sadila mitindu ya kufwana sambu na kupesa lusadisu (mbongo, kitini ya papie yina ke pesa nswa to bima ya nkaka), to mutindu na bo ya kusala mambu na kimvuka sambu na kutanina mbote madia. Kana bo ke sadila lusadisu ya mbongo yina bo pesaka, sosa kutula bisika yina bo ta pesaka bantu madia sambu na kulungisa bampusa ya kibuka mosi buna. Sosa kuzaba mambu ya me tala bazandu sambu na kulungisa bampusa ya bantu na yina me tala madia mpi sadila bametode ya nkaka, disongidila kisadilu yina bo ke tadilaka mambu *"coût minimum d'une alimentation équilibrée"*.

Mutindu ya kubumba madia mpi madia ya mbote: Kele ti bisadilu mingi sambu na kuyidika mambu ya me tala madia, mumbandu NutVal. Sambu na yina me tala kuyidika madia sambu na bantu yonso ☉ *tala Appendixe 6: Bampusa ya madia.* Kana madia yina bo ke pesa kele ti bima yonso yina lenda pesa ngolo na nitu, bo fwete tula yo na kiteso ya kufwana ya nutriment. Kana madia yango ke lungisa kaka kitini mosi ya madia yina ke pesaka ngolo na nitu, bo lenda sadila yo na mitindu yai zole ya ke landa:

- Kana velere ya madia yina bantu kele na yo me zabanaka ve, bo fwete lamba madia na mpila nde madia yango kuvanda ti bima ya kufwana sambu na kupesa ngolo na nitu.
- Kana bantu me zaba valere ya madia yina bo kele na yo, madia fwete vanda kaka bonso kima yina ke sadisa sambu na kuyikama na zulu ya yina kele dezia mpi kulungisa bima ya nkaka yina kele ve na kati ya nutriment.

Bantalu yai ya ke landa na yina me tala bampusa ya fioti-fioti ya madia sambu na bantu, bo fwete sadila yo sambu na kulamba madia yonso mpi kuyidika yo na kutadila disolo yina yo ke tubila.

- Bantu 2 100 kcal konso kilumbu ti 10-12 % ya énergie ya kele na nitu yina protéine ke pesaka mpi 17 % yina mafuta yina ke vandaka na nitu ya muntu ke pesaka ☉ *tala Appendixe 4: Bampusa ya madia* sambu na kuzaba mambu mingi.

Sosa kuzaba mambu ya me mbote ya me tala madia yina ke tungaka nitu lenda vanda mpasi kana madia yango kele mingi ve. Tula dikebi na sel iodé, na niacine, na thiamine mpi na riboflavine. Na kati ya mambu ya me tala kutomisa madia ya mbote kele mpi kutomisa madia yina ke pesaka muntu ngolo na nitu, disongidila, kuyika bima ya nkaka yina ke tunga nitu ya muntu mpi yina ke pesaka bantu kikesa ya kusumba bima ya mbote yina bo ke tekaka na babwala na nsadisa ya kitini ya bapapie yina bo ke pesaka. Beno lenda kwenda kusosa lusadisu na bima ya nkaka yina ke tungaka nitu bonso des aliments à base lipidique, madia yina kele ti nutriment ya mingi na nitu, yina bo lenda sadisala, to yina ya mbuma to ya fufu yina kele ti ba *micronutriment* ya mingi. Zabisa ANJE-E sambu na kutubila dezia na bantu mambu ya me tala kunwisa bana mabele mpi mutindu ya kusala mambu ya me tala madia *tala Madia ya bo me bumba mbote, Nsiku ya 4.1 mpi ya 4.2: Madia ya babebe mpi ya bana fioti.*

Ntangu beno ke yidika mambu ya me tala madia, beno fwete kwenda kukutana ti kimvuka ya bwala sambu na kuzaba madia yina bantu ya babwala ke sepelaka na yo. Pona madia yina ta lombaka ve ntangu ya mingi sambu na kulamba yo kana bankuni ke monana ve. Kana bo me soba fioti madia, beno fwete pesa nsangu yango na bantu yonso na nswalu yonso sambu bo vanda ve ti kikenene mpi sambu mambu ya nku yina bo ke sadilaka bankento na banzo kuvanda kibeni ve sambu bantu ke tubaka nde bankento ke bumbaka madia ntangu bo ke lambaka yo. Zabisa na pwelele yonso ntangu kima ke basika sambu bantu kutubila yo ve na mutindu ya mbi, sambu basusi kuvanda kibeni ve mpi sambu na kusadisa bantu yina kele na banzo na kubaka lukanu ya me fwana.

Kuwakana yina kele ti bamanaka ya ke talaka mambu ya mavimpi: Kupesa lusadisu ya madia lenda tanina madia sambu mavimpi ya bantu yina kele na mpasi kubeba ve, mingi-mingi kana yo me salama na bangidika ya me tala mavimpi ya bantu yonso yina lukanu na yo kele ya kutanina bantu na bamaladi bonso kesesi, malaria mpi *microbe parasitaire tala Mambu ya me tala mavimpi, Nsiku ya 1.1.: Lusansu ya me fwana* mpi *Maladi ya nsambukila, Nsiku ya 2.1.: Bangidika*.

Kulandila mutindu bantu ke sadilaka madia: Bima ya ke salaka ngolo na mambu ya me tala madia kele kuvanda ti nswa na madia, kansi yo ke lomba ve kutesa madia yango. Ngidika mosi na yina me tala madia yina me lungana ve. Mutindu ya mbote ya kusadila lukanu mosi buna yina salamaka na banto ya luswaswanu kele bonso kulandila mambu yina kele mpi mutindu ya kusadila madia na nzo, kutadila ntalu ya madia yango mpi kana madia mpi bankuni ya kulambila na kinkuku kele na bazandu yina kele na babwala. Na kati ya mambu ya nkaka ya ke tadilaka kulonguka mambu ya me tala mutindu mambu yango kele mpi mutindu ya kukabula madia yina bo ke pesaka.

Kimvuka yina kele na kigonsa: Ntangu beno ke tendula malombo yina ke pesaka nswa sambu na madia yina bo ke pesaka, beno fwete kwenda kukutana ti bimvuka ya nkaka ya luswaswanu sambu na kuzaba bampusa yonso yina bantu lenda konda kutudila dikebi. Tanga mpi madia yina bo me sala mpi yina bo me ndima bonso madia yina bo me sala sambu na bana ya fioti yina kele ti bangonda yantika na 6 tii na 59 na ntangu ya kupesa madia sambu na bantu yonso. Bimvuka ya bantu yina me fwana na kutudila dikebi kele: minunu, bantu yina kele ti SIDA, bantu yina kele ti bifu na nitu mpi bantu yina ke pesaka lusadisu na bantu yina ke bela.

Minunu: Maladi mosi buna ya ke manaka ve mpi kifu mosi buna na nitu, kuvanda na kingenga, dibuta yina kele ti bantu mingi, madidi mpi kinsukami lenda sala nde bantu kubaka ve madia mpi kumatisa mpusa ya nutriment. Minunu kele ti nswa ya kubaka madia na bisika yina bo ke pesaka yo mpi na bisika yina bo ke tekaka yo. Bantu fwete lamba madia yango mpi kudia yo kukonda mpasi mpi yo fwete pesa bantu protéine mpi *micronutriment* ya mingi na minunu.

Bantu yina kele ti SIDA: Bantu yina kele ti SIDA lenda kuma bibuba kukonda mpasi. Yo lenda vanda sambu na mambu bonso kukonda madia ya kufwana, mutindu ya mbi ya kubumba nutriment na nitu, muntu lenda soba mpila yandi vandaka ntete, bamicrobe yina ke manaka ve mpi bamaladi ya nkaka. Bampusa ya bantu yina kele na SIDA ke kumaka kaka mingi na kutadila kiteso ya microbe yina kele. Kututa madia mpi kukumisa madia mbote mingi kuluta, kubaka bangidika sambu na kutomisa madia ya nkaka ya me fwana yina ke tungaka nitu. Na mambu ya nkaka, yo lenda vanda mfunu na kupesa bantu madia kiteso ya kufwana na madia yonso yina bo ke pesaka. Tinda bibuba yina kele ti SIDA na bisika yina kele ti bamanaka ya madia ya kufwana kana mpila kele.

Bantu yina kele ti bifu na nitu, mingi-mingi bantu yina ke niokwama na mabanza, na ntangu ya mpasi mosi buna bo lenda kuma kuzinga ve kisika mosi ti dibuta na bo to minganga yina ke sansaka bo. Bo lenda vanda mpi na kati ya bantu yina bo lenda sadila mambu kukonda luzitu. Pesa bantu madia, madia yina ke tunga nitu mpi yina kele ti nutriment ya kufwana mpi tula bima yina ta sadisaka sambu na kupesa lusadisu ya madia, ke salaka na mpila nde bigonsa yango kuvanda kibeni mingi ve. Beno lenda pesa mixeur, balutu mpi nianga to kubaka bangidika ya kukwendaka kutala bo na banzo. Ata mpidina, tula dikebi sambu na kuzaba nde bana yina kele ti bifu na nitu mingi na kati na bo ke kwendaka ve na banzo-nkanda mpi mbala mingi bo ke vandaka ve na bamanaka ya ke talaka mambu ya madia yina banzo-nkanda ke pesaka.

Bantu yina ke pesaka lusadisu: Yo kele mfunu kibeni na kusadisa bantu yina ke pesa lusadisu na bantu ya kele na mpasi. Bantu yina ke pesaka lusadisu lenda kutana ti mambu ya nkaka ya mpasi na yina me tala madia na bo. Mumbandu, bo lenda vanda ti ntangu fioti kibeni sambu na kukwenda kusosa madia sambu bo kele ya kubela to sambu bo ke kengila bantu yina ke bela. Yo yina, bo fwet baka bangidika ya me fwana na yina me tala bunekete. Mbala ya nkaka, bo kele ti bima ndambu mpamba yina bo lendaka kupesa na kisika ya diambu mosi buna na yina me tala lusansu to mbongo sambu na matanga. Bo lenda kuma mpi ti bandilu na na bima yina ke pesaka lusadisu na kimvuka mosi buna. Beno fwete kudipesa mingi na Internet sambu na kupesa formasio na bantu ya nkaka yina ke pesaka lusadisu na bantu yina ke bela.

Kupesa lusadisu ya madia, Nsiku ya 6.2:
Madia ya mbote, ya me fwana mpi
yina bantu ke sepela na yo

Madia yina bo pesaka kele ya mbote, ya me fwana mpi yina bantu lenda yantika kusadila yo na mambu ya me tala madia mpi na mutindu ya mbote.

Bisalu ya mfunu

1 ⟩ Pona bima yina ke wakana na kutadila bansiku ya bainsi na beno mpi insi yina bo ke yambaka bantu mpi na bansiku ya nkaka ya mbote yina me zabanaka tii na bainsi ya nkaka.

- Salaka bateste mbala na mbala sambu na kuzaba kiteso ya madia yina me bikala na bisika yina bo ke bumbaka yo.
- Sosa kubakisi mpi kuzitisa nsiku ya insi na beno na yina me tala kuzwa bima mpi mutindu ya kusadila binama ya nitu na nge kana bo me yidika mutindu ya kusadila madia yina me katuka na babwala ya nkaka.

2 > Pona bima ya mbote ya kukangila madia.

- Tula bidimbu yina kele ti dati yina bo salaka yo, insi yina yo me katuka, dati yina yo ta beba to dati ya nsuka ya kusadila yo, mutindu bo salaka madia yango yina ya ke tunga nitu mpi malombo yina forma sambu na kinkuku mpi yina kele na ndinga yina ke tubamaka na insi na beno, mingi-mingi sambu na madia yina bo me zaba ve mbote to yina bo ke sadilaka kibeni ve.

3 > Tadila nswa yina bantu kele na yo na masa, na bankuni, na bisadilu ya kinkuku mpi na bima ya kubumba madia.

- Pesa madia ya mbote yina bantu lenda dia na ntangu ya mpasi mosi buna ke salaka na mpila nde bima ya kinkuku kumonana diaka ve.

4 > Pesa nswa na bisadilu ya mbote sambu na madia to na mutindu ya kusala mambu kana bo me kabula céréale ya mbuma.

- Katula badepensi ya bantu yina fwete baka yo na nsadisa ya mbongo to ya bitini ya bapapier yina bo k pesaka to na kusadilaka kima yina bo ke sadilaka kibeni ve sambu na kupesa bambuma to bisadilu sambu na madia ya nkaka.

5 > Nata mpi bumba madia na mitindu ya mbote.

- Zitisa nsiku na yina me tala mutindu ya kulandila bima yina me bikala, mpi na kusosaka kuzaba kana madia yina me bikala kele ya mbote.
- Tesa kitesu ya kufwana mpi kusobaka ve mutindu yo kele mpi bametode sambu na bangidika yina ke bakama na ntangu ya projet mosi buna ke salama.

Bimonisilu ya mfunu

Ntalu ya bantu yina kele na mpasi yina bidimbu ke monisa nde madia yina bo pesaka kele ya mbote mpi na kutadila mambu yina bantu na babwala ke zolaka

Ntalu ya bantu yina kele na mpasi ya ke monisa nde bima yina ke sadisaka na kubaka madia ya kufwana kele ya mbote

Ntalu ya banzo yina ke monisa madia yina bo bakaka bo lenda lamba yo kukonda mpasi to kubumba yo

Ntalu ya bantu yina ke bakaka bima yango yina ke tubilaka na nima mambu yina bo ke monaka na yina me tala madia yina bo bakaka

- Bo ke landilaka mbote kibeni mambu yina bantu ke tubaka mbala na mbala mpi ke bakaka na nswalu yonso mvutu ya le fwana.

Ntalu ya madia yina bebaka yina manaka mpi ke tubila yo

- Kiteso ya <0,2 % na tonnes.

Banoti ya ke pesa lutwadisu

Madia ya mbote: Madia fwete vanda na kutadila bansiku yina bamfumu ya leta ya insi yina ke yambaka bantu me tulaka. Madia fwete vanda na kutadila bansiku ya *Codex alimentarius* samu na yina me tala madia ya mbote, ya me fwana, mpi mambu yina me fwana na yina me tala disolo yina me fwana. Kana madia kele ve na kiteso ya me fwana sambu na kusadila yo na mutindu ya me fwana mpi bantu ke sadilaka yo kibeni ve. Yo kele mbote ata yo me fwana kibeni nde bantu kudia yo. Mumbandu: farine ya mbote lenda lunga to ve sambu na kusala mampa na banzo ata yo me fwana kibeni ve sambu na kudia. Madia yina ke katukaka na babwala ya nkaka to yina bo ke sumbaka na bwala fwete vanda ti kidimbu ya ke ya mukanda *phytosanitaire* to mikanda ya nkaka ya ke monisaka nde bo tadialaka dezia mbote madia yango. Bo fwete zitisa mutindu ya kusala mambu na bima yina bo ke salaka na kuwakana ti madia mpi kuzitisa mutindu ya kusala mambu ya me fwana kibeni. Zikisa nde bantu yina ke landilaka mambu ya me tala madia ya mbote ke landila kiteso ya madia ya mingi yina bo bumbaka mpi bo ke bingaka bo kana bantu kele ti badute na yina me tala madia ya mbote.

Sala na mpila nde bamfumu ya leta ya insi yina ke yambaka bantu kuvanda mpi na kati ya mambu yango kana mpila kele. Baka bansangu na yina me tala dati mpi kiteso ya bima yina yo ke lomba kupesa bantu na kutadila mukanda yina bo ke tindaka ti madia yango kana yo me katuka bisika ya nkaka, rapore ya kusosa kuzaba kana madia yango kele ya mbote, kana yo kele ti bidimbu yina ke vandaka na bima yango mpi na barapore ya ke vandaka na bisika yina bo ke bumbaka bima. Baka bansangu ya me fwana na yina me tala mukanda ya kulandila mambu yina bamfumu pesaka sambu na kundimisa nde madia kele ya mbote to ve kele ya kubeba.

Sosa kutadila kana mambu ya me tala madia kele na bazandu ya babwala, ya bambanza to ya bainsi ya nkaka. Kana madia me katuka na babwala, yo fwete lungisa malombo yina ke tadilaka ntangu ya mingi yina yo fwete sala mpi kukonda kutula ntima mingi na mambu ya lugangu yina kele na babwala to kuvwalangasa mambu ya me tala bazandu. Sadila mambu ya nkaka yina me simbama na madia yina bo bumbaka ntangu bo vandaka kuyidika manaka.

Kukanga madia: Kana bima ya nkaka me vila na bisika yina bo ke bumbaka yo to na bisika bo ke kabisaka yo, beno fwete zabisa na nswalu kibeni. Kana bima ya nkaka me vila, yo lenda vanda na mutindu ya mbi yina bo tulaka yo na ntangu ya kukabula yo. Malombo yango fwete vanda ya mbote kibeni mpi yina bantu lenda sadila na mutindu ya kufwana, kubuma mpi kukabula bima yango. Bo fwete sadila yo na bantu yina kele minunu, bana mpi bantu yina kele ti bifu na nitu. Ata mpidina, malombo fwete pesa nzila sambu na kukabula madia na mutindu ya mbote, kukonda kukanga yo diaka. Bima yina bo ke kangilaka madia fwete vanda ve ti zina ya kimvuka mosi buna ya politike to ya dibundu.

Bima yina bo ke kangilaka madia fwete nata ve mambu ya nkaka , bimvuka yina ke kwendaka kupesa lusadisu kele ti mukumba ya kukengila na mpila nde bisika yina bantu ke zingaka kubeba ve ti bima yina bo ke kangilaka madia yina bo kabisilaka bantu to yina bo sumbaka na mbongo.

Sadila bima yina bo ke kangilaka madia na kiteso ya kufwana mpi na bima ya kufwana yina kele na babwala, kana mpila kele na kusalaka ti kimvuka yina ta salaka na kuwakana ti bamfumu ya leta mpi bantu yina ke salaka bima yina bo ke kangilaka bima na babwala. Pesa bima yina bo lenda sadila diaka, kuvukisa to kusalulula diaka ya nkaka. Katulaka bima ya mvindu yina bima yango ke yambulaka sambu na kukonda kubebisa bisika yina bantu ke zingaka. Mumbandu, bisadilu yina bo lenda sadila yina kele ya aluminium, lenda lomba kubaka bangidika ya me fwana sambu na kukatula bima.

Kana bima yango yina ya bo ke kangilaka madia ke kuma kaka mingi, salaka mbala na mbala manaka ya kampanie sambu bimvuka kutulaka bunkete. Bakampanie yango fwete vanda na kati ya bima yina ke salaka nde bimvuka kuzaba mpi kisalu ya kuzabisa bantu kansi ve ya munsiku yina ke tubaka nde "kupesa muntu mbongo na kutadila mingi ya kisalu yina yandi me sala"   *tala WASH, Kulandila bima ya mvindu, Nsiku ya 5.1 tii na 5.3.*

Kupona madia ya me fwana: Ata malombo ya ntete ke vandaka kupesa madia ya ke tunga nitu na ntangu ya bo ke pesa lusadisu ya madia, yo ta lomba mpi nde bima yina beno ke pona kuvanda yina bantu ke sepelaka na yo. Bo fwete zitisa mambu ya me tala mabundu mpi binkulu, mingi-mingi na yina me tala mambu ya mpasi na ntangu ya kukabula madia yina ke tadila bankento yina kele ti mavumu to ya ke nwisa bana mabele. Sosa kukutana ti bamama mpi bana bankento sambu na kupona madia yina me fwana kibeni sambu bantu yina ke lambaka madia. Pesa lusadisu na bankaka, na batata yina ke sansaka bana bo mosi sambu kubaka madia yina bo ke pesaka lenda vanda mpasi sambu na bo.

Na bambanza ya nkaka, bantu na banzo ke vandaka ti madia ya kuswaswana kuluta na babwala ya nkaka, kansi, bo lenda tula bandilu na mingi ya bima yina bo fwete baka mpi bantu fwete vanda na mfunu ya madia ya mutindu ya nkaka yina ke tunga nitu.

Madia ya babebe: Miliki yina bo me sala, miliki ya fufu, miliki ya masa to bima ya nkaka yina bo salaka na miliki ya masa, bantu lenda kabula yo ve na mutindu ya luswaswanu ntangu bo ke kabisila bantu madia. Bima yai bo fwete kabula yo ve na yina me tala manaka ya kupesa madia ya nkaka yina bo lenda nata na banzo   *tala Madia sambu na babebe mpi bana ya fioti , Nsiku ya 4.2.*

Bankeni ya kufwana: Kana bantu kele ti bamasini yina ke nikaka bima, beno lenda pesa bo *céréale* ya kufwana. *Céréale* ya kufwana ke salaka bantangu mingi kibeni kuluta *céréale* ya nkaka mpi yo lenda vanda na valere ya mingi na bantu yina ta baka yo, yina kele na kati ya manaka.

Pesa bantu bima yina ta sadisaka bo sambu na kuteka bima na ntalu ya mbote kibeni na yina me tala kukatula ba germe, mafuta mpi enzyme yina ke yikaka acide na nitu ya muntu. Bima yina ta sadisaka bo sambu na kuteka bima na ntalu ya mbote kibeni ke yedisaka ntangu yina yo ta baka sambu na kubumba yo ata yo ke salaka na mpila nde protéine kuvanda diaka kibeni ve. Beno fwete bumba masangu kaka na bamposo sambanu tii na nana, bo fwete tadila yo mbote na ntwala ya kusadila yo. Masangu yina bo ke bingaka nde moulus ke bakaka ntangu fioti kibeni sambu na kulamba yo. Mambu yina ke lombamaka sambu na kulamba yo, mbala ya nkaka yo lenda tula bamama mpi bana bankento na kigonsa ya kukonda kusadila yo mbote. Sala na kimvuka ti bamama mpi bana sambu na kuzaba bigonsa mpi bangidika ya kubaka, mumbandu na kupesaka maboko na bamasini yina bankento ke sadilaka.

Kubumba mpi kulamba madia: Kisika ya kubumba madia fwete vanda ti bupusi na madia yina yo ke lomba kupona. Sosa kuzaba kana bantu yina ke bakaka lusadisu yina kimvuka ke pesaka ke zabaka mutindu ya kutina bigonsa lenda tula mavimpi ya bantu yonso, na kigonsa yina me simbama na madia yina bo ke lambaka. Pesa bantu bikalangu ya mbote to bima yina bo lenda sadila na courant sambu yo bebisa ve bisika yina bantu ke zingaka.

Bisika yina bo ke bumba bima fwete vanda ya kukawuka mpi ya bunkete, yina bo me tanina mbote mpi yina bima yango lenda baka ve maladi mosi buna to bamaladi ya nkaka. Tanina mbote bisika yina bo ke bumbaka bima sambu na baniama mpi bampuku. Kana mpila kele, beno lenda zabisa *ministère de la Santé* sambu na kuzaba kana madia yina bo ke pesaka na bantu yina ke tekaka mpi na bantu yina ke sumbaka kele ya mbote kibeni.

Kupesa lusadisu ya madia, Nsiku ya 6.3:
Kuzaba kisika ya kukabula mpi ya kupesa bima
Kukabula mpi kuzaba kisika yina bo ke pesaka lusadisu ya madia ke lungisa bampusa ya bantu na ntangu ya kufwana, lusadisu yango kele ya mbote mpi ya me fwana kibeni.

Bisalu ya mfunu

1 ⟩ Sosa kuzaba bantu yina fwete baka lusadisu ya madia na kutadila mpusa na bo mpi na kusala na kuwakana ti bimvuka ya nkaka yina diambu yango ke tadila.

- Pesa basangu ya pwelele mpi na meso ya bantu yonso na yina me tala bametode yina bo ke sadilaka sambu na kuzaba bisika, yo yina beno fwete lomba nswa yina bantu ya ke bakaka lusadisu yango to ve sambu bantu kutombuka ve mpi sambu yo pesa ve mpasi na bantu ya nkaka.
- Kana mpila kele, beno lenda yantika dezia kusonika bazina ya bantu yina fwete baka madia mpi kutadila diaka lisiti yango bantangu ya nkaka kana mpila kele.

2 ⟩ Vukisa bametode ya mutindu ya kukabula madia to bima yina ke sadisaka na kutinda mbongo mbala mosi yina kele ya mbote, ya kukuka, ya me fwana mpi yina bantu lenda sadila na ntangu ya nda.

- Kwenda kukutana ti bankento mpi babakala, batoko mpi pesa kikesa na bimvuka yina lenda kutana ti mambu ya mpasi.

3 ⟩ Pona mutindu ya kutula bisika ya kukabula mpi ya kupesa madia na mpila nde bantu kubaka yo na kukonda mpasi, na mutinu ya mbote mpi ya me fwana.

- Sala na mpila nde bantu yina ke kwendaka kubaka madia na bisika yina bo ke kabulaka kuvanda kibeni ve na kigonsa na kulandilaka mbala na mbala na kisika yina bo ke kabulaka madia mpi na kulandilaka mbote kana bo kele kibeni na lutaninu.

4 ⟩ Zabisa na ntwala bantu yina ta baka lusadisu na mutindu mambu fwete salama mpi badati yina bo fwete kwenda kupesa madia yango, na yina me tala madia ya mbote mpi ya mingi yina fwete pesama, ntalu ya mbongo mpi yima ya nkaka yina ke lomba kubaka.

- Yidika mbote mutindu ya kupesa lusadisu yina ke zitisa kibeni mutindu ya kupesa ntangu ya kusala kisalu mpi bantangu yina bantu ta sala sambu na kukuma na kisika yango mpi kana mpila kele pesa na nswalu kibeni lusadisu na bimvuka yina kele na kigonsa.
- Tendula mpi tula bima yina ta sadisaka sambu na kupesa bansangu ya kimvuka na ntwala ya kupesa bantu madia yango.

Ntalu ya bifu yina salamaka na kutadila bisika yina bo me tulaka

- Lukanu <10 %

Kitamina yina kele yantika na nzo tii na bisika yina bo ke kabulaka madia to na bazandu (na yina me tala bitini ya bapapie yina bo ke pesaka to mbongo)

- Lukanu, bakilometre <5

Ntalu ya bantu yina vandaka (na kutadila mvula na bo, kana bo vandaka bankento to babakala mpi kana bo vandaka ti bifu na nitu) yina ke zabsia mambu ya mpasi yina bo kutanaka na yo na yina me tala kukonda lutaninu yina bo vandaka na yo na ntangu ya kukwenda kisika yina bo ke pesaka madia to na ntangu ya bo vandaka kuvutuka na banzo na bo to ntangu bo vandaka pana na kisika yina bo ke pesaka bantu madia

Ntalu ya mambu yina bo me zabisa na yina me tala kuvukisa nitu ti bankento na ngolo mpi kubebisa bo na ntangu ya kukabula madia

Ntalu ya mambu yina bo me zabisa na yina me tala kuvukisa nitu ti bankento na ngolo mpi kubebisa bo na ntangu ya kukabula madia yina bamfumu ke na kulandila diambu yango

- 100 %

Ntalu ya banzo yina kele ti makuki ya kutubila banswa yina bo kele na yo ya kubaka lusadisu ya madia yina bo ke pesaka

- Lukanu: >50 % ya banzo yina me zabana

Kuzaba bisika: Sala na mpila nde bisadilu mpi bametode sambu na kuzaba bisika kusalama na kutadila disolo yina bo ke tubila. Kuzaba bisika yina me fwana fwete salama kaka ve ntangu mpasi mosi buna me kumina bantu kansi yo fwete salama na ntangu yonso yina bo ke pesaka lusadisu. Sosa kuzaba mambu yina lenda nata bampasi, yina lenda vwalangasa mambu to yina lenda sala nde bima kubeba mpi mukumba mosi ya mpasi. Na ntangu ya kupesa nswalu lusadisu, bo lenda ndima bifu ya nkaka yina lenda salama kukonda kuzaba ne kisika ya kundima bifu yina zabanaka dezia na ntangu ya kupesa lusadisu. Kupesa bima ya kudia na ntangu ya mpasi mosi buna me kumina banatu lenda vanda mfunu kana banzo yonso me kutana ti diambu ya mutindu mosi na yina me tala madia to kana yo lenda vanda mpasi sambu na nzo mosi buna na kutadila bampasi yina bo kutanaka na yo.

Bana yina kele ti bangonda yantika na 6 tii na 59, bankento yina kele ti mavumu mpi bayina ke nwisaka bana, bantu yina kele ti Sida mpi bimvuka ya nkaka yina lenda baka maladi kukonda mpasi, bo lenda tadila mambu na bo na mutindu ya nkaka sambu na kubaka lusdisu ya madia yina bo ke pesaka to bo lenda sadila mayele ya nkaka sambu na kubaka bangidika mpi mutindu ya kusadila bantu yina kele bibuba mambu. Sambu na bantu yina kele ti Sida, yo ta sadisa na kuyedisa konso kilumbu bakalori yina kele na nitu na bo mpi kutomisa makuki yina nitu na bo kele na yo na maladi mosi buna.

Bamanaka yonso yina me zabana fwete sala ngolo na kutanina bantu na konso mutindu yina ya kusadila bo mambu ya nku. Mumbandu, bantu yina kele ti Sida lenda vanda mpi na ndonga ya bantu yina bo ke pesaka bima, yina ke belaka maladi yina ke manaka ve ntangu bo ke kwendaka kupesa lusadisu mpi lusadisu to lusansu yina bo ke bakaka na baopitale yina ya fioti. Beno lenda tula ve ata fioti lisiti ya bazina ya bantu yina kele ti Sida na meso ya bantu yonso, mpi na mambu mingi, bamfumu ya bimvuka fwete sala bo bonso bantu yina bo me tulaka sambu na kuzaba bantu yina kele ti Sida.

Bantu ya bisalu mpi bimvuka yina ke zabaka bisika bantu kele: Sosa kusolula mbala mosi ti bimvuka mpi bantu yina kele na mpasi na kati ya kimvuka, kukonda kulanda mawi na bo. Tula bantu yina ta zabaka bisika yina bantu kele ti bimvuka ya bamfumu bonso:

- bankento mpi bana bankento, babakala mpi bana babakala, minunu mpi bantu yina kele ti bifu na nitu;
- bimvuka yina bantu ya babwala ponaka, bimvuka ya bankento mpi bimvuka yina ke kwendaka kupesa lusadisu na bantu ya kele na mpasi;
- ONG yina kele na bainsi na beno mpi na bainsi ya nkaka;
- bimvuka ya batoko; mpi
- babiro ya bamfumu ya leta yina kele na babwala na beno.

Mambu ya kusala sambu na kusonikisa zina: Yo lenda vanda mpasi kibeni na kusobikisa zina ya muntu, mingi-mingi kana yandi kele ve ti mikanda yina ke monisa kimuntu na yandi. Yo lenda vanda mfunu na kuvanda ti lisiti ya banzo ya bamfumu ya babwala na beno me pesa bo mosi kaka kana mutindu ya kutadila mambu kundima kibeni lunungu mpi kukonda kupona-pona. Siamisa bankento yina kele na mpasi na kudikotisa na mambu ya me tala kusonikisa bazina. Sonika bazina ya bantu yina kele na kigonsa na kati ya balisiti ya bantu yina bo fwete pesa madia.

Kana yo lenda vanda mpasi kusonikisa bazina ya bantu kaka na luyantiku ya mpasi mosi buna, beno lenda sala yo kana mapsi yango me mana. Tula bima yina ta sadisaka na kupesa bansangu ya mutindu bantu ke sonikisa bazina, yina bantu yonso ya kele na mpasi salaka yo, beto lenda tanga bankento, bana bankento, minunu mpi bantu yina kele ti bifu na nitu. Bankento kele ti nswa ya kusonikisa bazina kaka na bazina yina bo kele na yo. Kana mpila kele, beno lenda kwenda kukutana ti babakala mpi bankento na mutindu ya kukabwana na yina me tala kupona muntu yina ta kwendaka kubaka mbongo yina bo ke pesaka na zina ya nzo ya bantu yina me tinda yandi. Beno fwete tadila mbote kibeni bigonsa na ntwala ya kusala mutindu yai.

Baka bangidika ya kufwana sambu na mabuta yina ke vandaka kaka ti kibuti mosi, mabuta yina bamfumu ya dibuta kele mwana to toko, mpi bana yina ke vandaka ve kisika mosi ti mabuta na bo to bana yina ke vandaka bo mosi na mpila nde bo baka bima yina bo ke pesaka na zina ya mabuta na bo. Sala opitale mosi ya fioti na lweka ya kisika yina bo ke kabisaka bima sambu na kusansa bana yina mabuta na bo kele kaka ti kibuti mosi mpi bankento yina kele ti bana ya fioti kibeni na kubaka bima yina bo ke pesaka kukonda kuyambula bana na bo mosi kukonda lutaninu. Kana kele ti banzo yina bakala mosi kele ti bankento zole to mingi, beno fwete pesa konso nkento bima ti bana na yandi.

Kupesa bantu bima ya "mubisu": Kimvuka yina ke kwendaka kupesa lusadisu ya madia mbala mingi bo ke pesaka madia ya mubisu sambu bantu kukwenda kulamba yo bo mosi na banzo na bo. Beno fwete pesa madia kaka na bantu yina kele ti bakarti na bo mosi to ya dibuta na bo ya mvimba, na mfumu ya kimvuka mosi ya mabuta, na bamfumu ya babwala to na bankento yina kele bamfumu to na bamfumu yina ke kabulaka bima yina me zabanaka na kimvuka mosi buna. Beno fwete tula dikebi na bisika yina bo ke kabulaka bima na kutulaka dikebi na mingi ya bima mpi na makuki ya bantu yina fwete baka yo mpi makuki yina bo kele na yo ya kunata bima yango na banzo na bo kukonda mpasi. Lusadisu ya kufwana fwete pesama sambu na kuzikisa kibeni nde minunu, bankento yina kele ti mavumu mpi bayina ke nwisaka bana, bana yina ke vadnaka ve ti mabuta na bo to ke zingaka bo mosi, bantu yina kele ti bifu na nitu kubaka bima na bo mpi kubumba yo bo mosi. Beno lenda zabisa bantu ya

Kupesa bantu bima ya "bo me lamba dezia" yina bo me tula na kati ya binzanza: Mumbandu na mambu ya nkaka na luyantiku ya mpasi mosi buna, beno lenda pesa bantu madia yina bo me lamba dezia to madia yina bo lenda dia mbala mosi. Bo lenda songa bantu kisika madia yango kele kana bo me kwenda bisika ya nkaka to kana bo me mona nde bo lenda yiba bo madia yango kana bo nata yo na banzo, bo lenda sadila bo mambu ya nku, kuvukisa nitu ti bankento na mutindu ya mbi to kubebisa bo. Kana mpasi mosi buna me kumina balongi, beno lenda sadila madia yina beno ke pesaka na banzo-nkanda sambu na kupesa bo.

Bisika yina bo ke kabulaka bima: Ntangu beno ke pona kisika sambu na kutula kisika yina bo ta kabisaka madia, beno fwete tula dikebi na mutindu kisika yango kele mpi kusosa kupesa nswa sambu na lusadisu ya fioti, bonso masa ya mbote ya kunwa, ba WC, baopitale, bisika yina kele ti madidi ya kufwana mpi bisika ya mbote ya kupema, bima bisika yina kele na lutaninu sambu na bankento mpi bana. Beno fwete tula dikebi ntangu basoda ke kwisaka mpi ntangu bisalu ya basoda ke salamaka na mpila nde bigonsa kuvanda kibeni ve sambu na bantu yina kele ve basoda mpi kusala na mpila nde bantu kubaka lusadisu na lutaninu kibeni. Beno fwete tula bidimbu na banzila yina ke nataka na bisika yina bo ke kabulaka madia na mpila nde bantu kumona yo pwelele kibeni, bo lenda kwenda kukonda mpasi mpi nzila yango yina bantu yina ke salaka na kimvuka ya ke kabulaka bima ke kwendaka. Tula dikebi na mambu ya mfunu mpi na ntalu ya mbongo yina yo ta lomba sambu na kunata bima yango   *tala Munsiku yina ke tanina bantu ya 2*.

Baka bangidika sambu na kukwenda kupesa lusadisu na bantu yina kele ntama kibeni ti kisika yina bo ke kabulaka madia to bantu yina kele ve ti makuki ya kukwenda bisika yango. Kutula bisika ya kukwenda kupesa lusadisu ya madia kele mfunu mingi sambu na bantu yina bo ke tudilaka kibeni ve dikebi mpi na bantu yina kele na mpasi. Zikisa kana bo tulaka bisika yina bo ke pesaka bantu madia na babiro yina bantu ke salaka.

Manaka ya kukabula madia: Sala *horaire* ya mbote ya kukabula madia sambu na kusadisa bantu na kukwenda na bisika yina bo ke kabulaka madia na ntangu ya mbote mpi kuvutuka na banzo na bo na ntangu. Kusala ve mambu yina lenda pusa bantu na kulala na nganda na bisika yina bo ke kabulaka madia sambu yo lenda tula luzingu na bo na kigonsa. Yidika mutindu ya kukabula madia sambu na kukonda kuyangisa bisalu yina bantu ya nkaka ke salaka konso kilumbu. Tula bima yina ta sadisaka sambu na kupesa na nswalu kibeni madia na bimvuka yina kele na kigonsa, mpi tula biro ti muntu mosi yina ta salaka kuna sambu na kusonikaka bazina ya bana yina ke zingaka ve kisika mosi ti mabuta na bo to ke zingaka bo mosi. Zabisa bantu na ntwala na nzila ya radio to ya telefone horaire yina beno me basisa sambu na kukabula madia.

Lutaninu na ntangu ya kupesa madia, bapapie yina ke pesaka muntu nswa, mpi mbongo: Baka bangidika sambu na kutanina bantu yina ke pesaka bantu madia na bigonsa. Yo ke tendula, kulandila mbote kibuka ya bantu, bantu ya kisalu yina bo pesaka formasio ya mutindu ya kukabula madia na bantu, mpi kutanina bisika yina bantu ke bakaka madia na kimvuka ya bantu yina kele na mpasi. Kana mpila kele, beno lenda binga bapolisi. Zabisa bantu ya kisalu mpi bamfumu ya basoda balukanu yina bo kele na yo sambu na kutinda madia. Yidika kisika ya mbote ya kupesa madia na minunu, na bantu yina kele ti bifu na nitu mpi na bantu yina ke belaka maladi mosi buna. Zabisa na bimvuka yonso yina ke pesaka bantu madia bansiku ya bikalulu ya mbote, tanga mpi kupesa ndola ya me fwana na muntu yina me vukisa nitu ti nkento na ngolo mpi me bebisa yandi. Diaka, yo lenda vanda bankento yina ke kengilaka bima ya kudia yina bo ke tindilaka bantu ya kele na mpasi ntangu bo ke tululaka yo na bakaminio, kukotisa ndinga, kukwenda kupesa lusadisu mpi kulandila mambu na ntwala nde bo pesa bantu bima ya kudia ⊙ *tala Nsiku ya me fwana sambu na kupesa lusadisu na bantu ya kele na mpasi, Kuwakana ya 7.*

Kupesa bansangu: Pesa bansangu ya me tala madia na bisika yina bo ke kabulaka madia, na bandinga to na format yina lenda sadisa bantu ya ke zabaka mbote ve kutanga to kusolula na kubaka bansangu yango. Beno lenda sonika message na papie, kukotisa ndinga, kutinda sms sambu na mambu yai:

- kuyidika mambu ya me tala madia, kuzabisa bantu mingi mpi madia yina bo fwete kabisa, to ntalu ya mbongo mpi bima yina bo fwete baka;
- bikuma yina me sala nde bo soba diambu mosi buna na kutadila lukanu yina bakamaka (kilumbu, ntangu, mingi, bima mpi mambu ya nkaka);
- mutindu kukabula madia;
- madia yina kele ya mbote kibeni, mpi bangidika ya me fwana yina bantu fwete baka sambu na kutanina valere ya madia yina ke tungaka nitu;
- bansiku ya kuzitisa sambu na kusala mpi kusadila madia na lutaninu yonso;
- bansangu ya me fwana na mutindu ya kusadila madia sambu na bana; mpi
- bima yina ke sadisa sambu na kubaka bansangu ya mingi na yina me tala manaka to kuzabisa mambu yina bantu ke sepela na yo ve.

Sambu na yina me tala lusadisu ya mbongo, beno fwete zabsia ntalu ya mbongo yina yo ke lomba na kati ya bansangu yina bo ke pesaka sambu na madia. Bansangu lenda vanda na kisika yina bo ke pesaka madia, na bisika ya bo ke futaka mbongo to na bisika yina bo ke shangeaka mbongo to na bisika yina ke sonikaka yo na bandinga ya bwala na beno.

Nsoba yina salamaka na madia yina bo pesaka: Nsoba yina salamaka na madia yina bo pesaka to na valere ya mbongo yina bo tindaka sambu na kupesa lusadisu na bantu yina kele na mpasi lenda vutuka diaka sambu na mpasi mosi buna, sambu na kukonda mbongo, to sambu na bikuma ya nkaka. Kana lufutu ya kisalu yango me monana, zabisa nsangu yango na bantu yina ke bakaka bima yina bo ke pesaka na nzila ya bimvuka yina bo me tulaka sambu na kukabila bantu madia, bamfumu ya bimvuka mpi bimvuka ya nkaka. Na ntwala ya kuyantika kukabula madia yango, beno fwete sala feuille de route sambu na bantu yonso. Kimvuka yina ke kabulaka bima fwete zabisa bantu ya kisalu bansoba yina salamaka, bikuma yina pusaka bo mpi ntangu yina madia ya mbote ta vanda. Mambu ya kusala kele yai:

- kukitisa mingi ya bima yina bo ke pesaka konso muntu;
- kupesa madia ya mbote kibeni na bantu yina kele na mpasi mpi ndambu ya madia na bantu yina ya nkaka; to
- kukabula madia na kilumbu ya nkaka (na mbala ya nima yina bo tubilama diambu yango).

Kulandila mutindu ya kukabula mpi ya kupesa madia: Landilaka mbala na mbala madia yina me bikala na kisika yina bo ke bumbaka yo mpi na kutesaka kilo ya madia yina bantu bakaka na banzo sambu na kuzaba kana bo kabulaka madia yango na mutindu ya mbote. Solula ti bantu yina ke bakaka madia mpi zikisa kibeni nde kuwakana yango ke salamaka na mutindu ya mbote na bankento mpi babakala, yo vanda bana mpi batoko, minunu mpi bantu yina kele ti bifu na nitu. Kusalaka bavisite yina kimvuka ya ke bakaka bansangu yina me salamaka na bakala mpi nkento ya ke sadisaka sambu na kuzaba kiteso yina bantu ke sadilaka madia mpi mfunu na yo. Bavisite yina ke sadisaka sambu na kuzaba bantu yina ke lungisa kibeni malombo kansi yina ke bakaka ve lusadisu ya madia yina bo ke pesaka. Bavisite yango ke sadisa sambu na kuzaba kana mabuta ke bakaka lusadisu ya madia yina ke katukaka bisika ya nkaka, kusosa kuzaba kisika yo ke katukaka mpi kuzaba mutindu bo ke sadilaka yo. Bavisite yango ke sadisa sambu na kuzaba ngolo yonso yina bo ke sadilaka sambu na kubaka bima, kubaka bazina ya bantu to kusadila bo, kuvukisa nitu ti bo to mambu ya nkaka *tala Delivering assistance through markets*.

Kupesa lusadisu ya madia, Nsiku ya 6.4:
Mutindu ya kusadila madia

Mutindu ya kubumba, ya kulamba mpi ya kudia madia kele ya mbote mpi ya me fwana, yo vanda na banzo to na kimvuka.

Bisalu ya mfunu

1 ⟩ Tanina bantu sambu bo dia ve madia yonso yina bo me lamba ve na mutindu ya mbote.

- Zabisa bantu mfunu ya kubumba mbote madia mpi mambote yina kulamba madia na bunkete yonso ke nataka.
- Kana bo me pesa bo madia ya kulamba, pesa bantu ya bisalu formasio sambu bo bumba madia na mutindu ya mbote, kusadila mpi kulambu madia, mpi maladi yina bantu lenda baka kana bo me lamba ve madia na mutindu ya mbote.

2 ⟩ Kwenda kusolula ti bantu yina ke bakaka madia mpi pesa bo bandongisila ya mutindu ya kubumba madia, ya kuyidika yo, ya kulamba mpi ya kudia madia yina bo pesaka bo.

3 ⟩ Sosa kuzaba kana mabuta kele ti bisadilu ya kinkuku ya mbote, bima yina bo ke pedisilaka tiya, banzungu ya mbote yina bo lenda lambila na courant, masa ya kunwa ya bunkete mpi bisadilu sambu na kutula bunkete na nzo.

4 ⟩ Sosa kuzaba kana bantu yina kele ve ti makuki ya kulamba madia ke zwa madia na bantu yina ke zingaka pene-pene ti bo to na minganga yina lenda sadisa bo kana mpila kele mpi kana yo me fwana.

5 ⟩ Sosa kuzaba mutindu bantu ke sadilaka na banzo madia yina bo ke pesaka bo.

Bimonisilu ya mfunu

Ntalu ya bantu yina mavimpi na bo vandaka na kigonsa sambu na madia yina bo pesaka bo

Ntangu ya mabuta yina kele ti makuki ya kulamba madia na bo na lutaninu kibeni

Ntalu ya mabuta yina kele ti makuki ya kutubila bantu bansangu tatu to mingi ya me tala bunkete

Ntalu mabuta yina bakaka bima ya kinkuku ya mbote kibeni, bima yina lenda sadisa sambu na kutula tiya, masa ya kunwa ya bunkete mpi bisadilu sambu na kutula bunkete na nzo

Banoti ya ke pesa lutwadisu

Madia ya bo me bumba mbote: Bampasi ke salaka nde bantu kuvidisa bikalulu na bo ya mbote na yina me tala bunkete. Monisa bantu mutindu ya kubumba mbote madia na kutadila babwala yina bo ke vandaka kuvanda bunkete na kutadila mutindu bamaladi ke monanaka. Bula munsonso na yina me tala mfunu ya kukonda kusadila masa ya mvindu, ya kusala ngolo sambu na kumanisa baniama mpi bambisi yina ke niokulaka bantu mpi mfunu ya kuyobisaka ntangu yonso maboko na ntwala ya kulamba madia. Zabisa bantu mutindu ya mbote ya kubumba madia na banzo na bo ⊙ *tala Bansiku ya WASHya kutubila bunkete na bantu yonso.*

Kulamba madia na masini mpi kubumba yo: Kukwenda na bisika yina bo ke lambaka madia na bamasini bonso masini ya ke nikisaka céréale, ke sadisa bantu na kulamba madia na bo kaka mutindu bo me zola mpi kuzwa ntangu ya kusala mambu ya nkaka. Kana bo me kabula madia yina ke bebaka nswalu, beno fwete vanda ti bima ya mbote kibeni sambu na kubumba yo, bonso bakontenere ya kukanga mbote kibeni yina kele ti masa na kati mpi ba congélateur. Ntangu mpi madidi ke vandaka ti bupusi sambu na kubumba madia yina ke bebaka nswalu.

Bana ya fioti, minunu, bantu yina kele ti bifu na nitu mpi bantu yina kele ti SIDA ke vandaka na mfunu ya lusadisu sambu na kubumba madia mpi kulamba yo. Bamanaka yina ke sadisaka sambu na kupesa lusadisu mpi lusadisu ya mutindu ya nkaka lenda vanda mfunu sambu na bantu yina ke kuka ve kupesa madia na bantu yina kele na mukumba na yandi, bonso bibuti yina kele ti bifu na nitu.

Kulandila mutindu ya kusadila madia na kati ya nzo: Bimvuka yina ke kwendaka kupesa bantu lusadisu fwete landila mpi kutadila mutindu ya kusadila madia na kati ya nzo mpi kana madia yango kele ya mbote mpi ya me fwaka kibeni. Bantu lenda dia madia yina ke bebaka nswa na banzo kaka mutindu yo kele, kuteka to kukaba yo. Lukanu ya kupesa bima lenda vanda ya kubaka madia yina bantu ke sepelaka na yo mingi, mikanda yina ke tubilaka ve mambu ya madia to kufuta bisalu ya nkaka bonso mbongo ya nzo-nkanda to badepensi ya opitale. Kutadila mutindu ya kukabula madia na kati ya nzo fwete tula dikebi na mutindu ya kusadila madia na kutadila mvula ya muntu, kana yandi kele nkento to bakala mpi kana yandi kele ti kifu na nitu.

Mutindu ya kusadila mbongo mpi bitini ya bapapie yina bo ke pesaka: Yo kele mbote na kulandila bigonsa yina kusumba bima nswalu-nswalu kana bo me pesa mabuta mbongo ke nataka. Yidika bima mpi bantu na ntwala ya kupesa bo madia yango, na ntangu ya bo ke kabisa yo mpi na nima ya kukabisa yo. Mumbandu, sosa kuzaba kana madia yina ke bebaka nswalu kele sambu na bangonda yonso to kana yo kele mbote na kukabisila yo bantu ngonda ya mvimba. Kana mpila kele, yo ta vanda mbote na kutula na kati ya bitini ya bapapie mwa ntalu ya mbongo ya fioti yina bo lenda soba yo mbala mosi konso mposo. Beno fwete sadila mpi munsiku yai mosi na mbongo sambu bantu lenda kwenda kubaka yo na ba *distributeur automatique* to na mutindu ya nkaka ya kufuta mbongo na nzila ya telefone to maboko.

7. Bima ya kuzingila

Makuki yina bantu kele na yo ya kutanina bima na bo ya kuzingila me simbama na mutindu ya kutadila mambu ntangu bo ke kutana ti mpasi mosi buna. Kuzaba mambu ya mpasi na ntwala, na ntangu yo ke salama mpi na nima ya mpasi yango ke sadisaka na kupesa lusadisu ya me fwana kibeni, kansi mpi na kutadila mpi na kubakisa mutindu bimvuka yango lenda vutukila mpi kutomisa diaka luzingu na bo.

Bampasi ke bebisaka mambu mingi yina lenda sadisa bantu na kutanina bima na bo ya kuzingila. Bantu yina ke kutana ti bampasi lenda vidisa bisalu na bo to bo lenda yambula ntoto na bo to mpi bamasa na bo ya mbote. Mbala mingi, bima na bo ke bebaka, to bo ke yibaka yo ntangu kuwakana ke vandaka ve na kati ya bimvuka ya basoda to kana kisumbula ya lugangu me salama.

Na luyantiku ya mpasi mosi buna, sala ngolo na kulungisa bampusa ya mfunu sambu na kuzinga na mutindu ya mbote mpi sambu na kusala mambu ya mfunu. Malembe-malembe, kuvutuka ya mambu, makuki yina bantu kele na yo mpi makuki ya bima ya kuzingila ta sadisa bantu na kulanda kuzinga diaka na luzitu yonso. Kutubila bima ya kuzingila na bantu yina me tinaka na babwala ya nkaka ke monisaka mambu ya mpasi, bonso kukwenda na camps mosi to mfumu yina me zabana mpi nsiku yina bo ke tubilaka na bainsi ya asile.

Bantu yina ke pesaka madia fwete vanda ti nswa ya ntoto, ya masa, ya bambisi, ya bisalu yina ke kwendaka kusadisa bantu mpi na bazandu yina lenda pesa maboko sambu madia kuvanda. Bo fwete vanda ti makuki ya kulandila bima na bo yina ke basika kukonda kukotisa mambu ya nkaka, bantu ya nkaka to bima ya nkaka ⊕ *tala Mukanda LEGS*.

Na bambanza, mambu yina mpasi mosi buna ke nataka sambu na bima ya kuzingila ke vandaka ve ya kuswaswana ti mambu yina ke salamaka na babwaka. Mutindu ya kuyidika nzo, makuki, bantu yina kele ti bifu na nitu mpi mingi ya nzayilu yina bantu kele na yo ta tendula mutindu bantu ta kudikotisa na bisalu ya luswaswanu ya kukonda kusala badepensi mingi. Ya kieleka, bantu yina kele bansukami yina ke zingaka na bambanza ke vanda ti mayele ndambu ya kuyikama sambu na bima na bo ya kuzingila kuluta bantu yina ke zingaka na babwala. Mumbandu, na bainsi ya nkaka, bantu kele ve ti nswa ya kubaka ntoto sambu na kukuna bima ya kudia.

Kupusana na lweka ya bantu yina me vidisaka bima na bo ya kuzingila yina lenda vanda ti bupusi na mabaku ya nkaka mpi, ta sadisa sambu na kukwenda nswalu kupesa lusadisu ya bima ya kuzingila yina bantu vidisaka. Yo lenda salama na mutindu ya kutadila mutindu ya kusala kisalu, bisalu ya nkaka mpi bima ya nkaka. Lusadisu yonso yina bo ke pesaka ya bima ya kuzingila fwete vanda na kati ya mutindu ya kusadila mambu to ya kupesa maboko na bazandu yina kele na babwala ⊕ *tala Mukanda MERS*.

Bima ya kuzingila, Nsiku ya 7.1:
Bima yina ke butaka

Bo ke taninaka mpi ke pesaka lusadisu na bima yina ke butaka.

1 ⟩ Pesa nswa na bantu yina ke kota to na bantu yina ke pesaka bima na bantu yina
ke salaka bilanga.

- Pesa bantu mbongo to bitini ya papie yina ke pesa nswa ya kukwenda na zandu
na bisika yina bazandu kele mpi yina bo lenda pesa lusadisu na babiro na bo
sambu na kupesa nswa na bantu yina ke salaka bilanga na kupona bisika yina
bo me sepela na yo, nkeni ya kukuna, bisika ya kubuma bambisi ya masa to ya
mfinda.
- Sadila bateknolozi ya mpa na nima ya mpasi mosi buna kaka kana bo me salaka
teste na yo to kana bo me yidikaka yo na mambu ya luswaswanu.

2 ⟩ Pesa bima yina ta sadisa sambu bima kubuta mingi yina bantu lenda ndima, na
kutadila bansiku ya ke tadila bima ya mbote mpi ya me fwana na kutadila nsungi
na yo.

- Pesa bima yina ta sadisa sambu bambisi kubuta na mutindu ya mbote mpi ya
babwala ya kuswaswana, yina bo me sadilaka dezia mpi bima yina ke lomba
sambu na nsungi yina ke kwisa.

3 ⟩ Zikisa kibeni nde makuki sambu na kupesa bima yina ke butaka mpi bisalu
ya nkaka ke pesa ve mpasi na bantu yina ke baka yo to ke nata ve kukonda
kuwakana na kati ya kimvuka.

- Tadila mambu ya mfunu na bima ya lugangu yina ke monanaka kibeni ve (bonso
bantoto mpi bamasa) mpi mambu ya mfunu na yina me tala Internet yina kele
dezia.

4 ⟩ Tula babakala mpi bankento yina kele na mpasi na ntangu ya beno ke baka
bangidika sambu na kuyidika mambu, kubaka lukanu, mutindu ya kusala mambu
mpi kulandila mutindu ya kupesa lusadisu na bima yina ke butaka.

5 ⟩ Pesa formasio na bantu yina ke salaka bisalu ya bilanga, bantu yina ke lobaka
bambisi, bantu ya ke salaka biziba, bantu ya ke talaka mambu ya mfinda mpi
kusansa bambisi sambu yo buta mpi mutindu ya mbote ya kulandila mambu.

6 ⟩ Tala bima yina kele na zandu mpi siamisa bantu na yina me tala binkulu,
bandunda to bilanga mpi bima ya nkaka yina ke katukaka na mfinda yina bantu
ya babwala ke salaka.

**Ntalu ya bantu yina me zabanaka yina ke basisaka bima yina kele na bilanga
(madia to kisika yina yo ke katuka) fwanisa yo ti ya mvula mosi ya mvimba**

Ntalu ya mabuta yina vandaka ti nswa na bima yina bo ke bumbilaka bima sambu na bima na bo

Ntalu ya mabuta yina me zabanaka yina kotaka mbote na bazandu na nsadisa ya lusadisu yina manaka pesaka

Banoti ya ke pesa lutwadisu

Mayele ya kusadila sambu na bima yina ke butaka: Mayele ya kusadila sambu na bima ya kudia yina ke butaka kele ti bikuma ya mbote kuyela mpi kubuta bambuma na babwala. Yo lenda vanda ti bupusi na mambu mingi, bonso:

- bima yina ke basikaka na lugangu, bima yina bo ke salaka na maboko, mutindu ya kubasisa bima yina kele na bilanga mpi mbongo ya kufwana;
- bankeni ya mbote ya mitindu ya me fwana kibeni sambu na babwala yina beno ke zingaka; mpi
- bambisi yina ke butaka bana yina ke vandaka mbote sambu na kudia *tala Mukanda LEGS*.

Diaka, mutindu ya kusala mambu fwete salama na kutadila makuki yina kele dezia, mambu yina bimvuka ke ndimaka, bisika yina bantu ke zingaka mpi makuki ya kusala bisika ya nkaka.

Sala mambu yina ta tomisa bisalu yina ke sadisaka bantu na kuzinga na kisika mosi buna, kukonda kusadila bima ya lugangu yina bo ke pesa na mutindu ya mbi. Mambu ya mpasi yina kele na bisika yina bantu ke zingaka ke kumisa kaka ve bigonsa mingi sambu na mpasi mosi buna kansi yo ke sadisaka mpi na mambu na kati ya bimvuka. Kukwenda kupesa lusadisu ya bima ya kuzingila fwete sadisa na kusoba ya bansungi kana mpila kele, mumbandu, kupona bankeni ya luswaswanu yina me fwana.

Sala ngolo sambu na bisalu ya bana na yina me tala bisalu yina me simbama na bima ya kuzingila. Kuzaba mbote mambu ya mpasi yina bamanaka ya kuzingila ke vandaka na yo na bana, sambu na mambu ya nkaka bo lenda konda banzo-nkanda sambu na kusala bisalu ya nzo na ntangu kibuti mosi ke sala kisalu.

Ngolo: Sosa kuzaba bampusa ya bantu na yina me tala ngolo yina bo kele na yo sambu na kusla bisaalu ya ngolo na bamasini, kusala bankeni sambu na kudia, kusolula, kisika ya mbote ya madidi sambu na kubumba madia mpi baapareyi ya mbote ya kusadila na kinkuku.

Kutomisa mambu: Sala na mpila nde bantu ya babwala yonso kuzinga na kimvuka, baniama ti bambisi, bisadilu ya mpa, nkisi yina bo ke tulaka na ntoto sambu na kuyedisa bimenina to kulandila mutindu ya kuyidika mambu. Pesa maboko sambu kisalu ya kubuta bambuma ya ke pesaka madia kukwenda kaka na ntwala na kulandaka mutindu bantu vandaka kusala ntete na ntwala nde mpasi mosi buna kukumina bo to kuwakana yina kele na kati ya bangidika yina bainsi bakaka sambu na kuyela ya mambu.

Mayele ya mpa ya technologie: Bantu yina ke salaka bilanga mpi bantu yina ke diaka bima yina ke basikaka na bilanga fwete bakisa mpi kundima mitindu ya kusala mambu ya mpa ya technologie sambu na mambu ya me tala mutindu bambuma ke butukaka na babwala, na bainsi, mpi bisika ya lugangu ya mbote na ntwala ya kupona yo. Kana beno me kotisa technologie ya mpa, beno baka bangidika ya kukwendaka kutala bimvuka, na kupesaka bo bansangu mpi yidika manaka sambu na kupesa bo formasio. Zikisa kibeni nde bimvuka yina bo lenda sadila mambu ya nku kele kibeni na ngemba, bonso, bankento, minunu, bantu yina kele mingi, mpi bantu yina kele ti bifu na nitu. Kana mpila kele, sala na kimvuka ti bantu yina me longukaka mingi mambu ya me tala bima ya kuzingila mpi bisalu ya maboko ya leta. Pesa maboko na mambu ya technologie mpi na makuki yina yo lenda vanda na yo na bilumbu ke kwisa mpi tadila mbote mutindu yo kele na mambu ya me tala badepensi.

Kupesa lusadisu ya mbongo: Bo lenda sadila yo bazandu ya nene yina bo ke tekaka bankeni to na bambisi. Sosa kubakisa mambu ya mpasi yina kupona mambu ya me tala madia ya ke tunga nitu ya bantu lenda vanda na yo, na kutadilaka kana yo me fwana sambu na bo to ve bima ya mbote yina ke sadisaka sambu na mavimpi, to kana yo ke pesa bo mbongo ya kufwana sambu na kusumba madia ya nkaka. Tadila lusadisu ya mbongo yina bo ke pesaka sambu na kusumba bima yina ke butaka, na kutulaka dikebi na bima yina kele, kana yo kele na banzandu mpi mutindu ya kutinda mbongo na mutindu ya mbote, na ntalu ya me fwana mpi yina bantu yonso ta sepela na yo → *tala Mukanda MERS* mpi *Mukanda LEGS*.

Mambu ya me tala bansungi mpi kusoba ya bantalu: Pesa bima yina ta sadisa sambu bima kubuta na bilanga mpi bantu yina ke sansaka bambisi (vétérinaires) yina ke wakana ti bansungi ya kukuna bankeni na bilanga mpi ya kunsansa bambisi. Mumbandu, bima yina bo ke pesaka sambu na kukuna mpi na kusadila fwete salama na ntwala ya nsungi ya kukuna bima na bilanga. Kukatula bambisi ya nkaka na nsungi yina madia ke vandaka diaka ve fwete salama na mpila nde bambisi mingi kuyantika na kufwa. Mambu ya me tala bambisi fwete yantika diaka kana ntalu na yo me kumaka diaka mingi, mumbandu na nima ya nsungi ya mvula yina ke landa. Zikisa kibeni nde bima yina ke sadisaka sambu na kubuta bana ke tula dikebi na makuki ya luswaswanu, bampusa mpi bigonsa yina kele na bimvuka ya luswaswanu, disongidila, bankento mpi bantu yina kele ti bifu na nitu. Ntalu ya mingi ya bima yina ke manaka na kutadila bansungi ke nata bampasi na bantu yina kele bansukami ya ke salaka kisalu ya bilanga yina fwete teka bima na bo kaka na nima ya kukatula yo na bilanga sambu ntalu na yo kele na nsi. Mutindu bansungi ke sobaka, ke salaka nde bantu yina fwete teka bangombe na bo na nsungi yina bima ke vandaka ve kusala yo mbote kibeni ve. Kansi, bantu yina bo ke pesaka bima ti bandilu kele ve ti nswa ya kukwenda kubumba bima ya kudia. Bo ke zingaka kaka na bima ya fioti kansi yina bo ke sumbaka mbala na mbala. Ata mpidina, bo ke sumbaka kaka bima ya kudia ata ntalu na yo kele ya kumata kibeni kana madia ke monana diaka ve. Sambu na yina me tala lutwadisu sambu na bambisi → *tala Mukanda LEGS*.

Bima ya kukuna na bilanga: Bantu yina ke salaka kisalu ya bilanga mpi bantu ya mayele yina me zabaka mbote mambu ya bilanga yina kele na babwala fwete ndima bima yina kele ya kusoba. Bima yina bo ke kunaka na bilanga fwete wakana ti ntoto yina kele na babwala mpi ti mutindu ya bo ke salaka bilanga na babwala. Bima yango fwete vanda ngolo na bamaladi mpi na mambu ya me tala bansungi yina kusoba ya bansungi ke nataka. Sosa kuzaba kana bankeni yina ke katukaka bisika ya nkaka kele ya mbote mpi sosa kuzaba kana yo me fwana kibeni sambu na babwala. Pesa bantu yina ke salaka bilanga bankeni ya mutindu ya nkaka ntangu beno ke kwenda kupesa bo lusadisu ya me tala bima yina bo ke kunaka na bilanga. Yo ta sadisa bo na kupona bankeni yina ta lunga kibeni na ntoto na bo. Mumbandu, bantu yina ke kunaka masangu lenda pona bankeni ya mbote yina lenda buta na bantoto ya babwala na bo. Beno fwete sala mambu na kuwakana ti bamfumu ya politike yina ke talaka mambu ya bankeni ya mbote. Beno fwete kabisila ve bantu bankeni yina bo me soba fioti kukonda kulomba nswa ya bamfumu ya luyalu. Zabisa bantu yina ke salaka bilanga kana bo pesaka bo bankeni yina bo me soba. Kana bantu yina ke salaka bilanga ke sadila bitini ya bapapie to ke kwenda na bisika yina bo ke tekaka bankeni, siamisa bo na kusumba bankeni na bantu yina me zabanaka na babwala. Yo me fwana kibeni nde bantu yina ke salaka kisalu ya bilanga ke sepelaka ti mitindu ya nkaka ya bankeni sambu yo ke yikanaka mbote ti bantoto yina kele na babwala. Yo ke tekamaka mpi na ntalu ya mbote kibeni, disongidila, kubaka bankeni mingi kaka na valere ya papie yina nge pesaka bo.

Kukonda kuwakana ya bimvuka mpi bigonsa sambu na mavimpi: Kana bantu yina me kwendaka bisika ya nkaka ke wakana ve ti bantu ya babwala yina kele na kimvuka, bo lenda soba nswa yina bo kele na yo na bima ya lugangu yina kele. Mambu ya me tala masa to bantoto lenda sala nde bantu kusadila yo diaka ve. Kubasisa madia lenda vanda mbote to ve kana bima ya mbote ya lugangu kele ve sambu na ntangu ya nda. Bo ke sadilaka yo ve kana bantu ya nkaka kele ve ti nswa, mumbandu bantu yina kele ve ti ntoto. Kupesa bima yina babwala ke sadilaka ya ofele lenda vwalangasa mambu yina babwala ke sadilaka sambu na kupesa lusadisu mpi mutindu ya kukabula diaka mambu ya me tala Internet to yo lenda vanda ti bupusi na bisalu yina kele na babwala ya nkaka. Diambu ya mutindu yai lenda sala nde bantu kukonda kuwakana mpi nde kukota na bisika yina ke vandaka ti madia lenda vanda ya nkufi kibeni ⊕ *tala Munsiku ya ke tanina bantu ya 1.*

Bisika ya kubumba bima: Sosa kuzaba mutindu mambu ke salamaka na ntoto na bisika ya kubumba bima sambu na kuzwa makuki mpi bisalu yina kele kaka sambu na madia yina ke basika, bonso bisalu ya ke talaka mambu ya bitwisi mpi ya bankeni (les services vétérinaires et les semences). Sambu na kupesa maboko na babwala ya nkaka, sadila bima bonso mbongo mpi bitini yina bapapie sambu bantu kuzaba luswaswanu yina kele na kati ya bantu yina ke salaka bilanga mpi bantu yina ke pesaka bima ya kusadila bilanga. Na ntangu ya kuyidila mambu ya me tala mutindu ya kusala mambu sambu na kusumba bima na babwala, kusosa kuzaba kana kele ti bima ya kufwana sambu na kubasisa bima mpi makuki yina bantu ke pesaka bima kele na yo ya kumatisa bisika yina bo ke bumbaka bima. Tadila bigonsa ya kumatisa ntalu ya mbongo mpi makuki yina me fwana sambu na kupesa bima. Kengila mpi sala na mpila nde lusadisu yina bo ke pesaka na yina me tala bantalu na banzandu kunatila ve bantu bampasi, mingi-mingi na ntangu ya kusumba mpi ya kukabisila bantu bima ya kudia na babwala to na bisika ya nkaka. Tula dikebi na mambu ya mpasi yina kusumba bima mpi kunata yo bisika ya nkaka lenda nata na yina me tala kukonda kusala badepensi ya mingi na babwala. Kana beno ke sala na kuwakana ti bwala mosi buna, sosa kuzaba mpi yidika mambu ya me tala babakala ti bankento mpi kukabula bima yonso na mutindu ya mbote kibeni ⊕ *tala Mukanda MERS.*

Zikisa nde bantu yina ke sadilaka bilanga ke sadila kibeni bima yina ke basikaka na bilanga mutindu yo me lombama. Sosa kuzaba kana bima yina ke katukaka na bilanga kele ya mbote, kana bantu ke ndima yo mpi mambu yina bantu ke salaka bilanga ke sepelaka na yo. Tadila mambu ya mpasi yina kissalu mosi buna kele na yo na madia yina kele na nzo. Mumbandu, tadila mingi ya bima yina me bikala mpi kana yo kele ya mbote, kana bo lenda dia yo, kusoba to kupesa yo bantu ya nkaka. Kana kisalu yango kele ti lukanu ya kuyedisa madia mosi buna, (madia yina bo me sala ti bambisi to bambisi ya masa, to ndunda yina ke tunga nitu), sosa kuzaba mutindu bo ke sadilaka bima yango na banzo. Tanga mpi mutindu ya kulandila mambote yina mabuta ya luswaswanu ke bakaka, bonso bankento, bana, minunu mpi bantu yina kele ti bifu na nitu.

Kubumba bima na nima ya kukatula yo na bilanga: Kitini ya nkaka ya mfunu mingi ya bima yina ke katukaka na bilanga (kiteso ya 30 %) bantu ke sadilaka yo ve sambu yo ke bebaka. Sadisa bantu yina kele na mpasi na kusadila mbote mbote bima yango sambu yo beba ve na kulandilaka mutindu ya kusadila yo, kisika ya kubumba yo, ya kulandila, mambu yina yo ke lombama, bakamio, kusala mumbongo mpi bisalu ya nkaka ya kukatula bambuma. Beno fwete pesa bo bandongisila mpi nswa na kutula bima na bo na kisika mosi ya mbote sambu yo beba ve na madidi mpi yo kota ve baniama. Pesa bo nswa ya kusadila binkulu na bo, disongidila kusala *céréale*.

Bima ya kuzingila, Nsiku ya 7.2:
Kisalu mpi lufutu yina yo ke nataka

Babakala mpi bankento kele ti nswa ya kubaka mbongo kiteso mosi kana bo me sala kisalu yina bo ta futa bo mbongo ya kufwana yina ke sadisaka bantu.

Bisalu ya mfunu

1. Baka balukanu na kutadila bisalu ya mfunu yina ke vandaka ti lufuti na kulongukaka mambu ya me tala nkento to bakala.

- Sala na mpila nde bigonsa yina kibuba ke nataka kuvanda kibeni ve mpi mambu ya nkaka yina ke tulaka mavimpi ya bantu yonso na kigonsa ya nkaka mpi zabisa bantu nde kusala bisalu yina ke vandaka ti lufutu na nsuka ke pesaka ve mpasi ntangu bo ke sansaka bantu to mikumba ya nkaka yina beno lenda vanda na yo na yina me tala lusansu.

- Zabisa mbongo yina bo ke futaka bantu yina ke salaka na bimvuka mosi buna mpi mbongo ya fioti yina bamfumu ya leta ke pesaka sambu na bisalu yina bantu ya me tangaka ke salaka to bantu yina me tangaka mingi ve.

2. Pona mutindu ya mbote ya kufuta bantu (yo lenda vanda na kima mosi buna, mbongo, espèces, na bitini ya bapapie, na madia to na bima yina bo me vukisa) na kutulaka dikebi na mutindu ya kulandila mambu mosi buna.

- Sosa kuzaba makuki ya bisika yina kele na bambwala, mambu ya mbote na yina me tala lutaninu, bampusa ya bantu, kuvanda na nswa ya mutindu mosi, mutindu mambu ya zandu yina ke salamaka mpi mambu yina bantu ya kele na mpasi ke sepelaka na yo.

3. Tula kiteso ya mbungo yina me fwana sambu na kufuta muntu na kutadila kisalu yina yandi salaka, bansiku ya babwala, balukanu ya kusala diaka bima ya kuzingila mpi mbongo yina bo ke futaka muntu yina bo ke ndimaka na babwala mpi na bambanza.

- Baka balukanu yina ke tanina bantu, bonso kutinda mbongo to bima yina bo ke tekaka na *Alimentation*, yina kele na banzo kele ve ti nswa ya kukota na bamanaka ya bisalu.

4 〉 Baka mpi tanina bisika ya mbote yina bantu ke salaka, ya me fwana mpi yina bantu yonso lenda kota kukonda mpasi.

- Landilaka mbala na mbala bigonsa yina kuvukisa nitu kele na yo, kusadila bantu mambu ya nku, kuvukisa nitu ti bankento to kubebisa bo na bisika ya kisalu mpi sala mambu na nswalu kibeni na bisika yonso yina beno kele.

5 〉 Sala na bumosi ti bimvuka mosi buna mpi bimvuka ya nkaka yina ke talaka mambu yongo sambu na kusala bisalu ya nkaka yina ta sala bantangu mingi kibeni.

- Kabula na mutindu ya mbote bimvwama yina kele sambu na kuvutukila diaka bima ya kuzingila.

6 〉 Kana mpila kele, pona bisika ya mbote ya kuzinga sambu na bimvuka yina ke kwisa.

Bimonisilu ya mfunu

Ntalu ya bantu yina me vutukilaka diaka luzingu na bo sambu na ntangu mosi buna

Ntalu ya banzo yina kele ti nswa ya kudefa bima

Ntalu ya bantu yina ke sobaka bisalu ya mfunu yina ke pesaka bantu lufutu

Ntalu ya bantu yina vandaka ti bisalu (to kusala kisalu na kimpwanza) na bisalu ya mfunu sambu na lufutu ya mbote na ntangu mosi buna (bangonda 6-12)

Ntalu ya bantu yina kele na mpasi yina kele ti nswa ya kukota na bazandu yina ke salaka mpi na babiro yina ke pesa maboko na bima ya kuzingila

Banoti ya ke pesa lutwadisu

Kulandila mambu: Kulongaka mbote mambu ya me tala bazandu mpi kisalu yina ke tadila bankento to babakala kele mfunu sambu na kumonisa mpi kutendula bisalu yina ke salama, kupesa maboko sambu na kuyidika mambu mpi kusala na mpila nde yo sala bantangu ya mingi na mambu yango mpi lufutu kuvanda ya ntangu ya nda kibeni. Yo kele mfunu na kubakisa bisalu mpi mikumba ya konso muntu na kati ya nzo sambu na kulandila mambu yina bisalu ya mpa ke nataka, bonso kukengila bana to kupesa lusansu na minunu, to diaka nswa ya kusala na bisalu ya nkaka bonso kulonga mpi kubaka lusansu.

Sadila bima yina kele sambu na kubakisa bazandu mpi mutindu ya kusala mambu ya me tala kukonda kusala badepensi. Kukwenda kupesa lusadisu na yina me tala madia yina bo me bumba mbote fwete simbama na mutindu mambu ke salama na zandu na ntwala mpi na nima ya mpasi mosi buna mpi na makuki yina bantu kele na yo ya kutomisa mutindu ya kuzinga yina ke pesaka bantu mpasi mingi kibeni. Tubila mambu ya nkaka yina me fwana to yina bo lenda yikana sambu na bimvuka yina kele na kigonsa (bonso batoko, bantu yina kele ti bifu na nitu, bankento yina kele ti mavumu to minunu) na kati ya kimvuka yina me zabanaka. Tadila mbote makuki yina bo kele na yo, mambu yina bo me zaba mpi makuki na bo mpi diaka bigonsa ya nkaka mpi mayele yina bo lenda sadila sambu na kumanisa bampasi yina bantu lenda kutana na yo. Sala bansosa sambu na kuzaba kana bantu yina kele na dibuta kele ti kikalulu ya kusalaka bisalu ya ke tadila bansungi. Diaka, sosa kuzaba mutindu bimvuka ya nkaka yina kele na kati ya bantu yina kele na mpasi kele ti bandilu na kukota na bazandu mpi mabaku yina bima ya kuzingila kele na yo mpi kupesa maboko sambu yo kwenda kaka na ntwala.

Bangidika sambu na lutaninu: Yo lenda vanda mpasi sambu na bankento ya nkaka to babakala na kusala bisalu yina bo lenda futa bo mbongo, bonso bankwelani yina kele minunu. Mpasi lenda sala nde bantu ya nkaka kukuka ve kusala bisalu sambu bo me soba mikumba na bo to mavimpi na bo. Bangidika sambu na lutaninu ya ntangu fioti lenda pesa lusadisu na bima yai, na kusalaka na kuwakana na mutindu ya kutanina bantu yina kele na bainsi na beno. Lomba bangidika ya nkaka sambu na lutaninu kana mpila kele. Mutindu ya kusala mambu ya me tala bangidika sambu lutaninu fwete pesa maboko na mutindu ya mbote ya kukabula bima, na kupesaka nswa na bankento mpi bana bankento sambu bo baka bima. Na ntangu yina, sala na kuwakana ti bantu yina ke bakaka bangidika sambu na lutaninu sambu bo sala mambu ya me tala bisalu ya mfunu ya me fwana mpi yina ta zinga mingi. Kana mpila kele, kukwenda kupesa lusadisu ya mbongo fwete vanda na bamanaka yina kele dezia ya bangidika sambu na lutaninu na yina me tala mutindu ya kusala mambu sambu na kutanina bantu mpi yina ta zinga mingi.

Kufuta bantu mbongo: Longuka mbote kisika yango na ntwala ya kusala manaka ya kisalu yina beno ta futaka bantu mbongo. Bo lenda futa bantu na mbongo to bo lenda pesa bo bima na valere ya mbongo to mpi bo lenda vukisa yo yonso zole mpi yo lenda sadisa mabuta yina ke taninaka ve mbote madia na bo na kulungisa bampusa na bo. Tubila balukanu ya projet yango, kuwakana yina bantu ya ke salaka na kimvuka ya ke kwendaka kupesa lusadisu ke bakaka, mutindu ya kuzinga yina ta taninaka bisalu na bo mpi mutindu nge ta futaka bo mbongo.

Sala na mpila nde mbongo yina beno ke futa bantu kusadisa bo na kubongisa luzingu na bo, na kisika ya kufuta bo sambu kaka na mambote ya kimvuka. Tula dikebi na bampusa ya bantu yina ta sumbaka bima mpi bupusi yina bisika ya kupesa mbongo to madia mpi ya ke lungisa bampusa mabuta ya nkaka mpi na bampusa bonso ya nzo-nkanda, nswa ya kukota na bisalu ya minganga mpi mambu yina bimvuka ke lomba. Baka lukanu ya konso diambu mpi ntangu ya mbongo yina beno ta futaka bantu. Landila mambu yango sambu na kuzaba kana bo ke futa bankento yonso mutindu mosi ti babakala na bisalu yina bo ke salaka mpi bo ke niokula ve ata fioti bimvuka yina yo ke tadila.

Tula dikebi na bupusi yina kuteka diaka kele na yo na bazandu yina kele na babwala na beno kana bo ke pesa bantu lufutu ya bima. Bisalu yina ya mpa sambu na kuvutukila diaka fwete pesa maboko na bisalu yina ke salamaka dezia na kisika ya kukatula yo. Mbongo yina bo ke futaka bantu fwete vanda ve ti malanda ya mbi na bisalu yina bantu ke salaka na babwala na beno, mumbandu, kumatisa ntalu ya mbongo ya kufuta to na kutulaka bisalu ya mfunu ya bantu yonso.

Nswa ya kusumba bima: Kufuta bantu mbongo lenda vanda ti bupusi ya mbote kibeni na yina me tala économie ya bwala na beno kansi yo lenda matisa ntalu ya bima yina bo ke tekaka na babwala na beno. Kupesa bantu madia lenda vanda ti bupusi na yina me tala nswa ya kusumba bima sambu na bantu ya nkaka. Beno lenda vukisa nswa ya kusumba bima yina bo lenda vukisa yo ti kima ya nkaka ya ke talaka mambu ya madia to kitunga ya madia yina bo lenda kudia to yina bo lenda teka yo na dibuta yina me baka bima yango. Bima ya nkaka (bonso mafuta), bo ke tekaka yo na kukonda mpasi na ntalu ya mbote kuluta bima ya nkaka (mumbandu, bima yina bo me lamba). Kuzaba mbote mutindu ya kuteka mpi ya kusumba banzo na ntangu bo ke tadila mambu ya me tadila bamanaka ya bo ke kabulaka bima ya kudia.

Kuvanda na lutaninu na kisika ya kisalu: Sosa kuzaba mutindu mambu ke salamaka sambu mavimpi ya bantu yonso kuvanda kibeni ve na kigonsa to sambu na kusansa bamputa yina bantu ke lwalaka. Mumbandu, pesa formasio, vanda ti saki yina ya fioti ya bo ke tulaka bankisi sambu na kupesa nswalu lusadisu mpi bilele yina ke tanina bantu kana mpila kele. Baka bangidika sambu na kutanina bantu na bamaladi ya nsambukila mpi na *SIDA*. Zikisa kibeni nde bantu kele na lutaninu na nzila yina bo ke kwenda na kisalu, kana mpila kele pesa bo torche yina bo lenda tula na posi kana nzila yango kele mpimpa. Sadila bilele, *sifflet* mpi *radio* sambu na kuzabisa bantu na ntwala kana kele ti bigonsa. Siamisa bantu na kutambulaka na kimvuka mpi na kukonda kutambula na mpimpa. Zabisa bantu yonso mutindu mambu ke salama mpi vanda ti nswa na bima yina ke zabisaka na ntwala kana diambu mosi buna ke zola kusalama. Beno fwete tanina bana bankento ti ya babakala mutindu mosi mpi beno fwete landila mbote kibeni kana bo me sadila muntu mosi buna mambu ya nku na kisika ya kisalu.

Landila mambu yina dibuta ke salaka: Solulaka mbala na mbala ti bantu yina kele na mpasi, mingi-mingi bankento mpi babakala yina ke vandaka bo mosi sambu na kuzaba mambu yina bo ke zolaka mpi mambu yina bo ke tulaka na kisika ya ntete, mabaku ya mbongo yina bo ke zwaka na kisalu mpi na konso mambu yina kele na kati ya dibuta. Tubila nsoba yina ke salama na bisalu mpi kuyela ya mambu na nzo na yina me tala bansoba yina lenda salama na kati ya bankento ti babakala yina kele na babwala mpi kulandila bima yina bankento kele na yo.

Kuyidika mambu ya ke tubaka nde "kupesa mbongo na kutadila mingi ya kisalu" fwete tula dikebi na mavimpi yina muntu kele na yo mpi na bikalulu ya kosno kilumbu ya bankento mpi babakala mpi kusala yo mutindu bo ke salaka na babwala na beno. Beno fwete tula ntangu yina bantu fwete sala kisalu ti mabanza ya mbote na yina me tadila ntangu yina bantu yongo kele na yo. Bamanaka yango fwete yiba ve bima yina kele na dibuta ya ke pesaka bo mbote to kukonda kupesa mpasi na bisalu ya nkaka to na kulonga. Sambu na kubaka bantu na bisalu yina beno ta futaka bo mbongo, beno fwete zitisa nsiku yina insi na beno me tulaka na yina me tala mvula yina muntu fwete sala kisalu. Yo ke tadila mvula yina muntu fwete manisaka banzo-nkanda na yandi. Yo ke lomba kuyidika mbongo ya kufuta bantu yina ta bikala ti bana na bisika ya kisalu kana bantu yina ke sadisaka bana ta vanda mpi na manaka yango.

Kulandila bisika yina bantu ke zingaka: Pesa maboko na kuwakana yina bantu salaka sambu na bisalu ya me tala bisika yina bantu ke zingaka bonso mfinda ya banti, kuyobisa camps mpi kuyidika diaka bisika yina bantu ke zingaka na kutadila bamanaka ya me tala "kupesa mbongo to bima na kutadila mingi ya kisalu". Ata yo kele sambu na ntangu mosi buna, bisalu yai ta sala nde kuwakana na bo kukuma mingi na yina me tala bisika ya pene-pene yina bo ke zingaka.

Tula dikebi kana bantu lenda kota na bisika ya kisalu kukonda mpasi mpi na lutaninu. Zikisa kibeni nde bima ya mvindu yina bo fwete yobisa kele ve ata fioti ti kima ya kigonsa. Beno fwete sadila ve bamanaka ya "kupesa mbongo na kutadila mingi ya kisalu" na bantu yina ke yobisa bisika yina ke vandaka ti bakompani mpi bisika yina bo ke losaka bima ya mvindu.

Beno lenda futa bantu mbongo na kisalu bonso kusala bima yina bo ke sadilaka sambu na kutunga banzo ya mbote kibeni mpi kuyidika baformasio ya me fwana kibeni. Pesa bantu ya kisalu formasio mpi siamisa bantu na kutula kisika mosi bima ya mvindu sambu bo lenda sadila yo bonso engrais.

Bwala yina bamfumu ya leta ke kwendaka kibeni ve: Bwala yina bamfumu ya leta ke kwendaka kibeni ve lenda vanda mfunu kibeni ntangu bo ke tubila lutaninu na bantu yonso mpi ntangu bo ke vutukila diaka bima ya kuzingila. Kana mpila kele, sala ti bimvuka ya nkaka sambu mabaku ya kuzwa bisalu kumonana. Bimvuka yango lenda sadisa sambu na kuyedisa bakompani yina vandaka ya fioti. Bakompani ya fioti kibeni mpi bima fioti-fioti ya technologie lena kotisa mbongo ya kufwana mpi yo lenda sadisa bantu na kubaka mayele *tala Mukanda MERS*.

Appendixe 1
Lisiti sambu na kutadila madia ya bo me bumba mbote mpi bima ya kuzingila

Mbala mingi, kutadila mambu ya me tala madia ya bo me bumba mbote ke kabisaka bantu yina kele na mpasi na kimvuka ya bima ya kuzingila, na kutadila bisika yina bo katukaka to bisika yina bo ke diaka mpi na mayele yina bo ke sadilaka sambu na kuzwa yo. Yo lenda vanda ti bantu ya nkaka yina lenda kabisa bantu na bimvuka to na ndonga ya bamvwama. Yo kele mfunu na kufwanisa luzingu yina beno ke zinga bubu ti luzingu yina beno vandaka na yo na ntwala nde mpasi mosi buna kukumina beno na yina me tala madia ya bo me bumba mbote. Beno lenda fwanisa yo na mutindu yai mvula mosi ya me luta "vandaka mbote kibeni to mbote". Beno fwete tula dikebi na mikumba yina bankento mpi babakala kele na yo, mpi mambu ya mpasi yina lenda kumina bo kana bo ke bumba mbote ve madia na banzo.

Lisiti yai ya ke landa ke monisa mambu ya kusala ntangu beno ke landila madia ya bo me bumba mbote.

Madia yina bo me bumba mbote ya bimvuka ya bima ya kuzingila

- Keti na kati ya bimvuka kele ti bantu yina kele ti mayele ya mutindu mosi ya bima ya kuzingila? Bo lenda tula bo na nki ndonga na kutadila bisika yina madia na bo ke katukaka?

Madia ya bo me bumba mbote na ntwala nde mpasi kukumina bantu
(point de référence)

- Inki mutindu bimvuka ya luswaswanu ya kele ti bima ya kuzingila vandaka kubaka madia na ntwala nde mpasi kukumina bantu? Na wapi bo vandaka kubaka madia na bamvula yina me luta?
- Inki mutindu bisika yina bantu ke bakaka madia sobaka na kutadila bansungi mpi babwala na mvula mosi ya mvimba? Yo lenda vanda mfunu na kusadila calendrier ya bansungi.
- Keti bimvuka yonso vandaka kubaka madia ya kufwana mpi ya mbote sambu na kudia mbote?
- Keti bimvuka yonso vandaka kuzwa mbongo ya kufwana na mutindu ya mbote sambu na kulungisa bampusa na bo? Tula dikebi na madia, kulonga, lusansu, sabuni mpi bima ya nkaka ya nzo, bilele mpi bima ya nkaka bonso bankeni mpi bisadilu. (Bangiufula yai zole ya nsuka ta monisa kana kele ti mambu yina ke manaka to ve. Mamnu yina kele dezia lenda beba diaka mingi kibeni kana mpasi mosi buna me kumina bantu. Kupona lusadisu ya kupesa ke tadila mambu yina ke manaka ve to yina ke vandaka sambu na ntangu mosi buna.)
- Inki mutindu mambu ya me tala kubumba mbote madia vandaka kuyela na bamvula tanu to kumi yina me luta? Yo lenda vanda mbote na kusala tablo yina ke monisa mutindu mambu ya me tala madia yina bo me bumba mbote vandaka.
- Bimvuka yina kele ti bima ya kuzingila vandaka ti bima ya nki mutindu, mbongo to bima ya nkaka? Na kati ya bambandu yina kele awa: kubumba madia, kusadila

mbongo na mayele, bambisi, kusala mumbongo, kubaka mbongo ti lunta mpi mambu yina bantu lenda tubila ve.

- Na kiteso ya mposo mosi to ngonda mosi, nki badepensi ya nzo yina salamaka mingi? Konso kisika vandaka kubaka ikwa?
- Nani ke bumbaka mbongo ya nzo, mpi beno ke sadila nki mutindu mbongo yango?
- Keti kele ti zandu ya pene-pene yina beno lenda kwenda kusumba madia ya mbote? Tudila dikebi na kitamina yina yo kele, lutaninu, kukwenda kisika ya nkaka kukonda mpasi, bima yina kele mpi kuzwa bansangu ya me tala bazandu mpi bakaminio.
- Inki bima kele mpi bantalu na yo kele ikwa, ebuna madia?
- Na ntwala nde mpasi mosi buna kukumina bantu, nki vandaka diambu ya nsuka na yina me tala bampusa (madia, bima yina ke katukaka na bilanga, lusansu, mpi mambu ya nkaka) mpi bisika bima yango vandaka kukatuka *(cultures de rapport, bétail, salaires, etc)*

Madia ya bo me bumba mbote na ntangu ya bampasi

- Inki mutindu mpasi simbaka bima ya nkaka ya luswaswanu mpi na konso kimvuka yina kele ti bima ya kuzingila yina me zabana?
- Inki mutindu yo vandaka ti bupusi na bansungi yina ke salamaka ya kubumba mbote madia ya bimvuka ya luswaswanu?
- Inki bupusi yo vandaka na yo na bantu yina ke pesaka bisalu ya mbongo, na bazandu, na mambu yina kele mpi na ntalu ya bima ya mfunu ?
- Na kutadila bimvuka ya luswaswanu ya bima ya kuzingila, inki mayele ya luswaswanu ya kuyikana na mpasi mosi buna mpi nki bantu ke kutanaka na mambu ya mutindu yai? Inki mutindu mambu yango sobaka na ntwala nda mpasi kukumina bantu?
- Inki bimvuka yina kele na mpasi ya mingi kibeni?
- Inki malanda sambu na ntangu mosi buna sambu na kuyikama ti mayele ya nkaka, na yina me tala mbongo mpi ya mambu ya nkaka ya bantu?
- Na bimvuka yonso ya bima ya kuzingila mpi na bantu yonso yina kele na kigonsa, nki kele malanda ya kusadila mayele ya nkaka kele na yo na mavimpi, na mutindu na bo ya kuzinga mpi na luzitu na bo? Keti kele ti bigonsa na yina me tala mayele ya kusadila sambu na kuyidika diambu mosi buna?

Appendixe 2
Lisiti sambu na kuzikisa
mpi kutanina madia

Bangiufulu yai ya ke landa ke monisa mutindu ya kutanina bima ya kukuna: Kutadila mutindu ya kutanina bima ya kukuna fwete tula dikebi na bansiku ya insi na beno na yina me tala bima ya kufwana mpi yina bo lenda soba.

Kutanina bima ya kukuna na ntwala nde mpasi mosi buna kukumina bantu (point de référence)

- Inki kele babwala ya mfunu mingi sambu na bantu yina ke salaka bilanga? Bo ke sadilaka yo na nki: na kudia, to sambu yo butila bo bima ya nkaka, to yo kele mfunu sambu na bima yaia yonso zole? Keti bantu ke sadilaka binkulu yai bamvula yonso? Inki binkulu yina lenda vanda mfunu na ntangu ya mpasi mosi buna?
- Inki mutindu bantu yina ke salaka bilanga ke zwaka bima ya kukuna to bima ya nkaka ya kukuna sambu na binkulu yai? Sosa kutadila banzila yonso kana mpila kele.
- Inki mutindu bantu ke kunaka bima na babwala ya nkaka? Inki kele kiteso ya kufwana? Bankeni yango kele ikwa? Inki kele ntalu ya bima yina lenda kuma mingi (kuwakana yina kele na kati ya bima ya kukuna to bankeni yina bo bakaka mpi mingi ya bima yina bo kunaka)?
- Keti kele ti binkulu ya luswaswanu ya mfunu to yina bantu ke sepeleka na yo (bima yina lenda yikana ti bansungi yina kele na babwala)?
- Inki kele mitindu ya kufwana ya kubuta bima yina bo ke kunaka na bilanga kele mfunu sambu na babwala ya nkaka to yina lenda soba sambu na ntangu mosi buna?
- Nani kele ti nswa ya kubaka balukanu na kati ya nzo, ya kulandila bima yina kele mpi ya kupesa bima yina kele na bisika yonso yina bo ke kunaka yo mpi na na nima ya kukuna yo?

Kutanina bima ya kukuna na nima ya mpasi mosi buna

- Keti kulandila mambu ya me tala bilanga kele mbote na yina me tala bantu yina ke bakaka bima yango?
- Inki babwala yina kele na mpasi ya mingi kibeni? Keti yo ke lomba kutadila diambu yango na mutindu ya nkaka? Sambu na nki to sambu na nki ve?
- Keti bantu yina ke salaka bilanga me zaba kibeni nde mambu me bonga mpi ya yo me kuma mbote sambu na kukuna bima, kukatula mpi kuteka yo to sambu na kudia yo?
- Keti bo kele ti nswa ya kusala bilanga mpi ya kubaka bima yina lenda sadisa na kubuta (fumier, outillage, animaux de trait)?
- Keti bo kele ya kuyilama sambu na kusala bilanga?

Kutadila bisalu mpi bima ya kukuna yina bantu ke lombaka: kubumba bima na nzo

- Keti bima yina bo ke kunaka na bilanga yina bo ke bumbaka na nzo lenda lunga sambu na kukuna yo diaka na mbala ya nima? Yo ke tadila bima yina me katuka na muntu yina kunaka yo yandi mosi mpi yina yandi lenda baka na nzila ya Internet, (mumbandu bantu yina ke zingaka pene-pene ti bo).
- Is there still a demand Keti kele ti mutindu ya nkaka yina bantu ya ke salaka bilanga ke zola kulanda na kusala? Keti yo ke wakana ti mambu yina kele na babwala? Keti kele ti bantu yina kele diaka na mfunu na yo?
- Bima ya mutindu na mutindu yina ke katukaka na bantu yina ke salaka bilanga me fwana kibeni sambu na kukuna na nsungi yina ke landa? Keti bima yango ya kukuna me fwana kibeni na kutadila bansiku ya bantu yina ke kunaka salaka bilanga?

Kutadila bisalu mpi bima ya kukuna yina bantu ke lombaka: bazandu yina kele na babwala

- Keti bantu ke tekaka kaka na bazandu ata mpasi mosi buna me kumina bo (keti kele ti bilumbu yina bo me yidikaka sambu na zandu, yina bantu ya ke salaka bilanga lenda katuka bisika ya nkaka sambu na kukwisa kuteka mpi kusumba kukonda mpasi)?
- Keti mingi ya bankeni mpi ya bambuma kele mutindu mosi ti yina bo salaka na ntangu mosi mpi na mitindu ya mbote na ntangu ya nsungi yina lutaka?
- Keti kele ti binkulu mpi mitindu ya nkaka ya kusala mambu yina bantu ya ke salaka bilanga ke tadilaka yo bonso kima ya mfunu sambu na kinkulu mosi buna yina kele na bazandu?
- Keti bankeni mpi bima ya kukuna yina bo ke tekaka na zandu kele ntalu mosi ti yina bo vandaka kuteka na bansungi yina lutaka na ntangu mosi buna? Kana yo kele ti mwa kuwaka ya bantalu, keti yo ke vandaka mutindu mosi sambu na bantu yina ke salaka bilanga?

Kutadila bisalu mpi bima ya kukuna yina bantu ke lombaka: bwala ya nkaka

- Keti binkulu mpi mitindu ya kuswaswana ya kusala mambu yina mutindu mosi bwala ya nkaka, ke salaka mambu mutindu mosi na bisika yina bantu mambu ke vandaka ve na ndonga? Keti beno kele ti bansangu ya pwelele ya ke monisa nde bantu yina ke salaka bilanga ta sadilaka yo?
- Keti bima ya mbote ya kukuna yina kele na bisika ya nkaka ta lungisaka kibeni mambu yina mpasi mosi buna ke lombaka? Kana yo kele ve mutindu yina, inki bitini yina bantu ya ke salaka bilanga lenda lungisa?

Appendixe 3
Lisiti sambu na kutadila madia ya ke tunga nitu

Yai bambandu ya bangiufula sambu na kutadila bikuma ya mambu yina ke salaka nde bantu mingi kukuma bibuba, bigonsa ya me tala madia ya ke tunga nitu mpi kukwenda kupesa lusadisu kana mpila kele. Bo ke landilaka bangiufula na kutadila bikuma ya mambu yina ke salaka nde bantu kukuma bibuba. *Tala Kifwanisu ya 7: Madia ya bo me bumba mbote mpi ya ke tunga nitu, mambu yina ke salaka nde bantu kukuma bibuba.* Bantu lenda pesa bansangu na bisika ya luswaswanu. Sambu na kuvukisa bansangub yango, beno lenda sadila bisadilu mingi yina ke sadisaka sambu na kulandila mambu, disongidila, kusolulaka ntangu yonso ti bantu ya mfunu yina ke pesaka bansangu, na kulandilaka mambu mpi na kutadilaka bansangu ya nkaka ya mfunu.

Mutindu bantu vandaka kuzinga ntente na ntwala nde mpasi kukumina bo

Inki kele bansangu yina bantu me zaba dezia; yina bo ke tubila mingi kibeni mpi mambu yina ke salaka nde bantu ya kele na mpasi kukuma bibuba? *Tala Kulandila madia ya bo me bumba mbote mpi ya ke tunga nitu, Nsiku ya 1.1.*

Kigonsa yina ke salaka nde bantu kukuma bibuba

Inki kele kigonsa yina kukonda kudia madia ya ke tunga nitu ke nataka na mavimpi ya muntu?

Tala Appendixe 1: Lisiti sambu na kulandila madia ya bo me bumba mbote mpi bima ya kuzingila.

Inki bigonsa kukonda kudia mbote ke nataka na yina me tala mutindu ya kusadila madia mpi ya kusansa babébé mpi bana ya fioti?

- Keti nge me bakisa nsoba yina me salama na mutindu ya kusala kisalu sambu na bantu yonso (mumbandu, sambu na bantu yina me katuka bisika, bantu yina me kwenda bisika ya nkaka to kana bimvuka ya basoda ke wakana ve bo na bo) yina ke sala na mpila nde bisalu mpi mikumba yina bo kele na yo na banzo kusoba?

- Keti nsoba ke salamaka na mambu ya me tala banzo? Y Keti kele ti ntalu ya mfunu ya bana yina ke zingaka ve kisika mosi ti mabuta na bo?

- Keti bisika yina bantu ke bakaka lusansu na mutindu ya mbote bebaka (mumbandu sambu na kukwenda kisika ya nkaka), kupesa nswa sambu bambefo kubaka lusansu, madia to masa?

- keti kele ti babébé yina bo k nwisaka ve mabele? Keti kele ti babébé yina bo ke sansaka ti miliki yina bantu ke salaka?

- Keti nge me bakisaka to me waka bantu ke tuba nde bantu ke salaka diaka ve mbote madia ya babébé na ntangu ya mpasi mosi buna? Keti nge mosi mpi me bakisaka kibeni nde ntalu ya bantu ya ke tubilaka mutindu ya kunwisa bana mabele to ntalu ya bana yina me zabanaka sambu na kunwisa bana mabele? Keti nge me bakisa mpi kumata ya ntalu ya miliki yina bantu ke salaka to ntangu ya babébé yina ke nwaka ve mabele?

- Keti mpila kele ya kuzwa madia ya nkaka ya kufwana, sambu na konso mvula mpi ya mbote na yina me tala manaka ya mbote sambu na madia mpi keti bo lenda lamba yo na bunkente yonso?
- Keti nge e bakisa to me wa bantu ke tubila mambu ya me tala kukabisila bantu yonso bima ya ofele to ve, bima sambu na mabele yina bo ke pesaka bana ya fioti, mumbandu mabele yina bamama ke pesaka bana, bima ya nkaka yina ke sadisaka na kupesa bana mabele, *biberons* mpi *tétines*?
- Na bimvuka ya mabundu, keti bo ke tulaka bana ta fioti na kisika ya ntama sambu na ntangu ya nda? Keti nswa yina bantu vandaka na yo na miliki me sobaka?
- Keti SIDA ke vandaka ti malanda ya mbi na mambu ya me tala bunkete na mabuta?
- Keti bo salaka madia na mutindu ya mbote sambu na kulungisa bampusa ya minunu mpi ya bantu yina ke kuka ve na kudia? Tadila mutindu bo ke sadilaka madia ya ke tungaka nitu mpi mutindu mambu yango ke simbaka na *micronutriment* na nitu ya muntu. Tadila mambu yina bantu lenda ndima na yina me tala madia (appétence, masticabilité et digestibilité).

Inki kigonsa kukonda kudia mbote ke natilaka bantu?

- Keti nge zabisaka na ntwala bamaladi yina lenda kumina bantu, bonso kasesa mpi pulu-pulu yina ke manaka ve? Keti bamaladi ya mutindu yai lenda vutukila diaka bantu?   *Tala Lusansu ya me fwana – bamaladi ya nsambukila, Nsiku ya 2.1.*
- Inki kele ntalu ya mangwele ya me fwana sambu na kupesa bantu yina ke bela?   *Tala Lusansu ya me fwana – mavimpi ya bana, Nsiku ya 2.2.1.*
- Keti bo ke pesaka mbala mosi vitamine A na ntangu ya kupesa mangwele sambu na kasesa? Inki kele kiteso ya kufwana sambu na kupesa vitamine A ?
- Keti nge lenda zaba ntalu ya bantu yina ke fwa (yo vanda bantu yina ke fwa ntangu yai to bantu yina me fwaka kansi bo me lungisaka ntete ve bamvula tanu) ? Inki kele bantu yango mpi nki metode bo sadilaka? tala Mambu ya mfunu na yina me tala mavimpi?   *Tala Mambu ya mfunu ya me tala mavimpi.*
- Keti kukita ya ntangu lenda vanda ti bupusi na bantu yina ke belaka maladi ya mpema yina ke manaka ve to kulungisa bampusa ya nkaka ya bantu yina kele na maladi?
- Keti yo kele mfunu na kusadisa exama ya SIDA?
- Keti bantu ke kutanaka ti bampasi sambu na kukonda kudia ya mbote sambu na kukonda ya mbongo to sambu bo kele ve na mavimpi ya mbote?
- Keti bantu mingi kele ti maladi ya kosu-kosu?
- Keti nge zabisaka na ntwala bantu yina kele ti bamaladi ya ke sambukilaka ve bantu bonso *diabète*, *l'arthrose*, bamaladi ya ntima mpi kumana ya menga?
- Keti malaria kele mingi kibeni?
- keti bo vandaka ntangu ya nda kibeni na bisika ya mbi?
- Keti bantu zindaka na masa to keti yo lombaka nde bo vanda na madidi na mwini na sungu ya ntangu ya nda?

Inki kele bangidika yina babwala bakaka, yo vanda ya kusonika na papier to yina bo tubaka na munoko ya bo ke sadilaka bubu yai, yina bo lenda sadila?

- Inki kele makuki yina kimvuka ya ke talaka mambu ya mavimpi ya bantu kele na yo, bimvuka ya mabundu, bimvuka yina ke sadisaka bimvuka ya nkaka, bimvuka ya ke sadisaka bantu yina ke nwisaka bana mabele to ONG yina ke salaka ntangu fioti to ntangu mingi na kisika yina bantu ke zingaka?

- Inki kele bangidika ya me bakamaka dezia sambu na kupesa madia mpi yina bimvuka ya bwala na beno me salaka, bimvuka ya babwala ya nkaka, ba ONG, bimvuka ya baluyalu, *des agences onusiennes*, mpi bimvuka ya mabundu? Inki mayele bo kesadilaka na yina me tala mavimpi (yo vanda na ntangu ya ntama, na ntangu yai to na ntangu ke kwisa), mpi diaka kukwenda kupesa lusadisu mpi bamanaka yina bo me yidikaka sambu na ntangu ya nda na yina me tala mavimpi yina bantu fwete sadila sambu na kulungisa bampusa ya bantu na ntangu yai?

Appendixe 4
Mutindu ya kuzaba kibuba

Na mambu ya me tala kukwenda kupesa nswalu madia na bantu yina kele na mpasi, yo ta vanda mfunu na kutanga mpi babebe yina kele ti bangonda na nsi ya 6, bankento yina kele ti mavumu to yina ke nwisaka bana, bana yina me kuma bambuta, batoko, bambuta mpi minunu ntangu bo ke sala bamanaka ya kukwenda kupesa bantu madia.

Babebe yina kele ti bangonda na nsi ya 6

Ata bantu ke landa kaka kusala bansosa sambu na kiteso ya mvula yai, mambu ya me fwana sambu na kulandila diambu yai kele kibeni ve. Bansiku mingi ke vandaka ti bantendula ya mutindu mosi na bamaladi ya ngolo bonso kibuba yina ke manaka ve sambu na babebe kuluta bana yina kele ti bangonda yantika na 6 tii na 59. Malombo me simbama na nene ya mwana ti dati yina me fwana kansi ve na kutadila kuyela na yandi.

Bareferense yai ya *National Center for Health Statistics (NCHS)* ya ke talaka mambu ya kuyela ya mavimpi yina bansiku ya OMS kubasisaka na 2006 ya ke tadila kuyela ya bana; ke sadisaka na kuyela ya bebe yina kele na bangonda na nsi ya 6 yina ke belaka maladi ya bo ke bingaka na kifalansa nde *émaciation*. Diambu yai lenda sala nde ntangu ya babebe yina kele na kati ya bamanaka kukuma diaka mingi, diaka, mutindu bantu yina ke pesaka lusadisu ke kudiyula bangiufula na yina me tala mutindu ya mbote ya kunwisa mwana mabele na mutindu ya mbote kibeni. Yo kele mfunu na kutadila mbote kibeni mambu yai ya ke landa:

- Kuyela ya babebe yina ke bakaka ntangu mingi: keti kuyela ya mwana kele mbote ata yandi kele nene kibeni ve na nitu? (babebe ya nkaka lenda "yela nswalu kibeni na kintulumukina" ata yandi vandaka nene ve ntangu yandi butukaka)?
- Mutindu ya kupesa madia ya babebe: keti bebe lenda landa na kunwa mabele?
- Mambu ya me tala hopitale: keti bebe kele ti maladi yina ke lomba kukutana ti munganga, mavimpi na yandi kele mbote ve to yina mamvumpi na yandi kele na kigonsa mingi kibeni?
- Mambu ya me tala bamaman yina kele ti babebe: mumbandu, keti dibuta ya maman ya bebe ke pesaka yandi lusadisu? Bamanaka ya ke talaka mambu ya mavimpi fwete pesaka na nswalu kibeni babebe yina lenda kutana ti mambu mingi ya mpasi kibeni.

Bana yina kele ti bangonda yantika na 6 tii na 59

Tablo yina ke landa ke monisa kiteso ya kibuba yina kele na bana yina kele ti bangonda yantika na 6 tii na 59. Vukisa mbote bidimbu yina kele na rapore na yina me tala nene mpi nda mutindu bansiku ya OMS ya 2006 ya ke tadila kuyela ya mwana ke tubila yo. Rapore ya Z na yina me tala nene mpi nda (mutindu bansiku ya OMS ke monisa yo) ke sadisaka sambu na kuzaba bamvutu yina baexama ya anthropométriques ke pesaka. Périmètre brachial (PB) ke sadisaka sambu na kuzaba ntalu ya bibuba yina ke manaka ve mpi kidimbu ya mfunu mingi kibeni yina muntu ya ke zola kufwa ke monisaka.

Mbala mingi, ntalu ya PB yina kele mingi ve ke monisaka ntalu ya maladi yina ke lomba kusansa ya ofole yina kele na kati ya bamanaka ya ke tadilaka mambu ya madia mpi mavimpi. Bitesilu yina bo ke sadilaka sambu na kuzaba kele < 11,5 cm sambu na kibuba yina ke manaka ve, 11,5 mpi 12,5 cm sambu na kibuba yina ke manaka ve kansi ya kele ngolo mingi kibeni ve. Bantangu ya nkaka bo ke sadilaka PB ti ntalu ya mingi ntangu bo ke sala baexama na bitini zole. Bo lenda sadila yo ve yo mosi na baexama ya anthropométriques, kansi bo lenda sadila yo bonso malombo sambu na kukota na bamanaka ya ke talaka mambu ya madia.

	Kibuba yonso yina ke manaka ve	Kibuba yina ke manaka kibeni ve	Kibuba ya ngolo yina ke manaka ve
Bana ya bangonda 6 tii na 59	Rapore ya me tala nene mpi nda ya mwana <−2 Z mpi PB <12,5 cm to œdème nutritionnel	Rapore ya me tala nene mpi nda ya mwana −3 tii na −2 Z to PB 11,5 tii na 12,5 cm	Rapore ya me tala nene mpi nda ya mwana <−3 Z mpi PB <11,5 cm mpi œdèmenutritionnel
Minunu	PB 21 cm	PB 18,5 tii na 21,0 cm	PB 18,5 cm
Bankento yina kele ti mavumu mpi yak e nwisaka bana mabele	PB <23 cm (yo lenda vanda <210 mm bantangu ya nkaka)	PB 18,5 tii na 22,9cm	PB 18,5 cm
Bambuta (disongidila bantu yina kele ti SIDA to malady ya kosu-kosu (tuberculose))	IMC <18,5	IMC 16 tii na 18,5	IMC 16

Bana ya kele ti bamvula yantika na 5 tii na 19

Sadila bansiku yina OMS basisaka na 2007 sambu na kusosa kuzaba mavimpi ya bana yina kele ti bamvula yantika na 5 tii na 19. Bareferanse yai ya bo me pesa na yina me tala kuyela ya bana, kele na kati ya bansiku yina ke tadila kuyela ya bana yina OMS basisaka sambu na bana yina kele ti bangonda yantika na 6 tii na 59 mpi mambu yina me lombama sambu na bambuta. Sosa kuzaba mutindu ya kusadila *périmètre brachial* sambu na bana yina me yela mpi batoko, mingi-mingi kana bo kele ti mbumbu ya *SIDA*. Yo yina, yo kele mfunu na kutulaka dikebi ntangu yonso na balutwadisu ya mpa yina bo ke pesaka.

Bambuta yina kele bamvula yantika na 20 tii na 59

Yo ke vandaka mpasi kibeni na kutendula kibuba yina ke manaka ve na muntu yina kele dezia mbuta, kansi na kutadila bansangu yina bo ke basisaka, yo lenda monisa nde kibuba yina ke manaka ve lenda bumbana na nima ya mavimpi ya muntu, yo lenda vanda 16 mpi na nsi ya 18,5 sambu na kibuba yina ke salaka ntangu mingi na kumana. Bansosa yina bo me salaka sambu na kibuba yina ke manaka ve sambu na muntu yina kele mbuta, beno fwete baka bansangu ya me tala nene, nda, nda ya muntu ntangu yandi kele ya kuvanda mpi bangidika yina ke bakamaka sambu na *périmètre brachial*. Bo lenda sadila bansangu yango sambu na kuvukisa IMC. Bo lenda vukisa IMC na kumonisa kidimbu yina bo ke bingaka na kifalansa nde cormique (rapore ya nene ya muntu ntangu yandi kele ya kuvanda mpi ya kutelema) na kisika ya kukwenda kufwanisa bantu. Nsoba ya mutindu yai lenda soba kukonda kudia ya mbote sambu na bantu yina kele dezia bambuta mpi yo lenda vanda ti malanda sambu na bamanaka. Tesaka ntangu yonso *périmètre brachial*. Kana beto kele ti mfunu ya kubaka bamvutu na nswalu kibeni, beno lenda sala bansosa na kutadila balukanu ya *périmètre brachial*.

Kukonda ya bansangu yina kele ya masonga na yina me tala mutindu kisalu ke salama mpi kukonda ya kuzaba bisika ya bidimbu lenda nata mavwanga sambu na kuzaba bamvutu ya anthropométriques. Sadila bansangu na yina me tala disolo yina beno ke tubila ntangu beno ke tandula mambu yina kele na kati. Sambu na kubaka lutwadisu na yina me tala kutadila diaka mambu   *tala Bareferanse mpi mikanda yina bantu ya nkaka sonikaka*.

Na ntangu ya bo ke salaka bantu baexama sambu bo ndimama na bamanaka yina ke pesaka lusansu na bantu yina ke bela to na ntangu bamanaka yai ke basikaka, malombo fwete vanda ti kuwakana ti bima yina ke monisaka bidimbu ya *anthropométriques*, bidimbu ya baopitale (bidimbu yango lenda vanda, kulemba na nitu, kukonda ya kilo ya kufwana na nitu) mpi mambu ya nkaka yina me tala Internet (kuvanda ti nswa ya kubaka madia, kuvanda ti bantu yina ke pesaka lusadisusu pene-pene, kisika ya mbote ya kupema). Kuvila ve nde, *l'œdème* kana yo kele na nitu ya muntu yina kele mbuta yo lenda kumisa yandi kibuba mpi minganga lenda baka ntangu ya kulonguka œdèmesyina bo me mona na nitu ya muntu yina kele mbuta sambu yo ta sadisa bo na kubaka bangidika sambu maladi ya nkakan kusimba ve bantu. Konso kimvuka yina ke kwendaka kupesa lusadisu na bantu ya kele na mpasi ke ponaka bo mosi kima yina ta sadisa bo na kuzaba malombo yina muntu fwete lungisa sambu na kubaka lusansu, na kutulaka dikebi na mambu ya mpasi yina kuminaka IMC, na kukonda ya bansangu ya me fwana yina kele na périmètre brachial, mpi mambu ya mpasi yina lenda kuma ntangu beno ke sadila bidimbu sambu na manaka. Mutindu yo ke tadila mambu ya me tala kuyela ya teknike, beno lenda tula dikebi ntangu yonso na balutwadisu mpi baansangu ya mpa yina bo me basisa ntama mingi ve.

Bo lenda sadila *périmètre brachial* sambu na kusala exama na nkento yina kele ti divumu, mumbandu bonso malombo yina me fwana sambu yandi kota na manaka yina ke kwendaka kupesa madia. Mutindu bampusa ya madia sambu na bankento yina kele ti divumu kele mfunu, bankento yango yina kele ti mavumu ke vandaka na kigonsa ya mingi kibeni kuluta bimvuka ya nkaka ya bantu. Ntangu ke vandaka ti divumu, *périmètre brachial* ke sobaka ve na mbala mosi. Bo me monisaka yo pwelele nde *périmètre brachial* mosi yina kele na nsi ya 20,7 cm ke monisaka kigonsa ya nene to 23 cm kigonsa yina kele ya mingi kibeni ve sambu na kuyela ya diaki yina kele na kati ya divumu ya nkento. Valere ya mambu yango lenda soba na kutadila insi yina beno kele na kiteso ya 21 mpi 23 cm. Mbala mingi, bo ke tulaka dikebi ya mingi na *périmètre brachial* yina kele na nsi ya 21 cm ya ke monisaka nde bankento kele na kigonsa ntangu bo ke kwendaka nswalu kupesa lusadisu.

Minunu

Bubu yai yo kele mpasi kibeni na kundima nde kibuba mpi ke vandaka na bantu yina kele minunu. OMS ke monisa nde IMC sambu na bantu yina me yela bo lenda sadila yo mpi sambu na bantu yina kele ti bamvula yantika na 60 tii na 69 mpi diaka na zulu ya bamvula yai. Ata mpidina, nda ya muntu lenda nata mpi mambu ya nkaka ya mpasi kana yandi ke niekisa mukongo na yandi mpi mikwa yina ke vandaka na mukongo. Bo lenda sadila mpi nda ya diboko mosi to ya maboko zole na kisika ya kusadila nene ya muntu, kansi mambu lenda soba na kutadila nene ya bantu. Kukwenda kulandila mambu na kisika yina yo ke salama kele mfunu mingi. Kisadilu yai ya ke bo ke binga *périmètre brachial* lenda vanda mosi na kati ya bisadilu ya mfunu sambu na kusosa kuzaba minunu yina kele bibuba, kansi basonsa fwete landa kaka na kusalama.

Bantu yina kele ti bifu na nitu

Bilumbu yai, beto kele ve ti bima yina lenda sadisa beto na kutesa bantu yina kele ti bifu na nitu. Mbala mingi, kukonda ya bima yango ke salaka nde bantu ya nkaka kusala ve baexama yai ya bo ke bingaka nde *anthropométriques*. Yo kele mbote kibeni na kukwenda kutadila mambu yango na kisika yina yo ke salama. Bitesilu ya *périmètre brachial* lenda kusa, mingi-mingi, kana misuni ya maboko ke yelaka sambu na kusadisa maboko na kusala mbote. Kele mpi ti mitindu ya nkaka sambu na kutesa nsiku ya me tala nene, yo lenda vanda nda na yo, diboko to ya kitini ya diboko to mpi nda ya dikulu. Yo kele mbote kibeni na kutanga bansosa yina bo me katuka kusala sambu na kusosa kuzaba mutindu ya me fwana kibeni sambu na kutesa bantu yina kele ti bifu na nitu yina metode yina bantu ke sadilaka ya me tala nene, nda mpi *périmètre brachial* yina ke lunga ve.

Appendixe 5
Kubaka bangidika sambu na mavimpi ya bantu mingi, kukonda micronutriment

Pesa lusansu na nswalu kibeni na kutadila maladi ya konso muntu na yina me tala kukonda ya *micronutriment* na nitu ya muntu. Mambu ya me tadila bantu yonso na yina me konda *micronutriment* lenda vanda mambu ya mutindu mosi sambu na bantu yonso. Yo yina, yo kele mfunu na kutesa mpi kuvukisa bantu yina me konda *micronutriment* na nitu sambu na kuyidika mutindu ya kukwenda kupesa lusadisu mpi kulandila yo.

Kulandila mambu ya me tala nitu ya muntu kele ti mambote sambu yo ke pesa ngindu ya mbote ya na yina me tala *micronutriment*. Kansi, kuvukisa baesantio ya mambu ya minganga ke vandaka mwa mpasi na yina me tala ndonga ya mambu, ya formasio sambu na bantu ya bisalu, ya madidi mpi mbala ya nkaka na yina me tala kundima mambu yango. Diaka, bangidika yina minganga me bakaka kele kibeni ve mutindu yo lombamaka. Mutindu mosi mpi sambu na kibuba yina ke manaka ve, yo lenda soba mpi na kutadila kilumbu yina bo bakaka esantio to na nsungi ya mvula. Kulandila mambu na mutindu ya mbote kele mfunu mingi, yo yina beno fwete yindulaka ntangu ya me fwana sambu na laboratware yina ke salaka mambu yango.

Na ntangu ya beno ke tadila diaka mambu ya me tala *micronutriment*, sosa kutula bima yina ta simba yo mbote kibeni. Konso muntu fwete tadila diambu yai na ntima na yandi ntangu bima mingi ke pesa mavimpi to ntangu bo ke sadila yo kaka sambu na kupesa *micronutriment*.

Kukonda ya *micronutriment* na nitu ya muntu ke nataka mambu ya mpasi mingi kibeni na mavimpi mpi na mabanza ya minunu, na mutindu nitu na bo ke salaka na ntangu yina mpi makuki yina bo ke vandaka na yo sambu na kusala kisalu mosi buna.

Tablo yai ya kele awa na nsi yina kele ti bima yina ke monisaka bima ya kele, ke monisa na ndonga mutindu ya kumona kukonda ya *micronutriment* na nitu ya muntu sambu na mavimpi ya bantu yonso. Sambu na kuzaba bansangu mingi ya me tala mutindu ya kusala *tests biochimiques* mpi mambu ya me tala mavimpi ya bantu yonso, tala mikanda yina bo me katuka kubasisa ntama mingi ve na mambu ya me tala mavimpi to kwenda kusosa bandongisila ya bantu yina me longukaka mingi kibeni mambu yango.

Kima ya ke monisa kukonda ya micronutriment na nitu ya muntu	Mvula yina me lombama sambu na kulonguka kiteso yo kele	Kutendula mambu ya me tala mavimpi ya bantu yonso	
		Bunene ya mambu	Ntalu ya bantu yina kele nti malade (%)
Kukonda ya Vitamine A na nitu ya muntu			
Cécité nocturne (XN)	Banda na bangonda 24 tii na 71	Na nsi kibeni	0 ≤ 1
		Na kati-kati	1 ≤ 5
		Ya ke manaka ve	5
Bisalu ya Bitot (X1B)	Banda na bangonda 6 tii na 71	Bo me tubila yo kibeni ve	>0.5
Xérosis/ulcération cornéenne/kératomalaci (X2, X3A, X3B)	Banda na bangonda 6 tii na 71	Bo me tubila yo kibeni ve	>0.01
Cicatrices cornéennes (XS)	Banda na bangonda 6 tii na 71	Bo me tubila yo kibeni ve	>0.05
Rétinol sérique (≤ 0.7μmol/l)	Banda na bangonda 6 tii na 71	Na nsi kibeni	2 ≤ 10
		Na kati-kati	10 ≤ 20
		Ya ke manaka ve	20
Kukonda ya en *iode* na nitu ya muntu			
Goitre (yina ke monana mpi yina bantu lenda simba kukonda mpasi)	Bana yina me lungisa mvula ya kukota nzo-nkanda	Na nsi kibeni	5.0–19.9
		Na kati-kati	20.0–29.9
		Ya ke manaka ve	30.0
Concentration urinaire médiane en iode (mg/l)	Bana yina me lungisa mvula ya kukota nzo-nkanda	Ntalu ya mingi	>300
		Ntalu ya kufwana	100–199
		Ntalu ya nsi kibeni	50–99
		Ntalu yina kele na kati-kati	20–49
		Ntalu yina ke manaka ve	<20
Kukonda ya *fer* na nitu ya muntu			
Kukonda ya makila (*hémoglobine* na nkento yina kele ve ti divumu <12.0g/dl; bana yina kele ti bangonda banda na 6 tii na 59 <11.0g/dl)	bankento, bana yina kele ti bangonda banda na 6 tii na 59	Na nsi kibeni	5–20
		Na kati-kati	20–40
		Ya ke manaka ve	40

Kima ya ke monisa kukonda ya micronutriment na nitu ya muntu	Mvula yina me lombama sambu na kulonguka kiteso yo kele	Kutendula mambu ya me tala mavimpi ya bantu yonso	
		Bunene ya mambu	Ntalu ya bantu yina kele nti malade (%)
Béribéri			
Bidimbu ya baopitale	Bantu yonso	Na nsi kibeni	Ntalu ya 1 mpi <1 %
		Na kati-kati	1–4
		Ya ke manaka ve	5
Mambu ya me tala mavimpi (<0.33mg/1,000kCal)	Bantu yonso	Na nsi kibeni	5
		Na kati-kati	5–19
		Ya ke manaka ve	20–49
Ntalu ya babebe yina ke fwa	Bana ye kele ti bangonda yantika na 2 tii na 5	Na nsi kibeni	Kukonda kukitisa yo na nsi kibeni
		Na kati-kati	Ntalu yina kele na kati-kati
		Ya ke manaka ve	Ntalu yina ke monana kibeni
Pellagre			
Bidimbu ya baopitale na bamvula yin abo me longukaka	Bantu yonso to bankento >bamvula 15	Na nsi kibeni	≥ Ntalu ya 1 mpi <1 %
		Na kati-kati	1–4
		Ya ke manaka ve	5
Apport nutritionnel en équivalents niacine <5mg/konso kilumbu	Bantu yonso to bankento >bamvula 15	Na nsi kibeni	5–19
		Na kati-kati	20–49
		Ya ke manaka ve	50
Scorbut			
Bidimbu ya baopitale	Bantu yonso	Na nsi kibeni	Ntalu ya 1 mpi <1 %
		Na kati-kati	1–4
		Ya ke manaka ve	5

Appendixe 6
Bampusa ya me tala mavimpi

Tablo yai ya kele awa ta sadisa nge na kuyidika mambu mbote ntangu mpasi mosi buna ke yantika. Bampusa ya me tala mavimpi yina kele na tablo yai lenda sadisa sambu na kutadila madia yonso. Tablo yai kele ve sambu na kutadila makuki ya kukabula madia ya nkaka to madia yina me lombama na minganga, mpi bo lenda tadila ve tata fioti madia yina bo me yidika sambu na kupesa bimvuka bonso bantu yina ke belaka maladi ya kosu-kosu (tuberculose) to bantu yina kele ti SIDA.

Madia yina ke tungaka nitu	Bampusa ya fioti-fioti yina bantu kele na yo
Énergie	2 100 kCal
Protéines	53 g (10 % de l'énergie totale)
Matières grasses	40 (17 % de l'énergie totale)
Vitamine A	550 µg d'équivalent d'activité du rétinol (RTE)
Vitamine D	6,1µg
Vitamine E	8,0 mg d'équivalent d'alpha-tocophérol (alpha TE)
Vitamine K	48.,µg
Vitamine B1 (thiamine)	1,1 mg
Vitamine B2 (riboflavine)	1,1 mg
Vitamine B3 (niacine)	13,8 mg d'équivalent de niacine (NE)
Vitamine B6 (pyridoxine)	1,2 mg
Vitamine B12 (cobalamine)	2,2 µg
Acide folique	363 µg d'équivalent de folate alimentaire (DFE)
Pantothénate	4,6 mg
Vitamine C	41,6 mg
Fer	32 mg
Iode	138 µg
Zinc	12,4 mg
Cuivre	1,1 mg
Sélénium	27,6 µg
Calcium	989 mg
Magnésium	201 mg

Source: Les AJR utilisés pour les calculs relatifs à toutes les vitamines et à tous les minéraux sont issus de Vitamin and Mineral Requirements in Human Nutrition (Besoins en vitamines et minéraux en nutrition humaine), 2e édition, FAO/OMS, 2004, sauf en ce qui concerne le cuivre. Les besoins en cuivre sont issus de Trace Elements in Human Nutrition and Health. Éléments-traces dans la nutrition humaine et la santé, OMS, 1996.

Bavalere ya bampusa ya fioti-fioti ya bantu ke vukisa bampusa ya bantu ya bamvula yonso, yo vanda bankento to babakala. Yo kele ve mutindu mosi sambu na bamvula yonso, yo vanda bankento to babakala mpi bo lenda sadila yo ve sambu na kumonisa bampusa ya muntu mosi. Bampusa ya muntu me simbama na mambu yai, mutindu muntu kele, nsungi mpi kiteso ya kisalu yina bantu ke salaka. Bo ke tulaka mpi dikebi na bampusa ya bankento yina kele ti mavumu mpi bayina ke nwisaka bana mabele.

Bo ke tubilaka bampusa ya bantu mutindu bo ke sadilaka barapore ya konso kilumbu sambu na madia yonso yina ke tungaka nitu, katula kaka énergie mpi cuivre.

Mambu ya mpa mpi bansosa yina bo kele na kusala na yina me tala macro mpi *micronutriment* kele dezia na site Internet ya FAO mpi OMS.

Beno lenda yidika bampusa ya mavimpi ya bantu (yo vanda na zulu to na nsi) na kutadila mambu yai ya ke landa:

- ntalu ya bana yina kele ti bamvula na nsi ya 5, ntalu ya bankento mpi minunu, ya batoko;
- kiteso ya nene ya bantu yina kele dezia bambuta mpi nene ya nitu ya masonga, yina muntu ke vandaka dezia na yo to yina muntu ke zola kukuma na yo
- kiteso ya kisalu ya me fwana sambu na kuvanda ti luzingu ya mbote (bampusa lenda kuma mingi kana kisalu yango me luta kiteso ya kisalu ya fioti, disongidila, 1,6 × le métabolisme de base);
- nsungi yina kele ti bukati-kati, makuki yina bisika ya mbote ya kupema kele na yo mpi makuki sambu na kuzwa bilele ya me fwana (bampusa lenda kuma mingi kana nsungi yango kele na nsi ya 20°C);
- mavimpi mpi bunkete ya bantu (bampusa lenda kuma mingi kana bantu ke dia mbote ve mpi bo lenda yela diaka mbote kibeni ve. Kusadisa exama ya SIDA lenda vanda ti bupusi na bampusa ya bantu. Tula madia sambu na bantu yonso sambu na kulungisa bampusa na bo na kutadila mambu yina ke salama mpi sosa kuzaba bikuma sambu na kulungisa bampusa ya bantu na kutadila kisika yina bo ke zingaka mpi mambu yina bainsi ya nkaka ke lombaka.

Sambu na kubaka bandongisila na yina me tala mutindu ya kuyidika mambu, *tala UNHCR, UNICEF, WFP and WHO (2002), Food and Nutrition Needs in Emergencies mpi WFP (2001), Food and Nutrition Handbook.*

Kana mpila kele ve sambu na kubaka bansangu ya mutindu yai, beno lenda sadila bachifre ya kele na tablo yina kele na zulu bonso bansiku ya fioti-fioti.

Sambu na kubakisa mutindu bantu yonso kele, beto ke lomba beno na kukabula yo na kutadila mvula ya muntu, kana yandi kele nkento to bakala mpi malombo ya nkaka kana mpila kele, sadila mambu yina kele na bareferanse ya bainsi na beno to kukwenda na kimvuka yina ke talaka mambu ya bantu yonso na nsi-ntoto ya mvimba: https:/esa.un.org/unpd/wpp/

Bareferanse mpi mikanda yina bantu ya nkaka sonikaka

Bunda ya mambu

Child Protection Minimum Standards (CPMS). Global Child Protection Working Group, 2010. http://cpwg.net

Emergency Preparedness and Response Package. WFP, 2012. http://documents.wfp.org

Harvey, P. Proudlock, K. Clay, E. Riley, B. Jaspars, S. *Food Aid and Food Assistance in Emergencies and Transitional Contexts: A Review of Current Thinking.* Humanitarian Policy Group, 2010.

Humanitarian inclusion standards for older people and people with disabilities. Age and Disability Consortium, 2018. https://reliefweb.int

IASC Framework on Durable Solutions for Internally Displaced Persons. IASC, 2010.

Lahn, G. Grafham, O. *Heat, Light and Power for Refugees: Saving Lives, Reducing Costs.* Chatham House, 2015. https://www.chathamhouse.org

Livestock Emergency Guidelines and Standards (LEGS). LEGS Project, 2014. https://www.livestock-emergency.net

Minimum Economic Recovery Standards (MERS). SEEP Network, 2017. www.seepnetwork.org

Minimum Standards for Child Protection in Humanitarian Assistance. CPWG, 2016. http://cpwg.net

Minimum Standards for Education: Preparedness, Recovery and Response. The Inter-Agency Network for Education in Emergencies [INEE], 2010. www.ineesite.org

Minimum Standard for Market Analysis (MISMA). The Cash Learning Partnership (CaLP), 2017. www.cashlearning.org

Pejic, J. *The Right to Food in Situations of Armed Conflict: The Legal Framework.* International Review of the Red Cross, 2001. https://www.icrc.org

Safe Fuel and Energy Issues: Food Security and Nutrition. Safe Fuel and Energy, 2014. www.safefuelandenergy.org

The Right to Adequate Food (Article 11: 12/05/99. E/C 12/1999/5, CESCR General Comment 12). United Nations Economic and Social Council, 1999. www.ohchr.org

The Sendai Framework for Disaster Risk Reduction. UNISDR. https://www.unisdr.org

Kulandila mambu

RAM-OP: Rapid Assessment Method for Older People. www.helpage.org

SMART (Standardized Monitoring and Assessments of Relief and Transition) Guidelines and Methodology. SMART. http://smartmethodology.org

Madia ya ke tunga nitu

Castleman, T. Seumo-Fasso, E. Cogill, B. *Food and Nutrition Implications of Antiretroviral Therapy in Resource Limited Settings, Food and Nutrition Technical Assistance, technical note no. 7.* FANTA/AED, 2004.

Chastre, C. Duffield, A. Kindness, H. LeJeane, S. Taylor, A. *The Minimum Cost of Diet: Findings from piloting a new methodology in Four Study Locations.* Save the Children UK, 2007. https://resourcecentre.savethechildren.net

Codex Alimentarius. Standards, Guidelines and Advisory Texts. FAO and WHO. www.fao.org

Food and Nutritional Needs in Emergencies. WHO, UNHCR, UN Children's Fund, WFP, 2004. www.who.int

International Code of Marketing of Breast-Milk Substitutes. WHO, 1981. www.who.int

Kupesa lusadisu ya ofele na bibuba yina ke manaka ve

Black, RE. Allen, LH. Bhutta, ZA. Caulfield, LE. de Onis, M. Ezzati, M. Mathers, C. Rivera, J. *Maternal and child undernutrition: global and regional exposures and health consequences. The Lancet*, vol. 371, no. 9608, 2008, pp. 243–260. https://doi.org

Bametode sambu na kupesa lusadisu

Bonino, F. *What Makes Feedback Mechanisms Work.* ALNAP, 2014.

Madia sambu na babebe mpi bana ya fioti

Child Growth Standards and the Identification of Severe Acute Malnutrition in Infants and Children. WHO, 2009.

Early Childhood Development in Emergencies: Integrated Programme Guide. UNICEF, 2014. https://www.unicef.org

Integrating Early Childhood Development Activities into Nutrition Programmes in Emergencies: Why, What and How? UNICEF & WHO Joint statement, 2010. www.who.int

Operational Guidance on Infant and Young Child Feeding in Emergencies. IFE Core Group, 2017. https://www.ennonline.net

Bana

Growth reference for school-aged children and adolescents. WHO, 2007. www.who.int

Madia ya bo me bumba mbote

Coping Strategies Index: CSI Field Methods Manual. CARE, 2008.

Caccavale, O. Flämig, T. *Collecting Prices for Food Security Programming.* World Food Programme, 2015. http://documents.wfp.org

Coates, J. Swindale, A. Bilinsky, P. *Household Food Insecurity Access Scale (HFIAS) for Measurement of Food Access, Indicator Guide, Version 3.* FANTA, 2007.

Food Safety and Quality. FAO and WHO. www.fao.org

Food Security Cluster Urban Group Tools and Pilot Projects. Food Security Cluster. http://fscluster.org

Food Security Cluster Core Indicator Handbook. Food Security Cluster. http://fscluster.org

Humanitarian, Impact areas. Global Alliance for Clean Cookstoves, 2018. http://cleancookstoves.org

Integrated Food Security Phase Classification (IPC) 2018 – Technical Manual Version 3. IPC Global Partners, 2018.

Save Food: Global Initiative on Food Loss and Waste Reduction – Extent, Causes and Reduction. FAO and WHO. http://www.fao.org

Swindale, A. Bilinsky, P. *Household Dietary Diversity Score (HDDS) for Measurement of Household Food Access: Indicator Guide, Version 2.* FANTA, 2006.

Technical Guidance Note: Food Consumption Score Nutritional Quality Analysis (FCS-N). WFP, 2015. https://www.wfp.org

Tier ranking from the IWA interim ISO standards. Global Alliance for Clean Cookstoves. http://cleancookstoves.org

Voluntary Guidelines to Support the Progressive Realization of the Right to Adequate Food in the Context of National Food Security. Committee on World Food Security, 2005.

Kupesa lusadisu ya madia

Guide to Personal Data Protection and Privacy. WFP, 2016. https://docs.wfp.org

Integrated Protection and Food Assistance Programming. ECHO-DG, Final Draft. https://reliefweb.int

NutVal 2006 version 2.2: The planning, calculation, and monitoring application for food assistance programme. UNHCR, WFP, 2006. www.nutval.net

Protection in Practice: Food Assistance with Safety and Dignity. UN-WFP, 2013. https://reliefweb.int

Revolution: From Food Aid to Food Assistance – Innovations in Overcoming Hunger. WFP, 2010. https://documents.wfp.org

Kupesa lusadisu ya bima ya kukuna

Seed System Security Assessment (SSSA). CIAT and DEV, 2012. https://seedsystem.org

Seeds in Emergencies: A Technical Handbook. FAO, 2010. www.fao.org

Kupesa lusadisu yam bongo mpi bizandu

CaLP CBA quality toolbox: http://pqtoolbox.cashlearning.org

Cash and Vouchers Manual. WFP, 2014. https://www.wfp.org

E-Transfers in Emergencies: Implementation Support Guidelines. CaLP, 2013. www.cashlearning.org

Emerging Good Practice in the Use of Fresh Food Vouchers. ACF International, 2012. www.actionagainsthunger.org

Kusosa kuzaba kana muntu kele nkento to bakala

Guidelines for Integrating Gender-Based Violence Interventions in Humanitarian Action. IASC, 2015. www.gbvguidelines.org

Researching Violence Against Women: A Practical Guide for Researchers and Activists. WHO and Program for Appropriate Technology in Health (PATH), 2005. www.who.int

Bantu ya kele ti bifu na nitu

Including Children with Disabilities in Humanitarian Action, Nutrition booklet. UNICEF. http://training.unicef.org

Module on Child Functioning and Disability. UNICEF, 2018. https://data.unicef.org

Bima ya kuzingila

CLARA: Cohort Livelihoods and Risk Analysis. Women's Refugee Commission, 2016. https://www.womensrefugeecommission.org

Sustainable Livelihoods Guidance Sheets. DFID, 2000. http://www.livelihoodscentre.org

Kisika yina bantu ke zingaka

Flash Environmental Assessment Tool. UNOCHA. www.eecentre.org

Handbook on Safe Access to Firewood and Alternative Energy. WFP, 2012.

Integrated Food Security Phase Classification (IPC) 2018 – Technical Manual Version 3. IPC Global Partners, 2018.

Lahn, G. Grafham, O. *Heat, Light and Power for Refugees: Saving Lives, Reducing Costs.* Chatham House, 2015. https://www.chathamhouse.org

Moving Energy Initiative. Chatham House, 2018. https://mei.chathamhouse.org

Mikanda yina bantu ya nkaka sonikaka

For further reading suggestions please go to:
www.spherestandards.org/handbook/online-resources

Mikanda yina bantu ya nkaka sonikaka

Kulandila mambu

Joint Assessment Mission (JAM): Guidelines Second Edition. UNHCR/WFP, 2009.

Multi-sector Initial Rapid Assessment (MIRA) Tool. IASC, 2015.

Technical Guidance for the Joint Approach to Nutrition and Food Security Assessment (JANFSA). WFP and UNICEF, 2016.

Kulandila mutindu ya kutanina madia

Alternative Sampling Designs for Emergency Settings: A Guide for Survey Planning, Data Collection and Analysis. FANTA, 2009.
https://www.fsnnetwork.org/sites/default/files/alternative_sampling_designs_for_emergency_settings.pdf

Comparing Household Food Consumption Indicators to Inform Acute Food Insecurity Phase Classification. FANTA, 2015.
https://www.fantaproject.org/sites/default/files/resources/HFCIS-report-Dec2015.pdf

Crop and Food Security Assessment Mission (CFSAM) Guidelines. FAO and WFP, 2009.
https://www.wfp.org/publications/faowfp-joint-guidelines-crop-and-food-security-assessment-missions-cfsams

Comprehensive Food Security and Vulnerability Analysis (CFSVA) Guidelines. WFP, 2009.

Emergency Food Security Assessment Handbook (EFSA) – second edition. WFP, 2009.

Household Livelihood Security Assessments: A Toolkit for Practitioners. CARE, 2002.

Vulnerability and Capacity Assessment Guide. IFRC. www.ifrc.org/vca

The Household Economy Approach: A Guide for Programme Planners and Policy-makers. Save the Children, 2008.

Kulandila mutindu ya kutanina bima ya kukuna

Longley, C. Dominguez, C. Saide, M.A. Leonardo, W.J. *Do Farmers Need Relief Seed? A Methodology for Assessing Seed Systems.* Disasters, NCBI, 2002.

Sperling, L. *When Disaster Strikes: A guide to Assessing Seed System Security.* International Center for Tropical Agriculture, 2008.

Kulandila bima ya kuzingila

Jaspers, S. Shoham, J. *A Critical Review of Approaches to Assessing and Monitoring Livelihoods in Situations of Chronic Conflict and Political Instability.* ODi, 2002.

Matrix on Agency Roles and Responsibilities for Ensuring a Coordinated, Multi-Sectoral Fuel Strategy in Humanitarian Settings. Version 1.1. Task Force on Safe Access to Firewood and Alternative Energy in Humanitarian Settings. IASC, 2009.

Bazandu

Adams, L. *Learning from Cash Responses to the Tsunami: Final Report*, HPG background paper. HPG, 2007.
https://www.odi.org/sites/odi.org.uk/files/odi-assets/publications-opinion-files/4860.pdf

Cash, Local Purchase, and/or Imported Food Aid? Market Information and Food Insecurity Response Analysis. CARE, 2008.

Creti, P. Jaspars, S. *Cash Transfer Programming in Emergencies.* Oxfam GB, 2006.

Delivering Money: Cash Transfer Mechanisms in Emergencies. Save the Children UK, Oxfam GB and British Red Cross, with support from ECHO, CaLP, 2010.

Harvey, P. *Cash and Vouchers in Emergencies, HPG background paper.* ODI, 2005.

Implementing Cash-Based Interventions: A guide for aid workers. Action contre la faim, 2007.

Minimum Standard for Market Analysis (MISMA). CaLP, 2013.

Mike, A. *Emergency Market Mapping and Analysis (EMMA) toolkit.* Oxfam GB, 2010.

Multi-Sector Initial Rapid Assessments (MIRA) Guidance. IASC, 2015.

Mingi ya bima yina bantu ke diaka

Food Consumption Analysis: Calculation and Use of the Food Consumption Score in Food Security Analysis. Technical Guidance Sheet. WFP, 2008. https://fscluster.org/sites/default/files/documents/WFP%20FCS%20Guideline%20%281%29.pdf

Household Dietary Diversity Score (HDDS). Food and Nutrition Technical Assistance Project, 2006.

Reference Nutrient Intake (RNI) publications. WHO.
www.who.int/nutrition/publications/nutrient/en/ and www.who.int/elena/nutrient/en/

Bametode sambu na kusala diambu mosi buna

Climate Vulnerability and Capacity Analysis Handbook. CARE, 2009.

Climate Change and Environmental Degradation Risk and Adaptation Assessment (CEDRA). Tearfund, 2009.

How to do a Vulnerability and Capacity Assessment (VCA), a step-by-step guide for Red Cross and Red Crescent Staff and Volunteers. IFRC, 2007.

Participatory Vulnerability Analysis. ActionAid, 2004.

Mutindu ya kubaka basangu ya me tala mavimpi mpi madia yina bo me bumba mbote

Famine Early Warning Systems Network. USAID. www.fews.net

Food Insecurity and Vulnerability Information and Mapping Systems (FIVIMS). FIVIMS, 2013. www.fao.org/3/a-x8346e.pdf

Global Information and Early Warning System on Food and Agriculture. FAO.
www.fao.org/ES/giews/english/index.htm

Integrated Food Security Phase Classification, Technical Manual. Version 1.1. IPC Global partners and FAO, 2008.h www.fao.org/docrep/010/i0275e/i0275e.pdf

Shoham, J. Watson, F. Dolan, C. *The Use of Nutrition Indicators in Surveillance Systems, Technical paper 2.* ODI, 2001.
https://www.odi.org/sites/odi.org.uk/files/odi-assets/publications-opinion-files/3970.pdf

Kulandila mambu ya anthropometrique

A Manual: Measuring and Interpreting Malnutrition and Mortality. Centers for Disease Control and Prevention and WFP, 2005.

Assessment of Adult Undernutrition in Emergencies. Report of an SCN working group on emergencies special meeting, pp. 49–51. UN ACC Sub Committee on Nutrition, 2001.

Collins, S. Duffield, A. Myatt, M. Adults: *Assessment of Nutritional Status in Emergency-Affected Populations.* ACC, Sub-Committee on Nutrition, 2000.
https://www.unscn.org/web/archives_resources/files/AdultsSup.pdf

Emergency Nutrition Assessment and Guidance for Field Workers. Save the Children UK, 2004.

Young, H. Jaspars, S. *The Meaning and Measurement of Acute Malnutrition in Emergencies: A Primer for Decision Makers.* HPN, 2006. https://odihpn.org/resources/the-meaning-and-measurement-of-acute-malnutrition-in-emergencies-a-primer-for-decision-makers/

Kulandila micronutruments na nitu ya muntu

Gorstein, J. Sullivan, K.M. Parvanta, I. Begin, F. *Indicators and Methods for Cross Sectional Surveys of Vitamin and Mineral Status of Populations.* Micronutrient Initiative and CDC, 2007.
www.who.int/vmnis/toolkit/mcn-micronutrient-surveys.pdf

Kulandila madia ya babebe mpi ya bana ya fioti

Infant and young child feeding practices, Collecting and Using Data: A Step-by-Step Guide. CARE, 2010. www.ennonline.net/resources

Madia ya babebe mpi ya bana ya fioti

Baby Friendly Spaces Manual, Chapter 4 Feeding of the Non-Breastfed Infant. ACF International, 2014.

ECHO Infant and Young Children Feeding in Emergencies: Guidance for Programming. https://ec.europa.eu/echo/files/media/publications/2014/toolkit_nutrition_en.pdf

Global Strategy for Infant and Young Child Feeding. UNICEF and WHO, 2003.

Guidance on Infant Feeding and HIV in the Context of Refugees and Displaced Populations. UNHCR, 2009. www.ibfan.org/art/367-6.pdf

Guiding Principles for Feeding Infants and Young Children during Emergencies. WHO, 2004.

Global Nutrition Targets 2025, Breastfeeding Policy Brief. WHO/UNICEF, 2014
www.who.int/nutrition/publications/globaltargets2025_policybrief_breastfeeding/en/

HIV and Infant Feeding: Principles and Recommendations for Infant Feeding in the Context of HIV and a Summary of Evidence. WHO, 2010.

IFE Module 1: Orientation package on IFE. IFE Core Group and collaborators, 2009. www.ennonline.net/ifemodule1

Indicators for Assessing Infant and Young Child Feeding Practices. USAID, AED, FANTA, IFPRI, UNICEF und WHO, 2007.

Infant and Young Child Feeding Practices: Standard Operating Procedures for the Handling of Breast Milk Substitutes in Refugee Children 0–23 months and the Annex. UNHCR, 2015. www.unhcr.org/55c474859.pdf

Module 2 on Infant Feeding in Emergencies for health and nutrition workers in emergency situations. IFE Core Group and collaborators, 2007. www.ennonline.net/ifemodule2

Protecting infants in emergencies, Information for the media. IFE Core Group, 2009. www.ennonline.net//ifecoregroup

UNICEF Programming Guide on Infant and Young Child Feeding 2011. www.unicef.org/nutrition/files/Final_IYCF_programming_guide_2011.pdf

Madia y abo me bumba mbote

Barrett, C. Maxwell, D. *Food Aid After Fifty Years: Recasting Its Role.* Routledge, New York, 2005.

Food and Nutrition Needs in Emergencies. UNHCR, UNICEF, WFP and WHO, 2002.

Food Assistance Manual Series, General Distribution. World Vision International, 2017.

Guidelines for Gender-based Violence Interventions in Humanitarian Settings – Focusing on Prevention of and Response to Sexual Violence in Emergencies, Chapters 1–4, Action Sheet 6.1 Food Security and Nutrition. IASC, 2005.

Minimum Standards for Child Protection in Humanitarian Action. Alliance for Child Protection in Humanitarian Action, 2012. https://resourcecentre.savethechildren.net/library/minimum-standards-child-protection-humanitarian-action

Maxwell, D. Sadler, K. Sim, A. Mutonyi, M. Egan, R. Webster, M. *Emergency Food Security Interventions, Good Practice Review #10.* Relief and Rehabilitation Network, ODI, 2008. https://www.ennonline.net/attachments/882/hpn-emergency-food-security-interventions.pdf

The Right to Adequate Food: Fact Sheet No.34. OHCHR and FAO, 2010. www.ohchr.org/Documents/Publications/FactSheet34en.pdf

Bisika ya mbote sambu na madia

Catalogue and Standard Operating Procedures. UN Humanitarian Response Depot, 2010. https://partners.unhrd.org/media/4/download

Food Quality Control. WFP, 2010. http://foodqualityandsafety.wfp.org/

Food Storage Manual. Natural Resources Institute and WFP, 2003.

Food Assistance Main Manual, Third edition. World Vision International, 2017.

Food Assistance in the Context of HIV: Ration Design Guide. WFP, 2008.

Food Resource Management Handbook. CARE.

Jaspars, S. Young, H. *General Food Distribution in Emergencies: From Nutritional Needs to Political Priorities, Good Practice Review 3.* Relief and Rehabilitation Network, ODI, 1995.

Logistics Operational Guide. WFP, Logistics Cluster, 2010.

School Feeding Quality Standards. WFP, 2009.

Targeting in Emergencies. WFP, 2006.

UNHCR Handbook for Registration. UNHCR, 2003.

Kukwenda kupesa lusadisu ya bima ya kukuna

Seed Vouchers and Fairs: A Manual for Seed-Based Agricultural Recovery in Africa. CRS with ODI and the International Crops Research Institute for the Semi-Arid Tropics, 2002.

Sperling, L. Remington, T. Haugen, JM. *Seed Aid for Seed Security: Advice for Practitioners, Practice Briefs 1-10.* International Centre for Tropical Agriculture and CRS, 2006.

Mukanda ya me tala mavimpi ya bantu yonso na ntangu ya kukwenda kupesa nswalu lusadisu

A Toolkit for Addressing Nutrition in Emergency Situations. IASC, 2008.

Food and Nutrition Needs in Emergencies. UNHCR, UNICEF, WFP and WHO, 2002.

Food and Nutrition Handbook. WFP, 2001.

Guidelines for Selective Feeding the Management of Malnutrition in Emergencies. UNHCR and WFP, 2009.

Harmonised Training Package (HTP). IASC Nutrition Cluster's Capacity Development Working Group, 2006.

Khara, T. Dolan, C. *Technical Briefing Paper: The Relationship between Wasting and Stunting, Policy, Programming and Research Implications.* ENN, 2014.

Moderate Acute Malnutrition: A Decision Tool for Emergencies. GNC MAM Task Force, 2014.

Prudhon, C. *Assessment and Treatment of Malnutrition in Emergency Situations.* ACF, 2002.

The Management of Nutrition in Major Emergencies. WHO, 2000.

Bantu yina ke kutana ti mambu ya mpasi

Addressing the Nutritional Needs of Older People in Emergency Situations in Africa: Ideas for Action. HelpAge International, 2001.
http://nutritioncluster.net/wp-content/uploads/sites/4/2015/06/Nutrition-FINAL.pdf

Food Assistance Programming in the Context of HIV. FANTA and WFP, 2007.

Living Well with HIV and AIDS. A Manual on Nutritional Care and Support for People Living with HIV and AIDS. FAO und WHO, 2002.

Older People in Disasters and Humanitarian Crisis. HelpAge and UNHCR, 2007.

Women, Girls, Boys and Men: Different Needs – Equal Opportunities. IASC, 2006.

Winstock, A. *The Practical Management of Eating and Drinking Difficulties in Children.* Winslow Press, 1994.

Kupesa bibuba lusadisu ya ofele

Community Based Therapeutic Care (CTC): A Field Manual. VALID International, 2006.

Community-Based Management of Severe Acute Malnutrition. WHO, WFP, UNSCN and UNICEF, 2007.

Integration of IYCF support into CMAM. ENN, IFE Core Group and collaborators, 2009. https://www.ennonline.net/integrationiycfintocmam

MAMI Report, Technical Review: Current Evidence, Policies, Practices & Program Outcomes. ENN, CIHD and ACF, 2010.

Management of Severe Malnutrition: A Manual for Physicians and Other Senior Health Workers. WHO, 1999.

Navarro-Colorado, C. Mason, F. Shoham, J. *Measuring the Effectiveness of SFP in Emergencies.* HPN, 2008.

Navarro-Colorado, C. Shoham, J. *Supplementary Feeding Minimum Reporting Package.* HPN, Forthcoming.

Training Guide for Community-based Management of Acute Malnutrition. FANTA, 2008.

Kukonda ya micronutrument na nitu ya muntu

Guiding Principles for the Use of Multiple Vitamin and Mineral Preparations in Emergencies. WHO and UNICEF, 2007.

Iron Deficiency Anaemia: Assessment, Prevention and Control. A Guide for Program Managers. UNICEF, UNU and WHO, 2001.

Pellagra and Its Prevention and Control in Major Emergencies. WHO, 2000.

Seal, A. Prudhon, C. *Assessing Micronutrient Deficiencies in Emergencies: Current Practice and Future Directions.* UN Standing Committee on Nutrition, 2007. https://www.ennonline.net/attachments/893/micronutrientssup.pdf

Scurvy and Its Prevention and Control in Major Emergencies. WHO, 1999.

Thiamine Deficiency and Its Prevention and Control in Major Emergencies. WHO, 1999.

Vitamin A Supplements: A Guide to Their Use in the Treatment and Prevention of Vitamin A Deficiency and Xeropthalmia, Second Edition. WHO, 1997.

Bisika ya mbote ya kupema mpi Banzo

Nsiku ya me fwana
sambu na kupesa
lusadisu na bantu ya
kele na mpasi

Bisika ya mbote ya kupema mpi Banzo

Kuyidika mambu	Kuyidika bisika ya mbote ya kupema mpi banzo	Kisika ya kuzinga	Bima ya kusadila na nzo	Lusadisu yina bantu ya mayele ya bainsi ya nkaka ke pesaka	Kutanina bantu yina kele na bisika na bo mosi	Bisika ya mbote ya kuzinga sambu na ntangu ya nda
NSIKU YA 1	NSIKU YA 2	NSIKU YA 3	NSIKU YA 4	NSIKU YA 5	NSIKU YA 6	NSIKU YA 7
Kuyidika mambu	Kuyidika bisika ya mbote ya kupema mpi banzo	Kisika ya kuzinga	Bima ya kusadila na nzo	Lusadisu yina bantu ya mayele ya bainsi ya nkaka ke pesaka	Kutanina bantu yina kele na bisika na bo mosi	Bisika ya mbote ya kuzinga sambu na ntangu ya nda

APPENDIXE 1	Lisiti ya ke monisa mutindu ya kuyidika bisika ya mbote ya kupema mpi banzo
APPENDIXE 2	Batablo ya ke monisa mutindu bisika ya mbote ya kupema fwete vanda
APPENDIXE 3	Batablo ya nkaka ya ke monisa bisika ya mbote ya kupema
APPENDIXE 4	Mutindu ya kupesa lusadisu
APPENDIXE 5	Mutindu ya kusala mambu
APPENDIXE 6	Mitindu ya mfunu ya kupesa lusadisu mpi ya kusala mambu na kutadila batablo ya ke monisa mutindu bisika ya mbote ya kupema fwete vanda

Mambu ya kele na kati

Mambu ya mfunu ya me tala bisika ya mbote ya kupema mpi banzo

Konso muntu kele ti nswa ya kuvanda ti nzo ya mbote

Bansiku ya fioti-fioti ya Sphère na yina me tala bisika ya mbote ya kupema mpi banzo ke monisa kibeni nswa yina muntu kele na yo ya kuvanda na nzo ya kitoko na kutadila bimvuka yina ke kwendaka kupesa lusadisu na bantu ya kele na mpasi. Bansiku me simbama na binkulu, minsiku, mikumba mpi banswa na bunda yina bo ke tubila na Kuwakana yina bimvuka salaka. Yo ke tadila nswa ya kuzinga na luzitu yonso, na ngemba mpi na lutaninu, mpi nswa ya kubaka lusadisu yina kimvuka ya ke kwendaka kupesa lusadisu ke pesaka na kutadila bampusa na bo.

Sambu na yina me tala lisiti ya mikanda ya bansiku mpi ya politike yina me simbama na Kuwakana yina bimvuka salaka, yina kele ti bantendula ya ke monisa mutindu bantu ya bisalu ya bimvuka ya ke kwendaka kupesa lusadisu na bantu kele na mpasi. ⊕ *tala Annexe 1.*

Bisika ya mbote ya kupema mpi banzo ke salaka na kimvuka mpi bo fwete tadila yo bonso kima ya kimvuka. "Kisika mosi ya mbote ya kupema" kele kisika ya mpamba yina ke vandaka na lupangu ti bima ya mfunu sambu na kulungisa bisalu ya konso kilumbu. "Nzo" na bantendula ya nda kele mutindu bo me tungaka yo na bisika yina bantu mpi bimvuka kele.

Lukanu ya kupesa lusadisu na yina me tala bisika ya mbote ya kupema mpi banzo kele ya kusadisa bantu na kuzinga na bisika ya mbote

Kupesa lusadisu na yina me tala bisika ya mbote ya kupema mpi banzo yina bo ke pesaka na ntangu ya mbote mpi ya me fwana lenda gulusa bantu kana mpasi mosi buna me kumina bo. Diaka, kutanina bantu na yina me tala bansungi, bisika ya mbote ya kupema kele mfunu sambu na kuvanda na mavimpi ya mbote, sambu na kutanina luzingu ya bantu yonso mpi sambu luzitu kuvanda, lutaninu mpi kuvanda ti nswa ya kubaka bima ya kuzingila ⊟ *tala Kifwanisu ya 8 awa na nsi.*

Ntangu yina bo me tulaka sambu na bantu yina ke kwendaka kuzinga na bisika ya nkaka ke landa kaka kukuma mingi konso mvula. Kukwenda bisika ya nkaka sambu na bamvula mingi to na kati-kati ya bamvula kumi, mutindu ya kutula bisika ya mbote ya kupema mpi bisika ya kuzinga, mpi kutula na ndonga bakartier mpi bimvuka na bisika yina banzo kele sambu yo ke sadisaka bantu na kuzinga na luzitu mpi na kubaka bantu yina kele na mpasi.

Lusadisu yina bo ke pesa na bisika ya mbote ya kupema mpi na banzo fwete pesa maboko na mambu ya mbote yina ke salamaka dezia na mabuta, na bimvuka, na société civile mpi bamfumu ya luyalu. Yo ke sadisaka na kuyedisa bamayele ya nkaka yina bo me zabaka yina ke siamisa kufuluka mpi kulanda bantu yina kele na mpasi. Kudiwa na lutaninu, kimvuka mpi kusala mambu kiteso mosi na kimvuka kele mfunu mingi sambu na kuyantika mutindu ya kunata mambu na ntwala.

Kupona mambu na yina me tala bisika ya mbote ya kupema mpi banzo fwete suka kaka ve na kupesa bima ya bimvuka, mpi bima ya nkaka to kutunga bisika ya mbote ya kupema. Kupona mambu ya kukwenda kupesa lusadisu ke tadila mpi lusadisu yina me fwana sambu na kutanina ntoto, kusala bisika ya mbote ya kupema, bisika ya kulala mpi bima ya kusadila na banzo. Yo ke tadila mpi kupesa lusadisu ya mfunu kibeni mpi kundima ya me fwana yina lenda sala nde bantu ya kele na mpasi kuvanda na kimpwanza mpi kutunga diaka mbote kibeni mpi na mutindu ya me fwana kibeni. Nzayilu ya mambu ya me tala bansiku ya insi na yina me tala bisika ya kulala, ntoto mpi nswa ya kuvanda na kati ya banzo yango kele mfunu. Kuzaba bansiku ya insi na yina me tala bantu yina ke katukaka na babwala na bo mpi ke kwendaka na bwabwala ya nkaka mpi mutindu ya nkaka ya kusala mambu sambu na kumonisa mutindu muntu kele, kele mfunu.

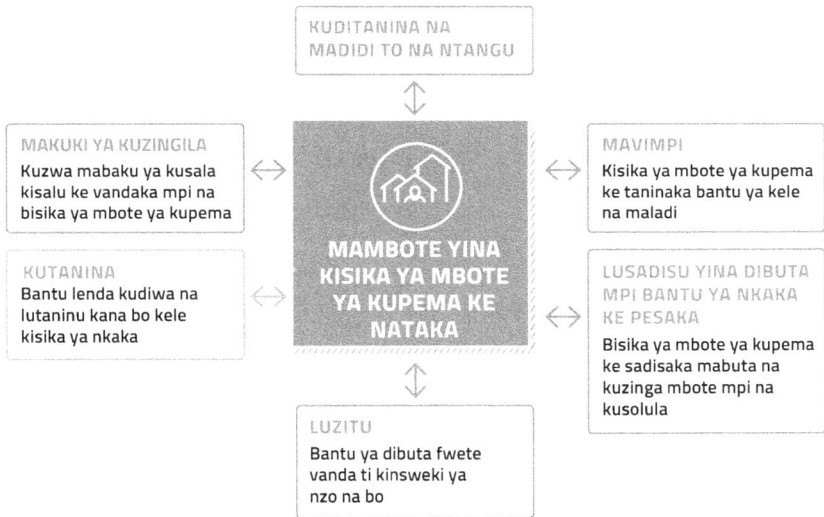

Bisika ya mbote ke sadisaka na inki (Kifwanisu 8)

Mwa bisalu ya biisika ya kupema yina bo ke salaka na nswalu. Bamanaka ya bisika ya mbote ya kupema fwete lungisa bampusa ya mabuta.

Yo vanda bo me pesa lusadisu ya nki mutindu, yo kele mfunu na kuzitisaka ntangu yonso mutindu bantu vandaka kusala ntete, mpi yo ke sadisa sambu bantu kuzinga na bumosi.

Konso dibuta mpi kimvuka fwete baka lusadisu na kiteso mpi na mutindu ya luswaswanu. Lutaninu mpi mikanda ya me fwana na yina me tala mutindu muntu kele, ke salaka malombo yina bantu lenda katula ve sambu na kuvanda ti nswa ya kuvanda na bisika ya mbote ya lutaninu. Kansi, na yina me tala mambu ya kukonda kuwakana to kana bo ke yambula bangiufula ya nkaka na yina me tala bansiku ya kubaka ntoto, lusadisu ya me tala bisika ya mbote ya kupema *tala Bisika ya mbote ya kupema mpi banzo, Nsiku ya 6: Kutanina bima yina kele.*

Mbala mingi, yo ke vandaka mfunu na kuyindula kukwenda kisika ya nkaka mpi kubaka diaka diambu mosi buna sambu na ntangu mingi na yina me tala mutindu ya kuyidika bisika ya kulala. Kukwenda bisika ya nkaka lenda vanda ti bupusi ya ngolo na bima yina kele dezia (mbala mingi yina ke vandaka ti bandilu) mpi yo lenda basisa mavwanga ti bimvuka yina ya nkaka yina ke yambaka bantu. Kuyidika mambu na mutindu ya mbote ke tadila mutindu ya kubakisa mambu, ya kuditanina mpi ya kusala na mpila nde mambu ya mpasi kuvanda ve na bisika yina bantu ke zingaka. Kana bo ke tula ve dikebi na bamambu yina kele na bisika yina bantu ke zingaka, bamanaka ya bisika ya mbote ya kupema mpi banzo lenda monana bonso nde yo kele na ngolo ve sambu bamvutu yina yo lenda basisa sambu na ntangu fioti lenda nata diaka mambu ya nkaka yina lenda lomba nde bantu kukwenda diaka kusala bansosa ya nkaka ⊕ *tala Bisika ya mbote ya kupema mpi banzo, Nsiku ya 7: Kisika yina bantu ke zingaka ya ke salaka bantangu mingi.*

Yo ke lomba kusala bansosa ya kufwana sambu na kupesa lusadisu ya me fwana na bisika ya mbote ya kupema mpi banzo na bambanza

Kusadisa bantu yina kele na bambanza lenda vanda mpasi kibeni sambu ntalu ya bantu lenda vanda ya mingi, bo lenda vanda ti bampusa na yina me tala bima, bansiku yina luyalu me tulaka mpi mambu yina lenda soba na kati ya kimvuka. Na ntwala to na nima ya mpasi mosi buna, solula ti bantu yina lenda soba bisika na bo mpi kusadisa bo lenda vanda mpasi, mingi-mingi kana yo ke lomba kusosa kisika ya mbote yina bo lenda zinga. Kana bima ya nkaka ya teknike (bonso banzo ya nda) me beba, bimvuka ya ke kwendaka kupesa lusadisu na bantu ya kele na mpasi fwete sala mpi na kuwakana ti banzo ya kufutila tanga mpi ti bankwa na yo, bantu yina ke futila to bantu yina ke zingaka ti lukanu ya kuniokula bantu ya nkaka.

Kusala kisalu na bambanza ke lomba kuzaba mbote mutindu ya kuyidika mambu mpi kuyidika bambanza mpi kuzaba banswa, bansiku mpi mayele na bisika ya kulala, ntoto mpi kutula bunkete na balupangu. Kubakisa mbote kibeni mambu ya me tala bisika ya kulala mpi kuzwa mbongo na bainsi na beto kele mfunu kibeni. Yo ke lomba kuyilama sambu na kusala ti société civile mpi bisika yina bamfunu ya luyalu ke kwendaka kibeni ve. Bisika yina bamfunu ya luyalu ke kwendaka kibeni ve lenda sala kisalu ya mfunu kibeni na kuyidikaka mambu ya me tala zandu. Kupesa lusadisu fwete simbama na bansiku mpi na bisalu yina ke salamaka na bainsi na beno, mpi kukonda kutula bima yina lenda vanda mutindu mosi. Kuyela ya kukwenda kupesa lusadisu na yina me tala bisika ya kuzinga, kartier to bisika ya nkaka ke sadisaka na kupesa lusadisu ya me fwana kibeni sambu na mambote ya bantu yina kele na mpasi na bambanza ⊕ *tala Kupesa lusadisu na nzila ya bazandu.*

Yo ta lomba kutadila pula ya ke monisa banzo ya kusansa bantu na nima ya mpasi mosi buna

Bisika mpi mutindu bantu ta kota na bisika ya mbote ya kupema lenda soba na kutadila makuki na bo ya kubikala kisika bo kele to kana bo ke zola kukwenda kisika ya nkaka. Beno fwete tula dikebi ya mingi na mambu yina lenda kusalama na nima ya mpasi sambu yo ta vanda kitini ya ntete ntangu bo ke yidika mitindu ya kukwenda kupesa lusadisu na yina me tala bisika ya mbote ya kupema mpi banzo. Yo kele mfunu na kubakisa mambu ya luswaswanu yina bo lenda sadila na bantu yina ke kwendaka bisika ya nkaka, na bantu yina ke zingaka kisika mosi kansi ya kele na mpasi to na bantu yina kele na mpasi na mutindu ya nkaka ⊕ *tala Kifwanisu ya 9 awa na nsi.*

Kutubila mutindu bantu vandaka kuzinga na ntwala mpasi kukumina bo

Bupusi yina mpasi ke nataka na bisika yina bantu ke zingaka

Pula ya bansiku na ntwala bampasi kukumina bantu

BANTU YINA KWENDAKA VE KISIKA YA NKAKA	BANTU YA KE KWENDA BISIKA YA NKAKA	BANTU YINA ME BAKA MALADI KUKONDA MPASI
	KUPANZANA	
1. Banzo to balupangu yina bankwa na yo me baka	1. Kuyidika nzo ya kufutila	1. Bantu yina ke salaka kisalu ya kuyamba bantu
2. Nzo to lupangu ya kufutila	2. Kuyidika kisika ya kuyamba bantu	
3. Kuzabisa bankwa ya nzo to ya lupangu nde nge ke zola kubaka yo	3. Kuyidika kisika na luzolo yonso	
	KIMVUKA YA BANTU	
	4. Kusansa kimvuka ya bantu	
	5. Bansiku yina bo yidika dezia	
	6. Bansiku yina bo yidikaka ve	

Kupona mutindu ya kukwenda kupesa lusadisu mpi mutindu ya kusadila yo

SOLUSION YA MBOTE KIBENI
Kutunga diaka
Kuyidika diaka mutindu ya kutula
bima Kuvutukila diaka

Pula ya bansiku na ntwala bampasi kukumina bantu (Kifwanisu 9)

Kana mpila kele, bantu lenda pona kana bo ta bikala na babwala yina bo ke zingaka bonso bankwa ya bwala to ya banzo to na bantoto yina bo ke defaka to na bisika ya bantu yina me zabanaka dezia. Mbongo yina bo lenda basisa sambu na kupesa bantu yina ke kwenda kuzinga na babwala ya nkaka lenda sadisa na kuyidika to kutunga banzo ya nkaka yina bantu lenda vanda.

Bantu yina ke kwenda kuzinga bisiska ya nkaka lenda kwenda bisaka-saka to kusabuka bandilu yina bo me tulaka. Kana mambu ya mutindu yai me salama, bo lenda kuma kufutila nzo, kuvanda kibeni pana to bantu ya nkaka lenda kuma kunsasa bo. Mabuta ya nkaka yina ke kwendaka bisika ya nkaka, lenda pona na kuvukana na banzo yina bo me salaka sambu na bantu yonso to na banzo yina bo me yidikaka to mpi bo lenda sosa bisika ya mbote ya kupema yina bo me yidikaka ntete ve.

Kubakisa bampasi na nsadisa ya pula yai ta sadisa sambu na kuyidika mutindu ya mbote ya kupesa lusadisu. Yo ke tadila kupona mutindu ya mbote mpi ya me fwana sambu na kupesa lusadisu, na kutadila ndonga ya bantu yina kele na mpasi, mpi madia yina bo me pona sambu na kukwenda kupesa lusadisu. Lusadisu yango fwete sala na mpila nsoba kusalama malembe-malembe, lukanu kele ya kuyidika mambu na mutindu ya mbote. Bansiku mpi ba appendixe ya kele na kapu yai ke landa mutindu yina ya kusala mambu mpi bo fwete sadila yo kumosi ⊕ *tala Appendixe 2: Bapula ya ke monisa kuyidika mambu* mpi *Appendixe 3: Mambu ya nkaka ya ke monisa bapula ya mutindu ya kuyamba bantu.*

Bo fwete sadila ve bansiku yai ya fioti-fioti na mutindu ya kubumbana

Bansiku ya fioti-fioti yina bo ke tubila na kapu yai ke fwanana ti mambu ya mfunu ya ke tubila nswa yina muntu kele na yo ya kuvanda na nzo ya mbote mpi yo ke sadisa na kulungana ya nswa yango na ntoto ya mvimba.

Nswa ya kuvanda na nzo ya mbote me simbama na banswa ya masa mpi na bunkete, na madia mpi mavimpi. Bikesa yina salamaka sambu na kusala bansiku ya fioti-fioti ya Sphère na diambu mosi buna kele ti bupusi na bikesa yina ke salama yina bo me sonikaka dezia sambu na mambu ya nkaka. Sambu na kupesa lusadisu na mutindu ya mbote, yo ke lomba kutambusa mambu mbote mpi kusala na kuwakana ti bimvuka ya nkaka kana mpila kele. Kusala na kimvuka ti bamfumu ya luyalu mpi bimvuka ya nkaka yina ke pesaka lusadisu ke sadisaka na kubakisa nde bantu yonso me lungisa bampusa na bo, mpi nde bo kele na kusala ve bikesa mpi diaka kupesa mutindu ya mbote ya kutanina madia mpi kukwenda kupesa lusadisu na mambu ya me tala madia yina ke tunga nitu. Bisika yina bo me tinda na kati ya Mukanda yai ke monisa bisika ya nkaka ya mfunu kibeni.

Mumbandu, bisika ya mbote ya kubumba masa mpi ya bunkete kele mfunu mingi sambu na kutanina mavimpi ya bantu yina kele na mpasi mpi sambu na kuzitisa bo. Bisadilu ya kinkuku mpi bisadilu ya mfunu sambu na mesa ke sadisaka bantu na kusadila madia yina bo ke pesaka na mutindu ya mbote mpi na kulungisa bampusa na bo ya madia.

Kana bansiku ya insi kele mbote kibeni ve kuluta bansiku ya fioti-fioti yina kele na Sphère, bimvuka yina ke kwendaka kupesa lusadisu fwete sala na bumosi ti bamfumu ya luyalu sambu na kusadisa bo malembe-malembe.

Nsiku ya insi ya nkaka ke taninaka nsiku ya kuvanda ti nzo ya mbote

Nsiku ya ntoto ya mvimba ke taninaka nsiku ya kuvanda ti nzo ya mbote. Yo ke tadila nsiku ya kuzinga kisika ya nkaka na lutaninu mpi na luzitu yonso. Nsiku yango kele ti bimpwanza, bonso nswa yina muntu kele na yo ya kupona nzo na yandi mosi, mpi nswa ya kulungisa mambu ya nkaka, mumbandu kutanina bisalu. Yo ke tadila minsiku ya ke tanina bantu, bonso kutanina bantu kana bo ke vutula bo na ngolo. Bamfumu ya luyalu fwete sala ngolo na kuzitisa nsiku yai kana bantu to bimvuka, tanga mpi bantu yina bo ke kulaka na babwala ya nkaka mpi bantu yina ke kwendaka kisika ya nkaka kaka na kati ya insi na bo kele ve ti nswa ya kuvanda na nzo ya mbote, mingi-mingi na ntangu ya mpasi mosi buna   _tala Annexe1: Nsiku ya me simbama na Sphère_.

Dibanza ya "luzitu" ke tendula kaka ve nzo ya kele ti bibaka iya ti ludi mosi. Dibanza yai ke monisa mfunu ya kupesa lusadisu na bisika ya mbote ya kupema mpi banzo, kuzaba binkulu ya muntu mpi bisalu yina kele. Nzo mosi ya "mbote" to ya nkaka yina kele bonso bisika ya mbote ya kupema fwete vanda kisika ya lutaninu ya kuvanda mpi yo fwete vanda:

- ya mbote, yina ta sadisa dibuta na kuzwa bima ya nkaka mpi bisalu sambu na kuzinga na luzitu yonso;
- kisika yina bantu fwete zinga, yina ke tanina bantu, kisika yina bantu fwete zinga na lutaninu mpi na mutindu ya mbote, kubaka masa ya mbote mpi ya bunkete, ba WC yina kele ti masa, ya mbote mpi ya bunkete (WASH) mpi na bisika ya bo ke lambaka mpi ke bumbaka madia;
- mambu yina binkulu ke ndimaka;
- yina bantu lenda kota mpi kusadila, yo vanda bantu yina lenda soba ve; mpi
- na bisika yina bantu lenda zwa bima ya kuzingila mpi bisalu yina ke talaka mambu ya bimvuka ya bantu.

Bisika ya kuzwa Minsiku ya ke tanina bantu mpi Nsiku ya me fwana sambu na kupesa lusadisu na bantu ya kele na mpasi

Bampasi lenda kumisa diaka ngolo kukonda kusala mambu na bukati-kati yina vandaka dezia. Diaka, yo kele mfunu na kupesa lusadisu kukonda kupona-pona mpi ya ke wakana ti disolo, mingi-mingi na bantu yina kele ti makuki ya mingi kibeni ve sambu na kuvutukila diaka luzingu na bo na nima ya mpasi mosi buna   _tala Munsiku ya ke taninaka ya 2._

Bantu ya nkaka lenda kutana ti mambu ya mpasi sambu na kubaka lusadisu na yina me tala bisika ya mbote ya kubaka mupepe mpi banzo sambu na mambu ya mpasi yina lenda kumina bantu, na yina me tala binkulu, mambu yina kele mbote mpi bimvuka ya bantu. Sambu na kubakisa mambu yai yonso mpi kupesa lusadisu, yo ke lomba kutula dikebi na mambu yai ya ke landa:

- **Banswa ya bantu** (mumbandu, bantu yina ke tinaka na bansi ya nkaka, bantu yina ke kwendaka bisika ya nkaka kaka na insi na bo, bantu yina kele ve ti mikanda ya ke monisa nde bo kele bantu ya insi yango, bantu yina ke tina na bisika ya nkaka, bantu yina ke tubaka nde bo me kula bo na bwala na bo kansi bo kele na kulandila mambu na bo, bantu yina kele ve ti bisika ya mbote ya kupema to ntoto, to bantu ya nkaka yina kele ve ti kimpwanza mpi bantu yina kele ti nswa na bisalu ya bantu yonso to na bima yina ke taninaka bantu yonso); mpi

BISIKA YA MBOTE YA KUPEMA MPI BANZO

- **Bantu yina ke kutana ti bigonsa ya mutindu na mutindu na yina me tala lutaninu** mpi **bimvuka yina kele na kigonsa na mutindu bo ke sadila bo mambu na nku yonso mpi kukula bantu** na yina me tala:
  - bikanda na bo, kana bo kele kibeni bantu ya insi yango, bisika yina bo ke zingaka to kundima mambu ya mabundu to ya politike;
  - na yina me tala mambu ya ntoto na bo, mutindu bo ke tadilaka bo bonso bantu yina me kwendaka bisika ya nkaka, bonso bantu yina fwete zinga kuna to bo kele bonso bantu yina ke futila;
  - bisika yina kele ti banzo na bo, kukota na mpasi, na bisika ya mbi, na bisika ya bigonsa, na babiro ya bambanza to na babiro yina me zabanaka ve na bantu yonso; mpi
  - kukonda ngolo na bo mpi mutindu bo kele na kati ya kimvuka ⊕ *tala Sphère kele inki* mpi *Minsiku ya ke taninaka*.

Bantu yina ke salaka na kimvuka ya ke kwendaka kupesa lusadisu na bantu ya kele na mpasi fwete baka formasio na mutindu ya kutanina bana mpi kuzaba mutindu ya kulandila mambu ntangu bantu ke tuba nde bo ke sadila bantu mambu na ngolo, bo ke bebisa bankento to ke sadila bo mambu na nku, yo vanda bana ya fioti.

Sambu na yina me tala mutindu ya kusadila Bansiku ya fioti-fioti, bo fwete zitisa Bakuwakana uvwa ya Nsiku ya me fwana sambu na kupesa lusadisu na bantu ya kele na mpasi bonso kima ya me simbama sambu na kupesa manaka ya bisika ya mbote ya kubaka mupepe mpi banzo ya mbote.

1. Kuyidika mambu

Kuyidika mambu kele mfunu mingi sambu na kubaka lufutu na yina me tala kupesa lusadisu na babwala, na bambanza , na kimvuka to na kimvuka ya bantu. Kuzaba disolo na ntwala mpi na nima ya mpasi mosi buna ke sadisaka na kutadila bupusi yina bampasi lenda vanda na yo na luzingu ya bantu mpi malanda yina lenda kumina bantu yonso, kufiotuna mambu mpi mambu ya politike. Sosa kuzaba mambu yina bantu kele na yo mfunu mpi mutindu ya me fwana ya kupesa lusadisu ke monisaka mutindu ya kuyidika mpi kutwadisa mambu na yina me tala bisika ya mbote ya kupema mpi banzo.

Bisika ya mbote ya kupema mpi banzo, Nsiku ya 1: Kuyidika mambu

Bo ke yidikaka mpi ke twadisaka mbote mutindu ya kupesa lusadisu na yina me tala bisika ya mbote ya kupema mpi banzo sambu na kutanina bima mpi bantu yina kele na mpasi.

Bisalu ya mfunu

1. Sala na kimvuka ti bantu yina kele na mpasi, ti bamfumu ya bainsi mpi ya bambanza sambu na kutadila bampusa mpi makuki na yina me tala bisika ya mbote ya kupema mpi banzo.

- Tadila nsoba yina salamaka dezia na nima ya mpasi mosi buna, sosa kuzaba bampusa mpi makuki ya bantu yina ke kwendaka bisika ya nkaka mpi ya bantu yina ke bikalaka na bwala, tula dikebi na bampusa yonso ya bimvuka yina kele na kigonsa.
- Sosa kuzaba mutindu lupangu kele, banzo ya nene, banzo mpi basuku yina bantu kele to yina bantu lenda kota yina kele na banzandu ya babwala sambu na kuvanda kuna mpi sambu na kufutila.

2. Sala na kimvuka ti bimvuka ya nkaka sambu na kusosa kuzaba mitindu ya mbote ya kupesa lusadisu mpi ya me fwana, mpi kuzaba mitindu ya bima ya kupesa.

3. Yedisa pula ya bisika ya mbote ya kupema mpi banzo na kusala na kimvuka ti bamfunu ya me fwana mpi bimvuka yina kele na mpasi.

- Pesa lusadisu ya me fwana na kutadila bampusa ya bantu mpi mambu yina bantu ke zolaka mpi bamfunu ya me fwana.
- Kupesa bantuma ya mambote yina bo me zwaka, mutindu ya mbote ya kusala mambu, mutindu mambu ke salama mpi calendrier, mutindu ya kutula mambu na ndonga mpi ya kusalulula diambu mosi buna.

Bisalu ya mfunu

Kuyidika mambu ya me tala bisika ya mbote ya kubaka mupepe mpi banzo ke sadisaka na kuyidika bampusa ya me fwana ya bantu yina bo me zaba mpi kuwakana ti bantu mpi bamfumu yina me fwana kibeni

Ntalu ya bantu yina kele na mpasi ya ke monisa lusadisu yina bo ke pesaka na yina me tala bisika ya mbote ya kupema mpi banzo ke lungisa kibeni bampusa na bo mpi mambu ya mfunu mpi na kuyidikaka mambu yina ta zinga mingi kibeni

. . . .

Banoti ya ke pesa lutwadisu

Kutadila mambu: Na ntangu ya kutadila diambu mosi buna, sosa kutadila mambu yina bo sobaka na yina me tala bisika ya mbote ya kubaka mupepe mpi banzo na nima ya mpasi mosi buna mpi tubila bigonsa yina lutaninu ke nataka na ntwala. Yo lenda vanda mutindu kimvuka ya ke yambaka bantu ke tadila mambu, bigonsa yina ke tadila nswa ya kuvanda na banzo, nswa ya me fwana kibeni na bisalu to bigonsa ya kukatula bantu yina ke katukaka na bainsi ya nkaka.

Tula dikebi na bupusi yina mpasi mosi buna lenda vanda na yo na luzingu ya bantu, tanga mpi malanda yina yo ta vanda na yo na bantu yonso, kukonda kusala badepensi ya mingi mpi mambu ya politike.

Mpasi lenda kumina bantu na mitindu ya luswaswanu, mpi bantu ya luswaswanu lenda monisa bampusa ya luswaswanu na yina me tala bisika ya mbote ya kuvanda mpi banzo. Kusala na bumosi ti bimvuka ya luswaswanu lenda sala nde bantu kukutana ti mambu ya mpasi sambu na kukota na bisika ya mbote ya kupema bonso bantu yina kele na bifu na nitu, mabuta yina mfumu ya dibuta kele nkento, minunu yina ke katukaka na kibuka ya fioti bantu yina ke tubaka ndinga mosi buna to ya kikanda mosi buna ⬚ *tala Appendixe 1: Lisiti ya ke monisa mutindu ya kutadila bisika ya mbote ya kupema , Munsiku ya ke tanina bantu ya 2* mpi *Munsiku ya me fwana sambunna kupesa lusadisu na bantu ya kele na mpasi, Kuwakana ya 4.*

Mutindu ya kupesa lusadisu mpi ya kusala mambu: Pona mitindu ya kuluta mfunu na kutadila disolo, makuki, bima ya kuzingila yina kele, bapula ya banzo yina bantu ke zingaka mpi ntangu ya kupesa lusadisu. Mambu ya nkaka yina beno fwete tula dikebi lenda vanda kisika ya kuvanda, nzo yina bantu ke lala (yo vanda mayele yina babwala ke sadilaka sambu na kutunga), rapore yina nsiku ke tendula, zandu mpi kimvuka ya bansiku. Pesa lusadisu ya me fwana na nswalu kibeni sambu na kusadisa bantu na kuvutukila banzo na bo yina bo vandaka ntete (to bisika yina banzo na bo kele) kana mpila kele. Sadisa bantu yina kele ve ti makuki ya kuvutuka na banzo na bo to bantu yina ke sepela ve kuvutuka na banzo yina bo vandaka ntete na kuvanda na mambu ya me fwana na kutadila bampusa na bo ⬚ *tala Appendixe 2 tii na 6.*

Sosa kuzaba mbote calendrier sambu na kupesa nswalu lusadisu ya kufwana, ya mbote, ya kulanda kusala mambu, makuki yina bantu kele na yo mpi ya kusoba yo. Sala bansosa sambu na kuzaba mitindu ya mbote ya kusadisa bantu na kuvutukila diaka luzingu na bo mpi bima yina ta sadisa bimvuka na kusala ntangu mingi na bampasi yina lenda kwisila bo.

Tadila mitindu ya luswaswanu ya kusala mambu yina bo me pona mpi vukisa yo ti:

- lusadisu ya mbongo;
- bima yina bo ke pesaka;
- kundima kusala mikanda sambu na bisalu/ bisalu yina me lombama;
- lusadisu ya sipesiali/ kupesa lusadisu ya me fwana; mpi
- kukumisa ngolo makuki.

Tadila diaka mpi yidika mitindu ya luswaswanu ya kusala mambu sambu na ntangu mosi buna kana mambu ya luzingu kusoba.

Bantu yina ke kwendaka bisika ya nkaka: Katula bampusa yina bo kele na yo na yina me tala bisika ya mbote ya kubaka mupepe, bantu yina ke kwendaka bisika ya nkaka ke vanda na mfunu ya lusadisu sambu na kubaka balukanu ya me fwana na yina me tala banzo yina kele sambu na bo. Mbandu ya nkaka ya kupesa bo lusadisu lenda vanda dibaku mpi ntangu yina bo ta vutuka na banzo na bo, mutindu ya kukota na bisika yina bo katukaka to kukwenda kuzinga diaka sambu na mbala ya tatu bisika ya nkaka.

Mabuta yina ke zingaka kaka na bisika yina bo kele ta willvanda na mfunu ya lusadisu sambu na kuvutukila diaka luzingu yina bo vandaka na yo ntete mpi bo fwete baka lusadisu ya me fwana na yina me tala banzo ya mbote ya kulala. Kana bisalu ya lutungu ta baka ntangu mingi to kana bantu kele ve na lutaninu, monisa mitindu ya nkaka sambu na ntangu mosi buna bonso mabuta yina ke yambaka bantu, lusadisu na bisika ya kuvanda to bisika ya mbote ya kupema sambu na ntangu mosi buna to na nsoba mosi buna yina lenda salama. Kana mpasi mosi buna me sala nde bantu kele diaka ve na lutaninu, yo lenda vanda mfunu na kusoba kisika.

Bimvuka yina ke yambaka bantu ke kutanaka mpi ti malanda yina bampasi ke nataka sambu yo ke kabisaka bisika na bo ya bantu yonso mpi ya kubumbana. Yo lenda vanda ti bantembe ya nkaka ya masonga mpi ya ke monana na bantu yina ke kwenda bisika ya nkaka na yina me tala bisalu, babiro ya bisalu, kimvuka ya bima mpi ya bima ya kuzingila. Bangidika ya ke bakama fwete pesa lusadisu na mutindu ya kufwana mpi ya mbote yina lenda nata ve bigonsa to mavwanga na kimvuka   *tala Munsiku ya ke tanina bantu 1.*

Kutadila zandu: Kuzaba mbote bazandu yina kele na babwala na beno, na bambanza mpi na insi kele mfunu mingi sambu na kupesa lusadisu ya me fwana na yina me tala bisika ya mbote ya kubaka mupepe. Nzayilu yina ta sadisa na kupona mitindu ya mbote ya kusala bisiska ya mbote ya kubaka mupepe mpi ya kubaka bansangu na yina me tala banzo mpi bisalu ya nkaka   *tala Pesa lusadisu na bazandu, Mukanda MISMA* mpi *Mukanda MERS* .

Kukatula bitini ya bima yina me bikala: Sosa kulandila nswalu kibeni bitini ya bima yina me bikala na nima ya mpasi mosi buna. Bo lenda sadila diaka bitini ya bima yango, kuvukisa yo to kutula yo bidimbu sambu na kukabisa yo, kuvukisa yo kisika mosi mpi kutula yo nkisi. Yo lenda pesa mabaku ya manaka ya kupesa mbongo na bisalu. Mambu ya mfunu lenda vanda nitu ya bantu, mambu ya mbi mpi bima ya kigonsa. Yo fwete lomba kusala bansosa mpi kukatula bima na bisadilu yina me fwana kibeni mpi bo fwete yidika yo ti bimvuka ya nkaka ya me zabaka mbote mambu yango   *tala Bisika ya mbote ya kupema mpi banzo, Nsiku ya 7: Bisika yina bantu ke zingaka ya ke salaka ntangu mingi, bansiku ya mavimpi* mpi *bansiku ya WASH.*

Mabaku ya kuwza bima ya kuzingila: Bima ya kuzingila yina bantu vandaka na yo na ntwala nde mpasi mosi buna kukumina bo mpi mabaku ya nkaka yina kele na nima ya mpasi yango kele mfunu sambu na kuzaba mitindu ya banzo yina me fwana. Kuyidika ntoto, nswa ya kubundula ntoto, ya kukonda bilanga yina kele ti matiti yina bambisi ke diaka, nswa ya kukonda na bazandu mpi mabaku ya nkaka ya kuzwa kisalu lenda vanda ti bupusi na bisika yina bantu ke pona na kuvanda ata sambu na ntangu fioti   *tala Madia ya bo me bumaba mpi ya ke tunga nitu – bima ya kuzingila 7.1 mpi 7.2, Mukanda LEGS* mpi *Mukanda MERS.*

Kuvutuka: Kuvutuka na ntoto na bo mosi mpi banzo fwete vanda lukanu ya ntete sambu na bantu yina kele na mpasi. Bantu yina kele na mpasi fwete vanda ti makuki ya kumonisa mpusa na bo ya kuyidika to ya kutomisa mbote kibeni banzo na bo. Kuvutuka lenda sadisa na mayele ya nkaka ya kuyikana ti bimvuka mpi ya kuvutukila diaka mitindu banzo mpi bima na bo vandaka. Kuyidika to kutunga diaka bima ya bimvuka bonso banzo-nkanda, masa, baopitale to bazandu kele mfunu sambu na bantu yina kwendaka bisika ya nkaka ntangu bo ke vutuka. Mambu ya nkaka lenda sala nde kuvutuka kuvanda mpasi, mumbandu, mambu ya me tala lutaninu, kuvanda ti bansosa sambu na mambu ya me tala bunkete to ntoto, kulanda kusala mambu ya nku yina kukonda kuwakana ke nataka, kukonda kuwakana na bikanda mpi na mabundu, kubanga mbangika, to diaka bamine yina ke vandaka na ntoto to masasi yina bo me bula ntete ve. Kukonda kusadila mbote bansiku to luswaswanu na mambu ya me tala lugangu to diaka mutindu ya kusala mambu na babwala lenda kanga mabuta yina nkento ke tambusaka nzila ya kukonda kuvutuka, bamifwidi to bana yina bibuti na bo me fwaka sambu na mpasi yina kuminaka bo to bantu yina kele ti bifu na nitu. Bantu yina ke kwendaka bisika ya nkaka lenda vanda to ve ti makuki ya kusala kisalu ya kutunga to lenda kanga bo nzila ya kuvutuka.

2. Kuyidika bisika ya mbote ya kupema mpi banzo

Kubaka bangidika sambu na bisika mpi banzo yina bantu ta vanda fwete vanda na bisika ya mbote, ya me fwana mpi yina bantu ya bisalu lenda kwenda kusala kukoknda mpasi, yina lenda vanda ti bima ya kuzingila mpi na bisika yina kele ti Internet ya mbote.

Bisika ya mbote ya kupema mpi banzo, Nsiku ya 2: Kuyidika bisika ya mbote ya kupema mbi banzo

Bisika ya mbote ya kupema mpi banzo fwete vanda na bisika ya mbote mpi ya lutaninu, kisika yina bantu lenda zinga mbote mpi bisika yina bantu lenda vanda ti nswa ya kusala bisalu ya mfunu mpi bisika yina kele ti bima ya kuzingila.

---

1 > Sala na kimvuka na yina me tala mutindu ya kuyidika mambu, bansiku ya mutindu ya kuyidika mambu mpi kutendula malombo ya kuwakana yina salamaka ti bimvuka ya nkaka yina ke yambaka bantu mpi bamfumu yina kele ti makuki.

- Tunga banzo ya mpa ntama ti bisika yina lenda vanda kigonsa sambu na bubu to na bilumbu ke kwisa mpi sala na mpila nde bigonsa kuvanda diaka mingi ve kuluta bigonsa yina kele ntete.

- Tadila ntangu ya nda yina banzo yango ta baka sambu na kuzaba bisalu ya mfunu yina lenda vanda bisika yonso to yina lenda yela.

2 > Vukisa bimvuka ya luswaswanu, disolngidila, bimvuka na kati ya bantu yina kele na mpasi, na yina me tala kisika mpi mutindu ya kuyidika mambu.

- Sosa kuzaba mambu yina lenda vanda kigonsa na bisika to na bangidika ya kisika yango mpi tula dikebi na mvula ya muntu, kana yandi kele nkento to bakala, kana yandi kele ti kifu na nitu, kikanda yina yandi kele to ndinga yina yandi ke tubaka mpi diaka bisalu mpi mikumba ya ke tadila bankento mpi babakala.

- Na yina me tala bambanza, sala na kuwakana ti mutindu bo ke tendulaka mambu ya ke salamaka na bambanza mpi na bwala sambu na kubakisa mbote kibeni ngolo ya kimvuka.

3 > Zikisa kibeni nde bantu yina kele na mpasi kele ti nswa na bisalu mpi na ba WC mpi na bima ya kuzingila.

- Sala na kimvuka ti babwala ya nkaka na kutendula nda ya kufwana mpi nzietelo ya mbote (to bakaminio) ya kusala sambu na bisalu mpi ba WC ya me fwana.

- Sala na kimvuka ti bantu yina ke pesaka bisalu sambu na kumonisa mutindu ya kusala ntete mambu ya mfunu mpi bima ya kuzingila kana mambu ya mutindu yai ke salamaka ntete ve.

4 > Yidika mutindu ya kusadila ntoto sambu na kuyambula bisika na bisalu ya nkaka, sambu na kukota kukonda mpasi na bisika ya mbote ya kupema mpi na bisalu, mpi baka bangidika ya kufwana sambu na lutaninu ya mbote sambu na banzo yonso.

- Tula mpi mutindu ya kuyidika bima yina bantu ke zingilaka, bonso, masa mpi ba WC ya bunkete, bisika yina bo me tulaka binkuku sambu na bantu yonso, bisika yina bo me yidikaka sambu na bana, bisika yina bo ke vukanaka, bisika yina bo ke vukanaka, bampusa ya me tala mabundu mpi bisika yina bo ke kabisa madia.
- Zikisa kibeni nde bisika yina bo me tulaka bisalu ya mfunu na kati ya banzo ke zitisa kibeni bansiku na yina me tala lutaninu, kutanina mpi kuzitisa.

5 > Tula mpi mutindu ya kuyidika ntoto sambu na masa ya mvula mpi masa yina ke fulukaka na ntoto na bisika yina bantu ke zingaka mpi na bisika yina banzo kele.

- Pesa bantu bima yina ke sadisaka sambu na kulutisa masa sambu bisika yina kele ti banzo mpi bisalu kuvanda na lweka ya bamasa yina ke kulumukaka malembe mpi bamasa ya mvula.
- Yidika na ntwala mpi landila bisika yina baniama yina ke pesaka bantu maladi ke butukaka.

Bimonisilu ya mfunu

Ntalu ya bisika ya mbote ya kupema mpi yina bantu ke vandaka mingi kibeni na bisika yina ke vandaka na ngemba, na lutaninu mpi kukonda bigonsa ya lugangu to bigonsa yina ke katukaka na bantu yo vanda ya fioti to yina me zabanaka

Ntalu ya bisika ya mbote ya kupema mpi yina bantu ke vandaka mingi ya ke pesaka nswa na bisalu ya mfunu sambu na ntangu mosi buna to na kitamina ya kufwana

Ntalu ya bantu yina ke bakaka lusadisu ya me tala kisika yina bantu ke vandaka mingi na lutaninu na yina me tala bisika ya mbote ya kupema yina bo me tudilaka bo to kisika yina bantu ke vandaka mingi

Ntalu ya bisika yina bantu ke vandaka mingi ya ke monisa ntalu ya me fwana sambu na kusala bisalu ya nkaka sambu na muntu mosi to sambu na bantu yonso na kutadila disolo yina yo ke tubila

- Bametre 45 sambu na muntu mosi na kati ya babiro yina bo me ponaka, tanga mpi balupangu ya mabuta
- Bametre 30 sambu na muntu mosi, tanga mpi balupangu ya mabuta kana bo lenda pesa lusadisu na bimvuka yina ke talaka mambu ya bantu na nganda ya banzo yina bo yidikaka
- Rapore ya fioti ya me tala kisika yina bantu ke zingaka mpi nene ya lupangu mosi fwete vanda 1:2; kana mpila kele luta nswalu na 1:3 to mingi kuluta yai.

Banoti ya ke pesa lutwadisu

Mutindu ya kuyidika mambu mpi minsiku: Bamfumu ya luyalu to bamfumu ya babwala mbala mingi ke sadilaka mayele ya mpa sambu na bisika yina bo me tungaka ntete ve, bisika ya mbote to babwala ya nkaka na nima ya mpasi mosi buna. Zabisa bazuzi diambu ya me tala mutindu ya kuyidika bima ya bigonsa mpi mutindu ya kupesa lusadisu ya me fwana. "Bwala yina kele ve ya kutunga" ke tendula ve nde yo kele "bwala yina bo lenda kwenda ve kupesa lusadisu", mpi yo lendaka ve kukanga bantu nzila ya kupesa lusadisu na yina me tala bisika ya mbote ya kupema mpi bisika yina bantu ke vandaka mingi.

Sambu na kubakisa mbote kibeni mambu ya me tala ntoto mpi bankwa na yo ⬡ tala *Kisika ya kuzinga mpi banzo, Nsiku ya 6: Kutanina bantu yina kele na kati.*

Solula ti bantu yina kele na mpasi sambu na kusosa kuzaba mpi kuyidika kisika, mpi diaka sambu na kupesa maboko na bisaku ya kimvuka mpi ya binkulu yina kele dezia. Tanga mpi bankento, ti bimvuka ya bantu ya nkaka yina kele na kigonsa na mutindu ya kutadila mambu mpi mutindu ya kuyidika bisika ya mbote ya kupema mpi bisika yina bantu ke vandaka mingi.

Bisalu mpi ba WC ya mfunu: Bantu yina ke vutukaka na mabuta na bo mpi bayina ke zingaka na bisika yina bantu ke vandaka mingi sambu na ntangu mosi buna kuvandaka ya mfunu na bisika ya mbote, ya lutaninu, ya me fwana sambu na bisalu mpi ba WC ya mfunu, bonso:

- kutula WASH ⬡ tala *Nsiku ya WASH ya me tala kubumba masa*;
- kuyidika mambu ya me tala nsemo sambu na bimvuka mpi mabuta;
- kutula bisika ya kubumba bima mpi ya kubalula madia (yo vanda kikalangu mpi kima yina lenda pedisa tiya) ⬡ tala *Kutula bisika ya kubumba bima mpi ya kukabula madia (yo vanda kikalangu mpi kima yina lenda pedisa tiya)* ,*Nsiku ya 1.1* mpi *Kupesa lusadisu ya madia, Nsiku ya 6.4*;
- ba WC ⬡ tala *Mambu ya me tala mavimpi, Nsiku ya 1.1: kupesa bima na bantu ya ke tala mambu ya mavimpi, Nsiku ya bantu*;
- bisika sambu na kulosa bima ya mvindu ⬡ tala *Nsiku ya WASH, kulandila mambu ya mvindu*;
- banzo-nkanda ⬡ *tala Mukanda INEE;*
- bisika ya bantu mingi bonso bisika ya lusambu, bisika ya kukutana mpi bisika ya kulutisa ntangu;
- bisika yina bo me yidikaka sambu na kutula bamatanga mpi mambu yina mabundu ke salaka kana muntu me fwa
- bisika yina bo me yambulaka sambu na bambisi (bo me tulaka bisika yina bambisi yango ke vandaka ntama ti banzo yina bantu ke zingaka) ⬡ *tala Mukanda LEGS.*

Kuyidika bisika ya kutula bantu sambu na ntangu mosi buna: Bisika yango fwete vanda na kutadila minsiku ya bisika ya kuvanda mpi kuyidika yo bonso na bambanza, ti bima yina lenda wakanisa, bonso bisika ya kuzwa réseau Internet, bisika yina banzila me kutanaka mpi bisika ya bantu yonso. Mambu yai yonso ke zabisa bantu, bimvuka, bisika yina bantu ke zingaka mpi mambu ya mbote, na kutadilaka mutindu ya kuyidika bisika ya mpa yina bantu mingi lenda vanda. Kuyidika bisika yina bantu lenda vanda fwete pesa maboko na réseaux sociaux yina kele dezia, ya ke sadisa sambu ba réseaux sociaux ya nkaka kukuma mingi, yo ke sadisa na kubumba mpi kutanina mpi yo ke sadisa bantu yina kele na mpasi na kulandila mavimpi na bo bo mosi.

Bumba kinsweki ya luzingu ya bantu mpi luzitu ya mabuta ya nkaka ntangu beno ke yidika mutindu ya kukwenda kutala balupangu sambu na kutunga bisika yina bantu mingi lenda vanda sambu na ntangu mosi buna. Kisika ya mbote ya kupema ya konso dibuta fwete vanda na bisika ya bantu yonso to na kisika mosi ya kufika mbote kansi ve na ntwala ya kisika ya nkaka ya mbote ya kupema. Pesa konso muntu kisika ya mbote, mingi-mingi bantu ya bimvuka yina lenda kutana ti bigonsa kukonda mpasi, kansi kuvukisa bo ve kisika mosi sambu mpasi na bo lenda kuma diaka mingi. Vukisa mabuta, bikanda to bimvuka yina vandaka ntete na kuwakana ya mutindu mosi sambu na kutanina bumosi yina. Tula dikebi na bampusa, mambu yina bo ke zola mpi bikalulu ya bantu ya mvula ya luswaswanu, bankento to babakala mpi bantu ya kele ti bifu na nitu.

Kuyidika kisika yina bantu mingi ta vanda to kuvanda na bisika yango kukonda kulomba nswa: Sambu na yina me tala kisika yina bantu mingi fwete vanda, nene na yo fwete vanda kiteso ya bametre 45 sambu na muntu mosi, na babiro yina ke vandaka na camps, mpi na balupangu ya mabuta. Diambu ya ke tadila mpi banzila ya nene mpi ya fioti, bisika ya kutunga kinkuku ya nganda to binkuku sambu na bantu yonso, bisika sambu na kulonga to sambu na kusakana, bisalu ya kimunganga, bunkete, bima yina ke sadisaka na kufwa tiya *(les coupe-feux)*, bisalu ya ke sadisaka sambu na kulungisa bampusa ya bantu yonso, kubumba masa, kutanina bibaka ya banzo na madidi, ba WC ya banzo-nzambi, bisika bo ke pesaka bima ya kudia, bazandu, bisika ya kubumba madia mpi kutula bandilu na bandunda yina mabuta ke diaka (katula bisalu ya mfunu ya bilanga to ya kusansa bambisi). Kana bisalu ya bimvuka lenda pesa lusadisu na ba WC yina ke vandaka dezia to ba WC ya nkaka yina kele ve na kati ya kisika yina bo ke yidikaka sambu bantu mingi kuvanda, nene na yo fwete vanda kiteso ya bametre 30 sambu na muntu mosi. Kana yo lenda vanda mpasi na kusadila nene ya kisika yina me lombama, yo ta vanda mbote na kubaka bangidika sambu na mambu ya mpasi yina ntalu ya bantu lenda nata. Ntangu beno ke yidika bisika yina bantu mingi ke vandaka, beno fwete tula dikebi na bansoba yina lenda vanda ti pubusi na luzingu ya bantu.

Ntangu beno ke sala bisalu yai na bambanza, beno fwete sadila babiro yina kele pana mpi banzo yina kele dezia. Zikisa kibeni konso dibuta ke sala ve kinduku to kele ve ya kukangama ti ya nkaka, mpi kele ti kisika ya kufwana sambu na kutunga ba WC.

Nene ya lupangu sambu na bisika ya mbote ya kupema: Rapore ya nene ya bisika ya mbote ya kubaka mupepe na kutadila mutindu yina ya ntoto fwete vanda 1:2 to 1:3, sambu na kubikisa kisika ya nene sambu na mambu ya nkaka ya kuluta mfunu na mabuta. Ata mpidina, rapore ya pene-pene ya 1:4 to 1:5 lenda vanda mbote kibeni. Rapore yango fwete tula dikebi na bansiku ya babwala mpi ya luzingu ya bantu na kimvuka, mpi mutindu kisika yango kele.

Nzila yina masa ya mvula mpi masa yina ke fulukaka ke lutaka: Kana bo yidika mbote ve nzila yina masa ya mvula mpi masa yina ke fulukaka ke lutaka, yo lenda pesa mpasi na bisika yina bantu ke vandaka, na kutambula sambu na kukwenda kisika ya nkaka mpi na kusala bisalu na bo. Ya kieleka, kupona kisika mpi kuyela ya mambu ke sadisaka na kubakisa mutindu ya kupesa nzila sambu masa kuluta na mutindu mosi ya mbote. Kundima ve na kuvanda na kisika yina masa ke fulukaka mingi, yo lenda vanda mpasi sambu bantu kuzinga na lutaninu mpi na mutindu ya mbote, mingi-mingi na bisika yina kele ya kukangama kibeni. Bamasa yina ke kotaka mpi ke fulukaka na bisika yina bantu ke zingaka, na bisika bantu ke longukaka mpi na bisika ya bisalu ke niokulaka luzingu ya bantu, ke katulaka bo luzitu yina me fwana nde bo baka mpi mutindu yina bo fwete vanda.

Tanina mbote ba WC mpi banzila yina bo ke salaka na nsi ya ntoto sambu masa kufuluka ve mpi yo basika ve. Bamaladi yina bantu yonso ke belaka ke katukaka na kukonda kusala mbote banzila yina masa ke lutaka mpi yo ke nataka bamaladi mingi ya pulu-pulu sambu na bamasa ya mvindu yina ke simbaka bo.

Bamasa yina ke lutaka kisaka-saka lenda bebisa mpi banzila, banzo mpi bima yina bantu kele na yo, bima ya kuzingila lenda kuma mpasi kibeni mpi yo lenda nata bampasi. Kana bantu kusala mbote ve banzila sambu bamasa kuluta, baniama yina ke pesaka bantu bamaladi lenda kuma kubuta bana *tala WASH kulandila baniama yina ke pesaka bantu maladi, Nsiku ya 4.1 mpi ya 4.2.*

Kukota: Sosa kuzaba kana banzila kele ya mbote na babwala mpi kana bakaminio yina ke nataka bima sambu na kupesa lusadisu lenda kota kukonda mpasi ti bima ya nkaka. Bima yina bo ke pesaka sambu na kukwenda kusadisa bantu nswalu kibeni fwete bebisa ve banzila yina kele na babwala. Tula dikebi na bansungi, na mambu ya mpasi mpi na kukonda lutaninu yina lenda kumina bantu. Bisika mpi bisika yonso yina bo ke bumbaka bima mpi ke kabulaka madia fwete vanda ti banzila ya mbote sambu na bakaminio ya nene yina lenda luta konso ntangu kukonda mpasi sambu kukwenda kupesa bima. Banzila ya nkaka fwete vanda ya mbote sambu bakaminio ya fioti kuluta kukonda mpasi. Sala banzila ya mbote ya nene ti ya fioti na kati ya bisika yina bantu mingi ke vandaka mpi banzila yina bantu lenda kwenda ntangu yonso kukonda mpasi na banzo yina bantu ke zingaka mpi na ba WC ya bantu yonso. Tadila bampusa ya bantu yina kele na mpasi bonso bampasi yina lenda soba to yina lenda kota.

Kutanina bima na tiya ya ngolo: Beno fwete tula dikebi na bigonsa yina tiya ke nataka ntangu beno ke yidika bisika. Beno fwete vanda ti bima yina ke fwaka tiya (coupe-feux) ya bametre kiteso ya 30 na bametre 300 na bisika yonso yina beno tungaka banzo na camps. Nene ya kisika yina bo ke tunga nzo fwete vanda kiteso ya bametre 2. Diambu ya kieleka kele nde, ntangu bo ke tunga nzo yo fwete vanda na nda mbala zole sambu banzila yina kele ya kubeba kubebisa ve nzo yina ya bo ke tunga.

Tula dikebi na binkuku yina kele na babwala mpi mutindu ya kudia (mumbandu, mutindu bikalangu kele mpi bisika bo me yidika yo). Tadila mbote madia yina bo me kalinga na kikalangu ya mbote, bima ya mbote yina ke sadisaka na kufwa tiya mpi kutubila bantu yina ke zingaka kuna. Tula dikebi ya mingi na bima ya lutungu mpi bima ya nzo yina me pia ve na tiya. Zabisa bantu yina ke zingaka pana (yo vanda bantu yina ke kutana ti bampasi yina lenda soba) na kubaka bangidika, kulandila mpi mutindu ya kukatula bima yina ke sadisaka na kufwa tiya ya ngolo.

Kumanisa mambu ya nku: Mutindu bisika yina bantu mingi ke vandaka lenda vanda sadisa na kumanisa mubulu mpi kuvukisa nitu ti bankento na ngolo. Tula dikebi na mutindu bisika ya mbote ya kubaka mupepe kele, banzo mpi ba WC, nsemo ya mwinda ya kufwana, kitamina yina kele na kati ya ba WC ti kinkoso ya kuyobila masa na yina me tala bisika ya mbote ya kubaka mupepe to kukengila na mutindu ya mbote na bima yina ke monanaka. Banzo yina bantu yonso ke sadilaka fwete vanda ti banzila ya kulosa bima.

Kulandila mutindu mambu ya nku ke salama mpi bigonsa: Sosa kutadila mbala na mbala disolo yina yo ke tubila, bigonsa mpi mambu ya mpasi yina bansungi ke nataka, mutindu mambu ke na kusoba. Yo lenda vanda bigonsa ya bansungi, kusoba bima ya nkaka na yina me tala lutaninu, kukonda kusala mambu ya mbi na bisika ya ntama to ya mpa, to malanda ya kuyela ya bantu.

Kutanina bisika yina bantu ke vukanaka mpi banzila ya bantu yonso: Bantu yina me longukaka mingi mambu ya me tala bisalu ya maboko fwete tadila mbote kibeni kana banzo yina bo me tungaka sambu na bantu yonso kele mbote, bisika yina bantu ke vukana mpi bima ya nkaka yina ke vandaka na bisika yina bantu ke zingaka ve yina kele na mpasi. Tula dikebi na bampasi ya masonga to ya ngolo sambu na lutaninu to sambu na mavimpi.

Kupesa bima ya kuzingila sambu na kusadisa bantu: Tadila bisalu yina lutaka ya mutindu ya kusadila bima na bisumbula mpi makuki ya kukumisa diaka mingi bima ya kuzingila na nima ya kisumbula. Sosa kuzaba bantoto ya kubundula mpi ya kusala nzila ya masa yina kele to nswa na bazandu to makuki ya kuzwa kisalu. Kukwenda kupesa lusadisu na yina me tala bisika ya mbote ya kupema mpi banza ke kumisaka ngolo makuki ya kukangula bisalu na babwala, mumbandu na yina me tala bisalu ya maboko, kubumba bima mpi kuzwa bisalu. Sadila bamanaka ya kupesa formasio mpi mayele sambu na kukumisa ngolo makuki yina babwala kele na yo mpi kusonika mbutu ya mambu yango na ntangu yina bo me tula ⊕ *tala Bisika ya mbote ya kupema mpi banzo, Nsiku ya 5,* mpi *Madia ya bo me bumba mbote mpi ya ke tunga nitu – bisika ya kuzingila, Nsiku ya 7.1 mpi ya 7.2.*

Mutindu ya kusala mpi ya kuyidika mambu: Tendula mutindu ya kusala mpi ya kubongisa mambu sambu na kusosa kuzaba kana ba WC ke sala mbote, bimvuka ya bisalu mpi bisalu ya bantu yonso (masa, bunkete, mutindu ya kutanina bibaka, kulandila bima ya mvindu, banzo-nkanda). Mambu ya mfunu ya mutindu ya kuyidika mambu lenda vanda; maboko yina kimvuka ke pesa, kutula bimvuka sambu na kusala mambu, kutendula bisalu mpi mikumba ya konso muntu mpi kusadila to ya kukabula mambu.

Kupanza bisika yina bantu ke vandaka mpi kunata yo bisika ya nkaka: Bangidika ya ke bakama sambu na kuyidika mbote bisika yina bantu ke vandaka lenda tomisa bisika ya mbote ya lugangu na kati mpi na nganda ya bisika ya mbote ya kupema sambu na ntangu mosi buna. Bisika yango fwete vanda ti pula ya ke monisa mutindu ya kubebisa mpi bo fwete tadila yo ntangu bo ke yilama sambu na kukwenda kupesa lusadisu ⊕ *tala Bisika ya mbote ya kupema mpi banzo, Nsiku ya 7: Bisika yina ke zingaka mingi.*

Kulonga bantu ya babwala mutindu ya mbote ya kulandila ntoto ke sadisaka na kubaka bisika ya nkaka mpi bisika yina bantu ke vandaka. Lomba lusadisu na bantu sambu na kulungisa bisalu ya kutula bunkete mpi bisalu ya nzo bisika yina yo kele mfunu.

3. Kisika ya kuzinga

Kisika ya mbote ya kupema kele mfunu mingi sambu na luzingu ya bantu. Yo ke tadila bampusa yina muntu kele na yo mpi nswa yina muntu kele na yo sambu na kuzwa kisika ya mbote ya kuzinga na dibuta, kuzinga na lutaninu mpi kulungisa bisalu ya mfunu ya nzo.

Bisika ya mbote ya kupema mpi banzo, nsiku ya 3: Kisika ya kuzinga

Bantu kele ti nswa ya kuvanda na bisika ya mbote mpi ya me fwana, yina ke sadisa bo na kusala bisalu ya mfunu mpi ya nzo na luzitu yonso.

Bisalu ya mfunu

1 > Sosa kuzaba kana konso dibuta yina kele na mpasi kele ti kisika ya kufwana ya kupema sambu na kusala bisalu ya mfunu ya nzo.

- Pesa bisika ya mbote ya kuzinga na kutadila bampusa ya bantu yina kele na mabuta sambu bo lala na mutindu ya mbote, sambu bo lamba madia mpi bo dia na kuzitisaka binkulu mutindu bantu fwete zinga na babwala.
- Sala kisika ya madidi mpi bibaka ya me fwana sambu na bantu yina ke zingaka na banzo yango mpi pesa bo bima ya kusadila na banzo yina ke tanina luzingu na bo, ke sadisa bo na kuzinga na luzitu, na kusala kinduku ti bantu ya nkaka mpi kutanina bo na na kigonsa yina lenda kumina bo na bantangu ya mpasi.
- Sala na mpila nde nsemo kuvanda, mupepe ya mbote mpi ntangu ya makasi yina lenda vanda.

2 > Sosa kuzaba kana bisika yina kele na nziunga ya kisika ya kupema ke kanga ve nzila na bisalu ya nkaka ya mfunu na kusalama.

- Tula bisika ya kufwana sambu na kinkuku, WC, bisika ya kuyobisa bilele, bisika ya kuyobila, bisika ya kulungisa bisalu ya nkaka, bisika ya kuzinga na kimvuka mpi bisika ya kusakana.

3 > Monisa mutindu ya kusadila bangidika yina ke bakama sambu na bisika ya kuvanda, mayele ya kutunga mpi bima ya kusadila na babwala mpi yina bantu yonso ke ndimaka, mpi yina lenda zinga mingi na yina me tala bisika ya mbote yina bantu lenda zinga.

Bimonisilu ya mfunu

Ntalu ya bantu yina kele na mpasi yina kele ti bisika ya mbote ya kuzinga na kati mpi yina kele mbala mosi na lweka ya banzo sambu na kulungisa bisalu na bo ya konso kilumbu

- Kiteso ya bametre 3,5 ya bisika ya kuzinga sambu na konso muntu katula kisika ya kinkuku, bisika ya kuyobila mpi bisika ya ba WC

- Na kati-kati ya bametre 4,5 mpi 5,5 ya kisika ya kupema sambu na konso muntu na bisika ya madidi kibeni to na bisika yina bantu ke zingaka mbote kibeni, mpi diaka na bisika ya binkuku mpi na bisika ya kuyobila to na bisika ya ba WC
- Nda yina ke vandaka na kati banda na ludi tii na manzanza lenda vanda kiteso ya bametre 2 (bametre 2,6 kana bantu ke sala ngolo) tii na zulu kibeni

Ntalu ya banzo yina kele na kuwakana ti bansiku ya mayele mpi ya ngolo ya me fwana mpi yina bo lenda ndima kibeni

Ntalu ya bantu yina bo pesaka banzo ya mbote ya kuvanda mpi bayina ke ke zingaka na lutaninu na banzo yango

Banoti ya ke pesa lutwadisu

Kisika ya kuzinga: Yo ke lomba kuvanda ti kisika ya mbote ya kuzinga sambu na kulungisa bisalu ya konso kilumbu bonso kulala, kulamba madia mpi kudia, kuyobila, kulwata, kubumba madia mpi masa, mpi kutanina bima yina mabuta kele na yo mpi mambu ya nkaka ya mfunu. Bo fwete tanina kinsweki ya bantu mpi kukabula bantu kana bo kele bankento to babakala, na bimvuka ya kuswaswana ya bamvula mpi mabuta yina kele na dibuta yina bo pesaka na kutadila mutindu ya kuzitisa bansiku ya babwala mpi ya bantu yonso ⊙ *tala Bisika ya mbote ya kupema mpi banzo, Nsiku ya 2: Kisika mpi kuyidika nzo.*

Kabula kisika ya kuzinga sambu na kusadisa bantu ya dibuta na kuvukana, sambu na kusansa babebe, bana ya fioti mpi bantu yina ke bela to ya me lwala. Tula dikebi na mutindu ya kusadila bisalu yango na ntangu mpi na mpimpa, mpi yidika kisika ya kutula banela (les fenêtres), bakielo mpi bima yina ke kabula yo sambu na kumatisa mutindu ya kusadila kisika yina kele na kati mpi na bisika yonso yina kele na nganda, bonso na kinkuku to na bisika yina bo ke salaka bansaka.

Sambu na kundima bisalu yai na luzitu yonso, banzo fwete vanda ti kisika mosi ya kukanga mbote kibeni (bibaka, banela, bakielo mpi baludi), ti dibaya mosi ya kufwana kibeni. Kana bantu ke kuma mingi to bima ya lugangu ke landa kaka kukuma mingi, maladi ya nsambukila to maladi ya nkaka ke kumaka mpi mingi. Kana kisika ya kuzinga kele fioti, yo lenda tula luzingu ya bantu na kigonsa, kukonda ya lutaninu mpi kinsweki lenda vanda diaka kibeni ve.

Kisika ya kuzinga fwete vanda na kutadila bansiku babwala mpi ya bimvuka, disolo yina yo ke tadila, ntangu ya kukwenda kupesa lusadisu mpi lutwadisu yina bamfumu ya luyalu ke pesaka to na bwala yina bimvuka ya ke kwendaka kupesa lusadisu na bantu ya kele na mpasi ke kwendaka. Tadila mbote-mbote, bigonsa yina lenda vanda na kisika ya fioti (bametre 3,5 sambu na muntu mosi, bametre 4,5 sambu na bansungi ya madidi) mpi kubaka lukanu ya kundima konso kuwakana yina lenda salama ti bimvuka ya nkaka na nswalu yonso kibeni kana mpila kele.

Kana yo ke lomba kusala mambu nswalu kibeni sambu na kugulusa luzingu ya bantu, sosa lusadisu sambu na:

- kutunga ludi sambu na kisika yina bantu fwete zinga mpi landila yo ti lusadisu yina bo ke pesaka sambu na bibaka, bakielo mpi bafenetre; to
- kutunga nzo ti ludi ya fioti mpi na nima kulanda kukumisa yo nene.

Na mambu ya nkaka, kisika ya nsiku lenda sala nde bantu kukuma kupusa yo na ngolo. Yo lenda tadila biro mosi ya fioti, mbanza mosi ya kele kibeni kitoko ve to mupepe yina bantu ke zingilaka kele ya mbi mingi kana bisadilu sambu na kutunga nzo kele ve. Kisika ya fioti yina bo ke tubila, bo fwete sadila yo ntangu bo ke kwenda kupesa lusadisu mpi balukanu ya ntangu fioti yina bakamaka sambu na nzo to sambu na nsoba mosi buna. Kana bilumbu yango ke kuma kaka mingi, bo fwete tadila diaka mambu yina bo salaka sambu na kisika yina bantu fwete zinga. Beno fwete tula dikebi na ntangu ya kupesa bima yina ke tunga nitu, kundima bansiku yina babwala me tulaka mpi kusadila mayele ya nkaka.

Tula bimvuka mpi mabuta yina kele na mpasi ntangu beno ke baka lukanu ya lusadisu ya me fwana ya kupesa bo. Kwenda kukutana ti bantu yina ke lutisaka ntangu mingi na bisika ya mbote ya kupema mpi bantu yina ke kutana ti bampasi ya luswaswanu to ya kukonda nswa. Zikisa kibeni nde bantu yina kele ti bifu na nitu mpi bantu yina ke kengilaka bo kele ti nswa na bisika ya mbote ya kuzinga. Bantu yina kele ti bifu na nitu, mingi-mingi bantu yina me tangaka mingi ve mpi bantu yina ke yedisaka mayele na bo na mutindu ya kuzinga ti bantu lenda vanda ti mfunu ya kisika ya mbote.

Mutindu ya kusala mambu na babwala, lutaninu mpi kinduku: Zitisa mutindu ya kusala mambu mpi binkulu yina kele dezia, mpi mutindu mambu yango kele ti bupusi na mutindu ya kusala mambu na kati (*rideaux*, bibaka). Mumbandu, beno fwete tunga banzo ya nene sambu na kuyamba dibuta yina ke vandaka na bana mingi to mabuta mingi yina kele na kikanda mosi.

Na banzo yina bo ke tulaka bantu mingi, bo ke tulaka mwinda na nzila yina ke kwendaka tii na kisika yina bantu ke zinga, mpi kutula bandilu sambu na kisika yina konso dibuta fwete vanda lenda nata kinduku mpi lutaninu.

Na banzo yina bo ke tulaka bantu mingi, sala na mpila nde bimvuka ya nkaka kuzinga kisika mosi. Mumbandu, bantu ya nkaka ya kimvuka ya LGBTQI ke sepelaka kuzinga ti banduku na bo to bo mosi na kisika ya kuzinga ti mabuta na bo mosi.

Lutaninu: Zikisa kibeni kana banzo yango kele ti bakielo mingi ya kubasikila mpi nde bisika yina kele na kati ke kanguka na bisika ya bantu yonso. Diaka, sosa kuzaba kana bantu ya bisalu ke zabaka mbote mutindu ya kupesa bansangu yonso yina me tala kutanina bantu na mambu ya mbi to kuniokula bantu na banzo, kusadila bo mambu ya nku, kubebisa to kuyambula bana. Bankento, bana bankento mpi bantu yina kele ti mfunu ya lusadisu sambu na bunkete na bo mbala mingi bo ke vandaka ti mfunu ya kisika ya nkaka ya kuzinga   *tala WASH kutubila bunkete na bantu yonso,Nsiku ya 1.3: Kulandila bunkete na ntangu ya ba règle mpi ntangu muntu ke kudisubila mpi kudinenina kukonda kuzaba*.

Kana bo me sadila dezia banzo yina bo ke tulaka bantu yonso sambu na ntangu mosi buna, baka bangidika ya kufwana sambu bantu kuvukisa ve nitu ti bankento na mutindu ya mbi to na ngolo. Sala na kuwakana ti bantu yina ke salaka na kimvuka mosi buna sambu na kubakisa mbote kibeni bigonsa mpi kubaka bangidika sambu na kumanisa yo, mpi tula kima mosi ya mbote ya ke telamina mambu yina bantu ke kutana na yo mpi kulandila yo.

Kuzitisa bikalulu ya kuzinga na kimvuka: Mutindu ya kutadila mpi ya kuyidika banzo fwete vanda ti bisika ya mbote ya kuzinga na nganda mpi bisika yina bantu yonso lenda vanda sambu na kukumisa ngolo bumosi na bo.

Na nsungi ya tiya mpi ya madidi, bumba mbote mpi twadisa banzo sambu na kumatisa mupepe mpi sambu nsemo ya ntangu kukota ve mbala mosi na kielo ya nene. Plafond ya nda ke sadisaka sambu mupepe kuluta mbote kibeni. Kuyambula kisika ya kufika na nganda kele mfunu sambu yo ke salaka na mpila nde nsemo ya ntangu kukota ve kukonda mpasi na nzo mpi yo ke taninaka bantu yina ke zingaka na nzo yango kana mvula ke noka. Tula dikebi na kisika ya mpamba yina ke bikala na nganda yina bo me tula ludi to yina kele ya kufika sambu na kuyidika madia mpi kulamba yo, mpi ti kisika ya nkaka ya mpamba sambu na bisalu ya nkaka. Ludi ya nzo fwete vanda na lweka sambu masa ya mvula kukulumuka na nzila na yo, banzila ya nene, kansi bo lenda sala mpidina ve na babwala yina ke vandaka ti mipepe ya ngolo kibeni. Bima yina bo fwete sadila sambu na kutunga nzo fwete vanda kilo ve, mpi yina bambumbu lenda kota ve kukonda mpasi bonso banti. Sadila mabaya yina kele ya nda sambu masa kukota ve na kisika ya kufika yina bo me yidikaka sambu na kupema ⊕ *tala Bisika ya mbote ya kupema mpi banzo, Nsiku ya 2: Kisika mpi mutindu bo me yidika kisika ya kuvanda*.

Na nsungi ya ntangu mpi ya kuyuma, bima ya kizitu sambu na lutungu (mumbandu, ntoto to ditadi) ke salaka nde bambumbu kukota ve mpi kitamina ya ntangu yina kele na kati-kati ya ntangu mpi mpimpa. Beno lenda tunga nzo ya kukonda mindondo ti bima ya mbote yiina ke salaka nde makelele kukota ve na kati ya nzo. Beno fwete tula dikebi ntangu beno ke tunga banzo ya nene na babwala yina bisumbula ke salamaka. Sala bisika ya madidi mpi ya kele ti mupepe ya mbote na kutadila mpusa mpi makuki ya muntu. Kana beno kele kaka ti babashe ya kopale to batenta, nge fwete tunga ludi ya kizitu, mpi kutula yo kima yina ta pesaka mupepe ya mbote sambu tiya kuvanda kibeni ve. Tula minoko ya bakielo ti ya bafenetre na lweka yina ntangu ke basikaka ve. Kisika yina ba *chevron* ti bibaka me kutanaka fwete vanda ve ti nzila sambu putulu mpi baniama yina ke pesaka maladi kukota ve.

Na nsungi ya madidi, yo ta vanda mbote na kutula plafond na nsi kibeni sambu madidi kuvanda kibeni ve na kati ya nzo. Banzo yina bantu ke vandaka na kati kilumbu ya mvimba fwete vanda ya mbote mpi yina bambumbu lenda kota ve. Sambu na nzo yina bantu ke sadilaka kaka na mpimpa, yo ta vanda mbote kibeni na kutunga nzo ya ngolo mingi ve mpi kutula yo bima yina ke salaka nde makelele ya nganda kukota ve na kati. Sala na mpila nde mupepe ya nganda, mingi-mingi na lweka ya bakielo mpi ya bafenetre kuvanda ngolo ve sambu na kuditanina mpi kutula kima ya mbote kibeni yinia ke pesaka mupepe sambu na bamashini yina ke basisaka tiya mpi bima yina ke sadilaka na kikuku.

Mupepe ya mbote ke kumisaka kisika yina bantu ke vandaka mbote kibeni, bantu ke tokaka kibeni ve mpi yo ke vandaka mpasi kibeni sambu muntu kubaka maladi ya nsambukila. Diaka, yo ke sadisaka sambu midinga yina ke katukaka na kinkuku ya nzo kuvanda ve, mpi yo lenda pesa maladi yina muntu lenda kuma kupema mbote kibeni ve mpi mambu ya nkaka ya nene. Kana mpila kele, beno lenda sadila mupepe ya lugangu.

Kulandila baniama yina ke pesaka maladi: Bisika ya kubumbana na nsi ya ntoto, bima yina ke bikalaka kana bo me panza kima mosi buna mpi banzo yina kele ve ti bantu na kati lenda kuma bisika yina baniama yina ke pesaka maladi ke butukaka mpi yo lenda kuma kigonsa sambu na mavimpi ya bantu yonso. Sambu na yina me tala babiro ya bantu yonso, yo ta vanda mbote kibeni na kupona kisika ya mbote mpi kuditanina na bigonsa ya baniama yina ke pesaka maladi kele mfunu mingi sambu baniama yango kukabisila ve bantu maladi mingi ⊕ *tala WASH Kulandila baniama yina ke pesaka maladi, Nsiku ya 4.2: Nzo mpi mambu yina konso muntu fwete sala sambu na kumanisa baniama yina ke pesaka maladi*.

4. Bima ya kusadila na nzo

Kukabila bantu bima ya kusadila na banzo ke sadisaka sambu na kulamba mpi na kutanina mavimpi, sambu na luzitu, lutaninu mpi sambu na kulungisa bisalu ya nkaka ya konso kilumbu ya nzo mpi ya kibansala ya lupangu. Nsiku yai ke tadila bima ya mfunu sambu na kulala, sambu na kulamba madia mpi sambu na kubumba madia, kudia mpi kunwa, mpi diaka sambu na kuditanina na bambumbu, na nsemo mpi na mutindu ya kulwata. Kapu ya WASH ke pesa bantendula ya nkaka ya pwelele ya bima ya nkaka bonso moustiquaire, bakantine, kubumba masa mpi bima ya kutula bunkete.

Bisika ya mbote ya kupema mpi banzo, Nsiku ya 4: Bima ya kusadila na nzo

Kukabila bantu bima ya kusadila na banzo ke sadisaka sambu na kulamba mpi na kutanina mavimpi, sambu na luzitu, lutaninu mpi sambu na kulungisa bisalu ya nkaka ya konso kilumbu ya nzo mpi ya kibansala ya lupangu.

Bisalu ya mfunu

1 Landila mpi sosa kuzaba kana bima kumaka sambu na kusadisa mabuta na kuvutukila luzingu na bo mpi na kulanda kusala bisalu na bo ya mfunu ya nzo.

- Tadila bampusa ya luswaswanu na kutadila mvula ya muntu, kana yandi kele nkento to bakala, kana yandi kele ti kifu na nitu, kana yandi ke salaka mambu na kimvuka mpi na kutadila binkulu mpi ntalu ya bantu yina kele na dibuta.
- Tula dikebi ya mingi na bima ya mfunu yina kele sambu na kusadila bisalu ya nzo, bilele, bunkete ya nitu mpi kupesa maboko na lutaninu mpi na mavimpi.

2 Monisa mitindu ya mbote ya kupesa lusadisu ya me fwana na yina me tala bima ya kusadila na nzo.

- Sosa kuzaba bima yina bo lenda sumba na babwala na ntangu ya kupesa bima na mbongo to na mukanda, mpi mutindu ya kubumba bima na babwala, na bambanza to na bansi ya nkaka sambu na kupesa bantu bima.
- Tula dikebi na mambu yina ke tadila bisika yina bantu ke zingaka mpi bupusi yina mutindu bo me kanga bima to mutindu bo me kabula kele na yo.

3 Sosa kuzaba kana bima yango kele, kana yo kele ya mbote mpi mutindu ya kusadila bima ya nzo, mpi kuyikana na kutadila bampusa.

- Yidika mutindu ya kukwenda kupesa lusadisu kana kukwenda kisika ya nkaka ke baka ntangu mingi.
- Landila bazandu yina me ponamaka kana mpila kele na yina me tala ntalu mpi kana mambu yango kele ya mbote. Sosa kuzaba mitindu ya bima ya kupesa lusadisu na kutadila mutindu mambu ke kwendila.

Bimonisilu ya mfunu

Bantu kele ti bilele ya mbote kibeni mpi ya me fwana na kiteso ya kufwana

- Kiteso ya bilele zole sambu na konso muntu, ya mutindu ya mbote mpi ya kufwana na yina me tala binkulu, bansungi, mpi ya ke wakana ti bampusa ya bantu

Bantu kele ti bima ya mbote mpi ya kufwana sambu na kulala na lutaninu, mpi na mutindu ya mbote

- Kiteso ya lele mosi ya kufika na mbeto mpi mbeto mosi (mbeto, matelas, bilele ya kufika na mbeto) sambu na konso muntu. Babulanketi to kutula dibaya na lweka lenda vanda mfunu kibeni na nsungi ya madidi.
- Yo lenda vanda mfunu na kusadila ba moustiquaire yina bo me tulaka nkisi sambu na ntangu ya nda

Bantu kele ti kiteso ya kufwana ya bima sambu na kulamba, kudia mpi kubumba bima

- Sambu na konso dibuta to kimvuka yina kele ti bantu kiteso ya 4-5: banzungu zole ya nene ya kele ti maboko mpi mifiniku, nzungu mosi sambu na kulambila madia to kusadila kisalu ya nkaka, mbele mosi ya kusadila na kinkuku mpi baluto zole ya kubaludila madia.
- Sambu na konso muntu: dilonga mosi ya makadi-kadi, bima ya kusadila na kinkuku mpi kima mosi sambu na kutudila masa ya kunwa

Ntalu ya bantu yina kele na mpasi ya kele ti nswa ya kubaka bima yina ke pesa kikesa ya kufwana, ya mbote mpi ya kitoko sambu na kutanina bo na ntangu, sambu na kulamba madia mpi sambu nsemo kupela

Ntangu ya bisumbula yina apareyi yina ke simbaka tiya, ya ke bumbaka tiya lwadisaka bantu bamputa

- Sala kima yina ta sadisaka sambu na référence mpi sosa kuzaba kuyela yina ke salama tii na zero (0)

Banoti ya ke pesa lutwadisu

Bima ya mfunu ya nzo fwete vanda na kiteso ya kufwana mpi na mutindu ya mbote sambu na:

- kulala, kuzikisa kisika ya tiya mpi ya kulwata;
- kubumba masa, kulamba mpi kubumba madia, kudia mpi kunwa;
- kupedisa mwinda;
- kulamba madia, kutokisa masa mpi kudia, tanga mpi *carburant* to bamwinda
  tala Madia ya bo me bumba mbote mpi ya ke tunga nitu, Nsiku ya 5: Kimvuka ya madia ya bo me bumba mbote;
- mpi bima sambu na bunkete, mpi diaka bima ya bunkete sambu na bunkete na ntangu ya *règle* to kana muntu ke kudinenina to kudisubila na bilele kukonda kuzaba *tala Bansiku ya WASH ya 1.2 mpi1.3*;

- bima ya ke sadisaka sambu na kutanina bantu na baniama yina ke pesaka bantu maladi, mumbandu, *moustiquaire tala WASH kufwa baniama yina ke pesaka maladi, Nsiku ya 4.2*; mpi
- keba na tiya mpi na makaya.

Pona bima ya mbote ya nzo: Bo fwete kabula bima ya nzo na kimvuka. Ntangu beno ke tubila mutindu bima kele, mingi na yo mpi kana yo kele ya mbote, tula dikebi ya mingi na bima ya mfunu kibeni. Tadila:

- bisalu ya mfunu ya konso kilumbu yina muntu ke salaka sambu na yandi mosi, sambu na dibuta mpi sambu na kimvuka;
- bansiku ya babwala, mambu ya mfunu mpi binkulu;
- lutaninu mpi makuki ya kusala kisalu (na kiteso ya fioti ya bansiku to ya lutwadisu);
- ntangu yina yo ta sala, mutindu yo ta sala mpi mfunu ya kubumba bima;
- mutindu bantu ke zingaka mpi mutindu ya kuyidika mambu;
- bangidika yina ke bakamaka na babwala;
- bampusa ya nkaka yina bantu ya kele na mpasi kele na yo na kutadila ndonga na bo, tanga mpi bankento, bana bankento, babakala, bana babakala, babebe, minunu, bantu ya kele ti bifu na nitu to bantu ya nkaka mpi bimvuka ya bantu yina lenda baka maladi kukonda mpasi; mpi
- kidimbu ya bima yina bo ponaka *tala Bisika ya mbote ya kupema mpi banzo, Nsiku ya 7: bisika bantu ke zingaka ntangu mingi.*

Kutanina: All yo ke lomba kuzaba inki madia beno lenda tula na malonga ya plastique, mpi inki madia beno lenda tula na malonga ya kinzanza.

Zikisa kibeni nde mashini yina ke vandaka ti tiya kele ve kisika mosi ti bima ya kele na nzo. Tula bamachini yina ke vandaka na kati ya nzo na kisika yina lenda pela ve tiya. Tula kima mosi yina lenda pela ve tiya na lweka kana mashini yango fwete basika tii na nganda. Kutula ve bamashini yango pene-pene ti kielo sambu bantu lenda kota kukonda mpasi ntangu bo ke sadila yo. Beno fwete bumba bima yina lenda pela tiya kukonda mpasi na ntama kibeni ti mashini yina ke basisaka tiya, to kima ya masa yina lenda pedisa tiya bonso *kérosène*, beno fwete tula yo ve na kisika yina babebe to bana ya fioti kele.

Tiya yina muntu ke waka ke tendula nde bantu ke wa ntangu mingi kibeni to madidi, yo yina bo ke fika bilele to ke vanda na bisika ya kuyuma. Bilele ya kulwata, bilele ya kufika mpi mbeto ya kuladila ke sadisaka muntu. Bamatela yina bo ke tulaka na ntoto mpi bamashini yina ke pesaka tiya mpi bamashini yina ke pesaka mupepe ya madidi (ventilateur) ke salaka nde luzingu ya bantu kukuma kitoko. Konso muntu to dibuta fwete baka bangidika ya kufwana sambu tiya to ntangu yina ke vandaka na nitu ya muntu kukita ve.

Kubumba carburant ya kufwana mpi courant ya mbote sambu na mabuta: Bisika yina carburant mpi courant ya nkaka ke katukaka kele mfunu kibeni sambu na kupesa nsemo, sambu na kulamba madia, kuzaba tiya muntu ke waka mpi kuzabisa bantu. Sambu na kubaka mpi kufuta mbongo ya carburant to ya courant lenda vanda mingi kibeni, yo yina yo ta lomba kuyidika mambu mbote kibeni. Monisa mutindu ya kulamba na mayele yonso na courant, yo vanda mutindu ya kusadila bamashini yina ke basisaka tiya na nsadisa ya carburant, kuyidika banti yina lenda zika na tiya, kulandila mbote tiya, mutindu ya kulamba madia mpi kinkuku yina kele ya kukabula. Sosa kukutana ti bantu yina kele na mpasi mpi kimvuka yina ke salaka kisalu ya kuyamba bantu na yina me tala kuyidika kisika ya kutula carburant mpi mitindu ya kukwenda kubaka yo sambu na kutadila bangiufula ya me tala lutaninu ya konso muntu mpi bisika yina bantu ke zingaka ntangu mingi.

Nsemo yina bantu ke pedisaka fwete vanda na kiteso ya mbote sambu bantu kuvanda ve na kigonsa ntangu bo kele na bisika ya bisalu mpi na lweka ya babiro yina bo ke salaka kana nsemo yina bo ke pesaka sambu na bantu yonso ke sala diaka ve. Katula folo-folo *(allumette)* mpi bougie, tula dikebi na mutindu ya kusadila nsemo yina bantu ke salaka, bonso baapareyi yina ke salaka nde courant yina vandaka ya fioti kukuma na kiteso ya kufwana (LED) mpi baapareyi yina ke pesaka courant na nsadisa ya ntangu yina yo ke bakaka *(les panneaux solaires)*.

Kuyidika manaka sambu na zandu ya me simbama na bima ya kusadila na nzo: Kutadila mambu yina kele na zandu ya yina me tala bima ya kusadila na nzo fwete sadisa sambu na kulandila mbote mutindu mambu ke salamaka na zandu ya mvimba. Kubumba bima ya kusadila na nzo lenda sadisa bazandu yina kele na babwala kana mpila kele. Yindula mbote na yina me tala badepensi ya bima ya kusadila na nzo bonso bantu yina ke landilaka badepensi yina mabuta ke salaka. Nge lenda landa badepensi yango malembe-malembe sambu na kuwakanisa mpi kuyidika yo na mutindu ya kufwana *tala Kupesa lusadisu na bazandu.*

Kukabula bima: Yidika bametode ya mbote sambu na kukabula bima na mutindu ya mbote mpi ya kufwana, na kukwendaka na kukutana ti bamfumu ya babwala mpi bantu yina kele na mpasi. Zikisa kibeni nde bantu to mabuta yina lenda baka maladi kukonda mpasi bazina na bo kele na kati ya lisiti ya bantu yina fwete baka bima mpi bo kele ti nswa ya kubaka bansangu mpi ya kukabula bima. Beno fwete pona mbote kibeni bisika ya kukabula bima, na yina me tala nda ya kisika yina bantu ta kwenda na makulu, nene ya kisika yango mpi makuki yina bo lenda vanda na yo ya kunangula bima yani lenda vanda ya kizitu bonso bisadilu sambu na kutunga bisika ya mbote ya kupema. Beno lenda sadila mpi bakaminio ya nene sambu na kubumba mpi kunata bima sambu na bantu to sambu na nzo.

Kulandila mambu na nima ya kukabula bima: Sosa kulandila mutindu bo kabulaka bima ya nkaka mpi bima ya nzo. Kana bo ke sadila ve bima yango to kana bo ke teka yo to mpi diaka kana yo ke lomba kuvingila fioti sambu na kukota, vukisa mambu to bima yonso. Kuvila ve nde bampusa yina bantu kele na yo lenda soba na bilumbu ke kwisa mpi nde bamanaka fwete yikana ti bansoba yango.

5. Lusadisu yina bantu ya mayele ya bainsi ya nkaka ke pesaka

Lusadisu yina bo ke pesaka ve mbongo kele na kati ya lusadisu yina ke pesamaka na yina me tala bisika ya mbote ya kupema mpi banzo. Yo ke sadisaka sambu na kubaka bantu yina kele na mpasi mpi ke tomisaka mbote kibeni mutindu ya kutanina bisika na bo ya mbote ya kupema mpi banzo. Yo kele mbote nde mabuta to bimvuka yina kele na mpasi kupona bo mosi banzo yina bo ta vanda, bisika ya mbote ya kupema, mutindu ya kutula bunkete na kisika yango, nswa ya kupona bisadilu mpi ya kulandila to ya kulungisa bisalu sambu na bisika ya mbote ya kupema mpi banzo ya nkaka.

Bisika ya mbote ya kupema mpi banzo, Nsiku ya 5:
Lusadisu yina bantu ya mayele ya bainsi ya nkaka ke pesaka
Bantu kele ti nswa ya kubaka lusadisu ya mbote yina bo ke pesaka ve mbongo na ntangu ya kufwana.

Bisalu ya mfunu

1. Sosa kuzaba mutindu ya kuyidika mambu mpi mutindu ya kuyidika mambu ya lutungu na ntwala nde mpasi mosi buna kukwisa mpi bisadilu, mambu yina bantu ya mayele ke tadilaka mpi makuki yina kele.

- Kwenda kukutana ti bantu ya kele na mpasi, bantu ya me zabaka mbote kibeni kisalu ya kutunga banzo na babwala mpi bamfumu ya babwala sambu na kubaka lukanu na bumosi na yina me tala bisalu mpi bisadilu ya lutungu, mpi diaka sambu na kuzwa mayele ya kufwana sambu na kusala kisalu ya mbote kibeni.

2. Tula dikebi mpi pesa lusadisu ntangu bisalu ya lutungu ke salama na bantu yina kele na mpasi, na bamfumu ya leta ya babwala mpi na bantu ya babwala yina ke salaka bisalu yango.

- Zitisa bansiku ya kuyidika mpi ya lutungu yina bantu ke sadilaka, bima ya mbote ya lutungu mpi bansiku ya me fwana, na yina me tala ntangu yina bo tulaka sambu na kukwenda kupesa lusadisu na yina me tala bisika ya mbote ya kupema, banzo mpi mabuta.
- Pesa bantuma ya mutindu ya kutunga mpi nswa ya kubaka bima ya kuzingila yina ke pesamaka na babwala.

3. Monisa mutindu ya mbote ya kusala kisalu ya lutungu sambu na kulungisa bampusa ya bantu na yina me tala bisika ya mbote ya kupema mpi sambu bingosa kuvanda diaka kibeni ve na bilumbu.

- Sambu na yina me tala banzo to bisika ya mbote ya kupema yina bo bebisaka, sosa kuzaba bigonsa mpi mambu ya mpasi, bikuma yina lenda sala nde mambu kusalama ve mbote na bilumbu ya ntwala.

- Sosa kulonguka mutindu ya kusala mambu mpi mayele ya nkaka yina bo ke sadilaka sambu na kutunga banzo na babwala, kutomisa yo mpi kunata diaka mambu ya nkaka ya mpa kana mpila kele; kupesa mayele na bantu ya nkaka sambu na kusala kisalu ya kutunga na mutindu ya mbote.

4 〉 Zikisa kibeni nde bantu ke baka lusadisu ya kufwana yina bo ke pesaka ve mbongo.

- Tula dikebi na bantu yina kele ti mayele ya mingi, na mutindu ya kuyikana ti bansiku ya lutungu mpi na mutindu ya kubaka mayele ya mingi na bantu yina kele na mpasi.
- Tula dikebi na bantu yina kele ve ti mayele ya mingi, makuki to kikesa sambu na kusala kisalu ya lutungu na mutindu ya kufwana mpi ya mbote to kusolula ti bantu yina kele ti nzo mosi ya kitoko mpi ya mbote.

5 〉 Tula bantu yina ta landilaka bisadilu na mutindu ya mbote, mbongo, mbongo yina bo ke futaka bantu, lusadisu ya ofele mpi mambu ya nkaka yina bo ke lombaka sambu na kundima diambu mosi buna sambu na kuzwa mvutu ya mbote.

- Landa mbote kibeni mutindu ya kusala mambu mpi ya nsiku ya bikalulu ya mbote ya me fwana na yina me tala kubinga bantu sambu na bisalu, bima yina bo ke teka, kundima kusala diambu mosi buna mpi ya lutungu.
- Siamisa bantu na kusadila teknolozi, bisadilu yina kele na babwala mpi yina ke monanaka kukonda mpasi, kutula bantu ya babwala na bisalu sambu kuyidika mpi kutomisa bisika ya mbote ya kupema.

Bimonisilu ya mfunu

Ntalu ya bamanaka yina bamfumu ya babwala ke zabaka na yina me tala bantendula ya bansiku ya lutungu mpi na mutindu ya kutwadisa bisalu ya lutungu

Ntalu ya bisalu ya lutungu yina ke monisa mambu yina kuminaka bantu yina kele na mpasi

Ntalu ya bisika ya mbote ya kupema yina bo me tunga, ya bo me yidika, ya bo me kumisa diaka kitoko mingi, yina bo me vutula na kuwakana ti bansiku to yina bo me wakana na kutadila bansiku ya kufwana ya lutungu ya mbote mpi bigonsa ya ke tadila yo

Ntalu ya mabuta yina me ndima kibeni nde bo bakaka lusadisu yina bo ke pesaka ve mbongo mpi lutwadisu ya me fwana kibeni

Banoti ya ke pesa lutwadisu

Kupesa maboko mpi kundima kusala ti bantu yina kele na mpasi: Kupesa maboko na bisalu ya me tala bisika ya mbote ya kupema mpi ya lutungu fwete wakanaka ti bisalu yina ke salamaka dezia na babwala. Bamanaka ya kubaka baformasio mpi ya kulonguka lenda monisa mfunu ya kupesa maboko na bantu yina kele na mpasi (bantu yina kele na mpasi mpi kimvuka yina ke salaka kisalu ya kuyamba bantu) na ntangu bisalu ya lutungu ke salama. Pesa dibaku na bankento mpi na bantu yina kele ti bifu na nitu na kupesa maboko na bisalu yango. Bantu yina kele ti ngolo ya mingi ve lenda sala bisalu bonso ya kulandila mutindu mambu ke salama na kisika yango, kulandi bima yina me bikala, kulandila mutindu bantu ke lungisa mikumba na bo, kukengila bana to kulamba madia sambu na bantu yina ke tunga banzo. Kuvila ve nde bantu yina kele na mpasi lenda konda kuwakana ti bantu ya nkaka. Bimvuka ya bantu ya bisalu yina ke salaka na bimvuka ya ofele lenda pesa maboko na bikesa yina mabuta yina kele ti mfumu mosi ya dibuta, mingi-mingi mabuta yina mfumu kele nkento, mwana, mununu to muntu yina kele ti kifu na nitu. Lusadisu yina lenda vanda mfunu na bimvuka yango sambu bo lenda kutana ti bigonsa ya kuvukisa nitu ntangu bo ke lomba lusadisu ya lutungu.

Baka batoko na kisalu ya kutunga banzo: Kutula batoko na kisalu ya kutunga banzo lenda sadisa bo na kukuma ti makuki ya kufwana, bantu lenda tudila bo ntima, kuzitisa bo mpi bo lenda kuma kuwakana ti kimvuka mosi buna.

Bana yina me lungisa ntete ve mvula ya kufwana sambu na kusala kisalu kele ve ti nswa ya kusala kisalu ya kutunga bisika ya mbote ya kupema to na mbongo yina bamanaka ya kutunga bisika ya mbote ya kupema ke pesaka. Bana yina kele ti bamvula ya kati-kati sambu na kusala kisalu (yo lenda vanda, bamvula 14 to 15) mpi bayina kele ti bamvula 18 lenda sala kisalu ya me fwana na kutadila mvula na bo mpi kuyela na bo. Zikisa kibeni nde bisalu yina bo ke sala ke wakana kibeni ti bansiku ya insi na beno. Baka balukanu sambu na kuzitisa bansiku ya bainsi ya nkaka mpi ya nswa ya kusala kisalu na insi, sambu na kukonda kusala kisalu ya kigonsa mpi kisalu ya bana yina me lungisa ntete ve mvula ya kusala kisalu. Mambu yonso ya mpasi yina bantu ke tubila to bangiufula yonso yina me tadila kisalu ya bana, bo fwete zabisa yo na bantu ya mayele yina ke talaka mambu ya kutanina bana to ya ke talaka bisalu ya kimvuka *tala Mukanda CPMS*.

Mayele ya kisalu: Pesa bandongisila na bangiufula ya me tala bonso mutindu ya kuyidika kisika, mayele yina bo ke sadilaka na babwala sambu na kutunga banzo, kutadila mambu yina lenda pesa bantu mpasi, kubuka banzo mpi kukatula bima yina me bikala, kutunga, kulandila kisika yina bo ke tunga, kutadila parc yina kele dezia mpi kutanina bantu yina kele na kati. Bandongisila yai lenda ndimisa kibeni nde bisika ya mbote ya kupema ke zitisa kibeni bansiku yina bo me tulaka. Kuzaba mbote kibeni bazandu ya bima ya lutungu mpi ya kisalu kele mfunu mingi kibeni, mpi lusadisu ya bantu yina me zaba mbote bansiku mpi bisalu ya babiro *tala Bisika ya mbote ya kupema mpi banzo, Nsiku ya 6: Kutanina bantu yina kele na kati.*

Kuzitisa bansiku ya lutungu: Sosa kuzaba kana bantu ke zitisaka to ke sadilaka kibeni bansiku ya lutungu ya bainsi. Kana bo ke sadilaka yo ve, siamisa bo na kusadila mpi na kuzitisa yo. bansiku yango fwete wakana ti binkulu ya babwala na yina me tala banzo, kana yo kele ti mupepe ya mbote, bima ya kufwana, makuki na yina me tala lutungu mpi bunkete, nswa mpi luwakanu. Zikisa kibeni nde bamanaka ya bisika ya mbote ya kupema ke sadisa mabuta na kuzitisa to kulungisa malembe-malembe banswa mpi bansiku yina me lombama, mingi-mingi na yina me tala bamanaka yina ke lombaka lusadisu ya mbongo sambu na kulungisa bampusa ya me tala bisika ya mbote ya kupema. Kana bansiku yango kele ve, tula bansiku ya fioti-fioti na kuwakana ti bamfumu ya babwala mpi bimvuka yina ya nkaka (tanga mpi, kana mpila kele, bantu yina kele na mpasi), sambu na kulungisa malombo ya me tala lutaninu mpi ngolo.

Kuyedisa mayele: Kumisa ngolo makuki yina kimvuka kele na yo na kupesaka formasio mpi na kuzabisaka bantu yina kele na mpasi, bamfumu ya babwala, bantu ya mayele mingi yina ke salaka kisalu ya kutunga, bantu ya bisalu yina me fwana mpi bayina me fwana kibeni ve, bankwa ya nzo, bantu ya mayele yina me zaba bansiku mbote kibeni mpi bimvuka ya nkaka ya babwala ya ke salaka na kuwakana.

Na bisika yina bansungi ke vandaka mpasi, sosa kukutana ti bantu ya mayele mpi bantu yina kele ti eksperiansi na yina me tala mambu ya kusala to mutindu ya mbote ya kusala mambu. Bantu yai lenda zabisa mutindu mambu kele mpi mutindu ya kusala mambu ya lutungu, mpi kupesa maboko sambu na kutomisa mambu.

Kubumba bisadilu ya kutunga nzo: Kana bo lenda pesa na nswalu yonso bisadilu ya kutunga nzo ya kufwana, bantu yina kele na mpasi lenda tunga bo mosi bisika ya mbote ya kupema. Bangidika ya bisika ya mbote ya kupema lenda vanda ya kukabula bima yina kele kaka sambu na yo mosi to bima yina kele na kimvuka ti bisadilu ya mbote ya lutungu. Kupona bisadilu ya lutungu fwete salama na kulandaka mpi kutadilaka na mutindu ya mbote bazandu, mpi na kulongukaka mbote mambu ya mpasi yina lenda kumina bisika yina bo ke zola kutunga.

Kubumba bisadilu ya lutungu na babwala lenda vanda ti bupusi na bima yina kele na babwala, na mbongo yina bo pesaka to na kisika ya mbote ya kuzinga na babwala. Na mambu ya nkaka, bisadilu ya mbote kibeni lenda vanda to ve na babwala. Kana diambu ya mutindu yai kukumina beno, beno lenda sadila bisadilu to bima ya nkaka sambu na ntangu mosi buna, to bisadilu yina bo ke tungaka sambu na kusadila mumbongo, kansi kuvila ve mambu ya mpasi yina lenda kuma kana beno ke sadila bisadilu yina beno me zaba ve yina kele na babwala. Beno sadila ve bisadilu yina bantu ya ke salaka na babwala me salaka to bana ya fioti.

Babiro ya kutunga mbote ya ke monana na meso ya bantu yonso: Tunga to yidika mbote babiro yina ke monana na meso ya bantu yonso yina kele sambu na ntangu fioti to sambu na ntangu ya nda, bonso banzo-nkanda mpi baopitale ya fioti, sambu yo vanda ve kigonsa sambu na bantu mpi sambu yo bwa ve kukonda mpasi na ntangu bisumbula ke salama. Yo ke lomba kuzitisa bansiku ya kutunga mpi mambu yina ke pesa nswa ntangu beno ke tunga ba WC. Zikisa nde bantu yonso kele na lutaninu mpi kele ti nswa ya kukota, yo vanda bantu yina kele ve ti makuki ya kukwenda kisika ya nkaka to ya kusolula (kana mpila kele, kusala na kuwakana ti bimvuka yina ke tadilaka mambu ya bantu ya kele ti bifu na nitu). Kwenda kukutana ti bamfumu ya me fwana sambu na kuyidika to kutunga babiro yina kele ya kubeba. Sadila mayele ya nkaka na mutindu ya kusala mambu mpi ya kuyidika mambu na mutindu ya mbote na yina me tala mambu ya mbongo.

Kubumba bima mpi kulandila mutindu kisalu ya kutunga ke salama: Sala calendrier sambu na bisalu ya lutungu yina kele ti mambu ya mfunu, mumbandu, dati ya kuyantika kisalu ya kutunga mpi dati yina yo ta suka, mpi diaka, badati mpi ntangu yina kutula bantu yina ke katukaka bisika ya nkaka fwete baka. Diambu yai ke tadila mutindu kisalu ya kutunga fwete salama na munkwa na yo to bantu yina fwete tunga yo. *Calendrier* yango fwete salama na kutadila dati yina bo yidikaka sambu kisalu kuyantika na kutadila bansungi, mpi yo fwete vanda ti bangidika yina ke bakama sambu na mambu ya kukonda kukana yina lenda kumina bantu. Tula bantu yina ta landilaka mutindu bo ke sadila bisadilu ya lutungu, mbongo yina bo ke pesa mpi kukengila kisika yina bo ke tunga. Diambu yai fwete tadila bima ya kudia, kubumba bima, kaminio sambu na kunata bima, kukatula bima sambu na kunata yo kisika ya nkaka mpi kusala mbote kisalu ya biro na ntangu bisalu yango ke salama.

Kana mpila kele, tula bantu ya babwala na bisalu sambu na kuyedisa makuki na bo mpi sambu bo pesa maboko na bima ya kuzingila ya bantu yina kele na mpasi. Sosa kukutana ti bantu ya mayele mingi yina me longukaka mbote kibeni mambu yango (banso *des ingénieurs, des architectes, des concepteurs urbains*, bantu yina ke zabaka mutindu ya kutwadisa bisalu to bantu ya bansiku (*avocats*)) sambu na kusala bisalu ya mfunu.

Sosa kuzaba kana bo me tula mpi dikebi na mambu ya me tala bisika yina bantu ke zingaka. Kupesa nswa sambu bo sadila diaka bisadilu yina bo bakaka na bisika yina bo kele ti banswa ya kundima bisadilu yina bo bakaka mpi bo lenda ndima yo kana yo kele ya mbote kibeni tala *Bisika ya mbote ya kupema mpi banzo, Nsiku ya 7: Bisika yina bantu ke zingaka sambu na ntangu ya nda*.

Kuyidika mpi kuvutula yo ya mpa: Kukwenda kupesa lusadisu na bisika ya mbote ya kupema lenda vanda ti kisika ya fioti ya kuzinga yina lenda vanda ya kukanga. Kansi, bametode mpi bisadilu ya lutungu lenda sadisa mabuta na kuyidika, kuyikana to kuvutula diaka bisika ya mbote ya kupema ya mpa sambu na kulungisa bampusa na bo sambu na ntangu ya nda. Kuyidika bisika yina bebaka fwete salama na lutaninu yonso, kusadila bisadilu ya kutunga yina kele na babwala, yina bo me yikanaka na yo mpi yina kele ya mbote kana mpila kele.

Bisadilu ya bimvuka: Tula bima yina ke tendula mutindu ya kusadila, ya kuyidika mpi ya kubumba na lutaninu yonso bisadilu mpi bima yina bo lenda sadila na kimvuka to ve.

6. Kutanina bantu yina kele na bisika na bo mosi

Kutanina bantu yina kele na bisika na bo mosi ke tendula bantu yina lenda zinga na banzo na bo mosi kukonda boma nde bo lenda basisa yandi na ngolo na nzo yango, yo vanda na mambu ya me tala banzo ya bimvuka to na babiro ya nkaka, na bimvuka yina ke salaka kisalu ya kuyamba bantu to na ntangu bo ke vutukaka. Yo kele luyantiku ya nsiku na nzo ya mbote mpi na banswa ya nkaka yina bantu kele na yo. Sambu na yina me tala kimvuka ya ke kwendaka kupesa lusadisu, kusala na kuwakana to malembe-malembe lenda vanda mfunu mingi kibeni. Diambu yai ke sadisa na kubakisa nde bantu yina ke kwendaka bisika ya nkaka kele ti mfunu ya lusadisu sambu na kutomisa luzingu na bo na banzo ya luswaswanu. Yo ke tendula ve kutula dikebi ya mingi na bamfumu sambu na kubaka lusadisu mpi yo ke tendula ve kuvanda ntangu yonso pana to na zina mosi buna ya lukumu. Bantu ya mayele ya ke talaka mambu ya bisika ya mbote ya kupema ke bakisaka mbote kibeni mambu ya me tala "lutaninu ya kufwana" ti lukanu ya kuyidika bisika ya mbote ya kupema sambu na bantu yina lenda baka maladi kukonda mpasi mpi bisika ya kuvanda yina kele ve. Sambu na kuzaba mambu mingi ya me tala kusala mambu na nswalu yonso mpi mambu ya me tala "lutaninu ya kufwana" ⊕ *tala Bareferanse: Payne mpi Durand-Lasserve (2012).*

Bisika ya mbote ya kupema mpi banzo, Nsiku ya 6: Kutanina bantu yina kele na bisika na bo mosi
Bantu yina kele na maladi fwete zinga na bisika ya lutaninu mpi yina bo me pona.

Bisalu ya mfunu

1 〉 Sosa kulandila mambu na mutindu ya mbote na yina me tala mambu yina kele na kati ya manaka mpi mutindu ya kusadila yo.

- Kana mpila kele, kwenda kukutana ti bantu ya bansiku ya ke taninaka na yina me tala bantu yina kele na bisika na bo mosi (diambu ya me tala "lutaninu ya kufwana"), na kutadila disolo mpi mambu ya nku yina bo lenda tadila muntu.
- Tambusa mambu mpi sala na kuwakana ti bamfumu yina kele na babwala, bantu yina me zaba mbote kibeni bansiku mpi bisika yina bo ke tubaka makambu na babwala.

2 〉 Sosa kubakisa mbote bansiku mpi mambu yina ke salama na bisika yina bantu ke zinga.

- Sala karti ya ke monisa mutindu mambu ke salama mpi bangidika yina me bakama na yina me tala lutaninu yina bantu kele na yo na bisika na bo mosi sambu na mambu yina lenda salama na nima ya mpasi mosi buna na yina me tala bisika ya mbote ya kupema mpi banzo; sosa kuzaba mutindu mambu yai kele na bupusi ya mingi na bimvuka yina kele kibeni na kigonsa.

- Sala na kuwakana ti bamfunu ya babwala sambu na kuzaba nsiku yina bo fwete sadila mpi nsiku yina bo fwete sadila ve mpi ntangu yina bo me tulaka.
- Sosa kuzaba mutindu bo ke landilaka mambu ya me tala bisika yina bantu ke zingaka mpi mitindu ya luswaswanu ya kusala mambu sambu na kununga yo, mpi diaka mutindu mambu yango lenda soba ntangu mpasi mosi buna me kumina bantu.

3 › Sosa kuzaba mutindu ya kusala mambu, bangidika yina me bakama mpi bupusi yina mutindu ya kusala mambu kele na yo na bimvuka yina kele na mpasi.

- Tanga kutanina bantu yina kele na bisika na bo mosi bonso kima yina ke sadisa na kuzaba bima yina lenda beba kukonda mpasi.
- Sosa kuzaba mikanda yina bantu yina ke salaka manaka lenda vanda na yo mfunu mpi kukonda kuvila nde bantu yina lenda kutana ti mambu ya mpasi lenda vanda to ve na mukuki ya kuzwa bima.
- Zikisa kibeni nde kukwenda kupesa lusadisu kusalama ve na kulanda mambu ya me tala munkwa ya nzo mpi muntu yina ke futila to na ntangu ya kuwakana.

4 › Sadila bamanaka yina me tala bisika ya mbote ya kupema mpi banzo sambu na kutanina bantu yina kele na bisika na bo mosi.

- Sadila mayele yina kele na babwala sambu na kusala manaka na yina me tala bisika ya mbote ya kupema mpi banzo na bisika ya luswaswanu, mingi-mingi sambu na bantu yina lenda kutana ti mambu ya mpasi.
- Zikisa kibeni nde mikanda ya mfunu, bonso, kuyidika mbote kibeni na ntwala mikanda yina bo ke salaka ya ke monisa nde muntu kele ti nswa ya kuvanda mpi ya ke landa banswa ya konso kitini.
- Sala na mpila nde bigonsa yina manaka ya bisika ya mbote ya kupema ke nataka kuvanda diaka mingi ve na na kati ya kimvuka mpi bimvuka ya babwala yina yina kele pene-pene.

5 › Pesa maboko na kutanina bantu yina ke katukaka bisika ya nkaka.

- Na ntangu ya kukatula bima to bigonsa yina kukatula bima ke nataka, sosa kutadila mbote mambu sambu na kuzaba mambu ya kusala na yina me tala bisika ya mbote ya kupema.
- Kana kuswana me basika sadisa na kutula ngemba.

Bimonisilu ya mfunu

Ntalu ya bantu yina ke zwa kisika ya mbote ya kupema ya lutaninu mpi dibanza yina bo kele na yo sambu na biro sambu na ntangu yina manaka ya kupesa lusadisu mosi buna lenda baka

Ntalu ya bantu yina ke zwa kisika ya mbote ya kupema yina ke sepela na kuwakana ya mbote yina salamaka na yina me tala mutindu ya mbote ya kutanina kisika na bo ya mbote ya kupema

Ntalu ya bantu yina kele ti kisika ya mbote ya kupema ti mambu ya mpasi ya me tala ntoto yina bo kutanaka na yo, na luzolo yonso to ya bo katulaka, bisalu ya bansiku mpi na mitindu ya kuswaswana ya kuyidika mambu

- *Tala Munsiku ya ke tanina bantu 4.*

Banoti ya ke pesa lutwadisu

Mambu ya me tala ntoto kele rapore yina nsiku ke tendula, kinkulu, kuwakana yina salamaka na munoko to bangidika yina ke bakamaka na mabundu yina kele na kati ya bantu to bimvuka yina me tala banzo mpi ntoto. Yo ke monisa pwelele muntu yina lenda sadila bima yina bo ke pesa, yo ta sala bantangu ikwa mpi na nki mitindu. Kele ti mitindu mingi ya kuvanda na kisika na nge mosi, mumbandu, munkwa ya kisika mpi kuwakana yina salamaka na munoko sambu na banzo yina bo lenda sadila na nswalu kibeni mpi na babiro yina bo ke salaka na luzolo yonso. Ata mpidina, konso muntu kele ti nswa ya kuvanda ti nzo, ntoto mpi ya kuvanda bunkete. Bantu yina kele na babiro yina bo ke salaka na luzolo yonso, yina bo ke katulaka mbala mingi mpi ke nataka kisika ya nkaka kaka na kati ya insi na bo, lenda vanda to ve ti nswa ya kutubila na pwelele yonso nswa yina muntu kele na yo ya kubaka ntoto, kansi bo kele ti nswa ya kuvanda na nzo ya kitoko mpi kuditanina na bantu yina ke basisaka bantu na ngolo na banzo. Sambu na kuzaba diambu ya me fwana sambu na kuzwa ntoto, bansangu bonso mikanda yina ke tubila yo mpi kusosa kuzaba mitindu ya mbote ya kusala mambu na ntwala kele mfunu kibeni.

Kutanina bantu na bisika na bo kele na kati ya nswa yina bantu kele na yo ya kuvanda na nzo ya kitoko kibeni. Yo ke pesa lutaninu ya kufwana ntangu bo ke zola kubasisa bantu na ngolo, kusadila bo mambu ya nku mpi kusadila bo mambu ya nkaka ya mbi, mpi yo ke sadisa bantu na kuzinga na banzo na bo na lutaninu, na ngemba mpi na luzitu yonso. Bantu yonso, tanga mpi bankento fwete vanda ti mfunu ya lutaninu yina ke siamisa bo na kuvanda ti lutaninu ya nsiku na yina me tala kubasisa muntu na ngolo na nzo, kusadila yandi mambu ya nku mpi mambu ya nkaka ya mbi. Yo kele mfunu na kubakisa mutindu kuwakana na mambu ya me tala ntoto, tanga mpi bima yina ke sadisaka na kuyidika mambu, kulandila yo mpi mutindu ya kusala mambu ya me swaswana mpi mutindu bo lenda soba ntangu mpasi mosi buna me salama. Bansangu ya ke sadisaka na kutadila mutindu ya kutanina bantu yina kele na bisika na bo mosi lenda vanda, ntalu ya mfuka yina bikalaka, ntalu ya bantu yina bo ke basisa na ngolo mpi lutaninu yina bantu ya kele na bisika na bo mosi.

Landa kutanina bantu yina kele na bisika na bo mosi: Mosi na kati ya mitindu ya kuluta mbote ya kutanina diaka mbote kibeni bantu yina kele na nzo na bo mosi kele ya kutula ntima na mutindu ya kusala mambu ya me tala ntoto yina ke pesa kiese na bantu yonso ⊕ *tala Bareferanse: UN Habitat et GLTN Régime social modèle de domaine (STDM), mpi Payne et Durand-Lasserve (2012).*

Tula dikebi na bambanza: Bantu mingi yina ke kwendaka kisika ya nkaka na bambanza ya mbote ke zingaka na babiro to na banzo ya kufutila kukonda kulomba nswa ya bankwa na yo, kukonda kufuta mbongo yina me lombama to kusadila yo kukonda kulomba nswa ya bankwa na yo. Katula yina, kigonsa ya kukatula bantu na ngolo, kusadila bo mambu ya nku mpi ya mbi kele mambu ya ke monisaka mutindu bantu ke zingaka. Makuki yina muntu kele na yo ya kupesa lusadisu ya me tala bisika ya mbote ya kupema mpi banzo fwete tula dikebi na mambu ya me tala ntoto mpi kubaka bangidika ya kutanina malembe-malembe bantu yina ke futila nzo, bantu yina bo zabisaka na kukota na nzo na munoko, bantu yina ke kotaka na banzo yina bo me sadilaka ntete ve mpi buna na buna.

Kusadila ve bantu mambu ya mbi: Na ndambu mosi buna, kukwenda kupesa lusadisu ya bisika ya mbote ya kupema na bantu ya kele na mpasi lenda sala na mpila nde bantu kukula bimvuka ya nkaka yina kele na mpasi. Kansi na ndambu ya nkaka, kumonisa mfunu ya kutanina ntoto lenda sala nde mambu ya mpasi kukuma mingi sambu na bimvuka yina lenda kutana ti mambu ya mpasi kukonda mpasi. Kusala mambu na mayele mpi na mutindu ya mbote ke sadisaka na kuzaba bigonsa na yina me tala kutanina bisika yina bimvuka ya luswaswanu ya kele na mpasi. Diaka, kana bigonsa yango kele mfunu mingi, yo ta vanda mbote kibeni na kukonda kusala diambu mosi buna.

Bima yina ke sadisaka na kukula bantu yina ke katukaka bisika ya nkaka: Kukula bantu yina ke katukaka bisika ya nkaka na ngolo ke katukaka na mutindu ya kusala mambu, yina mbala mingi ke nataka mambu ya kubebisa bankento mpi ya kusadila bo mambu ya mbi. Yo ke tadila mambu yai:

- kukonda ya mbongo sambu na kufutila nzo, mbala mingi yo ke vandaka sambu na kukonda ya bima ya kuzingila bonso kukonda ya kisalu;
- kukonda kusonika mambu yina bo me wakana ti munkwa ya nzo, kutula ntalu ya mingi na bantu yina lenda baka maladi kukonda mpasi mpi na bantu yina bo me kula na ngolo na bwala ya nkaka;
- kuswana ti munkwa ya nzo;
- kusadila bantu yina kele na mpasi mambu ya nku kibeni;
- bansiku ya ke monisa mutindu ya kuyidika banzo, ya kutula bantu yina kele ve ti mukanda yina ke pesa bo nswa ya kutunga yina kele na nsi ya mambu ya me tala kukulaka bantu yina ke katuka bisika ya nkaka;
- bantu yina ke sadila to bantu yina kele na bisika yina bo lenda tunga ya kele ve ti makuki ya kulungisa mambu yango na bamfumu ya babwala;
- kuwakana sambu na banzo ya kuvanda na mambu ya me tala kinkulu to mabundu, mbala ya nkaka, yina nsiku me zabaka to yina nsiku me zabaka ve;
- sambu na bankento: kufwa dibala, kusadila nkwelani mambu ya nku to mitindu ya nkaka ya kusala mambu ya nku, to mpi lufwa ya nkwelani ya nkaka; mpi
- kukonda kuvanda ti mikanda ya makwela sambu na bankento (yina bo lenda sonika na buku ya mikanda ya tata to ya bakala na yandi) mpi sambu na bimvuka ya nkaka yina bo lenda katula to kumonisa mpasi.

Bangidika sambu kuvutula bantu yina ke katuka bisika ya nkaka mpi kupesa bo diaka bisika ya kuvanda: Kupesa diaka bantu bisika ya kuvanda fwete wakana ti bansiku ya bantu *(droits de l'homme)* kana lukanu na yo kele ya kutanina mavimpi ya bantu yonso mpi bantu yina me kutana ti bisumbula ya lugangu, bigonsa yina kele na bisika yina bo ke vandaka to ya kutanina bima sambu na bisika yina bantu ke zinga. Ata mpidina, kukonda kusadila mbote bansiku yina fwete tanina mavimpi ya bantu yonso mpi bisika yina bantu ke zinga sambu na kutendula mutindu ya kuvutula bantu yina ke katuka bisika ya nkaka na kigonsa ya nene to kana mambu ya nkaka kele yina ke wakana kibeni ve ti nsiku ya ntoto ya mvimba ya bansiku ya bantu.

7. Bisika ya mbote ya kuzinga sambu na ntangu ya nda

Bisika ya mbote ya kuzinga sambu na ntangu mingi ke tadila manaka mosi ya me fwana yina ke lungisa bampusa ya ntangu yai kukonda kutula dikebi na makuki ya bantu yina ya nkaka na bilumbu ke kwisa ya kulungisa bampusa na bo. Kukonda kutula dikebi na mambu ya me tala bisika yina bantu ke zingaka sambu na ntangu fioti lenda sala nde bo vutukila mambu, kubebisa diaka mambu yina vandaka ntete to yo lenda nata mambu ya nkaka ya mpa □ *tala Munsiku ya ke tanina bantu ya 1* mpi *Nsiku ya me fwana sambu na kupesa lusadisu na bantu ya kele na mpasi, Kuwakana ya 3 mpi 9*.

Bisika ya mbote ya kupema mpi banzo, Nsiku ya 7: Bisika ya mbote ya kuzinga sambu na ntangu ya nda

Kupesa lusadisu ya me tala bisika ya mbote ya kupema mpi banzo ke salaka na mpila nde mambu ya mpasi yina bamanaka ke natak-a sambu na bisika ya mbote ya kupema kuvanda kibeni ve.

Bisalu ya mfunu

1 〉 Tubila bupusi yina bisika yina bantu ke zingaka kele na yo mpi mutindu ya kulandila mambu ntangu yonso yina ya bo ke yidika mambu ya me tala bisika ya mbote ya kupema mpi banzo.

▪ Tadila mambu ya mpasi yina lenda kuma na bisika yina bantu ke zingaka mpi bigonsa yina kele na bisika yina bantu ke zingaka mpi bampasi yina bantu lenda kutana na yo sambu na kufiotuna mambu ya mpasi na yina me tala bisika ya mbote ya kupema mpi banzo.

▪ Sala pula ya ke monisa mutindu ya kulandila mambu mpi mutindu mambu ke salama.

2 〉 Pona bisadilu ya mbote kibeni mpi sadila mayele ya kufwana na kati ya mambu ya mbote yina kele.

▪ Pona bantu yina ke bebisaka ve bima ya lugangu yina kele na babwala to bantu yina ke pesaka ve maboko na mambu ya mbi yina ke salamaka na bisika yina bantu ke zingaka sambu na ntangu ya nda.

▪ baka mpi sadila diaka, vukisa to sadila diaka bisadilu yina kele, yo vanda bitini ya bima yina bikalaka.

3 〉 Tula bima ya mvindu kisika mosi, na ntangu ya kufwana mpi na ntangu ya mbote mpi zitisa bansiku ya bantu ya babwala mpi ya bisika yina kele ti babiro.

▪ Sala na kuwakana ti bamfumu ya WASH, ya ke talaka ba WC mpi bamfumu yina ke talaka bisalu ya bantu yonso, mpi ti babwala ya nkaka mpi bimvuka yina ke salaka na kuwakana sambu na kumonisa mutindu ya mbote ya kulandila bima ya mvindu.

4 > Sala, yidika mpi monisa mutindu ya kusadila courant ya mbote, ya me fwana, yina lenda basisa mbongo mingi kibeni ve mpi bisika ya luzitu yina bantu lenda zinga.

- Sosa kuzaba kana mutindu ya kusadila courant kele ti bupusi na bsiika yina bantu ke zingaka na yina me tala bima ya lugangu, kubebisa mupepe, mavimpi mpi lutaninu.
- Sosa kuzaba kana mitindu yonso ya mpa to yina bo me vutukila diaka na yina me tala courant ke lungisa kibeni bampusa ya bantu yina ke sadilaka yo mpi na kulandilaka yo kana mpila kele.

5 > Tanina, yidika mpi tomisa diaka bisika yina bo fwete vanda (bonso babiro yina bo lenda sadila sambu na ntangu mosi buna) na ntwala to na nima ya kusadila yo.

- Tadila mambu yina lenda vanda na bisika yina bantu ke zingaka mpi bima yina kele na babwala sambu na konso bwala, mpi sosa kuzaba bigonsa yina kele na bisika bantu ke zingaka, yo vanda na mutindu ya kusadila mumbongo to baizini ya ntama.
- Katula bima yina kele bigonsa na bisika yina bantu ke zingaka, mpi yidika bisika yonso yina kele ya kubeba kibeni na bisika yina bantu ke zingaka mpi na kukonda kukatula matiti yina ke basika mpi kukonda kuzitisa mutindu ya kupesa nzila sambu masa kuluta.
- Tula bunkete ya kufwana na kisika yango na ntwala ya kukatuka sambu bantu yina kele na kisika yina lenda sadila yo kukonda mpasi, kana mpila kele.

Bimonisilu ya mfunu

Ntalu ya bisalu ya me tala bisika ya mbote ya kupema mpi banzo yina bo landilaka na ntwala na kutadilaka bisika yina bantu ke zingaka

Ntalu ya bantuma yina me pesama ya kele na kati ya pula ya ke monisa mutindu ya kusala mambu mpi ya kulandila bisika yina bantu ke zingaka yina bo zitisaka

Ntalu ya bisika ya mbote ya kupema yina bo me tunga yina bo sadilaka bisadilu ya lutungu mpi bametode ya ke monisa mutindu ya kubumba bima

Ntalu ya bima ya mvindu yina kele na bwala ya bo sadilaka diaka, balulaka to vukisaka yo

- Lukanu >70 % na nene

Ntalu ya banzo yina ya bo me yidika diaka kitoko kibeni na bisika yina bantu ke zingaka kuluta kitoko yina yo vandaka na yo ntete na ntwala ya kusadila yo

Banoti ya ke pesa lutwadisu

Kutadila mambu ya mpasi yina lenda kuma na bisika yina bantu ke zingaka ke tadila mambu tatu: kumonisa bisika yina kele na babwala na kutadila kisika yina bo tadilaka mambu yango; kubakisa kisalu yina ke zola kusalama mpi mambu ya mpasi yina lenda kuma na bisika yina bantu ke zingaka, mpi kubakisa mbote kibeni mambu ya mpasi yina lenda kuma kana mambu yango kusalama.

Yo lenda vanda mfunu na kukwenda na babiro yina ke talaka bisika ya mbote yina bantu ke zingaka. Mambu ya mfunu ya kutula dikebi ntangu bo ke tadila mambu ya mpasi yina lenda kuma na kisika yina bantu ke zingaka kele:

- nswa yina muntu kele na yo na bima yina kele na babwala na ntwala nde mpasi mosi buna kukumina bantu mpi mutindu ya kusadila yo, tanga mpi carburant mpi bisadilu ya lutungu, ya kubumba masa mpi ya kulandila bima ya mvindu;
- mingi ya bima yina kele na babwala mpi bupusi yina mpasi kele na yo na bima yango; mpi
- bangiufula ya me tala bimvuka, mbongo mpi binkulu (tanga mpi bisalu yina nkento to bakala fwete sala) yina lenda vanda ti bupusi na ntangu yina lusadisu lenda sala mpi ke tomisa mambu yina yo ke sala mpi lufutu ya mbote yina ke salama.

Kubumba bisadilu ya lutungu: Sambu na yina me tala bisadilu bonso masa, banti, zelo, ntoto mpi matiti, mpi carburant sambu na babriki yina bo ke salaka na masini mpi manzanza sambu na kufika nzo, beno fwete tula dikebi na kisika yina beno ke tunga sambu na mambu ya mpasi yina lenda kuma na kisika yango. Monisa mutindu ya kusadila bima ya nkaka ya mingi, kusadila diaka bima ya lutungu mpi kupesa bisadilu yina lenda sala sambu na ntangu mosi buna. Mfinda lenda sadisa sambu na kuzwa bisadilu ya lutungu ya mbote kibeni. Kusadila ve bisadilu yina bambuta mpi bana ke salaka ⊕ *tala Kupesa lusadisu ya bima na bazandu.*

Kupona kisika: Kutadila bupusi yina bisika yina bantu ke zinga kele na yo fwete sadisa bantu na ntangu ya kupona kisika. Mumbandu, kutunga biro na lweka ya nzila lenda sala na mpila nde bigonsa kuvanda diaka mingi ve na bisika yina bantu ke zinga, bigonsa yina ke katukaka na banzila ya mpa yina bo ke tunga. Tula dikebi na bigonsa yina bansungi ke nataka ⊕ *tala Bisika ya mbote ya kupema mpi banzo, Nsiku ya 2.: Kisika mpi mutindu ya kuyidika banzo.*

Mabengi: Kuna banti mpi tanina yo mbote sambu na kutanina ntoto mpi sambu yo pesa madidi ya mbote mpi yo tanina ntoto na ntangu ya bansungi. Kusadila bima ya lugangu na lupangu sambu na bisalu bonso ya banzila, ya babala-bala mpi ya banzila yina masa ke lutaka kele mbote kibeni sambu mabengi mpi bamasa kuvanda kibeni ve. Kana mpila kele, sala banzila yina ta lutisaka masa, banzila yango fwete luta na nsi ya banzila ya nene to kuna banti sambu mabengi kusalama ve. Kisika yina kele na lweka kiteso ya 5 %, ba ingénieur lenda sadila mayele ya kubaka bangidika sambu mabengi kusalama ve.

Kulandila bitini ya bima yina bikalaka mpi kusadila yo diaka to kubalula diaka bima ya mvindu: Kuyidika nswalu kibeni mutindu ya kulandila bitini ya bima yina bikalaka na nima ya mpasi mosi buna ke sadisaka na kubaka bitini ya bima yina bikalaka sambu na kusadila yo diaka, kubalula yo diaka to kukatula yo na mutindu ya mbote.

Kele ti mutindu mosi ya kusadila diaka to ya kubalula diaka bima ya mvindu yina monanaka na bima yina kimvuka ya ke pesaka lusadisu pesaka. Kusadila diaka bima yina kimvuka ya ke pesaka lusadisu pesaka, na mutindu ya kusadila mayele ya kulandila bima ya mvindu ke tadila mutindu ya kutadila mambu ntangu bo yidika bima ya mvindu, mpi diaka makuki yina babiro kele na yo ya kusumba bisadilu ya mbote.

Bimvuka yina ke kwendaka kupesa lusadisu na bantu ya kele na mpasi ke pesa mabaku ya kusadila diaka bisadilu na mutindu ya mbote *tala WASH kulandila batufi yina bantu ke nenaka, Nsiku ya 3.1 mpi WASH kulandila bima ya mvindu, Nsiku ya 5.1 mpi 5.3.*

Courant: Kana beno ke sadila courant, beno fwete tula dikebi na nsungi, na bima yina kele ya lugangu, na kukonda kubebisa mupepe na kati to na nganda, mpasi yina yo lenda nata na mavimpi, na lutaninu mpi na mambu yina bantu ya ke sadilaka yo ke zolaka. Kana mpila kele, bamanaka fwete sala na mpila nde bampusa ya mabuta sambu na courant kuvanda kiebeni mingi ve. Mutindu ya kutadila mambu ya courant, kusadila bima ya nkaka sambu na kupesa tiya to madidi, mpi kusadila bima ya nzo yina lenda pesa courant bonso mwinda yina ke salaka na nsandi ya ntangu ke sadisaka mabuta na kukonda kubasisa mbongo ya mingi mpi yo ke vandaka kibeni ve ti bigonsa na bisika yina bantu ke zingaka *tala Madia ya bo me bumba mbote mpi ya ke tunga nitu, Nsiku ya 5: Madia yonso ya bo me bumba mbote.*

Sosa kuzaba bigonsa yina lenda kumina bantu kana courant kubeba, mumbandu, bansinga ya courant yina me beba, kisika ya kutobuka yina ke basisa mupepe to kana kisika yina bo ke bumbaka carburant me tobuka. Sala na kuwakana ti bamfumu ya babwala mpi bantu yina ke pesaka courant mutindu ya kuvutula mambu mutindu yo vandaka ntete, kupesa mpi kusadisa babiro ya ke talaka mambu ya courant. Kupesa lusadisu ya mbongo to ya mutindu ya nkaka lenda tanina mpi yo lenda sala nde mupepe kuvanda ya mbote to yo lenda lomba bima ya lugangu.

Kulandila bima ya lugangu: Bandilu yina bo me tulaka sambu na bima ya lugangu ke sadisaka sambu kumata ya bima sambu na banzo ya bantu kuvanda kibeni mingi ve, yo yina kuvanda ti pula ya bima kele mfunu kibeni. Kana mpila kele, kwenda kukutana ti bantu ya nkaka ya mayele ya bainsi ya nkaka. Pula ya mutindu ya kulandila bima yina kele lenda pesa mabanza na mutindu ya kubumba carburant sambu na bantu yina kele na nganda mpi mambu ya kusala sambu na matiti yina bambisi ke diaka, kukatula bima na bilanga to bima ya nkaka yina ke katukaka na bima ya lugangu. Babiro ya nene yina bisalu ke salama na mutindu ya mbote lenda sala bantangu mingi kuluta babiro ya fioti yina lenda vanda mpasi na kulandila. Kansi, banzo ya nene yina ke vandaka sambu na bantu mingi lenda vanda ti bupusi ya mingi na kimvuka yina ke salaka kisalu ya kuyamba bantu yina ke zingaka pene-pene ti bo kuluta kimvuka ya fioti yina ke vandaka ve kisika mosi ti bo. Bantu yina ke talaka mambu ya bisika ya mbote ya kupema fwete tulaka ntangu yonso dikebi na bupusi yina lusadisu ya bo ke pesaka kele na yo na bampusa ya bantu yina ke salaka kisalu ya kuyamba bantu sambu na bima ya lugangu *tala Nsiku ya me fwana sambu na kupesa bantu lusadisu na bantu ya kele na mpasi, Kuwakana ya 9* mpi *Mukanda LEGS.*

Mambu ya me tala bambanza mpi babwala yina kele ti bantu mingi mpi bambanza yina kele ti bantu fioti: Bambanza yina bantu kele fioti ke zingaka mbala mingi na bima yina ke katukaka na bilanga kuluta bantu yina ke zingaka na bambanza yina kele ti bantu mingi. Kansi, bambanza yina kele ti bantu mingi ke bakaka bima mingi ya lugangu, bonso banti, ntoto mpi sima, babriki mpi bisadilu ya nkaka ya lutungu yina ke katukaka na babwala ya nene yina ke vandaka ti bantu mingi yina ke sumbaka bima. Bo fwete sadila balukanu yina bo zabisaka bantu ntangu bo ke zola kusadila bisadilu ya mingi sambu na lutungu to bamanaka ya nkaka ya bisika ya mbote ya kupema to ya bisika ya nkaka yina bupusi ya bisika yina bantu ke zingaka lenda vanda na yo na nima ya manaka yina ke talaka mutindu ya kusadila manaka.

Appendixe 1
Lisiti ya ke monisa mutindu ya kuyidika bisika ya mbote ya kupema mpi banzo

Bangiufula yina kele na lisiti yai kele bonso lisiti ya ke sadisa na kubakisa mutindu ya kubaka bansangu ya me fwana kibeni sambu na kuzabisa bantu yina ke kwendaka kupesa lusadisu ya me tala bisika ya mbote ya kupema mpi banzo na nima ya mpasi mosi buna. Beto ke pusa beno ve na ngolo na kusadila lisiti ya bangiufula yai. Beno lenda sadila yo na kutadila bampusa ya bantu.

Beno fwete tadila ve mutindu mosi bansangu ya me tala bikuma yina ke nataka bampasi, mambu ya me tala lutaninu mpi mambu ya me tala bantu yina ke kwendaka na babwala ya nkaka mpi bantu yina ke salaka kisalu ya kuyamba bantu, mpi diaka na bantu ya me fwana ya kukwenda kukutana ti bo.

Mutindu ya kutadila mpi ya kutambusa mambu

- Keti bamfumu ya me fwana mpi bimvuka yina ke kwendaka kupesa lusadisu tulaka bantu yina ta tambusaka mambu?
- Inki bansangu ya mfunu ya beno me baka sambu na bantu yina kele na mpasi mpi mambu beno me zaba sambu na bisika ya mbote ya kupema mpi banzo na yina me tala bigonsa mpi mambu ya mpasi?
- Keti kele ti pula ya kukwenda kupesa lusadisu ya ke sadisa na kubakisa mvutu na pwelele yonso?
- Inki kele bansangu ya mutindu ya kutadila mambu yina kele dezia?
- Keti bo bakaka bangidika sambu na babiro to babwala ya mutindu mosi? Keti yo kele ti bisika ya mbote ya kupema, banzo mpi bima ya kusadila na banzo?

Ntalu ya bantu

- Kiteso ya bantu ikwa lenda sala dibuta?
- Bantu ikwa yina kele na mpasi ya ke zingaka na mabuta ya luswaswanu? Tula dikebi na bimvuka ya bantu yina ke zingaka ve na mabuta na bo bonso kimvuka ya bana yina kele ve ti muntu ya kutambusa bo mpi diaka mabuta yina kele ti bantu mingi to mambu ya nkaka. Kabula bantu na kutadila mvula na bo, kana bo kele bankento to babakala, kana bo kele ti bifu na nitu to kele bantu ya kikanda ya nkaka, kana bo ke tubaka ndinga mosi to kele dibundu mosi na kutadila mambu ya konso muntu.
- Mabuta ikwa ya kele na mpasi yina kele ve ti kisika ya mbote ya kupema mpi na wapi bo lenda zwa banzo yango?
- Bantu ikwa yina kele ya kukabwana na kutadila mvula na bo, kana bo kele bankento to babakala mpi kana bo kele ti bifu na nitu kele ve ti mabuta na bo, bisika ya mbote ya kupema to kele kaka ti kisika mosi ya kupema mpi na wapi bo lenda zwa bantu yango?
- Mabuta ikwa yina kele ve ti kisika ya mbote ya kupema kansi me kwendaka ve kisika ya nkaka mpi bo lenda baka lusadisu na lweka ya banzo yina bo vandaka ntete?

- Mabuta ikwa yina kele ve ti kisika ya mbote ya kupema yina me kwendaka mpi ya kele ti mfunu ya lusadisu ya kisika ya mbote ya kupema na mabuta yina ke yambaka bantu to na banzo yina bo salaka sambu na ntangu mosi buna?
- Bantu ikwa yina kele ya kukabwana na kutadila mvula na bo mpi kana bo kele bankento to babakala kele ve ti nswa ya kukota na ba WC ya bantu yonso mumbandu, ba WC ya banzo-nkanda, ya baopitale mpi ya bisika ya bantu yonso?

Bigonsa

- Inki kele bigonsa ya ngolo sambu na luzingu, na mavimpi mpi lutaninu yina kele sambu na kukonda ya bisika ya mbote ya kupema? Bantu ikwa ya ke kutana ti mambu ya mpasi ya mutindu yina?
- Inki kele bigonsa ya fioti sambu na luzingu, na mavimpi mpi lutaninu yina kele sambu na kukonda ya bisika ya mbote ya kupema?
- Na nki mutindu, mutindu ya kusala mambu, kuwakana yina salamaka mpi kusala mambu ya me tala kubaka ntoto kele ti bupusi na kutanina ntoto sambu na bantu yina lenda kutana ti mambu ya mpasi mpi bantu yina bo me tulaka na kingenga?
- Inki kele bigonsa yina bantu ya kele na mpasi lenda kutana na yo, disongidila bankento, bana ya fioti, bana yina kele bo mosi mpi bantu yina kele ti bifu na nitu to bantu yina kele ti maladi yina ke manaka ve sambu bo kele ve ti bisika ya mbote ya kupema mpi sambu na nki?
- Inki kele mawi ya bantu yina ke yambaka bantu ntangu bo ke mona bantu yina me katuka na bainsi na bo?
- Inki bigonsa ya nene yina kukonda kuwakana to kusadila bantu ya kele na mpasi mambu ya nku kele na yo na kati ya bimvuka yina kele na mpasi, mingi-mingi sambu na banketo mpi bana bankento?

Bima mpi kukonda kusala diambu mosi buna

- Inki kele bima, mbongo mpi bima sambu na bantu yina kele na mpasi sambu na kulungisa na nswalu yonso bampusa na bo na yina me tala bisika ya mbote ya kupema?
- Inki kele mambu na yina me tala ntangu ya kufwana, bunkete mpi mutindu ya kusadila ntoto yina kele ti bupusi na bantu makuki yina bantu kele na yo ya kulungisa nswalu bampusa na bo na yina me tala bisika ya mbote ya kupema, yo vanda na mambu ya me tala banzo ya bantu yonso sambu na ntangu mosi buna?
- Inki bigonsa bantu yina ke yambaka bantu lenda kutana na yo ntangu bo ke yamba bantu yina bo me basisa na banzo na bo mosi to na nsi yina kele pene-pene?
- Inki kele mabaku mpi mambu ya mpasi yina kele ti bupusi na mutindu ya kusadila banzo to bangidika yina bakamaka dezia mpi yina bo lenda sadila ve sambu na kuyamba bantu yina me katuka na babwala ya nkaka sambu na ntangu mosi buna?
- Keti kele ti ntoto ya mpamba ya kufwana yina bo lenda tunga banzo sambu na ntangu mosi buna, na kutulaka dikebi na mutindu ntoto yango kele mpi mambu ya nkaka ya mpasi yina lenda vanda na kisika yango?
- Inki kele mambu yina ke lombama mpi yina lenda salama ve yina lenda vanda ti bupusi na ntangu ya kubaka bangidika sambu na banzo?

Bisadilu, mutindu ya kutadila mambu mpi kutunga banzo

- Inki kele bangidika yina bakamaka sambu na bisika ya mbote ya kupema to bisadilu ya lutungu yina bo pesaka bantu yina kele na mpasi to bantu ya nkaka?
- Inki kele bisadilu yina kele dezia ya bo lenda baka sambu na kutunga diaka bisika ya mbote ya kupema?
- Inki kele mitindu yina bo lenda tunga diaka banzo ya bantu yina kele na mpasi mpi nki bisadilu bo ke sadilaka sambu na cadre, ludi mpi bibaka ya nganda?
- Inki bangidika ya kufwana ya me bakamaka na yina me tala mutindu ya kutadila mambu to ya bisadilu yina kele mpi yina bantu ke sadilaka sambu na bantu yina kele na mpasi ?
- Inki kele mutindu ya kutadila mambu yina lenda pesa nswa mpi yina lenda monisa mutindu ya mbote mpi ya kusala mambu mpi ya kubaka nswalu bangidika sambu na banzo sambu na bantu yonso yina kele na mpasi?
- Na nki mutindu bangidika yina me zabanaka sambu na banzo lenda sala nde bigonsa kuvanda diaka mingi ve mpi mambu ya mpasi yina lenda kumina bantu na bilumbu ke kwisa?
- Inki mutindu bo ke tungaka bisika ya mbote ya kupema mpi banani ke tungaka yo ?
- Inki mutindu beno ke zwaka bisadilu sambu na kutunga banzo mpi banani ke tungaka yo ?
- Inki mutindu bankento, batoko, bantu yina kele na bifu na nitu mpi minunu lenda longuka mutindu ya kutunga bisika na bo mosi ya mbote ya kupema mpi inki kele mambu ya mpasi?
- Kana bantu to mabuta kele ve ti makuki ya kutunga bisika na bo mosi ya mbote ya kupema , keti yo ta lomba kusadisa bo? Mumbandu, kundima kusala kisalu mosi buna ya ofele to kusala mukanda, to lusadisu mosi buna.

Bisalu ya nzo mpi bima ya kuzingila

- Inki bisalu ya nzo mpi bima ya kuzingila yina bantu mingi ke lungisaka na bisika ya mbote ya kupema ya bantu yina kele na mpasi mpi na nki mutindu bima mpi mutindu ya kutadila kisika yango ke landa kibeni bisalu yango?
- Inki lusadisu ya kufwana bima ya kuzingila mpi ya mbote na yina me tala bisika yina bantu ke zingaka lenda pesa kimvuka ya ke bumbaka bima bisadilu ya lutungu mpi mitindu ya kutunga bisika ya mbote ya kupema mpi banzo?

Babiro mpi ba WC ya mfunu sambu na bantu yonso

- Inki masa ya mbote ya kunwa mpi ya kuyobila mpi nki mabaku mpi mambu yina muntu fwete sala ve sambu na kulungisa bampusa ya bunkete yina bakamaka?
- Inki babiro ya bantu yonso (mumbandu, opitale ya fioti, banzo-nkanda mpi banzo-nzambi), mpi nki mambu ya mpasi mpi makuki yina bo kele na yo sambu na kukota kuna?
- Kana babiro ya bantu yonso kele mumbandu banzo-nkanda, kele sambu na kusansa bantu yina me katuka bisika ya nkaka, nki kele mutindu ya kusala mambu mpi calendrier yina monisaka dati yina bo fwete vutuka na babwala na bo?

Bantu ya ke yambaka bantu ya nkaka mpi bupusi yina kisalu yango kele na yo na bisika yina bantu ke zingaka

- Inki masolo ya mpasi yina bantu ya ke yambaka bantu ke tubilaka?

- Inki mambu ya mpasi yina bimvuka to bantu ke kutana na yo sambu na banzo ya bantu yina ke salaka kisalu ya kuyamba bantu nataka bisika ya nkaka to na babiro yina kele sambu na ntangu mosi buna?
- Inki mambu ya mpasi yina kele na bisika yina bantu ke zingaka ya kele ti bupusi na bisika yina bo ke bumbaka bisadilu ya kutunga banzo na babwala?
- Inki kele mambu ya mpasi na bisika yina bantu ke zingaka ya ke tadila bampusa ya bantu yina ke sadilaka bima ya ke tambula na carburant, ya bunkete, ya ke katulaka bima ya mvindu mpi matiti sambu na bambisi?

Bampusa ya bima ya kusadila na banzo

- Inki bima yina kele ve ya kudia yina bantu ya kele na mpasi ke vandaka kibeni na mfunu?
- Keti mpila kele ya kupesa konso kima ya nkaka yina kele ve ya kudia yina kele na babwala?
- Keti bo lenda sadila bitini ya bapapie?
- Keti lusadisu ya me fwana lenda vanda mfunu sambu na kufulusa kisika yina bo ke bumbaka bima yina bo ke sadilaka na banzo?

Bilele mpi bambeto

- Inki kele bilele, ba couverture mpi bambeto yina mbala mingi bankento, babakala, bana mpi babebe, bankento yina kele ti mavumu mpi ya ke nwisa bana mabele, bantu yina kele ti bifu na nitu mpi minunu ke sadilaka? Keti bo fwete tula dikebi na mutindu ya kuzinga na kimvuka mpi na kutadila babwala yina bo me katuka?
- Bankento ikwa mpi babakala ya mvula yonso, bana mpi babebe kele ti bilele, ba couverture to bambeto ya mbote ve to ya lenda tanina bo kibeni ve na madidi, mavimpi na bo, mutindu bo ke monana mpi bima na bo?
- Inki kele mambu ya mpasi yina lenda kumina luzingu ya bantu, mavimpi na bo mpi lutaninu ya konso muntu yina kele na mpasi kana bo kele ve ti bilele, ba couverture to bambeto ya mbote?
- Inki bangidika ya me bakama sambu na kumanisa baniama yina ke pesaka maladi, mumbandu, kupesa ba *moustiquaire*, kele mfunu sambu na kutanina mavimpi mpi sambu na mambote ya mabuta yonso?

Madia ya kulamba mpi ya kudia, bikalangu mpi carburant

- Inki madia ya kulamba mpi ya kudia mabuta vandaka ti nswa ya kubaka na ntwala nde mpasi mosi buna kukumina bo?
- Mabuta ikwa yina kele ve ti nswa ya kubaka bisadilu ya kinkuku ya kufwana mpi mifiniku na yo?
- Inki mutindu bantu yina kele na mpasi vandaka kulamba mpi kutula tiya na banzo na bo na ntwala nde mpasi mosi buna kukumina bo mpi na wapi bo vandaka kulamba?
- Inki carburant bo vandaka kusadila sambu na kulamba madia mpi kudia na ntwala nde mpasi mosi buna kukumina bo mpi na wapi bo vandaka kubaka yo?
- Mabuta ikwa kele ve ti nswa ya kubaka kikalangu sambu na kulambila mpi sambu na kutula tiya na nzo mpi sambu na nki?
- Mabuta ikwa kele ve ti nswa ya kubaka carburant ya kufwana sambu na kulamba mpi kudia?

- Inki mabaku mpi mambu ya mpasi (mingi-mingi mambu ya me tala bisika yina bantu ke zingaka) sambu na kuzwa carburant na kiteso ya kufwana na bantu yina kele na mpasi mpi na bantu yina ke zingaka pene-pene na beno?
- Inki mambu ya mpasi yina lenda kumina bantu yina kele na mpasi mpi mingi-mingi bankento ya mvula yonso, kana bo kele ti carburant ya kufwana?
- Keti bo fwete tula dikebi na binkulu, mambu ya me tala kulamba mpi kudia madia?

Bisadilu

- Inki bisadilu ya kufwana sambu na kuyidika, kutunga mpi kutomisa diaka bisika ya mbote ya kupema yina mabuta kele na yo?
- Inki bisalu ya me fwana yina lenda sadisa sambu na kutunga, kuyidika to kukatula bisika ya mbote ya kupema?
- Inki bisalu ya kupesa formasio mpi ya kuzabisa bantu mutindu ya mbote ya kusadila bisadilu yango?

Appendixe 2
Batablo ya ke monisa mutindu bisika ya mbote ya kupema fwete vanda

Batablo ya ke monisa mutindu bisika ya mbote ya kupema fwete vanda sambu na kuzaba bisika yina bantu ya kele na mpasi. Kuzaba mbote mambu ya mpasi na nsadisa ya batablo yai ta sadisa na kusosa kuzaba mambu ya kusala sambu na kukwenda kupesa lusadisu. Vukisa mambu yonso ya mbote sambu na kuyidika mambu mbote kibeni *tala Appendixe 3: Batablo ya nkaka ya ke monisa bisika ya mbote ya kupema.*

Kimvuka ya bantu	Tablo ya ke monisa mutindu bisika ya mbote ya kupema fwete vanda	Bantendula	Bambandu
Bantu yina kwendaka ve bisika ya nkaka	Banzo to ntoto yina bankwa na yo ke vandaka	Muntu yina kele na nzo kele munkwa ya nzo to ya ntoto (bo lenda zabisa na bantu munkwa ya nzo na munoko to na mukanda) to bo lenda pesa mikanda yango na muntu yina munkwa ya lupangu me tulaka.	Banzo, banzo ya nene, nsi-ntoto
	Banzo mpi balupangu ya kufutila	Mbongo ke sadisaka bantu ti mabuta sambu na kuvanda na banzo to sambu na kusadila ntoto sambu na ntangu yina bo me tulaka ntalu na yo, kukonda kupesa munkwa na yo na nsadisa ya mukanda to kaka na munoko.	
	Banzo mpi balupangu ya kufutila yina bo zabisaka bantu na munoko sambu na kukota	Mabuta ke kotaka na banzo to na balupangu ya bantu kukonda kulomba nswa ya munkwa na yo to ya muntu yina bo me ponaka sambu na kutala bisika yango.	Banzo, banzo ya nene mpi balupangu yina kele ve ti bantu na kati

Kimvuka ya bantu	Tablo ya ke monisa mutindu bisika ya mbote ya kupema fwete vanda	Bantendula	Bambandu
Bantu yina ke kwendaka kuzinga bisika ya nkaka	Mukanda ya ke pesa nswa sambu muntu kukota na nzo	Mbongo ke sadisaka bantu mpi mabuta na kusadila banzo mpi balupangu sambu na ntangu yina bo me wakana kukonda kuzabisa munkwa na yo. Beno fwete sala mukanda ya ke ndimisa nde beno futaka mbongo to yo lenda salama na munoko na meso ya bantu yonso to na kingenga. Na yina me tala kufuta mbongo yo lenda salama na meso ya muntu mosi to ya bantu mingi to beno lenda lomba mbongo na bamfumu ya luyalu to na kimvuka yina ke kwendaka kupesa lusadisu na bantu ya kele na mpasi.	Banzo, banzo ya kufutila, insi yina kele ti banzo ya kubumbila bima
Bantu yina kele ya kupanzana	Bangidika ya ke bakama sambu na kuyamba bantu	Bantu yina ke salaka kisalu ya kuyamba bantu ke pesaka bisika ya kulala na bantu to mabuta yina me katuka bisika ya nkaka.	Banzo, banzo ya nene mpi balupangu yina bantu me kotaka dezia to yina kimvuka ya ke yambaka bantu ke talaka mambu na yo
	Biro ya luzolo	Mabuta yina ke katukaka bisika ya nkaka lenda kwenda kuzinga konso kisika yina kukonda kulomba nswa ya bamfumu ya bisika yongo (bonso bankwa ya nzo, bamfumu ya babwala, bimvuka ya ke kwendaka kupesa lusadisu na bantu ya kele na mpasi to kimvuka ya ke yambaka bantu ya nkaka).	Banzo, banzo ya nene mpi balupangu ya kele na lweka ya nzila yina kele ve ti bantu

Kimvuka ya bantu	Tablo ya ke monisa mutindu bisika ya mbote ya kupema fwete vanda	Bantendula	Bambandu
Kisika ya bantu yonso	Banzo ya bantu mingi	Ba WC mpi bima ya nkaka yina mabuta mingi vandaka kukwenda kupema. Bo ke pesaka bisalu ya kuyidika banzila mpi bisalu ya nkaka ya mfunu na bimvuka sambu bantu lenda sala bisalu yango kukonda mpasi.	Banzo ya bantu yonso, bisika ya bo ke katulaka bima, ya bo ke yambaka bantu mpi ya bo ke tindaka bisika ya nkaka, banzo ya nene yina bantu me yambulaka, babiro ya nene, banzo yina bo kele na kutunga
	Banzo yina bo me yidika mbote	Banzo yina bo me tunga sambu kaka na bantu yina ke katuka bisika ya nkaka yo yina bo me yidika mpi ke landila bisika yongo mbote kibeni mpi kuna banzila, ba WC mpi bisalu kele ya mbote.	Banzo yina bamfumu ya luyalu ke landilaka, les Nations-unies, les ONG ou la société civile. Yo lenda vanda biro yina ke tindaka mambu to ya ke yambaka bantu, to bisika yina bo ke basisaka bima
	Banzo yina kele ve ya mbote	Mabuta mingi ke kwenda kukota na luzolo yonso mpi na kimvuka na kisika mosi buna mpi bo ke salaka biro na bo ya mpa. Mabuta to bimvuka lenda kwenda kuwakana ti bankwa ya lupangu. Diambu yai lenda salama kukonda kulomba nswa ya bamfumu ya nkaka (bonso bankwa ya lupangu, bamfumu ya luyalu ya babwala to bantu yina ke salaka kisalu ya kuyamba bantu). Bo me yidikaka ve bisalu ya nkaka ya mfunu kibeni.	Bisika mpi babiro yina me zabanaka ve na bamfumu ya luyalu

Appendixe 3
Batablo ya nkaka ya ke monisa bisika ya mbote ya kupema

Tablo yina ke landa ke monisa mambu ya nkaka yina ke yedisa masolo ya bisika ya mbote ya kupema yina bo ke tubila in *Appendixe 2: Batablo ya ke monisa mutindu bisika ya mbote ya kupema fwete vanda*. Mutindu ya kusadila yo fwete sadisa na kubakisa na mudindu mutindu mpasi kele sambu na kuyidika mambu na mutindu ya mbote kibeni.

Noti: Kupona mambu ya nkaka mpi mutindu ya kutendula yo lenda soba na kutadila disolo yina yo ke tubila mpi yo fwete vanda na lutwadisu ya mbote. Beno lenda sala mambu ya nkaka na kutadila bampusa ya diambu mosi buna.

Mutindu yo kele	Bambandu	Banoti
Bantu yina me kwendaka kuzinga bisika ya nkaka	Bantu yina me kwendaka kuzinga bisika ya nkaka, bantu yina me kwendaka bisika ya nkaka kaka na kati ya bwala na bo, kutubuka ya bantu yina katukaka na bwala na bo, bantu ya nkaka yina kele ti makuki (mumbandu, bantu yina ke kwendaka kuzinga na bwala ya nkaka)	*Tala Humanitarian profile support guidance (www.humanitarianresponse. info).*
Bantu yina ke kutana ti mambu ya mpasi	Bantu yina vandaka kuzinga ntete, bantu yina ke salaka kisalu ya kuyamba bantu	Mbala mingi, bantu yina ke salaka kisalu ya kuyamba bantu ke monisaka bantu yina kele na mpasi, mumbandu ntangu bo ke kabulaka bisalu bonso banzo-nkanda to na kupesa lusadisu bonso mabuta yina ke salaka kisalu ya kuyamba bantu.
Mambu ya me tala kisika yina bo ke zingaka	*Urbain, périurbain, rura*	*Périurbain:* kisika mosi buna yina kele na kati ya bambanza yina ya bunkete mpi yina ya mbote ya me vukanaka kisika mosi.
Kiteso ya bisumbula ke salamaka	Bigonsa kele ve, bigonsa sambu na ntangu mosi buna, kupanzana yo yonso	Bisumbulu yina ke salamaka ke sadisaka na kuzaba kana bantu lenda zinga na lutaninu na banzo to na bisika ya mbote ya kupema.
Ntangu yina yo ta sala	Ntangu fioti, kikati-kati, ntangu ya nda, ntangu yonso na nswalu kibeni, kusoba mambu, kubaka diaka mambu yina vilaka, ntangu ya nda kibeni	Bantendula ya bangongo yai lenda soba mpi bo lenda yidika yo na ntangu ya kukwenda kupesa lusadisu.

Mutindu yo kele	Bambandu	Banoti
Mambu yina bantu ya ke talaka mambu ya ntoto	Banfumu ya luyalu, ya babwala, ya mabundu, kuvukana ya diambu mosi buna	Kuwakana yina salamaka na munoko na yina me tala ntoto to banzo kele yina ya ke vukisa mambu yonso yina ya ke tadila kukonda nsiku, kukabula nttoto kukonda kulomba nswa mpi mitindu mingi ya nkaka ya kuwakana yina bo ke salaka na munoko. Na ndambu ya nkaka, mitindu mingi ya bantu yina ke bakaka ntoto lenda zinga kisika mosi, konso kitini kele ti banswa na yo.
Mutindu banzo yango kele	Bunkete, kusepela na kima yina kele ve ti munkwa na yo, nzo, kuzinga na kinvuka	
Mutindu ntoto yango kele	Sambu na muntu mosi buna, na bantu mingi, konso muntu kele ti nswa ya kukota, ya bantu yonso	
Mutindu bisika ya mbote ya kupema kele	Batenta, bisika ya Mbote, banzo yina bo ke tindaka bantu, banzo ya ngolo kibeni, banzo, banzo, kisika ya kufutila, kisika kutula bakamio, banzo ya bibende	*Tala Appendixe 4: Mitindu ya kupesa lusadisu.*
Kulandila bisika yina bantu ke zingaka	Kulandila, kulandila mambu na ntama to na kisika mosi buna, kukonda kulandila mambu	Kulandila: kukonda kuswana ti munkwa ya lupangu mpi yi nswa ya bamfumu ya luyalu.. Kulandila mambu na ntama to kisika mosi buna: kimvuka mosi kele kaka sambu na kulandila mambu yonso ya basite Internet. kulandila mambu nge mosi: na kuwakana yina kimvuka salaka to yina bimvuka ya kati salaka

Appendixe 4
Mitindu ya kupesa lusadisu

Kupesa lusadisu lenda vanda na mitindu yonso lenda sadisa sambu na kulungisa bampusa ya bantu yina kele na mpasi. Tula dikebi na mambu ya mbote mpi ya mbi yina lenda salama na ntangu ya kupesa lusadisu mpi sadila manaka yina bantu yonso ke sadilaka.

Mutindu ya kupesa lusadisu	Bunda ya mambu
Bisadilu ya nzo	⊕ *tala Bisika ya mbote ya kupema mpi banzo, nsiku ya 4: Bisadilu ya nzo.*
Bisadilu ya bisika ya mbote ya kupema	Bima ya kutungila nzo,bisadilu ya mfunu sambu na kusala to kuyidika kisika mosi ya mbote ya kubaka mupepe. Sosa kuzaba kana yo ke lomba kutula bisadilu ya me fwana bonso banti ya kutelama mpi kutumika yo na ntoto to kana yo ta lomba nde mabuta kupesa bisadilu yango. Tadila mfunu ya bisalu ya nkaka ya formasio, ya kutubila yo na bantu ya nkaka, ya kulonga to ya kuzabaisa bantu ya nkaka.
Bisadilu sambu na banzo	Bisadilu ya mfunu sambu na kusala to kuyidika kisika mosi ya mbote ya kubaka mupepe.
Batenta	Banzo yina bo me sala ti kima ya kufika mpi mutindu mosi ya mbote.
Lusadisu sambu na kuvutukila mpi kusoba kisika ya nkaka	Sadisa bantu ya kele na mpasi yina kele ti nzala ya kuvuka na bisika yina bo vandaka ntete to ya kele ti nzala ya kukwenda bisika ya nkaka. Lusadisu ya mutindu yai ke bakaka ntangu ya mingi kibeni ya kisalu, bonso mbongo ya transport, coupons, to mpi bima ya nkaka bonso bisadilu, bima mpi bima ya kukuna yina bo me bumba.
Kuyidika diaka banzo yina bebaka	Kuyidika kele ti kuwakana ti kutunga diaka banzo ya nene yina me beba to ya me bwa sambu yo vutuka diaka na mutindu mosi ya mbote kibeni mutindu bansiku ke lombama. Kana bisumbula salamaka ngolo na banzo yango, yo kele mbote na kuyidika yo. Sambu na bantu yina ke kwendaka kuzinga bisika ya nkaka yo ta vanda mbote na kuyidika banzo yina ke vandaka sambu na bantu yonso to kuvutula yo mutindu bansiku ya banzo yango lombamaka, bonso, banzo-nkanda sambu na kupesa bisika ya mbote ya kupema sambu na bantu yonso.
Kuyidika diaka banzo yina bebaka	Kuyidika banzo ke tendula kupesa yo diaka ngolo ya mingi. Lukanu na yo kele ya kukumisa bibaka ya banzo yango ngolo mingi kuluta sambu na bisumbula yina lenda salama na bilumbu ke kwisa kana beno tula bima yina ta taninaka yo. Banzo yina bebaka lenda vanda na mfunu ya kuyidika yo mbote kibeni to kuvutula yo mutindu yo vandaka ntete. Sambu na bantu yina kele ke kwendaka kuzinga bisika ya nkaka , yo ta vanda mbote na kuyidika diaka mabuta yina ke yambaka bantu kana yo kele mpi na kigonsa.
Lusadisu yina bimvuka ya nkaka ke pesaka	Bantu yina ke vandaka diaka ve ti makuki ya kuvutuka na banzo yina bo ke vandaka ntete, bo ke bikalaka na mabuta to banduku na bo to na bimvuka yina bo ke vandka mbote ti bo, na banzo-nzambi to na bisika ya nkaka. Lusadisu yina bantu ya nkaka ke pesaka sambu bo landa na kupesa lusadisu na bantu yina kele na mpasi, lusadisu yango lenda vanda ya na ntama to na kuyikama ti banzo ya mabuta yina ke yambaka bantu to kupesa lusadisu ya mbongo to bima sambu na badepensi ya nkaka.

Mutindu ya kupesa lusadisu	Bunda ya mambu
Lusadisu sambu na kufutila nzo	Mbongo lenda sadisa sambu na kufutila nzo to kusumba lupangu, na kutadila kuwakana ya mbote mpi bandongisila ya me fwana ya bansiku. Kufutila nzo kele mukumba ya me fwana kibeni ya ke lomba kuyilama mbote na ntwala ya kubasika na nzo yango to kuvukisa bisalu ya me fwana na nswalu kibeni _tala Banzo mpi bisika ya mbote ya kupema, nsiku ya 3: Bisika ya mbote ya kubaka mupepe mpi nsiku ya 6: kutanina lupangu. (Noti: Lusadisu ya mbongo ya kufutila nzo lenda vanda mpi sambu na bantu yina ke salaka kisalu ya kuyamba bantu to ya ke kumanisa zandu mpi yo lenda nata mambu ya nkaka ya mpasi.)
Bisika ya kupema sambu na ntangu mosi buna	Yo ke tadila bisika ya kupema sambu na ntangu mosi buna yina bo lenda katula kana kisalu ya kutunga me mana. Na kutuba ya masonga, bo ke tungaka banzo yango na ntalu ya mbongo mosi buna yina bo me tulaka.
Bisika ya kupema yina bo me sala na nswalu kibeni	Yo ke tadila bisika ya mbote ya kupema ya nswalu kibeni yina bo me sala ti bisadilu ya mbote kibeni mpi yina bo lenda tinda bisika ya nkaka. Banzo yango yina bo ke tunga fwete vanda ya mbote, ya kitoko yina bantu lenda teka yo kukonda mpasi to kunata yo bisika ya nkaka na mutindu ya me fwana kibeni.
Banzo ya mbote ya kuvanda	Bo ke tungaka banzo yango ti lukanu ya kukotisa yo na banzo ya nkaka kukonda kubaka ata nzo mosi. Banzo ya mbote ke sadisaka mabuta na kuvanda na ngemba ti makuki yina bo kele na yo. Lukanu na yo kele ya kusala kisika mosi ya mbote kibeni ya kubaka mupepe yina lenda vanda ti suku mosi to zole ti kisika ya kubaka masa na kati, ti wc mpi kisika ya kutla bisadilu ya nzo ya mfunu _ Bisika ya mbote ya kupema mpi banzo, nsiku ya 3: Kisika ya mbote ya kubaka mupepe mpi nsiku ya 4: Bima yina bo ke sadilaka na nzo.
Nzo yina bo me yidika diaka mbote	Mpila ta vanda ve ya kupanza mpi ya kutunga diaka.
Bisika ya kubaka bansangu	Bisika yai ke pesaka bandongisila mpi lutwadisu na bantu yina kele na mpasi. Bansangu yina bisika bo ke pesaka yo na babwala na beno lenda monisa mambu na pwelele yonso mpi na nsadisa ya lusadisu na mambu ya nkaka mpi na bangidika yina lenda bakama sambu na kutuvuka, banswa ya ntoto, nswa na mwa ndambu ya bima ya nkaka, bandongisila mpi lusadisu ya me fwana, kubaka bansangu sambu na kuvutuka, kukota mpi kuvutukila diaka luzingu, mambu ya kusala sambu na kufuta bamfuka mpi mutindu ya kuyidika mambu, tanga mpi kuzenga mambu mpi lusadisu ya bazuzi.
Makuki ya bansiku mpi ya administrasio	Yo ke sadisaka bantu ya kele na mpasi na kuzaba banswa na bo mpi kubaka ya ofele lusadisu yina bo kele na yo mfunu na administrasio kepesaka. Beno fwete tula dikebi ya mingi na bimvuka yina kele na mpasi kibeni
Kutanina lupangu	Lusadisu sambu na kusepela ti bansiku ya me simbama na lutaninu ya bisika ya kulala, to ya lupangu sambu na mambote ya bantu yina kele na mpasi. Mingi-mingi na yina me tala kusadila bo mambu ya nku to mambu ya nkaka mpi na kutaninaka bo, kusadisaka bo na kuvanda na ngemba mpi na kuzinga na luzitu _ tala Bisika ya mbote ya kupema mpi banzo, nsiku ya 6: Kutanina lupangu.

Mutindu ya kupesa lusadisu	Bunda ya mambu
Kuyidika mambu ya me tala banzila mpi banzo	Bo ke sadilaka yo sambu na kutomisa kisalu yina kimvuka lenda sepela mpi yo ke sadisa na kubaka bangidika yina ta sala ntangu mingi ya kimvuka ya ke bakaka mambu mpi ya ke yidikaka banzo. Lusadisu ya mutindu ya kuyidika banzila mpi babiro yo lenda kabwana na ndambu zole: lusadisu yina bimvuka ya ke talaka mambu yango lenda sala mpi lusadisu yina bimvuka ya nkaka fwete tambusa.
Kupesa lusadisu na banzo ya bantu yonso	Banzo ya nene yina kele dezia bo lenda sadila yo bonso kimvuka ya bantu yonso to kimvuka ya ke katulaka bima sambu na kupesa na nswalu yonso banzo ya nkaka. Yo lenda vanda banzo-nkanda, banzo sambu na bantu yonso, bisika sambu na bantu yina ke slaka na banzo-nzambi to banzo yina bantu ke vandaka ve na kati ⊕ *tala Bisika ya mbote ya kupema mpi banzo, nsiku ya 3: Kisika ya mbote ya kubaka mupepe.* Kana beno me sadila banzo-nkanda sambu na kutula bantu yina kele na mpasi, beno fwete sala yonso na mpila nde bana ya nzo-nkanda kulanda na kulonguka na mutindu ya mbote ⊖ *tala Directives sur les centres collectifs et manuel INEE.*
Kukengila mbote banzo mpi bimvuka sambu na bantu yonso	⊕ *Tala Directives sur les centres collectifs, HCR et OIM, 2010.*
Kukatula bima ya mvindu mpi kutanina bantu yina me fwa	Kukatula bima ya mvindu ke taninaka bantu mpi ke pesaka nzila na bantu yina kele na mpasi na kukota kukonda mpasi. Tula dikebi na mambu ya mpasi yina lenda kumina bantu na bisika yina bo ke zingaka ⊕ *tala Bisika ya mbote ya kupema mpi banzo, nsiku ya 2 mpi ya 7.* Tula na ndonga mpi bidimbu na bantu yina kele ya kufwa dezia na mutindu ya mbote kibeni ⊕ *tala Mavimpi 1.1 mpi WASH 6.*
Yidika banzila to sala ya nkaka ya mpa	Yidika banzila to sala ya nkaka ya mpa bonso kubumba masa ya mbote, bunkete, banzila, kusala banzila yina masa ya mvula lenda luta, kusala bapond mpi kutula *courant* ⊖ *Tala WASH kapu ya ke pesa lutwadisu,* mpi *Bisika ya mbote ya kupema mpi banzo, nsiku ya 2.*
Yidika to tunga mbote bisika yina bantu yonso fwete vanda	**Kulonga bana:** Banzo-nkanda, bisika yina bo me yidikaka sambu na bana, bisika ya mbote yina bana fwete sakana ⊕ *tala manuel INEE*; **Bisalu yina minganga ke salaka:** Bisika ya kusansa bantu mpi baopitale ⊕ *tala mutindu mambu ke salama na hopitale: Bima yina minganga ke sadilaka na hopitale, nsiku ya 1.1;* **Lutaninu:** Bisika yina Bapolisi ke vandaka to bisika yina bo me salaka sambu na kutanina bantu; **Bisalu yina bantu yonso ke salaka:** Bisika yina bantu ke vukanaka sambu na kubaka balukanu, sambu na ku sekana mpi sambu na kusambila,bisika yina bo ke bumbaka *carburant,* kuyidika bisika yina bantu ke lambaka mpi kukatula bima ya vindu, mpi **Bisalu yina ke kotisaka mbongo:** Bazandu, ntoto mpi bisika ya kusansa bambisi, bisika sambu na bima ya kuzingila mpi bakompani.
Babwala ya bunkete zoning	Ntangu bo ke salaka bisika ya nkaka na nima ya mpasi mosi buna, beno fwete zabisa bamfumu ya bwala na beno sambu bantu kuzitisa bansiku mpi mambote ya bantu ya ndambu yina ya nkaka ⊕ *tala Bisika ya mbote ya kupema mpi banzo, nsiku ya 2: Kisika mpi kuyidika nzo.*
Kutunga diaka banzo	Yo ke tendula kuyidika diaka banzo, bantu yina ke salaka mpi banzila ya bantu yonso sambu na dibuta to kivmuka mosi buna na bisika ya luswaswanu.

Appendixe 5
Mitindu ya kusala mambu

Mitindu ya kupesa lusadisu fwete vanda ya mbote, ti dati, kiteso ya kusala yo mpi mbongo yina yo ta basisa. Pona mitindu ya mbote ya kusala mambu na kubakisaka bazandu yina kele na babwala, bimvwama yina ke basikaka na ntoto, na mbongo yina muntu fwete baka mpi na mbongo ya nzo sambu na kusadisa na mpila nde mpasi kuvanda kibeni ve   tala *Kupesa lusadisu na bazandu*. Tula dikebi na mambu ya mpasi yina mitindu ya kusala mambu yina bo ponaka na yina me tala kusala mambu mpi nzala ya kuvanda ti kima mosi buna, ngolo na yina me tala nkento to bakala, kuzinga na bumosi mpi nswa yina bantu kele na yo na bima ya kuzingila.

Mitindu ya kusala mambu	Bunda ya mambu
Lusadisu teknike mpi lusadisu ya me fwana	Lusadisu teknike kele na kati ya konso diambu yina ya me tala kukwenda kupesa lusadisu ya banzo mpi ya bisika ya mbote ya kupema, kukonda kulomba lusadisu ya kimvuka ya nkaka tala *Bisika ya mbote ya kupema mpi banzo, nsiku ya 5: Lusadisu teknike*.
Lusadisu ya mbongo	Na nsadisa ya mbongo yina bo ke pesaka, mabuta mpi bimvuka lenda zwa bima to bisalu to kulungisa bampusa na bo na yina me tala bisika ya mbote ya kupema mpi banzo. Lungisa lusadisu ya mbongo ti lusadisu teknike mpi kuyedisa makuki ya nkaka, na kutadila bigonsa mpi mukumba. Kutinda diambu mosi buna na yina me tala bazandu me simbama na mambu yai ya ke landa: **Kutinda mbongo:** Yo ke vandaka na mfunu kaka kana yo ke lungisa bampusa ya mosi buna ya muntu, mumbandu, kupesa mbongo ndambu–ndambu. **Kupesa mbongo na coupons:** Diambu yai kele mfunu sambu na mambote mosi buna to sambu na kusosa bantu yina lenda pesa mbongo. **Kutinda mbongo kukonda mindondo.** **Kuvanda ti nswa na bisalu bonso** bimvuka ya kubumba mbongo, kudefisa muntu mbongo ti lunta, mpi garanti. tala *Kupesa lusadisu na bazandu*.
Kupesa lusadisu ya bima	Bima mpi kupesa bima mpi bisadilu na mabuta yina kele na mpasi kele mfunu mingi kibeni kana bazandu ya babwala na beno kele ve ti makuki ya kupesa bo bima ya me fwana mpi na mutindu ya mbote tala *Kupesa lusadisu na bazandu*.
Kusala sambu na kulomba bima mpi na kimvuka mosi buna *(sous-traitance)*	Kulomba to kusala na kimvuka mosi buna sambu na kulungisa balukanu yina beno me tulaka na yina me tala bisika ya mbote ya kupema mpi banzo na mutindu yina bantu ya kele ti biyeka ndimaka, *sous-traitance* to ba agence ya nkaka tala *Bisika ya mbote ya kupema mpi banzo, nsiku ya 5: Lusadisu teknike*.

Mitindu ya kusala mambu	Bunda ya mambu
Kuyedisa makuki	Kutomisa makuki mpi formasio ke pesaka mabaku na kimvuka yina ya nkaka na kuyedisa makuki na bo ya kukwenda kupesa lusadisu na muntu mosi mpi na kimvuka, mpi na bisadilu bonso kuyela ya mambu mpi kusadila minsiku mpi bansiku ya lutungu ⊕ *tala Bisika ya mbote ya kupema mpi banzo, nsiku ya 5: Lusadisu teknike.* Kana makuki me yela, yo lenda sadisa bantu ya mayele yina me longukaka mingi na kutula dikebi na kisalu ya kulandila mutindu bisalu ke salama na bimvuka ya nkaka yina ya babwala na beno mpi kupesa bo lusadisu na bantu mingi yina ta sepela.

Sambu na kumona tablo yina lenda pesa lusadisu ya me fwana mpi kutala mambu ya nkaka yina ke wakana ti senario ya bisika ya mbote ya kupema, kota na www.spherestandards.org/handbook/online-resources

Appendixe 6: Mitindu ya mfunu ya kupesa lusadisu mpi ya kusala mambu na kutadila batablo ya ke monisa mutindu bisika ya mbote ya kupema fwete vanda

		Senario ya banzo yina bantu fwete vanda									
		Bantu yina kwendaka ve bisika ya nkaka			Bantu yina kwendaka bisika ya nkaka						
					Bantu yina kwendaka bisika ya nkaka			Kimvuuka			
Mitindu ya kupesa lusadisu		Nzo ya kuvanda to lupangu yina bankwa na yo kele	Banzo to balupangu yina bantu ke futlaka	Contrat ya mbongo ya konso ngonda	Kubaka bangidika	Bangidika ya me bakama sambu na kuyamba bantu	Kuyidika mambu	Nzo sambu na bantu yonso	Biro yina bo me yidika mbote	Biro yina yina bo me yidika mbote ve	Bantu yina lenda baka maladi kukonda kuzaba
Bisika yina mabuta lenda mata na banzo na bo ya zulu	Bima yina bo ke sadilaka na banzo	X	X	X	X	X	X	X	X	X	X
	Bisadilu yonso ya bisika ya mbote ya kupema	X	X	X	X	X	X	X	X	X	X
	Bisadilu sambu na banzo	X	X	X	X	X	X	X	X	X	X
	Batenta	X	X	X	X	X	X	X	X	X	
	Lusadisu sambu na kuvutukila mpi kusoba kisika ya nkaka				X	X	X	X	X	X	
	Kuyidika diaka banzo yina bebaka	X	X	X	X	X		X			X
	Kuyidika diaka banzo yina bebaka	X	X	X	X	X					X
	Lusadisu yina bimvuka ya nkaka ke pesaka					X			X	X	X
	Lusadisu sambu na kufutila nzo				X						
	Bisika ya kupema sambu na ntangu mosi buna	X	X	X			X	X	X	X	
	Bisika ya kupema yina bo me sala na nswalu kibeni	X	X	X			X	X	X	X	
	Banzo ya mbote ya kuvanda	X	X	X				X	X		
	Nzo yina bo me yidika diaka mbote	X	X					X	X		

	Senario ya banzo yina bantu fwete vanda									
	Bantu yina kwendaka ve bisika ya nkaka			Bantu yina kwendaka bisika ya nkaka						
				Bantu yina kwendaka bisika ya nkaka			Kimvuka			
	Nzo ya kuvanda to lupangu yina bankwa na yo kele	Banzo to balupangu yina bantu ke futilaka	Contrat ya mbongo ya konso ngonda	Kubaka bangidika	Bangidika ya me bakama sambu na kuyamba bantu	Kuyidika mambu	Nzo sambu na bantu yonso	Biro yina bo me yidika mbote	Biro yina yina bo me yidika mbote ve	Bantu yina lenda baka maladi kukonda kuzaba
Bisika ya kubaka bansangu	X	X	X	X	X	X	X	X	X	X
Makuki ya bansiku mpi ya administrasio	X	X	X	X	X	X	X	X	X	X
Kutanina lupangu	X		X			X			X	
Kuyidika mambu ya me tala banzila mpi banzo			X					X	X	X
Kupesa lusadisu na banzo ya bantu yonso	X	X	X	X	X	X	X	X	X	
Kupesa lusadisu na banzo ya bantu yonso							X			X
Kukengila mbote banzo mpi bimvuka sambu na bantu yonso							X	X	X	X
Kukatula bima ya mvindu mpi kutanina bantu yina me fwa	X	X	X	X	X	X	X	X	X	X
Yidika banzila to sala ya nkaka ya mpa	X	X	X	X	X	X	X	X	X	X
Yidika to tunga ba WC ya mbote sambu na bantu yonso	X	X	X	X	X	X	X	X	X	X
Babwala ya bunkete zoning	X	X	X	X	X	X	X	X	X	X
Kutunga diaka banzo	X	X	X	X	X	X	X	X	X	

Bisadilu yonso ya bisika ya mbote ya kupema

Mitindu ya kusala mambu	Senario ya banzo yina bantu fwete vanda									
	Bantu yina kwendaka ve bisika ya nkaka			Bantu yina kwendaka bisika ya nkaka						
				Bantu yina kwendaka bisika ya nkaka			Kimvuka			
	Nzo ya kuvanda to lupangu yina bankwa na yo kele	Banzo to balupangu yina bantu ke futilaka	Contrat ya mbongo ya konso ngonda	Kubaka bangidika	Bangidika ya me bakama sambu na kuyamba bantu	Kuyidika mambu	Nzo sambu na bantu yonso	Biro yina bo me yidika mbote	Biro yina yina bo me yidika mbote ve	Bantu yina lenda baka maladi kukonda kuzaba
Lusadisu teknike mpi lusadisu ya me fwana	X	X	X	X	X	X	X	X	X	
Lusadisu ya mbongo	X	X	X	X	X	X	X	X	X	
Kupesa lusadisu ya bima	X	X	X	X	X	X	X	X	X	
Kusala sambu na kulomba bima mpi na kimvuka mosi buna (sous-traitance)	X			X	X	X	X	X	X	
Kuyedisa makuki	X	X	X	X	X	X	X	X	X	

Bareferanse mpi mikanda yina bantu ya nkaka sonikaka

Bisadilu ya bansiku yina bainsi ya nkaka ke sadilaka

Article 25 Universal Declaration of Human Rights. Archive of the International Council on Human Rights Policy, 1948. www.claiminghumanrights.org

General Comment No. 4: The Right to Adequate Housing (Art. 11.1 of the Covenant). UN Committee on Economic, Social and Cultural Rights, 1991. www.refworld.org

General Comment 7: The right to adequate housing (Art. 11.1 of the Covenant): forced evictions. UN Committee on Economic, Social and Cultural Rights, 1997. www.escr-net.org

Guiding Principles on Internal Displacement. OCHA, 1998. www.internal-displacement.org

Pinheiro, P. *Principles on Housing and Property Restitution for Refugees and Displaced Persons.* OHCHR, 2005. www.unhcr.org

Refugee Convention. UNHCR, 1951. www.unhcr.org

Bunda ya mambu

Camp Closure Guidelines. Global CCCM Cluster, 2014. www.globalcccmcluster.org

Child Protection Minimum Standards (CPMS). Global Child Protection Working Group, 2010. http://cpwg.net

Emergency Handbook, 4th Edition. UNHCR, 2015. https://emergency.unhcr.org

Humanitarian Civil-Military Coordination: A Guide for the Military. UNOCHA, 2014. https://docs.unocha.org

Humanitarian inclusion standards for older people and people with disabilities. Age and Disability Consortium, 2018. www.refworld.org

Livestock Emergency Guidelines and Standards (LEGS). LEGS Project, 2014. https://www.livestock-emergency.net

Minimum Economic Recovery Standards (MERS). SEEP Network, 2017. https://seepnetwork.org

Minimum Standards for Education: Preparedness, Recovery and Response. The Inter-Agency Network for Education in Emergencies [INEE], 2010. www.ineesite.org

Minimum Standard for Market Analysis (MISMA). The Cash Learning Partnership (CaLP), 2017. www.cashlearning.org

Post-Disaster Settlement Planning Guidelines. IFRC, 2012. www.ifrc.org

UN-CMCoord Field Handbook. UN OCHA, 2015. https://www.unocha.org

Kulandila mutindu ya kusala senario

Humanitarian Profile Support Guidance. IASC Information Management Working Group, 2016. www.humanitarianresponse.info

Shelter after Disaster. Shelter Centre, 2010. http://shelterprojects.org

Kimvuka ya bantu ya ntangu mosi buna
Collective Centre Guidelines. UNHCR and IOM, 2010. https://www.globalcccmcluster.org

Mbongo, basheki, kuyidika mambu ya bazandu/Kukonda makuki
All Under One Roof: Disability-inclusive Shelter and Settlements in Emergencies. IFRC, 2015. www.ifrc.org

CaLP CBA quality toolbox. http://pqtoolbox.cashlearning.org

Babakala mpi banketo yina bo kevukisaka nitu ti bo na ngolo
Guidelines for Integrating Gender-Based Violence Interventions in Humanitarian Action. Inter-Agency Standing Committee (IASC), 2015. Part 3, section 11: Shelter, Settlement and Recovery. https://gbvguidelines.org

IASC Gender Handbook for Humanitarian Action. IASC, 2017. https://reliefweb.int

Security of Tenure in Humanitarian Shelter Operations. NRC and IFRC, 2014. www.ifrc.org

Kutanina mwana
Minimum Standards for Child Protection in Humanitarian Action: Standard 24. Alliance for Child Protection in Humanitarian Action, Global Protection Cluster, 2012. http://cpwg.net

Nzonkanda mpi babiro ya bantu yonso
Guidance Notes on Safer School Construction (INEE Toolkit). INEE, 2009. http://toolkit.ineesite.org

Luzingu na bambanza ya nene
Urban Informal Settlers Displaced by Disasters: Challenges to Housing Responses. IDMC, 2015. www.internal-displacement.org

Urban Shelter Guidelines. NRC, Shelter Centre, 2010. http://shelterprojects.org

Lutaninu ya me fwana
Land Rights and Shelter: The Due Diligence Standard. Shelter Cluster, 2013. www.sheltercluster.org

Payne, G. Durand-Lasserve, A. *Holding On: Security of Tenure — Types, Policies, Practices and Challenges.* 2012. www.ohchr.org

Rapid Tenure Assessment Guidelines for Post-Disaster Response Planning. IFRC, 2015. www.ifrc.org

Securing Tenure in Shelter Operations: Guidance for Humanitarian Response. NRC, 2016. https://www.sheltercluster.org

The Right to Adequate Housing, Fact Sheet 25 (Rev.1). OHCHR and UN Habitat, 2014. www.ohchr.org

The Right to Adequate Housing, Fact Sheet 21 (Rev.1). OHCHR and UN Habitat, 2015. www.ohchr.org

Mikanda yina bantu ya nkaka sonikaka
For further reading suggestions please go to:
www.spherestandards.org/handbook/online-resources

Mikanda yina bantu ya nkaka sonikaka

Evictions in Beirut and Mount Lebanon: Rates and Reasons. NRC, 2014. https://www.alnap.org/help-library/evictions-in-beirut-and-mount-lebanon-rates-and-reasons

Housing, Land and Property Training Manual. NRC, 2012. www.nrc.no/what-we-do/speaking-up-for-rights/training-manual-on-housing-land-and-property/

Land and Conflict: A Handbook for Humanitarians. UN Habitat, GLTN and CWGER, 2012. www.humanitarianresponse.info/en/clusters/early-recovery/document/land-and-conflict-handbook-humanitarians

Rolnik, R. *Special Rapporteur on Adequate Housing (2015) Guiding Principles on Security of Tenure for the Urban Poor.* OHCHR, 2015. www.ohchr.org/EN/Issues/Housing/Pages/StudyOnSecurityOfTenure.aspx

Security of Tenure in Urban Areas: Guidance Note for Humanitarian Practitioners. NRC, 2017. http://pubs.iied.org/pdfs/10827IIED.pdf

Social Tenure Domain Model. UN Habitat and GLTN. https://stdm.gltn.net/

Kulandila mambu ya lutungu

How-to Guide: Managing Post-Disaster (Re)-Construction projects. Catholic Relief Services, 2012. https://www.humanitarianlibrary.org/resource/managing-post-disaster-re-construction-projects-1

Kisika yina bantu ke zingaka

Building Material Selection and Use: An Environmental Guide (BMEG). WWF Environment and Disaster Management, 2017. http://envirodm.org/post/materialguide

Environmental assessment tools and guidance for humanitarian programming. OCHA. www.eecentre.org/library/

Environmental Needs Assessment in Post-Disaster Situations: A Practical Guide for Implementation. UNEP, 2008. http://wedocs.unep.org/handle/20.500.11822/17458

Flash Environmental Assessment Tool. OCHA and Environmental Emergencies Centre, 2017. www.eecentre.org/resources/feat/

FRAME Toolkit: Framework for Assessing, Monitoring and Evaluating the Environment in Refugee-Related Operations. UNHCR and CARE, 2009. www.unhcr.org/uk/protection/environment/4a97d1039/frame-toolkit-framework-assessing-monitoring-evaluating-environment-refugee.html

Green Recovery and Reconstruction: Training Toolkit for Humanitarian Action (GRRT). WWF & American Red Cross. http://envirodm.org/green-recovery

Guidelines for Rapid Environmental Impact Assessment (REA) in Disasters. Benfield Hazard Research Centre, University College London and CARE International, 2003. http://pdf.usaid.gov/pdf_docs/Pnads725.pdf

Shelter Environmental Impact Assessment and Action Tool 2008 Revision 3. UNHCR and Global Shelter Cluster, 2008.
www.sheltercluster.org/resources/documents/shelter-environmental-impact-assessment-and-action-tool-2008-revision-3

Quantifying Sustainability in the Aftermath of Natural Disasters (QSAND). IFRC and BRE Global. www.qsand.org

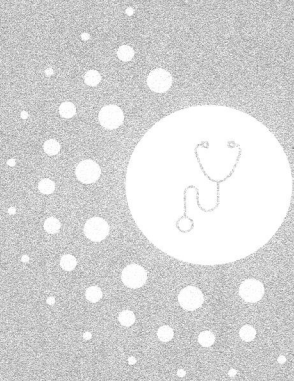

Mavimpi

Kuwakana yina bimvuka salaka

Minsiku ya ke tanina bantu

Nsiku ya me fwana sambu na kupesa lusadisu na bantu ya kele na mpasi

Mavimpi

Mambu ya me tala mavimpi	Lusansu ya me fwana						
	Maladi ya nsambukila	Mavimpi ya mwana	Mavimpi ya mbote sambu na kuvukisa nitu mpi na kubuta	Kusansa bamputa mpi bampasi yina yo ke nataka	Mabanza	Maladi yina ke sambukilaka ve bantu	Lusansu yina ke lembikaka maladi
NSIKU YA 1.1 Bima yina bo ke pesaka na baopitale	**NSIKU YA 2.1.1** Kubaka bangidika	**NSIKU YA 2.2.1** Kupesa mangwele sambu na kutanina bana ya fioti na bamaladi	**NSIKU YA 2.3.1** Kupesa lusansu sambu na mavimpi ya mama mpi ya bebe	**NSIKU YA 2.4** Kusansa bamputa mpi bampasi yina yo ke nataka	**NSIKU YA 2.5** Maladi ya ntu	**NSIKU YA 2.6** Kusansa bantu yina kele ve ti maladi ya nsambukila ya ofele	**NSIKU YA 2.7** Lusansu yina ke lembikaka maladi
NSIKU YA 1.2 Ntalu ya baminganga	**NSIKU YA 2.1.2** Kukengila, kuzaba maladi mpi kupesa mvutu nswalu	**NSIKU YA 2.2.2** Kusansa babebe yina ke butuka mpi bana ya fioti kukonda kulomba mbote	**NSIKU YA 2.3.2** Kuvukisa nitu na ngolo ti bankento mpi kusansa bo ya ofele				
NSIKU YA 1.3 Bankisi mpi kubaka bangidika sambu na lusansu ya me fwana	**NSIKU YA 2.1.3** Kuzaba maladi yina muntu ke bela mpi kulandila yo		**NSIKU YA 2.3.3** SIDA				
NSIKU YA 1.4 Mbongo sambu na lusansu	**NSIKU YA 2.1.4** Kubaka bangidika mpi kuzaba ntalu ya bantu yina ke bela maladi yina me zabana						
NSIKU YA 1.5 Bansangu ya me tala mavimpi							

APPENDIXE 1 Lisiti ya ke monisa mutindu ya kulandila mavimpi ya bantu
APPENDIXE 2 Bambandu ya baformilere ya bo ke pesaka rapore ya mambu yina bo ke landilaka mbala mosi konso ngonda
APPENDIXE 3 Mutindu ya kuzaba bansangu ya mfunu ya me tala mavimpi ya bantu
APPENDIXE 4 Kutudila muntu ndikila (poison)

Mambu ya kele na kati

Bangindu ya mfunu na yina me tala mavimpi

Konso muntu kele ti mfunu ya lusansu ya mbote mpi na ntangu ya me fwana

Bansiku ya fioti-fioti ya mukanda yai Sphère na mambu ya me tala kusansa mavimpi ke monisa kibeni nde bantu kele ti nswa ya kubaka lusansu ya kufwana ntangu kimvuka ya ke kwendaka kupesa lusadisu ke kwendaka. Bansiku yango me simbama na balukwikilu, minsiku, mikumba mpi banswa mutindu Kuwakana yina bimvuka salaka ke monisa yo. Diambu yai ke tadila kuzinga na luzitu, na lutaninu mpi kubaka lusadisu yina kimvuka ya ke kwendaka kupesa lusadisu na bantu ya kele na mpasi ke pesaka na kutadila bampusa na bo.

Sambu na yina me tala mikanda ya mfunu ya bansiku mpi ya politike yina me simbama na Kuwakana yina bimvuka salaka mpi yina kele ti bantendula ya pwelele ya ke tadila bantu yina ke salaka na kimvuka ya ke kwendaka kupesa lusadisu, 🔖 *tala Annexe 1: Bansiku ya me simbama na Sphère*.

Na ntangu ya mpasi mosi buna, lusansu ya mbote ke salaka nde bantu kubela mpi kufwa diaka mingi ve

Kana mpasi mosi buna kukumina kimvuka ya ke kwendaka kupesa lusadisu, yo ke nataka bampasi mingi na mavimpi ya bantu yina kele na mpasi. Yo kele mbote na kukwenda kubaka nswalu lusansu ya me fwana kana muntu ke bela. Kusansa nitu lenda tendula mpi kutubila bantu mambu ya me tala mavimpi, bangidika yina bo fwete baka, lusansu yina bo fwete baka, kukumisa diaka ngolo makuki ya bantu mpi kubaka lusansu yina ke lembikaka maladi ntangu yonso yina bantu ke kwenda kupesa lusadisu.

Mambu yina bampasi lenda nata lenda vanda ti bupusi na mavimpi ya bantu yonso, yo lenda salama mbala mosi (bantu lenda lwala bamputa to lenda fwa sambu na bampasi yango) to malemba-malembe (luzingu lenda soba, bo lenda katula bantu na ngolo sambu na kunata bo bisika ya nkaka, kukonda ya bansiku yina ke tanina bantu to yo lenda vanda mpasi kibeni na kukwenda kubaka lusadisu).

Kana ntalu ya bantu ke kuma kaka mingi, kukonda ya bisika ya mbote ya kupema, ba WC ya mvindu, kukonda ya masa ya kufwana mpi ya mbote mpi kukonda kubumba mbote madia lenda sala nde bantu mingi kukuma bibuba mpi kubaka bamaladi ya nsambukila kukonda mpasi. Kana bampasi kuluta ndilu, muntu lenda kuma kubela maladi ya ntu. Kusoba mutindu ya kupesa lusadisu na bantu yonso mpi mutindu ya kuditanina lenda nata bampasi ya mingi mpi lenda sala nde bantu kuyambula kikalulu ya kukwenda kusosa lusadisu. Kana muntu kele ve ti nswa ya kubaka lusansu mpi ya kukonda kubumba bankisi, yo lenda vanda mpasi kibeni sambu yandi kubaka lusansu (lusansu sambu na bana ya fioti, Sida, *diabète* mpi mambu ya me tala maladi ya ntu).

Na ntangu ya mpasi mosi buna, lusansu ya mbote ke salaka nde bantu kubela diaka mingi ve mpi kufwa. Bifwanisu ya ke monisa ntalu ya bantu yina ke bela mpi ke fwa, mpi bampusa na yina me tala lusansu lenda soba na kutadila mpasi mosi buna mpi bunene ya mpasi yango.

Bisadilu ya mfunu kibeni sambu na kulandila mpi kutadila bunene ya mpasi mosi buna kele Ntalu ya bantu yina ke fwa (*Taux brut de mortalité* (TBM)) mpi Ntalu ya bantu yina ke fwa na nsi ya bamvula 5 (*Taux de mortalité des moins de 5 ans* (TMM5)). Kana Ntalu ya bantu yina ke fwa to Ntalu ya bantu yina ke fwa na nsi ya bamvula 5 ke kuma kaka mingi, yo ke tendula nde bantu kele ti mfunu ya lusansu mpi bantu fwete kwenda nswalu kibeni kupesa lusadisu   *tala Appendixe 3: Mutindu ya kuzaba bansangu ya mfunu ya me tala mavimpi ya bantu.*

Kana beno ke zaba ve ntalu ya me fwana, bantalu yai ya ke landa ke monisa ntalu yina ke lomba kukwenda nswalu kupesa lusadisu:

- TMB >1/10 000/konso kilumbu mosi
- TMM5 >2/10 000/konso kilumbu mosi

Bamfumu ya bwala fwete tendula mbote mutindu ya kukwenda nswalu kupesa lusadisu. Mumbandu, kana TMM5 ya bansosa me luta dezia ndilu yina bo me tulaka, kuvingila nde kana yo kuma mingi yo lenda vanda diambu ya mbi na yina me tala bikalulu ya mbote.

Pesa maboko sambu na kuyedisa mambu ya me tala mavimpi

Mutindu ya kutadila mambu ya me tala mavimpi ke sadisaka na kulungisa malembe-malembe nswa yina muntu kele na yo ya lusansu na ntangu ya mpasi mosi buna mpi na ntangu yina yandi ke beluka. Yo yina, yo kele mfunu na kulonguka mutindu ya kupesa maboko na mutindu mambu ke salama. Mukanda yina bantu ya kisalu ke salaka na ntwala ya kuyantika kisalu (ya insi na beto to ya bainsi ya nkaka) ke kotisaka mambu ya nkaka sambu na ntangu ya nkufi to sambu na ntangu mosi buna na yina me tala mambu ya mavimpi ya bantu na bainsi. Na nima ya kutadila mbote diambu yango, lusadisu yina bo ke pesaka sambu na mavimpi lenda tomisa mutindu ya lusansu yina ke salamaka dezia, mutindu bantu lenda beluka na bilumbu ke kwisa mpi mutindu mambu ke kwenda na ntwala.

Kana mpasi mosi buna me kumina bantu sambu na mbala ya ntete, yo ta lomba kutula ntete bima yina ke salaka na nswalu yonso mutindu ya kulandila mambu sambu na babwala ya luswaswanu mpi mutindu yina me zabanaka sambu na kusansa mavimpi. Kukonda kubaka bansangu mpi kukonda kukota na babwala ya nkaka lenda kanga ve bantu nzila ya kubaka balukanu na nswalu kibeni na yina me tala mavimpi ya bantu yonso. Kana mpila kele lendila mambu na mutindu ya mbote kibeni.

Yo ke lomba kusala mambu ya luswaswanu na ntangu ya kukwenda kusansa bantu yina ke bela kana mpasi mosi buna me kumina bo

Sambu na kukwenda kupesa lusadisu na bantu yina kele na bambanza ya ibbunkete, beno fwete tula dikebi na ntalu ya bantu, na bisika ya politike yina bo me tungaka, bisika yina bantu ike vandaka, mambu ya me tala luzingu ya bantu na kimvuka mpi bisalu ya kimvuka yina ke salamaka dezia. sikKuzaba bantu yina kele na mpasi kansi yina kele ve ti nswa ya kubaka lusansu kele kigonsa kibeni. Kana a ybampusa ya bantu kuluta mingi kibeni, yo lenda luta makuki. Bantu yina ke tina na bambanza mpi babwala ayina ke zabaka kibeni ve bisalu ya me tala kusansa bantu yina ke bela mpi mutindu ya kukota na babwala yango lenda sala na mpila nde bamaladi yina ke sambukila bantu kukuma diaka mingi kibeni. Kuzabisa bantu mambu yango lenda sadisa bo na kunwana ti mambu ya mpasi yina lenda basika na babwala yina ya bunkete bonso kukonda kuvanda ti nswa na kisika ya mbote ya kupema, nswa na madia, ya kubaka lusansu, kisalu to na Internet yina ke pesaka bantu lusadisu.

Bansangu ya luvunu ke penzanaka nswalu kibeni na babwala. Bo fwete sadila teknolozi sambu na kukabula bansangu ya masanga ya me tala mavimpi mpi bisalu. Bantu yina ke pesaka bantu lusansu mpi bisalu ke vandaka mbala mingi na babwala. Yo ta lomba kupesa bantu yina ke sansaka bantu lusadisu sambu bo landa kusansa bantu. Bingisa bantu na lukutakanu ya mutindu ya kuzabisa bantu mambu na ntwala mpi ya kukwenda kupesa lusadisu na bantu yina kele na maladi ya nsambukila mpi kuyedisa makuki ya kupesa bisalu na bo mutindu bo ke salaka yo ntete.

Beno fwete sadila ve bansiku yai ya fioti-fioti na mutindu ya kubumbana

Bansiku yai ya fioti-fioti ya kele na kapu yai ke tadila mambu ya mfunu ya ke tadila nswa yina muntu kele na yo ya kubaka lusansu ya mbote mpi mutindu ya kupesa maboko na mutindu ya kusadila nswa yango malembe malembe na ntoto ya mvimba. Nswa yango me simbama na nswa ya masa mpi bunkete, nswa ya madia mpi kisika ya mbote ya kupema. Kulungisa bansiku yai ya fioti-fioti ya Sphère na diambu mosi buna ke vandaka ti bupusi na mambu yina salamaka na mambu ya nkaka. Kusala na kimvuka mpi na kuwakana ti bimvuka ya nkaka.

Sala na kuwakana ti bamfumu ya babwala mpi bimvuka ya nkaka yina ke pesaka lusadisu sambu na kukwenda kulungisa bampusa ya bantu, bantu ke sala ve bikesa mpi sala na mpila nde kukwenda kupesa lusansu na bantu kusalama diaka mbote mingi kibeni. Kusala mambu na kuwakana ti minganga kele mfunu mingi kibeni sambu na kupesa lusadisu kukonda kupona-pona mpi sambu na kutanina bantu yina ke salaka ve, bantu yina yo lenda vanda mpasi na kukumina bo to bantu yina kele na kigonsa kele mpi ti nswa ya kubaka lusansu. Bisika yina bo me sonika tala na kati ya mukanda yai ke monisa bisika ya mfunu yina beno lenda kwenda kutala.

Kana bansiku ya bainsi kele na nsi ya bansiku ya fioti-fioti ya Sphère, yo ta vanda mbote na kusala na kimvuka ti bamfumu ya luyalu sambu na kumatisa bansiku yango malembe-malembe.

Beno fwete kwenda nswalu kupesa lusadisu na kutadila bansangu ya masonga yina beno ke baka na babwala mpi bansangu yina bo lenda talulula diaka ntangu diambu yango ke yela malembe-malembe.

Nswa yina bainsi ya nkaka ke pesaka ke taninaka mbala mosi nswa ya kubaka lusansu

Ntangu beno ke sansa bantu, beno fwete sadila bo mambu ti luzitu yonso mpi na mutindu ya mbote, disongidila, lusansu yina kele ya mbote, yina bantu fwete ndima, ya me fwana mpi ya kitoko kibeni. Bamfumu ya luyalu fwete songa bantu nswa yai na ntangu mpasi mosi buna me kumina bo 🖙 *tala Annexe 1: Nsiku ya me simbama na Sphère.*

Nswa ya kubaka lusansu fwete salama mbote kaka kana:

- bantu kele na lutaninu;
- bamfumu yina ke talaka mambu ya lusansu bakaka formasio ya mbote mpi bo ke zitisa kibeni minsiku ya bikalulu ya mbote ya ntoto ya mvimba mpi na bansiku ya bisalu;
- mambu ya me tala mavimpi ke lungisa bansiku ya fioti-fioti; mpi
- bamfumu ya luyalu kele ti makuki ya kutula mpi ya kuyidika mitindu ya mbote mpi ya kufwana ya kuvanda yina bantu lenda kwendaka kubaka lusansu.

Kusosila bantu makambu, kusadila bo mambu ya nku mpi kusadila minganga mambu ya nkaka ya nku kibeni, babiro mpi bakaminio yina kele na baopitale kele kufwa nsiku ya ntoto ya mvimba ya kimvuka yina ke kwendaka kupesa lusadisu. Balutaninu yai me katuka na mambu yina ke lombama na yina me tala luzitu, kutanina bantu yina me lwala mpi bantu yina ke bela.

Bimvuka yina ke kwenda kupesa lusadisu na bantu ya kele na mpasi fwete longuka mbote kibeni mambu yina ke salaka nde bantu kuniokula bantu ya nkaka mpi mutindu ya kulandi mambu yango. Mumbandu, bo lenda sadila kibuka ya basoda ya insi mambu na mutindu ya luswaswanu ti kimvuka ya bantu yina kele na babwala   *tala Mutindu ya mfunu ya kutadila mambu ya me tala kutanina lusansu* yina ke landa.

Mutindu ya mfunu ya kutadila mambu ya me tala kutanina lusansu

Bantu yina ke talaka mambu ya minganga fwete sansa bantu yina me lwala bamputa mpi bantu yina ke bela ya ofele, mpi na kupesaka bo lusansu kukonda kupona-pona, na kutadila bampusa na bo. Yo kele mfunu na kubumba mambu yina kele ya kinsweki mpi kutanina bansangu, mpi kinsweki ya luzingu ya bantu sambu na kutanina bantu na mubulu, kubebisa bankento to na mambu ya nkaka ya mbi.

Minganga ke pesaka nswalu lusadisu kana bantu ya mubulu ke sadila bantu ya nkaka mambu ya nku, mingi-mingi kuvukisa nitu na ngolo ti bankento to kubebisa bana ya fioti. Pesa bantu ya bisalu formasio sambu bo zaba bidimbu ya ke monisa mambu yango mpi zabisa bo na kubinga na nswalu kibeni bantu yina ke kwendaka kupesa lusadisu na bantu yonso to bantu ya ke taninaka bantu na kusadilaka baapareyi sambu na kubinga mpi sambu na kupesa lutwadisu na kisweki. Mwana yina kele ti mfunu ya lusansu kansi yandi kele kaka yandi mosi kukonda kibuti na yandi yo lenda vanda diambu ya mpasi kibeni sambu na lutaninu na yandi. Kana mpila kele, kwenda kukutana ti mwana to ti bamfumu ya babwala ya me fwana. Muntu yonso kele ti nswa ya kuzinga mpi ya kubaka lusansu ya me fwana sambu na mambote ya mwana mpi zabisa yandi nswa yina yandi kele na yo ya kubaka lusansu. Balukanu fwete katuka na kutadila disolo mpi bansiku, mpi mutindu ya kusala mambu na babwala. Kukatula bankisi ya bainsi ya nkaka, kupesa lutwadisu mpi kukwenda kufidisa bana yina kele bo mosi ke lomba kuvanda ti mukanda ya ke pesa nswa mpi ya bisalu ya lutaninu mpi ya bamfumu ya babwala

Diaka, minganga fwete kwenda kusansa mpi nata bamasa, yo vanda bamasa yina kele na bainsi ya nkaka to kana bantu me basika. Diambu yai ke pesaka mpasi na mambu ya me tala kutanina bantu mpi mambu ya nkaka ya politike mpi yo ke lomba kuyidika mambu na mutindu ya mbote mpi kusala na mpila nde bigonsa yina kutanina bantu ke nataka kuvanda kibeni mingi ve.

Landila na mayele yonso kuwakana yina kele na kati ya basoda ti bantu yina kele ve basoda, mingi-mingi kana kuwakana kele ve na kati ya bantu. Bimvuka ya basoda lenda sadisa mingi kibeni na kukwenda kusansa bantu, yo vanda bantu yina kele ve basoda. Babiro ya bimvuka ya ke kwendaka kupesa lusadisu na bantu ya kele na mpasi lenda kwenda kusolula nswalu kibeni ti bimvuka ya basoda: kuyidika banzila sambu na kuvutukila diaka bima ya kudia sambu na baopitale, lusadisu ya me fwana sambu na kunata bima ya opitale to diaka sambu na kukatula bima ya mvindu yina kele na opitale. Kansi, kukwenda kusosa lusadisu na bima yina basoda kele na yo fwete baka ntangu ya kulonguka yo sambu na kuzaba kana bantu lenda baka lusansu ya me fwana mpi kana bo kele ti mabanza ya kukotila bantu ya nkaka to ve mpi kana bo kele ti kikalulu ya kupona-pona ⊕ *tala Kuwakana yina bimvuka salaka* mpi *Bamfumu ya basoda yina kele na insi ya nkaka to na insi na beto* na kisika *Sphère kele inki?*

Na ntangu bantu ke sadila bansiku ya fioti-fioti, bo fwete zitisa bakuwakana uvwa ya Nsiku ya me fwana sambu na kupesa lusadisu na bantu ya kele na mpasi sambu yo me simbama kibeni na manaka ya me fwana na mambu ya me tala mavimpi. Bisadilu yina ke salaka nde bantu kubaka bansangu fwete vanda ntangu bantu ke kwenda kusansa bantu yina ke bela ⊕ *tala Nsiku ya me fwana sambu na kupesa lusadisu na bantu ya kele na mpasi: Kuwakana ya 5.*

Kutula dikebi ya kufwana sambu na kutanina mavimpi

Kubaka bangidika sambu na mambu ya mpasi yina lenda kumina baopitale, kutula bakaminio yina ke nataka bantu nswalu na baopitale (les ambulances) mpi bantu yina me zaba mbote nitu ya muntu ke lomba kusala bibansa na bainsi ya nkaka, na bainsi na beto mpi na bimvuka. Mambu ya mpasi lenda kumina muntu na mutindu ya kuswaswanu, yo yina yo ta lomba kutula dikebi mpi kuzabisa yo bantu. Sambu na kutanina mavimpi ya bantu, bantu ya mayele yina me zabaka kibeni nitu ya muntu fwete tula dikebi na mambu yai ya ke landa na yina me tala kisalu yina bo ke sala mpi lusadisu yina bo ke pesa na bimvuka yina ke talaka mambu ya lusansu to na bimvuka ya nkaka.

Na ntangu ya kukwenda kupesa nswalu lusadisu, mpi mingi-mingi kana bantu ke wakana ve bo na bo, bantu ya mayele yina ke zabaka mambu ya lusansu fwete kotila ve kimvuka ya nkaka mpi bo fwete vanda ve ti kikalulu ya kupona-pona mpi bo fwete sala mambu na kuzitisaka minsiku sambu bimvuka ya nkaka yina ke wakana ve kuyindula ve mambu na mutindu ya mbi, bimvuka to bambefo.

Kana bo kangula baopitale mpi babiro yina ke tubilaka mambu ya mavimpi ya bantu, bantu fwete zitisa minsiku yina bimvuka ya ke kwendaka kupesa lusadisu ke pesaka mpi kusansa bantu kukonda kupona-pona mpi na kutadila mpusa ya konso muntu. Sambu na kumonisa nde beno ke kotila ve kimvuka ya nkaka, beno fwete sansa bantu yina me lwala mpi bantu yina ke bela kukonda kupona-pona, kutanina bo mpi kukonda kubasisa kinsweki na bo to ya baopitale na bantu ya nkaka.

Kana bimvuka ya babwala ke ndima mambu, bamfumu mpi bimvuka yina ke wakana ve lenda sala na mpila nde bantu kubaka lusansu ya mbote kukonda mpasi. Bantu ya mayele yina ke talaka mambu ya mavimpi ya bantu fwete longa bantu yina ke zinga pene-pene ti bo mpi kuzabisa bo mutindu bo fwete zinga kukonda kupona-pona. Mutindu opitale ke sansa bantu, bisalu na yo ya mbote mpi bisika yina yo kele (mumbandu, kana yo kele pene-pene ti kisika yina basoda ke vandaka) lenda vanda ti bupusi na mutindu ya kutala mambu.

Baopitale ke sadilaka minsiku ya ke buyisa minduki, kana basoda kele ti minduki, yo ta vanda mbote nde bo yambula yo na nganda ya opitale to na kati ya ambulance. Kusala mutindu yina ta sala nde bisika yina bantu ke zinga kuvanda ya mbote, kuswana lenda vanda ve mpi kukonda kuwakana na kati ya kimvuka mpi kusala na mpila nde bantu kuzaba mambu yango ve.

Baka bangidika sambu na kutanina babiro mpi bantu na bigonsa yina lenda kumina bo. Kaka na ntangu yina, sosa kuzaba bupusi yina bangidika ya me tala lutaninu lenda vanda na yo na mutindu bantu ke tadilaka mambu mpi kundima baopitale.

Bimvuka ya ke kwendaka kupesa lusadisu na bantu ya kele na mpasi fwete tula dikebi ya mingi na bigonsa mpi na mambote yina kele ntangu bo ke tubila bisalu na bo mpi mutindu diambu yai lenda vanda ti bupusi na ntima yina bimvuka ke tulaka mpi na mambu yina yo ke ndimaka. Kubumba mambu (mumbandu kukonda kuzabisa bantu bima yina kele to bisika) lenda vanda mbote sambu na mambu mosi buna kansi na mambu ya nkaka yo lenda vanda mbi kibeni na kumonisa bidimbu ya nene na bima to na babiro ya nkaka.

1. Mambu ya me tala mavimpi

Bantu yina ke talaka mambu ya mavimpi ya bantu lenda sansa bantu yina ke bela ntangu mpasi mosi buna me kumina bo, mumbandu, yo lenda vanda mpasi ya me tala ba WC, maladi ya Ebola, bisalu ya nkaka yina minganga ke salaka lenda landa kusalama na mutindu ya mbote. Kusansa bamaladi yina kele mpasi kibeni ve lenda landa na nima, bonso bamanaka ya kusansa bana ya fioti ke salaka nde ntalu ya bantu yina ke fwa mpi ke bela kuvanda diaka mingi ve. Munganga yonso yina ya mayele ya ke pesa, ya ke belula to ya ke tanina mavimpi ya bantu ke pesa maboko na kimvuka ya mvimba yina ke talaka mambu ya mavimpi. Konso kitini ya mutindu ya kusala mambu kele mfunu: yantika na minganga yina ke sansaka na babwala, na bambanza ya fioti mpi ya nene, mpi na kimvuka yina ke kwendaka kusansa bantu na banzo, basoda mpi na bisika yina bantu ke kwendaka kibeni ve.

Na ntangu ya mpasi mosi buna, minganga mpi bankisi ke vandaka mingi ve na ntwala nde ntalu ya bantu yina kele na mfunu ya lusansu kukuma mingi. Minganga yina kele mayele mingi lenda vila, bo lenda buya kupesa bisadilu yina minganga ke sadilaka to banzila yonso lenda vanda ya kubeba. Yo kele mbote na kubakisa mambu ya mpasi yina lenda kuma na ntangu ya mpasi mosi buna ya ke tadila mambu ya mavimpi sambu na kuzaba lusadisu yina kimvuka ya ke kwendaka kupesa lusadisu na bantu ya kele na mpasi lenda kwenda kupesa na nswalu kibeni.

Bantu ya mayele yina kimvuka ya ke kwendaka kupesa lusadisu, mbala mingi bo ke kwendaka kibeni ve na nswalu yonso sambu na kukwenda kupesa lusadisu kana bo yidikaka ve na ntwala minganga yina me fwana sambu na kukwenda kupesa lusadisu. Kana mutindu ya kusala mambu kele kibeni mbote ve, yo ta lomba kutula bantu ya nkaka (mumbandu, mutindu ya kutwadisa mambu, ya kuvukisa mpi mutindu ya kutadila bansangu).

Bansiku ya kitini yai ke tubila mambu tanu yina ta sadisa minganga na kusala kisalu na mutindu ya mbote:

- kupesa minganga bisadilu ya mbote;
- munganga mosi yina me baka formasio mpi ya ke sala mbote;
- kubumba bankisi, kulandila yo mpi kusadila yo na mutindu ya kufwana, apareyi yina ke sadisaka na kuzaba maladi na nswalu kibeni mpi teknolozi;
- mbongo ya kufwana yina bo ke pesaka sambu na kusansa bantu; mpi
- bansangu mpi mutindu ya mbote ya kutadila mambu na yina me tala mavimpi.

Mambu yai yonso lenda vanda ti bupusi na mitindu ya luswaswanu. Mumbandu, ntalu ya fioti ya minganga to kukonda bankisi ya kufwana lenda vanda ti bupusi na bisalu ya nkaka.

Mutindu ya kusala mpi ya kutambusa mambu kele mfunu mingi sambu na kundima kibeni nde minganga ke lungisa bampusa ya bantu kukonda kupona-pona. Kimvuka yina ke talaka mambu ya mavimpi ya bantu *(ministère de la santé)* ke twadisa mpi ke tambusa mutindu ya kukwenda kupesa lusadisu mpi bo lenda lomba lusadisu ya minganga ya nkaka ya mayele. Bantangu ya nkaka, kimvuka ya ke talaka mambu ya mavimpi ya bantu lenda konda makuki mpi luzolo ya kulungisa mukumba mosi buna na mutindu ya mbote mpi kusala mambu kukonda kupona-pona. Kana mpidina, kimvuka ya nkaka lenda lungisa mukumba yango. Kana kimvuka yina ke talaka mambu ya mavimpi ya bantu kele ve ti nswa ya kuyamba bima yonso yina insi ke pesa to bo ke ndima bo ve na bisika yonso, bantu ya mayele yina ke salaka na kimvuka yina ke kwendaka kupesa lusadisu fwete sala yonso sambu na kupesa maboko na mambu yina ke salamaka dezia, mingi-mingi kana yo ke lomba kupesa nswalu kibeni lusadisu. Sosa kuzaba mutindu ya kusala ti kimvuka yina kele ve ya leta mpi bimvuka ya nkaka, tadila makuki yina bo kele na yo ya kupesa bima to ya kutambusa mutindu ya kupesa lusansu na bantu yina ke bela.

Yo kele mfunu na kuvukisa bantu kansi yo fwete salama na mutindu ya pwelele na kutadila minsiku ya kimvuka ya kwendaka kupesa lusadisu mpi ya mambu ya nkaka sambu lusadisu kusalama na mutindu ya mbote mpi ya kukonda kupona-pona. Mutindu ya kutambusa mambu kele mfunu mingi na bisika yonso yina bo ke pesaka lusansu, na insi, na kimvuka mpi na bimvuka ya nkaka bonso na babiro ya WASH, babiro ya ke landilaka madia yina ke tungaka nitu mpi ya ke longaka, mpi diaka ti bimvuka ya bisalu yina ke salaka mambu ya bimvuka ya nkaka bonso mutindu ya mbote ya kuyindula, kuvukisa nitu ti bankento na ngolo mpi Sida.

Mambu ya me tala mavimpi Nsiku ya 1.1: Bima yina bo ke pesaka na baopitale

Bantu yina kele ti nswa ya kubaka lusansu ya kufwana, ya mbote mpi yina ke tadila bambefo.

Bisalu ya mfunu

1 ⟩ Pesa lusansu ya mbote mpi ya me fwana na konso kitini yina ya mambu ya me tala lusansu.

- Tula dikebi ya mingi na bisalu yina minganga ya bainsi na beto ke salaka to na bisalu ya nkaka yina bo ke salaka, na kutadila kiteso ya mpasi yina bo me kutana na yo, mambu ya me tala bimbefo ya bantu mpi makuki yina minganga kele na yo.
- Sosa kuzaba mitindu ya kuswaswana yina kele na kiteso ya kuswaswana (banzo, kimvuka, mutindu mosi buna ya kupesa lusansu, opitale).

2 ⟩ Tendula mpi kumisa ngolo bima yina ke sadisaka na kupona mpi mutindu ya kupesa lutwadisu.

- Kana kuwakana kele ve na kati ya bantu tula bantu yina ta salaka kisalu ya kupona na baopitale to na kisika yina mambu yango ke salama sambu na kukonda kuvila bantu yina fwete baka lusansu kukonda kufuta mbongo, kusansa bo na nswalu yonso to kupesa bo bankisi yina lenda sala nde maladi kukuma ve ngolo mingi na ntwala ya kutinda bo na opitale ya nkaka.
- Zikisa nde lutwadisu me pesama na mutindu ya mbote na yina me tala kiteso ya kupesa lusansu mpi bisalu, mumbandu, kaminio ya ke tanina mpi ya mbote ya ke kwendaka nswalu kunata bambefo, mpi na bisalu bonso madia ya ke tunga nitu mpi kutanina bana.

3 > Sadila bantu yina ke salaka kisalu ya kuyamba bantu sambu na kupesa lusansu, kulandi mambu mpi mutindu ya mbote ya kusadila bankisi.

- Sadila bansiku ya bainsi, disongidila, lisiti ya bankisi ya mfunu mpi wakanisa yo ti mambu ya me tala kukwenda nswalu kupesa lusadisu.
- Beno lenda sadila lutwadisu ya bainsi ya nkaka kana bainsi na beno kele ve ti yo.

4 > Tanina mpi zitisa mbote kinsweki ya luzingu ya bantu sambu muntu yonso kubaka lusansu na mutindu ya mbote, yo vanda bantu yina ke monisa bikalulu ya kulemba (bonso Sida to bamaladi ya nkaka yina muntu ke bakaka na nzila ya kuvukisa nitu.

- Pesa lusansu ya me fwana mpi sala na mpila nde mambu ya mbi, mambu ya kukonda kukana ya lusansu to kubebisa bankento kusalama ve.

5 > Tula bima yina ta sadisaka na kupesa bansangu ya me tala kubebisa bankento to kuvukisa nitu ti bo na ngolo.

- Apareyi yina tapesaka bansangu mpi ta monisaka mambu yina minganga ke sala.
- Tula ba polisi yina ta kangaka bantu yina ke bebisaka bankento mpi ke vukisaka nitu ti bo na ngolo.

6 > Baka bangidika ya kulandila mpi ya kuditanina na bamaladi, mingi-mingi bansiku ya fioti-fioti ya WASH mpi bima yina ke sadisaka na kukatula bima ya mvindu yina ke vandaka na baopitale yonso.

- Kana maladi mmosi buna me basika bonso *choléra* to Ebola, baka bansangu ya me fwana na bimvuka yina me longukaka mambu ya bamaladi yina bonso *l'Organisation mondiale de la Santé (OMS)*, *l'UNICEF* mpi *Médecins Sans Frontières (MSF)*.

7 > Baka mukumba ya kuzika bantu yina ke fwa na luzitu, na mutindu ya mbote, na mutindu bansiku ya babwala ke lombaka ya me simbama na mutindu ya mbote ya kusala mambu ya me tala mavimpi ya bantu yonso.

Bimonisilu ya mfunu

Ntalu ya bantu yina kele ti nswa ya kubaka lusansu ya ntete yina ke sala kitamina ya ngunga mosi katuka na bisika yina bo ke zingaka sambu na kukuma na opitale

- Kiteso ya 80 %

Ntalu ya baopitale yina kele ti minganga yina ke pesaka nswalu kibeni lusansu

- Kiteso ya 80 %

Ntalu ya bambeto yina kele na opitale sambu na bambefo yina ke lala kuna (katula bambeto yina kele sambu na bankento yina me katuka kubuta) sambu na 10 000

- Kiteso ya 18

Ntalu ya bantu yina ke lomba kutinda bisika ya nkaka ya ngolo kibeni sambu na kubaka lusansu

Ntalu ya bambefo yina bo me tinda bisika ya nkaka na ntangu ya me fwana

Mikanda ya ke pesa lutwadisu

Kubaka lusansu ke tadila mpi mutindu lusansu ke pesama tanga mpi kukota na nitu, ntalu mpi kundima.

Bangidika: Bo fwete sansa bantu kaka na baopitale yina me zabanaka, yina lenda soba to na baopitale ya bantu yonso. Ntalu ya bantu, mutindu bo kele mpi bisika yina bo kele lenda soba na kutadila mambu yina bo ke kutana ti yo. Tala bansiku ya me fwana sambu na kukangula baopitale:

- Opitale mosi sambu na bantu kiteso ya 10 000; mpi
- Opitale mosi ya distriki sambu na bantu kiteso ya 250 000.

Ata mpidina, kusala mutindu yai ke tendula ve nde lusansu ta pesama na mutindu ya mbote na mambu yonso. Na bambanza, opitale mosi sambu na bantu kiteso ya 50 000 yina ke vukanaka na bamanaka yina bimvuka ya nkaka ke bakaka kukonda kufuta mbongo to na baopitale yina bo lenda nata bisika ya nkaka ke salaka nde lukanu kununga. Na bambanza yina ke vandaka bunkete, baopitale ya fioti-fioti lenda vanda bisika ya ntete yina bantu lenda kwenda mpi yo lenda sansa bantu kuluta 10 000.

Mutindu ya kuyamba bantu kele ti bupusi ya ngolo kana diambu mosi buna me kumina bantu. Kusala ve mbala zole bisalu yina kele dezia yina lenda bebisa bima yina kele mpi babiro yina kele lenda kuma kutudila beno diaka ve ntima. Bantu kele ti mfunu ya kuvutukila banzo na bo kana banzo yina vandaka kusala sambu na ntangu fioti kele diaka ve.

Landila ntalu ya bisalu yina ke salama. Kana ntalu yango kele ya fioti, yo ke monisa nde kisalu vandaka kusalama na mutindu ya mbi, mbongo vandaka kubasika ve na mutindu ya kufwana, kusepela na bisalu ya nkaka, kuyindula ntalu ya mingi ya bantu mpi mambu ya nkaka ya me tala nswa yina bantu kele na yo. Ntalu ya mingi lenda monisa mambu yina me tala mavimpi ya bantu yonso to nswa yina muntu kele na yo na bisika ya nkaka. Yo ke lomba kulandila bansangu yonso na kutadila mvula ya muntu, kana yandi kele nkento to bakala, kana yandi kele ti kifu na nitu, kana yandi kele na kikanda ya nkaka to mambu ya nkaka yina lenda vanda mfunu. Sambu na kuzaba ntalu ya bantu yina ke sadila yo   *tala Annexe 3.*

Kundima mambu: Tadila mambu yonso ya kimvuka sambu na kuzaba mpi kukatula mambu ya mpasi yina lenda sala nde bantu kuvanda ve ti nswa na bimvuka ya nkaka, mingi-mingi bimvuka yina kele na kigonsa. Sala na kuwakana ti bankento, babakala, bana, bantu yina kele ve ti Sida to bantu yina lenda baka yo kukonda mpasi, bantu yina kele ti bifu na nitu mpi minunu sambu na kuzaba mutindu ya mbote ya kusansa bo. Baka minganga ya nkaka na kisalu sambu na kutomisa mutindu ya kusansa bambefo mpi ya kusala yo na nswalu kibeni.

Kuzwa mbongo: *tala Mambu ya me tala mavimpi, Nsiku ya 1.4: Kupesa mbongo sambu na lusansu.*

Na bimvuka: Lusansu ya fioti ke pesamaka na nzo mpi na kati ya kimvuka. Bimvuka yina ke talaka mambu ya me tala mavimpi to bantu yina ke salaka kisalu na luzolo yonso lenda sansa bantu yina ke bela maladi ya ngolo ve ya ofele, bantu yina ke longaka to ya ke salaka kumosi ti kimvuka ya ke talaka mambu ya mavimpi ya bantu (ASC) na babwala sambu na kutomisa mutindu ya kusansa bambefo mpi kimvuka. Kupesa lusansu lenda salama na luyantiku ya bangidika ya bamanaka tii na ntangu ya kutubila mambu ya lusansu na bantu to na mutindu ya kulandila mambu mpi na kutadila disolo yina yo ke tubila. Bamanaka yonso fwete sala na kuwakana ti opitale ya fioti ya pene-pene yina ke pesaka lusansu sambu bantu kuvanda na mavimpi ya mbote, kulandila mbote opitale mpi manaka. Kana ASC kumona nde bibuba kele ya mingi, bo lenda kwenda kusosa nswalu lutwadisu na baopitale yina ke talaka mambu ya bibuba to na bisika ya nkaka ⊕ *tala Madia ya bo me bumba mbote mpi ya ke tunga nitu, Nsiku ya 1.2; Kulandila madia ya ke tunga nitu*. Tubila mambu ya lusansu na bimvuka ya bamanaka ya nkaka bonso WASH mpi madia ya ke tunga nitu ⊕ *tala Kutubila bunkete na WASH, Nsiku ya bantu yonso* mpi *Nsiku ya 1.1 mpi Madia ya bo me bumba mbote mpi ya kutunga nitu-Kulandila Bibuba, Nsiku 2.1.*

Bima yina **ke pesaka lutwadisu** yina kele ti bima yina ke sadisaka na kunata bantu na lutaninu yonso, ya mbote mpi ya me fwana fwete vanda konso ntangu mpi konso kilumbu. Yo fwete vanda ti sopitale mpi bantu yina ke pesaka lusansu na bantu yina ke bela.

Banswa ya bambefo: Sala baopitale mpi bisalu ya nkaka sambu na kubumba kinsweki ya muntu, yo yina sala basuku ya kukabwana sambu na kutala maladi yina konso mbefo ke bela. Yo ta vanda mbote na kusala mambu yina mbefo ke zola to luzolo ya bibuti ya mwana yina ke bela na ntwala ya kusansa to kusala yandi operasio. Sosa kulonguka mambu yonso yina lenda vanda ti bupusi na luzolo ya muntu mpi lutaninu na yandi, mumbandu, mvula ya muntu, kana yandi kele nkento to bakala, kana yandi kele ti bifu na nitu, ndinga yina yandi ke tubaka mpi kikanda yina yandi kele. Kana mpila kele, tula bima yina ta pesaka bansangu. Bansangu ya me tala mbefo fwete vanda ya kubumba mbote kibeni ⊕ *tala Mambu ya me tala mavimpi, Nsiku 1.5;Bansangu ya me tala mavimpi.*

Babiro ya mbote mpi ya me fwana kibeni: Sadila bantu yina ke yambaka bantu sambu na kusadila bankisi, mutindu ya mbote ya kulandila bankisi mpi bangidika yina ke bakama fwete salama na lutaninu yonso ⊕ *tala Mambu ya me tala mavimpi, Nsiku ya 1.3; Bankisi mpi bangidika yina ke bakama sambu na lusansu.*

Babiro fwete vanda na mutindu ya mbote, yo vanda na ntangu diambu mosi buna ke zola kusalama na nswalu kibeni: bisika ya me fwana ya kubumbana sambu na kutala maladi ya mbefo, mbeto ya kuyidika mbote sambu na bambefo, bambeto fwete fwete vanda kitamina ya metre mosi ti mbeto ya nkaka, kutula bima yina fwete pesa madidi ya kufwana, suku mosi sambu na kukatula microbe na bima yina bo ke sadilaka na hopitale *(salle de stérilisation)*, courant ya mbote sambu na baapareyi yina ke salaka kaka na courant, mpi mambu ya me tala WASH. Kana maladi mosi buna me kumina bantu, mambu ya me tala bima yina bo me vukisa mpi balutwadisu ya nkaka fwete lomba kutalulula yo diaka, mingi-mingi na bisika yina yo ke lomba kupona, kutadila mpi kutula na kingenga.

Beno fwete baka bangidika sambu na kutula bunekte na baopitale, mumbandu, kutanina mpi kuyidika yo sambu bantu lenda kwisa na ntangu ya mpasi mosi buna, kana bamvula ya ngolo me noka to kana bantu ke wakana ve bo na bo.

Kubaka bangidika mpi kulandila bamicrobe kele mfunu na mambu yonso sambu bamaladi mpi bamicrobe yina ke fwaka na mpasi kusimba ve bantu. Ata kana ntangu mpasi mosi buna me kumina ve bantu, 12 % ya bambefo ya ntoto ya mvimba lenda kutana ti microbe ata yandi ke baka lusansu mpi bamicrobe kiteso ya 50 % yina ke katukaka na operasio lenda vanda mpasi na kufwa ata bo me pesa muntu bankisi *(antibiotiques)* ya me fwana.

Mambu ya mfunu ya me tala kubaka bangidika mpi kulandila bamicrobe kele kubutuka mpi kutula mambu yina ke pesa lutwadisu (bangidika ya me tala bansiku mpi bangidika sambu na kukabula diambu mosi buna mpi kusadila mayele ya nkaka ya kimunganga), kimvuka ya kubaka bangidika na kulandila bamicrobe na konso biro, kubaka formasio ya me tala minganga yina me longukaka mambu mingi, mpi kukotisa na kati ya manaka ya kukengila ya ke kangaka microbe mpi ya ke fwaka microbe. Baopitale fwete vanda ti mfumu ya kisalu mpi ti ntangu ya kufwana ya kisalu, kuzitisa ntalu ya bantu yina fwete vanda na bambeto (bambefo zole fwete lala ve ata fioti na mbeto mosi), mpi tunga kisika yina bantu ke zinga mpi tula yo bunkete   *tala Mambu ya me tala mavimpi, Nsiku 1.2.; Minganga,   tala Ba WC ya me fwana mpi ya mbote yina kele na nsi, Bima mpi bisadilu ya WASH,   tala WASH, Nsiku ya 6: WASH na bisika yina kele ti minganga.*

Bansiku yina ke sadisa na kubaka bangidika kele na kati ya mambu ya mfunu mpi ya kulandila ba *microbe* mpi yo ke tadila:

- *Kubaka bangidika ya kuditanina na bima yina ke lwadisaka:* sindani, bambele yina ke vandaka makasi mingi to bima ya nkaka ya makasi, beno fwete sadila yo na mayele yonso, mumbandu, ntangu beno ke komba nzo to ke katula bima ya nkaka. Muntu yonso yina ke lwala na kima yina ke lwadisaka, fwete kwenda kusadisa ekzame ya Sida na nima ya bangunga 72   *tala Lusansu ya me fwana-Mavimpi ya mbote sambu na kuvukisa nitu mpi kubuta bana, Nsiku 2.3.3: SIDA.*
- *Kisadilu ya ke sadisa na kuditanina:* Kima ya ke sadisaka sambu na kuditanina fwete pesama na kutadila bigonsa mpi mikumba yina ke lomba kulungisa. Tadila mbote mutindu bo me tula mambu yango (matanga ya masa ya mvindu yina ke kulumuka, kukumisa yo mfututu, kuwakana to na kimpusu ya nitu) mpi mutindu ya kukabula maladi na bantu ya nkaka; ntangu yina yo ta sala mpi kusadila na mayele kisadilu yina ke sadisaka na kuditanina sambu na kulungisa mukumba mosi buna (*imperméable* to kima yina lenda sadisa sambu na kukonda kudinda na masa); mpi kukonda kusadila mbote bisadilu. Konso kisadilu yina ke sadisa na kuditanina: yina ke monana (bubu ya minganga to ba gant); na tubabidon ya fioti (kulwata na ntu bima yina ke taninaka munganga ntangu yandi ke sala muntu operasio na kitamina ya metre 1 ti mbefo); to na nzila ya masa (bima yina ke sadisaka muntu na kupema kana yandi kele na kati ya masa).   *Tala WASH, Nsiku ya 6: WASH na baopitale.*
- Bangidika ya nkaka ke tadila kuyobisa maboko, kulandila mbote bamvindu yina ke katukaka na baopitale, kutula bunkete na bisika yina muntu ke zinga, kuyobisa baopitale na masa, kusadila bunkete ntangu muntu kele ti kosu-kosu mpi minsiku ya kusadila kinsi yina ke fwaka *microbe   tala WASH, Nsiku ya 6: WASH na baopitale.*

Mambu ya kukonda kukana: Na ntoto ya mvimba, bambefo kiteso ya 10 % ke kotaka opitale na mambu ya kukonda kukana (ata yo ke tadila ve mpasi yina kimvuka ke kwendaka kupesa lusadisu) mingi-mingi yo ke vandaka na mambu ya me tala kusala muntu operasio kukonda kuzaba mbote kisalu yango, bankisi ya mbi to na bamicrobe yina ke monanaka ve kana muntu kele na opitale. Baopitale yonso fwete vanda ti buku sambu na kusonika mambu yonso yina ya kukonda kukana yina ke kumina bo mpi kulandila yo na mutindu ya mbote sambu na kulonga yo na bantu.

Kulandila mambu ya me tala bamvumbi: Sadila bansiku ya babwala mpi ya mabundu sambu na kulandila mbote kibeni mambu ya me tala bamvumbi mpi kuzaba mutindu bo kele mpi kupesa bo na mabuta na bo. Yo vanda maladi mosi buna me kumina bantu, bisumbula ya lugangu to kukonda kuwakana, kulandila mambu ya me tala bamvumbi ke lomba kuwakana ya mbote na kati ya babwala yina ke talaka mambu ya mavimpi ya bantu, WASH, bansiku mpi ya lutaninu.

Bamvumbi ke monisaka na nswalu kibeni ve bigonsa sambu na mavimpi. Bamaladi ya nkaka (mumbandu choléra to Ebola) ke lomba lusansu mosi ya mbote kibeni. Sambu na kukwenda kuzika bamvumbi, yo ke lomba kuvanda ti bima yina ke tanina mbote nitu na beno, kimvuka mosi sambu na kubaka bangidika, kaminio sambu na kunata bamvumbi yango mpi kisika ya kubumba bo mpi mikanda yina bo ke salaka sambu na muntu yina me fwa. *See WASH, Nsiku ya 6: WASH na baopitale*.

Mambu ya me tala mavimpi, Nsiku ya 1.2: Ntalu ya baminganga

Bantu fwete vanda ti makuki ya kukutana ti minganga ya kufwana na bisika yonso yina bo kele.

Bisalu ya mfunu

1 ⟩ Longuka ntalu ya bantu mpi mutindu ya kukabula mambu na kutadila ndonga yina yo ke vandaka na bainsi sambu na kuzaba mambu ya mpasi mpi bisika yina kele ya mbi.

- Landa ntalu ya bantu 1 000, na kutadila kisalu mpi bisika yina bo ke salaka.

2 ⟩ Pesa bantu ya bisalu formasio na kutadila bansiku ya bainsi to lutwadisu yina bainsi ya nkaka ke pesaka.

- Kuvila ve nde bisalu yina bantu ke salaka na ntangu ya kukwenda kupesa lusadisu ya ngolo fwete vanda ya nda, yo yina bantu ya bisalu fwete baka formasio mpi fwete vanda ti bantu.
- Sadisa bo stage yina ke bakaka bangonda mingi *(des stages de perfectionnement)* kana mpila kele.

3 ⟩ Tula mpi baka bangidika yonso ya me fwana sambu na kutanina minganga yina ya mayele kana kuwakana kele ve na kati ya bantu.

- Tula mpi baka bangidika yonso ya me fwana sambu na kutanina minganga yina ya mayele kana kuwakana kele ve na kati ya bantu.
- Pesa formasio na yina me tala lusansu na kisalu mpi pesa bantu yina ke salaka na baopitale mangwele sambu na kutanina bo na *hépatite B* mpi *tétanos*.
- Kubaka bangidika ya kubaka mambu ya mfunu mpi ya kulandila ba *microbe* mpi kisadilu ya ke sadisa na kuditanina sambu na kulungisa mikumba na bo.

4 ⟩ Sadila mayele ya nkaka ya bambongo yina bo ke futaka bantu mpi mayele yina ke monisa kibeni nde mbongo yango me luta bambongo yina bantu ya nkaka ke futaka bo mpi mutindu bo ke futaka minganga yina ya mayele mbongo ya kele ya kulunga ve na mutindu ya kukuka ve na yina me tala kimvuka yina ke taninaka

bantu yina lenda sadila kibeni ve banswa na bo mpi bimvuka ya nkaka ya ke talaka mambu ya minganga.

5 › Kabula bansangu ya me tala minganga mpi nsangu ya me tala kimvuka ya ke talaka mambu ya minganga mpi bimvuka ya nkaka ya me fwana yina kele na babwala mpi na bambanza.

- Tula dikebi na mutindu minganga yina ya mayele lenda kwenda ntangu kuwakana kele ve na kati ya bantu.

Ntalu ya bantu yina ke salaka na opitale sambu na bantu 1 000e

- Kiteso ya muntu 1 to 2 yina ke salaka na opitale

Ntalu ya babebe yina mfumu mosi ya opitale me ndima kufutila bo mbongo ya hopitale (badoktere, minganga yina ke sansaka bantu, minganga yina ke butisaka bankento)

- kiteso ya 80 %

Ntalu ya minganga ya mayele yina ke butisaka bankento (badoktere, minganga yina ke sansaka bantu, minganga yina ke butisaka bankento) sambu na bantu 10 000

- kiteso ya bantu 23 sambu na bantu 10 000

Bantu yonso yina ke salaka na baopitale fwete baka formasio ya mutindu ya kuyamba bantu yina ke kwisa na opitale mpi mutindu ya kulandila mambu

Bisalu yina bantu ya ke salaka na opitale: Bantu yina ke salaka na opitale kele badoktere, minganga, minganga yina ke butisaka bankento, mfunu yina ke tala opitale ya mvimba, minganga yina ke salaka na laboratware, minganga yina ke tekaka na *pharmacie* mpi bantu yina ke salaka na bimvuka ya ke talaka mambu ya minganga mpi bantu yina ke salaka kisalu ya kulandila mpi ya kupesa lusadisu. Ntalu mpi bisalu yina bantu yongo ke salaka fwete wakana na bampusa ya bantu mpi ya bisalu. Kukonda ya bantu ya kisalu lenda sala nde kisalu kulutana mingi kibeni mpi yo lenda vanda kigonsa sambu na kubaka lusansu. Tula minganga ya mayele mingi yina kele na ntangu ya kukwenda nswalu kupesa lusadisu na bantu ya kele na mpasi.

Na ntangu ya kubaka bantu na kisalu mpi ya kupesa bo formasio, landa lutwadisu yina bainsi na beno ke pesaka (to bainsi ya nkaka). Kana beno ke zola kubaka bantu yina ke zingaka na bainsi ya nkaka na kisalu, beno fwete sala yo na kuwakana ti bansiku ya insi mpi ya *ministère* yina ke talaka banswa ya bana ya fioti mpi ya bambuta (mumbandu, sosa kuzaba kana muntu yango salaka banzo-nkanda, mingi-mingi stage yina bo ke salaka bangonda mingi).

Sala manaka ya kukwenda kusansa bantu yina ke zingaka na babwala yina kele kibeni ve bunkete mpi na babwala ya bunkete yina kele ti makuki ya kukwenda kubaka lusansu, mingi-mingi na bisika yina kele pene-pene ti bantu yina ke wakanaka ve.

Minganga kele ti nswa ya kusansa bantu ya binkanda yonso, ya bandinga yonso mpi ya me katuka bisika ya nkaka. Baka mpi pesa minganga yina me tangaka mingi ve formasio, bimvuka yina ke kwendaka bisika ya nkaka mpi na baopitale, mpi na kuyedisa bima ya nkaka ya ngolo sambu na kukwenda kupesa lutwadisu. Kubaka balukanu lenda vanda mfunu sambu na kusala na babwala yina lenda vanda mpasi.

Minganga yina ke sansaka bantu mingi: Kuyidika manaka ti minganga yina ke sansaka bantu mingi (yo vanda bantu yina ke salaka kisalu ya ofele) ke tomisaka mutindu ya kukwenda kukutana ti bantu yina lenda vanda mpasi na kukwenda kukutana ti bo (bantu yina bo me katula na kisalu to bantu yina bo me nganina). Kana kele ti mambu ya nkaka na yina me tala bima yina kele na ntoto to mambu ya me tala mutindu ya kundima mambu na bimvuka ya nkaka, minganga yina ke sansaka bantu mingi lenda kuma kusansa kaka bantu 300 na kisika ya kunsasa bantu 500 na mutindu ya mbote.

Kisalu ya minganga yina ke sansaka bantu mingi lenda soba. Bo fwete pesa bo formasio na kisika yina bo ke pesaka nswalu lusansu ya ntete to na mutindu ya kulandila mambu mpi bo lenda kuma kulandila mambu ya me tala lusansu. Yo fwete salama na kuwakana ti opitale yina kele pene-pene ti bisika yina beno ke zingaka sambu na kulandila mambu na mutindu ya mbote mpi kupesa lusansu ya me fwana. Mbala mingi, kisalu yina minganga mingi ke salaka lenda suka ve sambu bo me kwenda nswalu kupesa lusadisu mosi buna. Na mambu ya nkaka, kisalu yina minganga mingi ke salaka bo lenda kwenda kusala yo kaka na babwala yina kele na kati mingi kibeni, yo yina yo lenda lomba kupesa bambandu ya luswaswanu ntangu mpasi mosi buna me kumina bantu na babwala yina kele na kati mingi.

Kundima mambu: Ntalu ya bambefo lenda kuma mingi kana beno ke lungisa mambu ya me tala binkulu na bo. Bantu ya kisalu fwete landa mbandu ya bikalulu ya bimvuka ya luswaswanu ya bantu na yina me tala mbongo, kikanda yina bo kele, ndinga yina bo ke tubaka mpi lutwadisu yina bo ke bakaka na yina me tala kuvukisa nitu mpi kuzikisa nde bukati-kati kele na mambu ya me tala kuvukisa nitu.

Mambu ya mbote to ya mbi: Bimvuka fwete pesa formasio mpi kulandila bantu ya bisalu sambu na kusosa kuzaba kana bo kele ti bametode ya mpa mpi nde mutindu na bo ya kusala mambu kele kibeni ya mbote. Sala bamanaka ya kupesa formasio na yina me tala lutwadisu yina kele na bainsi na beto (na kutadila mambu yina yo ke lomba nswalu lusadisu) to na lutwadisu ya me fwana ya bainsi ya nkaka.

Pesa formasio ya me tala:

- bisalu ya kuyamba bantu na baopitale mpi mutindu ya kulandila mambu;
- bansiku ya me tala mutindu ya kusala mambu (bonso PCI, kulandila bima ya mvundi yina kele na baopitale);
- lutaninu mpi ngemba (na kutadila bigonsa); mpi
- minsiku ya bikalulu ya mbote (bonso bikalulu ya mbote sambu na minganga, nswa yina bambefo kele na yo, minsiku ya bimvuka yina ke kwendaka kupesa lusadisu, kutanina bankento na bantu yina ke bebisaka bo mpi ke vukisaka nitu ti bo na ngolo) *tala Lusansu ya me fwana – mavimpi ya mbote ya kuvukisa nitu mpi kubuta bana, Nsiku ya 2.3.2: Kuvukisa nitu ti muntu na ngolo mpi kusansa bankento yina bo me vukisa nitu ti bo na ngolo mpi ya ofele* mpi *Minsiku ya ke tanina bantu.*

Kukengilaka mpi kulandilaka mbala na mbala mambu ya mbote to ya mbi yina ke salama ta sadisa na kusala mambu na mutindu ya mbote kibeni. Kupesa formasio ke tendula ve nde mambu ta vanda ya mbote to ya mbi. Pesa *ministère* ya ke talaka mambu ya mavimpi ya bantu mikanda ya bantu yina me baka formasio, ya bantu yina ke pesaka formasio, badati mpi bisika yina bo bakaka yo.

Mambu ya me tala mavimpi, Nsiku ya 1.3:
Bankisi mpi kubaka bangidika sambu
na lusansu ya me fwana

Bantu kele ti nswa ya kubaka bankisi mpi bangidika sambu na lusansu ya me fwana, ya mbote mpi yina ta sala bantangu mingi.

Bisalu ya mfunu

1 ⟩ Sala balisiti ya bankisi mpi ya bangidika yina ke bakama sambu na lusansu ya me fwana sambu na kuzaba mutindu ya mbote ya kusansa bantu.

- Tala balisiti ya bankisi yina bainsi na beno me salaka mpi bangidika yina me bakama sambu na lusansu ya me fwana ntangu diambu mosi ya kintulumikina me kumina bantu mpi kusadila yo na kutadila diambu yina me kumina bantu.
- Tula dikebi ya mingi na bankisi yina lenda lomba kulandila sambu na kutelemina diambu ya mbi yina me monana.

2 ⟩ Sala mitindu ya mbote ya kulandila mambu sambu na kutanina bankisi mpi bangidika sambu na lusansu ya me fwana.

- Tula kaminio sambu na kunata bankisi, kubumba yo mpi kisika ya madidi ya ngolo kibeni sambu na kubumba mangwele na kati mpi kuvukisa mpi kubumba menga yina bo ke bakaka bantu.

3 ⟩ Baka bankisi yina bo me kabila beno mpi tula dikebi na bangidika ya ke bakama sambu na lusansu ya me fwana kana yo ke wakana ti lutwadisu yina me zabanaka na bainsi ya nkaka.

....

Bimonisilu ya mfunu

Ntalu ya bilumbu yina bankisi ya kufwana kele ve

- Kiteso ya bilumbu 4 na kati ya bilumbu 30

Ntalu ya baopitale yina kele ti bankisi ya kufwana

- Kiteso ya 80 %

Ntalu ya baopitale yina me bakaka bangidika sambu na lusansu ya me fwana

- Kiteso ya 80 %

Bankisi yonso yina beno fwete pesa bambefo fwete luta ve dati yina bo me tulaka

....

Mikanda ya ke pesa lutwadisu

Kulandila bankisi ya kufwana: Bankisi ya kufwana kele bankisi, mangwele mpi bankisi yina bo me sala na menga. Kusadila na mutindu ya mbote bankisi yai lenda tanina muntu kansi yo kele mbi mpi kigonsa na kusadila bankisi yina dati na yo me lutaka. Bangidika ya mfunu na yina me tala mutindu ya kulandila bankisi kele kupona, kubaka bangidika, kubumba na kiteso ya kufwana, kisika ya kubumba bankisi mpi kukabula bankisi.

Sambu na **kupona** bankisi, beno fwete vanda ti lisiti ya bankisi ya kufwana ya insi na beno. Sala ngolo sambu na kumanisa mambu ya mpasi, mumbandu, na yina me tala maladi yina ke ve ya nsambukila, mavimpi yina lenda buta, kukonda kuwa mpasi ya ngolo na lusansu yina bo ke pesaka, operasio, *anesthésie*, ngemba ya mabanza, bankisi yina bo ke landilaka ve (tala awa na nsi) to bankisi ya nkaka.

Sambu na **kubaka bangidika,** beno fwete sala yo na kutadila bima yina beno ke baka, bansangu ya me tala ntalu ya bantu yina ke bela sambu na ntangu mosi buna mpi kutadila disolo yina yo ke tubila. Beno lenda katula bankisi yina kele na kati ya lisiti ya insi na beno kaka kana kisika yina bo ke salaka yo me beba, kana banzo yina bo ke bumbaka yo kele diaka ya mbote ve to kana yo me sala bantangu mingi na insi ya nkaka.

Bametode ya **kubumba na kiteso ya kufwana** fwete wakana ti bansiku ya insi na beno, ya dwane mpi nsiku ya insi ya nkaka ya ke monisaka nde yo kele ya mbote na kubumba. Kana yo ke sala bantangu mingi, beno lenda sadila bamedote ya nkaka sambu na kutomisa kisalu yango (beno lenda zabisa *ministère* ya ke talaka mavimpi ya bantu, kimvuka ya ke taninaka bana ya fioti mpi bambuta na banswa na bo, bamfumu ya insi na beno yina ke landilaka mambu ya bisumbula ya lugangu kana yo me salama to mutambwisi ya kimvuka ya ke kwendaka kupesa bantu ya kele na mpasi lusadisu). Kana mutindu yai ya kusala mambu kele ve, sadila bima yina kele ya mbote, yina dati na yo ya kusadila kele ya nda, yina kele ya kusonika na ndinga ya insi na beno mpi minganga.

Kisika ya kubumba bankisi: Beno fwete bumba bankisi ya mbote kibeni. Bampusa lenda soba na kiutadila mutindu bima yina kele. Beno lenda bumba ve ata fioti bankisi na ntoto. Kabula kisika ya kutula bankisi ya mbote mpi bankisi yina badati na yo me beba (kanga kielo ti nsapi), bankisi yina lenda pela tiya (bisika yina mupepe kele ya mbote mpi tanina bankisi yango na bigonso yina lenda kuma), kulandila bima yina bo ke sadilaka bankisi (kutanina mbote kibeni) mpi bankisi yina ke lomba kutula yo na matiti to yina fwete vanda ve na kisika yina ntangu kele mingi.

Kukabula bankisi: Pesa bakaminio ya mbote, ya me fwana mpi yina kele ti mikanda yantika na kisika yina bo ke bumbaka bima tii na baopitale. Bantu yina ke salaka na bimvuka yango lenda bweta na kisika yina bo me sonika "*push*" (kubumba mbala mosi) ti "*pull*" (kubuma bankisi yina bantu lombaka).

Kisika ya me fwana sambu na kukwenda kulosa bankisi yina me beba(na kutadila badati na yo): Sala na mpila nde bisika yina bantu ke zingaka kubeba ve mpi yo vanda ve kigonsa sambu na bantu yina kele na mpasi. Beno fwete zitisa balutwadisu ya insi na beno. Kuyoka bankisi yina kele ya kubeba na tiya lenda baka ntangu mingi mpi bankisi yina kele na ba pharmacie fwete sala ntangu fioti ⊕ *tala WASH, Nsiku ya 6: WASH na baopitale.*

Bandongisila ya me tala lusansu ya mfunu: Tendula mpi sosa kubaka bangidika mpi bisadilu ya me fwana (mingi-mingi bima yina bo ke sadilaka na laboratware, bamasini ya nene kibeni) na konso ntangu yina yo ke tadila bansiku ya bainsi na beno mpi ya bainsi ya nkaka. Baka bangidika sambu na kusadisa bantu yina kele ti bifu na nitu. Sosa kuzaba mutindu ya kusadila bangidika yina ta bakama, na kusalaka mbala na mbala kisalu mpi na kubumba bankisi yina bo me katula mpi mambu yina bantu ya babwala ke sepelaka na yo. Monisa bangidika yina me bakama na lutaninu yonso. Pesa bima yina ta sadisa na kupesa lusadisu mpi yingisa na bisika yina bima yango vilaka, mpi pesa bansangu ya masonga na mutindu bo ke sadilaka yo mpi mutindu ya kuyidika yo. Kwenda kukutana ti bantu yina ke salaka bisalu yango sambu na kubaka bansangu ya me tala nene, mutindu bima yango kele, mutindu ya kusadila yo mpi ya kuyidika yo. Kukabulaka ve bima mbala mosi.

Bankisi yina bo ke yidikaka kele mfunu na mbala ya ntete yina mpasi mosi buna me kumina bantu to ntangu bo ke baka bangidika na ntwala. Yo kele ti bankisi mpi bangidika ya mfunu ya me tala lusansu mpi yina lenda soba na kutadila mambu ya ke tala bunkete. OMS kele kimvuka ya ntete yina ke pesaka nswalu lusadisu na babwala ya nkaka, mpi bankisi sambu na kusansa bamaladi yina ke sambukilaka ve bantu, mpi diaka bankisi ya me tala maladi ya pulu-pulu, mpi bamaladi ya nkaka. *Le Fond des Nations-unies pour la population* (FNUAP) kele kimvuka ya ntete yina ke pesaka bankisi sambu na mavimpi ya me tala kuvukisa nitu mpi ya mabanza.

Bankisi yina bo ke landilaka mbote: Bankisi yina ke sadisaka muntu yina ke wa nitu mpasi, bankisi sambu na muntu yina ke bela maladi ya ntu mpi ya ke sadisa na kubakisa menga yina ke basika muntu ke lomba kulandila yo mbote kibeni. Mumbandu, bainsi kiteso ya 80 % kele ve ti nswa ya kubaka bankisi yina ke sadisaka muntu yina ke wa nitu mpasi, yo yina kwanda kukutana ti bamfunu yina ke talaka mambu ya mavimpi ya bantu mpi bamfumu ya nkaka ya luyalu sambu na kutomisa mutindu na bo ya kusala mambu.

Bankisi yina bo ke salaka ti menga: Sala na kuwanaka ti bimvuka yina ke talaka mambu ya kutula muntu menga. Beno lenda baka menga na bantu ya luzolo yina ke sepela na kupesa menga. Na nima ya kubaka menga, beno lenda sala teste sambu na kuzaba kana menga yango kele ti Sida, *hépatite B et C*, mpi maladi ya menga yina ke kwisaka na nzila ya kindumba *(syphilis)*, tula konso menga na kisika na yo *(les groupes sanguins)* mpi menga yina kele ti kuwakana. Bumba menga yango na bisika ya mbote mpi kabula yo na mutindu ya mbote kibeni. Pesa minganga formasio ya mutindu ya kusadila menga mpi bankisi yina bo ke salaka na menga.

Mambu ya me tala mavimpi, Nsiku ya 1.4: Mbongo sambu na lusansu

Bantu yina kela na nswa ya kubaka lusansu ya mbote kukonda kufuta mbongo na ntangu yonso yina mpasi mosi buna me kumina bantu.

Bisalu ya mfunu

1. Kupesa ve mbongo sambu na kusadila to sambu na ntangu mosi buna kana bo me pesa ntalu ya mbongo yango bamfunu ya luyalu.

2. Sala na mpila nde ntalu ya mbongo yango kuvanda mingi ve to mambu ya nkaka ya me tala nswa ya mbongo mpi mutindu ya kusadila bisalu.

Ntalu ya baopitale yina ke sansaka bantu mbote kibeni ya ofele (tanga mpi kukutana ti minganga, lusansu, baekzame mpi bankisi yina bo ke pesa)

- Lukanu: 100 %

Ntalu ya bantu yina ke futaka ve mbongo mbala mosi to ya ke bakaka ve lusansu ya me fwana (tanga mpi kukutana ti minganga, lusansu, baekzame mpi bankisi yina bo ke pesa)

- Lukanu: 100 %

Kufuta mbongo: Lomba mbongo ya bisalu kana diambu mosi buna ya mpasi ke kanga nzila na banswa yina bantu kele na yo mpi yo lenda lembisa bantu na kukonda kusosa lusadisu.

Kukonda kufuta mbongo sambu na bantu yina ke talaka mambu ya mavimpi ya bantu lenda nata bampasi ya mbongo. Pesa maboko na bimvuka yina ministère ya ke talaka mambu ya mavimpi ke sadisaka to bimvuka ya nkaka na kufutaka mbongo ya kufwana na bantu yina ke salaka kisalu, na kubakaka bangidika sambu na mambu yina lenda kumina bantu, na kupesaka bankisi na bantu, bangidika ya me tala lusansu mpi lusadisu. Kana bo ke futa diaka ve bantu mbongo, zabisa yo na bantu na mutindu ya pwelele ntangu yina yo ta baka mpi diambu yina me sala nde bo futa bo diaka ve mbongo yango mpi sosa kuzaba kana bantu kele ti nswa na mbongo yango to kana kisalu yango kele ya mbote.

Ntalu ya bima lenda kita na kutadila bima yina bimvuka ke pesaka mpi mutindu ya kusadila bakaminio mpi lutwadisu yina bo me yidikaka dezia.

Lusadisu ya mbongo: Balukanu ya bimvuka ya ke talaka mambu ya lusansu ya ntoto ya mvimba ya mvula 2030 ke monisa nde bantu lenda baka lusansu kukonda kufuta mbongo. Diambu yai ke monisa ve na pwelele yonso nde lusadisu ya mbongo yina bo ke pesaka kaka sambu na kusansa bantu na ntangu ya mpasi mosi buna na ntangu kimvuka ya ke kwendaka kupesa lusadisu kele nataka mambote na yina me tala mavimpi, mutindu mukanda yai ke monisa yo ⬦ *tala Sphère kele nki?* tanga mpi *Kupesa lusadisu na bazandu*.

Eksperiansi yina bantu me salaka ke monisa nde kupesa lusadisu ya mbongo sambu na kukwenda kupesa lusadisu lenda vanda mfunu kana:

- diambu ya me tala kukwenda kupesa nswalu lusadisu me kuma mbote kibeni;
- kele ti biro yina ke talaka mambu ya me tala kupesa lusadisu, mumbandu, lusansu yina ke pesamaka na ntwala nde nkento kubuta to mutindu ya kulandila bamaladi yina ke manaka ve;
- bantu kele ti bikalulu ya mbote na yina me tala lusansu mpi mutindu ya kulomba bima fwete kuma mpi mingi; mpi
- bampusa ya nkaka ya me tala bisalu ya banzo bonso kubumba mbote madia mpi kisika ya kulala.

Mambu ya me tala mavimpi, Nsiku ya 1.5: Bansangu ya me tala mavimpi

Kupesa lusansu me simbama na mambu yina ke monana na nsadisa ya kuvukisa, kutadila mpi kusadila bansangu ya me tala mavimpi ya bantu yonso.

1 ⟩ Kumisa ngolo to yedisa mutindu ya kupesa lusadisu na bansangu ya me tala lusansu yina ta sadisaka na kupesa bantu bansangu ya mbote, ya me fwana, ya masonga mpi mutindu ya mbote ya kupesa lusansu ya me fwana.

- Zikisa nde mutindu ya kupesa bansangu ya me tala lusansu ke tadila bimvuka yonso, disongidila na mutindu ya kusala mambu mpi ya kuvukisa bansangu, kutadila mpi kutubila na ndinga ya nkaka nsangu yango sambu na kukwenda kupesa lusadisu.

2 ⟩ Kumisa ngolo to yedisa mambu yina ta zabisaka bantu na ntwala mambu yina ta salama mpi mutindu ya kukwenda kupesa lusadisu kana kisumbula me salama sambu na bigonsa yonso yina ke lomba kukwenda nswalu kupesa lusadisu.

- Baka lukanu na mambu yina lenda salama mpi na bamaladi yina ke lomba kupesa nswalu lusadisu na yina me tala bigonsa mpi mutindu ya kukwenda kupesa nswalu lusadisu.
- Kotisa mpi bima yina bo me tulaka sambu na mambu yina ke salama mpi na bantu yina ke pesaka bansangu.

3 ⟩ Tendula mpi sadila bansangu yina beno ke baka mpi bantendula yina me zabanaka.

- Yidika bima yina kele na kuwakana, bonso bantu, ntalu ya bantu yina kele na dibuta mpi kima yina ke pesaka mupepe na yina me tala mvula ya muntu.
- Sosa kuzaba babwala yina ke tadilaka mambu ya babiro mpi bansiku ya me tala mambu ya lugangu.

4 ⟩ Tendula mutindu ya mbote ya kusadila bansiku na bantu yonso yina ke talaka mambu ya mavimpi ntangu bo ke sadilaka bansangu ya me tala minganga.

5 ⟩ Tula bima yina ta sadisaka na kutanina bansangu yina ke tanina banswa ya bantu mpi mutindu ya kutanina bo, mambu ya me tala bareferanse to bantu.

6 ⟩ Sadisa muntu yina ke salaka kisalu ya me tala kubalula, kutadila, kutubila na bantu ya nkaka mpi kukabula bansangu ya me tala baopitale na bantu yonso ya ke tadilaka mambu yango na ntangu ya kufwana mpi mbala na mbala mpi sambu na kubaka balukanu ya me tala bamanaka ya kupesa lusansu.

- Tanga, bumba mpi sadila bisalu yina minganga ke salaka, mpi diaka landila mpi mutindu ya kupesa bansangu ya me tala bamaladi yina bantu ke bela.

Ntalu ya barapore ya me tala kukengila yina me pesama na ntangu ya mbote

- Kiteso ya 80 %

Kisika ya kubaka barapore ya bansangu ya me tala minganga yina mfumu mosi ya minganga me basisa

- Kiteso ya konso ngonda

....

Mikanda ya ke pesa lutwadisu

Mutindu ya kupesa bansangu ya me tala lusansu: Kana mutindu ya kupesa bansangu ya me tala lusansu ke salama na mutindu ya mbote, yo ke salaka nde mambu ya mbote kusalama, mutindu ya kutadila mambu, ya kukabula mpi ya kusadila mbote bansangu ya masonga mpi ya mfunu na mambu ya ke tadila mavimpi, mutindu mambu ya me tala mavimpi ke salamaka mpi mambu ya me tala bunkete. Bansangu lenda vanda ya mingi to ya mbote mpi bo lenda baka yo na bisika ya kuswaswana: kuzabisa bantu yonso, bantu yina me kwelaka to ve, kusala bansosa na bantu, kusala bansosa sambu na kuzaba bampusa ya bantu yina ke monana, mikanda ya me tala bantu mpi barapore ya me tala baopitale (bonso mutindu ya kulandila bansangu ya me tala minganga). Yo fwete wakana kibeni sambu na kukotisa mpi kulandila mambu ya mpasi ya kukonda kukana yina lenda kumina bantu, bonso bamaladi yina lenda kumina bantu to bisalu ya me tala lusansu. Bansangu yai yonso ta sadisa na kuzaba mambu mpi bampusa ya bantu na bisika yonso yina me tala mavimpi.

Kulandila to kusala bansosa lenda salama kana bansangu ya nkaka me kondana. Longuka mutindu ya kusadila bantu mambu na ndambu zole mpi bansangu ya mfunu to yina kele. Tadilaka mbala na mbala nani ke sala yo mpi na wapi.

Mambu ya me tala mutindu ya kulandila bansangu ya me tala mavimpi to barapore ya me tala bikalulu ke sadilaka bansangu ya me tala mavimpi ya bantu sambu na kusosa kuzaba mutindu ya mbote ya kupesa lusansu. Yo ke sadisa na kulungisa mutindu ya kukwenda kupesa lusadisu, kutadila mambu ya zola mpi mutindu ya kulandila bima bonso bankisi, bimvwama yina bantu kele na yo, ntalu ya bantu yina ke sadila yo.

Kulandila mambu ya me tala mavimpi ke tadila kuvukisa, kulandila mpi kulanda kutubila bantu mpi mutindu ya kupesa bansangu ya me tala mambu ya lusansu. Kulandila bamaladi ke sadisaka na kuzaba mbote konso maladi mpi mutindu yo ke yelaka na nitu ya muntu. Mbala mingi yo ke vandaka na barapore ya me tala mambu ya me tala mutindu ya kulandila bansangu ya me tala mavimpi to barapore ya me tala bikalulu.

Mutindu ya *kuzabisa na ntwala mpi ya kukwenda kupesa lusadisu* kele na kati ya mambu ya me tala mutindu ya kukengila mutindu ya mbote ya lusansu. Yo ke zabaka mpi ke landilaka ngunga yina lenda bula sambu na mambu ya me tala mavimpi ya bantu yonso yina ke lomba kukwenda nswalu kupesa lusadisu bonso kana bo me tudila muntu ndikila *(poison)* to bamaladi ya nkaka yina lenda kumina bantu ⊕ *tala Lusansu ya me fwana– Bamaladi ya nsambukila, Nsiku ya 2.1.2; Kukengila, kuzaba bamaladi yina me kumina bantu mpi kukwenda kupesa lusadisu ya kukonda kukonda kukana.*

Bansiku ya ke monisa mutindu ya kusala mambu: Pesa bantendula mpi monisa mutindu ya kupesa bansangu na bisika ya luswaswanu na ntoto, na bisika ya luswaswanu yina bo ke pesaka lusansu mpi na kati ya bamfumu ya minganga. Kundima mambu na kiteso mosi buna na yina me tala:

- kutendula mambu yango;
- bima yina ke monisa mambu ya kulandila;

- bima ya ke sadisa sambu na kuzaba mambu (bonso opitale yina bo lenda nata kisika ya nkaka, baopitale yina bo ke tubilaka mambu, bisika ya bisalu ya bunkete);
- mutindu ya kusolula; mpi
- mutindu ya kumonisa mambu, ya kutadila mpi ya kupesa bansangu.

Kupesa bansangu: Bansangu ya me tala lusansu fwete pesama na kutadila mvula ya muntu, kana yandi kele nkento to bakala, kana yandi kele ti kifu na nitu, bantu yina ke kwendaka bisika ya nkaka mpi bantu ya nkaka, na kutadila disolo yina yo ke tubila (bonso bisika yina bimvuka fwete vanda to ve) mpi kiteso yina mambu ke salama (bisika yina bantu kele, distrike) sambu na kubaka balukanu ya mbote mpi kuzaba mambu yina ke kwendila ve sambu na bimvuka yina kele na mpasi.

Sambu na yina me tala mutindu ya kuzabisa na ntwala mpi ya kukwenda kupesa lusadisu, pesa bansangu ya me tala ntalu ya bana yina kele ti bamvula na nsi ya 5 mpi bana yina kele ti bamvula na zula ya 5 yina ke bela maladi sambu na ntangu mosi buna mpi ntalu ya bana yina ke fwa. Lukanu kele ya kuzabisa bantu yonso na ntwala; bansangu yina bo me tubila mingi ve kele na mfunu. Bansangu ya me tala bamaladi mosi buna, kusosa kukutana ti bantu, lisiti ya mambu mpi mutindu yonso yina ke monisa maladi fwete sadisa na kupesa bansangu.

Kulandila bansangu, kutanina mpi kubumba kinsweki: Baka bangidika sambu na kutanina bantu mpi kubumba mbote bansangu. Minganga fwete zabisa ve na bantu ya nkaka bansangu ya me tala bambefo na bantu ya nkaka kukonda kulomba nswa na bambefo yango. Tula dikebi ya mingi na bantu yina me tangaka mingi ve, ya ke belaka maladi ya ntu to yina binama ya nkaka ya nitu ke salaka mbote kibeni ve yina lenda vanda ti bupusi na makuki yina bo kele na yo ya kupesa dibanza ya me fwana na pwelele yonso. Kuvila ve nde bantu yina kele ti bamaladi bonso ya Sida lenda zabisa bantu ya dibuta na bo to ve. Tula dikebi ya mingi na bansangu ya me tala bamputa yina bantu ke lwalaka ntangu bo ke sadilaka bo mambu ya nku to mambu ya nkaka ya me tala kukonda kuzitisa banswa yina bantu kele na yo, mingi-mingi na kuvukisaka nitu ti bo na ngolo. Beno lenda zabisa bamfumu ya nkaka to babiro yina me zaba mambu yango kana muntu me zabisa beno mutindu mambu yango salamaka na pwelele yonso *tala Munsiku ya ke tanina bantu ya 1* and *Nsiku ya me fwana sambu na kupesa lusadisu na bantu ya kela na mpasi, kuwakana ya 4.*

Mambu ya mpasi yina ke tadila lusansu: Beno fwete zabisa na nswalu yonso na nsandisa ya bima yina bainsi mpi babwala ke sadilaka mambu ya mpasi yina ke kumina bantu yina ke salaka na baopitale, to mambu yonso ya nku yina ke tadila mpi bantu yina ke salaka na baopitale *tala Bangindu ya mfunu (yina kele na zulu)* mpi *Bareferanse mpi mikanda yina bantu ya nkaka sonikaka (yai ya ke landa).*

2. Lusansu ya me fwana

Kubaka lusansu ya me fwana ke sadisaka sambu na kulandila bikuma ya mambu yina ke salaka nde bantu kubela bamaladi mpi kufwa ntangu bo kele na mpasi mosi buna. Sala na kimvuka ti bimvuka ya ke talaka mambu ya mavimpi ya bantu mpi minganga ya nkaka ya mayele sambu na kuzaba bisalu yina bo fwete sala ntete na nswalu, ntangu mpi kisika. Beno fwete pesa lusadisu nswalu kibeni na kutadila mambu yina ke salama, kutadila bigonsa mpi mambu yina ke monana.

Bantu yina me kutana ti mpasi mosi buna fwete vanda ti bampusa ya mpa, ya kuswaswana mpi yina lenda soba. Bantu lenda kutana diaka ti bantu mingi ya nkaka, bo lenda kwenda bisika ya nkaka, bo lenda kuma bibuba, bo lenda konda masa to bo lenda konda kuwakana. Mvula ya muntu, kana yandi kele nkento to bakala, kana yandi kele ti bifu na nitu, kana yandi kele ti Sida mpi kikanda yina yandi kele to ndinga yina yandi ke tubaka lenda vanda ti bupusi na yina me tala bampusa mpi yo lenda kanga bantu nzila ya kukonda kubaka lusansu. Sosa kuzaba bampusa ya bantu yina ke zingaka na bisika yina ke vandaka mpasi na kukota to bisalu kele ya kukuka ve.

Ndima kusala bisalu ya mfunu ti kimvuka ya ke talaka mambu ya mavimpi ya bantu yonso mpi bantu ya nkaka ya mayele yina me zaba mbote mambu yango na kutula dikebi ya mingi na bigonsa yina ke monana mpi ya mfunu sambu na kutula dikebi ya mingi mpi yina lenda sala nde bantu mingi kubela maladi mpi kufwa. Bamanaka ya me tala mambu ya mavimpi fwete pesa lusansu ya me fwana, ya mbote, na kutadila disolo yina yo ke tubila, na ndonga mpi na bima yina kele ya mfunu. Kutula dikebi ya mingi na diambu mosi buna lenda soba malembe-malembe ntangu mambu yango ke bonga to ke beba. Bo fwete salaka mutindu yina mbala na mbala, na kutadila bansangu yina bo ke bakaka mpi mutindu mambu yango ke kwendila.

Kana ntalu ya bantu yina ke bela to ke fwa kele diaka mingi ve, bo lenda zabisa minganga. Kana mambu yango ke landa kaka kukuma mingi, yo ta lomba kimvuka ya mvimba ya ke talaka mambu ya mavimpi ya bantu yina insi na beno me pona kukwenda kupesa lusadisu.

Diambu yai ke monisa lusansu ya me fwana yina fwete pesama na babwala yina bantu fwete kwenda kupesa nswalu lusadisu: maladi ya nsambukila, mavimpi ya bana, kuvukisa nitu mpi kubuta bana, kusansa bamputa mpi bampasi ya ngolo, maladi ya ntu, bamaladi yina ke sambukilaka ve bantu mpi lusansu yina ke sadisaka muntu na kudiwa mbote sambu na ntangu mosi buna.

2.1 Bamaladi ya nsambukila

Kana kimvuka ya ke kwendaka kupesa lusadisu kukutana ti mpasi mosi buna, yo vanda ya kisumbula ya lugangu, kana kuwakana kele ve na kati ya bantu to kana nzala ya ngolo me kumina bantu, mbala mingi ntalu ya bantu yina ke belaka mpi ke fwaka ke kumaka mingi sambu na bamaladi ya nsambukila. Bantu yina ke kwendaka kuzinga na banzo ya bantu mingi to na bisika ya mbote ya kupema kele bisika yina bantu lenda baka bamaladi mingi kukonda mpasi bonso pulu-pulu mpi kasesi sambu yo ke simbaka bantu kukonda mpasi. Kukonda ya ba WC ya mbote to ya masa ya bunkete ya kunwa ke salaka nde baniama yina ke pesaka bantu maladi mpi masa kupesa bantu bamaladi ya nsambukila na nswalu kibeni. Kukonda kutula dikebi na bantu yai ke salaka nde bampasi na bo kukuma kaka mingi. Kukonda kusadila bima ya ke tadilaka mambu ya mavimpi lenda sala nde lusansu yina bo ke pesaka sambu na ntangu ya nda kusalama diaka ve, mumbandu, sambu na maladi bonso Sida mpi maladi ya kosu-kosu *(tuberculose)*, kupesa mangwele mpi kusansa bamaladi ya nkaka bonso bamaladi yina ke salaka nde muntu kupema ve mbote.

Bamaladi yina ke salaka nde muntu kupema ve mbote ya ke manaka ve, pulu-pulu, kasesi mpi malaria kela bamaladi yina ke simbaka bantu mingi yina ke kutanaka ti bampasi. Kibuba yina ke manaka ve ke kumisaka diaka bamaladi yai ngolo mingi kibeni, mingi-mingi bana ya fioti yina kele ti bamvula na nsi ya 5 mpi minunu.

Kana mpasi mosi buna me kumina bantu, kaka na luyantiku, lukanu fwete vanda ya kutanina bantu na bamaladi ya nsambukila, ya kulandila mambu mpi ya kupesa lusadisu na nswalu kibeni mpi ya kufwana. Lukanu ya lusadisu yango kele ya kusukisa bamaladi ya nsambukila mpi yo ke tadila kubaka bangidika, kukengila, kusosa kuzaba maladi, kuzaba maladi yina muntu ke bela sambu na kusonika nkisi mpi kulandila mambu, mpi diaka kukwenda nswalu kupesa lusadisu.

Bamaladi ya nsambukila, Nsiku ya 2.1.1: Kubaka bangidika

Bantu kele ti nswa ya kubaka lusansu mpi bansangu sambu na kukonda kubaka bamaladi yina ke sambukilaka bantu.

Bisalu ya mfunu

1 > Sosa kuzaba bigonsa yina bamaladi ya nsambukila ke nataka na bantu yina kele na mpasi.

- Baka bansangu ya me tala minganga sambu na mambu yina lutaka mpi bansangu na mutindu ya kukengila mpi mambu ya me tala mavimpi mpi nswa yina muntu kele na yo na masa ya kunwa mpi ya bunkete.
- Sosa kulandila mambu ya mpasi yina lenda kumina bantu yina kele na mpasi, mingi-mingi na bamfumu ya minganga yina ke vandaka na babwala mpi na minganga ya nkaka ya mayele kibeni.

2 > Sala na bumosi ti bimvuka ya nkaka sambu na kubaka bangidika na ntwala sambu na bantu yonso mpi tendula bamanaka ya ke tubila mambu ya mavimpi na bantu yonso.

- Tula dikebi na mwa boma yina lenda vanda, na mambu yina bantu ke tubaka na nsi-nsi mpi na mambu yina bantu ke ndimaka yina lenda bebisa bikalulu ya mbote ya bantu.
- Sala na kimvuka ti bimvuka ya nkaka yina ke sadisaka na kubaka bansangu, bonso bantu ya ke tadilaka mambu ya me tala bunkete to bantu yina ke talaka mambu ya mavimpi ya bantu sambu na kupesa bansangu ya masonga.

3 > Baka bangidika ya kupesaka bantu mangwele sambu na kutanina bo na bamaladi yina lenda kwisa na bilumbu ya ntwala.

- Sosa kuzaba mfunu ya kuzabisa bantu kikuma yina bo fwete sala kampanie ya mangwele sambu na bamaladi ya nkaka ya nsambukila na yina me tala bigonsa, na mambu yina fwete salama mpi yina beno ke kutana ti yo.
- Kana mpila kele, vutukila manaka yina bo vandaka ntete kupesa bantu mangwele.

4 〉 Kana mpila kele, baka lukanu ya kubaka bangidika na ntwala sambu na bamaladi yina lenda kumina bantu na bilumbu ya ntwala.

- Na babwala yina bambembele kele mingi, pesa bambefo yina kele na baopitale ba *moustiquaire* yina kele ti nkisi ya ke salaka ntangu mingi.

5 〉 Baka bangidika ya kutanina bantu mpi ya kulandila bamaladi na bisika yonso yina bo ke pesaka lusansu na kutadila bigonsa ⊕ *tala Health systems standard 1.1* and WASH support in *WASH standard 6: WASH in healthcare settings.*

Ntalu ya bantu yina ke landilaka mutindu ya kusala mambu ya mfunu na yina me tala bisalu mpi bansangu ya me tala kulonga bantu mambu ya mavimpi

Ntalu ya mabuta ya kele na mpasi yina bakaka bansangu ya kufwana na yina me tala bigonsa yina ke katukaka na bamaladi ya nsambukila mpi mutindu ya kubaka bangidika

Ntalu ya mabuta yina kele na mpasi yina lenda tubila bangidika tatu yina bo sadilaka sambu bamaladi ya nsambukila kusimba bo ve

Bambefo yonso yina kele na baopitale fwete baka ba moustiquaire yina kele ti nkisi ya ke salaka ntangu mingi na babwala yina bambembele kele mingi

Bangidika ya ke bakamaka sambu na bamaladi ya nsambukila kele kiteso mosi to ntalu na yo kele mingi ve kuluta na ntwala nde mpasi yango kusimba bantu

Kutadila bigonsa: Kwenda kulandila mambu na bantu yina kele na kigonsa, na bamfumu ya babwala mpi na minganga yina ya mayele kibeni. Tadila bigonsa yina ke tadila disolo yina yo ke tubila mpi banzo yina bantu ke zingaka, bisika bantu yonso ke zingaka to bisika ya mbote na babwala yina bantu kele mingi kibeni. Longuka mambu ya luswaswanu yina bantu kele na yo sambu na kutendula mambu yina ke nataka bamaladi, makuki ya kinama ya nitu yina ke nwanisaka microbe mpi bigonsa ya nkaka.

Bangidika ya ke bakama sambu kuwakana yina kele na kati ya babwala yina ke salaka mbote bisalu: Baka bangidika ya kutula bunkete ya kufwana, ya kukatula bima ya mvindu, ya kupesa masa ya mbote ya kunwa na kiteso ya kufwana mpi kulandila baniama yina ke pesaka maladi. Bisika ya mbote ya kupema lenda sala nde bamaladi ya nsambukila kuvanda kibeni mingi ve. Kunwisa bana mabele na mutindu ya mbote mpi kupesa bo madia ya ke tunga nitu ke sadisaka mbala mosi na mambu ya me tala bunkete ⊕ *tala Nsiku ya me fwana sambu na kupesa lusadisu na bantu ya kele na mpasi, Kuwakana ya 3 ya WASH, kutubila bunkente na bantu yonso, Nsiku ya 1.1, Nsiku ya 2.1 mpi Nsiku ya 2.2, WASH kubumba masa, Nsiku 5.1 tii na 5.3, Bisika ya mbote ya kupema mpi* *banzo, Nsiku ya 2* mpi *Madia ya bo me bumba mbote mpi ya ke tunga nitu – Madia sambu na babébé mpi bana ya fioti, Nsiku 4.1 mpi 4.2.*

Kutubila lusansu na bantu yonso: Bingisa bimvuka sambu bo pesa bansangu ya kufwana mpi na ndinga yina minunu, bantu yina kele ti bifu na nitu, bankento mpi bana lenda kuwa kukonda mpasi. Baka ntangu ya kutadila mpi ya kundima bansangu yango na yina me tala mambu ya mpasi.

Mangwele: Kampane sambu na kupesa bantu mangwele fwete salama na kutadila mambu yai tatu:

- **Kutadila bima yonso yina lenda vanda kigonsa** bonso kibuba, ntalu ya mingi ya bantu yina kele ti maladi yina ke manaka ve, bantu mingi kibeni, mitindu ya mbote kibeni ve sambu na WASH, mpi bigonsa yina lenda kumina bantu sambu na bamaladi ya nkaka, mumbandu, ya me simbama na mambu ya me tala lugangu, mupepe, nsungi mpi makuki yina bantu kele na yo.
- **Kampanie fwete salama** na kutadila mutindu mangwele yango kele, kana yo kele ya mbote, kana yo kele ya kubumba mbote kibeni, kana kele ti bima yina ke tanina yo, kana mangwele yango kele ya kunwa to ya kutobula, mpi mambu ke kwendila mbote. Tadila mambu yina lenda salama bonso nswa yina bantu kele na yo, ntangu yina yo lenda sala, kaminio yina fwete nata yo, bima yina yo ke lombama, ntalu na yo mpi makuki ya kundima mambu yina kele pwelele.
- **Na mambu yonso**, mingi-mingi na yina me tala kikanda yina muntu katukaka mpi na mitindu ya nkaka ya kusala mambu bonso mambu yina bimvuka ke teleminaka, kukonda kusala mambu mutindu mosi ya me simbama na kukonda ya bimvwama mpi mambu ya politike mpi ya lutaninu to mubulu yina bantu ke kana kusadila bantu yina ke kwendaka kupesa mangwele.

Tala Lusansu ya me fwana – mavimpi ya bana, Nsiku ya 2.2.1: Kupesa bana mangwele sambu na kutanina bo na bamaladi mpi *Kupesa nswalu mangwele ntangu kimvuka ya ke pesaka bantu lusadisu kele na mpasi na mpasi yina ke manaka ve. Diambu ya ke tadila kubaka balukanu, OMS, 2017,* yina ke fikaka bavitamine 23 tanga mpi *choléra, méningite,* kasesi mpi maladi yina ke simbaka bana ya fioti *(le rotavirus).*

Kubaka bangidika sambu na malaria: Na babwala yina bantu ke belaka mingi malaria, pesa ba moustiquaire yina kele ti nkisi sambu na ntangu ya nda na bibuba mpi na mabuta na bo, na bankento yina kele ti mavumu, na bana yina kele ti bamvula na nsi ya 5, na bana yina kele ve ti bantu ya kufidisa bo mpi na bantu yina kele ti Sida. Na nima, zaba bantu yina ke lomba kupesa madia na ntwala yina bamanaka ke tubila, nzo yina bantu kele ti bana yina kele ti bamvula na nsi ya 5 mpi bankento ya mavumu. Sadila mayele ya nkaka sambu na kupesa bankento yina kele ti mavumu nkisi mutindu bimvuka ya bainsi na beno ya ke salaka kisalu ya kuyamba bantu ke monisa yo mpi na mutindu bifwanisu yina ke salaka ngolo ke monisa yo. Na babwala yina kele ti bibuba mingi mpi ntalu ya bantu yina ke fwa na maladi ya kasesi kele mingi, beno lenda sadila mayele ya nkaka sambu na kupesa bankento yina kele ti mavumu bankisi sambu bo bela ve malaria.

Bamaladi yina mbembele Aedes ke pesaka bantu: Bambembele Aedes ke pesaka bantu bamaladi bonso dengue, le chikungunya, mbumbu ya Zika mpi *fièvre jaune.* Beno fwete kuditanina mbote na baniama yina ke pesaka bamaladi yai. Bantu fwete lwata bilele yina fwete tanina bo na bambembele yango mpi beno fwete sadila mbote bamasa na banzo mpi kulandila mbote bima ya mvindu, beno lenda sadila bankisi yina ke fwaka bambembele to kusadila *moustiquaire* sambu na kutanina babebeé mpi bana ya fioti yina ke lalaka na ntangu ⊕ *tala WASH Kulandila bambele Nsiku 4.2: Mambu yina muntu mpi dibuta fwete sala sambu na kuditanina na baniama yina ke pesaka maladi.*

Bamaladi ya nsambukila, Nsiku ya 2.1.2: Kukengila, kuzaba maladi mpi kupesa mvutu nswalu

Mutindu ya kukengila, ya kuzaba maladi yina muntu ke bela sambu na kusonika nkisi mpi kukwenda nswalu kupesa lusadisu ke sadisaka na kuzaba maladi yina bantu ke bela.

Bisalu ya mfunu

1 ⟩ Tendula diambu yina ta zabisaka bantu mambu na ntwala mpi yina lenda sadisa sambu na kupesa lusadisu na kutadila mambu yina bo ke tadila.

- Tubila bamaladi mpi mambu yina yo ke lomba kupesa nswalu lusadisu na kutadila bigonsa yina bo ke kutana ti yo.
- Pesa bantu yonso ya bisalu formasio na yina me tala bamaladi mpi bima yina ke lombaka kusala nswalu sambu na kuzabisa bamfumu yina ke talaka mambu ya bunkete mpi bo pesa kidimbu yina ta sadisa bantu na kubakisa mambu.
- Konso kilumbu, pesaka barapore ya bima yina ke zabisaka bantu mambu na ntwala mpi yina lenda sadisa bantu ya mayele sambu na mambu ya mfunu kusalama.

2 ⟩ Sala bimvuka yina ta salaka bansosa sambu na kuzaba mambu ya mavimpi ya bantu.

- Sala mambu na nswalu yonso kana beno me baka nsangu ya diambu mosi buna.
- Sosa kusala bansosa na kintama kana bimvuka yina ke salaka bansosa kele ve ti nswa ya kukwenda bisika yina bantu kele na mpasi, mumbandu na babwala yina bantu ke wakanaka ve.

3 ⟩ Beno meka bima, mbandu ya kima yina bo me natila beno na apareyi yina ke monisaka na nswalu kibeni to na laboratware sambu na kuzikisa kibeni nde yo kele maladi mosi buna ⊕ *tala Lusansu ya me fwana – Bamaladi ya nsambukila, Nsiku ya 2.1.3: Kuzaba maladi mosi buna mpi kulandila yo.*

....

Bimonisilu ya mfunu

Ntalu ya bima yina fwete zabisa na ntwala na kiteso ya bangunga 24

- 90 %

Ntalu ya bima yina fwete zabisa bantu mpi yina bo fwete landila na bangunga 24

- 90 %

Ntalu ya bima yina fwete zabisa bantu yina bo me zikisa mpi me tadila mbote na bangunga 24

- 90 %

Kuzabisa bantu na ntwala mambu yina ta salama mpi kukwenda kupesa nswalu lusadisu: Kusala na kuwakana ti bimvuka yonso, tanga mpi kimvuka ya ke talaka mambu ya mavimpi ya bantu, bimvuka yina ke salaka ti beno mpi kimvuka ya bantu, ke kumisaka ngolo mpi ke tendulaka kima yina ke sadisaka na kuzabisa bantu na ntwala mpi na kukwenda nswalu kupesa lusadisu na bantu yina yo ke tadila *tala Mambu ya me tala mavimpi, Nsiku ya 1.5; Bansangu ya me tala lusansu*. Kumisa ngolo mutindu ya kuzabisa bantu na ntwala mambu yina ta salama ti bimvuka ya nkaka yina ke salaka ti beno, kisika ya kubaka bareferanse, bansangu ya kufwana, bima yina ke sadisaka na kupesa bansangu, kutendula mambu mpi kisika sambu na kupesa barapore.

Kukengila mpi kuzabisa bantu na ntwala mambu yina ta salama: Kumisa ngolo mutindu ya kuzabisa bantu na ntwala mambu yina ta salama ti bimvuka ya nkaka yina ke salaka ti beno, kisika ya kubaka bareferanse, bansangu ya kufwana, bima yina ke sadisaka na kupesa bansangu, kutendula mambu mpi kisika sambu na kupesa barapore.

Bima yina ke zabisaka na ntwala mambu yina ta salama mpi kuzabisa bantu mutindu mambu yango ta salama: Bima yina ke zabisaka bantu mambu yina ta salama kele mambu yina me tala lusansu yina ke salamaka ve ntangu yonso yina lenda zabisa bantu na mbala ya ntete maladi yina muntu ke bela sambu na kusonikila yandi nkisi. Tula kima yina ta sadisaka na kuzabisa bantu na ntwala konso maladi yina ke kumina bantu mpi kutindila beno yo na nswalu kibeni. Sadila barapore yina minganga pesaka to tadila diaka mbote barapore yango na ntwala ya bima yina ke pesaka bansangu (ntalu ya mambu yina ke salamaka konso kilumbu to ntalu ya kuluta mingi). Tadila na nswalu yonso bima yonso yina ke sadisaka na kuzaba na ntwala mambu yina ke zola kusalama mpi kuzabisa yo na bimvuka yina ke landilaka mambu ya maladi sambu bo talulula yo mbote kibeni.

Kutadila mbote bima yina ke zabisaka bantu na ntwala mambu yina ta salama: Tadila bima yango na kiteso ya bangunga 24. Beno lenda tadila mambu yango ata na kintama, mumbandu yo lenda salama na telefone, mpi yo ke tadila kuvukisa bansangu ya nkaka mpi kulandila mambu ya nkaka na kutadila bidimbu yina yo ke monisa, dati yina yo ta basika, kisika, mvula ya muntu, kana yandi kele nkento to bakala, mambu ya nkaka yina lenda kumina mavimpi na yandi mpi bamaladi ya luswaswanu yina minganga me mona.

Kuzaba maladi yina muntu ke bela sambu na kusonika nkisi: Kana bo me tadila mbote bima yina ke bulaka, na nima, bo fwete kusala bansosa na kisika yango na kiteso ya bangunga 24. Zikisa kibeni nde bimvuka yango kele ti makuki ya kufwana sambu na kutala diaka bima yina ke zabisa muntu na twala, kusosa kulonguka mbote kisika yango, kuzaba maladi yina bantu ke bela sambu na kusonika nkisi, mpi kubaka bidimbu ya bima yango sambu na kunata yo na laboratware. Kusala bansosa ta sadisa na kuzaba kana maladi yango kele to sambu na kuzaba kana bima yina ke zabisaka bantu mambu na ntwala ke landa kibeni na kutadila bansungi.

Longuka mbote mambu yango, baka bidimbu ya bima yango mpi tadila bigonsa yina lenda kumina yo. Tala bamvutu yai ya me fwana:

- yo ke tadila ve maladi mosi mpamba;
- bo me ndima maladi mosi buna kansi yo kele ve maladi yina bantu fwete baka nkisi; to
- bo me ndima maladi mosi buna mpi bo me zaba mambu ya mfunu yina bantu ke tubila na nsi-nsi.

Bantu lenda ndima maladi ya nkaka kaka kana bo me landila yo mbote na laboratware; ata mpidina, bamaladi yina bantu ke tubilaka na nsi-nsi lenda lomba nde bantu kukwenda nswalu kupesa lusadisu.

Luyantiku ya bima yina ke kebisaka mpi ya maladi

	Luyantiku ya bima yina ke kebisaka	Luyantiku ya maladi
Choléra	bamaladi 2, ti maladi ya pulu-pulu yina ke manaka ve mpi kukonda masa ya kufwana na nitu ya bantu yina kele ti bamvula 2 to mingi, to bantu yina ke fwa sambu na pulu-pulu yina ke manaka ve konso mposo na bwala mosi muntu 1 ya kele ti bamvula 5 to mingi me fwana na maladi ya pulu-pulu yina ke manaka ve maladi mosi 1 ya pulu-pulu, bantu me mona nde choléra kele na bwala mosi buna	maladi 1 yina bantu me mona
Fièvre jaune	maladi 1	maladi 1
Bimvuka ya bamaladi mingi	maladi 1	maladi 1
Méningite	bamaladi 2 na mposo mosi (na kiteso ya bantu <30 000) bamaladi 3 na mposo mosi (na kiteso ya bantu 30 000 tii na 100 000)	bamaladi 5 na mposo mosi (na kiteso ya bantu <30 000) bamaladi 10 sambu na bantu yina kele 100 000 na mposo mosi (na kiteso ya bantu 30 000 tii na 100 000) bamaladi 2 yina bantu me mona na mposo mosi na bantu yina ke zingaka na camps
Kasesa	maladi 1	maladi 1
Malaria	maladi 1	maladi 1

Kusala bansosa sambu na bamaladi mpi kukwenda kupesa lusadisu nswalu: Landa kusala bansosa sambu na bamaladi yina bantu ke tubila na nsi-nsi sambu na kusosa kuzaba kana yo kele ya masonga to ve. Sosa kuzaba kikuma, bantu yina yo ke tadila, mutindu ya kupesa bansangu mpi bantu yina kele na kigonsa sambu na kubaka bangidika ya kufwana ya kulandila mambu yango.

Kukwenda kusala bansosa sambu na kuzaba maladi yina bo ke tubila, mingi-mingi na yina me tala:

- bamaldi, bamvumbi mpi bantu, bantangu mpi bisika yina yo ke basika sambu na kuzaba ntalu ya bantu yina kele na maladi mpi babwala yina kele na mpasi;
- sala lisiti ya fioti ya konso maladi ya muntu mpi mutindu ya kutadila mambu na luyantiku ya maladi mosi buna, mumbandu, ntalu ya bantu yina kele na baopitale, ntalu ya maladi yina lenda nata muntu na lufwa; mpi
- sosa kuzaba ntalu ya maladi yina ke yangisaka bantu.

Yidika dibanza ya ke tendula mutindu ya kumonisa diambu mosi buna mpi maladi. Sosa kuzaba mambu yina ke nataka maladi, kisina na yo mpi mutindu yo ke sambukilaka bantu.

Tadila mbote dibanza yango mpi kana yo ke wakana ti bantendula ya mambu ya me tala maladi mosi buna yina me kumina bantu. Yo lenda vanda mbote kibeni kuluta na yina me tala kukengila. Kana bantu na laboratware me ndima kibeni nde bo bakaka bansangu ya maladi yango na nto mosi ya mbote, beno lenda yambula kubaka bidimbu yina bo ke pesaka (des échantillons).

Zabisa bantu na nswalu yonso mpi mbala na mbala bamvutu yina me basika. Kana mpila kele, baka balukanu ya kulandila bantu yonso.

Beno lenda tula bisalu yai yonso na ntangu mosi, mingi-mingi kana bantu ke tubila maladi mosi buna ⬦ tala Lusansu ya me fwana– Bamaladi ya nsambukila, Nsiku ya 2.1.4: Kuyilama mpi kukwenda kupesa lusadisu kana maladi mosi buna me kumina bantu.

Bamaladi ya nsambukila, Nsiku ya 2.1.3: Kuzaba maladi yina muntu ke bela mpi kulandila yo

Bantu kele ti mfunu ya kuzaba maladi yina bo ke bela mpi ya kubaka lusansu ya me fwana yina ke sadisa sambu ntalu ya bantu yina ke bela maladi mosi buna mpi ntalu ya bantu yina ke fwa.

Bisalu ya mfunu

1 ⟩ Pesa bantu bansangu ya pwelele yina ta pesa bo kikesa ya kukwenda kubaka lusansu kana bo me yantika kuwa nitu mbote ve, kana bo ke bela kosu-kosu mpi pulu-pulu.

- Sonika mikanda, tula ndinga sambu na kupesa nsangu to sadila telefone sambu na kutinda bamesage na mitindu yonso mpi na bandinga yina bantu lenda wa kukonda mpasi.

2 ⟩ Sadila bansiku ya mutindu ya kuyamba ya kulandila maladi yina bantu ke bela sambu na kupesa bo lusansu ya me fwana.

- Sosa kutula bima yina ta sadisaka na kulandila maladi yina bantu ke bela, mumbandu, sambu na yina me tala malaria, pulu-pulu mpi *microbe pneumonie*.
- Tinda bantu yina kele ti bamaldi ya ngolo na kisika yina bo lenda baka lusansu ya ngolo to tula bambefo yango na kingenga.

3 〉 Siamisa bantu na kuvanda ti makuki ya kufwana sambu na kuzaba maladi yina bantu ke bela mpi kulandila mambu yango na laboratware, na bisadilu yina kele mpi mutindu ya mbote ya kundima mambu.

- Sosa kuzaba bisadilu ya mbote yina ke sadisaka na kuzaba maladi to laboratware yina bo ke salaka mambu na nswalu kibeni sambu na bima yina ke pesaka muntu maladi mpi mutindu ya lusansu yina ke lombama (mumbandu, *tests de diagnostic rapides* na kati ya kimvuka).

4 〉 Zikisa kibeni nde bantu yina ke bakaka lusansu ya nda sambu na bamaladi yina ke sambukilaka bantu bonso tuberculose mpi Sida yina bantu ke landa kaka na kubaka yo.

- Beno lenda kotisa bamanaka yina ke landilaka bantu yina kele ti tuberculose kana bo zitisa malombo yina me zabanaka dezia.
- Sala na kimvuka ti bamanaka ya Sida sambu na kupesa lusansu ya me fwana na bantu yina kele ti Sida to *tuberculose*.

Bima ya ke salaka ngolo

Ntalu ya baopitale ya fioti-fioti yina ke sadisa bantu yina kele na mpasi na kusadilaka bima yina ke sadisaka na kusansa maladi kana beno me mona maladi mosi buna na nitu ya bantu

- Sadila mukanda yina bo ke sonikaka mambu yonso konso ngonda sambu na kulandila mambu na mutindu ya mbote

Ntalu ya bantu yina kele na maladi ya ke monana kigonsa yina minganga me ndima kibeni nde yo kele masonga mutindu mukanda yina bo ke sonikaka mambu ke monisa yo

Mikanda ya ke pesa lutwadisu

Mikanda ya ke monisa mutindu ya kupesa lusansu: Mikanda yango fwete vanda ti mutindu ya kuzaba maladi yina muntu ke bela, ya kupesa lusansu mpi lutwadisu. Kana ngidika yai kele ve ntangu mpasi mosi buna me kumina bantu, sosa lutwadisu na bainsi ya nkaka. Sosa kuzaba bankisi yo mbote yina kele na insi na beno (diaka, tula dikebi na kukwendaka bisika ya nkaka), mingi-mingi sambu na malaria, tuberculose mpi typhoïde. Sosa kuzaba bimvuka yina kele na bigonsa bonso bana yina kele ti bamvula na nsi ya 2, bankento yina kele ti mavumu, minunu, bantu yina kele ti Sida mpi bana yina kele bibuba ya ngolo, yina lenda baka bamaladi ya nkaka ya nsambukila kukonda mpasi.

Maladi yina muntu ke pemaka mbote ve yina ke manaka ve: Kana mpasi mosi buna me kumina bantu, ntalu ya bantu yina lenda baka maladi kukonda mpasi ke kumaka mingi, midinga lenda vanda na kati na yo to mupepe ya mbi, yo vanda na mambu ya me tala bibuba mpi kukonda ya vitamine A. Sala na mpila nde ntalu ya bantu yina kele ti maladi yina ke nataka na lufwa kuvanda mingi ve, bankisi ya kunwa mpi kupesa lutwadisu na bamaladi yina ngolo kibeni.

Pulu-pulu mpi pulu-pulu yina ke basikaka ti menga: Sosa kuzaba ntalu ya bantu yina ke fwa, mpi sadila nkisi ya kunwa mpi kuvanda ti kima yina ke sadisaka sambu bantu kuvanda na mavimpi ya mbote *(zinc)* ya nzo, na bimvuka to ntangu bo ke baka lusansu mosi buna. Bo lenda pesa bankisi ya kunwa na bimvuka.

Mutindu ya kulandila maladi na kimvuka: Bimvuka yina ke talaka bisalu ya bimvuka mpi ya bantu ya babwala lenda sansa bantu yina kele ti malaria, pneumonie (maladi yina ke vanda na ba *poumon* ya muntu) to pulu-pulu. Sala na mpila nde bamanaka yonso kuvanda mutindu mosi mpi opitale yina kele pene-pene lenda landilaka yo. Zikisa nde bantu yonso kele ti nswa ya kukota kukonda kupona-pona.

Kusala teste na laboratware: Sala *réseau* mosi kaka sambu na kulandila mambu ya laboratware ya bainsi na beno, ya bainsi ya nzenza to ya bainsi ya nkaka sambu na kusosa kuzaba mutindu mambu ke salama. Yidika *test de diagnostic rapide* sambu na malaria, *choléra*, dengue mpi *hémoglobine*. Pesa bantu bakaminio ya mbote sambu na bidimbu yina ke lomba kutadila sambu na bima ya nkaka yina lenda pesa maladi (bonso kisika ya Cary-Blair sambu na *choléra*).

Pesa minganga formasio sambu na kusadila bametode sambu na kuzaba maladi mosi buna, sambu yo vanda ya mbote mpi na kubaka bidimbu, bakaminio ya kunata yo mpi mikanda. Sala kima yina bo ta sadilaka teste na laboratware yina bantu lenda sala bansosa na insi na beno, na bambanza to na bainsi ya nkaka. Bateste yina bo ke salaka sambu na ntangu ya nda ke tadilaka mpi binkulu, bateste *sérologique* to ya bima yina lenda yedisa binama ya nitu, bateste ya *ARN* sambu na *fièvre jaune*, bamaladi yina menga ke basikaka bantu mpi *hépatite E*. Sala mikanda sambu na bakaminio yina ta nataka bima yina ke yedisaka binama ya nitu ya muntu, mingi-mingi sambu na maladi yina bantu ke basikaka menga mingi, kipupa to balamadi ya nkaka ya mutindu mosi. Longuka mambu yina bo ke lombaka na avio sambu na kunata bidimbu ya bamaladi yango na avio.

Kusala ngolo sambu na kumanisa **tuberculose** kele mpasi kibeni sambu ntalu ya bankisi ke landa kaka na kumata. Sala bamanaka ya nkaka kana bantu ke landa kaka kukwisa mpi kana bo ke pesa bo lusansu ya mbote kiteso ya bangonda 12 tii na bangoda 15. *Tuberculose* (TB) yina ke bakaka ntangu mingi (TB MR, yina ke tadilaka bankisi zole ya mfunu *anti-TB*, *l'isoniazide* mpi *la rifampicine*) mpi TB yina ke ndimaka ve bankisi (XDR TB, yina ke manaka ve ata fioti na bankisi *anti-TB*) me zabanaka dezia. Bankisi yai zole ke lombaka kusadila yo na na ntangu ya nda, lusansu ya kele ntalu mingi mpi ya kele mpasi. Kana mpasi mosi buna me kumina bantu, mbala mingi yo ke vandaka mpasi na kusala teste ya diambu mosi buna mpi ya kuzaba maladi yina muntu ke bela sambu na kuzaba mbote kibeni mambu yina kele mfunu mpi mutindu ya kusadila bankisi sambu na *tuberculose* (TB).

Bamaladi ya nsambukila, Nsiku ya 2.1.4:
Kubaka bangidika mpi kuzaba ntalu ya bantu
yina ke bela maladi yina me zabana

Yo ke lomba kuyilama na ntwala, kulandila na nswalu kibeni mpi na mutindu ya mbote sambu na kuzaba maladi yina muntu ke bela sambu na kusonikila yandi nkisi.

Bisalu ya mfunu

1 ⟩ Sala pula mpi kabula mutindu ya kuyidika mambu mpi ya kukwenda kupesa lusadisu ya me fwana kana beno me zabaka maladi yina bantu ke bela na kusalaka na kimvuka ti babwala mpi bantu yonso yina ke zabaka mambu yango.

- Pesa formasio ya kufwana na bantu yina ke landilaka mambu yango na babwala yina ke vandaka na kigonsa.
- Yidika na ntwala bankisi ya mfunu, bangidika ya me tala lusansu, *tests rapides*, EPIP mpi bima yina bo ke sadilaka (mumbandu, *choléra* mpi maladi ya pulu-pulu) na babwala yina kele ti bigonsa ya maladi mpi na na babwala yina yo ke lomba kuvanda ti nswa sambu na kukota kuna.

2 ⟩ Baka bangidika ya kutula bima yina ke landilaka maladi mosi buna kana yo me zabana na bantu.

- Tadila bampusa ya kusala kampanie ya mangwele.
- Baka balukanu ya kutomisa PCI, tanga mpi bisika ya kingenga sambu na *choléra*, *hépatite E* to bamaladi ya nkaka yina me zabana.

3 ⟩ Sala mpi tambusa mambu ya me tala kupesa lusadisu mpi ya me tala bamaladi yina bantu me zaba.

- Sosa kuzaba kana kele ti makuki ya kunata mpi ya kubumba mbote kibeni bankisi mpi bisadilu ya nkaka, disongidila, kisika ya madidi mingi kibeni sambu na kutula mangwele.
- Yika mpi makuki yina minganga kele na yo, bonso bisika ya kutula bantu yina kele na *choléra* mpi *méningite*.
- Zikisa nde kukota mpi kunata bima ya laboratware na babwala kele mpasi ve.

4 ⟩ Sala na bumosi ti bimvuka ya nkaka kana mpusa mosi buna me monana, mumbandu sambu na kutanina bana.

Bimonisilu ya mfunu

Ntalu ya minganga yina kele bisika yina kele na kigonsa ya ngolo kibeni mpi bantu yina ke salaka kisalu ya kuyamba bantu kana maladi mosi buna me zabana na bantu

Ntalu ya bantu yina kele ti maladi ya ke nataka na lufwa me kita mingi kibeni

- *Choléra* <1 %
- *Méningite* <15 %
- *Hépatite E* <4 % sambu na bantu yonso, 10-50 % sambu na bankento yina me kuma na trimestre ya nsuka ya mavumu yina bo kele na yo
- Maladi ya nsambukila yina ke kangaka bantu nzila ya kupema *(Diphtérie)* <5-10 %
- Maladi ya nsambukila *Coqueluche* <4 % na bana yina kele ti mvula mosi, <1 % na bana yina kele ti bamvula banda na 1 tii na 4
- Mbembele yina bo ke bingaka Dengue <1 %

Mikanda ya ke pesa lutwadisu

Kuyilama mpi kukwenda kupesa lusadisu kana maladi mosi buna me kumina bantu: Bo fwete tadila yo ti bimvuka ya nkaka ya minganga, ministère de la santé, bantu ya nkaka mpi bamfumu ya bimvuka. Bimvuka ya WASH, ya madia yina ke tungaka nitu, ya bisika ya mbote ya kupema mpi bantu yina ke talaka mambu ya disipline, bamfumu ya ngolo, baboloko mpi basoda fwete vanda mpi na kati ya mambu yai. Sosa kutala kana bimvuka ya nkaka ya me tala mambu ya lusansu me salaka ve kuwakana ti bimvukla yina ke kwendaka kupesa lusadisu kana maladi mosi buna me zabana na bantu.

Pula yango fwete pesa bantendula ya:

- bima yina ke sadisaka na kulandila mambu ya me tala kupesa lusadisu sambu na maladi mosi buna ya me zabana na insi na beno, na bwala to na kimvuka;
- bima yina ke sadisa na kuvukisa bimvuka mpi kuzabisa bo bigonsa;
- kusiamisa API: kulandila maladi, kusosa kuzaba bamaladi yina me zabana na bantu, kusala bansosa sambu na maladi yina me zabana na bantu *(épidémiologique)*;
- kulandila maladi yina bantu ke bela;
- bangidika sambu na kulandila mbote bamaladi mpi mambu yina yo ke tubila;
- bangidika sambu na bimvuka yina ke salaka na bumosi;
- mikanda ya ke monisa mutindu ya mbote ya kunata bima mpi bidimbu sambu na kusala basosa ya laboratware;
- bima yina ke sadisaka sambu bisalu ya kimunganga kukwenda nswalu na ntwala, tanga mpi kusala bisika yina bantu fwete vanda na kingenga na baopitale yina ya fioti-fioti;
- makuki yina bimvuka ya ke landilaka mambu ya maladi yina me zabana na bantu mpi bansiku yina minganga fwete zitisa; mpi
- bankisi ya mfunu yina kele, mangwele, bangidika na mambu ya me tala lusansu, bima yina bo ke sadilaka na laboratware mpi bima yina ke taninaka yina minganga fwete sadilaka, tanga mpi kubumba bima na insi ya nkaka (mumbandu, kubumba mangwele sambu na ntoto ya mvimba).

Kulandila mambu ya me tala bamaladi yina me zabanaka na bantu me simbama na kusolula ya mbote ya bigonsa mpi bimvuka yina ke salaka mambu ya me tala kulandila bamaladi. Sala na mpila nde maladi mosi buna kusimba ve bantu na babwala ya nkaka mpi nde ntalu ya bantu yina kele ti maladi yina me zabana na bantu kuvanda kibeni mingi ve. Yo ke lomba kusala teste ya mbote kibeni kana bamaladi ya mutindu yai me kumina bantu. Kana mpila kele yidika bisika ya kingenga (mumbandu sambu na bantu yina kele na *choléra* to *hépatite E*). Tomisa mutindu ya kulandila baniama yina ke pesaka maladi yango sambu bantu mingi kubaka ve maladi, sadila *moustiquaire* yina bo me tula nkisi yina ta sadisa bantu mingi kibeni mpi sala ngolo ya kuvanda bunkete.

Bakampane ya kupesa mangwele

Méningite: Kana mpasi mosi buna me kumina bantu, bantu yina kele na kimvuka yai ya A, C, W mpi Y lenda nata maladi yina me zabanaka na bantu. Kupesa mangwele sambu na bantu yina kele na bimvuka ya A mpi C kele mfunu kana maladi mosi buna me kumina bantu. Yo kele mbote kibeni ve na kupesa mangwele na bantu yina kele na kimvuka yai ya C mpi W. Zaba kiteso ya kupesa mangwele na bimvuka ya bantu yantika na bangonda 6 tii na bamvula 30. Yo ke lomba kubaka masa ya mukongo ya muntu sambu na kusala teste ya kusosa kuzaba kana muntu kele ti Méningite, yo yina beno fwete pesa bantendula ya pwelele kibeni.

Virisi yina ke salaka nde muntu kunena menga: Kubaka mukumba mpi kuzaba bamaladi ya mutindu na mutindu bonso *Ebola* to maladi *Lassa*, me simbama na lutwadisu yina bainsi na beno mpi bainsi ya nkaka ke pesaka. Yo ke tadila mikanda yina ke tubila mangwele ya mpa mpi bametode ya kuvutukila diaka bisalu. Kuwakana mbote ti kimvuka na ntangu maladi mosi buna me zabana na bantu kele mfunu mingi kibeni.

Fièvre jaune: Yo ke lomba kupesa mangwele kaka na ntangu yina bantu me bakisa nde maladi yai me kota na bisika yina bantu ya ke katukaka bisika ya nkaka mpi na bantu yina ke kabilaka bantu ya nkaka. Beno lenda vukisa yo ti bangidika yina me bakamaka sambu na kulandila mambu ya me tala bambe-mbele yina bo ke bingaka Aedes mpi kutula bantu yina kele ti maladi na kingenga.

Maladi ya buka-buka (Poliomyélite): Maladi ya buka-buka kele na kati ya manaka ya OMS na yina me tala kutanina mpi kupesa mangwele fwete salama kaka na mbala ya ntete kana maladi mosi buna me kumina bantu. Kana beno me bakisa nde kele ti buka-buka na bisika yina bantu ke zinga, beno fwete pesa nswalu mangwele.

Choléra: Mikanda yina ke monisa pwelele mutindu ya kusansa mpi ntangu bantu me zaba maladi mosi buna fwete vanda mpi bimvuka fwete twadisaka yo. Sadila mangwele sambu na kutanina bantu na maladi ya cholera na yina me tala mambu ya OMS mpi mayele ya nkaka ya kusadila sambu na kulandila mbote choléra.

Hépatites A mpi E: Yo ke monisa kigonsa ya mfunu kibeni, mingi-mingi na bisika yina bantu ya ke katukaka na bainsi ya nkaka ke kwendaka. Baka bangidika mpi sosa kulandila mambu ya me tala maladi yina me zabana na bantu na kutomisaka bangidika na yina me tala bisika ya mbote mpi ya bunkete ya kuvanda, mpi kubaka masa ya bunkete kukonda mpasi.

Kasesi: ⊕ Tala Lusansu ya me fwana – Nsiku ya 2.2.1: Kupesa mangwele sambu na kutanina bana ya fioti na bamaladi.

Maladi yina ke kangaka mpema ya muntu: Bamaladi ya mutindu yai ke monanaka mingi kana bantu me kwenda kuzinga bisika ya nkaka. Na yina me tala bigonsa ya kupesa minunu mangwela sambu na maladi yina ke kangaka mpema ya muntu, *tétanos* mpi maladi ya buka-buka, yo ke lomba kuvanda mayele na ntangu ya kusala kampanie ya kupesa mangwele ntangu maladi bonso yai me kumina bantu. Sadila maladi yina me zabana na bantu sambu na kutomisa mambu ya mpasi na yina me tala kupesa mangwele. Sambu na kulandila mbote mambu, yo ke lomba kupesa bankisi yina ke fwaka *microbe* sambu na bantu yina kele ti maladi ya ke kangaka mpema mpi kupesa lusansu yina ke tanina bantu na maladi yina ke kuminaka bantu kukonda kuzaba sambu na mabuta yina kele ti bebe to nkento yina kele ti divumu. Bantu ndambu mpamba ke belaka maladi yai kansi yo ke vandaka mpi ti bupusi ya nkaka na bisika yina bantu kele mingi kibeni yina kele ve na lutaninu na maladi yina bantu ke pemaka mbote ve. Na ba *camps*, bakampanie ya mangwele sambu na maladi yai na mitindu tatu ya kuswaswana ya kupesa mangwele ke monanaka kibeni. Na yina me tala mutindu ya kusala mambu, yo ke tadila mambu yai zole *antitoxines* mpi *antibiotiques*.

Ntalu ya bantu yina kele ti maladi yina ke nataka na lufwa: Ntalu ya bantu yina kele ti maladi yina ke nataka na lufwa lenda soba na kutadila disolo yina bo ke tubila mpi makuki yina nitu na bo kele na yo. Kana mpila kele sala na mpila nde ntalu ya bantu yina kele ti maladi yina ke nataka na lufwa kuvanda diaka mingi ve. Kana ntalu ya bantu yango ke kuma kaka mingi, yo ta monisa nde bantu ke bakaka ve lusansu ya mbote, mutindu ya kumonisa mambu yango mpi kukonda kupesa bo lusansu na ntangu ya mbote, bamaladi yina ke kumina bantu to kusansa na mutindu ya mbi. Landilaka mbala na mbala ntalu ya bantu yina kele ti maladi yina ke nataka na lufwa mpi baka bangidika sambu na kutadila diambu yango kana ntalu ya bantu yango kele kaka mingi kibeni.

Kutanina bana: Kana maladi mosi buna me kumina bantu, bana fwete vanda bonso kimvuka mosi yina beno fwete tanina mbote kibeni ntangu beno ke yidika bamanaka. Tambusa mpi twadisa bana na babwala ya luswaswanu ya ke tanina bana mpi mavimpi na bo. Tula dikebi na bigonsa yina lenda kumina bana kana beno kabula bo ti bibuti na bo. Bigonsa lenda vanda na kutadila ntalu ya bibuti yina ke bela maladi sambu na ntangu mosi buna to na mutindu bo salaka manaka. Yo ta vanda mbote na kukonda kukabula mabuta ti bana, kundima kubaka lusansu. Baka balukanu ya kukonda kukanga banzila yina bana ke kwendaka na banzo-nkanda, na kutalaka mutindu ya kulandila mambu mpi ya kulonga mambu ya me tala mavimpi yina kele mfunu.

2.2 Lusansu ya me fwana – mavimpi ya bana

Ntangu mpasi mosi buna me kumina bantu, bana lenda baka microbe kukonda mpasi, maladi mpi bigonsa ya nkaka sambu na luzingu mpi mavimpi na bo. Kaka mutindu na bo ya kuzinga mpamba ve, bo lenda beba kansi mpi manaka ya kukwenda kupesa mangwele lenda suka. Bigonsa kele diaka ya mingi na bana yina bo ke kwendaka kufidisa bo ve to na bana yina ke vandaka bisika ya nkaka.

Yo ke lomba kutula dikebi ya mingi na bana na ntangu ya kupesa bo lusadisu mosi buna. Lusadisu yango fwete simbama na lusansu ya me fwana, kansi kukwenda kupesa lusadisu lenda sadisa kibeni na bampasi yina bo ke kutana ti yo mpi yo lenda sala na mpila nde bana yango kuyela. Bamanaka fwete sala ngolo ya kuzaba mambu yina ke salaka nde bantu kubela bamaladi mosi buna mpi kufwa. Na ntoto ya mvimba bigonsa yango ke tadila maladi yina muntu ke pemaka ve mbote, pulu-pulu, kasesi, malaria, kibuba mpi bisumbula yina ke salamaka na ntangu babebe ke butukaka.

Mavimpi ya bana, Nsiku ya 2.2.1:
Kupesa mangwele sambu na kutanina
bana ya fioti na bamaladi
Bana yina kele ti bangonda yantika na 6 tii na bamvula 15 kele na lutaninu na bamaladi mpi kele ti nswa na bisalu yina ke salamaka mbala na mbala ya manaka ya kukwenda kupesa mangwele (PEV) na ntangu ya mpasi mosi buna.

Bisalu ya mfunu

1 Tubila bampusa yonso na yina me tala kupesa mangwele mpi mambu ya kusala na ntangu ya kukwenda kupesa nswalu lusadisu.

■ Yo me simbama na mutindu ya kutadila bigonsa (mambandu, bantu mpi nsungi), mutindu ya kusala kampanie (mumbandu bampusa ya mingi, ntangu yina muntu kele na yo) mpi mambu yina yo ke tadila (mumbandu, kutanina mpi bampusa ya nkaka). Yo lenda tadila mutindu mambu lenda salama na kutadila mpasi mosi buna ⊕ *tala Lusansu ya me fwana – Bamaladi ya nsambukila, Nsiku 2.1.1: Kuyilama.*

2 › Sala kampanie ya mbote ya kupesa mangwele ya kasesi sambu na kutanina bana yina kele ti bangonda yantika na 6 tii na bamvula 15, kukonda kutula dikebi na mutindu disolo ya kupesa mangwele sambu na kasesi ke monisa yo kana bo me mona nde ntalu ya kasesi yango kele na nsi ya 90 % to ntalu na yo me zabana ve.

- Tula mpi vitamine A sambu na bana yina kele na bangonda yantika na 6 tii na 59.
- Babebe yonso yina ke baka mangwele, yina kele ti bangonda yantika na 6 tii na 9, fwete baka diaka mangwele ya kasesi ntangu bo ke lungisa bangonda 9.

3 › Kana mpila kele sala manaka ya kufwana sambu na kupesa mangwele.

- Sala na mpila nde baopitale yina ke pesaka lusansu ya ntete to mutindu ya kusala na kimvuka kumonisa manaka ya insi na beno sambu na bamaladi yina yo ke lomba kubaka mangwele kiteso ya bilumbu 20 konso ngonda.

4 › Sala bana yina ke kwisa na baopitale ekzame sambu na kuzaba kana bo me bakaka ve mangwele mpi kupesa bo yo kana mpila kele.

Ntalu ya bana yina kele ti bangonda yantika na 6 tii na bamvula 15 yina me baka mangwele sambu na kasesi na ntangu ya kampanie ya mangwele sambu na kutanina bo na kasesi

- >95 %

Ntalu ya bana yina kele ti bangonda yantika na 6 tii na 59 yina bakaka vitamine A ya kufwana na ntangu ya kampanie ya mangwele sambu na kasesi

- >95 %

Ntalu ya bana yina kele bangonda kiteso ya 12 yina bakaka mangwele DTP mbala tatu

- >90 %

Ntalu ya baopitale yina ke pesaka lusansu sambu na mbala ya ntete ya ke monisa bisalu yina manaka ya kukwenda kupesa mangwele (PEV) kiteso ya bilumbu 20 konso ngonda

Kupesa mangwele: Kupesa mangwele kele mfunu mingi sambu bantu kufwa mingi ve kana mpasi mosi buna yina ke manaka ve me kumina bantu. Lutwadisu yina bainsi ke pesa lenda sadisa to ve na ntangu ya kukwenda kupesa nswalu lusadisu to bantu yina me luta bandilu yina bo me tudilaka bo. Yo ta vanda mbote na kusala nswalu kibeni ti lukanu ya kupesa mangwele ya mfunu mpi ya kusala pula ya mutindu ya kusala mambu sambu na kubumba mambu. ⊕ *Tala Lusansu ya me fwana–Bamaladi ya nsambukila, Nsiku ya 2.1.1* sambu na kubaka lutwadisu na mutindu ya kutadila bigonsa mpi ya balukanu ya kubaka na yina me tala kupesa mangwele mpi *Mambu ya me tala* mavimpi, Nsiku ya 1.3: Bankisi mpi bangidika ya mfunu ya ke bakama sambu na lusansu sambu na kuvukisa mpi kubumba mangwele.

Kupesa mangwele sambu na kasesi: Kupesa mangwele sambu na kasesi kele na kati ya mambu ya mfunu yina minganga ke salaka ntangu mpasi mosi buna me kumina bantu.

- *Kufika mambu:* Longuka mutindu ya kufika mambu ya bantu yina me kwendaka kuzinga bisika ya nkaka mpi ya bankwa nzo sambu na kusosa kuzaba kana mangwele yina bo ke pesaka sambu na kasesi mpi mutindu ya kusala kampanie me luta kiteso ya 90 % na bamvula tatu yina ke landa. Kana kampanie ya mangwele sambu na kasesi kele na nsi ya 90 %, yina me zabana to yina me zabana kibeni ve. Pesa mpi vitamine A kaka na ntangu ya nge ke pesa mangwele. Zikisa nde bantu kiteso ya 95 % ya kele ya mpa na bwala mosi buna yina kele ti bangonda yantika na 6 tii na bamvula 15 me baka mangwele.
- *Mvula yina me lombama:* Mvula yina me lombama: Bana ya nkaka ya kuyela ke tinaka ntangu bo ke pesaka bo mengwele, na ntangu ya kampanie ya mangwele sambu na kasesi to na kimbefo yo mosi. Bana yai ya ke tinaka mangwele ke bakaka kasesi kukonda mpasi mpi bo lenda pesa yo kukonda mpasi na babebe mpi bana ya fioti yina lenda fwa kaka sambu na maladi yai. Beno fwete pesa mangwele tii ntangu mwana ta lungisa bamvula 15. Kana mpila ta vanda ve, pesa ntete bana yina kele ti bangonda yantika na 6 tii na 59.
- *Kuyibusa mambu ya me tala mangwele:* Beno fwete pesa bana yonso yina kele ti bangoda yantika na 9 tii na bamvula 15 matonsi zole ya mangwele mutindu bamanaka ya mangwele ya bainsi na beno ke monisa yo. Bana yina kele ti bangonda yantika na 6 tii na 9 yina me bakaka mangwele sambu na kasesi (mumbandu, na ntangu ya kampanie yina salamaka na nswalu kibeni) fwete baka diaka matonsi zole ya mangwele ntangu bo ke lungisa mvula yina manaka ya insi na beno me tulaka (mingi-mingi yantika na bangonda 9 tii na bangonda 15 na babwala yina kele na kigonsa kibeni).

Maladi ya buka-buka (Poliomyélite): Beno fwete sala kampanie ya mangwele ya buka-buka ntangu bantu me yantika kutubila maladi yango to ntangu manaka sambu na kukatula me kuma na kigonsa mutindu mukanda ya ke tendula mambu ya *Mangwele ke monisa yo na ntangu ya kukwenda kupesa lusadisu na ntangu ya mpasi mosi buna: Na ntangu ya kubaka balukanu tala Lusansu ya me fwana – Bamaladi ya nsambukila, Nsiku ya 2.1.1: Kuyilama.*

Manaka ya insi sambu na manaka ya nene ya mangwele (PEV): Sadila na nswalu yonso PEV sambu na kutanina bana na maladi ya kasesi, maladi yina muntu ke pemaka mbote ve, mpi kusala na mpila nde bantu kubaka kibeni ve maladi yina muntu ke pemaka mbote ve. PEV lenda pesa bantu mangwele ya nkaka kana yo me mana *tala Lusansu ya me fwana – Bamaladi ya nsambukila, Nsiku 2.1.4: Kuyilama mpi kukwenda kupesa lusadisu ntangu bantu ke tubila maladi mosi buna.*

Tanina mbote mangwele: Talaka ntangu yonso sambu na kusosa kuzaba kana mangwele yango kele na lutaninu kibeni. Zitisa malombo ya bantu yina salaka yo na yina me tala kubumba yo mbote mpi na kisika ya madidi tala *Mambu ya me tala mavimpi, Nsiku ya 1.3: Bankisi mpi bandongila ya mfunu ya ke bakama sambu na lusansu.*

Kutendula mambu na pwelele yonso: Na ntwala ya kupesa mwana mangwele, beno fwete widikila bantendula ya pwelele yina bibuti ya bana yango ke zabisa beno. Diambu yai ke tadila bigonsa mpi mwa bampasi yina ke kwisaka na nima ya kubaka mangwele.

Mavimpi ya bana, Nsiku ya 2.2.2:
Kusansa babebe yina ke butuka mpi bana
ya fioti kukonda kulomba mbote

Bana kele ti nswa ya kubaka nswalu lusansu ya me fwana sambu na kutanina bo na mambu ya nkaka ya mpasi yina lenda natila bo maladi to lufwa.

Bisalu ya mfunu

1 ⟩ Pesa lusansu ya me fwana na bisika ya luswaswanu (na babiro, na baopitale to na bimvuka yina bo ke salaka manaka).

- Sadila lutwadisu yina "Kusansa babebe na yina me tala bimvuka ya ke kwendaka kupesa lusadisu na bantu yina kele na mpasi" ke pesaka sambu na bana ya fioti ⊕ *tala Bareferanse.*
- Sosa kusansa bantu yina ke bela na kati ya kimvuka mpi kusansa bana ya fioti yina ke bela kukonda kulomba bo mbongo.

2 ⟩ Monisa mutindu ya kulandila mpi ya kupona mambu na baopitale yonso yina bo ke sansaka babebe mpi bana ya fioti yina ke bela.

- Sala na mpila nde bana yina ke monisa dezia bidimbu (ke kuka ve kunwa masa to mabele, ke luka ntangu yonso, kele kibeni mbote ve, ke lala-lala bampongi to ke kudizaba diaka ve) kubaka lusansu na nswalu kibeni.
- Kana bigonsa me kuma mingi, sosa kulandila mpasi ya ngolo yina muntu lenda vanda na yo na mawi mpi kana bo me tudila yandi ndikila.

3 ⟩ Baka bangidika ya kutula bankisi ya mfunu na kiteso mpi na mutindu ya kufwana sambu na kusansa bamaladi yina bana ya fioti ke belaka, na bisika yonso yina bo ke pesaka lusansu.

4 ⟩ Longuka mutindu bana ke yela mpi madia yina fwete tunga nitu na bo.

- Tinda bana yonso yina kele bibuba na baopitale yina bo ke sansaka bibuba.
- Pesa lusansu na opitale mosi sambu na bana yina kele bibuba ya ngolo yina ke manaka ve to yina ke pesa mpasi kibeni sambu na kumana.

5 ⟩ Tula bantu yina ta landilaka mbote kibeni maladi yina bana ke bela sambu na kupesa bo mangwele sambu na kutanina bo na bamaladi, mumbandu, maladi yina muntu ke pemaka mbote ve, kana bigonsa ya bamaladi me kuma mingi kibeni.

- Kana mpila kele sadila mikanda yina kele dezia.

6 ⟩ Sadila bansangu yina ke longa sambu na kusiamisa mabuta na kubaka bangidika na ntwala sambu na bamaladi yina lenda kumina bo mpi sambu bo kuma ti kikalulu ya kusala mambu na bunkete yonso.

- Pesa bisalu bonso kunwisa bana mabele, madia sambu na babebe, kuyobisaka maboko, kukonda kutula babebe na ntangu mpi kusiamisa bantu sambu na kuyela ya bana ya fioti.

7 > Sadila bansangu yina ke longa sambu na kusiamisa bantu na kunata babebe mpi bana ya fioti nswalu kibeni na opitale kana bo me yantika kumona bidimbu yai na nitu na bo, fièvre, kosu-kosu to pulu-pulu.

- Baka bangidika ya kutanina bana yina kele ve ti mbuta mosi to kibuti ya kutanina bo.

8 > Sosa kuzaba bana yina kele ti kifu na nitu to kuyela na bo kele mbote kibeni ve.

- Pesa bandongisila mpi twadisa bo na bisika yina bo ke sansaka bantu.

Bimonisilu ya mfunu

Ntalu ya bana yina ke fwaka ya kele ti bamvula na nsi ya 5

- Bantu na nsi ya 2 yina ke fwa sambu na 10 000 konso kilumlbu   *tala Annexe 3 sambu na kusala bantalu ya mbote*

Kupesa bankisi ya malaria ya mbote kibeni kana mpila kele na bana yonso yina kele ti bamvula na nsi ya 5 yina ke bela malaria

- Na kiteso ya bangunga 24 na nima ya kumona bidimbu yina bo ke monisa
- Beno lenda pesa nkisi yango ve na bana yina kele bibuba yina ke manaka ve yina kele ti bamvula na nsi ya 5

Kupesa serume ya kunwa mpi zinc ya mbote na bana yonso yina kele na bamvula na nsi ya 5 yina ke bela pulu-pulu

- Na kiteso ya bangunga 24 na nima ya kumona bidimbu yina bo ke monisa

Pesa lusansu na bana yonso yina kele na nsi ya bamvula 5 yina ke bela maladi ya ba foie *(pneumonie)*

- Na kiteso ya bangunga 24 na nima ya kumona bidimbu yina bo ke monisa

Mikanda ya ke pesa lutwadisu

Lusansu ya me fwana sambu na babebe: Pesa lusansu ya me fwana na babebe yonso kaka ntangu bo ke butuka, mingi-mingi na baopitale mpi na kulandila lutwadisu yina ke pesamaka   *Kusansa bankento yina kele ti mavumu mpi yina ke buta ya ofele mpi Kusansa babébé na yina me tala bimvuka ya ke kwendaka kupesa lusadisu na bantu yina kele na mpasi.* Ata nkento kubutaka yandi mosi to ti lusadisu ya munganga, lusansu ya me fwana sambu na babébé kele yai ya me landa:

- lusansu yina me simbama na tiya ya nitu (kukonda kuyobila nswalu, tula bebe yango na kisika ya kuyuma mpi kangimisa yandi ti mpusu ya nitu na nge sambu yandi baka tiya yina);
- kubaka bangidika sambu na microbe (songa bantu mutindu ya kuvanda bunkete na ntangu mwana me butuka, kuyobisa maboko, kuyobisa mutolo, meso mpi mpusu na yandi);

377

- kupesa madia (kunwisa mwana mabele mbala mosi mpi ntangu yonso, kubumba miliki yina bo ke pesaka mwana kaka ntangu yandi ke butuka);
- kukengila (tadila bidimbu yina ke monisa kana yandi kele ti microbe to mambu ya nkaka yina ke lomba lutwadisu); mpi
- lusansu yina bo ke pesaka bantu na ntwala ya kubuta (yo vanda na nzo to pene-pene na nzo na mposo mosi yina mwana me butuka, kana yo kele mpasi na kukwenda kutala mwana yango na bangunga 24 yina ya ntete, sosa kukwenda kutala bo mbala tatu na mposo ya ntete yina mwana me butuka).

Sansa bana yina ke bela ya ofele (PCIME) kele na kati ya kusansa bana yina kele ti bamvula kiteso ya 5 ntangu bo ke pesaka lusansu ya ntete. Na nima ya kutula PCIME, tula balutwadisu yina mikanda ke pesa mpi pesa minganga formasio ya mbote.

Sansa bantu yina kele na kimvuka ya ke bela ya ofele (PEC-C) ke sadisaka na kupesa lusansu ya nswalu kibeni mpi ya me fwana sambu na malaria, maladi yina ke vandaka na ba *foie* mpi pulu-pulu na bantu yina kele ve ti nswa ya kubaka lusansu na baopitale, mingi-mingi bana ya fioti yina kele ti bamvula na nsi ya 5.

Sansa bana yina kele ti pulu-pulu ya ofele: Pesa bana yina kele ti pulu-pulu serume (SRO) kiteso ya mingi ve mpi *zinc*. Zinc ke salaka nde pulu-pulu kusala bantu mingi ve mpi SRO ke sadisaka sambu masa kumana ve muntu na nitu. Siamisa minganga na kulandila to na kumatisa mutindu ya kunwisa bana, mpi na nima kumatisa diaka madia.

Sansa bana yina keti maladi ya ba foie ya ofele: Kana bana ke kosula, beno fwete nata bo na opitale sambu na kusosa kuzaba kana bo ke pema ntinu-ntinu to ke pema na mpasi kibeni to kana bo ke wa mpasi na ntulu. Pesa bankisi ya kunwa ya mbote sambu na ba *infection*. Bana yina ke monisa bidimbu yina kele kigonsa to ya ke monisa bidimbu ya maladi yina ya ba foie fwete baka lusansu ya mbote mingi kibeni.

Kiteso yina mwana fwete pema ntinu-ntinu kele na mvula yai:

Ntangu yandi ke butuka tii na bangoda 2: >60/min	Bangonda 12: >50/min
Yantika na mvula 1 tii na bamvula 5: >40/min	Bamvula 5: >20/min

SIDA: Kana ntalu ya bantu yina kele ti Sida kele kuluta 1 %, beno fwete sadisa bana yonso yina kele bibuba yina ke manaka ve ekzame sambu na kusosa kuzaba kana bo kele ti yo to ve. Bamama mpi minganga ya ke sansaka bana yina kele ti Sida, kele na mfunu ya bandongisila mpi lusadisu ya me fwana kibeni ⊕ *tala Bansiku ya madia yina bo me bumba mbote mpi ya ke tunga nitu.*

Madia ya bana yina kele na kingenga: Pona bantu yina ta landilaka madia ya bana yina kele na kingenga to bana yina kele bo mosi.

Kutula dikebi na bana: Sadila mutindu minganga ke zabaka mambu sambu na kuzaba mutindu bo ke niokulaka bana, ke tudilaka bo ve dikebi mpi ke sadilaka bo mambu ya nku. Beno lenda zabisa bantu yina ke salaka kisalu ya kutanina bana. Monisa mutindu ya kusala mambu sambu na kuzaba mpi kusansa bantu yina ke bela ya ofele yina kele ti bangiufula bonso ya ke tadila mambu yina minganga ke zabaka sambu na bamama mpi babebe, bana ya fioti mpi batoko.

Lutwadisu sambu na madia yina ke tungaka nitu: *tala Madia ya bo me bumba mbote mpi ya ke tunga nitu, Nsiku ya 3: Kukonda micronutriment na nitu mpi kusansa bibuba kukonda kulomba bo mbongo:Kibuba yina me yantika ntama ve,* mpi *Nsiku ya 2.2: Kibuba yina ke manaka ve.*

Kubeba ya mupepe na mabuta: Beno lenda pesa bima yina ke bendaka midinga na banzo sambu na midinga kuvanda kibeni mingi ve mpi yo natila ve bantu maladi ya mpema — *tala Bisika ya mbote ya kupema mpi banzo, Nsiku ya 3: Bisika ya kuzinga* mpi *Nsiku ya 4: Bima ya kusadila na nzo.*

Kutudila muntu ndikila: *tala Annexe 4.*

2.3 Kuvanda na mavimpi ya mbote sambu na kuvukisa nitu mpi kubuta bana

Kana mpasi mosi buna me kumina bantu, beno fwete pesa bantu lusansu ya kufwana sambu bo vanda na mavimpi ya mbote sambu na kuvukisa nitu mpi kubuta bana. Kana mpila kele pona bantu ya bisalu yina ta talaka mambu yango.

Bisalu yango yina kele na kati ya bimvuka yina ke kwendaka kupesa lusadisa na baopitale mpi bo fwete kwendaka ti bankisi na kati ya basaki na bo sambu na kusadisa bantu na kubuta — *tala Mambu ya me tala mavimpi, Nsiku ya 1.3: Bankisi mpi bangidika ya mfunu ya ke bakama sambu na lusansu.*

Kuvanda na mavimpi ya mbote sambu na kuvukisa nitu mpi kubuta bana ke tadila kuyidika mbote bisalu yina kele dezia, kuyika bisalu yina ke kondana mpi kutomisa yo diaka. Kuzaba mbote kibeni mutindu mambu ya me tala mavimpi ke salaka ta sadisa na kubakisa mutindu ya kupesa lusadisu — *tala Mambu ya me tala mavimpi, Nsiku ya 1.1 tii na 1.5.*

Bantu yonso, yo vanda na yina me tala kimvuka ya ke kwendaka kupesa lusadisu, kele ti nswa ya kubaka lusansu sambu na kuvanda na mavimpi ya mbote sambu na kuvukisa nitu mpi kubuta bana. Ntangu beno ke pesa lusansu sambu na kuvanda na mavimpi ya mbote sambu na kuvukisa nitu mpi kubuta bana, beno fwete tula dikebi na binkulu ya bantu mpi balukwikilu ya mabundu na bo na kuzitisaka bansiku ya bainsi ya nkaka ya banswa ya bantu *(normes internationales des droits de l'homme)*. Tula dikebi na bampusa ya batoko, ya minunu, ya bantu yina kele ti bifu na nitu mpi ya bantu yina kele na kigonsa, yo vanda bo kele ti lutwadisu to me zabana na mambu ya kuvukisa nitu.

Mambu ya kukwenda kupesa nswalu lusadisu ke katulaka bigonsa ya kuvukisa nitu ti bankento na nku yonso, tanga mpi kubebisa bankento mpi kuvukisa nitu ti bo na ngolo. Bimvuka yonso fwete sala na bumosi sambu na kutanina mpi kukwenda kupesa lusadisu, na kuwakana ya mbote na babwala ya lutaninu. Beno fwete baka bansangu na lutaninu yonso mpi na bikalulu ya mbote. Pesa bansangu na kutadila mikanda yina bo me sonikaka — *tala Minsiku ya ke tanina bantu* mpi *Mambu ya me tala mavimpi, Nsiku ya 1.5: Bansangu ya me tala lusansu.*

Kuvanda na mavimpi ya mbote sambu na kuvukisa nitu mpi kubuta bana, Nsiku ya 2.3.1:
Kupesa lusansu sambu na mavimpi
ya mama mpi ya bebe

Bantu yonso kele ti nswa ya kubaka lusansu mpi ya kuyidika mambu ya dibuta yina ta sala nde bamama mpi babebe kubela diaka mingi ve maladi yina ke nataka na lufwa to ke fwaka.

Bisalu ya mfunu

1 ⟩ Zikisa nde bisika yina bankento ke butaka kele na lutaninu mpi bunkete, kele ti lusansu ya me fwana na bebe yina me butuka, mpi bo ke pesaka bo lusansu na nswalu kibeni.

- Tula bima yina ta twadisaka na kuwakana mpi kaminio yina ta nataka bantu yantika na kimvuka tii na opitale to na opitale yina ke salaka ntangu yonso.

2 ⟩ Pesa bankento yina kele ti mavumu bisadilu ya bunkete yina bankento ke sadilaka na ntangu ya kubuta kana minganga mpi baopitale kele ve ti bisika ya kubumba yo.

3 ⟩ Kwenda kukutana ti bimvuka sambu na kuzaba mambu yina bo ke zolaka, mutindu ya kusala mambu mpi mutindu bantu na babwala ke tadilaka mutinidu ya kutanina bankento na ntangu ya vukisa nitu sambu bo baka ve divumu.

- Bingisa babakala, bankento, batoko ya bankento mpi ya babakala sambu na kutubila mambu yango na kinganga mpi mutindu ya kukabwana.

4 ⟩ Monisa bametode ya kusadila bankisi sambu na ntangu fioti to na ntangu ya nda sambu nkento kubaka ve divumu mpi pesa yo na baopitale kana bo lombaka yo mpi na bisika ya kingenga mpi yina bantu lenda panza ve nsangu.

- Pesa bandongisila ya ke monisa mfunu ya kupona mbote mpi ya kulungisa mbote mambu.

Bimonisilu ya mfunu

Lusansu ya mbote kele ntangu yonso sambu na mambu ya me tala kubaka divumu mpi kubuta kukonda kukana yina lenda kumina bantu mpi kusansa babebe

- Kusansa nswalu bankento yina ke zolaka kubuta mpi babebe: kiteso ya baopitale tanu sambu na bantu 500 000
- Kusansa nswalu bankento yina ke zolaka kubuta mpi babebe: kiteso ya opitale mosi sambu na bantu 500 000

Ntalu ya bana yina me butuka yina bo ke landila na minganga ya me fwana na opitale

- Lukanu kiteso ya: 80 %

Kima yina ke sadisa sambu na kuzaba bankento yina ke zola kubuta yina bo me nata na nswalu kibeni mpi babébé

- Yo kele konso ntangu mpi konso kilumbu

Ntalu ya bankento yina minganga me pasula sambu na kubasisa bana na baopitale

- Lukanu: 5-15 %

Konso opitale ya fioti-fioti kele ti bametode iya ya kusadila sambu nkento kubaka ve divumu sambu na bangonda tatu mpi sambanu ntangu mpasi mosi buna me kumina bantu.

Mikanda ya ke pesa lutwadisu

Kupesa lusansu na nswalu kibeni na bankento yina ke buta mpi na babebe yina ke butuka: Kiteso ya 4 % ya bantu yina kele ti bankento ya kele na mavumu mpi kiteso ya 15 % na kati na bo ke kutanaka ti mambu ya mpasi ntangu bo kele ti divumu to na ntangu ya kubuta mpi yo ta lomba kupesa lusansu na nswalu kibeni. Bankento kiteso ya 5 tii 15 % yina minganga ke pasulaka sambu na kubasisa mwana. Na ntoto ya mvimba, kiteso ya 9 tii 15 % ya babebe yina kele na mfunu ya lusansu ya kufwana kibeni. Kiteso ya 5 tii 10 % ya babebe yina ke pemaka ve mbala mosi ntangu bo ke butukaka mpi yo ta lomba kunikisa bo mpi yo ke lombaka kusadisa bo bangalasisi sambu bo kuma mbote. Mambu yina ke salaka nde bana kupema mbote lenda vanda kubutuka na ntangu yina me lunga ve mpi mambu yina lenda basika na ntwala nde mwana kubutuka ke salaka nde mwana kupema diaka ve sambu na ntangu ya nda   *tala Lusansu ya me fwana – Mavimpi ya bana, Nsiku ya 2.2.2: Kusansa babébé mpi bana ya fioti yina ke bela ya ofele*.

Lusansu ya bankento yina ke buta mpi babebe kele *antibiotique*, bankisi *utérotonique (oxytocine parentérale, misoprostol)*, bankisi yina bo ke pesaka sambu na bantu yina ke belaka maladi ya ndeke *(sulfate de magnésium)*, kubaka bangidika ya kubaka bankisi ya me fwana sambu na nkento kubaka ve divumu, kubasisa kibu na mayele yonso, kubasisa mwana na nzila yina bankento ke butaka na nsadisa ya masini *(ventouse)* mpi kusadisa mama mpi mwana bangalasisi sambu bo vutula diaka mpema na bo.

Lusansu ya mbote ya me fwana sambu na bankento yina ke buta mpi na bana yina ke butuka ke tadila mambu yonso yina beto me tubila awa na zulu mpi kusala muntu operasio na nsandisa ya nkisi yina ke pesaka mpongi *(césarienne, laparotomie)* mpi mitindu yonso ya kutula muntu menga mpi kuzitisa bansiku yina me bakamaka. Lusansu yina ke pesamaka ntangu muntu ke zola kubasisa divumu na yina me tala kukwenda kupesa nswalu lusadisu mpi na mwana yina fwete basika mpi ke sadisaka sambu ntalu ya bantu yina kele ti maladi yina ke nataka bantu na lufwa kuvanda mingi kibeni ve mpi mambu ya mpasi yina ke kwisaka ntangu muntu ke butaka mwana ya kufwa *(avortement spontané)* mpi kubasisa divumu kukonda kulanda lutwadisu ya minganga. Kupesa lusansu ke tadila kuzaba mutindu ya kulandila mambu ya kubasika menga (yo lenda vanda na nsadisa ya operasio) mpi maladi *septicémies* yina ke vanda na menga mpi bima yina ke sadisaka sambu maladi kusimba ve bantu *(prophylaxie antitétanique)*.

Yo kele mfunu nde baopitale yina ke pesaka lusansu ya me fwana, ya kukuka mpi ya babebe yina ke butuka fwete salaka kaka ntangu yonso.

Kima yina ke pesaka lutwadisu ke sadisaka bankento mpi babebe yina ke butuka na kukwenda na opitale yina bo lenda pesa lusansu ya mbote na bankento yina kele ti mavumu mpi na babebe yina me butuka, mpi beno lenda kwenda na opitale ya nkaka yina bo lenda pesa lusansu ya kukuka na bana bankento yina kele ti mavumu mpi na bana ya fioti.

Kuyidika mambu na dibuta: Sosa kusolula ti bimvuka mingi sambu na kuzaba mambu yina bo ke zolaka mpi binkulu na bo. Zikisa kana bantu ke zaba bisika yina bo lenda baka bankisi sambu bo baka ve mavumu mpi mutindu ya kukota na bisika yango. Sambu na kusadisa bantu na kuzaba bisika ya kubaka bankisi yango, beto ke lomba beno na kukabisa bansangu yango na mitindu mingi mpi na bandinga mingi. Beto ke lomba beno na kusolula ntete ti bamfumu ya bimvuka na ntwala ya kupesa bansangu yango.

Bantu yina me bakaka formasio yina me zabaka mambu yina bantu ke zolaka mpi binkulu na bo, mpi mambu ya me tala bambefo fwete pesa bantu bandongisila na yina me tala bankisi yina ke taninaka bankento sambu bo baka ve divumu. Ntangu beno ke pesa bandongisila yango, beno fwete bula munsonso na yina me tala kubumba kinsweki mpi mambu ya me tala muntu ya nkaka, kupona na luzolo yonso mpi na kundima, kutadila mambu ya nkaka yina me basika na kintulumukina, kubaka mukumba ya bantu mpi kulandila mambu, mpi mutindu ya kukatula bima yina ke sadisaka sambu nkento kubaka ve divumu.

Bankisi ya luswaswanu yina ke sadisaka sambu bankento kubaka ve divumu fwete vanda dezia pana sambu bantu lenda lomba yo. Bantu yina ke bakaka bima yango fwete baka formasio kaka ntangu bo ke baka bankisi yina ke sadisaka bankento sambu bo baka ve divumu na ntangu ya nda.

Bisalu ya nkaka: Yantika kupesa lusansu ya nkaka na bamama mpi na babebe yina ke butuka kana mpila kele, disongidila lusansu yina bo ke pesaka na ntwala mpi na nima ya kubuta.

Kusala na bumosi ti bimvuka ya nkaka: Sala na bumosi ti kimvuka yina ke talaka mambu ya madia yina ke tungaka nitu sambu na kuzaba mutindu ya kupesa lutwadisu na bankento yina kele ti mavumu mpi, bankento yina ke nwisaka bana sambu bo kwenda na bisika yina bo ke pesaka madia ya kufwana (mumbandu na alimentation mosi buna ⊕ *tala Madia ya bo me bumba mbote mpi ya ke tunga nitu – Kusansa bibuba ya ofele, Nsiku ya 2.1 mpi 2.2.*

Kuvanda na mavimpi ya mbote sambu na kuvukisa nitu mpi kubuta bana, Nsiku ya 2.3.2:
Kuvukisa nitu na ngolo ti bankento
mpi kusansa bo ya ofele
Bantu kele ti nswa ya kubaka lusansu na bisika ya mbote mpi lusansu yina ke lungisa bampusa ya bankento yina bo me vukisa nitu ti bo na ngolo.

Bisalu ya mfunu

1 ⟩ Sosa kuzaba kimvuka mosi yina lenda tambusa mambu ya me tala bimvuka yina kele ti lukanu ya kufiotuna bigonsa ya kuvukisa nitu na ngolo ti bankento, ya

kusosa kuzaba mutindu ya kupesa lutwadisu mpi ya lusadisu ya me fwana na bantu yina me kutana ti mambu ya mutindu yai.

- Sala na bumosi ti bimvuka ya nkaka sambu na kutomisa bangidika yina ke bakama mpi mutindu ya kukwenda kupesa lusadisu.

2 ⟩ Zabisa bantu bisalu yina ke salama na baopitale mpi mfunu ya kukwenda kubaka nswalu lusansu na ntangu ya bo me vukisa nitu ti bankento na ngolo.

- Zabisa bantu bangidika yina me bakama sambu na kutanina bo na maladi ya Sida ntangu bo me vukisa nitu ti bo na ngolo kana mpila kele (na kiteso ya bangunga 72 na nima ya kuvukisa nitu ti bo na ngolo).
- Pesa bantu nkisi yina ke taninanaka bankento sambu bo baka ve mavumu na kiteso ya bangunga 120.

3 ⟩ Pona bisika ya mbote na baopitale sambu na kuyamba bankento yina bo me vukisa nitu ti bo na ngolo mpi pesa bo lusansu ya me fwana mpi lutwadisu.

- Tula mpi sadila mikanda yina ke monisa mambu pwelele mpi lisiti yina kele ti banswa ya mbefo.
- Pesa minganga formasio sambu na bansangu ya me tala kupesa lusadisu, ya kubumba mbote kinsweki ya bantu mpi ya kutanina mbote bansangu ya nkaka mpi ya me tala bantu yina bo me vukisa nitu ti bo na ngolo.

4 ⟩ Pesa lusansu na bantu yina bo vukisa nitu ti bo na ngolo mpi twadisa bo bisalu yina ke pesaka maboko na balukanu yina bo ke bakaka sambu na bantu yina yina bo ke vukisaka nitu ti bo na ngolo.

- Sala kimvuka yina ta pesaka lutwadisu kana yo ke lomba kukwenda nswalu kupesa lusadisu, kana muntu ke bela maladi mosi ya ngolo to ya mpasi.
- Tula bima yina ta pesaka lutwadisu na bisalu ya ke tala bunkete, ya bansiku, ya mutindu bantu ke yindulaka, ya bimvuka, ya kutanina mpi ya lutaninu.

Bimonisilu ya mfunu

Baopitale yonso fwete vanda ti munganga mosi yina bo me pesaka formasio mpi bisadilu ya kufwana sambu na kusansa bantu yina bo me vukisa nitu ti bo na ngolo mutindu mikanda ya bainsi na beno mpi ya bainsi ya nkaka ke monisa yo

Bantu yonso yina bo vukisaka nitu ti bo na ngolo fwete ndima kibeni nde bo bakaka lusansu ya mbote mpi nde minganga telaka ve bantu ya nkaka kinsweki na bo

Bantu yina bo ke vukisaka nitu ti bo na ngolo fwete baka:

- Bangidika ya kufwana sambu na kubaka ve maladi na kiteso ya bangunga 72 na nima ya kukutana ti diambu yango
- Nkisi yina ke taninanaka bankento sambu bo baka ve mavumu na kiteso ya bangunga 120 na nima ya kukutana ti diambu yango

Mikanda ya ke pesa lutwadisu

Kubaka bangidika sambu na kutanina bankento yina bo me vukisa nitu ti bo na ngolo to me sadila bo mambu na nku ke lomba kusala mambu na babwala yonso. Sambu na kuzaba mambu mingi na yina me tala mutindu ya kukumisa baopitale kitoko mpi bisika yina bo lenda pesa lusansu ya mbote mingi kibeni ⊕ *tala WASH kubumba masa, Nsiku ya 2.1* ⊕ *tala Kukatula batufi yina bantu ke nenaka, Nsiku ya 3.2* ⊕ *tala Madia ya bo me bumba mbote mpi ya ke tunga nitu – Madia yina me fwana, Nsiku ya 6.3* mpi *Bisika ya mbote ya kupema mpi banzo, Nsiku ya 7.2; Bisika ya mbote ya kupema mpi banzo, Nsiku ya 2 mpi 3* ⊕ *tala Munsiku ya ke tanina bantu ya 1* mpi *Nsiku ya me fwana sambu na kupesa lusadisu na bantu ya kele na mpasi, Kuwakana ya 4 mpi 8.* ⊕ *tala Mambu ya me tala mavimpi, Nsiku ya 1.1 tii na 1.3.*

Lusansu yina bo ke pesaka na opitale, mingi-mingi lusansu ya me tala maladi ya ntu yina muntu ke belaka mpi kutwadisa bantu yina bo me vukisa nitu ti bo na ngolo fwete vanda na baopitale yonso yina bo ke pesaka lusansu ya ntete to na bimvuka yina ke kwendaka bisika ya nkaka ⊕ *tala Mambu ya me tala mavimpi, Nsiku ya 1.2* mpi *Mambu ya me tala lusansu, Nsiku ya 2.5.* Yo ke tadila minganga yina me zaba kusansa mbote kibeni, yina ke sansaka nswalu, yina ke bumbaka kinsweki ya bantu mpi yina ke pesaka bana yonso bandongisila, bambuta mpi minunu na yina me tala:

- nkisi yina bankento ke nwaka sambu na kubaka ve divumu;
- bateste sambu na kuzaba kana nkento kele ti divumu, kubasisa divumu na mutindu ya mbote kibeni mutindu nsiku ke monisa yo;
- kusansa maladi yina muntu ke bakaka na nzila ya kuvukisa nitu;
- kubaka bangidika sambu na kukonda kubaka Sida ⊕ *tala Mavimpi, Nsiku ya 2.3.3: SIDA*
- kubaka bangidika sambu na *hépatite B*;
- kusansa bamputa mpi kubaka bankisi sambu na *tétanos*; mpi
- kutinda bantu na bisalu ya nkaka bonso bisalu ya nkaka ya ke talaka mambu ya mavimpi ya bantu, ya mabanza, ya bansiku mpi ya mutindu ya kuzinga na kimvuka.

Sosa kuzaba kana minganga yina ya bankento to babakala ke tubaka mbote Kikongo mpi ndinga yina bambefo ke tubaka, mpi lomba na bantu yina ke landilaka mambu yango mpi na bamfumu mpi na bambaludi *(interprètes)* ya bankento to ya babakala na kupesa bisalu yina ta zitisaka bantu mpi ta salaka mambu na bukati-kati. Pesa formasio na minganga sambu na kupesa lusansu na bankento yina bo me vukisa nitu ti bo na ngolo mpi sala na bumosi ti kimvuka yina ke pesaka lusadisu, mambu ya minganga sansaka dezia mpi kusadisa ekzame ya nitu ya mvimba, kubaka lusansu mpi bandongisila. Kana ntangu kele mpi kana yo kele mfunu, beno lenda pesa formasio na mutindu mambu ya kimunganga ke salamaka mpi mutindu ya kuvukisa mambu yonso.

Bana yina bo me vukisa nitu ti bo na ngolo: Minganga yina ya mayele mingi kele ti mukumba ya kusansa bana yina bo me vukisa nitu ti bo na ngolo ya ofele. Bana yango kele ti nswa ya kupona minganga ya bankento to ya babakala yina ta baka mukumba ya kusansaka bo. Na mambu yonso, tula bantu yina me zabaka mbote kibeni mutindu ya kutanina bantu.

Kusala kuwakana ti kimvuka: Sala na bumosi ti bambefo mpi kimvuka sambu na kutomisa mutindu bantu lenda kota mpi kundima kubaka lusansu mpi kupesa bamanaka ya ke tanina bantu na ntangu yonso yina ya mpasi mosi buna. Tula bima yina ke pesaka bansangu ya kinsweki mpi na swalu yonso. Tanga mpi bankento, babakala, batoko mpi bantu yina kele na kigonsa bonso bantu yina kele ti bifu na nitu mpi bimvuka ya LGBTQI.

Mambu ya me tala bansiku: Tula dikebi na bansosa yina minganga ya insi na beno ke salaka mpi na bansiku ya insi na beno ne yina me tala kuvukisa nitu ti bankento na ngolo. Zabisa bantu yina bo vukisaka nitu ti bo na ngolo bansiku yina ke lomba kuzabisa bandilu yina bo fwete vanda na yo na bansangu yina bambefo ta pesa minganga. Yo lenda vanda ti bupusi na lukanu yina bo lenda baka ya kukwenda na ntwala sambu na kusosa lusadisu kansi bo fwete zitisa kaka mutindu yai ya kusala mambu.

Nsiku ya bainsi mingi ke ndimaka nde nkento lenda basisa divumu kaka kana yandi bakaka divumu yango na ntangu ya bo vukisaka nitu ti yandi na ngolo. Kana yo kele mutindu mosi sambu na insi na beno, beno lenda sala yo kansi na luzitu yonso.

Kana yo kele mpasi kibeni na kubaka mukumba ya bankento yina bo vukisaka nitu ti bo na ngolo, mitindu ya nkaka mpi ya kuvukisa nitu ti nkento na ngolo lenda vanda na makwela, na dibala yina bo kwedisaka mwana nkento na ngolo, mpi kusimbaka kinama ya bankento kele dezia ti bupusi ya ngolo na kati ya mambu ya mpasi yina kimvuka ya kwendaka kupesa lusadisu fwete tadila mpi na mambu ya nkaka yo lenda kuma diaka mbi mingi kuluta mpi yo lenda vanda ti bupusi na mavimpi ya bantu (na nitu, na ntangu ya kuvukisa nitu, mpi na mabanza) mpi yo lenda lomba kukwenda kupesa lusadisu ya me fwana. Balutwadisu ya nkaka ya bainsi ya nkaka ke zabaka mbote kibeni kaka ve kuvukisa nitu na ngolo kansi mpi mitindu ya nkaka ya kuvukisa nitu ti bankento na ngolo mpi mambu ya mpasi yina yo ke nataka na mavimpi *tala Directives pour l'intégration d'interventions ciblants la violence fondée sur le genre dans l'action humanitaire du CPI*.

Kuvanda na mavimpi ya mbote sambu na kuvukisa nitu mpi kubuta bana, Nsiku ya 2.3.3:
SIDA
Bantu yina kele ti nswa ya kubaka lusansu ke salaka na mpila nde bantu kubaka ve Sida, bamaladi ya nkaka mpi lufwa yina Sida ke nataka.

Bisalu ya mfunu

1 ⟩ Tula bansiku mpi zitisa bantuma yina bo me tulaka sambu na kuvutula muntu menga na mutindu ya mbote mpi ya me fwana kibeni.

2 ⟩ Pesa nkisi na bantu yina kele dezia ti sida, mingi-mingi bankento yina ke salaka sambu na kuditanina na bamanaka ya ke monisa mutindu mama lenda pesa yo mpi na mwana.

▪ Landila mbote kibeni bantu yina kele ti Sida sambu bo landa kubaka lusansu.

3 ⟩ Pesa kapoti *(préservatif)* ya bankento mpi ya babakala na bantu yonso kana bo ke sadilaka yo.

▪ Sala na kimvuka ti bamfumu mpi bantu yina kele ti Sida sambu na kuzaba mutindu bo ke sadilaka yo na babwala na bo, kusadisa bantu mingi na kundima yo mpi kuziksa nde kukabula bakapoti na bantu yonso me salama na mutindu ya mbote kibeni.

4 ⟩ Kana bantu kuluta 1 % kele ti Sida, beno lenda sadisa bankento yonso yina kele ti mavumu ekzame ya Sida sambu na kuzaba kana bo kele na yo.

5 ⟩ Kana mpila kele baka bangidika ya kupesa bankento yina bo me vukisa nitu ti bo na ngolo nkisi yina lenda tanina bo kiteso ya bangunga 72 na nima ya kukutana ti diambu yango.

6 ⟩ Pesa bantu nkisi *cotrimoxazole* sambu na bamicrobe yina me kumina:
   a. bantu yina kele na Sida; mpi
   b. bana yina bamama na bo kele dezia ti Sida na ntangu bo butaka bo, bana yina kele ti bamposo yantika na 4 tii na 6; landa kusala mutindu yina tii ntangu Sida yina kele na bana ta mana.

7 ⟩ Zikisa kibeni nde baopitale yina ke pesaka bantu lusansu ya ntete kele ti bankisi yina ke fwaka microbe *(antimicrobiens)* mpi ke bakaka mukumba ya kusansa bantu yina ke monisa bidimbu ya maladi ya nsambukila yina muntu ke bakaka na nzila ya kuvukisa nitu.

Bimonisilu ya mfunu

Na ntwala ya kuvutula muntu menga, sala ekzame sambu na kusosa kuzaba kana menga yango kele ti maladi ya nsambukila, bonso SIDA

Ntalu ya bantu yina ke baka bankisi *antirétrovirale* sambu na microbe mpi nkisi TAR

- 90 %

Ntalu ya bankento yina ke zola kukuma minganga mpi bo ke sala bo ntete ekzame ya Sida, kana ntalu ya bantu yina kele na Sida me luta 1 %

- 90 %

Ntalu ya bantu yina lenda baka Sida kukonda mpasi yina ke kwenda na baopitale sambu na kubaka nkisi na bangunga kiteso ya 72 na nima ya kukutana ti diambu yango

- 100 %

Ntalu ya babebe yina lenda baka Sida kukonda mpasi ya ke baka nkisi *cotrimoxazole* ya kele ti bamposo yantika na 4 tii na 6

- 95 %

Mikanda ya ke pesa lutwadisu

Beno fwete sadila mambu ya mfunu yina beto me tubila kuna na zulu ntangu yonso yina mpasi mosi buna me kumina kimvuka ya ke kwendaka kupesa lusadisu na bantu ya kele na mpasi, yo vanda bantu mingi na babwala na beno kele ti Sida.

Tanga mpi bimvuka mpi bantu yina mambu yango ke tadila (minganga ya mayele, bamfumu, bankento, kimvuka ya LGBTQI, bantu yina kele ti bifu na nitu) na bisika yina bo ke tulaka bima sambu na bantu yina kele ti Sida mpi zabisa bo bisika yina bo lenda zwa bankisi ya antirétroviraux. Kana bantu yina kele ti Sida ke vandaka ti kimvuka na bo mosi, beno fwete kwenda kutala yo mpi kukotisa yo na kati ya manaka..

Kukabisila bantu bakapoti na bimvuka kele mfunu mingi. Bantu yina me zabaka mpi batoko mbala mingi ke zabaka bisika ya kubaka bakapoti mpi bantu ya luzolo lenda baka kisalu ya kukabila yo bantu ya nkaka. Pesa bandongisila na bantu yina me zabanaka ya ke zabaka bansangu ya me fwana ya kusadila mpi ya kukatula na mayele yonso kapoti yina bo me sadila dezia. Pesa kimvuka ya bantu bakapoti, bantu yina ke salaka na ba agence, bana ya nzo-nkanda, bantu yina ke tambusaka bakaminio sambu na kukwenda kukabula yo mpi na bantu ya nkaka.

Kuvutula muntu menga: Tala Mambu ya me tala mavimpi, Nsiku ya 1.1 mpi ya 1.3.

Kubaka bangidika sambu na kutanina bantu na Sida mpi kubaka lusansu ke lomba kubakisa bandongisila, mutindu ya kutadila bigonsa yina Sida ke nataka, kumonisa mawi, kutadila kisina ya mambu mpi kupesa bankisi antirétroviraux sambu na kutanina bantu na Sida. Kupesa ve ata fioti nkisi yina ke taninaka bantu na Sida na bantu yina kele dezia ti SIDA. Ata yo ke lomba kubandila diaka kupesa bandongisila mpi kusadisa bantu baekzame na ntwala ya kupesa bo nkisi yina lenda tanina bo, yo ta vanda mbote ve na kusukinina sambu na kusala yo   tala Lusansu ya me fwana – Kuvanda na mavimpi ya mbote sambu na kuvukisa nitu mpi kubuta bana 2.3.2: Kupesa lusansu na bankento yina bo me vukisa nitu ti bo na ngolo mpi na nku ya ofele.

Bisalu ya me fwana ya me simbama na SIDA na ntangu ya mpasi mosi buna: : Kana mpila kele sadisa bisalu yai ya ke landa:

Kutubila SIDA na bantu yonso: Pesa bantu yonso bansangu ya me fwana, mingi-mingi na bantu yina lenda baka Sida kukonda mpasi, bankisi yina bantu fwete sadila sambu bo baka ve Sida mpi bamaladi ya nkaka yina bantu ke bakaka na nzila ya kuvukisa nitu.

Bankisi ya kusadila sambu na kukonda kubaka SIDA: Pesa bantu yina kele na kigonsa ya ngolo kibeni bisalu ya kusala sambu bigonsa yango kuvanda diaka mingi kibeni ve (bantunga yina bo me yidika mbote, kupesa lusansu na bantu yina ke tobulaka bima yina ke lawusaka na nitu), kana bisalu yai ke salamaka dezia   tala Lusansu ya me fwana, Nsiku ya 2.5: Maladi ya ntu.

Bandongisila ya ke tadila Sida mpi kusala teste na yo: Tula bantu yina ta pesaka bandongisila mpi ta sadisaka bantu teste ya Sida. Bimvuka yina yo ke lomba kutula dikebi ya mingi na ntangu ya beno ke sadisa teste kele, bankento yina kele ti mavumu mpi babakala na bo, bana yina kele bibuba ya ke manaka ve ata fioti to ntalu ya bantu yina kele ti Sida kele ya kuluta 1 %, mpi bimvuka ya nkaka yina kele na kigonsa.

Kunganina bantu mpi kusadila bo mambu na nku yonso: Yo ta vanda mbi kibeni na kundimisa bantu nde mayele yina bo me sadila mpi bamanaka ke pesa diaka ve nswa ya kunganina bantu. Kunganinaka kibeni ve bantu mpi kusadilaka bo ve mambu na nku na babwala yina bantu ke vandaka mingi sambu na kumonisa bidimbu ya kunganina mingi bantu mpi ya kusadila bo mambu na nku yonso.

Lusadisu yina nkisi TAR ke pesaka: Kupesa diaka ve nkisi antirétrovirale na bantu yonso yina kele na mfunu na yo to bantu yina me bakaka yo dezia mpi kana mpila kele.

Kubaka bangidika sambu maman kupesa ve mwana Sida: Sadisa bankento yina kele ti mavumu mpi babakala na bo teste ya Sida mpi sosa kuzaba kana bebe yina ta butuka ta vanda mpi ti Sida. Pesa nkisi TAR na bankento yina kele dezia ti Sida. Pesa lutwadisu ya me fwana ya madia ya babebe na bankento yina kele ti Sida, bangidika yina me

Noti: Caritas Internationalis mpi Bantu yina yandi ke salaka ti bo kele ve ti nswa ya kupesa konso nkisi yina ya bo me sala; nkisi yina nkento lenda sadila sambu na kukonda kubaka divumu.

bakama sambu na kupesa lusadisu mpi kuzabisa bantu ya nkaka ⊕ *tala Madia ya bo me bumba mbote mpi ya ke tunga nitu – Madia ya babebe mpi ya bana fioti, Nsiku ya 4.1 mpi 4.2.*

Bisalu yina ke talaka kaka mambu ya bantu yina kele ti Sida mpi tuberculose (TB): Sadisa bantu yina kele ti TB ekzame mpi pesa lutwadisu na bantu yina kele ti Sida. Pesa bankisi na bantu yina kele ti TB yina me sonikaka dezia bazina na bo na manaka yina ke pesaka bantu lusansu ⊕ *tala Lusansu ya me fwana – Bamaladi ya nsambukila 2.1.3: Kuzaba maladi mpi kuyilama.* Sala kuwakana na kati ya kusala teste sambu na TB mpi SIDA na baopitale mpi monisa diambu yina ta tadilaka microbe ya TB na baopitale.

2.4 Kusansa bamputa mpi bampasi yina yo ke nataka

Bamputa ke vandaka mpi na kisina ya bamaladi yina bantu ke belaka mpi ke fwaka ntangu mpasi mosi buna me kumina bantu. Kulomba nde minganga kusansa bampasi yina bamputa ke nataka, lenda vanda ngolo mingi kuluta mutindu bo ke salaka dezia na opitale yango. Sambu bantu mingi kulwala diaka ve bamputa mpi bigonsa yina kuzenga bitini ya nkaka ya nitu na opitale ke nataka, beno fwete pona mutindu ya kusala mambu mpi mambu ya mpasi yina ke kumina bankento yina bo me vukisa nitu ti bo na ngolo na kuvukisaka yo ti balusansu mpi mutindu mbote ya kusala diaka mambu. Kitini yai ke monisa mvutu yina minganga pesaka sambu na bamputa yina bantu ke lwalaka na nitu. Balutwadisu ya me tala ndikila, maladi ya ntu mpi kuvukisa nitu ti bankento na ngolo beto me tubila yo na bisika ya nkaka ⊕ *tala Annexe 4: Kutudila muntu ndikila; Lusansu ya me fwana, Nsiku 2.5* mpi *Lusansu ya me fwana – Mavimpi ya mbote ya kuvukisa nitu mpi ya kubuta bana, Nsiku 2.3.2.*

Kusansa bamputa mpi bampasi yina yo ke nataka, Nsiku ya 2.4:
Kusansa bamputa mpi bampasi yina yo ke nataka
Bantu kele ti nswa ya kubaka lusansu ya mbote mpi ya mfunu kana bo ke wa bampasi na nitu kana mpasi mosi buna me kumina bo sambu bantu kufwa diaka mingi ve, kubela ve, kukonda kuniokwama mpi kukonda kuvanda ti kifu na nitu.

Bisalu ya mfunu

1 〉 Sansa bambefo yonso yina ke wa nitu bampasi.

- Tendula na nswalu yonso bima yina ke pesaka lutwadisu ya mbote na bisika ya bisalu mpi banda na bimvuka yina kele na mpasi tii na bisika ya bisalu.
- Sala na baopitale yina bo lenda nata bisika ya nkaka kukonda mpasi mpi baopitale sambu na kusala kampanie kana bangidika yina bakamaka ke kuka ve kusala yo.

2 〉 Zikisa kibeni nde minganga ya mayele yina kele ti makuki mpi nzayilu ya me fwana sambu na kusansa bamputa yina bantu ke lwalaka.

- Tadila na mambu yonso, yantika na munganga ya ntete yina ke sansa bantu yina kele ti mputa ya operasio mpi yina ke tobulaka bantu *anesthésie*.

3 › Tula mikanda yina ta sadisaka bantu na kupona, mpi kusansa bamputa mpi bampasi yina yo ke nataka.

- Tula bima yina ke pesaka lutwadisu sambu na kutanina bana, bankento yina bo vukisa nitu ti bo na ngolo mpi bayina kele ti mfunu ya lusadisu ya mutindu ya kuzinga ti bantu na kimvuka to bantu yina ke bela maladi ya ntu.

4 › Pesa bantu yonso yina me lwala bamputa ntunga ya *tetanos*, mingi-mingi na bantu yina kele ti bamputa ya kukanguka mpi na bantu yina ke kwendaka nswalu kupesa lusadisu kana diambu mosi buna me salama mpi na bantu yina ke salaka kisalu ya kutula bunkete.

5 › Pesa bansiku yina ya fioti-fioti na yina me tala lutaninu mpi mutindu ya kutambusa mambu na baopitale yonso yina ke sansaka bamputa ya bantu mpi bampasi yina yo ke nataka, tanga mpi baopitale yina bo ke salaka kampanie.

6 › Pesa nswa na bantu yina ke yidikaka mambu na nswalu yonso, na bangidika yina ke bakamaka sambu na kupesa lusadisu na nswalu kibeni mpi na bisadilu ya lusadisu yina bo ke pesaka sambu na bamaladi yina ke kuminaka bambefo yina kele ti bamputa.

- Sosa kuzaba kana bo kele ti bima yina lenda sadisa bo, mumbandu, kiti yina ke tambulaka, banti ya kutambudila *(béquilles)* to bangidika ya nkaka yina me bakamaka sambu na kupesa lusadisu na bantu yina kele na babwala na beno.

7 › Pesa nswa na bisalu ya lusansu ya bantu yina ke belaka maladi ya ntu mpi kupesa lusadisu na mutindu ya mbote ya kuzinga ti bantu na kimvuka.

8 › Tula bima yina ke pesaka bansangu ya me tala mavimpi sambu na kutubila mpi bansangu ya me tala bamputa yina bantu ke lwalaka mpi bampasi yina yo ke nataka.

- Sosa kutala ntete mikanda yina ke pesa bansangu ya mfunu ya me tala opitale, disongidila, mikanda yina minganga ke pesaka konso mbefo yina ke kutana ti bampasi yina bamputa ke nataka.
- Sadila bantendula yina bansiku ke pesaka sambu na kukotisa mambu ya me tala bamputa na kati ya kimvuka ya bansangu yina ke pesaka bansangu ya me tala mavimpi ya bantu.

Bimonisilu ya mfunu

Ntalu ya baopitale yina me bakaka bangidika sambu na kukwenda kupesa nswalu lusadisu sambu na kulandila bima yina me vilaka, yina bo ke tadilaka mpi ke yidikaka mbala na mbala

Ntalu ya baopitale yina kele ti mikanda yina ke monisa mukumba yina bantu kele na yo ya kusansa bantu yina kele ti bamputa ya ngolo ya ofele, disongidila, kuzabisa banti mambu ya kupona

Ntalu ya baopitale yina kele ti munganga yina me bakaka formasio ya mbote kibeni na yina me tala kusansa bantu yina kele ti bamputa ya ngolo

Ntalu ya baopitale yina ke sadilaka bangidika yina ke bakamaka sambu na kutomisa mutindu ya kusala mambu sambu ntalu ya bantu yina ke bela mpi ke fwa kuvanda diaka mingi ve na kutadila bansangu yina kele

Mikanda ya ke pesa lutwadisu

Kubaka formasio mpi kuvanda ti makuki na yina me tala kusansa bamputa mpi bampasi yina yo ke nataka fwete tula dikebi ya mingi na mambu yai:

- kulandila bima yina ke ke pesa nzila, sambu na bantu yina ke kwenda kupesa lusadisu mpi ke tambusa mambu ya me tala kukwenda kupesa lusadisu;
- lusansu ya ntete ya me fwana kibeni;
- kupona bisika ya kupesa lusadisu mpi na kati ya baopitale; mpi
- kundima mambu ya mbote yina bo me sadila beno, lusadisu yina bo me pesa, kusansa bantu yina kele ti bamputa ya ofele, kulandila bampasi yina yo ke nataka mpi kupesa lusadisu ya mutindu ya mbote ya kuzinga na kimvuka.

Mikanda yina ya bansiku fwete vanda to bo lenda tomisa yo diaka sambu na kufika mambu yai ya ke landa:

- kutula mambu na ndonga sambu na kupona mambu ya me tala kutadila mutindu ya kulandila mambu, bima yina ke lomba kusala ntete, mambu ya kuyidika mpi malombo sambu na kutwadisa mambu na nswalu kibeni;
- kubaka lusansu ya ntete na bisika yina bo ke pesaka nswalu lusadisu; mpi
- kutwadisa bantu sambu na mambu yina ke lomba kusala na nswalu kibeni mpi lusansu ya mfunu, beto lenda tanga, kusala muntu operasio, lusansu yina bo ke pesaka na ntwala ya kusala muntu operasio mpi kuyidika mambu.

Bansiku ya fioti-fioti ya mbote mpi ya ke tanina bantu: Bansiku ya fioti-fioti fwete zikisa kibeni nde minganga me sansa bantu yina kele ti bampasi yina bamputa ke nataka ya ofele, ntangu diambu mosi buna ya nene me salama to kukonda kuwakana yina ke manaka ve. Beno fwete sadila yo na mambu yai aya ke landa:

- mutindu ya mbote mpi ya kufwana ya kusadila bankisi, ya kusadila bangidika yina ke bakama mpi bankisi ya menga, tanga mpi mutindu ya kubumba bima;
- bankisi ya kunwa mpi kulandila bamaladi;
- *courant* ya mbote sambu na kupedisa bamwinda, kusolula ya mbote, mpi mutindu ya kusadila bangidika yina ke bakama sambu na lusansu ya me fwana (bisadilu yina bo ke sadilaka sambu na kuvutula mpema ya muntu mpi bisika ya kubumba bima yina bo ke sadilaka na opitale); mpi
- kulandila bima ya mvindu yina ke vandaka na baopitale.

Lusansu ya ntete yina kimvuka ke pesaka: Lusansu ya ntete ya me fwana mpi ya ke pesamaka na nswalu yonso yina bantu yina kele ve minganga ke pesaka, ke gulusaka luzingu ya bantu kana bo me sala yo na mutindu ya mbote mpi ya me fwana. Bantu yonso yina ke kwendaka kupesa lusadisu fwete tula dikebi na bantu yina me lwala bamputa. Yo kele mfunu na kupesa formasio ya mutindu ya kusansa bantu yina kele ti bamputa ya ofele, mumbandu, kuyobisa bo yo mpi kukanga bo bitende *(bandage)*.

Monisa mutindu bantu na banzo mpi na kimvuka lenda pesa lusansu ya ntete mpi lutwadisu sambu na yina me tala ntangu mpi kisika yina bo ke pesaka lusansu. Zabisa bantu bigonsa yina lenda katuka na mambu yango (mumbandu, kukonda ya banzila ya mbote, kigonsa ya kulwala na ntangu beno ke kwenda kugulusa muntu).

Mutindu ya **kupona** ke sadisaka na kutula bambefo na ndonga na kutadila bampusa na bo mpi nene ya bamputa yina bo me lwala. Yo ke sadisaka na kuzaba bambefo yina minganga fwete sansa na nswalu kibeni. Kupona kele mitindu mingi. Mitindu yina bantu ke sadilaka mingi kele na kutala mikubu yai tanu mpi ntendula ya konso mukubu: ya mbwaki sambu na bambefo yina ke lomba kupesa lusansu na nswalu kibeni, ya jaune yina bo lenda pesa lusansu kansi na nswalu kibeni ve, ya vert bo lenda pesa lusansu kansi na nswalu ve, ya bleu sambu na bambefo yina ke lomba kupesa yandi lusansu sambu maladi kulutana ve, mpi ya gris sambu na bantu yina me fwa.

Minganga ya mayele yina fwete pesa nswalu lusansu ya ntete: Minganga yonso ya mayele yina me tangaka mingi kibeni, mumbandu, badoktere fwete baka formasio sambu na kuzaba mutindu ya kusansa maladi yina kele ya ngolo kibeni mpi bamputa ya nene ― *tala metode "ABCDE" des Recommandations en matière de premiers secours et de réanimation de l'IFRC.* Kusadisa muntu bangalasisi sambu yandi kukuma diaka kupema mpi kukwenda kupesa lusadisu ya mfunu bonso mutindu ya kusala nkisi ya masa mpi *antibiotique,* kusosa kuzaba kana muntu ke basika menga ya mingi mpi kusansa maladi ya ntulu *(pneumothorax),* lenda salama na mambu mingi, mpi na ntwala ya kukwenda ti mbefo na baopitale ya nkaka yina ke sansaka kaka maladi yina yandi ke bela.

Kupesa anesthésie, kusansa muntu yina bo me sala operasio mpi bampasi yina yo ke nataka: Lusansu yina bo ke pesaka na nswalu kibeni, na bantu yina bo me sala operasio mpi kuyikama fwete pesama kaka na bimvuka yina me zabaka mbote mingi kibeni mutindu ya kusansa. Bantu yina ke pesaka mabanza fwete pesa bangindu na bo na kutadila makuki na bo, mpi ti bima yina lenda pesa maboko na bisalu yina bo ke salaka. Kupesa lusansu yina me fwana ve lenda vanda mbi mingi kuluta kukonda kukwenda kupesa lusadisu. Operasio nionso yina ke salamaka kukonda kupesa muntu lusansu ya me fwana na ntwala mpi na nima ya kusala yandi operasio mpi kukonda, lenda sala nde binama ya nitu ya mbefo yango kusala diaka mbote.

Baopitale yina bo ke salaka bakampane: Kukwenda na baopitale yina bo ke salaka kampanie sambu na ntangu mosi buna kele mfunu, mingi-mingi ntangu mpasi mosi buna ya ke mana ve, me kumina bantu mpi bo fwete tambusa yo ti kimvuka ya ke talaka mambu ya mavimpi ya bantu *(ministère de la santé)* to minganga ya nkaka ya mayele. Bansiku mpi lusansu ya mbote fwete salama na kulandaka bansiku ya bainsi na beno mpi ya bainsi ya nkaka ― *tala Bareferanse* sambu na kupesa lutwadisu ya nkaka.

Kusala diaka mambu mpi kuvutukila diaka mutindu ya kuzinga na kimvuka: Kuvutukila luzingu yina bantu vandaka kuzinga lenda sala nde bantu kulanda kuzinga, yo lenda vanda ti bupusi ya mingi na lusansu yina minganga ke pesaka mpi na mutindu na bo ya kusala operasio mpi yo lenda tomisa mutindu ya kuzinga ya bantu yina kele ti bamputa. Bimvuka ya minganga yina ke kwendaka kufidisa bambefo yina kele na opitale fwete vanda ti mukuki ya kuzaba kana bantu me baka lusansu. Sala karti ya ke monisa makuki yina bantu kele na yo ya kuvutukila luzingu na bo mpi mutindu ya kukwenda kupesa lutwadisu, sosa kubakisa kuwakana yina kele na kati ya kuvutukila diaka mutindu ya kuzinga mpi mutindu ya kupesa lutwadisu, kubakisa kuwakana yina kele na kati ya mutindu bantu ke zingaka mpi lusadisu ya mbongo yina bo ke pesaka. Sala kuwakana yina ti babiro ya bainsi na beno yina ke sadisaka bantu na kuvutukila luzingu na bo to bimvuka ya nkaka yina kimvuka ya ke landilaka mambu ya lusansu sambu yo landa kusalama na mutindu ya mbote.

Na ntwala ya kubasisa mbefo na opitale, sosa kuzaba bampusa ya bambefo yina kele ti bamputa mpi bampasi yina yo ke nataka, mingi-mingi bambefo yina bampasi na bo ke mana kibeni ve. Landila mambu ya kimunganga mpi ya kuvutukila diaka luzingu yina bantu vandaka kuzinga, kupesa bambefo mpi minganga formasio, bangidika yina ke bakama sambu na kupesa lusadisu ya me fwana (kiti yina ke tambulaka to banti), kusansa bantu ya ke bela maladi ya ntu mpi lusadisu ya mabanza mpi ya mutindu ya mbote ya kuzinga na kimvuka, mpi diaka kukota na bisalu ya nkaka ya mfunu.

Tendula pula mpi bimvuka ya minganga ya luswaswanu, mingi-mingi, bantu ya me longukaka mutindu ya kupesa bantu bandongisila mpi munganga mosi ya mayele ya me zabanaka ya ke sansaka bantu ya ke belaka maladi ya ntu mpi ya me bakaka formasio ya mutindu ya kupesa maboko na mutindu ya kuzinga mbote na kimvuka. Lusansu yina bo ke pesaka bantu yina ke belaka maladi ya ntu mpi lusadisu ya mabanza ya bantu yina kele ti bamputa yina ke soba luzingu na bo fwete salama ntangu mbefo yango me basika ntete ve na opitale. Kuwakana yina kele na kati ya bisalu yina ke landa kusalama kele mfunu mingi kibeni ⊕ *tala Lusansu ya me fwana, Nsiku ya 2.5: Maladi ya ntu.*

Kutula dikebi ya kufwana na ntangu ya kusansa bantu ya ofele – Kulandi bampasi: Kusansa mbote muntu yina kele ti mpasi ya mputa ke taninaka yandi na maladi yina ke vandaka na ba foie mpi yina ke vandaka na misisa (thrombose) na kati ya nitu ya muntu mpi yo ke sadisa mbefo na kuyedisa physiothérapie na yandi. Yo ke sadisaka sambu mutindu nitu ya muntu ke salaka kana yandi me me lemba kusala diaka mingi ve mpi na nima kulemba ya nitu. Kana mbefo yango ke wa mpasi ya mingi kibeni, beno fwete sansa yandi na kutadila kiteso ya mpasi yina OMS me tulaka. Bampasi yina ke vandaka na diboko ya ke monisa nde misisa kele ya kulwala na kati, beno fwete monisa yo kaka na luyantiku mpi beno fwete sansa yo mbote kibeni ⊕ *tala Mambu ya me tala mavimpi, Nsiku ya 1.3: Bankisi mpi bangidika yina ke bakama sambu na lusansu ya me fwana* mpi *Lusansu ya me fwana, Nsiku ya 2.7: Lusansu yina bo ke pesaka sambu na maladi kukuma ve ngolo kibeni ⊕ tala kiteso ya mpasi yina OMS ke tubilaka.*

Kutula dikebi ya kufwana na ntangu ya kusansa bantu ya ofele – Kusansa bamputa: Ntangu mpasi mosi buna ke kuminaka bantu, bambefo mingi ke kwendaka na baopitale sambu na kusansa bamputa yina bo me lwala na nima ya bangunga sambanu. Kusala bantangu mingi na nzo na nima ya kulwala mputa lenda vadna kigonsa, sambu yo lenda kota microbe kukonda mpasi mpi yo lenda natila muntu balamadi yankaka. Minganga yina me tangaka mingi fwete zaba mutindu ya kusansa muntu yina me lwala ya ofele (yo vanda kana muntu me mpia tiya), kuyilama mpi kusansa microbe yango kana yo me kuma mpasi kibeni sambu na ntangu mingi yina bo bakaka kukonda kukuma na opitale. Mikanda yango ke monisa bankisi ya me fwana yina muntu fwete baka, kusala muntu operasio sambu na kubasisa kima ya kinzenza yina me kota muntu na nitu, mpi mpusu ya nitu yina ke sala diaka ve mpi bandage.

Tétanos: Kana bisumbula ya lugangu me salama, bantu mingi lenda baka *tétanos* kukonda mpasi. Pesa bantu mangwele yina kele ti nkisi yai *anatoxine tétanique (DT ou Td – vaccins contre la diphtérie et le tétanos – ou DTP, selon l'âge et l'historique de vaccination)* na bambefo yina bamputa na bo kele ve ya kufika. Bantu yina bamputa na bo kele

mvindu kibeni to yina me kota dezia microbe, fwete baka kiteso ya kufwana ya bankisi
yai *immunoglobine antitétanique* kana bo bakaka ve mangwele sambu na tétanos.

2.5 Maladi ya ntu

Mambu ya me tala maladi ya ntu mpi ya mutindu ya mbote ya kuzinga na kimvuka
kele mingi na bambuta, na batoko mpi na bana ya fioti ntangu yonso yina kimvuka ya
ke kwendaka kupesa lusadisu ke vanda na mpasi mosi buna. Mambu ya ke salaka nde
bantu kukuma kudiyangisa mingi na mabanza kuluta ndilu yina bampasi ya luzingu
ke nataka, mambu ya luzingu ya bantu, bikalulu na bo, mutindu na bo ya kuyindula
mpi maladi yina kele na mabanza na bo. Lusansu ya maladi ya ntu mpi ya mabanza
ke tadila mambu yina babwala fwete sala. Nsiku yai ke tula dikebi ya mingi na mambu
yina minganga ke salaka   *tala* Nsiku ya me fwana sambu na kupesa lusadisu na bantu
ya kele na mpasi mpi Minsiku ya ke tanina bantu na yina me tala kukwenda kupesa
lusadisu ya mabanza na babwaka ya nkaka.

Maladi ya ntu, Nsiku ya 2.5:
Maladi ya ntu
Bantu ya mvula yonso kele ti nswa ya kubaka lusansu kana bo ke bela maladi
ya ntu to kana bo ke yindula diaka mbote ve.

Bisalu ya mfunu

1 › Tambusa mutindu ya kusansa maladi ya ntu mpi pesa maboko na bikalulu ya
mbote yina kele na na kati ya babwala.

- Pona kimvuka mosi sambu na kusala kisalu ya me tala babwala mpi technique
sambu na mambu ya me tala maladi ya ntu mpi ya mabanza. Kimvuka mosi ya
minganga mpi yina ke kwendaka kupesa lusadisu sambu na kutanina bantu
lenda tambusa yo.

2 › Beno fwete sala bamanaka na kutadila bampusa ya bantu mpi bima yina ke
monana na meso.

- Tala diaka mutindu bo ke sansaka maladi ya ntu, makuki yina bantu ya kisalu kele
na yo to bantu ya bisalu ya nkaka.
- Sosa kuzaba mutindu ya kulandila bampusa, kukonda kuvila nde bantu lenda
vanda ti maladi ya ntu yina mpasi mosi buna natilaka bo to mambu ya nkaka.

3 › Kusala na bumosi ti bantu yina ke salaka na kimvuka mosi buna, disongidila,
bantu yina ke salaka ve ti beno sambu na kuyedisa mambu ya me tala kimvuka
mpi lusadisu ya kimvuka.

- Sosa kusolula ti bantu sambu na kusosa kuzaba mutindu ya mbote ya kutadila
makambu na kimvuka, na kusalaka yo na mayele, na nzayilu mpi na bimvwama
yina kele na bimvuka.
- Tanina bima yina vandaka dezia yina ke salaka nde bantu kuzinga na bumosi,
bonso bimvuka sambu na bankento, batoko mpi bantu yina kele ti SIDA.

4 ⟩ Beno fwete pesa pesa lutwadisu ya mbote na minganga mpi bantu yina ke kwisaka kupesa lusadisu na luzolo yonso sambu bo sansa bantu yina ke belaka maladi ya ntu na mutindu ya mbote.

- Sadila minsiku yina ke pesamaka sambu na kupesa lusansu ya ntete na bantu yina ke niokwama na mabanza yina ke zola kutula basusi ya mingi sambu na mambu ya mpasi yina lutaka.

5 ⟩ Pesa lusadisu ya kufwa na konso opitale yina bo ke sansaka bantu yina ke belaka maladi ya ntu.

- Pesa baformasio ya nkufi mpi landilaka minganga yina me zabaka mambu mingi sambu na kutadila mpi kulandila mambu ya me tala maladi ya ntu yina ke lomba lusansu ya nswalu kibeni.
- Tula bima yina ta twadisaka bantu na minganga yina ke sansaka kaka bantu yina ke belamaka maladi ya ntu, bantu yina ke talaka mambu ya mavimpi ya bantu yonso, ya lusadisu mpi bisalu ya nkaka yina bimvuka pesaka.

6 ⟩ Sadisa bantu yina kele ti basusi ya ke manaka ve na kukwenda kubaka lusansu ya ofele yina bo ke pesaka kaka na bantu yina ke niokwama na mabanza.

- Kana mpila kele, pesa bantu yina kele ve ba expert formasio mpi landila mbote mambu yina bo ke sala.

7 ⟩ Tanina nswa yina bantu ya kele ti maladi ya ntu kele na yo na bimvuka, na baopitale mpi na babiro.

- Beno fwete kwendaka mbala na mbala na baopitale mpi na banzo yina bo ke tulaka bantu yina ke bela maladi ya ntu ya ngolo kaka na luyantiku ya mpasi mosi buna sambu na kutala bo.
- Pesa lusansu ya ofele na bantu yina bo me yambula kaka buna mpi na bantu yina bo ke niokula na opitale mosi buna.

8 ⟩ Beno fwete sadila mingi ve bima yina ke bebisaka mavimpi ya muntu bonso malafu *(l'alcool)* mpi bima yina ke lawusaka.

- Pesa bantu formasio ya mutindu ya kuzaba bidimbu yango mpi lusadisu ya nkufi yina fwete pesamaka, kusalaka na mpila nde bima yina ke bebisaka bantu kuvanda kibeni ve mpi na kusansaka ya ofele bantu yina me lawuku kuluta ndilu.

9 ⟩ Baka bangidika sambu na kuyedisa mayele ya kuzaba lusansu ya me fwana sambu na bantu yina ke belaka maladi ya ntu sambu na ntangu ya nda na ntangu beno ke yidika bantu yango lenda vutukila diaka mavimpi yina bo vandaka na yo mpi mambu ya me tala bampasi yina ke bakaka ntangu mingi kibeni.

....

Bimonisilu ya mfunu

Ntalu ya baopitale yina kele ti munganga mosi yina me bakaka formasio mpi ya ke landilaka mambu mpi mutindu ya kusansa bantu yina ke belaka maladi ya ntu ya ofele

Ntalu ya baopitale yina kele ti munganga mosi yina me bakaka formasio mpi ya ke landilaka mambu mpi mutindu ya kusansa bantu yina ke belaka maladi ya ntu ya ofele

Ntalu ya bantu yina ke pesaka maboko na bisalu ya kimvuka mpi na bisalu ya kusadisa bantu

Ntalu ya bantu yina ke salaka kisalu ya kimunganga sambu na kusansa bantu yina ke belaka maladi ya ntu ya ofele

Ntalu ya bantu yina ntu na bo ke salaka mbote ve yina bo ke sansaka ya ofele yina me beluka mwa ndambu mpi ya ke monisa diaka ve bidimbu ya mingi ya muntu yina ke belaka maladi ya ntu

Ntalu ya bilumbu yina opitale vandaka ve ti bankisi ya kufwana sambu na kupesa bantu yina ke belaka maladi ya ntu na bilumbu 30 yina me luta

- Na nsi ya bilumbu lya

Lusadisu yina bantu ya mitindu na mitindu ke pesaka: Mambu ya mpasi ke kuminaka bantu ya mitindu na mitindu, yo yina bantu fwete pesa lusadisu ya mitindu na mitindu. Sambu na kuyidika mambu ya me tala maladi ya ntu mpi ya mabanza, yo ke lomba kusosa lusadisu ya mitindu na mitindu sambu na kulungisa bampusa ya luswaswanu ya bantu mutindu kifwanisu yai ya kele awa na nsi ke monisa yo. Kifwanisu yai ke monisa mutindu mambu ya kuswaswa ke sadisanaka na kati na bo. Konso kitini ya kifwanisu yai kele mfunu mpi beno fwete sadila yo na mutindu ya mbote.

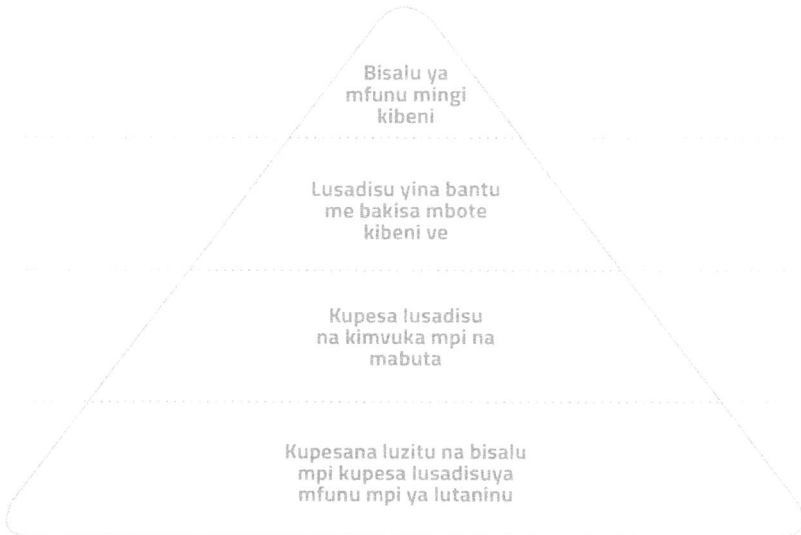

Bisalu ya
mfunu mingi
kibeni

Lusadisu yina bantu
me bakisa mbote
kibeni ve

Kupesa lusadisu
na kimvuka mpi na
mabuta

Kupesana luzitu na bisalu
mpi kupesa lusadisuya
mfunu mpi ya lutaninu

Nzo yina bo me tunga sambu na bisalu mpi kupesa lusadisu (Kifwanisu ya 10)

Kisika yo me katuka: Kimvuka ya referanse ya ke talaka mambu ya bantu yina ke belaka malady ya ntu mpi ya ke niokwamaka na mabanza na ntangu ya kukwenda kupesa nswalu lusadisu (2010)

Kutadila mambu: Kuzaba ntalu ya bantu yina ke bela maladi ya ntu kele mfunu mingi ntangu mpasi mosi buna me kumina bantu. Ntangu beno ke tula bisalu, yo ta vanda mbote ve na kuzaba ntalu ya bantu yina kele ti maladi mosi buna. Sadila mambu yina ke sadisaka na kusala diambu mosi buna na nswalu kibeni mpi kana mpila kele beno lenda tadila mpi maladi ya ntu yina muntu ke bela ntangu beno ke tadila mambu ya nkaka. Beno lenda sukisa ve na kulandila mambu kaka sambu na diambu mosi yina salamaka na ntwala.

Lusadisu yina ke pesamaka na kati ya bimvuka: Tanga mpi bantu yina ke salaka na bimvuka ya ke talaka mavimpi ya bantu yonso, bamfumu mpi bantu yina ke pesaka lusadisu na luzolo yonso na bimvuka, yo vanda bantu yina bo me katulaka na bisalu sambu na kupesa lusadisu na kimvuka bamosi na bankaka. Bisalu yango lenda vanda kuyidika bisika ya lutaninu mpi bisika ya mbote yina bantu lendaka kusolula na kimvuka.

Kupesa lusansu ya ntete na bantu yina ke niokwama na mabanza: Kupesa lusansu ya ntete na bantu yina ke niokwama na mabanza kele mfunu sambu na kusadisa bantu yina ke kutana ti mambu ya mpasi bonso bantu yina bo vukisaka nitu ti bo na ngolo to kusadilaka bo mambu ya nku, kuniokula bantu to bantu yina kele ti bamputa ya nene kibeni. Yo ke lomba kaka ve lusadisu ya opitale. Yo ke lomba kupesa lusadisu ya kufwana na bantu yina kele na mpasi. Yo ke lomba kutula dikebi ya mingi, kulandila mambu, kupesa lusadisu na kimvuka mpi kutanina bantu na mambu ya nkaka ya mpasi yina lenda kumina bo. Mutindu yai ya kusala mambu ke yangisa kibeni ve bantu mpi yo ke pusa ve bantu na ngolo na kutubila bampasi yina bo ke kutana na yo. Na nima ya kupesa lutwadisu ya nkufi, bamfuùu yina ke talaka mambu ya bimvuka, minganga yina me longukaka mingi mpi bantu ya nkaka yina kele na kati ya kimvuka ya ke kwendaka kupesa lusadisu lenda pesa lusansu ya ntete na bantu yina ke niokwama na mabanza. Ata lusansu yango lenda vanda bisika mingi, kukwenda kupesa lusadisu na bantu yina ke niokwama na mabanza mpi bayina ke bela maladi ya ntu lenda sadila mpi bangidika ya nkaka.

Kutubila na bunkufi kuniokwama na mabanza ke sadisaka na kusiamisa bantu na kutubila na bunkufi mutindu bo ke kudiwaka, mabanza na bo mpi mawi na bo ntangu ya bo ke kutanaka ti diambu mosi yina me yangisa mabanza na bo. Ata mpidina, yo kele ve na mfunu mpi beno lenda sadila yo ve.

Mitindu ya nkaka ya kupesa lusadisu na bantu ya ke niokwama na mabanza: Minganga yina ke sansaka bamaladi yonso lenda tanina bantu yina ke kutana ti mambu ya mpasi bonso kuniokwama ya mabanza, basusi ya luzingu mpi mambu ya nkaka ya mpasi yina lenda kwisila muntu kana bo bakaka formasio ya mbote, ke landila mambu mbote mpi ke kwenda kufidisa bo. Yo lenda vanda lusansu ya me tala bikalulu ya muntu to mambu ya me tala yandi mosi.

Opitale ya ke sansaka maladi ya ntu: Zabisa minganga yonso mpi bantu yina ke pesaka lusadisu na luzolo yonso nde kele ti nkisi sambu na maladi ya ntu. Pesa formasio na minganga na kuwakana ti mambu yina ke monana na meso bonso *Guide d'intervention humanitaire mhGAP*. Kana mpila kele, baka mununga ya nkaka yina ke sansaka mbote kibeni bantu yina ke belaka maladi ya ntu na kisalu *(infirmier/ère psychiatrique)* na baopitale yina bantu mingi me zabaka. Yidika kisika mosi na kingenga yina bo ta kwisaka kutubila mambu na bo ⊕ *tala Guide d'intervention humanitaire mhGAP*.

Na kati ya maladi mingi yina minganga me kutanaka na yo, beto lenda tanga maladi ya kilawu, kuniokwama ya mabanza, maladi ya ntu mpi maladi ya ngambu *(l'épilepsie)*. Kusansa maladi ya ntu yina mama ke bela kele mfunu kibeni sambu na lusansu ya bana na yandi.

Tubila bamaladi ya nkaka yina maladi ya ntu ke nataka ntangu beno ke pesa bansangu ya me tala minganga ↪ *tala Annexe 2: Bambandu ya baformilere ya bo ke pesaka rapore ya kukengila mbala mosi konso ngonda*.

Bankisi psychotropes *sambu na lusansu ya me fwana:* Yidika mutindu ya kubumba bankisi *psychotropes* ti nkisi mosi sambu na konso maladi ya ntu yina muntu ke bela *(antipsychotique, antidépresseur, anxiolytique, antiépileptique, et médicaments pour contrer les effets indésirables des antipsychotiques).* ↪ *Tala Kimvuka ya minganga yina ke kwendaka nswalu kupesa lusadisu na babwala ya nkaka sambu na bankisi psychotropes yina bo ke tubila* mpi *Nsiku ya 1.3. Mambu ya le tala mavimpi; Bankisi ya mfunu ya me bakama sambu na lusansu ya me fwana.*

Tanina banswa yina bantu ya ke belaka maladi ya ntu kele na yo: Kana mpasi mosi buna me kumina kimvuka ya ke kwendaka kupesa lusadisu, bantu ke zitisaka ve banswa ya bantu yina ke bela maladi ya ngolo ya ntu bonso kubebisa bankento, kukonda kutudila bo dikebi, kukonda ya bisika ya mbote ya kupema, kukonda ya madia mpi ya lusansu ya mbote. Pona agence mosi yina ta kwendaka kulungisa bampusa ya bantu na bisika yina bo ke salaka.

Mambu yina ke salamaka na nima ya mpasi mosi buna: Kana kimvuka yina ke kwendaka kupesa lusadisu kele na mpasi, ntalu ya bantu yina ke belaka maladi ya ntu ke kumaka mingi kibeni. Yo yina, yo kele mbote kibeni na kuyidika na ntwala bankisi ya kupesa na babwala yina bantu kele na mpasi. Yo ke tendula, kupesa maboko na mambu yina insi na beno ke salaka sambu na kusansa bantu yina ke belaka maladi ya ntu mpi bimvuka ya bantu yina bo me katulaka na bisalu, bonso bisalu ya mutindu yai (mingi-mingi bantu yina me tinaka na bainsi na bo sambu na kuzinga na bainsi ya nkaka). Bisalu yina ke sadisa sambu na kumona mambu yina ke salama, ti lusadisu ya mbongo yina bantu ya nkaka ke pesaka sambu na kupesa nswalu lusadisu, lenda lungisa mutindu ya kutala mambu mpi kusala mambu ya nkaka diaka sambu na kuyedisa mutindu ya kupesa lusansu na bantu yina ke bela maladi ya ntu.

2.6 Bamaladi yina ke sambukilaka ve bantu

Mpusa ya kutula dikebi ya mingi na bamaladi yina ke sambukilaka ve bantu (MNT) ntangu mpasi mosi buna me kumina kimvuka yina ke kwendaka kupesa lusadisu ke matisaka kivuvu ya kuzinga yina me simbama na bigonsa ya nkaka bonso kunwa makaya mpi kukonda kudia madia ya mbote. Bantu kiteso ya 80 % yina ke fwa sambu na bamaladi yina ke sambukilaka ve bantu MNT yina me salama na bainsi yina kele ngolo ve, kikati-kati mpi mambu ya me tala kukwenda nswalu kupesa lusadisu ke kumisaka diaka ngolo mambu ya mutindu yai.

Na kati ya bantu yina kele dezia bambuta kiteso ya 10 000, bantu 1 500 mpi 3 000 kele ti maladi ya *hypertension*, bantu 500 mpi 2 000 kele ti maladi ya sukadi *(diabète)*, mpi kiteso ya bantu 3 tii 8 ke belaka maladi ya ntima yina ke manaka ve na kiteso ya bilumbu 90.

Maladi lenda soba, tanga mpi diabète, bamaladi ya ntima *(hypertension, infarctus, AVC, maladies rénales chroniques)*, maladi ya pema yina ke manaka ve *(asthme et maladie pulmonaire obstructive chronique)* mpi *cancer*.

Ntangu beno ke kwenda kupesa lusadisu sambu na kusansa bamaladi yina ke manaka ve ya ofele, beno fwete zenga ve lusansu, mpi beno fwete landa bamanaka yina kele ya kukuka.

Bo me tubila kupesa lunsasu na bantu yina ke belaka maladi ya ntu mpi lusansu yina fwete sadisa muntu sambu na ntangu fioti kibeni kukonda kumanisa maladi yina *Lusansu ya me fwana, Nsiku 2.5: Maladi ya ntu* mpi *2.7: Lusansu yina ke lembikaka maladi.*

Bamaladi yina ke sambukilaka ve bantu, Nsiku ya 2.6: Kusansa bantu yina kele ve ti maladi ya nsambukila ya ofele

Bantu yina kele ti nswa na bamanaka ya kubaka bangidika, na kuzaba maladi yina muntu ke bela mpi na lusansu ya me fwana kana maladi yina ke manaka ve ke pesa mpasi mpi kusansa bantu yina kele ve ti maladi ya nsambukila ya ofele.

Bisalu ya mfunu

1 ⟩ Sosa kuzaba bampusa ya MNT mpi tadila makuki ya bisalu ya nkaka na ntwala ya mpasi mosi buna.

- Sosa kuzaba bimvuka yina ke lomba kulungisa nswalu bampusa na bo, mingi-mingi, bimvuka yina kele na bigonsa ya ngolo bonso *diabète* mpi *asthme* yina kele ya ngolo kibeni.

2 ⟩ Tula bamanaka yina mambu ke salamaka na ndonga na kutadilaka mambu yina yo ke lomba kusala ntete mpi pesa bankisi yina lenda sukisa mpasi yina muntu kele na yo.

- Tula dikebi na mpila nde bambefo yina ke kutana ti mambu ya mpasi *(crises d'asthme sévère, acidocétose diabétique)* kubaka lusansu ya me fwana. Kana bankisi yango kele ve, nge lenda pesa bankisi yina lenda sadisa mbefo sambu na ntangu fioti.
- Sala na mpila nde bambefo yina minganga monaka maladi na bo kulanda kubaka lusansu.

3 ⟩ Kotisa lusansu ya MNT na mambu ya me tala lusansu na bisika yonso.

- Tula kima yina ta pesaka lutwadisu sambu na kusansa bamaladi yina ke manaka ve mpi na maladi ya mutindu mosi sambu na lusansu ya mfunu, mpi diaka na mambu ya me tala lusansu yina ke sadisaka sambu na ntangu mosi buna.
- Kana mpila kele, pesa bambefo lutwadisu sambu na lusadisu ya madia yina bo ke pesaka to sambu na madia yina bo me bumba mbote.

4 ⟩ Yidika bamanaka ya bainsi sambu na MNT.

- Tula bankisi mpi bisadilu ya mfunu na kati ya bima yina minganga ke sadilaka sambu na kukwenda kupesa lusadisu yina bo me tubila yo na ntwala dezia.
- Pesa konso mbefo formasio ti bankisi yina yandi fwete bumba mpi bantuma yina yandi fwete landa sambu na kubaka lusansu ntangu mpasi mosi buna me kumina yandi.

Bimonisilu ya mfunu

Ntalu ya baopitale yina ke sansaka bantu yina kele ve ti maladi ya nsambukila ya ofele

Ntalu ya bilumbu yina bantu ya kele ve ti maladi yina ke sambukilaka bantu yina bakaka ve nkisi na bilumbu 30 ya me luta

- Na nsi ya bilumbu Iya

Ntalu ya bilumbu yina bisadilu ya mfunu yina bo ke sansaka bantu ya kele ve ti maladi yina ke sambukilaka bantu vandaka ve (to vandaka kusala ve) na bilumbu 30 ya me luta

- Na nsi ya bilumbu Iya

Minganga yonso yina ke sansaka bantu ya kele ve ti maladi yina ke sambukilaka ke bakaka formasio ya mutindu ya kusansa bo ya ofele

Mikanda ya ke pesa lutwadisu

Kutadila bampusa mpi bigonsa sambu na kuzaba bamaladi yina ke sambukilaka ve bantu sambu na kukwenda kupesa nswalu lusadisu: Pesa bantendula na kutadila disolo mpi mutindu ya kupesa nswalu lusadisu. Yo lenda tadila mpi kutadila mbote mikanda, kusadila bansangu yina bo pesaka na ntwala nde mpasi mosi buna kukumina bantu mpi kusala bansosa na banzo to ya kusosa kuzaba maladi mosi buna. Vukisa bansangu yina me tala MNT mpi sosa kuzaba bampusa ya mfunu mpi bidimbu ya ngolo yina ke monana.

Sosa kuzaba bisalu yina kele mpi mutindu ya kusadila yo na nima ya mpasi mosi buna, mingi-mingi na bamaladi ya mpasi bonso *cancer* to maladi *rénale* yina ke manaka ve sambu na kutadila makuki yina mambu ya me tala lusansu kele na yo na kutadila disolo yina bo ke tubila. Lukanu na yo ya mingi to ya ndambu kele ya kupesa maboko mpi ya kuvutukila diaka bisalu yango.

Kulungisa bampusa ya lusansu yina kele ya mpasi: Sosa kuzaba kana bambefo ke landa kubaka lusansu na bamaladi ya mpasi yina bo vandaka na yo bonso dialyse rénale, *la radiothérapie* mpi *la chimiothérapie*. Pesa bansangu ya pwelele mpi yina bantu lenda bakisa sambu na kubaka lutwadisu ya me fwana sambu na kupesa lutwadisu. Zabisa bantu ya nkaka na kubaka lusansu yina ke sadisaka muntu na kudiwa mbote sambu na ntangu ya nkufi ⊙ *tala Lusansu ya me fwana, Nsiku ya 2.7; Lusansu yina ke lembikaka maladi.*

Kukotisa mambu ya lusansu ya MNT na mambu ya me tala lusansu: Pesa lusansu ya kufwana sambu na MNT na lusansu ya ntete yina ke pesamaka mutindu bansiku ya bainsi na beno ke monisa to lutwadisu yina bainsi ya nkaka ke pesaka kana bansiku yango kele ve na bainsi na beno.

Sala na bumosi ti bimvuka sambu na kutomisa maladi yina beno monaka mpi lutwadisu. Kotisa mambu ya me tala ASC na baopitale yina bo ke pesaka lusansu ya ntete mpi zabisa bamfumu ya bimvuka, bantu yina ke sansaka bantu na bunkoko mpi na babwala ya nkaka. Bantu yina ke salaka kisalu ya kuzabisa bantu lenda pesa lusansu ya MNT na bantu yina ke zingaka na kingenga.

Yidika bima yina ke pesaka dezia bansangu na ntangu ya mpasi mosi buna sambu na kulandila mambu yai ya MNT: hypertension, diabète, asthme, maladi ya ba foie yina ke manaka ve, maladi ya ntima (cardiaque) mpi maladi ya ngambu ⊕ *tala Mambu ya me tala mavimpi, Nsiku ya 1.5: Bansangu ya me tala mavimpi* mpi *Annexe 2*.

Bankisi mpi bangidika yina baopitale me bakaka: Longuka lisiti ya bankisi ya insi na beno mpi bangidika ya mfunu, disongidila, teknolozi mpi bateste ya mfunu ya laboratware, sambu na kulandila MNT. Tula dikebi na lusansu ya fioti-fioti yina ke pesamaka ⊕ *tala Mambu ya me tala mavimpi, Nsiku 1.3: Bankisi mpi bangidika ya mfunu yina baopitale me bakaka*. Kana mpila kele, lomba bankisi yina kele ya mfunu mpi bangidika ya mfunu yina baopitale me bakaka na kutadila lutwadisu yina bainsi ya nkaka ke pesaka mpi sambu na MNT. Sala na mpila nde bankisi mpi bangidika ya mfunu yina baopitale me bakaka kupesama na bantu yonso na mutindu ya mbote. Basaki ya bankisi sambu na MNT bo lenda sadila yo na kimvuka ti basaki ya bankisi sambu na lusansu ya nswalu kibeni yina bo ke pesaka sambu na lusansu ya ntete kana mpasi mosi buna me kumina bantu sambu bantu kuyantika kusadila bankisi yango mpi bisadilu ya mfunu. Beno lenda sadila ve basaki yai ya bankisi sambu na kupesa bima na ntangu ya nda.

Kupesa formasio: Pesa minganga yonso formasio na mutindu ya kulandila mambu ya MNT mpi bantu yonso ya ke salaka na opitale na kulandila MNT ya mfunu, disongidila, mutindu mambu ke salama na yina me tala lutwadisu ⊕ *tala Mambu ya me tala mabimpi, Nsiku ya 1.2: Minganga*.

Kutubila mavimpi mpi bikalulu ya mbote na bantu yonso: Pesa bantu bansangu na yina me tala bisalu ya MNT mpi bisika yina bantu fwete kwenda kubaka lusansu. Beno fwete pesa bansangu na bantu yonso, mingi-mingi, na minunu mpi na bantu yina kele ti bifu na nitu sambu bo vanda ti bikalulu ya mbote, kusoba mambu ya nkaka ina lenda vanda kigonsa, kutomisa lusansu yina ke pesamaka na nzo mpi kundima lusansu. Mumbandu, bikalulu yai ya mbote ke tadila kisalu yina nitu ya muntu ke salaka ntangu yonso to kukonda kunwa mingi *alcool* mpi makaya. Sala na kimvuka ti bantu ya bimvuka ya luswaswanu sambu na kupesa bansangu mpi mayele ya nkaka ya kusadila na ntangu ya kukabula yo sambu yo wakana na kutadila mvula ya muntu, kana yandi kele nkento to bakala to bwala na yandi. Sadila mayele ya nkaka ya kubaka bangidika mpi ya kulandila mambu, kukonda kuvila mambu bonso mingi ya bisika ya kubumba madia to ntalu ya bantu yina me lutana.

Mutindu ya kubaka bangidika mpi ya kuyilama na ntwala: Tanga mpi mutindu ya kulandila MNT na manaka ya bainsi na beno mpi na mambu ya me tala bisumbula, na kutaninaka na nsadisa ya baopitale (mumbandu, baopitale ya fioti-fioti to ya nene yina kele ti bima yina ke basisaka menga). Baopitale ya fioti-fioti yina bisumbula lenda kumina kukonda mpasi fwete baka bangidika na ntwala na bisalu yina MNT fwete sala.

Sala buku mosi sambu na kusonikaka bazina ya bambefo yina ke bela ngolo mpi yina mambu na yandi kele mbote kibeni ve mpi vanda ti mikanda yina ke pesa lutwadisu sambu na kutinda bo bisika ya nkaka kana mpasi mosi buna me kumina bo.

2.7 Lusansu yina ke lembikaka maladi

Lukanu ya lusansu yina ke lembikaka maladi kele ya kutanina mpi kulembika bampasi ya bantu mpi kuniokwama na mabanza yina lusansu ya nsuka ya luzingu ya muntu ke nataka. Yo ke sadisa na kuzaba, na kutadila mpi na kusansa bampasi mpi mambu ya nkaka ya me tala mavimpi, mabanza mpi kimpeve ya muntu. Pesa lusansu ya ke tadila mutindu muntu ke monana, lusansu ya mabanza mpi ya kimpeve kaka ti nswa ya bambefo mpi ya mabuta, mpi diaka mutindu ya kusala mambu sambu na kusadisa bambefo, mabuta mpi minganga. Beno fwete pesa lusansu yai ya nsuka ya luzingu ya muntu ti kikuma.

Lusansu yina ke lembikaka maladi, Nsiku ya 2.7: Lusansu yina ke lembikaka maladi

Bantu kele ti nswa ya kubaka lusansu yina ke lembikaka maladi mpi lusansu yina ke pesamaka na nsiku ya luzingu ya muntu yina ke lembikaka mpasi yina muntu kele ne yo, ke pesaka muntu ngolo, luzitu mpi luzingu ya mbote ya mbefo, mpi ke sadisaka bantu yonso yina kele na dibuta.

Bisalu ya mfunu

1 〉 Sadila mayele mpi lutwadisu sambu na kusosa kuzaba kana minganga ke pesaka lusansu yina ke lembikaka maladi na mutindu ya mbote kibeni.

- Tanga mpi lutwadisu yina bainsi na beno mpi bainsi ya nkaka ke pesaka na yina me tala mutindu ya kulandila mpasi mpi bidimbu yina bambefo ke monisa na baopitale.
- Yedisa makuki ya kupona na kutadila mambu yina mbefo kele na yo, mambu yina ke tubama mpi bimvwama yina kele.

2 〉 Sala pula mpi pesa lusansu yina ke lembikaka maladi na bambefo yina kele na nsuka ya luzingu na bo.

- Sadisa muntu na kukonda kuwa mpasi mingi mpi luzitu yina me fwana kupesa yandi ata kana yandi ke zola kufwa na bampasi yina ke manaka ve.
- Sosa kuzaba mutindu mbefo mpi dibuta na yandi ke bakisa diambu yango mpi mabanza na bo, valere na bo mpi mambu yina babwala na bo ke kwikilaka na yo.

3 〉 Sala na mpila nde lusansu yina ke lembikaka maladi kupesama na bisika yonso yina kele na baopitale.

- Tula bima yina ta pesaka lutwadisu ya mbote sambu na kulanda kupesa lusadisu mpi lusansu.
- Tula dikebi ya mingi na lusansu ya ofele yina kimvuka ke pesaka na banzo.

4 〉 Pesa minganga formasio na mutindu ya kupesa lusansu yina ke lembikaka maladi, mingi-mingi, na kulandilaka bampasi mpi bidimbu yina mbefo ke monisa kansi mpi na kupesa lusansu na bantu yina ke bela maladi ya ntu mpi ya mabanza.

- Zitisa bansiku yina bainsi na beno mpi bainsi ya nkaka ke pesaka kana bansiku ya insi na beno kele ve.

5 〉 Pesa bima yina bo ke sadilaka na opitale mpi bisadilu ya me fwana.

- Bumba bankisi yina bo ke pesaka sambu na lusansu yina ke lembikaka maladi mpi bangidika yina baopitale ke bakaka, mumbandu, kupesa bitende mpi sonde na baopitale.

- Kutula dikebi ntangu yonso na balukebisu yina bo ke pesaka sambu na bankisi yina lenda baka ntangu mingi sambu bankisi ya mfunu kubasika ve.

6 〉 Sala na kimvuka ti mutindu ya kusala mambu mpi ya kusadila Internet ya babwala na beno sambu na kusadisa bambefo, minganga mpi mabuta yina kele na kati ya kimvuka mpi na banzo.

- Pesa bima ya kufwana sambu na kusansa bambefo na banzo *(couches, sondes urinaires et kits de bandage)*.

Bimonisilu ya mfunu

Ntalu ya bilumbu yina bankisi yina bo ke pesaka sambu na lusansu yina ke lembikaka maladi vandaka ve na bilumbu 30 ya me luta

- Na nsi ya bilumbu Iya

Ntalu ya minganga yina bakaka formasio sambu na kusansa bantu yina kele na mpasi, na kulandila bidimbu yina lusansu yina ke lembikaka maladi na konso opitale ya fioti, na hopitale ya nene, na opitale yina bo lenda nata kisika ya nkaka mpi na opitale yina ke vandaka na kampanie

Ntalu ya bambefo yina mambu ya me tala lusansu me zaba yo dezia yina kele bonso lusansu yina ke lembikaka maladi

Mikanda ya ke pesa lutwadisu

Bantu yina ke salaka na kimvuka ya ke kwendaka kupesa bantu lusadisu fwete zaba mpi kuzitisa lukanu yina babwala me bakaka na yina me tala lusansu mpi velere yina kele na babwala na yina me tala maladi, bampasi, na nsuka ya luzingu mpi na lufwa. Yo kele mbote na kulembika bampasi, mpi bambefo yina kele na nsuka ya luzingu na bo fwete baka lusansu ya mbote, na mpila nde lufutu na bo kuvanda.

Sala pula ya kuyidika mambu: Sosa kuzaba bambefo yonso mpi zitisa banswa na bo ntangu nge ke baka bangidika sambu na kusansa bo. Pesa bansangu na bo yonso mpi tadila bampusa na bo na kuyindulaka mambu yina lenda basika kukonda kukana. Lusadisu fwete ndimama na mbefo mpi yo fwete wakana ti mambu yina ke sepedisa yandi. Pesa nzila na bantu sambu na kubaka lusansu ya mabanza mpi ya ntu.

Bangidika yina ke bakama sambu na bankisi: Mumbandu, bankisi ya nkaka yina bo ke pesaka sambu na kulembika maladi mosi buna, bankisi yina ke sadisaka muntu yina ke wa nitu mpasi-mpasi kele na kati ya mambu ya mfunu mpi saki yina bo ke tulaka bankisi sambu na kukwenda nswalu kupesa lusadisu na babwala ya nkaka mpi na kati ya lisiti ya bankisi ya mfunu. Basaki yina bo ke tulaka bankisi sambu na kukwenda nswalu kupesa lusadisu na babwala ya nkaka kele mfunu sambu na kupesa lusansu ya ntete ntangu mpasi mosi buna me kumina bantu kansi bankisi yango lenda kuka ve kana mpasi yango kele ya mingi, yo yina, yo ta lomba kusadila mitindu ya nkaka sambu na kulungisa bampusa ya bantu ⊕ *tala Mambu ya me tala mavimpi, Nsiku ya 1.3: Bankisi mpi bangidika ya mfunu yina baopitale me bakaka* mpi *Bareferanse mpi mikanda yina bantu ya nkaka sonikaka.*

Dibuta, kimvuka mpi kusadisa bantu yonso: Sala na bumosi ti bimvuka ya nkaka sambu na kuzwa lutwadisu mosi ya mbote sambu na kupesa lusadisu ya me fwana na bambefo mpi na mabuta na bo. Diambu yai ke tadila, kuvanda ti nswa na bimvuka to na *Internet* mpi lusadisu yina kimvuka ke pesa na nsadisa ya bisika ya mbote ya kupema, ya bima yina bo ke pesaka sambu na bunkete mpi luzitu, lusadisu ya mbongo, kusansa maladi ya ntu mpi lusadisu ya mabanza mpi diaka lusadisu ya bantu yina me zabaka nsiku sambu bantu kuzitisa bampusa ya mfunu.

Sala na kimvuka ti bimvuka yina diambu yango ke tadila sambu na kulandila mabuta yina ke zingaka ve na bumosi sambu bambefo na bo kulanda kusolula ti bo.

Sala na kimvuka ti bimvuka yina ke sansaka bantu ya ke salaka na bumosi, bayina mbala mingi ya ke pesaka formasio na bantu yina ke sansaka bantu na banzo mpi bantu yina ke salaka na bimvuka yina ke talaka mutindu bantu ke salaka mambu na bumosi, sambu na kupesa lusansu na bantu yina ke bela mpi na bantu ya dibuta na bo mpi kulomba na bo na kukwenda kusansa bantu na banzo kana mpila kele (mumbandu sambu na bantu yina kele ti SIDA).

Lusadisu yina mabundu ke pesaka: Beno fwete pesa lusadisu na kutadila luzolo ya mbefo mpi ya dibuta na yandi. Sala na kimvuka ti bamfunu ya mabundu sambu na kuzaba bantu yina ke pesaka lusadisu ya kimpeve yina kele dibundu mosi mosi to lukwikilu mosi ti muntu yina ke bela. Bantu yango fwete sala mambu bonso bantu yina ke sadisa bambefo, minganga mpi bantu yina ke salaka na bimvuka ya ke kwenda kupesa lusadisu.

Zabisa bamfumu ya mabundu ya babwala na beno minsiku ya mfunu ya kupesa lusadisu na yina me tala mabanza ya bimvuka ya bantu yina ke kutana ti mambu ya mpasi kibeni ya me tala mavimpi.

Tula bima yina ta pesaka lutwadisu na mutindu ya mbote sambu na mambu ya me tala mavimpi mpi bamfumu ya mabundu sambu na bambefo yonso, minganga mpi bantu ya dibuta yina kele na mfunu na yo.

Pesa lusadisu ya kufwana na mutindu ya kusala mambu na ntangu ya bamatanga na mutindu ya mbote mpi ya me fwana na kusalaka na kuwakana ti kimvuka yina kele na bwala na beno, mutindu lutwadisu yina bainsi na beno mpi bainsi ya nkaka ke pesaka
tala Mambu ya me tala mavimpi, Nsiku ya 1.1: Bima yina bo ke pesaka sambu na lusansu.

Appendixe 1
Lisiti ya ke monisa mutindu ya kulandila mavimpi ya bantu

Kubaka bangidika

- Baka bansangu ya bantu yina kele na mpasi.
- Vanda ti bakarti, bantu yina ke kangaka bafoto na avio mpi bifwanisu yina satelite ke pesaka mpi bansangu ya me tala kima yina ke pesaka bansangu ya mutindu bwala yina bo ke tubila kele.
- Baka bansangu ya me tala ntalu ya bantu, mutindu mambu ke salamaka mpi ya bunkete.

Lutaninu mpi nswa yina bantu kele na yo

- Sosa kuzaba bigonsa ya lugangu to yina bantu bo mosi ke sosaka.
- Tubila mambu yonso na yina me tala lutaninu, tanga mpi kimvuka ya basoda.
- Sosa kuzaba kiteso yina bantu ya ke salaka na bimvuka ya ke kwendaka kupesa lusadisu kele ti nswa na ya kukwenda kukutana ti bantu yina kele na mpasi.

Kuzaba ntalu ya bantu mpi mutindu ya kuzinga na kimvuka

- Tubila mingi ya bantu yina kele na mpasi; na kutadila mvula na bo, kana bo kele bankento to babakala mpi kana bo kele ti bifu na nitu.
- Vukisa bimvuka yonso yina kele na kigonsa, bonso bankento, bana, minunu, bantu yina kele ti bifu na nitu, bantu yina kele ti SIDA to bimvuka yina bo me katulaka na bisalu.
- Tubila mingi ya mabuta mpi kiteso ya ntalu ya mabuta yina nkento to mwana mosi kele mfunu na yo.
- Tubila kimvuka ya bantu yina kele mpi bansiku na kutadila bankento to babakala, tanga mpi kimfumu to bupusi yina bo kele na yo na kimvuka to na dibuta.

Bansangu ya me tala mavimpi

- Sonika mambu ya me tala mavimpi yina vandaka dezia na ntwala nde mpasi mosi buna kukumina bantu na bwala yina bantu kele na mpasi.
- Sonika mambu ya me tala mavimpi yina vandaka dezia na ntwala nde mpasi mosi buna kukuma na insi yina bantu ya me tinaka babwa na bo to na bwala yina bantu yina bo me kwendaka bisika ya nkaka kaka na insi na bo vandaka kuzinga
- Sosa kuzaba bigonsa yina kele sambu na mavimpi, mumbandu bamaladi ya nsambukila.
- Sonika mambu ya mpasi yina kele mpi yina vandaka na yina me tala lusansu, bansiku ya bantu yonso mpi balukwikilu na bo, tanga mpi mutindu ya mbi mpi ya mpasi ya kusala mambu.
- Sonika mambu ya mpasi yina ta kwisa ya me tala mavimpi.
- Tadila mitindu ya luswaswanu na mambu ya me tala mavimpi mpi ngolo na yo
  tala Mambu ya me tala mavimpi, Nsiku ya 1.1 tii na 1.5.

Ntalu ya bantu yina ke fwa

- Sosa kuzaba ntalu ya bantu yina ke fwa.
- Sosa kuzaba ntalu ya bantu yina ke fwa na kutadila mvula na bo (mumbandu, ntalu ya bantu yina me fwana na nsi na ya bamvula).
- Sosa kuzaba ntalu ya bantu yina ke fwa sambu na bikuma mosi buna.
- Sosa kuzaba ntalu ya me fwana ya bantu yina ke fwa.

Ntalu ya bantu yina vandaka ti maladi na ntangu mosi buna

- Sosa kuzaba bikuma ya bamaladi ya mfunu na yina me tala mavimpi ya bantu yonso.
- Sosa kuzaba bikuma ya bamaladi ya mfunu sambu na konso mvula yina muntu kele na yo mpi kana yandi kele nkento to bakala kana mpila kele.

Bima yina lenda tomisa mambu

- Sosa kuzaba makuki yina *ministère de la santé* ya insi yina kele na mpasi kele na yo.
- Sosa kuzaba mambu yango na kutadila baopitale yina kele, disongidila, ntalu na bo yonso na yina me tala mutindu ya lusansu yina bo bakaka, mutindu bima yina me vukanaka kele ya kubeba mpi kukwenda bisika yango.
- Sosa kuzaba ntalu ya minganga mpi makuki yina bo kele na yo.
- Sosa kuzaba bima yina opitale kele na yo mfunu mpi ntalu ya mbongo yina bo lenda pesa bo.
- Sosa kuzaba makuki mpi mutindu bamanaka ya ke talaka mavimpi ya bantu yonso yina ke salaka, bonso Manaka sambu na kupesa mangwele.
- Sosa kuzaba kana mikanda yina ke pesaka lutwadisu kele, bankisi ya me fwana, bisadilu mpi bisadilu sambu na baopitale mpi mutindu ya kulandila mambu na ndonga.
- Sosa kuzaba kana bima yina ke pesaka lutwadisu kele ya mbote.
- Sosa kuzaba kiteso yina bansiku ya ke tadilaka kubaka bangidika kele mpi ya kulandila *microbe* yina bantu kele na yo na baopitale.
- Sosa kuzaba mutindu kima yina ke sadisaka sambu na kupesa bansangu ya me tala mavimpi ke salaka.

Bansangu ya mfunu ya me katuka na babwala ya nkaka

- Mambu ya me tala madia yina ke tungaka nitu.
- Malombo na yina me tala WASH mpi bisika ya mbote ya kuzinga.
- Kitunga ya zandu mpi madia yina bo me bumba mbote.
- Bisika ya kubaka mupepe - Bisika ya mbote ya kubaka mupepe.
- Bandongisila – Bandongisila sambu na mavimpi mpi bunkete.

Appendixe 2
Bambandu ya baformilere ya bo ke pesaka rapore ya mambu yina bo ke landilaka mbala mosi konso ngonda

2.1 Formilere sambu na kulandila ntalu ya bantu yina ke fwa (yina me landana)*

Kisika: ....

Dati: yantika na Kintete: .... Tii na Lumingu: ....

Ntalu ya bantu yonso na luyantiku ya mposo yai: ....

Bana yina me butuka na mposo yai: .... Bantu yina me fwa na mposo yai: ....

Kukuma na mposo yai (kana mpila kele): .... Kukwenda na mposo yai: ....

Ntalu ya bantu yonso na nsuka ya mposo yai: ....

Ntalu ya bantu yonso yina kele ti bamvula na nsi ya 5: ....

	<ya bamvula 5		≥ya bambula 5		Totale
	Bakala	Nkento	Bakala	Nkento	
Diambu yina nataka muntu na lufwa					
Infection aiguë des voies respiratoires inférieures					
Choléra (yina minganga me mona)					
Pulu-pulu yina muntu ke basikaka menga					
Pulu-pulu – *aqueuse*					
Bamputa yina muntu salaka ve kisumbula					
Malaria					
Babebe yina ke fwaka kaka na ntangu ya kubutuka					
Kasesi					
Méningite (yina minganga me mona)					
Néonatale (yantika na 0 tii na bilumbu 28)					
Mambu ya nkaka					
Bantu yina bo me zaba ve					
Totale yonso ya bamvula mpi kana muntu kele nkento to bakala					
Kuzaba bikuma					
SIDA (yina minganga me mona)					
Kibuba					
Babebe yina ke fwaka kaka na ntangu ya kubutuka					
Bamaladi yina kele ve ya nsambukila (yina nkele na ndonga na yo)					
Mambu ya nkaka					
Totale yonso ya bamvula mpi kana muntu kele nkento to bakala					

*Beno fwete sadila formilere yai kana bantu me fwa mingi mpi mpila kele ve ya kubaka bansangu ya mvumbi yonso sambu ntangu ke fioti.

–Beno lenda yika bikuma ya nkaka yina me nata lufwa na kulandilaka mambu yina salamaka na ntangu ya kipupa.

–Beno lenda vukisa bamvula ya bantu, mu mbandu bangonda 0–11, bamvula 1–4, bamvula 5–14, bmvula 15–49, bamvula 50–59, bamvula 60–69, bamvula 70–79, na zulu ya bamvula 80–

–Bo ta zabisaka kaka ve ntangu yonso baopitale bantu yina ke fwa, kansi bo lenda zabisa yo kaka na mfumu ya kisika yina beno ke vandaka, bamfumu ya banzo-nzambi, bantu yina ke salaka na bimvuka ya ke kwendaka kupesa lusadisu, na bimvuka ya bankento mpi na baopitale yina ke talaka mambu yango.

–Ata mpidina, bantendula ya bangogo kele na nima ya formilere.

2.2 Formilere sambu na kulandila ntalu ya bantu yina ke fwa (bansangu ya me tala muntu yandi mosi)*

Kisika: ....

Dati: yantika na Kintete: .... Tii na Lumingu: ....

Ntalu ya bantu yonso na luyantiku ya mposo yai: ....

Bana yina me butuka na mposo yai: .... Bantu yina me fwa na mposo yai: ....

Kukuma na mposo yai (kana mpila kele): .... Kukwenda na mposo yai: ....

Ntalu ya bantu yonso na nsuka ya mposo yai: ....

Ntalu ya bantu yonso yina kele ti bamvula na nsi ya 5: ....

				Kikuma ya ntete ya lufwa													Bikuma ya nkaka						
Ve	Nkento to bakala	Muvula ya muntu, bangonda, bamvula	Infection aiguë des voies respiratoires inférieures	Cholera (yina minganga me mona)	Pulu-pulu yina muntu ke basikaka menga	Pulu-pulu – aqueuse	Bamputa yina muntu salaka ve kisumbula	Malaria	Babebe yina ke fwaka kaka na ntangu ya kubutuka	Kasesi	Méningite (yina minganga me mona)	Néonatale (yantika na 0 tii na bilumbu 28)	Non-communicable dis. (specify)	Maladi ya nkaka (yina nkele na ndonga na yo)	Yina me zabana ve	Sida (yina minganga me mona)	Kibuba	Bamama yina ke fwa na kisika ya kubuta	Maladi ya nkaka (yina nkele na ndonga na yo)	Dati/ngonda/mvula	Nzo yina kele kisika ya nkaka	Kufwa na hopitale to na nzo
1																						
2																						
3																						
4																						
5																						
6																						
7																						
8																						

*Beno lenda sadila yo kaka kana ntangu kele mingi sambu na kubaka bansangu ya konso muntu yina me fwa, na kutulaka dikebi na yina me tala mvula na yandi, mpi kisika yina yandi kele.

– Mambu ya me tala kubaka bansangu (disongidila, ya konso kilumbu to ya mposo) ta salamaka na kutadila ntalu ya bantu yina ke fwa.

– Beno lenda yika mambu ya nkaka yina nataka muntu lufwa.

– Bo ta zabisaka kaka ve ntangu yonso baopitale bantu yina ke fwa, kansi bo lenda zabisa yo kaka na mfumu ya kisika yina beno ke vandaka, bamfumu ya banzo-nzambi, bantu yina ke salaka na bimvuka ya ke kwendaka kupesa lusadisu, na bimvuka ya bankento mpi na baopitale yina ke talaka mambu yango

– Ata mpidina, bantendula ya bangogo kele na nima ya formilere.

– Beno lenda kabula bansangu na kutadila mvula ya muntu (yantika na 0 tii na bangonda 11, yantika na mvula 1 tii na bamvula 4, yantika na bamvula 5 tii na bamvula 14, yantika na bamvula 15 tii na bamvula 49, yantika na 0 tii na bamvula 59, yantika na bamvula 60 tombuka), kana mpila kele.

2.3 Mbandu ya formilere sambu na kupesa rapore ya kima yina ke zabisaka bantu na ntwala mambu yina ke zola kusalama

Beno fwete sadila formilere yai ntangu mpasi mosi buna me kumina bantu, ntangu kigonsa mosi buna ke zola kusalama na mambu ya me tala mavimpi ya bantu yonso, bonso bampasi, kana bo me tudila muntu ndikila to yandi ke monisa bidimbu ya muntu ya kele na kipupa ya maladi mosi buna me kuma mingi.

Dati: Banda na Kintete: .... tii na Lumingu: ....

Mbanza/bwala/kisalu/camps:..

Province: .... District: ....

Sous-district: .... Zina ya kisika: ....

- Kutula muntu na opitale ▪ Ambulatoire
- Opitale ya fioti sambu na kukwenda kubaka lusansu ▪ Clinique mobile

Agence(s) d'appui: ....

Muntu ya ke tadilaka mambu mpi numero ya telefone: ....

Ntalu ya bantu yonso: .... Ntalu ya bantu yonso na nsi ya bamvula 5:

A. BASANGU YINA BO KE BAKAKA KONSO MPOSO

Bamaladi ya mpa:	Ntalu ya bantu ya ke butuka		Ntalu ya bantu yina ke fwa		Totale
	<bamvula 5	Bamvula 5 tombuka	<bamvula 5	Bamvula 5 tombuka	
BANTALU YINA BO ME NDIMA					
NTALU ya bantu yonso ya me fwa					
Infection aiguë des voies respiratoires inférieures					
Pulu-pulu – *aqueuse*					
Pulu-pulu yina muntu ke basikaka menga					
Malaria (yina minganga me mona)					
Kasesi					
Méningite (yina minganga me mona)					
Maladi yina muntu ke belaka na kati ya nitu ya ke manaka ve					
Syndrome ictérique aigu					
Maladi yina ndambu ya nkaka ya nitu ya muntu ke salaka ve					
Tétanos					
Maladi ya nkaka >38.5°C					
Traumatisme					
Kusala nkisi sambu na kutudila muntu poison					
Mambu ya nkaka					
Totale					

– Minganga lenda tuba mambu mingi kana muntu ke bela, kansi nge fwete tula dikebi na mambu ya kuluta mfunu. Nge fwete tanga konso maladi mbala mosi kaka.
– Nge fwete tanga kaka maladi yina minganga me mona (to kusonika na mukanda bantu yina me fwaka) na ntangu bo vandaka kukengila yandi.
– Nge fwete sonika "0" (zero) kana bo sonikaka ve na buku maladi yina muntu ke bela to muntu yina me fwa.
– Nge fwete sonika muntu yina me fwa kaka na kitini 'bantu yina me fwa' kansi ve na kitini yina ya nkaka.
– Sonika bantendula ya konso maladi yina bo ke landila na nima ya formilere.
– Mambu ya mpasi yina ntalu ya bantu ke butuka ke nataka lenda yikama to kukatula na zulu ya na kutadila bamaladi yina mpi kutadila mambu ya mpasi yina maladi lenda nata.
– Kikuma ya kukengila kele kuzaba mbote maladi yina lenda basika kukonda kukana.
– Beno fwete kwenda kusala bansosa sambu na kuzaba bantu yina kele bibuba na kisika ya kukwenda kukengila bo.

B. KUZABISA BANTU NA NTWALA DIAMBU YINA KE ZOLA KUSALAMA

Kana bantu ke tubila na nsi-nsi nde bantu me kuma ti bamaladi yai ya ke landa, tinda SMS to binga na numero yai.......................……… to mukanda na adresi yai...............................… ti bansangu ya mingi ya me tala dati, kisika mpi ntalu ya bantu yina kele ti maladi yai to ya me fwa sambu na maladi yai: *choléra, maladi shigellose*, kasesi, buka-buka, *typhoïde, tétanos, hépatite A to E, dengue, méningite, diphtérie, coqueluche*, maladi yina ke basisaka muntu menga mingi. Lisiti yai lenda soba na kutadila maladi yina kele na insi na beno.

2.4 Mbandu ya formilere sambu na kupesa rapore ya kukengila mutindu ya kulandila bansangu ya me tala mavimpi

Kisika: ....

Dati: Banda na Kintete: .... tii na Lumingu: ....

Ntalu ya bantu yonso na luyantiku ya mposo yai: ....

Bantu ya me butuka na mposo yai: .... Bantu ya me fwa na mposo yai: ....

Kukuma na mposo yai: ....

Kukwenda na mposo yai: ....

Ntalu ya bantu yonso na nsuka ya mposo: ....

Ntalu ya bantu yonso na nsi ya bamvula 5: ....

Ntalu ya bantu ya ke butuka	Na nsi ya bamvula 5 (bamaladi ya mpa)		Yantika na bamvula 5 tombuka (bamaladi ya mpa)			Totale		Kuvutukila kubela maladi ya ntama	
Maladi yina minganga ke tubila	Bakala	Nkento	Totale	Bakala	Nkento	Totale	Bamaladi ya mpa	Totale
Infection aiguë des voies respiratoires inférieures								
Pulu-pulu – *aqueuse*								
Pulu-pulu yina muntu ke basikaka menga								
Malaria (yina minganga me mona)								
Kasesi								
Méningite (yina minganga me mona)								
Maladi yina muntu ke belaka na kati ya nitu ya ke manaka ve								
Syndrome ictérique aigu								
Maladi yina ndambu ya nkaka ya nitu ya muntu ke salaka ve								
Tétanos								
Maladi ya nkaka >38.5°								
SIDA								
Maladi ya meso								
Maladi ya mpusu								
Kibuba yina ke manaka ve								

Ntalu ya bantu ya ke butuka	Na nsi ya bamvula 5 (bamaladi ya mpa)			Yantika na bamvula 5 tombuka (bamaladi ya mpa)			Totale		Kuvutukila kubela maladi ya ntama	
Maladi yina minganga ke tubila	Bakala	Nkento	Totale	Bakala	Nkento	Totale	Bakala	Nkento	Bamaladi ya mpa	Totale
Maladi ya nsambukila yina ke katukaka na nzila ya kuvukisa nitu										
Maladi yina ke simbaka muntu na kinama ya kusubila										
Masa yinake basikaka na kinama ya kusubila ya bakala										
Masa yina ke basikaka na kinama ya kusubila ya nkento										
Atteinte inflammatoire pelvienne (AID)										
Maladi ya disu na bebe yina ke butuka										
Maladi Syphilis yak e katukaka na nzila ya kuvukisa nitu										
Maladi yina ke sambukilaka ve bantu										
Hypertension										
Cardiopathie ischémique										
Diabetes										
Asthme										
Maladi ya mpema yina ke manaka ve										
Ngambu										
Maladi ya nkaka yina ke manaka ve										
Maladi ya ntu										
Malafu mpi mambu ya nkaka yina lenda nata mavwanga										
Handicap intellectuel et troubles du comportement										
Troubles psychotiques (notamment les troubles bipolaires)										
Démence ou état confusionnel aigu										
Troubles affectifs modérés à sévères/ dépression										

Ntalu ya bantu ya ke butuka	Na nsi ya bamvula 5 (bamaladi ya mpa)			Yantika na bamvula 5 tombuka (bamaladi ya mpa)			Totale		Kuvutukila kubela maladi ya ntama	
Maladi yina minganga ke tubila	Bakala	Nkento	Totale	Bakala	Nkento	Totale			Bamaladi ya mpa	Totale
Bamaladi yina minganga me pesaka ve ntendula na yo										
Ngindu ya kudisala mbi										
Bamaladi ya nkaka ya mabanza										
Bamputa										
Mputa yina kele na ntu mpi na mukongo										
Mputa yina kele na ntulu										
Major extremity injury										
Mputa yina kele na iweka										
Mputa yina kele na kiteso										
Totale										

Beno lenda kabula bansangu na kutadila mvula yina muntu kele nay o, mumbandu, yantika na 0 tii na bangonda 11, yantika na mvula 1 tii na bamvula 4, yantika na bamvula 5 tii na bamvula 14, yantika na bamvula 15 tii na bamvula 49, yantika na bamvula 50 tii na bamvula 59, >bamvula 60

Appendixe 3
Mutindu ya kuzaba bansangu ya mfunu ya me tala mavimpi ya bantu

Ntalu ya bantu yina ke fwa

Ntendula: Ntalu ya bantu yina ke fwa, yo vandaka nkento to bakala ya bamvula yonso.

Formula:

$$\frac{\text{Ntalu ya bantu yonso yina me fwa na nsungi mosi}}{\text{Ntalu ya bantu yina kele na kigonsa na kati-kati ya nsungi mosi buna}} \times \text{bantu 10,000} = \frac{\text{bantu yina me fwa/bantu}}{\text{10,000 /konso kilumbu}}$$

Ntalu ya bana yina ke fwa ya kele ti bamvula na nsi ya-5

Ntendula: Ntalu ya bana yina ke fwa ya kele ti bamvula na nsi ya 5 na kati ya bantu.

Mutindu ya kusala:

$$\frac{\text{Ntalu ya bana yonso yina ke fwa na nsungi mosi ya kele ti bamvula na nsi ya 5}}{\text{Ntalu ya bana yonso yina kele ti bamvula na nsi ya 5} \times \text{Ntalu ya bangonda na nsungi yango}} \times \frac{\text{bantu}}{10,000} = \frac{\text{bana yina ke fwa ya kele ti bamvula na nsi ya 5 /konso kilumbu}}{}$$

Ntalu ya maladi ya mpa

Ntendula: Ntalu ya maladi yam pa na nsungi mosi buna na kati ya bantu yina lenda baka maladi kukonda mpasi.

Mutindu ya kusala:

$$\frac{\text{Ntalu ya bamaladi ya mpa yina maladi mosi buna nataka na nsungi mosi buna}}{\text{Bantu yina lenda baka maladi kukonda mpasi} \times \text{Ntalu ya bangonda na nsungi yina}} \times \text{bantu 1,000} = \frac{\text{Maladi ya mpa yina maladi mosi ya ntama nataka/bantu 1,000 /konso ngonda}}{}$$

Ntalu ya bantu yina fwaka na maladi mosi buna

Ntendula: Ntalu ya bantu yina fwaka na maladi mosi buna kabula yo na ntalu ya bantu yina kele ti maladi.

Mutindu ya kusala:

$$\frac{\text{Ntalu ya bantu yina fwaka na maladi na nsungi mosi buna}}{\text{Bantu yina kele ti maladi na nsungi yango}} \times 100 = x\%$$

Ntalu ya baopitale yina bantu ke kwendaka

Ntendula: Ntalu ya bantu yina ke kwendaka kutala yo konso mvula. Kana mpila kele, swaswanisa bavisite ya bantu ya ntama ti ya mpa. Sambu na kutanga ntalu yai, beno fwete tanga kaka bantu yina ke kwisa diaka **sambu na mbala ya zole**. Kansi, yo kele pete ve na kuswaswanisa bantu yam pa ti bantu ya ntama. Mbala mingi, bo ke vukisaka yo sambu na kuzaba ntalu ya bantu yonso yina kwendaka na hopitale na ntangu ya mpasi mosi buna.

Mutindu ya kusala:

$$\frac{\text{Ntalu ya bantu yonso yina salaka visite na mposo mosi}}{\text{Bantu yonso}} \times \frac{\text{Bamposo}}{52} = \frac{\text{Bavisite/muntu/}}{\text{mvula}}$$

Ntalu ya bantu yina ke kwendaka kukutana ti munganga mpi konso kilumbu

Ntendula: Ntalu ya bantu yonso yina ke kwendaka kukutana ti munganga (maladi ya mpa mpi maladi ya ntama) konso kilumbu.

Mutindu ya kusala:

$$\frac{\text{Ntalu ya bantu yina ke kwendaka kukutana ti munganga konso mposo}}{\text{Ntalu ya FTE*bilumbu yina hopitale ke salaka na mposo mosi}} \div \frac{\text{Ntalu ya minganga na hopitale mosi}}{}$$

*FTE (kisalu ya ntangu yonso) yo ketadila ntalu yina minganga kele na hopitale mosi buna.
Mumbandu, kana minganga sambanu kesala na kisika yina bo ke pasulaka bantu kansi minganga zole kele na ntangu ya kupema, ntalu ya minganga ta bikala 4 + minganga 2 yina kele na kupema,ta minganga 5 ya ntangu yonso.

Appendixe 4
Kutudila muntu ndikila (poison)

Ndikila lenda simba bantu kana bo kele na bisika yina kele ti bima yina ke vandaka ndikila kana yo me kota muntu na munoko, na mbombo, na mpusu ya nitu, na meso, na makutu to na bima ya kudia. Bana lenda baka ndikila kukonda mpasi sambu bo ke pemaka ntinu-ntinu, ke vandaka na bisika ya nene, kele ti mpusu ya pete-pete mpi sambu bo ke vandaka mingi na ntoto. Ndikila lenda sala nde mwana kukuma ve nene, yandi kuyela diaka mbote ve, yandi kuma ti mavimpi ya mbi mpi yandi lenda kuma ti bamaladi mingi to mpi yandi lenda fwa.

Kusansa bantu yina kele ti ndikila ya ofele

Kana mbefo me kwenda na opitale mpi minganga me bakisa nde yandi ke monisa bidimbu ya muntu yina kele ti ndikila, minganga fwete:

- baka bangidika mpi kulwata bilele yina fwete tanina bo;
- pona bambefo ya kusansa;
- pesa bo lusansu ya mbote na nswalu kibeni;
- sala na mpila nde maladi yango kusimba ve bantu ya nkaka (mumbandu, kukatula bo bilele yina bo lwataka to kuyobisa bisika yina bo vandaka na masa ti sabuni) yo fwete salama na nganda ya opitale sambu na kukonda kupesa bantu ya nkaka maladi yango; na nima
- sadila mikanda yina ke pesaka lutwadisu, tanga mpi lusansu yina ke sadisa.

Mikanda ya ke monisa mutindu ya kusansa muntu

Yo lenda soba na kutadila insi na beno. Ya kieleka, beno lenda pesa muntu nkisi yina lenda manisa ngolo ya ndikila (mingi-mingi sambu na mpema) kele mfunu mingi.

Tablo yai ya ke landa, ke monisa bidimbu yina muntu ya kele ti ndikila ke monisaka mpi bankisi yina beno lenda pesa yandi sambu na kumanisa ngolo ya ndikila.

Bidimbu yina muntu ya kele ti ndikila ke monisaka mpi lusansu ya me fwana kibeni

Bima yina kele ti ndikila	Bidimbu yina ke monanaka na muntu ya kele ti ndikila	**Antidotes** (yo lenda soba na kutadila minsiku ya bainsi na beno
Bantu ya *neurotoxiques* mumbandu le sarin, le tabun ou le VX.	*Micro-pupilles; vision trouble; maux de tête; sécrétions abondantes; oppression thoracique et respiration difficile; nausées; vomissements; diarrhée; contractions musculaires; convulsions; perte de conscience.*	Atropine Oximes (pralidoxime,obidoxime) Benzodiazépines (anticonvulsifs)
Bantu ya *vésicants* mumbandu *le gaz moutarde.*	*Larmoiements; irritation des yeux; conjonctivite; lésions de la cornée; rougeurs et boursouflures de la peau avec des douleurs; détresse respiratoire.*	*Traitement de soutien +/- thiosulfate de sodium Par exemple: irrigation oculaire, antibiotiques topiques, lavage de la peau, bronchodilatateurs Utiliser du thiosulfate de sodium dans les cas graves*
Cyanure	Kukonda ya mupepe; *asphyxie; convulsions; confusion;* nzala kuluka.	*Nitrite d'amyle (premiers secours) Nitrite d'amyle et nitrite de sodium ou avec du 4 DMAP ou Hydroxocobalamine ou Édétate dicobaltique*
Bantu yina ke kuka ve bonso *le gaz BZ*	*Bouche et peau sèches; tachycardie; état de conscience altéré; délires; hallucinations; hyperthermie; incoordination; pupilles dilatées.*	*Physostigmine*
Gaz lacrymogène et agents de lutte antiémeute.	*Picotements et brûlures des muqueuses; larmoiement; salivation; écoulement nasal; oppression thoracique; maux de tête; nausées.*	Kupesa lusansu ya me fwana kibeni
Chlore	*Yeux rouges et larmoiement; irritation du nez et de la gorge; toux; suffocation ou sensation d'étouffement; essoufflement; sifflement; voix rauque; œdème pulmonaire.*	*N-acétylcystéine (NAC)*
Thallium (raticide)	*Douleurs abdominales; nausées; vomissements; diarrhée; constipation; convulsions; état confusionnel aigu; dépression; pertes des cheveux et des poils; neuropathie périphérique douloureuse et faiblesse motrice distale; ataxie; déficits neurocognitifs.*	*Bleu de Prusse*
Plomb	*Anorexie;* kuluka; divumu kufuluka; mpasi na nsi ya divumu; kukonda ya menga; *inattention;* kulemba; kitini ya nitu ya nkaka ke sala ve *périphériques.*	*Chélation*
Organo-phosphates (comprend certains insecticides et gaz neurotoxiques)	*Salivation; larmoiement; miction; défécation; crampes gastriques;* kuluka.	*Atropine Oximes (pralidoxime, obidoxime)*

OMS pesaka lutwadisu ntangu bo vandaka kusoba yo sambu na kisika ya bunkente yina bantu fwete zinga na ntangu ya kupesa nswalu lusadisu.

Bareferanse mpi mikanda ya nkaka yina bantu sonikaka

Mavimpi mpi banswa yina muntu kele na yo
The Right to Health: Fact Sheet No.31. OHCHR and WHO, 2008.
http://www.ohchr.org

Kutambusa mambu ya me tala basoda mpi bantu yina kele ve basoda
Civil Military Coordination during Humanitarian Health Action. Global Health Cluster, 2011. www.who.int

Humanitarian Civil-Military Coordination: A Guide for the Military. UN OCHA, 2014. http://www.unocha.org

Lutaninu mpi nswa ya ntonto ya vimba ya kimvuka ya ke kwenda kupesa lusadisu
Ambulance and pre-hospital services in risk situations. ICRC, 2013. www.icrc.org

Common Ethical principles of health care in times of armed conflict and other emergencies. ICRC, Geneva, 2015. https://www.icrc.org

Ensuring the preparedness and security of health care facilities in armed conflict and other emergencies. ICRC, 2015. www.icrc.org

Guidance Note on Disability and Emergency Risk Management for Health. World Health Organization, 2013. http://www.who.int

Health Care in Danger: The responsibilities of health care personnel working in armed conflicts and other emergencies. ICRC, 2012. www.icrc.org

Minimum Standards for Child Protection in Humanitarian Action: Standard 24 Shelter and Child Protection. Child Protection Working Group (now the Alliance for Child Protection in Humanitarian Action), 2012.
https://resourcecentre.savethechildren.net

Monitoring and Reporting Mechanism (MRM) on Grave Violations Against Children in situations of Armed Conflict. UN and UNICEF, 2014. http://www.mrmtools.org

Mutindu ya kutambusa mambu
Health Cluster Guide. Global Health Cluster, 2009. http://www.who.int

Reference module for cluster coordination at the country level. IASC, 2015. www.humanitarianresponse.info

Kukwenda kupesa nswalu lusansu
Blanchet, K. et al *Evidence on public health interventions in humanitarian crises.* The Lancet, 2017. http://www.thelancet.com

Classification and Minimum Standards for foreign medical teams in sudden onset disasters. WHO, 2013. http://www.who.int

Ensuring Access to Health Care Operational Guidance on Refugee Protection and Solutions in Urban Areas. UNHCR, 2011. http://www.unhcr.org

Public Health Guide in Emergencies. The Johns Hopkins and Red Cross Red Crescent, 2008. http://pdf.usaid.gov

Refugee Health: An approach to emergency situations. Médecins Sans Frontières, 1997. http://refbooks.msf.org

Spiegel et. al. *Health-care needs of people affected by conflict: future trends and changing frameworks.* The Lancet, 2010. http://www.thelancet.com

Kupesa lutwadisu na baopitale
Clinical Guidelines – Diagnosis and Treatment Manual. MSF, 2016. http://refbooks.msf.org

Mambu ya me tala mavimpi
Analysing Disrupted Health Sectors. A Modular Manual. WHO, 2009. http://www.who.int

Elston et al. *Impact of the Ebola outbreak on health systems and population health in Sierra Leone.* Journal of Public Health, 2015. https://academic.oup.com

Everybody's Business. Strengthening Health Systems to Improve Health Outcomes. WHO, 2007. http://www.who.int

The Health System Assessment Approach: A How to Manual 2.0. USAID, 2012. www.hfgproject.org

Parpia et al. *Effects of Response to 2014–2015 Ebola Outbreak on Deaths from Malaria, HIV/AIDS and Tuberculosis West Africa. Emerging Infection Diseases Vol 22.* CDC, 2016. https://wwwnc.cdc.gov

Recovery Toolkit: Supporting countries to achieve health service resilience. WHO, 2016. http://www.who.int

Toolkit assessing health system capacity to manage large influx of refugees, asylum-seekers and migrants. WHO/UNHCR/IOM, 2016. http://www.euro.who.int

Lutaninu
Comprehensive Safe Hospital Framework. WHO, 2015. http://www.who.int

Patient Safety: Making Health Safer. WHO, 2017. http://www.who.int

Kubaka bangidika mpi kutanina bantu na microbe
Essential environmental health standards in health care. WHO,2008. http://www.who.int

Essential Water and Sanitation Requirements for Health Structures. MSF, 2009. http://oops.msf.org

Guideline for Isolation Precautions: Preventing Transmission of Infectious Agents in Healthcare Settings. CDC, 2007 updated 2017. https://www.cdc.gov

Guidance for the selection and use of Personal Protective Equipment (PPE) in healthcare settings. CDC, 2004. https://www.cdc.gov

Guidelines for safe disposal of unwanted pharmaceuticals in and after emergencies. WHO, 1999. http://apps.who.int

Guidelines on Core Components of Infection Prevention and Control Programmes at the National and Acute Health Care Facility level. WHO, 2016. http://www.who.int

Management of Dead Bodies after Disasters: A field Manual for First Responders, Second Edition. ICRC, IFRC, 2016. www.icrc.org

Safe management of wastes for health-care activities, Second edition. WHO, 2014. http://www.who.int

Minganga

Classifying health workers: mapping occupations to the international standards. WHO. http://www.who.int

Global strategy on human resources for health. Workforce 2030. WHO, 2016. http://www.who.int

Human resources for Health Information System, Minimum Data Set for Health Workforce Registry. WHO, 2015. http://www.who.int

Health workforce requirement for universal health coverage and the SDGs. WHO, 2016. http://www.who.int

International Standard Classification of Occupation: Structure, group definitions and correspondence tables. ILO, 2012. http://www.ilo.org

WISN Workload indicators of staffing need, user's manual. WHO, 2010. http://www.who.int

Working together for health. World Health Report 2006. WHO 2006. http://www.who.int

Bankisi

Emergency Reproductive Health Kit. UNFPA, 2011. https://www.unfpa.org

Guidelines of Medicine Donations. WHO, 2010. http://www.who.int

Interagency Emergency Health Kit. WHO, 2017. http://www.who.int

Model Formulary for children. WHO, 2010. http://apps.who.int

Model List of Essential Medicines 20th List. WHO, 2017. http://www.who.int

Non-Communicable Diseases Kit. WHO, 2016. http://www.who.int

Revised Cholera Kits. WHO, 2015. http://www.who.int

The Interagency Emergency Health Kit 2017: Medicines and Medical Devices for 10 000 People for Approximately Three Months. WHO. 2017. https://www.who.int.

Bangidika yak e bakama sambu na lusansu mpi sambu na kukwenda kupesa lusadisu

Core Medical Equipment. WHO, 2011. http://www.who.int

Decommissioning Medical Equipment and Devices. WHO http://www.who.int

Global Atlas of Medical Devices. WHO, 2017. http://www.who.int

Guidelines on the provision of Manual Wheelchairs in less resourced settings. World Health Organization, 2008. http://www.who.int

Medical Device technical series: Medical device regulations, medical devices by health care facilities, needs assessment for medical devices, procurement process resource guide, medical device donations, medical equipment maintenance programme overview. WHO, 2011. http://www.who.int

Priority Assistive Products List. The GATE Initiative, WHO and USAID, 2016. http://www.who.int

Kulanda bankisi
Access to Controlled Medications Programme, WHO Briefing Note. WHO, 2012. http://www.who.int

Availability of Internationally Controlled Drugs: Ensuring Adequate Access for Medical and Scientific Purposes. International Narcotics Control Board and WHO, 2010. http://www.incb.org

Availability of narcotic drugs and psychotropic substances in emergency situations, INCD report, pages 36–37. International Narcotics Control Board, 2014. www.incb.org

Ensuring Balance in National Policies on Controlled Substances. Guidance for availability and accessibility of controlled medicines. WHO, 2011. http://www.who.int

Bankisi ya menga
Blood safety and availability. WHO, 2017. http://www.who.int

Guidelines on management of blood and blood components as essential medicines, Annex 3. WHO, 2017. http://apps.who.int

Universal Access to Safe Blood Transfusion. WHO, 2008. http://www.who.int

Kupesa mbongo sambu na kusansa bantu
Cash-based Interventions for Health Programmes in Refugee Settings: A Review. UNHCR, 2015. http://www.unhcr.org

Cash for Health: Key Learnings from a cash for health intervention in Jordan. UNHCR, 2015. http://www.unhcr.org

Monitoring progress towards universal health coverage at country and global levels. WHO, 2014. http://apps.who.int

Removing user fees for primary health care services during humanitarian crises. Global Health Cluster and WHO, 2011. http://www.who.int

Bansangu ya me tala lusansu
IASC Guidelines: Common Operating Datasets in Disaster Preparedness and Response. IASC, 2011 https://interagencystandingcommittee.org

Global Reference List of 100 Core Health Indicators. WHO, 2015. http://www.who.int

Standards for Public Health Information Services in Activated Health Clusters and Other Humanitarian Health Coordination Mechanisms. Global Health Cluster, 2017. www.humanitarianresponse.info

Kutadila bampusa yina muntu kele na yo yina me tala lusansu mpi kutula bisalu ya lusansu na kisika ya ntete
Assessment Toolkit: Practical steps for the assessment of health and humanitarian crises. MSF, 2013. http://evaluation.msf.org

Global Health Observatory Data Repository: Crude birth and death rate by country. World Health Organization, 2017. http://apps.who.int

Rapid Risk Assessments of Acute Public Health Events. WHO, 2012. http://www.who.int

SARA Service Availability and Readiness Assessment Survey. WHO/USAID, 2015. http://www.who.int

Kubaka bangidika sambu na bamaladi ya nsmbukila
Integrated Vector Management in Humanitarian Emergencies Toolkit. MENTOR Initiative and WHO, 2016. http://thementorinitiative.org

Vaccination in Acute Humanitarian Crises: A Framework for Decision Making. WHO, 2017. http://www.who.int

Bamaladi ya nsambukila
Dengue: Guidelines for Diagnosis, Treatment, Prevention and Control: New Edition. WHO, 2009. http://www.who.int

Guidelines for the control for shigellosis. WHO, 2005. http://www.who.int

Interim Guidance Document on Cholera surveillance. Global Task Force on Cholera Control and WHO, 2017. http://www.who.int

Liddle, K. et al. *TB Treatment in a Chronic Complex Emergency: Treatment Outcomes and Experiences in Somalia.* Trans R Soc Trop Med Hyg, NCBI, 2013. www.ncbi.nlm.nih.gov

Managing Meningitis Epidemics in Africa. WHO, 2015. http://apps.who.int

Management of a measles epidemic. MSF, 2014. http://refbooks.msf.org

Meningitis Outbreak Response in Sub-Saharan Africa. WHO, 2014. http://www.who.int

Pandemic Influenza Preparedness (PIP) Framework for the sharing of influenza viruses and access to vaccines and other benefits. WHO, 2011. http://apps.who.int

Kuzaba bidimu yak e monisa nde malade mosi buma me kumina bantu mpi kukwenda kupesa lusadisu na ntwala
Early detection, assessment and response to acute public health events, Implementation of Early Warning and Response with a focus on Event-Based Surveillance. WHO, 2014. http://www.who.int

Early warning, alert and response (EWAR) a key area for countries preparedness for Health Emergencies. WHO, 2018. http://apps.who.int

Weekly Epidemiological Record. WHO. http://www.who.int

Outbreak Surveillance and Response in Humanitarian Crises, WHO guidelines for EWARN implementation. WHO, 2012. http://www.who.int

Kubaka bangidila mpi kukwenda kupesa lusadisu na malady mosi buna yina me kumina bantu

Communicable disease control in emergencies, A field Manual. WHO, 2005. http://www.who.int

Epidemic Preparedness and Response in Refugee Camp Settings, Guidance for Public health officers. UNHCR, 2011. http://www.unhcr.org

Outbreak Communication Planning Guideline. WHO, 2008. http://www.who.

Kusansa babebe mpi bana ya fioti

IMCI Chart Booklet. WHO, 2014. http://www.who.int

Integrated Community Case Management in Acute and Protracted Emergencies: case study for South Sudan. IRC and UNICEF, 2017. https://www.rescue.org

Newborn Health in Humanitarian Settings Field Guide Interim Version. IAWG RH in Crises, 2016. http://iawg.net

Overview and Latest update on iCCM: Potential for Benefit to Malaria Programs. UNICEF and WHO, 2015. www.unicef.org

Polio vaccines: WHO position Paper Weekly epidemiological record. WHO, 2016. http://www.who.int

Updates on HIV and infant feeding. UNICEF, WHO, 2016. http://www.who.int

Kukwenda na mavimpi ya mbote sambu na kuvukisa nitu mpi kubuta bana

Adolescent Sexual and Reproductive Health Toolkit for Humanitarian Settings. UNFPA and Save the Children, 2009. http://iawg.net

Inter-Agency Reproductive Health Kits for Crisis Situations, 5th Edition. UNFPA/IAWG, 2011. http://iawg.net

Inter-agency Field Manual on Sexual and Reproductive Health in Humanitarian Settings. IWAG on Reproductive Health in Crises and WHO, 2018. http://iawg.net

Medical eligibility criteria wheel for contraceptive use. WHO, 2015. http://who.int

Minimum Initial Service Package (MISP) for Reproductive Health in Crisis Situations: A distance learning module. IWAG and Women's Refugee Commission. 2011. http://iawg.net

Selected practice recommendations for contraceptive use, Third Edition. WHO, 2016. http://www.who.int

Safe abortion: Technical & policy guidance for health systems. WHO, 2015. http://www.who.int

Kuvukisa nitu na ngolo ti bankento mpi kusadila bo mambu ya nku

Clinical Care for Sexual Assault Survivors. International Rescue Committee, 2014. http://iawg.net

Caring for Child Survivors of Sexual Abuse Guidelines for health and psychosocial service providers in humanitarian settings. IRC and UNICEF, 2012. https://www.unicef.org

Clinical Management of Rape Survivors: Developing protocols for use with refugees and internally displaced persons, Revised Edition, pp.44–47. WHO, UN Population Fund, and UNHCR, 2004. www.who.int

Clinical Management of Rape Survivors: E-Learning. WHO 2009. http://apps.who.int

Guidelines for Integrating Gender-Based Violence Interventions in Humanitarian Action, Reducing Risk, promoting resilience and aiding recovery. Inter-Agency Standing Committee, 2015. https://gbvguidelines.org

Guidelines for Medico-Legal Care of Victims of Sexual Violence. WHO, 2003. http://www.who.int

Sida

Consolidated Guidelines on the Use or ART Drugs for Treating and Preventing HIV Infection: Recommendations for a public health approach – Second edition. WHO, 2016. www.who.int

Guidelines for Addressing HIV in Humanitarian Settings. UNAIDS and IASC, 2010. http://www.unaids.org

Guidelines for the delivery of antiretroviral therapy to migrant and crisis-affected populations in Sub Saharan Africa. UNHCR, 2014. http://www.unhcr.org

Guidelines for management of sexually transmitted infections. WHO, 2003. www.emro.who.int

Guidelines on post-exposure prophylaxis for HIV and the use of Cotrimoxazole prophylaxis for HIV-related infections among adults, adolescents and children. WHO, 2014. http://www.who.int

HIV prevention in emergencies. UNFPA, 2014. http://www.unfpa.org

PMTCT in Humanitarian Settings Inter-Agency Task Team to Address HIV in Humanitarian Emergencies Part II: Implementation Guide. Inter-Agency Task Team, 2015. http://iawg.net

WHO policy on collaborative TB/HIV activities Guidelines for national programmes and other stakeholders. WHO, 2012. http://www.who.int

Bamputa mpi bampasi yina yo ke nataka

American Heart Association Guidelines for CPR & ECC. American Heart Association, 2015 and 2017. https://eccguidelines.heart.org

Anaesthesia Handbook, Annex 3: ICRC Pain Management. Reversed WHO pain management ladder. ICRC, 2017. https://shop.icrc.org

Child Protection in Humanitarian Action Review: Dangers and injuries. Alliance for Child Protection in Humanitarian Action, 2016. https://resourcecentre.savethechildren.net

Classification and Minimum Standards for Foreign Medical Teams in Sudden Onset Disasters. WHO, 2013. http://www.who.int

Minimum Technical Standards and Recommendations for Rehabilitation. WHO, 2016. http://apps.who.int

eCBHFA Framework Community Based Health and First Aid. ICRC, 2017. http://ifrc-ecbhfa.org

EMT minimum data set for reporting by emergency medical teams. WHO, 2016. https://extranet.who.int

Guidelines for trauma quality improvement programmes. World Health Organization, 2009. http://apps.who.int

International First Aid and Resuscitation Guidelines. IFRC, 2016. www.ifrc.org

Interagency initiative comprising a set of integrated triage tools for routine, surge and prehospital triage allowing smooth transition between routine and surge conditions. WHO and ICRC. http://www.who.int

Recommended Disaster Core Competencies for Hospital Personnel. California Department of Public Health, 2011. http://cdphready.org

Technical Meeting for Global Consensus on Triage. WHO and ICRC, 2017. https://www.humanitarianresponse.info

The European Resuscitation Council Guidelines for Resuscitation. European resuscitation council, 2015. https://cprguidelines.eu

The WHO Trauma Care Checklist. WHO, 2016. http://www.who.int

von Schreeb, J. et al. *Foreign field hospitals in the recent sudden-onset disasters in Iran, Haiti, Indonesia, and Pakistan.* Prehospital Disaster Med, NCBI, 2008. https://www.ncbi.nlm.nih.gov

War Surgery, Working with limited resources in armed conflict and other situations of violence. International Committee of the Red Cross, 2010. https://www.icrc.org

Maladi ya nitu

A faith-sensitive approach in humanitarian response: Guidance on mental health and psychosocial programming. The Lutheran World Federation and Islamic Relief Worldwide, 2018. https://interagencystandingcommittee.org

A Common Monitoring and Evaluation Framework for Mental Health and Psychosocial Support in Emergency Settings. IASC, 2017. https://reliefweb.int

Assessing Mental Health and Psychosocial Needs and Resources: Toolkit for Humanitarian Settings. WHO and UNHCR, 2012. http://www.who.int

Building back better: sustainable mental health care after emergencies. WHO, 2013. http://www.who.int

Facilitate community self-help and social support (action sheet 5.2) in guidelines on Mental Health and Psychosocial Support in Emergency Settings. IASC, 2007. https://interagencystandingcommittee.org

Group Interpersonal Therapy (IPT) for Depression. WHO, 2016. http://www.who.int

Inter-Agency Referral Form and Guidance Note for Mental Health and Psychosocial Support in Emergency Settings. IASC, 2017. https://interagencystandingcommittee.org

mhGAP Humanitarian Intervention Guide: Clinical Management of Mental, Neurological and Substance Use Conditions in Humanitarian Settings. WHO and UNHCR, 2015. http://www.unhcr.org

Problem Management Plus (PM+): Individual psychological help for adults impaired by distress in communities exposed to adversity. WHO, 2016. http://www.who.int

Psychological First Aid: Guide for Field Workers. WHO, War Trauma Foundation and World Vision International, 2011. http://www.who.int

Psychological First Aid Training Manual for Child Practitioners. Save the Children, 2013. https://resourcecentre.savethechildren.net

Reference Group for Mental Health and Psychosocial Support in Emergency Settings in Mental Health and Psychosocial Support in Humanitarian Emergencies: What Should Humanitarian Health Actors Know. IASC, 2010. http://www.who.int

Bamaladi yina ke sambukilaka ve bantu

Disaster Risk Management for Health: Non-Communicable Diseases Fact Sheet 2011. WHO, 2011. http://www.who.int

Jobanputra, K. Boulle, P. Roberts, B. Perel, P. *Three Steps to Improve Management of Noncommunicable Diseases in Humanitarian Crises.* PLOS Medicine, 2016. http://journals.plos.org

Lozano et al. *Global and regional mortality from 235 causes of death for 20 age groups in 1990 and 2010: a systemic analysis for the Global Burden of Disease Study 2010.* The Lancet, 2012. https://www.ncbi.nlm.nih.gov

NCD Global Monitoring Framework. WHO, 2013. http://www.who.int

NCDs in Emergencies – UN Interagency Task Force on NCDs. WHO, 2016. http://www.who.int

Slama, S. et al. *Care of Non-Communicable Diseases in Emergencies.* The Lancet, 2016. http://www.thelancet.com

WHO Package of Essential Non-Communicable Disease Interventions, Tools for implementing WHO PEN. WHO, 2009. http://www.who.int

Lusansu yina bo pesaka sambu na kulembika maladi

Caring for Volunteers Training Manual. Psychosocial Centre IFRC, 2015. http://pscentre.org

Disaster Spiritual Care Handbook. Disaster Services, American Red Cross, 2012. https://interagencystandingcommittee.org

Guidance for managing ethical issues in infectious disease outbreaks. WHO, 2016. http://apps.who.int

IASC guidelines on mental health and psychosocial support in emergency settings. IASC, 2007. http://www.who.int

IAHPC List of Essential Medicines for Palliative Care. International Association for Hospice and Palliative Care, 2007. https://hospicecare.com

Matzo, M. et al. *Palliative Care Considerations in Mass Casualty Events with Scarce Resources.* Biosecurity and Bioterrorism, NCBI, 2009. https://www.ncbi.nlm.nih.gov

Powell, R. A. Schwartz, L. Nouvet, E. Sutton, B. et al. *Palliative care in humanitarian crises: always something to offer.* The Lancet, 2017. http://www.thelancet.com

Palliative Care, Cancer control: knowledge into action: WHO guide for effective programmes. WHO, 2007. http://www.who.int

Silove, D. *The ADAPT model: a conceptual framework for mental health and psychosocial programming in post conflict settings.* War Trauma Foundation, 2013.
https://www.interventionjournal.com

Nouvet, E. Chan, E. Schwartz, L. J. *Looking good but doing harm? Perceptions of short-term medical missions in Nicaragua.* Global public health, NCBI, 2016.
https://www.ncbi.nlm.nih.gov

19th WHO Model List of Essential Medicines chapter 2 2, Medicines for pain and palliative care. WHO, 2015. http://www.who.int

Kutudila muntu ndikila
Initial Clinical management of patients exposed to chemical weapons. WHO, 2015.
http://www.who.int

Mikanda yina bantu ya nkaka sonikaka
For further reading suggestions please go to:
www.spherestandards.org/handbook/online-resources

Mikanda yina bantu ya nkaka sonikaka

Kutambusa mambu ya me tala basoda mpi bantu yina kele ve basoda
UN-CMCoord Field Handbook. UN OCHA, 2015. https://www.unocha.org/legacy/what-we-do/coordination-tools/UN-CMCoord/publications

Kutambusa mambu
Global Health Cluster. http://www.who.int/health-cluster/en/

Mambu ya me tala mavimpi
Approach to Health Systems Strengthening. UNICEF, 2016.
https://www.unicef.org/health/strengthening-health-systems

Health System Strengthening, from diagnosis to Planning. Action Contre Le Faim, 2017.
https://www.actionagainsthunger.org/publication/2017/03/health-system-strengthening-diagnosis-planning

Monitoring the Building Blocks of Health Systems: A handbook of indicators and their measurement strategies. WHO, 2010. http://www.who.int/healthinfo/systems/monitoring/en/

Newbrander et al. *Rebuilding and strengthening health systems and providing basic health services in fragile states.* NCBI, Disasters, 2011.
www.ncbi.nlm.nih.gov/pubmed/21913929

Strategizing national health in the 21st century: a handbook. WHO, 2017.
http://www.who.int/healthsystems/publications/nhpsp-handbook/en/

van Olmen, J. et al. *Health Systems Frameworks in their Political Context: Framing Divergent Agendas.* BMC Public Health, 2012.
https://bmcpublichealth.biomedcentral.com/articles/10.1186/1471-2458-12-774

Lutaninu
Diagnostic Errors: Education and Training, Electronic Tools, Human Factors, Medication Error, Multi-morbidity, Transitions of care. WHO, 2016.
http://apps.who.int/iris/bitstream/handle/10665/252410/9789241511636-eng.pdf?sequence=1&isAllowed=y

Hospital Safety Index Guide for Evaluators, 2nd ed. WHO, 2015.
http://apps.who.int/iris/handle/10665/258966

Technical Series on Safer Primary Care: Patient engagement: Administrative errors. WHO, 2016.
http://www.who.int/patientsafety/topics/primary-care/technical_series/en/

Bankisi
Management of Drugs at Health Centre Level, Training Manual. WHO, 2004.
http://apps.who.int/medicinedocs/en/d/Js7919e/

Bangidika sambu na lusansu mpi sambu na lusadisu

Global Model Regulatory Framework for Medical Devices including in vitro diagnostic medical devices. WHO, 2017. http://www.who.int/medical_devices/publications/global_model_regulatory_framework_meddev/en/

List of Prequalified in vitro diagnostic products. WHO, 2011.
http://www.who.int/diagnostics_laboratory/evaluations/PQ_list/en/

Bankisi yina bo ke landila

Model Guidelines for the International Provision of Controlled Medicines for Emergency Medical Care. International Narcotics Control Board, 1996. www.incb.org/documents/Narcotic-Drugs/Guidelines/medical_care/Guidelines_emergency_Medical_care_WHO_PSA.pdf

Kupesa mbongo na baopitale

Doocy et al. *Cash-based approaches in humanitarian emergencies, a systematic review.* International Initiative for Impact Evaluation, 2016.
https://www.3ieimpact.org/evidence-hub/systematic-review-repository/cash-based-approaches-humanitarian-emergencies-systematic

Wenjuan Wang et al. *The impact of health insurance on maternal health care utilization: evidence from Ghana, Indonesia and Rwanda.* Health Policy and Planning, NCBI, 2017. www.ncbi.nlm.nih.gov/pubmed/28365754

Basngu ya me tala lusansu

Checchi et al. *Public Health Information in Crisis-Affected populations. A review of methods and their use for advocacy and action.* The Lancet, 2017. http://www.thelancet.com/journals/lancet/article/PIIS0140-6736(17)30702-X/abstract

Creating a master health facility list. WHO, 2013.
http://www.who.int/healthinfo/systems/WHO_CreatingMFL_draft.pdf

Thierin, M. *Health Information in Emergencies.* WHO Bulletin, 2005.
http://www.who.int/bulletin/volumes/83/8/584.pdf

Kutadila bampusa na yina me tala mavimpi mpi bisalu ya minganga ya bo fwete sala ntete

Checchi, F. et al. *Public health in crisis-affected population. A practical guide for decision makers, Network Paper 61.* Humanitarian Practice Network, December 2007. https://odihpn.org/resources/public-health-in-crisis-affected-populations-a-practical-guide-for-decision-makers/

Prioritising Health Services in humanitarian crises. Health and Education Research Team, 2014. http://www.heart-resources.org/2014/03/prioritising-health-activities-in-humanitarian-crises/

Waldman, R. J. *Prioritising health care in complex emergencies.* The Lancet, 2001. http://www.thelancet.com/journals/lancet/article/PIIS0140-6736(00)04568-2/fulltext?_eventId=login

World Health Statistics, 2016: Monitoring for the SDGs. WHO, 2016.
http://www.who.int/gho/publications/world_health_statistics/2016/en/

Kubaka bangidika sambu na bamaladi ya nsmbukila
Vaccination in Humanitarian Emergencies, Implementation Guide. WHO, 2017.
http://www.who.int/immunization/documents/general/who_ivb_17.13/en/

Kuzaba malady mosi buna yak e zola kukumina bantu mpi kukwenda kupesa lusadisu
Checklist and Indicators for Monitoring Progress in the Development of IHR Core Capacities in States Parties. WHO, 2013.
http://www.who.int/ihr/publications/checklist/en/

Integrated Disease Surveillance and Response Community Based Surveillance Training Manual. WHO, 2015. http://www.afro.who.int/publications/integrated-diseases-surveillance-and-response-african-region-community-based

Kuyilama mpi kukwenda kupesa lusadisu ntangu malady mosi buma me kumina bantu
Key messages for social mobilization and community engagement in intense transmission areas, Ebola. WHO, 2014. http://www.who.int/csr/resources/publications/ebola/social-mobilization-guidance/en/

Mavimpi ya babebe mpi ya bana ya fioti
Disaster Preparedness Advisory Council, Ensuring the Health of Children in Disasters. Pediatrics. 2015.
http://pediatrics.aappublications.org/content/early/2015/10/13/peds.2015-3112

Hoddinott, J. Kinsey, B. *Child growth in the time of drought.* Oxford Bulletin of Economics and Statistics. 2001.
https://are.berkeley.edu/courses/ARE251/2004/papers/Hoddinott_Kinsey.pdf

Including children with disabilities in humanitarian action, Health Booklet. UNICEF, 2017. http://training.unicef.org/disability/emergencies/index.html

Revised WHO classification and treatment of childhood pneumonia at health facilities, evidence summaries. WHO, 2014.
http://apps.who.int/iris/bitstream/10665/137319/1/9789241507813_eng.pdf

Bamputa mpi bampasi yina yo ke nataka
Emergency Trauma Care. World Health Organization, 2017.
http://www.who.int/emergencycare/gaci/activities/en/

EMT initiative. WHO, 2017. https://extranet.who.int/emt/

Global guidelines for the prevention of surgical site infection. WHO, 2016.
http://www.who.int/gpsc/ssi-prevention-guidelines/en/

Implementation Manual Surgical Safety Checklist, First Edition. WHO, World Alliance for Patient Safety, 2008
http://www.who.int/patientsafety/safesurgery/ss_checklist/en/

Joshi, G. P. et al. *Defining new directions for more effective management of surgical pain in the United States: highlights of the inaugural Surgical Pain Congress™.* The American Surgeon, NCBI, 2014. https://www.ncbi.nlm.nih.gov/pubmed/24666860

Malchow, R. J. et al. *The evolution of pain management in the critically ill trauma patient: Emerging concepts from the global war on terrorism.* Critical Care Medicine, NCBI, 2008. https://www.ncbi.nlm.nih.gov/pubmed/18594262

Providing Care for an Influx of Wounded. MSF, 2008. http://oops.msf.org/OCBLog/content/OOPSLOGV3/LOGISTICS/operational-tools/Pocket%20guide%20to%20Case%20Management%20of%20an%20Influx%20of%20Wounded%20OCB-v2.0-2008.pdf/Pocket%20guide%20to%20Case%20Management%20of%20an%20Influx%20of%20Wounded%20OCB-v2.0-2008.pdf

Maladi ya nitu
Toolkit for the Integration of Mental Health into General Healthcare in Humanitarian Settings. International Medical Corps, 2018.
http://www.mhinnovation.net/collaborations/IMC-Mental-Health-Integration_Toolkit

Bamaladi yina ke sambukila ve bantu
Action Plan for the global strategy for the prevention and control of non-communicable diseases 2008/2013. WHO, 2009.
http://www.who.int/nmh/publications/9789241597418/en/

Demaio, A. Jamieson, J. Horn, R. de Courten, M. Tellier, S. *Non-Communicable Diseases in Emergencies: A Call to Action.* PLOS Currents Disasters, 2013.
http://currents.plos.org/disasters/article/non-communicable-diseases-in-emergencies-a-call-to-action/

Global Status Report on Non-communicable diseases. WHO, 2010.
http://www.who.int/nmh/publications/ncd_report2010/en/

The Management of cardiovascular disease, diabetes, asthma and chronic obstructive pulmonary disease in Emergency and Humanitarian Settings. WHO, 2008.

Lusansu yina bo ke pesaka sambu na kulembika maladi
A faith-sensitive approach in humanitarian response: Guidance on mental health and psychosocial programming. The Lutheran World Federation and Islamic Relief Worldwide, 2018. https://interagencystandingcommittee.org/mental-health-and-psychosocial-support-emergency-settings/documents-public/inter-agency-faith

Crisis Standards of Care: A Systems Framework for Catastrophic Disaster Response. Institute of Medicine. 2012. https://www.nap.edu/catalog/13351/crisis-standards-of-care-a-systems-framework-for-catastrophic-disaster

Ethics in epidemics, emergencies and disasters: research, surveillance and patient care: training manual. WHO, 2015. http://apps.who.int/iris/bitstream/handle/10665/196326/9789241549349_eng.pdf?sequence=1

Faith Leader Toolkit. Coalition for Compassionate Care in California, 2017.
https://coalitionccc.org/tools-resources/faith-leaders-toolkit/

Knaul, F. Farmer, P. E. et al. *Report of the Lancet Commission on Global Access to Palliative Care & Pain Control.* The Lancet, 2017.
https://www.ncbi.nlm.nih.gov/pubmed/29032993

Ndikila
Chemical Hazards Compendium. UK Government, 2013.
https://www.gov.uk/government/collections/chemical-hazards-compendium

Emergency preparedness and Response, Fact Sheets on Specific Chemical Agents. Center for Disease control and prevention, 2013.
https://emergency.cdc.gov/chemical/factsheets.asp

Guidelines for the Identification and Management of Lead Exposure in Pregnant and Lactating Women. CDC, 2010.
https://www.cdc.gov/nceh/lead/publications/leadandpregnancy2010.pdf

The Public Health Management of Chemical Incidents, WHO Manual. WHO, 2009.
http://www.who.int/entity/environmental_health_emergencies/publications/Manual_Chemical_Incidents/en/index.html

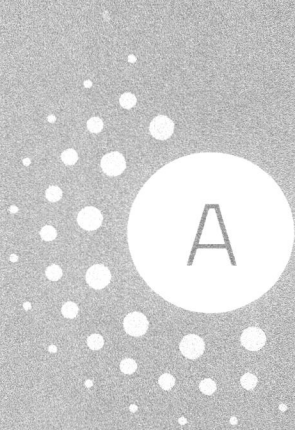

A Ba annexe

Mambu ya kele na kati

Annexe 1
Bansiku ya me simbama na Sphère

Kuwakana yina bimvuka salaka ke monisa balukwikilu na beto mpi minsiku yina kele ti kuwakana ya me tala bisalu yina kimvuka ya ke kwendaka kupesa lusadisu ke salaka mpi mukumba yina bo ke vandaka na yo kana bisumbula me kumina bantu to bantu ke wakana ve bo na bo, kuvila ve nde balukwikilu mpi minsiku yina bo ke tubila me simbama na nsiku ya ntoto ya mvimba. Lisiti ya mambu yina kele awa na nsi ke tadila mambu ya bansiku ya mfunu ya bainsi ya nkaka na yina me tala banswa ya bantu ya bainsi ya nkaka , nswa ya bainsi ya nkaka ya kimvuka ya ke kwendaka kupesa lusadisu (DIH), nswa yina bantu ya ke kwendaka bisika ya nkaka kele na yo mpi bisalu yina kimvuka ya ke kwendaka kupesa lusadisu ke salaka. Yo ke tadila ve bansiku yonso ya bambanza mpi mutindu na yo ya kusala mambu. Bima ya nkaka mpi bisika yina beno lenda kota na Internet sambu na kubaka balutwadisu ya mingi, minsiku ya kufwana, bansiku mpi bantu yina kele na site Internet yai ya Sphère, www.spherestandards.org. Beto ke pesaka banoti kaka sambu na mikanda yina yo ke lomba bantendula, yina bo me yika mambu ya nkaka ntama mingi ve to yina kele ti bakapu ya nkaka ya ke tubila bisumbula yina ke salama to bantu yina ke wakana ve bo na bo.

Mukanda yai Sphère ke landa mambu yina bantu ke tubilaka mingi dikebi na yina me tala bansiku ya bainsi ya nkaka. Diambu yai ke tadila mpi nswa yina muntu kele na yo ya kuvanda na lutaninu mpi ya kuzinga na ngemba, nswa ya kuvannda na kimpwanza, nswa ya kubaka masa mpi ya kuvanda na bisika ya bunkete, nswa na bisika na ya kulala, nswa na madia ya bo me bumba mbote, nswa na madia yina ke tunga nitu mpi na lusansu. Kana bansiku ya nkaka kele na kati ya mambu ya me tala bainsi ya nkaka, bo me vukisa yo yonso na kati ya mambu ya me tala bansiku ya bantu *(les droits de l'homme)* to na bansiku ya bantu yonso mpi ya politike, na banswa ya me tala mbongo, bimvuka mpi bikalulu ya bantu ya bwala mosi buna.

Annexe yai kele ti mikanda yina bo me yidika na bantu-ndiambu mpi bo me kabisa yo na bitini tanu yai ya me landa:

1. **Banswa ya bantu, lutaninu mpi kima ya pete**
2. **Bimvuka ya basoda yina ke wakana ve bo na bo mpi lusadisu yina kimvuka ya ke pesaka lusadisu ke pesa**
3. **Bantu yina me tinaka na babwala ya nkaka mpi bantu yina me kwenda na babwala ya nkaka kaka na kati ya insi na bo**
4. **Bisumbula ya lugangu mpi lusadisu yina bimvuka ya ke kwendaka kupesa lusadisu ke pesa**
5. **Bantu ya politike yina kele na kimvuka ya ke kwendaka kupesa lusadisu, lutwadisu mpi minsiku yina me tala banswa yina bantu kele na yo, lutaninu mpi mambu ya mpasi yina lenda kumina beno ntangu beno ke baka nswalu bangidika mpi ke kwenda kupesa lusadisu (na Internet beno lenda kota awa** www.spherestandards.org/fr/resources/

Sambu na kumonisa mambu na pwelele yonso mutindu konso mukanda kele ti mitindu na yo, yo ke landana na ndonga yai ya ke landa: a) mutindu ya kusala mambu mpi lutwadisu yina *Nations-unies* mpi bimvuka ya nkaka ya politike me pesaka.

1. Bima yina bainsi ya nkaka ke sadilaka sambu na banswa ya bantu, lutaninu mpi kima ya pete

Mikanda yina ke landa ke tubila mingi mambu ya me tala banswa ya bantu yina me zabanaka mingi ntangu mambu ke kuminaka bantu mpi bantu na insi ntoto ya mvimba ke tubilaka. Mikanda ya nkaka ya mfunu ya ke tadilaka mvula ya bantu (bana mpi minunu), bangiufula ya kusosa kuzaba kana muntu kele nkento to bakala mpi bantu yina kele ti bifu na nitu kele mpi na kati ya mukanda yai ya ke landa sambu mambu yai ke na kisina ya bampasi ya ngolo ntangu bisumbula ya lugangu ke salamaka mpi ntangu bimvuka ya basoda ke wakanaka ve bo na bo.

1.1 Kuwakana yina salamaka mpi nsiku ya babwala na yina me tala banswa ya bantu, lutaninu mpi kima ya pete

Kuwakana yina salamaka na yina me tala bansiku ya bantu ke tadila mpi luyalu ya me salama na yina me tala kuwakana yina salamaka, kansi nswa yina ke tadila babwala (kukonda kuniokula bantu) ke tadila bambanza yonso. Bantu ke sadilaka ntangu yonso banswa ya bantu, ti mambu zole yai ya nkaka:

- Banswa ya nkaka ya bantu mpi ya politike yina kele ti bandilu, bo lenda katula yo kaka kana diambu mosi buna ya me tala insi bo me tubila yo na meso ya bantu yonso, mutindu *article 4 du Pacte* ya me tala banswa ya bantu na bainsi yina kele ti banswa ya bantu mpi ya politike ("kufwa nsiku").
- Na ntangu bantu me zaba nde bimvuka ya basoda ke wakana ve bo na bo, nsiku ya ntoto ya mvimba ya kimvuka ya ke kwendaka kupesa lusadisu fwete baka kisika ya ntete kana yo ke wakana ve ti nsiku ya ntoto ya mvimba ya banswa ya bantu.

1.1.1 Banswa ya bantu ya ntoto ya mvimba

Déclaration universelle des droits de l'homme ya 1948, adoptée par l'Assemblée générale des Nations-unies dans sa résolution 217 A(III) du 10 décembre 1948. www.un.org

> **Komantere:** *L'Assemblée générale des Nations-unies en 1948* kutubilaka yo, *la Déclaration universelle des droits de l'homme* ndimaka mambu yango, sambu na mbala ya ntete, nde banswa yina muntu kele na yo fwete simbama na lutaninu ya mbote. Yo ke tadila ve kuwakana yina salamaka kansi yo kele bonso na kati ya nsiku ya bwala ya ntoto ya mvimba. Nswa ya ntete ya bangogo ya luyantiku ke tubila dibanza ya "luzitu ya me fwana" na bantu yonso ya dibuta bonso bonso kuwakana ya bansiku ya bantu, mpi article ya ntete ke tuba nde "muntu yonso ke butukaka ti kimpwanza mpi mutindu mosi na luzitu mpi na yina me tala banswa."

Pacte international de 1966 relatif aux droits civils et politiques (PIDCP), adopté par l'Assemblée générale des Nations-unies dans sa résolution 2200A (XXI) du 16 décembre 1966, entré en vigueur le 23 mars 1976, Nations-unies, Recueil des traités, vol. 999, p. 171, et vol. 1057, p. 407. www.ohchr.org

Deuxième Protocole facultatif de 1989 se rapportant au Pacte international relatif aux droits civils et politiques, visant à abolir la peine de mort, adopté par l'Assemblée générale des Nations-unies dans sa résolution 44/128 du 15 décembre 1989, entré en vigueur le 11 juillet 1991, Nations-unies, Recueil des traités, vol. 1642, p. 414. www.ohchr.org

> **Komantere:** Bitini ya bambanza fwete zitisa mpi kubumba banswa ya bantu yonso yina kele na teritware na bo to na kutadilaka mambu ya bansiku, kukonda kuvila nswa yina bantu kele na yo ya kuvanda bo mosi mpi kuvanda ti nswa ya mutindu mosi bankento to babakala. Banswa ya nkaka (yina kele ti *astérisque** mosi) bo lenda katula yo ve ata fioti, ata diambu mosi ya mpasi me kumina bantu yina ke tula luzingu ya bo na kigonsa.

> **Banswa ya PIDCP:** Nswa ya kuzinga*; kukonda kufwa bantu mpi kuniokula bo to kusadila bo mambu na nku yonso, kusadila bo mambu kukonda kuyindula to mambu ya mpasi*; kukonda kukumisa bantu bampika*; kukonda kukanga bantu to kuzengila bo nkanu ya lufwa; humanité mpi kuzitisa bantu yina bo me kanga; kukonda kutula bantu na boloko kana bo me zenga kuwakana yina bo salaka*; nswa ya kukwenda bisika ya nkaka mpi ya kupona bisika ya kuvanda; kuvutula bantu yina kele banzenza na insi na bo kaka kana nsiku ke pesa nswa yina; bantu yonso kele mutindu mosi na ntwala ya nsiku; bantu kele ti nswa na lusambu ya lunungu mpi lulenda kana bo me pesa yina bantu lenda vanda na yo na bisalu ya me tala bansiku; kukonda ya kisalu ya nkaka na yina me tala bansiku*; kupesa matondo na bamfumu yonso ya ke talaka mambu bansiku*; kuzitisa kisweki ya luzingu ya muntu; kimpwanza ya mabanza, ya dibundu to ya kansansa ya konso muntu*; kimpwanza ya kutuba yina muntu kele na yo mpi ya kuvukisa mambu; kimpwanza ya kuvukisa mambu, ya kubala mpi ya kusala dibuta; kutanina bana; nswa ya kusala voti mpi ya kubaka dikabu na biro ya ke talaka mambu ya bantu yonso; nswa yina bantu ndambu kele na yo ya kuvanda ti kinkulu na bo mosi, dibundu, mpi ndinga na bo.*

Pacte international de 1966 relatif aux droits économiques, sociaux et culturels (PIDESC), adopté par l'Assemblée générale des Nations-unies dans sa résolution 2200A (XXI) du 16 décembre 1966, entré en vigueur le 3 janvier 1976, Nations-unies, Recueil des traités, vol. 993, p. 3. www.ohchr.org

> **Komantere:** Bitini ya nkaka ya mbanza ke ndimaka kuwakana sambu na kusala mambu na kiteso ya kufwana na kutadila makuki na bo, sambu na "kukwikila malembe-malembe" bangalasisi yonso ya bansiku yina me zabanaka na kuwakana yina salamaka, sambu na bankento mpi babakala.

> **Banswa ya PIDESC:** Nswa ya kusala kisalu; nswa ya kubaka mwa mbongo sambu na kisalu yina nge salaka; ya kukangama ngolo na kimvuka mosi buna; ya kusepela sambu na lusilu mosi buna; ya kuvanda ti dibuta, yo vanda bansosa yina lenda salama sambu na kutanina maman yina me buta mpi kutanina bana na mambu yonso ya nku; kusepela na luzingu mosi ya kufwana, mingi-mingi na yina me tala madia, bilele ya kulwata mpi banzo ya kulala; kuvanda na mabanza mpi mavimpi ya mbote; kubaka lutwadisu; kukota na mutindu bantu ke zingaka mpi mambote ya kulanda kuyela ya mambu ya siansi mpi ya babwala.

Convention internationale de 1969 sur l'élimination de toutes les formes de discrimination raciale (CERD), adoptée par l'Assemblée générale des Nations-unies dans sa résolution 2106 (XX) du 21 décembre 1965, entrée en vigueur le 4 janvier 1969, Nations-unies, Recueil des traités, vol. 660, p. 195. www.ohchr.org

Convention de 1979 sur l'élimination de toutes les formes de discrimination à l'égard des femmes (CEDAW), adoptée par l'Assemblée générale des Nations-unies dans sa résolution 34/180 du 18 décembre 1979, entrée en vigueur le 3 septembre 1981, Nations-unies, Recueil des traités, vol. 1249, p. 13. www.ohchr.org

Kuwakana yina salamaka na 1989 ya ke tadila banswa yina bana kele na yo, adoptée par l'Assemblée générale des Nations-unies dans sa résolution 44/25 du 20 novembre 1989, entrée en vigueur le 2 septembre 1990, Nations-unies, Recueil des traités, vol. 1577, p. 3. www.ohchr.org

Protocole facultatif de 2000 à la Convention sur les droits de l'enfant concernant l'implication des enfants dans les conflits armés, adopté par l'Assemblée générale des Nations-unies dans sa résolution A/RES/54/263 du 25 mai 2000, entré en vigueur le 12 février 2002, Nations-unies, Recueil des traités, vol. 2173, p. 222. www.ohchr.org

Protocole facultatif de 2000 à la Convention sur les droits de l'enfant concernant la vente des enfants, la prostitution des enfants et la pornographie mettant en scène des enfants, adopté par l'Assemblée générale des Nations-unies dans sa résolution A/RES/54/263 du 25 mai 2000, entré en vigueur le 18 janvier 2002, Nations-unies, Recueil des traités, vol. 2171, p. 227. www.ohchr.org

> **Komantere:** Kuwakana yina salamaka sambu na banswa yina bana kele na yo, mpi kuzaba kisika yina bo lenda vanda na lutaninu kibeni (mumbandu, kana bo kele ve kisika mosi ti dibuta na bo). Minsiku yina kele ya kusonika, ke lomba kusala mambu na mutindu ya mbote ya baluyalu na yina me tala bangiufula ya mfunu ya ke tadila kutanina bana.

Kuwakana yina salamaka na 2006 ya ke tadila banswa ya bantu ya kele ti bifu na nitu, adoptée par l'Assemblée générale des Nations-unies dans sa résolution A/RES/61/106 du 13 décembre 2006, entrée en vigueur le 3 mai 2008, Nations-unies, Recueil des traités, Chapitre IV, 15. www.ohchr.org

> **Komantere:** Kuwakana yai ke ndimisa nswa yina bantu ya kele ti bifu na nitu kele na yo, yina me zabanaka na bakuwakana yina yonso salamaka ya banswa ya bantu, na kusonikaka bangidika ya ke bakama sambu na kuzabisa bantu yonso yina kele ti bifu na nitu, kukonda kusadila bo mambu ya nku mpi bisalu yina kele mpi ba kuyidika bisika yina bantu fwete vanda. Yo kele ya kusonika na zulu "mambu ya kele na kigonsa mpi mambu ya me tala kimvuka ya ke kwendaka nswalu kupesa lusadisu" *(article 11)*.

1.1.2 Kufwa kimvuka mosi buna ya bantu, kusadila bo mambu na nku mpi mambu ya nkaka ya nku yina bantu ya ke fwaka bansiku ke salaka

Kuwakana yina salamaka na 1948 ya kubaka bangidika mpi kunwanisa bantu yina ke fwaka kimvuka mosi buna ya bantu, adoptée par l'Assemblée générale des Nations-unies dans sa résolution 260 (III) du 9 décembre 1948, entrée en vigueur le 12 janvier 1951, Nations-unies, Recueil des traités, vol. 78, p. 277. www.ohchr.org

Kuwakana yina salamaka na 1984 sambu na mambu ya nku mpi ya mpasi yina ke samala to kusadila bantu mambu ya nku kibeni, kukonda kuyindula, adoptée par l'Assemblée générale des Nations-unies dans sa résolution 39/46 du 10 décembre 1984, entrée en vigueur le 26 juin 1987, Nations-unies, Recueil des traités, vol. 1465, p. 85. www.ohchr.org

> **Komantere:** Bantu mingi ya bimvuka yai kwendaka na lukutakanu yai. Kukonda kusadila bantu mambu ya nku me zabana ntangu yai bonso nde yo kele na nsiku ya babwala ya ntoto ya mvimba. Ata diambu mosi ve ya mbi sambu na bantu yonso mpi ata bitumba mosi ve yina bo lenda sala diaka sambu na kuniokula bantu. Bamfumu ya baluyalu kele ve ata fioti ti nswa ya kuvutula konso muntu yina me tinaka na babwala yina yandi salaka mambu ya mbi kana yandi ke yindula nde bo lenda kwenda kufwa yandi kuna.

Kiteki ya Rome ya *Cour pénale internationale*, 1998, adopté à Rome par la Conférence diplomatique des Nations-unies le 17 juillet 1998, entré en vigueur le 1er juillet 2002, Nations-unies, Recueil des traités, vol. 2187, p. 3. www.icrc.org

> **Komantere:** *Article 9 du Statut* (Mambu ya me tala mubulu), yina *Cour pénale internationale en 2002*, ke tendula ntangu yina bitumba tamana, kusadila bantu mubulu mpi kufwa bimvuka ya nkaka ya bantu na nku yonso, kusadila kitini ya mbote ya droit pénal international coutumier. Bantu yina ke salaka na *Cour* lenda sala bansosa mpi kulandila mambu yina bo zabisaka bo na *Conseil de sécurité des Nations-unies* (ata muntu yina bo fundaka me basika na boloko), mutindu mosi mpi bo ta funda bantu yina ke sala mubulu na bamfumu ya luyalu nde bo bantu ke fwa kimvuka ya bantu, to mambu yina salamaka na teritware na bo.

1.2 Minsiku mpi lutwadisu yina Nations-unies ndimaka mpi bamfmu ya nkaka ya luyalu na yina me tala banswa ya bantu, lutaninu mpi bima ya pete

Mutindu ya kusala mambu na ntoto ya mvimba ya Madrid na yina me tala kinunu, 2002, adopté par la deuxième Assemblée mondiale sur le vieillissement le 12 avril 2002, adopté par l'Assemblée générale des Nations-unies dans sa résolution 37/51 du 3 décembre 1982. www.ohchr.org

Minsiku yina *Nations-unies* ke pesaka sambu na minunu, adoptés par l'Assemblée générale des Nations-unies dans sa résolution 46/91 du 16 décembre 1991. www.ohchr.org

2. Bima yina bainsi ya nkaka ke sadilaka sambu na bimvuka ya basoda yina ke wakana ve bo na bo mpi lusadisu yina kimvuka ya ke pesaka lusadisu ke pesa

2.1 Kuwakana yina salamaka mpi nswa yina babwala kele na yo na yina me tala bimvuka ya basoda yina ke wakana ve bo na bo, nsiku ya ntoto ya mvimba ya kimvuka ya ke kwendaka kupesa lusadisu mpi lusadisu yina kimvuka ya ke kwendaka kupesa lusadisu na bantu ya kele na mpasi ke pesaka

Nsiku I ya bainsi ya nkaka ya kimvuka ya ke kwendaka kupesa lusadisu (DIH) ke monisa kisika yina kukonda kuwakana ya nku ke kumaka "kukonda kuwakana ya bimvuka ya basoda" mpi yo ke katuka na kitini yina ya sipesiali ya nsiku. *Le Comité international de la Croix-Rouge* (CICR) kele kisika yina bo ke kubumbaka bakuwakana yina ke salamaka ya nsiku ya bainsi ya nkaka ya kimvuka ya ke kwendaka kupesa lusadisu, yo ke pesaka bansangu ya mbote na site Internet na yo na mambu yai, bakomantere ya mbote na ya kuwakana yina salamaka Genève mpi bansiku na bo, mpi bansiku ya bainsi ya nkaka ya kimvuka ya ke kwendaka kupesa lusadisu. www.icrc.org

2.1.1 Mambu ya mfunu ya bakuwakana ya DIH

Bakuwakana Iya yina salamaka na 1949

Kuwakana ya 1977 ya kuwakanaka ya Genève ya 1949 na kutadila mutindu ya kutanina bantu yina ke fwaka sambu na kukonda kuwakana ya bimvuka ya basoda ya bainsi ya nkaka (Kuwakana I)

Kuwakana ya 1977 ya kuwakanaka ya Genève ya 1949 na kutadila mutindu ya kutanina bantu yina ke fwaka sambu na kukonda kuwakana ya bimvuka ya basoda ya bainsi na beno (Kuwakana II). www.icrc.org

> **Komantere:** Bakuwaka Iya yina salamaka na Genève (yina ke vukisa bimfumu yonso mpi yina kele bonso mosi na kati ya mambu yina me zabanaka na babwala) na yina me tala lutaninu mpi kusansa bamputa yina bantu Iwalaka mpi bantu yina ke bela maladi na bitumba yina ke salama na ntoto (I) mpi na masa (II), mutindu ya kusadila bantu ya boloko yina katukaka na bitumba mambu (III) mpi mutindu ya kutanina bantu yina kele ve basoda kana bimvuka ya basoda ke wakana ve bo na bo. Yo ke tadila bimvuka ya basoda ya bainsi ya nkaka, katula kaka article 3, sambu yo kele mutindu mosi na bakuwakana Iya ya bainsi ya nkaka yina salamaka, mpi na mambu ya nkaka yina bo lenda ndima ve bonso yina ke tadila nsiku ya babwala kana kimvuka ya basoda ya bainsi na beno ke wakana ve bo na bo. Bakuwakana yai zole ya 1977 kuvandaka kumonisa yo, na yina me tala tendula ya ngogo *combattant* mpi *la codification* ya kukonda kuwakana ya bainsi na beno. Baluyalu ya nkaka vukanaka ve na kuwakana yango.

2.1.2 Kuwakana yina salamaka na yina me tala minduki ya kusadila yina bo me buyisaka, masasi mpi bima yina kele na babwala

"Nsiku ya Genève" ya nkaka yina beto me tubila awa na zulu, kele ti nsiku ya nkaka ya ke tadila bimvuka ya basoda yina ke wakana ve bo na bo yina bo ke bingaka yo mbala mbala mingi *"droit de La Haye"*. Yo ke tadila kuwakana yina salamaka na 1954 sambu na kutanina bima yina ke vandaka na babwala mpi bakuwakana ya nkaka ya mingi na yina me tala mutindu ya kusadila minduki yina bo me buyisaka minduki, tanga mpi minduki ya gaz mpi mintuki ya nkaka yina bo ke salaka na bima ya nkaka, minduki ya nkaka yina ke fwa bantu kukonda kupesa bo mpasi, mpi diaka masasi yina ke vandaka na ntoto sambu na kutanina muntu mpi minduki yina bo kesadilaka sambu na kukotisa masasi na minduki ya tiya. www.icrc.org

2.1.3 DIH ya babwala

Nsiku ya ntoto ya mvimba ya kimvuka ya ke kwendaka kupesa lusadisu na babwala ke monisa nswa yina bimvuka ya basoda kele na yo ya kukonda kuwakana bo na bo yina bamfumu ya luyalu ke ndimaka bonso kimvuka ya bansiku yina babwala yonso fwete sadila yo, yo vanda bo kele na kati ya kuwakana yin salamaka to ve ya nsiku ya ntoto ya mvimba ya kimvuka ya ke kwendaka kupesa lusadisu. Kele ve ti lisiti ya bansiku sambu na babwala, kansi mambu ya ke salaka nde muntu kuvanda mfumu kele kulonguka mambu yai ya ke landa.

Droit international humanitaire coutumier, CICR, Jean-Marie Henckaerts et Louise Doswald-Beck, Éditions Bruylant, Bruxelles, 2006. www.icrc.org

> **Komantere:** Kulonguka mambu ke salaka nde kukonda kuwakana yina bimvuka ya basoda ke vandaka na yo kumonana kibeni ve na meso ya bantu yonso. Yo kele ti lisiti ya bansiku ya siki-siki 161 mpi yo ke monisa mutindu konso nsiku ke tadila mambu ya me tala kukonda kuwakana ya bimvuka ya basoda ya ntoto ya mvimba to ya bainsi ya nkaka. Ata bantu ya nkaka ya ke pesaka bakomantere na mambu ya me tala bansiku ke tubilaka mpi mambu ya mbi na metode yina bo me sadila, mambu yina bo longukaka ke bakaka ntangu sambu na kuzaba mambu yango mpi ya bansosa ya ngolo yina salamaka bamvula kumi me luta, mpi bo me ndimaka yo kibeni nde mutindu ya kutubila bansiku ya babwala ke salaka nde bantu yonso kuzaba kimfumu yango.

2.2 Minsiku mpi balutwadisu yina me zabanaka yina *Nations-unies* ke sadilaka mpi mambu ya nkaka yina bamfumu zole ya luyalu ke tadilaka na yina me tala kukonda kuwakana yina kele na kati ya bimvuka ya basoda, DIH mpi lusadisu yina kimvuka ya ke kwendaka kupesa lusadisu ke pesaka

Aide-mémoire du Conseil de sécurité des Nations-unies sur la protection des civils dans les conflits armés, 2002, mis à jour en 2003 (S/PRST/2003/27). undocs.org

> **Komantere:** Yo ke tadila ve mutindu ya kusala mambu yina ke vukisa baluyalu, kansi ya lutwadisu ya muntu yina lenda pesa bandongisila ya lutaninu ya ke tadila mutindu ya kutula ngemba mpi na mambu ya me tala kukonda kuwakana yina ke lolba kupesa nswalu lusadisu. Mambu yai salamaka na bimvuka ya *Nations-unies*, mpi *Comité permanent interorganisations*.

Bakuwakana yina *Conseil de sécurité des Nations-unies* **salaka sambu na kuvukisa nitu ti bankento na ngolo kana bimvuka ya basoda ke wakana ve bo na bo**, kuwakana ya ntete na kati ya bakuwakana yai, numero 1325 (2000) na yina me tala bankento, ngemba mpi lutaninu, kele kitambi ya ntete sambu na kumanisa mambu ya me tala kuvukisa nitu ti bankento na ngolo kana bimvuka ya basoda ke wakana ve bo na bo, mpi na nima, kuwakana ya 1820 (2008), kuwakana ya 1888 (2009), kuwakana ya 1889 (2009) mpi kuwakana ya 1325 (2012). Sambu na kuzaba mambu yonso na yina me tala *Conseil de sécurité des Nations-unies*, yina bo me tulaka na konso mvula mpi na banumero na yo, tala: www.un.org

3. Bima yina bainsi ya nkaka ke sadilaka bantu yina me tinaka na babwala ya nkaka mpi bantu yina me kwenda na babwala ya nkaka kaka na kati ya insi na bo

3.1 Bakuwakana yina salamaka sambu na bantu yina me tinaka na babwala ya nkaka mpi bantu yina me kwenda na babwala ya nkaka kaka na kati ya insi na bo

Katula bakuwakana yina bainsi ya nkaka salaka, kitini yai kele na bakuwakana zole yina ke landa yina *l'Union africaine* (UA) ndimaka (yina bo vandaka kubinga ntete *Organisation de l'Unité africaine* (OUA)), sambu yo kele ti bansangu yina fwete salama.

Kuwakana ya 1951 ya ke tadila bantu yina me tinaka na babwala ya nkaka (yina bo me soba fioti), adoptée le 28 juillet 1951 par la Conférence de plénipotentiaires sur le statut des réfugiés et des apatrides réunie à Genève du 2 au 25 juillet 1951, entrée en vigueur le 22 avril 1954, Nations-unies, Recueil des traités, vol. 189, p. 137. www.unhcr.org

Nsika ya 1967 ya ke tadila bantu yina me tinaka na babwala ya nkaka, dont a pris acte l'Assemblée générale des Nations-unies dans sa résolution 2198 (XXI) du 2 au 16 décembre 1966, entré en vigueur le 4 octobre 1967, Nations-unies, Recueil des traités, vol. 606, p. 267. www.unhcr.org

> **Komantere:** Kuwakana ya ntete ya ntoto ya mvimba na yina me tala bantu yina me tinaka na babwala ya nkaka, kuwakana yina salamaka ke tendula ngongo *"réfugié"* bonso muntu yina "ke waka boma ti kikuma sambu bo niokula yandi ve na yina me tala mpusu na yandi, insi yina yandi me katuka, mutindu yandi ke monana na kimvuka mosi buna ya bantu to bangindu na yandi na mambu ya politike, kuvanda na insi ya nkaka ya nzenza, yandi lenda wa boma, yandi lenda sosa lutaninu ya insi yina yandi kele..."

Kuwakana ya OUA ya 1969 ya ke tadila mambu ya nkaka ya mfunu sambu na bantu yina me tinaka na Afrique, adoptée le 10 septembre 1969 à Addis-Abeba par l'Assemblée des chefs d'État et de gouvernement africains lors de sa sixième session ordinaire. www.unhcr.org

> **Komantere:** Kuwakana yai ke ndima mpi ke kumisa bantendula yai mingi ya kuwakana yina salamaka na 1951 ya ke tuba nde "muntu yonso yina bo me sadila diambu ya nku, yina bo me pesa kisalu mosi buna na nganda ya insi na yandi, yina bantu ya insi ya nkaka ke monisa yandi mpasi to mambu ya nkaka yina ke bebisa kibeni ndonga ya bantu yanso". Yo ke tuba diaka nde bimvuka yina kele ve ya luyalu lenda vanda na kisina ya bambangika mpi yo ke lomba ve nde bantu yina me tinaka na babwala ya nkaka kusala kuwakana na kati na bo mosi ti bampasi yina lenda kwisila bo na bilumbu ke kwisa.

Kuwakana yina Union africaine salaka na 2009 na yina me tala kutanina mpi kukwenda kupesa lusadisu na bantu yina ma katukaka na Afrique ("Kuwakana ya Kampala"), adoptée lors du Sommet spécial de l'Union africaine, réuni à Kampala (Ouganda) le 22 octobre 2009, entrée en vigueur le 6 décembre 2012. au.int/en/treaties/african-union-convention-protection-and-assistance-internally-displaced-persons-africa

> **Komantere:** Yo kele kuwakana ya ntete ya mfunu yina salamaka na yina me tala bantu yina me katukaka mpi me kwendaka kuzinga bisika ya nkaka kaka na kati ya insi na bo.

3.2 Minsiku mpi balutwadisu yina me zabanaka yina *Nations-unies* ke sadilaka mpi mambu ya nkaka yina bamfumu zole ya luyalu ke tadilaka na yina me tala bantu yina me tinaka na babwala ya nkaka mpi bantu yina me kwenda na babwala ya nkaka kaka na kati ya insi na bo

Minsiku ya mfunu ya 1998 ye ke tadila bantu yina me kwenda na babwala ya nkaka kaka na kati ya insi na bo, reconnus en septembre 2005 comme étant « (...) un cadre international important pour la protection des personnes déplacées (...) » par les chefs d'État et de gouvernement réunis au Sommet mondial à New York, et repris dans la résolution A/60/L.1 de l'Assemblée générale des Nations-unies (132, UN doc.A/60/L.1). www.ohchr.org

> **Komantere:** Minsika yina me simbama na nsiku ya ntoto ya mvimba ya kimvuka ya ke kwendaka kupesa lusadisu, mpi na mambu ya me tala bantu yina me tinaka na babwala ya nkaka. Bo me salaka yo bonso nsiku sambu na bainsi ya nkaka sambu na kutwadisu baluyalu ya leta, bimvuka ya bainsi ya nkaka mpi bantu ya nkaka yina diambu yango ke tadila yina lukanu na yo kele ya kupesa lusadisu mpi ya kutanina bantu yina me kwenda na babwala ya nkaka kaka na kati ya insi na bo.

4. Bima yina bainsi ya nkaka ke sadilaka sambu na bisumbula ya lugangu mpi lusadisu yina bimvuka ya ke kwendaka kupesa lusadisu ke pesa

Kuwakana ya 1994 na yina me tala kutanina bantu yina ke salaka na *Nations-unies* mpi bantu ya bisalu yina ke salaka na kimvuka ti bo, adoptée par l'Assemblée générale des Nations-unies dans sa résolution 49/59 du 9 décembre, entrée en vigueur le 15 janvier 1999. Nations-unies, Recueil des traités, vol. 2051, p. 363.

Kuwakana yina bo lenda sadila to ve ya 2005 ya me tala Kuwakana ya 1994 na yina me tala kutanina bantu yina ke salaka na Nations-unies mpi bantu ya bisalu yina ke salaka na kimvuka ti bo, adopté par l'Assemblée générale des Nations-unies dans sa résolution A/60/42 du 8 décembre 2005, entré en vigueur le 19 août 2010. Nations-unies, Recueil des traités, vol. 2689, p. 59. www.un.org

> **Komantere:** Na kuwakana yango, lutaninu ke suka kaka na mambu ya me tala kutula ngemba na *Nations-unies*, kaka kana ONU kutubila "kigonsa mosi buna" sambu na kutanina bantu ya kisalu, yina kele mambu ya fwete salama kibeni. Bakuwakana yango ke sungika kuwakana yina ya mbi ya salamaka mpi yo ke tulaka lutaninu ya mbote ya bansiku na mambu yonso yina salamaka na lutwadisu ya *Nations-unies*, lusadisu yina kimvuka ya ke pesaka lusadisu ke pesaka na yina me tala kuvanda na ngemba mpi kukwenda ti kimvuka ya ke kwendaka kupesa lusadisu, ya mayele ya politike mpi ya kuyela ya mambu.

Kuwakana ya Tampere yina salamaka na 1998 na yina me tala kuvanda ti baapareyi yina ke sadisaka na kusolula sambu mambu ya mpasi yina bisumbula ya lugangu ke nataka kuvanda ve, approuvée par la Conférence intergouvernementale de 1998 sur les télécommunications d'urgence, entrée en vigueur le 8 janvier 2005, Nations-unies, Recueil des traités, vol. 2296, p. 5. www.itu.int

Kuwakana yina *Cadre des Nations-unies* **salaka na 1992 na yina me tala kusoba ya bansungi (CCNUCC)**, adoptée par la Conférence des Nations-unies sur l'environnement et le développement, réunie à Rio de Janeiro du 4 au 14 juin 1992, accueillie favorablement par l'Assemblée générale des Nations-unies dans sa résolution 47/195 du 22 décembre 1992, entrée en vigueur le 21 mars 1994. Nations-unies, Recueil des traités, vol. 1771, p. 107. unfccc.int

- **Kuwakana ya Kyoto yina salamaka na 1997 na kuwakana yina Cadre des Nations-unies salaka na 1992 na yina me tala kusoba ya bansungi**, adopté à Kyoto (Japon) le 11 décembre 1997 lors de la troisième session de la Conférence des Parties à la Convention (COP-3), entrée en vigueur le 16 janvier 2005. Nations-unies, Recueil des traités, vol. 2303, p. 148. unfccc.int

- **Kuwakana yina salamaka na Paris na 2015**, adopté lors de la 21 ème session de la Conférence des Parties à la Convention-cadre (COP-21), Paris, France, décembre 2015, entrée en vigueur en novembre 2016. unfccc.int

  Komantere: Kuwakana yina *Cadre des Nations-unies* salaka na yina me tala kusoba ya bansungi, kuwakana ya Kyoto mpi kuwakana yina salamaka na Paris, yo yonso tatu kele na kati ya mambu ya me tala bakuwakana yina salamaka. Yo ke monisa mfunu ya kusadila bamayele ya nkaka sambu na kuyikama na kusoba ya bansungi mpi kusala na mpila nde bigonsa kuvanda kibeni ve mpi ya kukumisa ngolo makuki mpi kukanga ntima na mambu yina lenda kumina bantu na babwala, mingi-mingi na insi yina bisumbula ya lugangu ke salamaka mbala mingi. Yo ke monisa mfunu ya kusadila mayele ya nkaka sambu na kubaka bangidika na bisumbula ya lugangu yina lenda salama mpi na kulandila bigonsa yina kusoba ya bansungi ke nataka.

4.2 Minsiku mpi balutwadisu yina me zabanaka yina Nations-unies ke sadilaka mpi mambu ya nkaka yina bamfumu zole ya luyalu ke tadilaka na yina me tala bisumbula ya lugangu mpi lusadisu yina bimvuka ya ke kwendaka kupesa lusadisu ke pesa

Kupesa maboko na mutindu ya kutambusa mambu ya me tala lusadisu yina bimvuka ya ke kwendaka kupesa lusadisu ke pesa ya *Organisation des Nations-unies*, et son annexe, Principes directeurs, Assemblée générale des Nations-unies, résolution 46/182 du 19 décembre 1991. www.unocha.org

  Komantere: mutindu yai ya kusala mambu me sala na mpila nde mambu kusalama na nsadisa ya *Nations-unies du département des Affaires humanitaires*, yina bo kumaka kubinga yo na 1998 nde *Bureau de la coordination des affaires humanitaires* (Office for the Coordination of Humanitarian Affairs, OCHA).

Cadre d'action de Sendai sambu bigonsa ya lugangu kuvanda diaka mingi kibeni ve banda na 2015 - 2030 (Cadre de Sendai). www.unisdr.org

  Komantere: *Cadre de Sendai* kele kisadilu yina me kwisa na nima ya *Cadre d'action de Hyogo* (CAH) 2005-2015: sambu na bambanza mpi bimvuka yina ke kutanaka ti bisumbula ya lugangu. Bo ndimaka yo ntangu bantu tubilaka yo na mbala ya tatu ntangu bo salaka *Conférence mondiale des Nations-unies* na 2015 na yina me tala bangidika ya kubaka sambu na bisumbula ya lugangu, mpi yina *Assemblée générale des Nations-unies dans sa résolution* 69/283 tubilaka. *Bureau des Nations-unies* sambu na kusala na mpila nde bigonsa ya bisumbula ya lugangu kusalama diaka kibeni ve (UNISDR) ke pesa maboko na mutindu ya kusala mambu. Yo ke tadila kuwakana ya luzolo mpi yina bantu ndimaka ve na kiteso ya bamvula 15 yina ke sala na mpila nde bisumbula ya lugangu mpi lufwa, bima ya kuzingila mpi mavimpi kuvanda diaka mingi kibeni ve.

Lignes directrices relatives à la facilitation et à la réglementation nationales des opérations internationales de secours et d'assistance au relèvement initial en cas de catastrophe (Lignes directrices IDRL), adoptées en 2007 par la XXXe Conférence internationale de la Croix-Rouge et du Croissant-Rouge (la Conférence regroupe les États parties aux Conventions de Genève). www.ifrc.org

5. Bantu ya politike yina kele na kimvuka ya ke kwendaka kupesa lusadisu, lutwadisu mpi minsiku yina me tala banswa yina bantu kele na yo, lutaninu mpi mambu ya mpasi yina lenda kumina beno ntangu beno ke baka nswalu bangidika mpi ke kwenda kupesa lusadisu

Ntangu yai, kele ti mutindu ya nene kibeni ya kukwenda kupesa lutwadisu na yina me tala lusadisu yina kimvuka ya ke kwendaka kupesa lusadisu ntangu diambu mosi buna ke kuminaka bantu. Kana bisadilu yango ke zaba diaka ve luswaswanu na kati ya bimvuka ya basoda yina ke wakana ve bo na bo, mambu ya me tala bantu yina ke tinaka na bainsi ya nkaka mpi kukwenda kupesa lusadisu kana kisumbula ya lugangu me salama, bo ponaka yo mpi bo me tula yo na lupangu yai ya ke landa: bansiku ya bantu yonso; kuvanda kiteso mosi nkento ti bakala mpi kutanina bankento na bantu yina ke vukisaka nitu ti bo na ngolo; na bana yina ke lomba kupesa bo nswalu lusadisu; bantu yina me tinaka na babwala ya nkaka mpi bantu yina me kwenda na babwala ya nkaka kaka na kati ya insi na bo (PDI).

1. Bansiku ya ke sala na kimvuka ti Sphère

Kiteso ya bansiku sambu na kutanina bana na ntangu kimvuka ya ke kwendaka kupesa lusadisu me kwenda kusadisa (CPMS). Le Groupe de travail sur la protection de l'enfance (GTPE), 2012. https://resourcecentre.savethechildren.net

Kiteso ya kutadila mambu ya me tala zandu na ntangu ya kupesa nswalu lusadisu (MISMA). The Cash Learning Partnership (CaLP), 2017. www.cashlearning.org

Bansiku ya me fwana sambu na kulonga bantu: Kuyilama, kukwenda kupesa lusadisu, kuyidika mambu. Réseau Inter-Agences pour l'Education en situations d'Urgence (INEE), 2010. http://s3.amazonaws.com

Livestock Emergency Guidelines and Standards (LEGS). LEGS Project, 2014. https://www.livestock-emergency.net

Bansiku ya me fwana sambu na kuyidika mambu ya me tala kukonda kubebisa mbongo mingi (MERS). The Small Enterprise Education and Promotion Network (Réseau SEEP), Troisième édition, 2017. https://seepnetwork.org

Humanitarian inclusion standards for older people and people with disabilities. Age and Disability Consortium, HelpAge International, Handicap International, 2018. https://reliefweb.int

2. Bansiku ya nkaka, balutwadisu mpi bantu-diambu ya konso mikanda

2.1 Bansiku ya me tala bantu yonso na yina me tala lutaninu mpi mutindu ya mbote yina bimvuka ya ke kwendaka kupesa lusadisu fwete sala

Le Code de conduite pour le Mouvement international de la Croix-Rouge et du Croissant-Rouge et pour les organisations non gouvernementales (ONG) lors des opérations de secours en cas de catastrophes *tala Annexe 2.*

Minsiku ya me fwana sambu na Fédération internationale des Sociétés de la Croix-Rouge et du Croissant-Rouge 1965, adoptée par la 20e Conférence internationale de la Croix-Rouge. www.ifrc.org

IASC Operational Guidelines on the Protection of Persons in Situations of Natural Disasters. Inter-Agency Standing Committee and Brookings–Bern Project on Internal Displacement. 2011. https://www.brookings.edu

Balutwadisu ya me tala maladi ya ntu mpi mutindu ya mbote ya kuzinga ti bantu ntangu bampasi kuminaka bo na 2007. CPI. www.who.int

Balutwadisu ya IASC na yina ma tala kutanina bantu yina me bisumbula ya lugangu me kumina bo. https://interagencystandingcommittee.org

Politique du Comité permanent interorganisations sur la protection dans le cadre de l'action humanitaire 2016. CPI. https://interagencystandingcommittee.org

Minsiku mpi mitindu ya mbote ya kusala mambu sambu na kimvuka ya ke kwendaka kupesa lusadisu na 2003, entérinés par la Conférence de Stockholm des pays donateurs, des agences des Nations-unies, des ONG et du Mouvement international de la Croix-Rouge et du Croissant-Rouge, et signés par la Commission européenne et 16 États. www.ghdinitiative.org

Bansiku ya bisalu sambu na bisalu ya kutanina bantu. 2018. Comité international de la Croix-Rouge (CICR). https://shop.icrc.org

International Law and Standards Applicable in Natural Disaster Situations (IDLO Legal Manual) 2009, International Development Law Organization (IDLO). https://www.sheltercluster.org

2.2 Nkento ti bakala kele kiteso mosi mpi kutanina bankento na bantu yina ke vukisaka nitu ti bo na ngolo

GBV Constant Companion. Global Shelter Cluster, GBV in Shelter Programming Working Group. 2016. https://sheltercluster.org

Lutwadisu ya me tala nkento to bakala sambu na mambu yina kimvuka ya ke kwendaka kupesa lusadisu salaka na 2006, "Bankento, bana bankento, bana babakala mpi babakala. Bampusa ya luswaswanu, mikumba ya mutindu mosi: Mukanda ya ke pesa lutwadisu ya mutindu mosi na yina me tala nkento to bakala yina kele na kati kimvuka ya ke kwendaka kupesa lusadisu". CPI. http://www.unhcr.org

Gender Preparedness Camp Planning: Settlement Planning, Formal Camps, Informal Settlements Guidance. Global Shelter Cluster, Comité permanent interorganisations sur la violence basée sur le genre (VBG). 2016. https://www.sheltercluster.org

Directives pour l'intégration d'interventions ciblant la violence basée sur le genre dans l'action humanitaire. 2015. New York; CPI et Global Protection Cluster. www.gbvguidelines.org

Integrating Gender-Sensitive Disaster Risk Management into Community-Driven Development Programs. Guidance Notes on Gender and Disaster Risk Management. No.6. World Bank. 2012. https://openknowledge.worldbank.org

Intégration de la dimension de genre dans la réduction des risques de catastrophes. Genève. UNISDR, PNUD et UICN. 2009. https://www.unisdr.org

Banoti ya ke pesa lutwadisu: Sala na kimvuka ti babakala mpi bana babakala yina bo ke vukisaka nitu ti bo na ngolo ntangu bo ke nataka bo bisika ya nkaka na ngolo. UNHCR. 2011. www.globalprotectioncluster.org

Need to Know Guidance: Working with Lesbian, Gay, Bisexual, Transgender and Intersex Persons in Forced Displacement. UNHCR. 2011. www.globalprotectioncluster.org

Prévisible, évitable: Pratiques exemplaires pour mettre fin à la violence interpersonnelle et à la violence dirigée contre soi-même pendant et après les catastrophes. Genève. IFRC, Croix-Rouge canadienne. 2012. www.ifrc.org

2.3 Bana na mambu ya me tala kukwenda nswalu kupesa bo lusadisu

Field Handbook on Unaccompanied and Separated Children. 2017. Inter-agency Working Group on Unaccompanied and Separated Children; Alliance for Child Protection in Humanitarian Action. https://reliefweb.int

IASC Minimum Standards for Child Protection in Humanitarian Action. 2012. New York; UN Inter-Agency Standing Committee and Global Protection Cluster (Child Protection Working Group). cpwg.net

Minsiku ya ke pesa lutwadisu na yin me tala bana yina kele bo mosi to bana yina kele ya kukabwana ti mabuta na bo. 2004. CICR, UNHCR, UNICEF, World Vision International, Save the Children UK and the International Rescue Committee. https://www.icrc.org

2.4 Bantu yina me tinaka na babwala ya nkaka mpi bantu yina me kwenda na babwala ya nkaka kaka na kati ya insi na bo

Biro ya *Nations-unies* ya ke talaka mambu ya bantu yina me tinaka na babwala ya nkaka kele mukanda ya sipesiali ya kutanina bantu yina me tinaka na babwala ya nkaka ya ke monisa Kuwakana mpi mukanda ya me tala bantu yina me tinaka na babwala ya nkaka. Biro ya *Nations-unies* ya ke talaka mambu ya bantu yina me tinaka na babwala ya nkaka ke pesa mambu mingi yina kele na Site Internet na bo. www.unhcr.org

Mukanda sambu na kutanina bantu yina me kwenda na babwala ya nkaka kaka na kati ya insi na bo. CPI. 2010. www.unhcr.org

Annexe 2
Bansiku ya bikalulu ya mbote sambu na bainsi ya nkaka *Croix- Rouge et du Croissant-Rouge* mpi sambu na bimvuka yina kele ve ya politike (ONG) na ntangu ya kukwenda kupesa lusadisu kana bisumbula ya lugangu me salama

Yo me salama na *Fédération internationale des Sociétés de la CroixRouge et du Croissant-Rouge* mpi na *Comité international de la Croix-Rouge*[1]

Lukanu

Lukanu ya Nsiku yai ya bikalulu ya mbote kele ya kutanina minsiku na beto ya mutindu ya mbote ya kusala mambu. Yo ke tadila ve bangiufula na bunda na yo bonso mutindu ya kuzaba kiteso ya madia to ya kutunga kisika yina bantu ya ke tinaka na bainsi ya nkaka fwete vandaka. Diaka, yo ke sosa kutanina malombo ya me fwana ya kimpwanza mpi ya ngolo yina ba ONG yina ke kwendaka kupesa lusadisu kana kisumbula ya lugangu me salama mpi *Mouvement international de la Croix-Rouge et du Croissant-Rouge*. Yo kele nsiku ya luzolo yina mutindu ya kusadila yo me simbama na balukanu ya konso bimvuka yina ke zitisa bansiku mutindu yo me lombama.

Kana bimvuka ya basoda ke wakana ve bo na bo, bo lenda tubila mpi kusadila Nsiku ya bikalulu yai ya mbote mutindu nsiku ya ntoto ya mvimba ya kimvuka ya ke kwendaka kupesa lusadisu ke monisa yo.

Nsiku yai ya bikalulu ya mbote kele ti ba annexe tatu ya ke tendula mutindu kisalu yina beto ke zola nde bamfumu ya luyalu kusala, baluyalu yina ke pesaka yo mpi bimvuka yina bamfumu ya luyalu kele zole sambu na kusadisa kimvuka mosi na kubaka lusadisu yina kimvuka ya ke kwendaka kupesa lusadisu ke pesaka.

Bantendula ya bangogo

ONG: Ke tendula (kimvuka yina kele ve ya politike) (kimvuka yina kele ve ya politike (*Organisation non gouvernementale*)) bimvuka – bainsi na beno to bainsi ya nkaka – yina ke salaka ve mambu na kuwakana ti bamfumu ya luyalu ya insi yina bo yantikaka.

IHNG: Bo salaka kibeni ngogo yai "*Institution humanitaire non gouvernementale*" sambu na kupona na nsuka ya mukanda yai, bima yina salaka *Mouvement international de la Croix-Rouge mpi du Croissant-Rouge* – beto lenda tanga *Comité international de la Croix-Rouge, la Fédération internationale des Sociétés de la Croix-Rouge et du Croissant-Rouge* mpi bimvuka na yo ya nkaka bainsi yina kele na kati na yo – mpi ba ONG, mutindu beto me tendula yo awa na zulu. Nsiku yai ke tadila kibeni IHNG yina ke pesaka lusadisu kana bisumbula ya lugangu me kumina bantu.

---

1 *Parrainé par: Caritas Internationalis*, Catholic Relief Services*, la Fédération internationale des Sociétés de la Croix-Rouge et du Croissant-Rouge*, International Save the Children Alliance*, la Fédération luthérienne mondiale*, Oxfam*, le Conseil œcuménique des Églises*, Comité international de la Croix-Rouge (*membres du Comité directeur de l'intervention humanitaire).*

OIG: Ke tendula *(Organisation intergouvernementale)* bimvuka yina kele ti bamfumu mingi ya luyalu. Ngongo yai ke tadila l'ensemble des institutions des Nations-unies, mpi bimvuka yina kele na bambanza bonso *l'Organisation de l'unité africaine, la Commission européenne* to *l'Organisation des États américains.*

Kisumbula: Ngongo "kisumbula" ke tendula mpasi ya nene yina ke natila bantu lufwa, bampasi ya ngolo mpi kuniokwama na mabanza yina ke manaka ve mpi diaka kubeba ya bima ya mingi kibeni.

Nsiku ya bikalulu ya mbote

Minsiku ya bikalulu ya mbote sambu na **Mouvement international de la Croix-Rouge et du Croissant-Rouge** *mpi sambu na ONG na kuzitisaka bamanaka ya kukwenda nswalu kupesa lusadisu kana kisumbula me salama*

1. Mambu ya kusala ntete yina kimvuka ya ke kwendaka kupesa lusadisu me tulaka

Nswa ya kubaka mpi ya kupesa lusadisu yina kimvuka ya ke kwendaka kupesa na bantu ya kele na mpasi ke pesaka kele munsiku ya mfunu mingi kuluta yina bantu yonso ya bainsi yonso fwete baka. Beto ya ke salaka na Kimvuka ya ntoto ya mvimba *(Membres de la communauté internationale),* ke zaba mbote mukumba yina beto kele na yo ya kukwenda kupesa lusadisu bisika yonso yina mpusa kele. Yo yina, kukwenda na bisika yina bantu kele na mpasi kele mfunu mingi kibeni na kutadila mukumba yai ya beto kele na yo. Lukanu na beto ya ntete-ntete ya kukwenda kupesa lusadisu kana kisumbula me salama kele ya kulembika bampasi ya bantu yina me kutana ti mambu yango ya kukanga ntima na mambu ya mpasi. Ntangu beto ke pesaka lusadisu na bantu yango, beto ke lungisaka diambu mosi ya mfunu yina kele ve ya politike, ke kotilaka ve kimvuka mosi buna mpi beno lenda tadila beto ve ata fioti bonso bantu ya mutindu yai.

2. Beno fwete pesa lusadisu kukonda kupona mpusu yina muntu kele na yo, balukwikilu na yandi to insi yandi me katuka mpi kukonda kuniokula yandi. Lusadisu yina ke lomba kukwenda nswalu kusadisa fwete salama na kutadila bampusa ya bantu yango

Beto ke salaka yonso sambu na kubaka bansangu ya mambu na yina me tala bampusa ya bantu yina kele na mpasi mpi makuki ya bwala yina kele na yo sambu na kukwenda kupesa bo lusadisu yango. Beto ke ndima kibeni nde, na konso bangidika yina beto ke bakaka sambu na kusala bamanaka, beto ke tulaka dikebi ya mingi na munsiku ya kusala mambu na bukati-kati. Yo ke lomba kusadisa bantu na bampasi yina bo ke kutana ti yo na bisika yonso yina bo kele; sambu luzingu me luta mambu yonso na mfunu. Beto ke pesaka lusadisu na kutadila mingi ya mpasi yina bantu ke kutana na yo sambu yo sadisa bo. Beto ke tula kibeni ntima nde, kusadila munsiku yai na yina me tala mukumba ya mpasi yina bankento kele na yo na kati ya bimvuka yina bisumbula ke salamaka kukonda mpasi mpi beto ta sala yonso na mpila nde bamanaka na beto ya kupesa lusadisu kuvutuka nima ve kansi yo landa kaka kukwenda na ntwala. Mutindu ya kusala mambu ya me tala politike, bantu yonso, kukonda kupona-pona mpi ya kele na kimpwanza ke lomba makuki sambu na beto mosi mpi sambu na bantu yina ke sadisaka beto sambu na kuvanda ti nswa na bimvwama ya me fwana sambu na kukwenda kupesa lusadisu ya mitindu yai na mutindu ya mbote kibeni, mpi makuki ya kukwenda kupesa lusadisa kukonda kupona-pona na bantu yonso yina bisumbula ya lugangu me kumina bo.

3. Beno lenda sadila ve ata fioti lusadisu yina bo ke pesa beno na mambu ya politike to ya mabundu

Bimvuka yina ke kwendaka kupesa lusadisu ke salaka yo na kutadila bampusa ya bantu, ya mabuta mpi ya bimvuka. Kana IHNG lenda monisa kundima ya mambu ya politike to ya mabundu sambu na diambu mosi buna, beto ke ndimisa beno nde lusadisu ta salama ve ata fioti na luzolo ya bantu yina ta baka yo. Beto ta laka ve bantu ata fioti, kupesa bo bima to kukabula mambu ya me tala balukwikilu ya mambu ya politike to ya mabundu yina me zabana to kundima mambu yango.

4. Beto ta sala ngolo sambu na kupesa ve ata fioti bima na beto na mambu ya politike to ya mabundu

IHNG kele bimvuka yina ke salaka kukonda lusadisu ya bamfumu ya luyalu. Beto ke tendulaka bikalulu na beto ya mbote mpi mutindu na beto ya kusala mambu mpi beto ke pesaka ve ata fioti maboko na konso kimvuka yina ya politike, beto ke salaka yo kaka kana yo ke wakana ti politike na beto ya kele na kimpwanza. Beto lenda ndima ata fioti ve nde bantu na beto, yo vanda na kinsweki to na kukonda kutula dikebi, kuvukisa bantu sambu na kutubila bo mambu ya politike, to mambu ya me tala basoda yina bo lenda sadila yo na mambu ya nkaka ve katula kaka na mambu ya me tala kukwenda kupesa lusadisu. Mutindu mosi mpi beto ta sadila ve ata kima mosi ya kimvuka ya politike ya luyalu ya bainsi ya nkaka. Beto ta sadila kaka mbongo yina bo ta pesa beto sambu na kulungisa bampusa ya bantu yina kele na mpasi, beto ta sala yo na kutadila mpusa ya konso muntu kukonda kutula mambote ya politike na kisika ya ntete. Beto ke sepelaka mingi mpi ke siamisaka bantu yina ke pesaka makambu na bo ya luzolo na bantu ya bimvuka na beto sambu na kupesa maboko na kisalu na beto mpi beto ke vila ve ata fioti kimpwanza yina beto kele na yo sambu na bisalu na beto. Sambu na kutanina kimpwanza na beto, beto ke salaka ngolo sambu na kubaka mbongo kaka kisika mosi.

5. Beto ta zitisaka mutindu ya kuzinga ya bantu ya bwala mpi binkulu na bo

Beto ta sala yonso sambu na kuzitisa mutindu ya kuzinga ya bantu ya babwala, mutindu na bo ya kusala mambu mpi binkulu ya bimvuka mpi ya bainsi na bisika yina beto ke salaka bisalu na beto.

6. Beto ta sala ngolo na mpila nde lusadisu na beto kusimbama na makuki yina babwala kele na yo

Ata bisumbula me kumina bantu, bo yonso ti bimvuka kele ti makuki ata bo kele na mpasi. Beto ke salaka yonso sambu na kupesa maboko na makuki yina bo kele na yo kana mpila kele, ntangu beto ke tulaka bantu ya bwala yango na bisalu, na kusumbilaka bo bima yina kele na babwala na bo mpi na kusalaka na kimvuka ti baentreprise ya babwala na bo. Beto ke salaka na bumosi ti IHNG ya babwala sambu na kuvukisa makuki na beto ya kuyidika mpi ya kusala mambu, kana mpila kele beto ke salaka na kuwakana ti bamfumu ya babwala. Kukwenda kupesa lusadisu ntangu bisumbula me kumina bantu kele diambu ya kuluta mfunu mingi kibeni sambu na beto. Sambu mambu kusala na mutindu ya mbote, beto fwete tula bantu ya nkaka sambu na kukwenda kupesa nswalu lusadisu, yo yina yo ke lomba kuvukisa bantu yina kele ti makuki ya kufwana ya *Nations-unies*.

7. Beto ta sala ngolo sambu na kuzwa makuki ya kuvukisa bantu yina lenda baka bamanaka sambu na kukwenda kupesa lusadisu

Beno fwete pusa ve bantu na ngolo ntangu kisumbula me salama na kukwenda kupesa bo lusadisu. Sambu lusadisu kuvanda ya mbote mingi kibeni, bantu yina ke baka lusadisu fwete vanda na ntangu ya kusala mambu, ya kulandila mambu, mpi na kundima manaka.

8. Lukanu ya lusadisu fwete vanda ya kutula nsuka na bampasi yina lenda kwisa na bilumbu ya ntwala

Konso lusadisu lenda vanda ti malanda, ya mbote to ya mbi sambu na kuyela ya mambu na bilumbu ya ntwala. Beto ke sala ngolo sambu na kusala bamanaka ya ketula nsuka na bampasi ya bantu yina ke baka lusadisu na yina me tala bisumbulu yina lenda salama na bilumbu ya ntwala mpi yina lenda sadisa bo na kulungisa bampusa na bo. Beto ke tula dikebi ya me fwana na mambu ya me tala bisika yina bantu ke zingaka mpi kulandila bamanaka ya kukwenda kupesa lusadisu. Ata mpidina, beto ta sala ngolo sambu mambu ya mpasi kuvanda mingi ve ntangu kimvuka ya ke kwendaka kupesa lusadisu na bantu ya kele na mpasi.

9. Beto kele ti mukumba sambu na bantu yina ke baka lusadisu na beto mpi na bantu yina ke pesa beto lusadisu

Mbala mingi, beto ke salaka kuwakana ti bantu yina ke zola kupesa beto lusadisu mpi bantu yina kele ti mfunu ya lusadisu na beto ntangu kisumbula me kumina bo. Beto ke vandaka ti mukumba sambu na bimvuka yaia zole. Barapore na beto yonso, yo vanda sambu na bantu yina ke pesa beto lusadisu to bantu yina beto ke pesa lusadisu ke salamaka na pwelele mpi na masonga yonso. Beto ke zabaka mbote kibeni mfunu ya kupesa rapore ya bisalu na beto, yo vanda sambu na mbongo to sambu na ngolo. Beto kele ti nswa ya kulandila mutindu bo ke pesa bantu ya kele na mpasi bima mpi na kulandila ntangu yonso mutindu mambu ke salama. Beto ke salaka ngolo sambu na kuzaba makuki yina bisalua na beto kele na yo mpi mambu yina ke sadisa makuki yango. Bamanaka na beto ta simbama na makuki mpi mutindu ya kusala mambu sambu na kukonda kubebisa bima yina beto kele na yo.

10. Na bisalu na beto ya me tala kupesa bansangu mpi ya kutubila yo na bantu yonso, beto ta tubilaka bantu yina me kutanaka ti bisumbula bonso bantu ya me fwana na kupesa luzitu kansi ve bonso bantu ya me konda mfunu

Yo me fwana kibeni na kupesa luzitu na bantu yina me kutana ti bisumbula mpi beto fwete tudila bo dikebi na bisalu na beto bonso bantu yina me fwana na kusadila mambu mutindu mosi ti bantu ya nkaka. Sambu na yina me tala kuzabisa bantu yonso mambu ya me tala beto, beto ta lomba foto mosi ya kisumbula yina salamaka sambu na kumonisa makuki yina bo kele na yo mpi mutindu na bo ya kusala mambu. Beto fwete sala ngolo sambu na kusolula ti bantu yina ke salaka na bamedia sambu na kuzabisa bantu yonso. Beto ta ndima ve ata fioti kutulana ntembe ti bimvuka ya nkaka sambu kaka bantu kundima beto kana publicite yango ke tula na kigonsa bantu yina beto ke sadisa, na lutaninu ya bantu na beto ya bisalu to ya bantu ya nkaka.

Kisika ya kisalu

Beto me ndima na kuzitisa nsiku yina beto me tunila kuna na zulu, beto ke pesa mwa minsiku ya mfunu yina ke monisa mambu yina beteo ke zola nde bamfumu ya luyalu kusadila beto, bamfumu ya zulu kibeni mpi bimvuka ya politike ya bainsi ya nkaka, ntete *les institutions des Nations-unies* sambu na kusadisa IHNG na kukwenda kupesa lusadisu kana bisumbula me salama.

Minsiku yina ya mfunu kele sambu na kupesa lutwadisu. Minsiku yango me ndimama na bantu ya me zaba mbote bansiku mpi beto ke vingila ve nde luyalu to OIG kundima minsiku yai na kusigner konso mukanda yina, ata bo kele ti lukanu mosi buna sambu na bilumbu ke kwisa. Ntangu yai, bo kele ti ngindu ya kusala mambu na pwelele mpi na kuwakana sambu na kusolula ti bantu yina ke ndima kusala na kuwakana tyi beto.

Annexe I: Kulomba lusadisu na bamfumu ya bainsi ya nkaka

1. Baluyalu fwete vila ve ata fioti mpi kuzitisa kimpwanza, kimvuka yina ke kwendaka kupesa lusadisu mpi kukonda kupona-pona ya IHNG

IHNG kele bimvuka yina ke salaka kukonda lusadisu ya bimvuka ya nkaka mpi yo ke kotaka ve na mambu ya politike.

2. Bamfumu ya ngolo ya luyalu fwete pesa nswa sambu bimvuka ya IHNG kukwenda nswalu kupesa lusadisu na bantu yina me kutana ti bisumbula

Sambu na kusala na luzitu yonso ya minsiku ya bimvuka ya ke kwendaka kupesa lusadisu na bantu ya kele na mpasi, IHNG fwete vanda ti nswa ya kusala mambu mpi ya kukonda kupona-pona na bantu yina me kutana ti mambu ya mpasi sambu na kupesa bo lusadisu. Yo ke zabisa bimvuka yina ke talaka mambu yango na yina me tala bisalu yina yo fwete sala ya kukonda kusala diambu ya mbi na ntangu yango. Bamfumu ya ngolo fwete sala ngolo sambu na kusadisa bantu ya teritware na bo ya ke pesaka nswalu lusadisu na bantu ya kele na mpasi, na kukatulaka mambu ya me tala visa sambun na kukwenda kisika ya nkaka, kukota mpi kubasika to kusala na mpila nde bo pesa bo visa yango na nswalu kibeni. Bamfumu ya luyalu fwete pesa bantu ya bisalu kamio na bo mosi mpi nswa ya kukwenda na bateritware ya nkaka ntangu mpasi mosi buna me kumina bantu.

3. Kana kisumbula me salama, bamfumu ya luyalu fwete sala na mpila nde kukwenda kupesa lusadisu kuvanda mpasi ve mpi bo pesa nswalu kibeni bansangu

Lusadisu mpi bima ya kukwenda nswalu kupesa lusadisu lenda kwenda na insi ya nkaka kaka sambu na kupesa lusadisu na bantu yina kele na mpasi, kansi ve sambu na kusala mumbongo ti yo. Ya kieleka, bima yango fwete kota kukonda mpasi na bisika yina yo ke lombama kukonda kulomba bo mikanda ya kamio, mikanda ya kisika yina bo me katuka, mukanda sambu na kunata bima mpi kukonda kufuta bampaku ya nkaka.

Bamfumu ya bainsi ya nkaka fwete sala na mpila nde bima yina ke katuka bisika ya nkaka sambu na kupesa lusadisu kukota kukonda mpasi, yo vanda bakamio mpi batelefone. Bamfumu ya luyalu lenda baka ve bima yina sambu na kumoni nde bo ke pesa lusadisu.

Sambu kusolula kusalama na mutindu ya mbote ntangu kisumbula me salama, bamfumu ya ngolo ya luyalu fwete sala na mpila nde poste mosi ya radio kuvanda yina bimvuka ya ke kwendaka kupesa lusadisu lenda sadila mpi bo lenda sadila yo sambu na kubinga bantu ya bainsi ya nkaka mpi kuzabisa bimvuka ya nkaka na ntwala nde kisumbula kusalama. Bo fwete pesa nswa na bantu ya bisalu na kusadila konso mutinud yina ya kupesa bansangu ntangu bo ke salaka mambu yai.

4. Bamfumu ya luyalu fwete tula bantu yina ta landilaka bansangu mpi yina ta yidikaka mambu kana bisumbula me salama

Bamfumu ya ngolo ya luyalu kele ti mukumba ya kuyidika mpi kulandila mambu yonso ya me tala kukwenda kupesa lusadisu na bantu ya kele na mpasi. Mikumba yai lenda vanda ngolo mingi kibeni ve kaka kana IHNG me zaba bampusa y a kukwenda kupesa lusadisu na yiname tala bangidika yina me bakama sambu na kuyidika mambu ya me tala bamanaka ya kukwendaka kupesa lusadisu mpi na mambu yina ke tula luzingu na bo na kigonsa. Bamfumu ya luyalu fwete pesa bansangu ya mutindu yai na IHNG.

Sambu na kusadisa bantu yina ke tambusaka mambu mpi ya ke salaka ngolo sambu na kupesa lusadisu, bamfumu ya luyalu fwete pona bantu na ntwala nde kisumbula kusalama, kisika yina kinvuka ya NGHAs fwete kukutana sambu na kupesa basangu na bamfumu ya luyalu.

5. Kupesa lusadisu kana kimvuka ya basoda ke wakana ve bo na bo

Kana kimvuka ya basoda ke wakana ve bo na bo, bimvuka ya ke kwendaka kupesa lusadisu na bantu ya kele na mapsi fwete baka bangidika na kutadila nsiku sambu na bainsi yonso ya kimvuka ya ke kwendaka kupesa lusadisu.

Annexe II: Kulomba lusadisu na bamfumu ya luyalu yina ke pesaka lusadisu

1. Baluyalu fwete vila ve ata fioti mpi kuzitisa kimpwanza, kimvuka yina ke kwendaka kupesa lusadisu mpi kukonda kupona-pona ya IHNG

IHNG kele bimvuka yina ke lombaka ve lusadisu na bimvuka ya nkaka mpi yo ke kotaka ve na mambu ya politike, yo yina kimpwanza mpi kukonda kupona-pona na bo fwete zabana na bamfumu ya luyalu yina ke pesaka bo lusadisu. Baluyalu yai fwete sadila ve ata fioti IHNG kisalu ti lukanu ya mambu ya politike to mambu ya nkaka.

2. Bamfumu ya luyalu yina ke pesaka lusadisu fwete vila ve ntangu bo ke pesa bima kimpwanza ya kusala mambu yango

IHNG ke ndimaka lusadisu ya mbongo mpi ya bima yina bimvuka ya nkaka ke pesaka bo ti mabanza ya kupesa lusadisu mpi ya kimpwanza yina ke tadila kupesa lusadisu na bantu yina bisumbula me kumina bo. Kukwenda kupesa lusadisu kele na mukumba ya IHNG mpi bo lenda sala yo na kutadila minsiku na bo mosi.

3. Bamfumu ya luyalu yina ke pesaka lusadisu lenda sadila *bons* na bo sambu na kusadisa sambu bo vanda ti nswa na bantu yina me kutana ti bisumbula

Bamfumu ya luyalu yina ke pesaka lusadisu fwete vila ve nde bo kele ti mukumba ya kutanina bantu yina ke salaka na IHNG mpi kimpwanza yina bo kele na yo ya kukota na bisika yina bisumbula me salama kukonda mpasi. Bo fwete vanda ya kuyilama na kupesa lusadisu na bamfumu ya bainsi ya nkaka, kana mpila kele.

Annexe III: Kulomba lusadisu na bimvuka ya bainsi ya nkaka

1. OIG fwete ndima IHNG ya babwala na bo mpi ya babwala ya nkaka, bonso bantu ya valere kibeni

IHNG kele ya kuyilama sambu na kusala na kimvuka ti *Nations-unies* mpi bimvuka ya bainsi ya nkaka sambu lusadisu yina bo ke pesaka bantu ya kele na mpasi kuvanda ya mbote mingi kibeni ntangu kisumbula mosi buna me salama ti mabanza ya kusala na bumosi mpi na kimpwanza. Bimvuka ya bainsi ya nkaka fwete zitisa kimpwanza mpi kukonda kupona-pona ya IHNG. Bimvuka ya *Nations-unies* fwete tadila mambu yai yonso ntangu bo ke yilama sambu na kukwenda kupesa lusadisu.

2. OIG fwete sadisa bamfumu ya luyalu na kutula nsiku ya me fwana sambu na kutambusa mambu ya me tala kupesa lusadisu ya bainsi ya nkaka mpi ya baisni na beno ntangu bisumbula me salama

IHNG kele ve ti nswa ya kutula nsiku sambu na kutambusa mambu ntangu bisumbula me salama yina ke lomba lusadisu ya bainsi ya nkaka. Mukumba yina ke lomba luyalu ya bainsi ya nkaka mpi ya bamfumu ya luyalu ya mayele na kati ya Nations-unies yina kele ti mukumba ntangu yai ya kupesa lusadisu ya mbote mpi na ntangu ya me fwana. IHNG fwete sala mambu yonso yina kele na mukumba na bo sambu na kuzikisa kana mambu ke tambula mbote.

Kana kimvuka ya basoda ke wakana ve, kimvuka ya ke kwendaka kupesa lusadisu na bantu ya kele na mapsi kele na kati ya bangidika yina bainsi ya nkaka ke bakaka ya kimvuka ya ke kwendaka kupesa lusadisu na bantu ya kele na mpasi.

3. OIG fwete wakana ti IHNG sambu na lutaninu ya me fwana yina bimvuka ya *Nations-unies* ke pesaka

Kana bimvuka ya bainsi ya nkaka ke baka mambote na bangidika yina ke tanina bo, bangidika yango fwete wakana ti IHNG sambu yo sala na kimvuka.

4. OIG fwete pesa IHNG banswa ya kubaka basangu ya mfunu yina bimvuka ya nkaka ya *Nations-unies* ke sepelaka na yo

Ntangu yai, OIG kele ti nswa ya kukabula basangu yonso ya mfunu ti IHNG sambu lusadisu kusalama na mutindu ya mbote ntangu kisumbula mosi buna me salama.

Annexe 3
Bunkufi ya bangogo mpi Bantendula na yo

AM	Aide monétaire
ANR	Apports nutritionnels de référence
API	Alerte précoce et intervention
CCPM	Centres de contrôle et de prévention des maladies
CDPH	Convention relative aux droits des personnes handicapées
CICR	Comité international de la Croix-Rouge
cm	Centimètre
CPI	Comité permanent interorganisations
CRL	Chlore résiduel libre
DIH	Droit international humanitaire
DMU	Dispositif minimum d'urgence
DTC	Vaccin diphtérie/tétanos/coqueluche
EPP	Equipement de protection personnelle
FANTA	"Food and Nutrition Technical Assistance" (Assistance technique en matière alimentaire et nutritionnelle)
FAO	Organisation des Nations-unies pour l'alimentation et l'agriculture
FICR	Fédération internationale des Sociétés de la Croix-Rouge et du Croissant-Rouge
GCIC	Gestion des cas intégrée dans la communauté
HCDH	Haut-Commissariat des Nations-unies aux droits de l'homme
HCR	Haut-Commissariat des Nations-unies pour les réfugiés (Agence des Nations-unies pour les réfugiés)
HWTSS	Traitement et bonne conservation de l'eau à domicile
IMC	Indice de masse corporelle
IMCI	Integrated Management of Childhood Illnesses (prise en charge intégrée des maladies de l'enfant)
INEE	"Inter-Agency Network for Education in Emergencies" (Réseau inter-agences pour l'éducation en situations d'urgence)
IST	Infections sexuellement transmissibles
IYCF	"Indicators for assessing infant and young child feeding practices" (indicateurs de l'OMS pour évaluer les pratiques d'alimentation du nourrisson et du jeune enfant)
km	Kilomètre
LEGS	"Livestock Emergency Guidelines and Standards" (Normes et directives pour l'aide d'urgence à l'élevage)

LLIN	Moustiquaire imprégnée d'insecticide de longue durée
MAM	Malnutrition aiguë modérée
MERS	"Minimum Economic Recovery Standards" (Normes minimales de relèvement économique)
MISMA	"Minimum Standard for Market Analysis" (standard minimum d'analyse du marché)
MNT	Maladies non transmissibles
MS	Ministère de la santé
MSF	Médecins sans Frontières
NHF	Norme humanitaire fondamentale de qualité et de redevabilité (CHS)
OCHA	Bureau de la coordination des affaires humanitaires des Nations-unies
OMS	Organisation mondiale de la santé
ONG	Organisation non gouvernementale
ONU	Nations-unies
OUA	Organisation de l'Unité Africaine (actuellement Union Africaine)
PAM	Programme alimentaire mondial
PB	Périmètre brachial
PCI	Prévention et contrôle des infections
PDIP	Personnes déplacées à l'intérieur de leur propre pays
PEV	Programme élargi de vaccination
PIDCP	Pacte international relatif aux droits civils et politiques
PPE	Prophylaxie post-exposition
PRT	Poids par rapport à la taille
SEEP	"Small Enterprise Education and Promotion" (Réseau d'éducation et de promotion des petites entreprises)
SERA	Suivi, évaluation, redevabilité et apprentissage
SGIS	Système de gestion des informations de santé
SMPE	Standards minimums pour la protection de l'enfance
TAR	Thérapie antirétrovirale
TB	Tuberculose
TBM	Taux brut de mortalité
TSC	Travailleur de santé communautaire
U5CMR	"Under-5 crude mortality rate" (taux de mortalité infantile moins de 5 ans)
UNFPA	Fonds des Nations-unies pour la population
UNICEF	Fonds des Nations-unies pour l'enfance
UTN	Unité de turbidité néphélométrique
VS	Violence sexiste
WASH	Approvisionnement en eau, assainissement et promotion de l'hygiène (EAH)

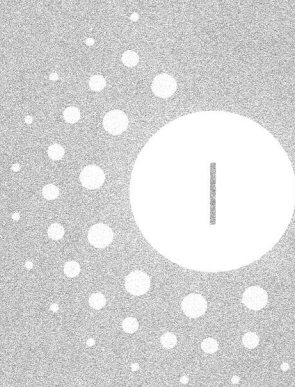

I Index

Index

M

N

www.ingramcontent.com/pod-product-compliance
Lightning Source LLC
Chambersburg PA
CBHW060303030426
42336CB00011B/912